AF523982

BASIC ERFOLGSMANAGEMENT

Dr. Manfred Nelting

Vom Schweigen zum Handeln – ein Kompass für eine neue Welt

Vorwort: Dr. Auma Obama

Dr. Manfred Nelting
Einsicht in UNerhörtes

Verlag:
basic erfolgsmanagement, Pfarrkirchen, 2021
www.basic-erfolgsmanagement.de

ISBN 978-3-949217-00-5

Lektorat:
Josef Nöhmaier

Koordination und Organisation:
Medienbüro Susanne Wagner, Pfarrkirchen

Umschlaggestaltung, Layout/Satz:
Michaela Adler, Pfarrkirchen

Bildrechte:
Cover: © Adobe Stock – sdmix, zolotons

Klimaneutral gedruckt, Papier aus nachhaltiger Forstwirtschaft
Made in Germany

Dieses Buch widme ich
allen Lebewesen, die UNerhört sind,
kleinen und großen Menschen, Tieren, Bäumen
und auch „dem Kind“ in uns.
Hören wir hin.

Gender-Hinweis:
In diesem Buch wird vorwiegend die neutrale Schreibweise ohne weitere Kennzeichnung für beide Geschlechter benutzt, andere individuelle Einordnungen der sexuellen Identität sind natürlich ebenfalls impliziert. Die aktuellen Entwürfe gendergerechterer Formulierungen sind in der Entwicklung, werden noch weiter ausreifen, sind für gute Lesbarkeit nach meinem Empfinden noch eine Hürde und noch nicht übereinstimmend für Druck- und Sprechversion (Hörbuch) anwendbar.[1]

In „Neltings Welt" beschäftigt sich unsere Familie ausführlich mit dem Thema gendergerechter Wahrnehmung, Schriftform und Sprache im Dialog zweier Generationen.
(Siehe QR-Code auf der Rückseite des Buches)

Vorwort Dr. Auma Obama

Ich fühle mich sehr geehrt, meine Stimme – meine starke Stimme – zu der Diskussion um das Wohlergehen beziehungsweise Nicht-Wohlergehen von Kindern beitragen zu dürfen.
Es geht hier um die Auseinandersetzung mit dem Verrat der Gesellschaft an den Kindern, die vorgibt, sie zu schützen; darum, dass sich um diesen Verrat ein Schleier des Wegschauens, Verdrängens und Schweigens ausbreitet, den es aufzudecken gilt. Darum geht es in diesem Buch – darum, was dagegen getan werden muss.
Laut Dr. med. Manfred Nelting gibt es im reichen Land Deutschland sehr viele Kinder, denen es „weniger gut oder skandalös schlecht" geht. Von frühester Kindheit an werden ihnen die Lebensgrundlagen durch einen Mangel an Liebe, Zuneigung und Schutz durch die eigenen Eltern genommen. Vernachlässigten Kindern, die eine bedrückende emotionale Kälte, emotionale und körperliche Gewalt oder Missbrauch erfahren haben, fehlt das Grundvertrauen in das Leben. Die hirnphysiologische Selbststeuerung kann nicht ausgebildet werden. Seine These: Um die Rahmenbedingungen eine gesunde, natürliche, unbehinderte Hirnentwicklung eines Kindes als Grundbedingung für sein künftiges psychisches Wohlergehen zu ermöglichen, braucht ein Kind in den ersten Lebensjahren Liebe, emotionale Wärme und eine schützende Umgebung.

An erster Stelle sind wir Eltern (ich zähle mich dazu) dazu aufgefordert – als fundamentale Voraussetzung – darauf zu achten, dass unsere Kinder diese Liebe und Zuneigung bekommen. Das ist das Fundament einer Elternschaft.
Unsere Aufgabe als Eltern müssen wir sehr ernst nehmen und ihr nachkommen. Wir müssen unsere Prioritäten richtig setzen, und unsere Kinder sollten an erster Stelle stehen.
In dem Moment, in dem wir Eltern werden, nimmt unser Lebensstil, unsere Haltung, unser Verhältnis zur Arbeit eine neue bedeutende Di-

mension an. Unsere ganze Einstellung zum Leben, unsere soziale und finanzielle Situation wird infrage gestellt. Alles hat einen Einfluss darauf, wie oder ob wir unseren Kindern die Liebe, Zuneigung und den Schutz schenken können, die oder den sie brauchen. Leider gelingt es vielen Eltern nicht, da sie in den meisten Fällen selbst Betroffene sind und verletzt oder traumatisiert aufwachsen mussten. Überfordert vom eigenen Leben können sie nur ihre Wunden (vielfach transgenerational) weitergegeben.

Es gilt, dieses Muster zu durchbrechen und zu heilen. Nur so können wir eine gesunde Gesellschaft schaffen. Die Kinder sind das Potenzial dieser Gesellschaft und wenn wir nicht darauf achten, dass es unseren Kindern gut geht, wird die Stabilität unserer Gesellschaft gefährdet und wir schaden uns selbst.

Kinder kommen mit vollem Potenzial in die Welt. Mit ihrer Geburt sind schon alle Voraussetzungen, alle Eigenschaften vorhanden, ein gut wohlfunktionierendes, ausgeglichenes Mitglied der Gesellschaft zu werden. Wir, die Eltern, die Gesellschaft beeinflussen und bestimmen, inwiefern diese Eigenschaften positiv entwickelt werden. Wir können sie nähren und fördern oder wir können sie unterdrücken, sogar kaputtmachen.

Dass dies so vielen Kindern angetan wird und was ihnen damit an Potenzial verwehrt wird, ist eben dieser Verrat der Gesellschaft an den Kindern.

Das Problem, so Dr. Nelting, muss sehr ernst genommen werden. Wir Eltern – und hiermit meine ich tatsächlich WIR, die Normalverbraucher (E*s braucht ein Dorf, um ein Kind zu erziehen*[1]), und die Gesellschaft – stellvertretend für Soziales, Politisches und Wirtschaftliches sind gefragt, sich intensiv mit dem Thema zu beschäftigen und notwendigerweise unser Verhalten zu ändern.

Damit sich die Gesellschaft im Interesse der Kinder entwickeln kann, müssen wir unseren Lebensstil passend einrichten, damit für die Kinder ein guter, sicherer und liebevoller Platz geschaffen wird. Jedes Handeln, jede Veränderung muss darauf abzielen, unseren Kindern Liebe und

Vertrauen in ihr Leben und die Welt zu geben. Letztendlich kommt es uns und unserer Gesellschaft zu Gute.
Im Allgemeinen wird davon ausgegangen, dass die Kinder in den sogenannten Entwicklungsländern gefährdeter und benachteiligter sind. Und ja, in Zusammenhang mit der westlichen Definition von Wohlbefinden, das auf materiellem Wohlstand basiert ist, könnte man so argumentieren. Materieller Wohlstand ist jedoch nicht das einzige Maß für das Wohlbefinden. Tatsächlich ist es eher ein Zusatz, und das nur, wenn die anderen wichtigeren Komponenten Liebe, Zuneigung und Schutz vorhanden sind.
Wir in den sogenannten Entwicklungsländern neigen dazu, die westliche Welt, d. h. Europa und Nordamerika als Maß aller Dinge zu betrachten, auch im Hinblick darauf, wie wir Wohlbefinden definieren. Und immer mehr tendieren wir dazu, unser Wohlergehen und das unserer Kinder darauf basieren zu lassen, wie die westlichen Länder unseren Wohlstand und die Entwicklung definieren – eine Definition gemessen an materiellen Wohlstand und stark gefördert durch die klassische Entwicklungshilfe-Politik. Was dazu geführt hat, dass wir uns als arm und unterentwickelt sehen. Und das, obwohl die westliche Lebensweise in vieler Hinsicht – insbesondere in Bezug auf die Kindererziehung – nicht notwendigerweise für uns geeignet ist. Immer häufiger glauben Kinder und Jugendliche in den sogenannten Entwicklungsländern, dass ihre Probleme darauf zurückzuführen sind, dass sie finanziell bzw. materiell benachteiligt sind. Aber nur, weil man keinen Strom und fließendes Wasser hat, heißt es noch lange nicht, dass man arm und unglücklich ist. Liebe, Zuneigung und Schutz brauchen keinen Strom und fließendes Wasser. Konsum und sofortige Bedürfnisbefriedigung ist keine Grundlage für ein Grundvertrauen in die Welt. Sie garantieren nicht das Glück. Auch die Freiheiten, die in den sogenannten entwickelten Ländern genossen werden, sind oft sehr stark zugunsten der Bürokratie konzipiert. Das System muss sich dem Menschen anpassen und nicht umgekehrt. Sich an ein System anpassen bedeutet in vielen Fällen Einengung und Mangel an Mitgefühl.

Der häufige Verweis auf den schrecklichen Zustand der Kinder, die in den sogenannten Entwicklungsländern aufwachsen, erwähnt selten die Tatsache, dass viele dieser Kinder trotz materieller Armut (im europäischen Sinne) viel Liebe und Zuneigung erfahren. Sie wachsen in einer Umgebung auf, die Werte wie Respekt, Gastfreundschaft, Familien-Ethik und das Wohlergehen der Kollektive, u. a. die Grundwerte, sehr hoch schätzt. Ihre Lebensgrundlage ist von frühestem Lebensalter an durch Liebe und Zuneigung geprägt. Erst im Umgang mit „europäischen" Verhältnissen kommen Gefühle der Benachteiligung und des Versagens auf, die dann auch zu psychischen Problemen führen.

Mit dieser Aussage will ich nicht behaupten, dass wir in den sogenannten Entwicklungsländern nicht auch Fälle haben, wo Liebe, Zuneigung und Schutz fehlen. Auch wir erleben eine Einengung und mangelnde Empathie in unseren modernen gesellschaftlichen Strukturen. Auch unsere Systeme orientieren sich immer mehr an den Erfordernissen der globalen Wirtschaftsstrukturen. Ihre Entwicklung wird beschleunigt durch den immer größer werdenden Einfluss der Digitalisierung. Es hat zur Folge, dass eine Diskussion um das psychische Wohlergehen der Menschen, insbesondere der Kinder, und die Grundlagen für eine gesunde Hirnentwicklung in den ersten Lebensjahren in dieser Umgebung nicht stattfindet.

Nichtsdestotrotz müssen wir eine dauerhafte, zukunftsfähige Grundlage für unsere Kinder schaffen, müssen ihren Lebensraum schützen, bewahren und lebenswert machen. Auch wenn viele glauben, dass sie nichts an den Zuständen ändern können, wir Eltern und die Gesellschaft können und müssen für das unverzügliche Schaffen von Bedingungen für eine körperlich-emotionale Unversehrtheit unserer Kinder mit gesunder Hirnentwicklung in den ersten Kinderjahren als Grundlage späterer Gesundheit, sozialer Widerstandskraft und souveräner Mediennutzung sorgen. Das können wir aber nur dann tun, wenn wir aufhören, sie einer Welt, die für Geldpolitik und ein profitorientiertes individualistisches ökonomisches System mit sinnlosem Konsum und sofortiger Bedürfnis-

befriedigung steht, vorzuziehen. Wir müssen mehr Verantwortung für unsere Kinder übernehmen, wenn wir bessere Lebensbedingungen für sie im Heute und in der Zukunft schaffen wollen.
Erst dann werden wir die aktuellen globalen Probleme und Herausforderungen, die den Schutz der Menschheit und die Bewahrung des Planeten Erde gefährden, wie beispielsweise Umweltzerstörung, Klimawandel, Kriege, Gewalttaten und bittere Armut, bewältigen. Sie sind Teil der Lösung.
Wir wissen, was zu tun ist. Es geht nur um das Wie. Wichtig ist, dass die Lösungen nicht nur aus dem industrialisierten Westen kommen, sondern von überall auf der Welt – auch von den sogenannten Entwicklungsländern. Ich fordere den Status Quo des westlichen Blickes auf die Dinge heraus, um auch insbesondere in den Ländern des Südens nach Lösungen zu suchen. Die Kraft des interkulturellen, wertschätzenden und kooperativen Austausches darf nicht unterschätzt werden. In der globalisierten Welt von heute können wir nur gemeinsam die Herausforderungen und Probleme meistern, da sie uns alle gleichermaßen betreffen. So wie wir alle Teil des Problems sind, so sind wir alle auch Teil der Lösung.
Ich appelliere an unser Verantwortungsgefühl, nicht nur gegenüber unseren Kindern heute, sondern auch für zukünftige Generationen. Unser Selbsterhaltungstrieb muss über unsere Generation hinaus und auch für unsere Kindeskinder gelten. Es reicht nicht aus, sich darauf zu verlassen, dass die Politik schon alles richten wird. Ja, wir müssen darauf achten, dass sie verantwortungsvolles und nachhaltiges Handeln effektiv verbreitet und umsetzt, aber wir sind ebenso dafür verantwortlich – und das ist unsere vordringlichste Aufgabe – unseren Kindern Liebe, Zuneigung und Schutz zu schenken. Jeder Einzelne von uns muss mitverantworten, dass zukünftige Generationen ein besseres Leben führen.
In meiner Stiftung, die Auma Obama Foundation Sauti Kuu („Starke Stimmen" auf Kiswahili) arbeiten wir mit Kindern und Jugendlichen im Alter zwischen 4 – 25 Jahren, um ihnen eine Stimme zu geben. Mit einer

starken Stimme können sie Teil der Gestaltung gesellschaftlicher Prozesse sein. Es geht um die Förderung und Entfaltung der eigenen Persönlichkeit und des kreativen Potenzials des Kindes, geistig wie körperlich, um sie für das Erwachsenenleben mit allen Herausforderungen auszurüsten, d. h. die Erlangung eigenen Glücks und Zufriedenheit.

Die abrupte gesellschaftliche „Vollbremsung", die die COVID-19-Pandemie uns unterzogen hat, gibt uns die Gelegenheit für ein anderes neues Denken und die Gelegenheit, eine Kurskorrektur unseres gesellschaftspolitischen Leitbildes in Erwägung zu ziehen. Es ist eine Gelegenheit, weltweit daran zu arbeiten, die besten politischen Konzepte einzusetzen; Themen entsprechend in politischen und gesellschaftlichen Entscheidungsprozessen zu verankern, die entscheidend für das Leben und das Überleben jetziger und zukünftiger Generationen sind. Und daran sollen sich alle beteiligen: privat und öffentlich engagierte Menschen, Bürgerrechtler, Politiker, Akademiker und Humanisten.
Ich freue mich sehr, für dieses so wichtige Werk einen Beitrag leisten zu können und ich wünsche Dr. Manfred Nelting und seiner Frau Elke Nelting viel Erfolg mit der Verbreitung ihrer so wichtigen Gedanken.

Nairobi, Juni 2020 Dr. Auma Obama
Gründerin/ Direktor, Sauti Kuu Foundation

Dr. Auma Obama ist Gründerin und Vorsitzende der Auma Obama Foundation Sauti Kuu, internationale Keynote Speakerin, Buchautorin und Gastdozentin für die Themen ökologische und ökonomische Nachhaltigkeit sowie soziale Verantwortung. Die Schwester des 44. US-Präsidenten Barack Obama möchte mit ihrer Stimme insbesondere auch benachteiligten Menschen eine Stimme verleihen, die auf der ganzen Welt gehört wird.

Dr. Obama wurde in Kenia geboren und wuchs dort auf. Sie studierte in Deutschland, wo sie einen Masterabschluss an der Universität Heidelberg erhielt. Nach diesem Masterstudium schloss sie ein Studium an der Deutschen Film- und Fernsehakademie in Berlin ab und promovierte gleichzeitig an der Universität Bayreuth. Im Anschluss an ihre erfolgreiche Promotion zog sie nach England und arbeitete dort für ein lokales Jugendamt, das „Children's Services Department". Es folgte ein Umzug nach Kenia, wo Dr. Obama knapp 5 Jahre für die internationale Hilfsorganisation CARE tätig war. Zu Ihren Aufgaben gehörte u. a. die Koordination des Programmes „Sport for Social Change", einer Initiative aus Sport und Bildung zur Stärkung des Selbstbewusstseins von Kindern und Jugendlichen. Hier wurde ein besonderer Fokus auf Mädchen aus benachteiligten Verhältnissen gelegt.
Dr. Obama ist Vorsitzende der Kinder- und Jugendlichen-Kommission des World Future Councils („Weltzukunftsrat") rsp. Ratsmitglied des World Future Council. Außerdem Mitglied des Organisationsrats der Kilimandscharo-Initiative, die junge verbrechensgefährdete Menschen dabei unterstützt, ihr Leben gewaltfrei zu verbringen und sich und ihre Gemeinden positiv zu entwickeln, sowie für mehrere Jahre im Kuratorium der Stiftung Lesen und Schirmherrin des Storymoja-Lesefestival in Nairobi.

Dr. Auma Obama ist Gründerin und Vorsitzende der Auma Obama Foundation Sauti Kuu. Sauti Kuu stammt aus der Sprache Kisuaheli und bedeutet

auf Deutsch „Starke Stimmen". Die Stiftung möchte benachteiligten Kindern und Jugendlichen eine Stimme geben und ihre Potenziale wecken und stärken. Dies geschieht durch praxisnahe Schulungen, welche für die Kinder und Jugendlichen ökonomisch nachhaltig sind. Die Stiftung basiert auf dem Prinzip „Hilfe zur Selbsthilfe" durch Unterstützung und Motivation, damit junge Generationen ihr Schicksal selbst in die Hand nehmen und so erfolgreich ihre Zukunft steuern.
Als bekannte Buchautorin (u. a. „Das Leben kommt immer dazwischen: Stationen einer Reise") und Vortragsrednerin wird Dr. Auma Obama als Key Noterin und Speaker zum Thema ökologische, ökonomische und soziale Nachhaltigkeit in ganz Europa und weltweit gebucht.
Vortragsthemen: You are Your Future – Impulse für Verantwortlichkeit

Preise & Ehrungen:

- Hans-Rosenthal-Ehrenpreis (für ihr soziales und humanitäres Engagement), Mai 2019
- Internationaler TÜV Rheinland Global Compact Award, Oktober 2017
- Fit4Future Ehrenaward, Juni 2017
- Kiwanis Award 2016, Kiwanis Club Stuttgart, März 2016
- World Human Rights Award, Magazin Look, Austria, November 2015
- German Speakers Award, GSA German Speakers Association, September 2015
- International B.A.U.M Special Award, September 2015
- Prix Courage Award, ZDF Mona Lisa und Clarins Paris, Oktober 2014

Begrüßung der Leserin/des Lesers

Ich begrüße Sie ganz herzlich als Leserin und Leser und freue mich über Ihr Interesse an diesem großen Thema. Wir begegnen uns hier auf diese Weise wahrscheinlich zum ersten Mal. Ich berichte hier in diesem Buch aus meiner Erfahrung als Arzt, als Unternehmer und Wissenschaftler, als Ehemann und Familienvater, als politisch interessierter Bürger und Demokrat, als TaiJi-Lehrer, Musiker und Tangotänzer (Tango Argentino) und aus weiteren Erfahrungsfeldern. Vieles davon ist eine gemeinsame Erfahrungs- und Erlebniswelt mit meiner Frau und unseren Kindern.

Auma Obama hat ja in ihrem hochgeschätzten Vorwort die ganze Tiefe dieses Themas schon anklingen lassen. Im Inhaltsverzeichnis haben Sie ggf. schon gesehen, dass ich einen weiten Bogen spanne und die Wirk- und Erlebnis-Linien in den heutigen verschiedenartig möglichen Alltagen integrativ behandele, also die vielen einzelnen Fäden miteinander verwebe zu einem aus meiner Sicht realistischen Teppich.

Hier in Kurzform ein paar Worte zu mir als Autor und auch zu meiner Frau, damit Sie eine erste Idee von uns haben.

Wer wir sind

Meine Frau Elke Nelting und ich kennen uns seit knapp 40 Jahren und haben dann bald geheiratet, wir haben drei erwachsene Kinder, Nina, Fritjof und Frederik, und sind mittlerweile schon vierfache Oma und Opa.

Beruflich bin ich ausgebildet als Facharzt für psychosomatische Medizin und Psychotherapie sowie für Allgemeinmedizin mit Naturheilkunde und Homöopathie sowie als TaiJi-Lehrer.

Meine Urgroßeltern mütterlicherseits waren um die Jahrhundertwende (1900) nach China ausgewandert, meine Oma ist in Shanghai und meine

Mutter in dem nun seit der Corona-Pandemie allseits bekannten Wuhan geboren. Insofern haben wir traditionell Bezüge zu China und auch wieder aktuell ist die Frau unseres Sohnes Fritjof, dem ich vor einigen Jahren die Geschäftsführung unseres Gezeiten Hauses übergeben habe, Chinesin. Wir haben viel Freude an unseren Kindern, ihren Partnern und unseren Enkeln, wir sind reich beschenkt.

Der Impuls zu unseren Klinikgründungen mit integrativer Therapie von westlicher und traditioneller chinesischer Medizin kam gleichermaßen von meiner Frau, es waren also gemeinsame Ideen.

Sie hatte als junges Mädchen mit eigenen bodenständigen Wurzeln – ihre Eltern waren Bauern in der Nordheide – fasziniert vom Leben in China und speziell vom Bauern Wang gelesen in Pearl S. Bucks Roman „Die gute Erde". Sie hat dann nach ihrer Krankenschwestern-Ausbildung und 10-jähriger Arbeit im UKE Hamburg einen Weg beschritten im Lernen und Praktizieren von „Do In" Übungen, Massagen und dann speziell Kung-Fu. Diverse Ausbildungen in TaiJi/QiGong und TuiNa-Heilmassagen folgten. Im Weiteren entwickelte sie eine neue klinische Behandlungsform, die „TCM-basierte psychosomatische Körpertherapie", die sie in unseren Kliniken jahrelang praktiziert und in der wir entsprechend therapeutische Mitarbeiter ausgebildet hatten.

Mit ihrer Kompetenz in TCM, meinem Schwerpunkt der Psychosomatik und Psychotherapie und unserer gemeinsamen Freude an QiGong und TaiJi konnten wir dann unser integratives klinisches Konzept mit psychosomatischer Medizin und Traditioneller Chinesischer Medizin beginnen und mit unseren Mitarbeitern die Behandlung mit unseren Patienten erfolgreich umsetzen.

Vorher war ich sieben Jahre als Assistenz-Arzt in verschiedenen Krankenhäusern zur Ausbildung und ebenfalls sieben Jahre als Allgemein-

Arzt und Psychotherapeut in eigener Praxis niedergelassen. Es folgten zehn Jahre erfolgreicher Arbeit mit Patienten in der von uns und einem Kollegen gegründeten (1992) Tinnitusklinik in Bad Arolsen.

Dann haben meine Frau und ich auf diesem Boden unserer gemeinsamen Kompetenzen und Erfahrung seit dem Jahre 2004 Akut-Kliniken für psychosomatische Medizin und Traditionelle Chinesische Medizin (zuerst in Bonn) gegründet, in denen Menschen mit schweren Lebens-Krisen und Krankheitsentwicklungen wie Depression, Burn-out, Trauma-Folgestörungen, psychosomatischen Störungen, ggf. auch mit Sucht-Folgeentwicklung, Ängsten und Schmerzen sowie Bindungsstörungen behandelt werden können. Dies gilt für alle Altersstufen. Wir haben z. B. eine große Kinder- und Jugend-Psychiatrie/Psychosomatik, führen spezielle Intensiv-Traumatherapien für Traumafolgestörungen durch, arbeiten aber auch im geriatrischen Bereich mit Menschen, die im Alter und im hohen Alter entsprechende Behandlung brauchen. Wir haben eine eigene Forschungsabteilung, vielleicht haben Sie auch schon einmal vom Gezeiten Haus gehört, weil wir aufgrund unseres breiten Erfahrungs-Spektrums öfter von den Medien angefragt werden.

Sie wissen jetzt ein wenig über uns und unseren beruflichen Background. Mein Vorwort und die Einführung in das Thema sind so vorbereitet.

Lesen Sie, so oft Sie mögen, auch zwischen den Zeilen und verweilen dort ein wenig, dann „hören“ Sie mich und vor allem sich selbst noch deutlicher. Und lassen Sie sich Zeit beim Lesen. Schließlich kommen Sie nach der Danksagung auf Seite 639 bei den letzten Worten dieses Buches an. Das sind die Wichtigsten!

Direkt danach finden Sie noch einen QR-Code. Wenn Ihnen das Buch gefällt und Sie Lust haben, dies Ihrer Social-Media-Community mitzuteilen, scannen Sie doch einmal diesen QR-Code. Sie können dann mit einer einfachen Anleitung eine Leser*innen-Botschaft erstellen, sozusagen ein Kurz-Video für Ihren Freundeskreis.

Meines Wissens ist das in einem Buch Weltpremiere und ich bin gespannt auf die Resonanz in der Leserschaft. Auf diese Weise können ja die hier zusammengetragenen Gestaltungsideen von Ihnen auf gute Weise im Sinne einer Empfehlung weitergetragen werden.

Ich wünsche Ihnen eine gute Zeit mit der Lektüre meines Buches.

Vorwort des Autors mit Anmerkungen zur Corona-Krise

Kinder sind „wundervoll" und in diesem Sinne auch ein großes Glück. Wie schön, wenn es ihnen gut geht und die Eltern ihre Kinder lieben. Das ist aber nicht für alle so.

Zu vielen Kindern in der Welt geht es nicht gut, und auch in Deutschland ist das so. Nur etwa die Hälfte aller Kinder hier in unserem reichen Land bekommt genug Liebe von ihren Eltern und kann so in den ersten Lebensjahren eine hinreichend sichere Bindung entwickeln mit gesunder, natürlicher, unbehinderter Hirnentwicklung.

Etwa 25 Prozent der Kinder in Deutschland mangelt es daran in ihren Familien, weitere 25 Prozent erleben sogar ausgeprägte Vernachlässigung, bedrückende emotionale Kälte, sogar emotionale und körperliche Gewalt und sexuellen Missbrauch. Als Folge findet bei vielen Kindern eine gesunde Hirnentwicklung mit Ausbildung einer sicheren Bindung nicht hinreichend statt, d. h. ihr Grundvertrauen in die Welt und ihre Selbststeuerung werden hirnphysiologisch nicht bestmöglich ausgebildet, obwohl die Kinder die Voraussetzungen dafür mit der Geburt meist mitbringen.

Dass dies so vielen Kindern angetan und was ihnen damit an Potenzial verwehrt wird, kommt einem Verrat der Gesellschaft an den Kindern gleich, die sie zu schützen vorgibt. Und darüber hatte sich ein Schleier des Wegschauens, Verdrängens und Schweigens ausgebreitet. Die Gesellschaft verbaut, ja vergiftet sich selbst so den Boden für die Bewältigung der Herausforderungen der nächsten Jahrzehnte.

Die meisten Menschen können aber gar nicht glauben, dass es so vielen Kindern nicht gut geht. Diese Realität liegt vielfach noch unter einer

Tabu-Glocke, sie würde das Bild von Deutschland stören, viele geben ja an, mit ihrem Leben erst einmal soweit zufrieden zu sein. Und das Leben in Deutschland ist ja tatsächlich für viele eher angenehm, recht sicher und demokratischer als in vielen anderen Ländern. Aber darunter rumorte es doch. Das Tabu begann schon brüchig zu werden, der Verrat der Gesellschaft an den Kindern, die es vorgibt zu schützen, begann sichtbarer zu werden und in der Corona-Krise wird diese skandalöse Situation vieler Kinder nun auf einmal offensichtlich.

Ich habe das Buch im Wesentlichen vor der Corona-Krise geschrieben und hatte dafür den Titel **„tabu“** gewählt.

Jetzt in der Corona-Krise rückt besonders das Thema der häuslichen Gewalt in den Nachrichten immer häufiger in den Fokus. Kinderärzte, Kinderschutzbund, Gesundheitsämter und alle, die sich um das Wohl der Kinder sorgen und kümmern, kommen zu Wort und dringen jetzt auch durch bei dem Geflecht von News und Fake News.

Kitas, Kindergärten, Schulen und Freizeiteinrichtungen wurden ja geschlossen und U-Untersuchungen der Kinder verschoben, womit ein gewisses Korrektiv für die Kinder und eine Möglichkeit für Transparenz verloren ging. Berichte häuslicher Gewalt mit offensichtlich zunehmender Tendenz im Lockdown häuften sich nun. Die Gesellschaft sah nun zunehmend das gravierende Problem, sogar die Wirtschaft befasste sich mit diesem Thema.

Und die Probleme der Schulen, der großen Klassen, des Lehrermangels und der Lehrergesundheit, der sozialen Ungleichheit sowie des Fehlens zukunftsfähiger Konzepte hören und sehen wir nun täglich.

Insofern hatte ich, einem Vorschlag meiner Frau folgend, den Titel von **„tabu“** auf **„offensichtlich“** geändert, auch wenn das Tabu weiterhin noch wirksam ist. Denn auch wenn die Dinge offensichtlich sind, können sie natürlich auch durchaus noch ignoriert oder verdrängt werden. Wie Sie sehen, haben wir uns nun letztendlich für einen anderen Titel entschieden:

EINSICHT in UNerhörtes
Vom Schweigen zum Handeln –
ein Kompass für eine neue Welt.

Dieser Titel beschreibt die Situation und mein Vorhaben noch klarer.

Ich möchte insofern hier helfen, das schon brüchig gewordene Tabu behutsam, aber beherzt weiter aufzuheben, und das, was zutage kommt, mit Ihnen als Leserin und Leser zusammen verstehen und als Boden nehmen für einen gemeinsamen gesellschaftlichen Entwicklungsweg, in den jeder seine individuelle Kreativität einbringt. Ich kann hier Licht hineinbringen als Arzt, dem viele Menschen ihre Lebenserzählungen anvertraut haben, und will nach Aufklärung und Analyse zu einem hoffnungsvollen Handeln animieren, nicht allein für die Zukunft, sondern gerade für die Gegenwart, die die Zukunft gestalten wird. Dafür sind insbesondere unsere Kinder da, die in dieser zukünftigen Welt leben werden, dürfen, müssen.

Das kreative Potenzial, die innere Balance, die sichere Bindung von möglichst vielen Kindern ist das Faustpfand, mit dem sie erst als Kinder und Jugendliche, später als Erwachsene, die nachfolgenden schwierigen Lebensbedingungen auf unserem Planeten meistern. Wir heutigen Erwachsenen haben unverzüglich die Maßnahmen zu ergreifen, die das noch möglich machen, im Übrigen auch für uns als Erwachsene.

Eine gesunde Hirnentwicklung als Grundbedingung braucht einen guten Rahmen, der von den Eltern und der Gesellschaft jetzt auf breiterer Basis geschaffen werden kann, viele arbeiten schon daran. Aber die Beziehungs-Bedingungen in zu vielen Familien, ihr finanzieller Rahmen zur Existenzsicherung, ihre Resilienz und soziale Widerstandskraft, die Kompetenzen in der Digitalisierung für eine souveräne Mediennutzung und die Gesundheit der Menschen mit ihren Fähigkeiten zur inneren und vegetativen Balance unter den Arbeitsbedingungen einer Wachstumswirtschaft haben sich in den letzten Jahren eher ungünstig entwickelt. Sie verschieben sich teilweise geradezu ins Gegenteil und verschärfen sich in der Corona-Pandemie weiter.

Wir haben also die Aufgabe, diese negative Entwicklung aufzuzeigen und zu beenden, dabei gerade wegen der Corona-Pandemie neue gesellschaftliche Ziele ins Visier zu nehmen, die sich bereits davor nahelegten. Viele glauben nicht daran, dass wir die Gesellschaft so gestalterisch verändern können und meinen bei den meisten Themen, der Zug sei doch sowieso abgefahren: Dem widerspreche ich entschieden und bin sehr zuversichtlich, dass ich in den Lesern dieses Buches vermutlich viele schon gestaltende, aber auch neue Mitstreiter finden werde, auch viele, die nach der Lektüre wieder neuen Mut schöpfen, weil sie verstehen, dass jede Veränderung auch im außen bei einem selbst beginnt. Bei uns selbst sind wir nicht ohnmächtig und können selbstwirksam handeln.

Dies gilt insbesondere für unsere Kinder, wir können ihnen Liebe geben und Vertrauen in die Welt. Das hat hohe gesellschaftliche Bedeutung, ist kein bloßes Gerede und gilt natürlich im besonderen Maße jetzt in der Corona-Pandemie. Ich werde dies jeweils genauer erörtern und erklären, weil wir und viele andere eine ganze Reihe hierzu notwendender innerer und äußerer Gestaltungen bereits ausprobiert haben und sagen können: „Es funktioniert!"

Natürlich weiß keiner genau, wie die Zukunft sich entwickeln wird, denn die Zukunftsentwürfe der vielen Menschen unterscheiden sich ja, und ich möchte sagen glücklicherweise. Und aus diesen verschiedenen Ideen wird sich etwas Neues herauskristallisieren.

Denn wir können Veränderungen machen und bewirken, wenn vielen klar wird, wie sie leben wollen und eine große Mehrheit der Bevölkerung hier in eine menschliche Richtung ziehen wird. Wir brauchen als Motivation zu einem würdevollen menschlichen Leben an sich nicht die heraufziehende Klimakatastrophe. Aber da ein von vielen neu gedachtes Leben und die Maßnahmen gegen die Klimaerwärmung bei genauerem Hinsehen recht richtungsgleich sind, nehmen wir den realen Zeitdruck durch die Klimaerwärmung, die wir eben tatsächlich haben, doch als kräftigen Motor, um die humanen Ziele endlich zu erreichen! Diesen Zeitdruck zu ignorieren macht keinen Sinn und würde menschliches Leben auf der Erde schließlich sehr schwer machen.

Und in dieser Haltung wollen und werden wir auch die Auswirkungen aus der Corona-Pandemie von ihrem vielfach existenzbedrohenden Charakter in Gegenwart entwickelnde und somit zukunftsfähige Impulse und Gestaltungen hin zur Erfüllung der Forderung nach einem würdevollen Leben für alle umwandeln.

Aktuell war ja schon vor der Corona-Pandemie Bewegung in die Gesellschaft gekommen, so als würde Hoffnung aus dem Tabu und dem allgemeinen gesellschaftlichen Schlaf drängen, ein neues Bewusstsein für die Gestaltbarkeit menschlicher Lebensbedingungen erwachen und aus der Umnebelung in die Klarheit entweichen.

Hier sind z. B. direkt aus der Bevölkerung zu nennen die Schüleraktivitäten „Fridays for Future", die in Umfragen mittlerweile oft mehrheitliche Befürwortung eines bedingungslosen Grundeinkommens, das klare Gefühl von einem Grundrecht auf bezahlbare Miete, das Volksbegehren zur Bienen-Rettung und Artenschutz in Bayern sowie die Aktivitäten der Generationenstiftung mit ihrem Jugendrat. Es zeigt sich aber auch in Forschungen zu Gewalt und politischen Einstellungen, dass sich in Deutschland in den Familien tatsächlich auch schon hoffnungsvolle Entwicklungen jenseits der populistischen Tendenzen andeuten. Ich werde darauf sowohl inhaltlich als auch bei Projekten zur Frage der jeweiligen Praktikabilität in der Umsetzung intensiv eingehen.

Die aktuelle Politik hat großen Glaubwürdigkeits-Verlust, gestaltet nicht wirklich, sondern scheint für lobbyistischen Vorteil (z. B. Machterhalt) oft zu verzögern. Die handelnde Gesellschaft ist im Begriff, sie zu überholen, ja abzuhängen.

Daran ändert auch nicht das in der Corona-Krise initial doch sehr gute Krisenmanagement der Regierung, das noch mit steigenden Umfragewerten, insbesondere der Kanzlerin-Partei, aktuell belohnt wurde. Viele Bürger hatten aber doch schon vorher bemerkt, dass das Gestalten der Gesellschaft und die Umsetzung von notwendenden zukunftsfähigen Ideen und Visionen eher doch nicht zu den Kernkompetenzen der Koalitionäre gehören. In ihren Denkmöglichkeiten sind die meisten von ihnen einfach gefangen in den Grenzen ihres alten System-Rahmens und hauptsächlich erfahren im nachlaufenden Reagieren auf Krisen, wenn es stark aus dem Ruder läuft.

Und in der Corona-Pandemie, schon im ersten Lockdown, umso mehr im aktuellen zweiten Lockdown, wird deutlich, dass die notwendende Gestaltung der gesellschaftlichen Verhältnisse und der Umwandlung des Wirtschaftens in klimafreundliche und kooperative Formen jetzt keine Verschiebung in die Zukunft zulässt. Den etablierten, im alten verharrenden Parteien wird vermutlich eine weitere Gefolgschaft zunehmend von vielen Menschen in Deutschland verweigert werden, viele werden sich schon bei der Bundestags-Wahl 2021 gestaltungsbereiteren demokratischen Parteien zuwenden.

Ähnliche Signale sendet auch der Ausgang der aktuellen US-Wahl mit dem neuen Präsidenten Joe Biden und insbesondere der Vizepräsidentin Kamala Harris. In ihren ersten Reden zeigen sie klar an, dass sie die Spaltung der amerikanischen Gesellschaft überwinden und auch unverzüglich wieder dem Klima-Abkommen von Paris beitreten wollen. Insbesondere Kamala Harris kommt dabei ja die große Aufgabe zu, zukunftsfähige Konzepte für die Bevölkerung gemeinsam mit den US-Bürgern zu erarbeiten und in eine zunehmend zustimmungsfähige Entwicklung zu bringen. Die gelungene Zustimmung auch für ihre Person als eines der hervorragenden Ergebnisse dieser Wahl ist dafür ja ein guter Boden. Und wir können nun vermutlich besser schauen und daran arbeiten, wie eine zukünftige Partnerschaft sich zwischen EU und den USA gleichberechtigt und kooperativ entwickeln kann.

Wir haben jetzt vielleicht zum ersten Mal in der Menschheitsgeschichte durch die Digitalisierung und die Robotik die Chance, weniger zu arbeiten, mehr Zeit für die Kinder, zwischenmenschliche Begegnungen und gemeinschaftliche Ziele zu haben. Wie wir die Gesellschaft so umgestalten können, dass dies zunehmend menschlich, würdevoll und zur Freude und Zufriedenheit der meisten Menschen abläuft, darum soll es auch in diesem Buch gehen.

Wir brauchen dafür auch eine gestalterisch gute und ehrliche, uneitle Politik, um die Rahmenbedingungen für das Leben unserer Kinder grundlegend zu ändern, sowohl für ihre Entwicklungsbedingungen in den ersten Lebensjahren, als auch für ihre Lebensbedingungen auf diesem Planeten.

Die Initiative zur Verankerung der Kinderrechte nach der UN-Kinderrechtscharta (vor 30 Jahren verabschiedet) in das Grundgesetz ist hier hilfreich, aber es ist doch wunderlich, dass es extra betont werden muss, dass das GG auch für Kinder gilt?! Jeder ist jeder, auch kleine Menschen.

Wir brauchen also Wachheit:
emotional - digital - sozial - politisch.
Denn für die Erlangung eigenen Glücks und Zufriedenheit und ebenso für die Bewältigung der zukünftigen Herausforderungen auf dieser Erde, für die Balance der Menschen untereinander und mit der Biosphäre (Digitalisierung, Klimawandel, Artenvielfalt usw.) braucht es, wie schon gesagt, viele Kinder in möglichst vollem Potenzial, geistig wie körperlich. Dies ist auch deshalb wichtig, weil wir viel Klugheit brauchen in einer grundlegenden Transformationsphase, in der wir jetzt in der Gegenwart durchaus von Selbstverständlichem und Gewohnheiten Abschied nehmen müssen, um uns nicht später plötzlich in bedrückenden Lebens-Szenarien wiederzufinden, wie z. B. die Klimaforschung es uns aufzeigt.

Ich möchte mit diesem Buch Lust auf ein solches Neues bzw. neu und zukunftsfähig zu gestaltendes Leben machen. Also schauen wir, wie das gelingen kann. Und wieso das für Eltern, die sich darum kümmern, Freude und mehr Lebensqualität bringt und dabei unsere Demokratie vitalisiert.
Unsere Zeit ist jetzt schon sehr schnelllebig. Ein Buch in der heutigen Zeit zu schreiben ist auf neue Weise herausfordernd, weil die Dinge sich so rasch ändern und man dann irgendwann radikal entscheiden muss, dass das Buch fertig ist. So ist es mir jetzt auch ergangen, ich freue mich, die Entscheidung der US-Wahl noch mit zu bedenken, da ich glaube, dass insbesondere durch Kamala Harris ein notwendiger Generationen-Wechsel eingeleitet ist. Sehr hoffnungsvoll erscheint mir noch das gerade erscheinende Buch „Mut zum Träumen“ von Papst Franziskus zu sein, in dem er z. B. ein bedingungsloses Grundeinkommen fordert, ein aktuell vielerorts geforderter Gedanke, den ich ausführlich mit Für und Wider im Kapitel 5 (Gestaltungsräume) beleuchte.

Wenn Sie dieses nun im Frühjahr 2021 erschienene Buch lesen, wird die Welt schon wieder eine andere sein. Es ist 2021, in Deutschland Wahljahr und ich hoffe, ja gehe davon aus, es wird mit den erzielten Wahlergebnissen ein Einstieg in eine neue, lebenswerte Welt möglich. Gehen Sie wählen! Und bleiben Sie zwischen den Wahlen gemeinsam mit vielen dran, das Leben auf der Erde in eine freud- und würdevolle, bejahenswerte Entwicklung zu bringen.

Bonn, zum Jahreswechsel 2020/21 Dr. Manfred Nelting

Einführung und Aufbau des Buches.

Die Idee zu diesem Buch entstand aus einem Vortrag von mir zur gesunden Hirnentwicklung von Kindern und Jugendlichen in Zeiten der Digitalisierung.

Beginnen wir also auch hier bei der Einführung mit dem Thema der Digitalisierung und was sie für den Menschen bedeuten kann.

Digitalisierung ist per se sicherlich nicht pathogen und andererseits auch nicht per se ein Glücksbringer, wie sie oft medial und in der Werbung daherkommt.

Da die Digitalisierung sich aber von den früheren damals neuen Technologien insofern unterscheidet, als die Digitalisierung technologisch ohne Bremsen angeboten wird, liegt das Maß und die Balance allein beim Nutzer und seiner Kompetenz dafür. Gesellschaftliche Regelwerke sind nicht vorhanden, laufen der Entwicklung hinterher oder sind unfertig, langsam und wenig wirksam.

Da wir wissen, dass die Dosis das Gift macht, gilt das natürlich auch für die Nutzung digitaler Medien ebenso wie für den Umfang der Digitalisierung im jeweiligen Alltag. Darauf nimmt die Digitalisierung allerdings keine Rücksicht und der Einzelne hat dafür Sorge zu tragen, dass die Dosis verträglich bleibt.

Ein wichtiges Ziel in der Digital-Bildung ist somit die souveräne Mediennutzung – die Medienresilienz. Das bedeutet, dass ich eine gute eigene Selbststeuerung habe, die mir erlaubt, die Medien (Fernsehen, Smartphone, Internet, Apps, Games, Virtual Reality, Internet der Dinge) in einer Weise zu nutzen, dass ich:

- auswählen kann, was mir wichtig ist,
- ich mir ein Zeitlimit vor dem Bildschirm setzen kann, ich also Kraft habe, dem Sog weiterzumachen zu widerstehen,
- ich zu einer inneren Klarheit komme, was am digitalen Angebot mir echte Freude macht bzw. tatsächlichen Gewinn auf einer mir wichtigen Ebene bringt,
- ich mir ausreichend analoge Zeit für Direktkommunikation, sinnliche Genüsse, Bewegung, Ruhe gönne,
- also einen wesensnahen Lebensstil entwickeln kann, der im Einklang ist mit dem „Du“ und der Biosphäre.

(Was das genau heißt, schauen wir uns noch in Ruhe an).

Digitalisierung birgt in sich die einmalige und erstmalige Chance auf ein menschlicheres Leben, in dem Automaten und Roboter den Menschen harte Arbeit abnehmen und ihnen so Zeit ermöglicht für kreatives Arbeiten, Zeit für Kinder und Partner sowie für Freunde und Nachbarn, Gemeinwohlaktivitäten, Muße, Lebenspflege etc. Wir alle müssen darauf achten, dass diese Chance nicht vertan wird und in Digitalisierung als algorithmischer Selbstzweck mündet und damit für menschliche Zwecke endet. Digitalisierung braucht also die Einbindung in unser demokratisches Leben und eine grundsätzliche Gemeinwohl-Orientierung. Das ist aktuell noch nicht einmal als gesellschaftliches Ziel formuliert, wir müssen uns also darum kümmern (siehe Kapitel 3 und 5).

Es wird gesagt, dass Digitalisierung ab jetzt immer weiter und schneller fortschreitet und alle Menschen ab jetzt immer weiter digital lernen müssen – lebenslang. Aber was ist Digitalisierung und haben wir Einfluss darauf, was sie für uns jeweils persönlich ist?
Digitalisierung als eine dem Menschen dienende Technologie heißt im Zentrum **analog-digitale** Balance jedes Einzelnen. Die analog-digitale

Balance gehört als fester Bestandteil zur Digitalisierung. Das heißt, wir müssen, wenn wir Digitalisierung z. B. an Schulen oder Unternehmen lehren, außer der Vermittlung von gekonnter Nutzung digitaler Medien vor allem auch die Freude und Kreativität an analogem Erleben gleichrangig lehren. Dazu gehören z. B. Begegnungen, sinnliches Wahrnehmen mit allen Sinnen wie beim Naturerleben, aber auch von ästhetischen Faszinationen der Baukunst, von technologisch Sichtbarem, der Kunst der Darbietungen in Bild, Musik, Theater, Tanz und Sport im direkten Erleben, ohne Bild- und Video-Aufnahmen mit dem Handy anzufertigen, und schließlich gehören dazu auch die Ruhe und Muße und der erholsame Schlaf, die im globalisierten Alltag leicht verloren gehen.

Digitalisierung, wenn sie dem Menschen dienen soll, darf nicht ohne das analoge Leben stattfinden. Das muss dann ebenfalls gelehrt und gelernt werden. Dabei ist lebenslanges Lernen im analogen Alltag normal und kann auf die digitale Nutzung ausgedehnt werden. Und die Lehrenden sollen dies als Vorbilder dann auch können, d. h. sie müssen selbst in guter Selbststeuerung sein und die Kinder und Jugendlichen ebenfalls, um das fassen zu können.

Ein Merksatz schon einmal im Voraus:
Digitalisierung dient den Menschen nur, wenn die analog-digitale Balance und Selbststeuerung der einzelnen Menschen existiert und funktioniert, und nur so ist eine souveräne Mediennutzung für die Gesellschaft möglich, nur so entsteht eine Medienresilienz ohne Suchtgefahr und Kreativitätsverlust von zu vielen Menschen!

Wie und wann entsteht nun Selbststeuerung? Und da sind wir schon bei der Gehirnentwicklung in den ersten Lebensjahren der Kinder auf dieser Welt. Wenn sie gut gelingt, steht dem Kind im weiteren Leben viel Potenzial zur Verfügung auf dem Boden einer gut gebahnten Selbststeuerung, wenn nicht, ist die Impulskontrolle oft nicht ausreichend ausgebildet, was das Gestalten der Mediennutzung eben schwierig macht und nicht selten einer Mediensucht den Weg bahnt. Auch zum eigenen Glück ist der Weg dann oft weit.

Konsum und Sofortbefriedigung online sind dann ein letztlich schaler Ersatz mit großer Traurigkeit und Ohnmacht im Hintergrund, bewusst oder unbewusst.

Ein Gelingen braucht nun gute Randbedingungen, z. B. ausgeruhte, verlässliche Eltern, die dem neuen Erdenbürger eine dyadische Kommunikation ermöglichen (dyadisch: zwei in eins, siehe Kapitel 1).

Ausgeruht? Wie soll das gehen, wo die Mehrheit der Bundesbürger schlecht schläft bis zur Schlafstörung, wo der Stress „Allgemeingut" ist und fast die Hälfte der Erwachsenen Bluthochdruck hat?

Und das Bildungssystem orientiert sich mehr an Erfordernissen der Wirtschaft als an der Hirnentwicklung und physiologischen Gegebenheiten. Auch der jetzt in der Corona-Pandemie beklagte Mangel an Tablets und Druckern in vielen Familien, die soziale Ungleichheit in der Kompetenz von Eltern für ein Homeschooling, dto. bei vielen Lehrern und das weitgehende Fehlen praktikabler Digitalkonzepte in der Schule ist ein verständliches Klagen über äußere Umstände.

Aber im Zentrum müsste hier stehen, dass die Beziehungsfähigkeit von Schülern und Lehrern den Boden abgibt, auf dem digitales Lernen funktioniert. Der emotionale Kontakt der Schüler mit ihren begeisterungsfähigen Lehrern ist die Basis der Freude der Schüler am Lernen und des hirnphysiologisch möglichen Lernertrags und -erfolgs. Dieser Mangel tritt bisher noch in den Hintergrund und Schule muss sich grandios wandeln in ihren Grundkonzepten, auch um z. B. digitalen Unterricht als Teil von Schule fruchtbar zu machen.

Und da die Anforderungen der Zukunft teilweise noch unscharf sind, sich noch nicht ganz deutlich herausgebildet haben, muss Schule sich auf eine große Flexibilität in den Lehrinhalten und Kommunikationswegen vorbereiten, die Lehrer müssen in guter, auch vegetativer Balance sein, um da mitgehen zu können. Und die Schüler profitieren dann hauptsächlich von Lehrern mit guter Psycho-Sozial-Kompetenz, Begeisterungsfähigkeit und persönlicher Zufriedenheit mit der Fähigkeit zur eigenen Lebenspflege.

Hier ist es eben wichtig, dass auch immer mehr Eltern, Lehrer und Politiker Kenntnis von gesunder Hirnentwicklung und dyadischer Kommunikation haben, ebenso wie Lernen im Schulalter hirnphysiologisch gut und nachhaltig funktioniert und dieses Wissen in die Gestaltung hierfür notwendiger Lebensverhältnisse umsetzen. Dabei können Eltern in ihrem Lebensraum viel gestalten und die Politik mit ihrer klaren Haltung kraftvoll anregen und fordern, indem immer mehr Eltern ihr Leben mit Lebensstilen, die einen guten Platz für Kinder haben, passend einrichten.

Dann kann sich die Gesellschaft im Interesse aller Kinder so entwickeln, dass Artikel 2 II des Grundgesetzes wieder in Kraft gesetzt wird, in dem es heißt: „Jeder hat das Recht auf Leben und Unversehrtheit. ...“. Das ist bei behinderter Hirnentwicklung der Kinder dauerhaft verletzt. Und die Gesellschaft schadet sich mit. Eine gesunde Hirnentwicklung darf aber nicht zur Disposition stehen.

Dieses Grundrecht ist gültig, wird aber kaum beachtet, geht sozusagen derzeit noch unter bei dem Primat des Wachstums und der Renditen im liberalisierten Markt. Ohne Anbindung an das Gemeinwohl und neoliberal „entfesselt“ trägt ein solches „Markt“-Geschehen sein Ende aber schon in sich, es ist nicht zukunftsfähig, da die soziale Ungleichheit und das Misstrauen in der Gesellschaft mitwächst.

Ich möchte hierfür etwas Licht ins Dunkel bringen. Schauen wir uns also den Aufbau des Buches an.

Hinweis:
Viele aktuelle Entwicklungen laufen derzeit so schnell, dass man eher Momentaufnahmen erstellen kann, klar prognostizierfähig sind sie nicht. Sie passen daher letztlich nicht recht in ein Buchformat, weil sie zu rasch überholt sein können. Das betrifft z. B. die Entwicklung der Corona-Pandemie, den Bürgerrat und anderes. Daher verfolge und begleite ich dies weiter in „Neltings Welt“ unter der Rubrik „Offensichtlich“. Sie gelangen dorthin, wenn Sie den QR-Code auf der Rückseite des Buches scannen. Ich lade Sie nach Lektüre des Buches dazu herzlich ein.

Aufbau des Buches

Kapitel 1

In Kapitel 1 will ich erst einmal beispielhaft die gesunde Hirnentwicklung eines neuen Erdenbürgers darstellen, die später mit großer Sicherheit volles Potenzial ermöglicht.

Es folgt, eng damit verbunden, die Bedeutung der Telomere, den schützenden Endkappen der Chromosomen aus dem Gebiet der Epigenetik (um die Gene herum, z. B. An- und Abschaltfaktoren für Gene). Die Telomere sind wichtig, weil sie eine große Rolle spielen dafür, ob die Hirnentwicklung unter Stress und Angst oder eher stress- und angstarm stattfinden kann und welche Gene dafür ein- bzw. abgeschaltet werden (Ja, so etwas passiert tatsächlich in den Zellkernen!).

Kinder sind ja grundsätzlich sehr verschieden, „unvergleichlich", und sie fordern ihre Eltern auch ganz unterschiedlich, daher schaue ich in diesem Zusammenhang auch auf sogenannte hochsensible und resiliente Kinder.

Kapitel 2

Dann möchte ich in Kapitel 2 die Situation der Eltern darstellen, einmal für sich als Menschen, dann aber gerade für ihre Elternschaft, beginnend mit der Empfängnis. Dafür ist ihr Stress-Level hochbedeutsam, der u. a. von ihrer eigenen Kindheit und Einstellung zum Leben, ihrem Lebensstil, ihrer Haltung, ihrer Arbeit und ihrer eigenen Kompetenz in Sachen Kommunikation mit Menschen und bei Medien abhängt und weiterhin von ihrer sozialen Situation. Aber hierher gehören auch viele Fragen, besonders zum Thema des Mutterseins, natürlich auch des Vaterseins, persönlich und in der Gesellschaft. All das bedingt mit, wie sie ihrer Aufgaben als Eltern nachkommen und ob sie ihren Kindern Liebe geben können.

Kapitel 3

Dann kommen wir in Kapitel 3 zu den Tabus und schauen uns an, was den Verrat an den Kindern eigentlich ausmacht. Dies betrifft die Themen der Gewalt ebenso wie die Wirkung der Frühpädagogik und Ausrichtung des Schulsystems. Ganz folgerichtig kommen wir dabei auf gesellschaftliche Fragen, also was die konsequente Umsetzung des Grundgesetzes Art. 2 II eigentlich behindert und schauen uns die aktuelle Lage der Kinder in Deutschland an, die wir für viele verbessern müssen, ja, hier verwende ich einmal das Wort „müssen". Denn Verwahrlosung und Gewaltformen gegenüber Kindern sind eben auch bei uns für viele Kinder trauriger Alltag.

Insofern trägt der häufige Verweis auf die Zustände in der sogenannten Dritten Welt eine Überheblichkeit in sich, die wir nun gar nicht brauchen können, zumal sie falsch ist und wir von Menschen aus anderen Ländern in Deutschland auch viel lernen können. Denn unsere aktuelle westliche Lebensweise ist trotz Redefreiheit, freien Wahlen und recht verlässlichem Justiz-System, die als demokratische Errungenschaften unbedingt zu erhalten sind, oft eher eng, hohl und weithin inhuman, wie man an den Bedingungen für viele Kinder sieht.

Die westliche Lebensweise ist ein durchaus fragwürdiges Exportprodukt für andere angeblich unterentwickelte Länder, in denen wir neben den erkannten Missständen dort, an denen die westliche Welt früher im Kolonialismus und ebenso in unseren aktuellen Wirtschaftsbeziehungen einschneidend beteiligt war und ist, z. B. auch eine Freundlichkeit, Gastfreundschaft, Kooperation und naturnahe Kultur und Strukturen, z. B. in Familien, erleben können, die uns in Deutschland in unserer Überindividualisierung im Neoliberalismus fremd geworden ist. Wir brauchen also gerade hier bei uns die Kraft des interkulturellen, wertschätzenden und kooperativen Austausches mit anderen Ländern.

Wir sehen also, dass es so vielen Kindern hier bei uns in ihren Familien nicht gut geht. Daher verwende ich u. a. auch die Schreibweise „heim"lich, weil im Heim, also zu Hause, für so viele Kinder sowohl die Hirnentwicklung behindert wird als auch so viel Leid entsteht, dies meist schweigend, ohne dass etwas nach draußen dringt und ohne das Verantwortliche, die vielfach darüber Bescheid wissen, dies im Blick halten und bessere politische Rahmenbedingungen zur Abhilfe schaffen (darüber ausführlich mehr in Kapitel 4 und 5).

Dabei kommt hier auch in den Fokus, weshalb es vielen Eltern aktuell nicht gelingt oder gar nicht gelingen kann, ihren Kindern Schutz und Liebe zu geben. Denn viele Eltern sind schon für ihr eigenes Leben überfordert, viele selbst verletzt oder traumatisiert. Diese Wunden werden vielfach transgenerational weitergegeben, auch dies gilt es zu unterbrechen und zu heilen. Hier setzt das Buch an, beleuchtet die Tabus, zeigt die Zusammenhänge und wie wir im Alltag gestalten und grundlegend ändern können.

Dabei ist, wie gesagt, auch ein Blick auf den Sinn von Frühbetreuung und Kitas wichtig, und die Schule muss natürlich in den kritischen Fokus. Denn wir haben, wie schon erwähnt, große Aufgaben im Schulsystem zu gestalten, damit die Schule nicht das kreative Potenzial der Schüler einschränkt, wenn nicht gar vielfach vernichtet.

Kapitel 4

Nach diesem Blick auf die Realität der unterschiedlichen Lebensräume und Entwicklungs-Möglichkeiten bzw. -Behinderungen von Kindern schauen wir uns in Kapitel 4 die tieferen Ursachen und Folgen von Schutzlosigkeit bei Kindern in der Gesellschaft an. Dabei kommt auch die große Bedeutung zur Sprache, die einerseits die wirtschaftlichen Gegebenheiten für die Familien-Atmosphären haben, andererseits die ersten Kinderjahre und die wirksamen Erziehungsansichten der Eltern für die Gesellschaft bis hin zu entsprechenden Lebensgefühlen und Menschenbildern sowie politischen Meinungsbildungs-Prozessen.

Dabei geht es insbesondere um die Auswirkungen von Eltern-Begleitung der Entwicklung der Kinder in Liebe und Vertrauen und im Gegensatz dazu die autoritär-kontrollierende Erziehung mit der strengen Forderung nach Gehorsam, Unterordnung sowie ggf. der Anwendung von Strafen, Liebesentzug oder Prügel. Die meisten Eltern werden sich aktuell vermutlich als liebende Eltern einordnen. Es geht aber auch darum, warum die Annahme begründet ist, dass tatsächlich zunehmend mehr Kinder in eine liebevolle Kindheit kommen können und warum dies die Demokratie stärken wird.

In unser Blickfeld kommen dabei natürlich auch die Politiker, die wir gut auswählen und auf unsere Seite als Bürger ziehen sollten, um dahin zu kommen, wie wir leben wollen. Dabei ist es für unsere Wahlentscheidungen wichtig, dass wir solche Politiker wählen, die persönliche Macht steuern können und gefestigt sind gegen bürgerfernen, korruptionsnahen Lobbyismus und autoritäre Gesinnungen und mit Liebe ihren Dienst tun.

Kapitel 5

Nach dieser Vorbereitung gelangen wir nun in Kapitel 5 in die Gestaltungsräume, die Erwachsene haben: Zuerst privat und dabei insbesondere als Vorbilder für ihre Kinder, denn **wenn es den Erwachsenen gut geht, geht es meist den Kindern auch gut.** Wir schauen uns dann aber auch die Gestaltungsräume in der Region und natürlich der Politik an. Dabei werden wir uns zwangsläufig immer wieder an dem aktuellen Primat von Wirtschafts-Wachstum und Finanzmacht stoßen, was aber unsere Gestaltungs-Ideen kreativ anregen wird.

Dieses Stoßen ist aber unumgänglich, weil so unser Gespür für die grundsätzliche Frage, wie wir gegenwärtig eigentlich leben wollen, umso mehr, wie wir bzw. unsere Kinder zukünftig leben können, nach ihren kreativen Vorstellungen sensibilisiert und innerlich etabliert wird.

Die Corona-Pandemie hat sehr vielen von uns diesbezüglich ja im Lockdown auch eine kollektive Erfahrung in Mitmenschlichkeit und Kooperation beschert, weiterhin die Bedeutung von verfügbarer Zeit ins Erleben gebracht sowie uns die Notwendigkeit und den Zwangs-Charakter ausufernden Konsums hinterfragen lassen. All das hat in der Gestaltung Bedeutung.

Der Mensch ist in seiner Physiologie und seinem Sein zwar an naturgesetzliche Entwicklungen gebunden (die Gene selbst werden sich nicht in kürzester Zeit ändern), die aktuellen Verhältnisse sind allerdings menschengemacht, daher eben nicht unveränderlich. Bedenken wir, dass die sogenannte Liberalisierung der Märkte und der Finanzwelt in Deutschland um das Jahr 1990 begann und es das Smartphone erst seit 14 Jahren gibt.

Wir schauen uns also auch bei den Gestaltungsräumen in Kapitel 5 das Wissen um den Status quo der gesellschaftlichen Verhältnisse an, die wir in Kapitel 4 herausgearbeitet haben, weil wir ein Engagement von vielen brauchen, damit es nicht weiter zu den vielen Bindungsstörungen, Impulskontrollstörungen, Vernachlässigung und Gewalt in Familien und Suchtverhalten bei Drogen und im Medienbereich kommt.

Ebenso möchte ich das Gerechtigkeitsthema eines ausreichenden Einkommens für die vollständige Teilhabe an der Gesellschaft und an den Grundrechten an verschiedenen Stellen des Buches ansprechen, und was das für die Kleinsten bedeutet. Dabei werde ich auch vielfach erklären, wieso Kinder, die mit viel Liebe aufwachsen konnten, deutlich weniger verführbar sind für Drogen und Konsumwerbung, aber auch kaum Resonanz zeigen auf Fremdenfeindlichkeit, Ausgrenzung und autoritäres und rechtsextremes Gedankengut.

Ich spreche aus der Praxis. In unseren psychosomatischen Kliniken entwickelt jeder einzelne Mensch in unserer Begleitung mit uns zusammen passende Lösungen für das weitere Leben. Dabei kommen auch immer die familiären und gesellschaftlichen Probleme ins Visier, die Menschen krank werden lassen und an der Entstehung ihrer Krankheiten mitbeteiligt sind bzw. sie bei der Gesundung behindern können. Dies nehme ich an verschiedenen Stellen auch hier im Buch auf.

Die zu erwartenden disruptiven Entwicklungen in der Arbeitswelt und im gesellschaftlichen Alltag und wie wir damit menschlich und zukunftsfähig umgehen können, kommen natürlich ebenfalls kapitelübergreifend zur Sprache.

Ich verwende im Text vielfach die Worte „Wirtschaft“ und „Politik“ in einer verallgemeinerten systemischen Bedeutung. Dies soll natürlich keine Aussage zu dem einzelnen Unternehmer und Politiker sein. Ich sehe viele und kenne einige persönlich, die sich in klarer Haltung gemeinwohlorientiert zu Wort melden und handeln. Hierzu habe ich Näheres in Kapitel 5 auf Seite 503 ausgeführt.

Kapitel 6
Eine Gesellschafts-Skizze, wie sie bald aussehen könnte, schließt das Buch ab.

Die Kapitel habe ich am Ende jeweils kurz zusammengefasst.

Spektrum – Kinderschutz weltweit

Danach folgt eine kurze Erweiterung der Thematik auf die Situation der Kinder international, die Themen der Überbevölkerung, der gesundheitlichen Bedrohungen von Kindern und wie wir gemeinsam Kinderrechte in der Welt umsetzen und sichern können. Hier sind insbesondere die UN und der Weltzukunftsrat mit Sitz in Hamburg sowie die Aktivitäten von Auma Obama im Weltzukunftsrat und ihrer Stiftung „Sauti Kuu" sowie die von ihr angeregte Sansibar-Erklärung, wichtige und hoffnungsvolle Institutionen und Projekte, die die Augen nicht verschließen und viele gute Entwicklungen weltweit initiieren.

Nach der Danksagung folgen „Letzte Worte", der QR-Code für eine Leser*innen-Botschaft und der Anhang mit diversen Informationen.

Wir haben an einigen Stellen im Buch (hauptsächlich in Kapitel 5) **QR-Codes** zum Scannen mit Ihrem Handy abgedruckt, die einzelne Themen noch einmal positionieren und unterfüttern. Sie können auch nach der Lektüre im Anhang in der QR-Code Liste ausgesucht und angeschaut werden.

Wir und andere haben Zuversicht und viele Ideen, von denen wir viele schon erfolgreich ausprobiert haben. Und ich denke, das macht vielen Lust darauf hin, in dieses menschliche, kooperative Handeln zu kommen und ein Leben mit mehr Zeit und Platz auch für Kinder zu gestalten. Viele der hier genannten Gestaltungsideen sind im Alltag praktikabel, Sie werden sie auf Ihre eigene Art und Weise aufgreifen, abwandeln oder ergänzen. Lassen Sie sich inspirieren und anregen!

Kapitel 1

GESUNDE HIRNENTWICKLUNG IN DEN ERSTEN LEBENSJAHREN

Kapitel 1
Gesunde Hirnentwicklung in den ersten Lebensjahren

„Das Kind bedarf keines Gestirns und keines Planeten;
seine Mutter ist sein Planet und sein Stern!"
Paracelsus

1.1 Wachstumsbedingungen

Kinder sind großartig. Es ist jedes Mal ein Wunder, wenn ein Kind auf die Welt kommt. Und es hat schon ein Gehirn, das gut vorbereitet ist für das, was kommen könnte. Aber wie geht es dann wirklich weiter?

Das Gehirn z. B. wächst zwar deutlich in den ersten Monaten nach der Geburt, aber nicht in allen Bereichen einfach so von selbst, insbesondere die vordere Großhirnrinde braucht als Wachstumsstoff außer der Muttermilch noch liebevolle Zuwendung, Körperkontakt und Ansprache, dann reift es und kann ins Blühen kommen. Wie das?

Ein Beispiel aus dem Tierreich: Forscher waren erstaunt, dass eine Katzenbehausung mit einem Wurf mehrerer Katzen immer so sauber war. Dann sahen sie, dass die Katzenmutter die Kätzchen am Damm leckte und so z. B. den Urin auffing. Aber woher wusste sie, welches der Kleinen gerade Pipi machen musste?

Es dauerte lange, bis jemand einmal den Gedanken umdrehte. Des Rätsels Lösung: Die Babykatzen pinkelten erst, wenn die Nieren über das Lecken angeregt wurden. Das Funktionieren der Nieren war nicht einfach so da. Jeder, der schon einmal ein verwaistes Katzenbaby aufgezogen hat, weiß, dass man außer der Gabe des Fläschchens auch noch immer den Damm mit einem feuchten Wattebausch etwas reiben muss, dann färbt es sich schnell gelb. Ohne diese Anregung sterben die Katzenbabys meistens, weil ihre Nieren nicht ins Funktionieren kommen. Beim Menschen ist es etwas anders, die entsprechende Anregung vieler Organe ist u. a. intensiver Druck auf die Haut und den ganzen Körper, wie es bei einer natürlichen Geburt im Geburtskanal stattfindet. Darum ist bei Babys, die durch Kaiserschnitte zur Welt kommen, der ausgeprägte initiale und wiederholte direkte enge Hautkontakt zur Haut der Mutter, ggf. der Hebamme zu Beginn besonders wichtig. Bei über den Geburtskanal geborenen Babys bleibt das natürlich im Weiteren ebenfalls wichtig.

Organe brauchen also passende Anregung und beim präfrontalen Gehirn (der Teil ganz vorne im Stirnbereich über den Augen) ist es die Kommunikation mit einer liebevollen Person, meist der Mutter, die zum Wachstum und zur Strukturierung führt und dabei und nur dann bestimmte wichtige Funktionen kräftig ausbildet. Und das zieht sich über die ersten sechs Jahre hin.

Hätten Sie es gewusst? Vielleicht sagen Sie, das ist doch normal. Für viele ist es das auch, für viele aber nicht (dazu später).

Bei einer solchen, wir sagen als Ärzte „gesunden" Hirnentwicklung bildet sich auch eine Funktion aus, die wir als Selbststeuerung bezeichnen. Dies ist eine ganz wichtige Grundlage für eine spätere souveräne Mediennutzung.

Wir schauen uns dabei explizit an, wie es den Eltern geht, weil es Kindern meist gut geht, wenn es den Eltern gut geht. Denn die Eltern können es schaffen, dass sie selbst besser schlafen, mehr Zeit haben für sich und die Kinder und verlässlich sind. Hierfür sind oft klare Lebensentscheidungen notwendig. Notwendig deshalb, weil die Natur des Menschen und die Hirnentwicklung nicht verhandeln, sondern so sind, wie sie angeregt werden. Nichtbeachtung hat Folgen und das bedeutet leider viel zu häufig, dass die Kinder nicht zu ihrem vollen Potenzial heranreifen können.

Wie entsteht nun eine gesunde Selbststeuerung beim Menschen? Und was bedeutet es, wenn dies nicht gelingt?

Zur Beantwortung dieser Fragen wird uns das folgende Bild durch die Thematik begleiten. Wir beginnen mit der Hirnentwicklung des Säuglings/Kleinkindes in der Mitte des Bildes, gehen danach noch mal in die Situation im Mutterleib zurück und danach weiter zurück auf die Eltern vor der Empfängnis. Denn die Biografie eines Menschen beginnt bereits da. Danach kehren wir wieder zum Kleinkind zurück und schauen uns die weitere Entwicklung an.

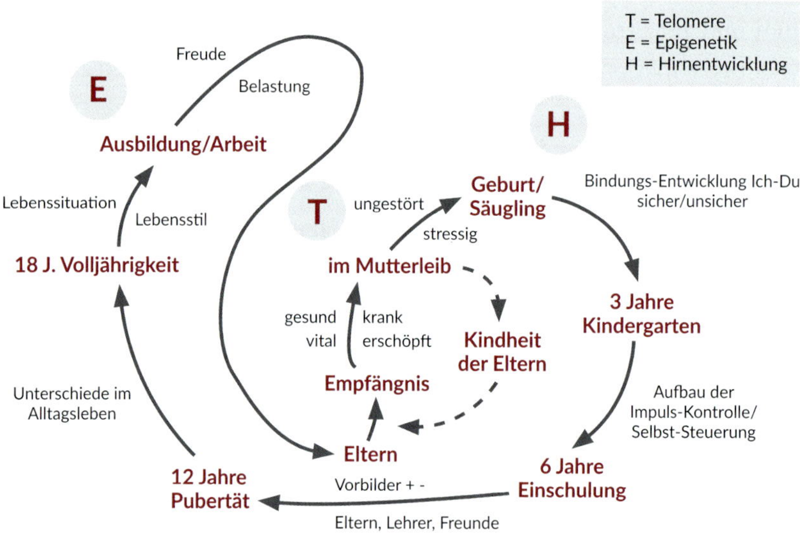

Abb. 1: Phasen des Lebenslaufs von der Empfängnis bis zur Erwachsenenzeit

Die Abbildung beschreibt also die Phasen des Lebenslaufs von der Empfängnis bis in das Erwachsenenalter. Es wird dabei neben der **kindlichen Hirnentwicklung** (siehe gleich Abb. 2, S. 60) später noch viel um die Bedeutung von **Lebensstil, Stress-Physiologie und Zellkern-Prozessen** gehen für die Gesundheit, Bindungsfähigkeit, Lebenszufriedenheit und besonders auch die (spätere) Mediennutzung.

Da fragen Sie vielleicht, was hat der Umgang mit Smartphone, Internet, Virtual Reality **mit dem Körper zu tun?** Sehr viel, wie ich u. a. im Folgenden in der biografischen Reise von der Empfängnis und der Geburt bis ins Erwachsenenalter zeigen werde.

Schauen wir uns zuerst die gesunde, unbehinderte Hirnentwicklung an.

Wir nennen eine Gehirnentwicklung gesund, wenn sie dazu führt, dass das größtmögliche Potenzial zur Erreichung von Kompetenzen, Balance, Bewältigungskräften, Glücksempfinden und Resilienz ausgebildet werden kann.

1.2. Phasen der Hirnentwicklung in den ersten Lebensjahren

1.2.1 Ich/Du-Entwicklung

Jedes Kind kommt mit einem großen Vorrat an Gehirnzellen und Vernetzungen zwischen den Hirnzellen auf die Welt. Das Gehirn wartet nun neben guter Ernährung, besonders der Muttermilch, auf passende Reize als Anregung für verschiedene Hirnbereiche zum Weiterwachsen, Ausgestalten und strukturierender Verstärkung von Vernetzungen zur Ausbildung von Funktionen und Kompetenzen.

Menschliche Babys sind sogenannte physiologische Frühgeburten, d. h. sie können ja noch nicht wie andere Tiere gleich nach der Geburt stehen, gehen usw., sondern müssen sich ihre Welt angepasst und gut geschützt zunehmend erobern. Dafür brauchen sie eine gute Umhüllung, in der es Anregung, Begleitung und Antwort gibt. Mit anderen Worten, nach dem inneren Uterus braucht es noch einige Zeit einen äußeren Uterus, der mitwächst. Das Baby ist mit dieser Umhüllung noch lange eins, ungetrennt und wie im Uterus durch die Nabelschnur jetzt aus dieser Hülle ernährt.

Die Umhüllung ist im Beginn die Mutter. Sie nährt mit ihrer Milch, mit dem Hautkontakt, ihrem Geruch und ihrer Stimme, die jedes Mal wiedererkannt werden, ihrer Bewegung beim Tragen, ihrem dabei wieder hörbarem Herzschlag und mit ihrem Anteil an stimmlicher und sinnlicher, liebevoller zugewandter Kommunikation. Und sie ist da in der Welt des Neugeborenen.

Der Psychoanalytiker Heinz Kohut hat ein schönes Bild dafür gefunden: Das Baby sieht „den Glanz im Auge der Mutter", also ihre Freude und ihren Stolz. Das zu erleben ist für das Neugeborene und Baby die Basis der sicheren Bindung.

Ein Baby ist zwar eine physiologische Frühgeburt, aber kein gänzlich unbeschriebenes Blatt. Die neun Monate im Uterus haben ihm vielfältige Wahrnehmungen, Zustände und Erfahrungen erwirkt in der uterinen Kommunikation mit der Mutter und ihrer im Uterus ankommenden Stoffwechsel- und Erlebniswelt. Auf dieser Grundlage kommuniziert das Baby mit der Mutter weiter.

In Baby-Videos über die Kommunikation von Baby und Mutter, dem Baby-Talk, wie einige sagen, hat man festgestellt, dass beide meist etwa den gleichen Anteil an der Kommunikation haben. Mal sagt das Baby etwas und die Mutter wendet sich zu und antwortet, dann nimmt sich einer der beiden eine Pause und wendet sich kurz ab, mal sagt die Mutter etwas und das Baby wendet sich zu.

Das können die Babys, der Frankfurter Psychoanalytiker Martin Dornes hat sie folgerichtig „kompetente" Säuglinge (sein Buch: „Der kompetente

Säugling“) genannt. Und sie brauchen diese Kommunikation (über einen diesbezüglichen Mangel später).

Im Baby-Talk ist es dabei übrigens sehr wichtig, dass eine Aktivität des Babys prompt beantwortet wird, da es nur dann die Antwort als durch eigenes Agieren hervorgerufen erlebt. Dies ist im Prozess der Herausbildung eines sicheren Empfindens von Selbstwirksamkeit besonders wichtig. Natürlich kann nicht jede Regung des Babys sofort beantwortet werden, aber wenn es wach ist, ist es oft möglich, wenn man selbst in der Präsenz ist.

Dieser erste Prozess der Menschwerdung von der Empfängnis bis zur neurophysiologisch verankerten Erkenntnis, dass es ein neu entdecktes, tatsächlich gewordenes „Ich“ und auch ein davon unterscheidbares „Du“ im Ich/Du-Verbund gibt, dauert etwa 1000 Tage. Das sind 1000 Tage kommunikativer Umhüllung, die ein Kind als Startkapital braucht, zuerst im Uterus, danach in der Umhüllung. „1000 Tage“ klingt lange und ist doch so schnell vorbei, die Eltern unter Ihnen werden mir beipflichten.

In dieser Zeit hat durch die Kommunikation Baby/Mutter der untere Stirnlappen des Gehirns großartig reagiert, hat sich tatsächlich vergrößert und das kleine Kind hat für sich langsam erfahren, dass es zweierlei gibt, ICH und DU (unterscheidbar, aber als WIR zusammengehörig und noch eingebettet ist, neurophysiologisch verankert). Wir nennen diesen Gehirnteil den unteren präfrontalen Cortex. Diese Entwicklung braucht eben eine gehörige Zeit und immer wiederkehrende verlässliche liebevolle Kommunikation.

Wenn es so läuft, ist die Grundlage für eine sichere Bindung des Kindes an die Mutter gelegt und diese Sicherheit bedeutet auch ein Urvertrauen für das Sein in dieser Welt, jetzt und später.

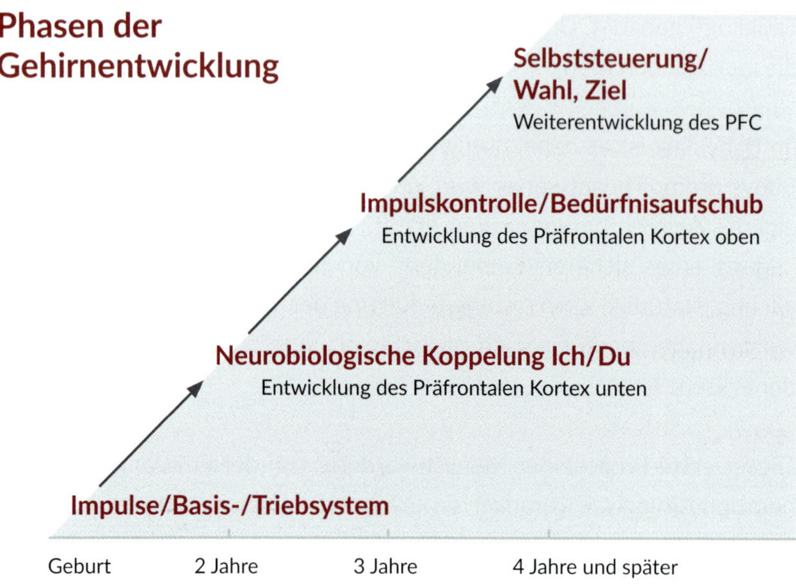

Abb. 2: Phasen der Gehirnentwicklung in den ersten Lebensjahren

Die ersten zwei Lebensjahre sind also entscheidend für die Ausbildung einer sicheren Bindung beim Kind. Sie entsteht durch die **verlässliche dyadische Kommunikation inkl. Körperkontakt** zwischen Kind und Mutter.

Sollte die Mutter, aus welchen Gründen auch immer, nicht für das Kind verfügbar sein, müssen der Vater oder die Oma oder eine andere möglichst konstant präsente empathiefähige Person diese Aufgabe der ersten zwei Jahre bestmöglich erfüllen. Auch das kann gelingen, wenn diese Personen in der Lage sind, eine dyadische, gut umhüllende Kommunikation herzustellen.

Eine zeitweilige Trennung von der Mutter oder Hauptperson setzt keine Schäden, wie wir heute wissen, aber in dieser Zeit ist es auch wichtig, dass eine andere empathiefähige Person da und präsent ist. Trennung ist aber auch etwas, was behutsam gelernt werden muss, weil es im Alltag zwangsläufig immer wieder stattfindet. Dabei lernt das Kind auch, dass die Mutter immer wieder kommt. Es ist dafür besser, wenn die Mutter sich nicht wegschleicht, sondern auf die nun präsente Person verweist und sich kurz verabschiedet. Dabei sollte die „Ersatz"-Person bekannt und vertraut sein und die Trennung im Beginn eben kurz. Später sind dabei auch sogenannte Übergangsobjekte wie ein Schal der Mutter oder ein Stofftier, mit dem gemeinsam gespielt wurde, hilfreich in der Zeit der Trennung. Aber Trennung sollte in der ersten Zeit eben etwas zeitlich sehr Begrenztes sein.

Vorerst in dieser Phasendarstellung gehe ich davon aus, dass die Mutter für ihr Baby einfach da ist.

Unter dieser Kommunikation wächst und reift der untere präfrontale Kortex zur allmählichen und sicheren **Wahrnehmung von Ich und Du.**

Eine sichere Bindung ist nun Voraussetzung für die nächsten Phasen der Entwicklung der **Impulskontrolle** und einer später darauf aufbauenden **Selbststeuerung** (siehe Abb. 2).

Natürlich können und werden weitere Personen im Haushalt wie der Vater oder Partner der Mutter, Geschwister und Großeltern und andere nahestehende Personen die Kommunikation der Mutter mit dem Baby/Kleinkind ergänzen oder kurzphasig ersetzen. Dies ist insbesondere gut möglich, wenn die Stimmen und Gesichter wie beim Vater und Geschwistern, vielleicht auch Großeltern durch Zusammenleben oder häufigen Kontakt schon bekannt sind.

Das Baby wird auch, wenn es wach ist, Zeiten für sich brauchen, in der es seine Hände, Arme und Beine zunehmend kennenlernt und alles um sich herum genau und immer wieder untersucht, wie es sich anfühlt in der Hand und im Mund. Diese Zeiten soll man natürlich nicht stören. Auf die Situation z. B. in Kitas und das Zusammenspiel zwischen Kita bzw. Tagesmutter und Eltern komme ich später.

Oxytocin

Die Entwicklung einer sicheren Bindung wird physiologisch begleitet durch die Ausschüttung von Oxytocin, dem Bindungshormon, beim Neugeborenen und bei der Mutter. Dies beginnt bei der Geburt und bekommt einen kräftigen Impuls beim Stillen und ganz besonders beim direkten intensiven Hautkontakt. Dadurch entsteht ein Oxytocin-Level, der im weiteren Leben die Bindungsfähigkeit weiter ausbildet und insbesondere durch körperliche Nähe und Hautkontakt immer wieder angeregt wird, tatsächlich eine verlässliche Ressource im späteren Erwachsenenleben. Übrigens hat der Vater selbst eine gute Bindungsfähigkeit, steigt auch bei ihm der Oxytocin-Level, insbesondere, wenn er auch Hautkontakt mit dem Kind hat.

Die Bedeutung des autonomen vegetativen Nervensystems als weitere zentrale biologische Basis der Bindungsfähigkeit beschreibe ich nach der Phasendarstellung.

Babys, die direkt nach der Geburt von der Mutter getrennt wurden und ohne sie bzw. ohne konkrete Bezugsperson im Waisenhaus ohne empathische Begleitung aufwuchsen, können später als Kinder und Jugendliche auch bei Aufnahme/Adoption in warmherzige Familien sichere Bindungen schlechter aufbauen sowie weniger Glück aus Begegnungen ziehen. Sie bleiben eher distanziert und misstrauisch. Die Fähigkeit zur Ausschüttung von Oxytocin ist bei ihnen entsprechend deutlich vermindert. Bindungsarbeit, etwa in erlebniszentrierten psychotherapeutischen Gruppen, kann hier auch noch nachträglich moderate Verbesserungen in der Bindungsfähigkeit erzielen.

Impulsgesteuert

Das Baby ist in diesen ersten 2 Jahren von Basisimpulsen gesteuert. Es meldet sich lautstark, wenn es Hunger hat, der Stuhlgang drückt, die Haut im Windelbereich gereizt ist oder ein Bedürfnis nach Wärme und konkret spürbarer Umhüllung und Getragenwerden da ist. Auch Schmerzstillung und Trost soll sofort erfolgen. Allen Basisimpulsen ist gemeinsam, dass sie keinen Aufschub dulden. Das Baby schreit eben sonst solange, bis das Bedürfnis gestillt oder das unangenehme Gefühl weg ist.

Einige Eltern meinen, dass ein Kind mit 2 Jahren unartig ist, wenn es wild oder wütend agiert, weil es seinen „Willen" nicht bekommt. Das ist aber eine Annahme, die aus hirnphysiologischer Sicht grundfalsch ist. Ein Zweijähriges kann noch keine Impulskontrolle haben, weil die sich erst in der Folgezeit im Gehirn strukturell ausbildet.

Daher wirken Bestrafungen in diesem Alter traumatisch, weil das Kind ja nichts anderes machen kann und dadurch in ungeheuren unlösbaren Stress gerät. Stattdessen gilt es, sich feinfühlig in das Kind hineinzuversetzen, damit die „Wut" des Kindes dann als eigene Kraft im Kind spürbar wird und mit Anregung durch die Eltern für anderes zur Verfügung steht.

Ebenso haben viele Eltern Sorge, dass sie ihr Kind zu sehr verwöhnen, wenn sie in den ersten beiden Jahren immer sehr konkret auf ihre Bedürfnisse eingehen. Auch diese Sorge ist unbegründet, vielmehr wird so die Grundlage gelegt, dass ein Kind später mit seinem vollen Potenzial und Urvertrauen neugierig die Welt erkunden kann. Durch eine Erziehung, die den Kindern schon zu früh das Ertragen von Frustrationen abverlangt, werden die Kinder in ihrer Entwicklung gehemmt und zwar auch ganz konkret auf Gewebeebene mit einem Rückgang der Vernetzung der Hirnzellen untereinander.

Manchmal weinen Babys zur Bewältigung möglicher wiedererinnerter, intrauterin oder durch die Geburt erlittener traumatischer Erfahrungen, wie Pränatal-Experten es ins Spiel bringen. Auch in solchen Fällen, wo es nicht primär um das Stillen von Bedürfnissen geht, gilt es das Baby nicht weinend liegenzulassen, sondern ihm das Weinen auf dem Arm der Mutter oder betreuenden Person zu ermöglichen. Ein Baby regelmäßig länger weinen zu lassen ohne liebevolle Umhüllung (auch in bester Erziehungsabsicht) wirkt in den ersten zwei Lebensjahren meist erneut traumatisch.

Im dritten Lebensjahr

Jetzt also erst einmal zurück zur weiteren Gehirnentwicklung im dritten Lebensjahr. Hier entwickelt sich allmählich die Impulskontrolle sowohl körperlicher als auch emotionaler Impulse, die Vorphase zur späteren Selbststeuerung. Was passiert da im Gehirn?

1.2.2 Impulskontrolle

Im dritten Lebensjahr sind die verlässliche, liebevolle Kommunikation und das Da-Sein von Mutter, Vater, Oma oder einer anderen verlässlichen und empathiefähigen Person weiterhin unabdingbar. Der Kommunikationskreis wird dann meist erweitert, aber die sogenannte dyadische Kommunikation wird von der Hauptperson oder beim Zusammenleben auch durch mehrere Personen wie Mutter, Vater und Geschwister weitergeführt und muss auch bei Fremdbetreuung ermöglicht werden.

Auf der Grundlage der sicheren Bindung wird das Kleinkind im Alltag zunehmend herangeführt, dass eine Sofortbefriedigung nicht immer gleich möglich ist, insbesondere bei mehreren Kindern im Haushalt bzw. auch bei z. B. einer Tagesmutter. Aber die Stillung der Bedürfnisse wird nicht lang anhaltend versagt. Für das Gehirn bedeutet das, dass ein Impuls manchmal eine gewisse Zeit aufgehoben werden muss, bevor die Lösung erfolgt. Diese Herausforderung ist ein Reiz für den oberen Anteil des Stirnlappens und dieser wächst darunter ebenfalls großartig und lernt den Impuls eine Weile zu beherbergen, ohne dass das Kind in allzu großen Stress oder Verzweiflung gerät. Dies gelingt aber nur richtig gut, wenn das Kind sich sicher und aufgehoben fühlt.

Diesen Teil des Stirnlappens im Gehirn nennt man den oberen präfrontalen Kortex (siehe Abb. 2 auf Seite 60).

Beide Teile, also der untere und der obere präfrontale Kortex, müssen gut angeregt und ausgebildet sein, damit die nächste Herausforderung, nämlich die Selbststeuerung, begonnen werden kann.

Die Anforderungen, auch das Setzen von Grenzen im sozialen Miteinander familiär, ggf. bei der Betreuung durch eine Tagesmutter oder auch in einer Kita, haben jetzt ab dem dritten Lebensjahr in ansteigendem, aber immer angemessenem Maße wichtige Bedeutung. Das Kind beginnt jetzt an Herausforderungen im Spiel oder bei der Rahmensetzung durch die Eltern seine Selbstwirksamkeit und seine aktuellen Grenzen wahrzunehmen und in seiner Impulskontrolle zu wachsen.

1.2.3 Selbststeuerung

Selbststeuerung ist dann ab dem Alter von 3 Jahren, also vom vierten Lebensjahr an eine lebenslange Aufgabe, deren erfolgreiche Bewältigung und lebensgestaltendes Potenzial aber besonders von dem Beginn im vierten und fünften Lebensjahr abhängt. Bei gutem Gelingen in liebevollem, aber auch passend herausforderndem Umfeld bildet der präfrontale Kortex insgesamt seine Selbst-Steuerungsfunktion immer weiter aus und dehnt sie insbesondere auf die Fähigkeit der Wahl, das Planen mit allmählicher Einbeziehung von zeitlich späteren Zielen und der Entwicklung der intrinsischen Motivation (siehe Kapitel 5, Spielen).

Was heißt Selbststeuerung?
Idealtypisch möchte ich das so beschreiben: Ein Kind kann im Laufe des vierten Lebensjahres allmählich immer besser warten, bis seine Impulse erfüllt werden. Die Kinder quengeln und drängeln sicherlich immer wieder, schreien auch mal wütend, aber sie kommen mit dem Warten zunehmend zurecht, ohne dass übermäßiger Stress entsteht. Es bildet sich eine sogenannte Frustrationstoleranz aus, zu der aber die Erfahrung gehört, dass die Bedürfnisse meist später doch befriedigt werden. Vielfach können die Kinder dann schon erkennen, dass das Warten auch Vorteile bringt oder so etwas wie eine erste Vorfreude auftritt.

Das Kind kann dann z. B. beginnen, erste Pläne in der Vorstellung zu machen und das Ganze später ausprobieren. Parallel dazu kann eine erste Umsetzung bereits in der Fantasie und auch im Spiel stattfinden, bevor es dann tatsächlich stattfindet. Beispielsweise kann das Kind erst einmal die Puppe füttern, wenn die Mutter/der Vater das Essen noch nicht fertig hat.

Dazu gehören aber verlässliche Eltern, sonst wird die zeitweilige Frustration zur Bedrückung. Aber verlässliche Eltern können auch „Nein“ sagen, wenn es sinnvoll oder notwendig ist und das Kind kann mit der Klarheit der Eltern, wenn sie sich auch verlässlich auf das „Ja“ erstreckt, gut leben.

Diese Zeit ist an sich märchenhaft, die Kinder leben in einer Märchenwelt, bevor sie dann im sechsten/siebten Lebensjahr von sich aus mehr in die reale Alltagswelt mit ihren Anforderungen eindringen wollen, da unbändige Neugier sie treibt. Dann ist das Gehirn bereit dafür und kann es beginnend fassen.

Bis dahin gilt es, die Kinder immer wieder auch in dieser Märchenwelt zu lassen oder sie auch mit ihnen zu erleben. Für den Alltags-Realismus bleibt noch genug Zeit, man muss ihn in den ersten Jahren nicht überstrapazieren, weil er Kinder in seiner rationalen Erfassungsnotwendigkeit leicht überfordert. Denn Kinder denken noch nicht vernünftig, vielleicht manchmal schon in Ansätzen, aber das macht sie ja auch als Kinder aus und ermöglicht ihnen ihre Eroberung der Welt ohne übergroße Handlungshemmung durch zu viel (kaum zu bewältigende) rationale Abwägung.

Mancher mag glauben, ich übertreibe mit der Ausdehnung der Zeitphasen und sieht für sich und seine Kinder schnellere Phasenabläufe. Aber uns will vieles anders scheinen, wenn noch nicht klar ist, wie es entsteht.

1.2.4 Trotzphase

In der Zeit des beginnenden Wahrnehmens eines eigenen, von der Mutter unterscheidbaren „Ichs" ist es normal, dass das Kind die Möglichkeiten des Ichs ausprobieren will. Dies findet insbesondere im dritten und vierten Lebensjahr, individuell auch später statt.

Nun sind die Kinder sehr verschieden und agieren sehr unterschiedlich in dieser Zeit und in eben ihrer speziellen Familie. Es kommt auch darauf an, wie gut Impulse schon kontrolliert werden können. Manche Kinder sind sehr offensiv und loten die Möglichkeiten und Grenzen sehr offensiv aus, was Eltern manchmal an den Rand ihrer Kräfte, Wirksamkeit und ihrer emotionalen Balance bringen kann, wieder andere machen dies kaum wahrnehmbar für die Eltern. Hier kommt es darauf an, dass Eltern diese Phase ihres Kindes akzeptieren und möglichst auf die Seele des kleinen Kindes passend reagieren lernen.

Das heißt u. a. auch, dass sie zaghaften Kindern gute Räume zum Ausprobieren und offensiven Kindern Räume und gute Grenzen für ihr Ausagieren geben. Unter anderem ist es wichtig, dass man bei den offensiven Kindern sehr darauf achtet, wann sie müde werden, weil sie dann oft noch mal ein Furioso starten und kaum mehr erreichbar sind. In der Folge ist die Gefahr für die Eltern, dass sie das z. B. dann schreiende und sich wehrende Kind auch anschreien und nur mit einer gewaltigen Kraftanstrengung und ggf. einem Ärger auf das Kind (es reagiert nicht mehr, weil es nicht mehr reagieren kann) ins Bett bringen können. Das erleben aber auch die gelassensten Eltern in dieser Phase immer wieder mal.

Im Alltag gibt es für die meist nicht durchgängige Trotzphase keine besten Regeln für Eltern, mal hilft ablenken, mal austoben lassen mit dem Aufpassen, dass das Kind sich nichts tut. Meist ist ein liebevolles Ignorieren, was bedeutet, dass man nicht gegen das Kind kämpft und möglichst wenig Energie in diese Momente gibt, hilfreich zum Auslaufenlassen des Agierens. Insgesamt ist aber die Klarheit der gemeinsamen Regeln beider Eltern wichtig, die das Kind dann allmählich als verbindlich und gesetzt in sein Ich-Kostüm einverleibt.

Wie die Kinder es machen, ist weder gut noch schlecht, sie probieren sich eben aus mit ihren jeweils neu wahrnehmbaren Möglichkeiten in eben dieser speziellen Familie, in die sie hineingeboren sind. Und man sollte Kinder niemals mit anderen vergleichen, sie sind alle so, wie sie sind, unvergleichlich und liebenswert (über das Drama des Vergleichens siehe auch Kapitel 2, S. 116).

1.2.5 Impuls-Unterdrückung beim kleinen Kind

Aufpassen muss man in dieser Phase jedoch mit Regeln, die das notwendige Ausprobieren unterschwellig, aber mit einer für das Kind doch wahrnehmbaren, auf Ärger oder Hilflosigkeit basierenden inneren Härte unterbinden, so dass es zu einer Impuls-Unterdrückung beim Kind kommt, die keine echte hirnphysiologisch wirksam gewachsene Impuls-Kontrolle ist.

Oft unmerklich, nicht stark ausgeprägt, aber mit großer Wirkung durch die tägliche regelmäßige Anforderung stehen viele Kinder z. B. unter

- dressurähnlicher Verhaltens-Konditionierung, ggf. auch aus kulturellen Gründen,
- unterliegen einem Zwang, sich auf eine bestimmte Weise zu verhalten, weil schwierige Alltage dies oder jenes erfordern,
- nehmen sich zurück, weil sie Angst bei den Eltern spüren,
- ziehen sich resignierend zurück, weil sie nicht ausreichend Antwort auf ihre kommunikativen Handlungen bzw. keine Anregung für ihre Neugier bekommen,
- oder fühlen sich bedroht durch Liebesentzug bei nicht gewolltem Verhalten oder anderweitiger Strafandrohung usw.

Dann sieht es so aus, als könnten Kinder schon mit drei Jahren perfekt gehorchen, seien gut erzogen oder lernen brav, was die Eltern wünschen. Und die Eltern sind dabei ja in der Regel nicht boshaft oder schlecht, haben es z. B. so von ihren Eltern gelernt, sind darüber hinaus vielfach im Alltag stark belastet oder nicht in eigener Balance. Wir alle unterschätzen dabei aber die Wahrnehmung und innere Wirkung von solchen als nebensächlich eingeschätzten Details und sehen ggf. eher grobe Dinge, dann sogar natürlicherweise eher bei anderen, und bemerken unser eigenes Zutun oft selbst nicht.

Diese kindliche Anpassung ist aber keine echte Impulskontrolle oder Selbststeuerung, sondern ist eine archaische Reaktion aus der physiologischen Ruhigstellung bei Angst und bedeutet durchaus Stress für das Kind, beinhaltet für das weitere „auf die Welt Zugehen“ in gewissem Maße auch eine resignative Zurückhaltung. Da dies in den Erziehungssystemen der aktuellen Vergangenheit „normal“ ist, wird es vielfach nicht wahrgenommen. Die meisten von uns haben auch dieserart Stress auf die eine oder andere Weise erfahren, kennen ihn insofern zumindest unterbewusst.

Kinder mit zwei Jahren oder jünger für ihr „Ungezogensein" zu bestrafen, bedeutet, wie gesagt, für das Kind eine traumatische Erfahrung. Es kann daraus niemals eine für das weitere Leben hilfreiche Lehre ziehen, sondern kommt nur in Angst und Hilflosigkeit.

Ich habe in einem Foto-Album ein Bild eines kleinen Jungen auf dem Töpfchen sitzend entdeckt, in einem Alter, wo er eben gerade sitzen konnte, noch nicht ein Jahr alt. Darunter hatte seine Mutter geschrieben: „Er ist unartig, er will nicht aufs Töpfchen".

Verstehen Sie, das meine ich. Es war damals eine Erziehungskultur, die von bestimmtem Annahmen ausging, die unterschwellig aber wirksam waren, die heute natürlich nicht mehr haltbar sind in der Erziehungsdiskussion. Sie werden allerdings von vielen Eltern noch aufgrund des unterbewussten eigenen Erfahrungsschatzes an die Kinder weitergegeben und als „normal" empfunden. Auch den Satz: „Kinder mit 'nem Will'n, kriegen was auf die Brill'n" kennen wahrscheinlich noch einige aus eigener Erfahrung als Kind.

Das kann sich alles behindernd auf die Entwicklung auswirken und ist verstärkt der Fall, wenn die Eltern praktisch nicht verlässlich für das Kind „da" sind, z. B. aufgrund von eigener Krankheit, Stress, eigener Traumatisierung oder arbeitsbezogen oder wenn das Kind für die eigenen elterlichen ungelösten Lebensprobleme benutzt/missbraucht wird (dazu später Kapitel 3).

Übrigens, in der Pubertät und nachfolgenden Jugendjahren kann das Gehirn sich bei guten Umgebungsbedingungen noch einmal umfangreich umstrukturieren, man spricht bei der Pubertät auch von „der zweiten Chance". So kann ggf. hier vieles noch einmal nachreifen. Die „erste Chance" der ersten Lebensjahre ist allerdings die grundlegende Entwicklung und gibt den Rahmen, auf den die „zweite" Chance dann noch gut aufbauen kann.

1.3 Die Bedeutung des autonomen Nervensystems für die Bindungsfähigkeit

Das autonome Nervensystem (ANS), auch vegetatives Nervensystem genannt, ist entwicklungsgeschichtlich ein seit Jahrmillionen bestehendes uraltes System, das alle Vitalfunktionen steuert und modifiziert je nach Anforderung des Lebens und der Umgebung. Es findet sich bei allen Tieren und auch beim Menschen. Es arbeitet blitzschnell und verarbeitet dabei alle verfügbaren Informationen über die Sinne, also aus der Umgebung und aus Rückkoppelungen von inneren Organen. Dies tut es permanent, Tag und Nacht. Es passt z. B. die Herztätigkeit sofort den Erfordernissen an, wenn die Informationen auf Gefahr deuten oder aber sichere Umgebung anzeigen. Es heißt autonom, weil ein direkter Zugriff z. B. im Denken durch eine Denk-Anweisung, z. B. „Puls werde langsamer!" nicht funktioniert und nur indirekt über innere Bilder, Meditation oder Qigong usw. beeinflussbar ist.

Das ANS ist also viel schneller als das bewusste Denken und gibt daher auch dem Denken immer einen Rahmen vor, innerhalb dessen es arbeiten kann, insbesondere durch die Kategorien „sicher", „gefährlich" oder „lebensgefährlich", sozusagen ein erstes Framing. Auf die Möglichkeiten bzw. Begrenzungen des Denkens in Abhängigkeit dieser Rahmen kommen wir später in Kapitel 4 zurück.

Anatomisch hatten die Forscher zwei Nerven gefunden, die sie als Gegenspieler identifizierten, Sympathikus und Parasympathikus. Beim

Sympathikus fand man aktivierende Wirkungen, insbesondere im Herz-Kreislauf-System und den Skelettmuskeln, beim Parasympathikus beruhigende, entspannende und zur Verdauung gehörende Wirkungen. Der Parasympathikus gehört als Nervenleitbahn zum sogenannten Nervus vagus, einem Hirnnerv.

Heute sieht man Sympathikus und Parasympathikus nicht nur als Gegenspieler, vielmehr „spielen" sie in der vegetativen Regulation und Feineinstellung von Funktionen, z. B. der passenden Herzfrequenz den ganzen Tag zusammen.

Ende der 1980er-Jahre hatte der amerikanische Psychiater und Biomedizin-Techniker Stephen W. Porges bei seiner Forschung herausgefunden, dass vom Nervus vagus ein weiterer Nervenzweig ausgeht mit ganz eigenen Funktionen, der entwicklungsgeschichtlich viel jünger ist und sich nur bei höheren Säugetieren und im besonderen Maße beim Menschen findet. Dieser Zweig wird ventraler Vaguszweig genannt (ventral: bauchseitig) im Gegensatz zum altbekannten Parasympathikus, der als dorsaler Vaguszweig bezeichnet wird (dorsal: rückenseitig).

Der neue jüngere ventrale Zweig wird nun nach intensiver Erforschung in der praktischen medizinischen Anwendung auch „soziales System" genannt (Polyvagaltheorie). Diese Theorie wird nicht von allen Wissenschaftlern, die zum ANS forschen, als wissenschaftlich eindeutig stimmig gesehen, es handelt sich aber um einen praktikablen Ansatz für das Verständnis vieler menschlicher Kommunikations- und Verhaltensvorgänge.

Die Theorie des sozialen Systems des ANS hat sich dabei gerade in der Praxis der psychosomatischen und Trauma-Behandlung sehr bewährt und ist auch in der Bindungsforschung ein sehr hilfreicher Ansatz. Daher beschreibe ich das soziale System des ANS hier als eine gut verständ-

liche Theorie, die allerdings noch weiteren Forschungsbedarf hat.
Die drei vegetativen Zweige oder Systeme arbeiten im ANS in gewisser Weise den ganzen Tag zusammen, aber es gibt doch eine Hierarchie bei der kommunikativen Bewertung von Sicherheit und Gefahr, die der ventrale Vaguszweig anführt und den Sympathikus in seinen Funktionen, insbesondere Stressantworten hemmt, dieser wiederum hemmt den dorsalen Parasympathikus für die von ihm ausgehenden ultimativen Stressantworten.

Man kann sagen, der ventrale Vaguszweig kann mit seinen Regulationen die meisten Alltagssituationen gut managen, sofern es sich um einen gesunden Menschen mit guter Bindungsfähigkeit handelt. Dann braucht der Sympathikus nur gebremst eingreifen und der dorsale Parasympathikus kann sich hauptsächlich um die Verdauung kümmern, muss also beim vegetativen Stress-Management im Grunde nicht eingreifen.

In gefährlichen oder als gefährlich eingeschätzten Situationen tritt dann der ventrale Vagus seine Führungsposition ab und der Sympathikus übernimmt und mobilisiert alle Kräfte, die zum Kampf oder zur Flucht gebraucht werden, bis die Gefahr vorüber ist. Dann kehrt sich die Führung wieder um und der Sympathikus, ebenso wie die Stress-Hormone Cortisol und Adrenalin kehren wieder in ihre Ausgangslage zurück. Bei Lebensgefahr erfolgt sozusagen als letzte Reaktionsmöglichkeit ein „Totstellreflex“, der über den dorsalen Parasympathikus läuft als Erstarren oder auch als Ohnmacht.

Die Funktionsbedeutung des jüngsten Vaguszweiges als soziales System möchte ich jetzt genauer erklären, denn er zeigt einige ganz zentral bedeutsame Zusammenhänge im menschlichen, sozialen Leben auf. Ich werde in diesem Buch an vielen verschiedenen Abschnitten darauf zurückkommen.

Der ventrale Vaguszweig – das soziale System des ANS

Dieses entwicklungsgeschichtlich jüngere Nerven-System beeinflusst viele Muskeln im Kopf/Hals-Bereich, also im Gesicht, speziell der Mimik, der Stimme durch Kehlkopf und Rachenmuskeln und der Seitneigung und Drehbewegung des Kopfes. Andere Hirnnerven sind dabei abgestimmt mitbeteiligt. Ich fasse dies hier im sozialen System des ANS zusammen.

Ein Mensch zeigt dadurch z. B., ob sie/er freundlich oder feindlich gesinnt ist. Das findet unbewusst statt, üblicherweise legt man sich darüber keine Rechenschaft ab. Das Gegenüber kann dann im Gesicht den emotionalen Ausdruck an der Kopfhaltung z. B. soziales Annehmen oder Ablehnen und in der Stimme die Stimmung quasi lesen und hören, also ob die aktuelle Situation sicher oder unsicher bzw. gefährlich ist. Auch das findet sehr rasch und unbewusst statt.

Die Feinheiten beispielsweise der Stimme, die sogenannte Prosodie (Intonation, Satzmelodie, Stimmungsvariationen usw.) werden durch vom ventralen Vaguszweig beeinflusste Muskeln im Kehlkopf/Stimmbandbereich und Schlundmuskulatur im Zusammenspiel mit anderen Hirnnerven hervorgerufen. Das ist so individuell, dass man jemanden am Telefon an seiner/ihrer Stimme erkennen kann, ja digital sogar die Stimme als Signatur zur Identifikation nutzen kann. Und die Stimmung wird dabei mittransportiert, allerdings bewusst nicht immer wahrgenommen.

Dieses System ist also, anders als die eher reaktiven, rückgekoppelten Nerven-Funktionen von Sympathikus und Parasympathikus, ein auch proaktives soziales System, es stellt einem Gegenüber einen Ausdruck der inneren Verfassung, Gestimmtheit und Einstellung zur Situation zur Verfügung. Das Gegenüber macht es ebenso. So können beide aus der Mimik, Stimme, Körperhaltung und Gestik herauslesen, wie die Situation weitergehen kann, welche kommunikativen Handlungen Sinn machen oder ob ein Rückzug angezeigt ist. Dieser jeweilige Ausdruck für andere ist kaum zu unterdrücken, quasi ein soziales, freiwilliges Angebot an die Umwelt, um die passende Kommunikation zu finden.

Bei der Wahrnehmung und dem Lesen im muskulären Muster des Gegenübers spielen die Sinne und auch die sogenannten Spiegelneurone mit dem ventralen Vaguszweig zusammen. Spiegelneurone sind Neurone, die optisch erfassbare muskuläre Muster eines Gegenübers im eigenen Gehirn abbilden können. Dies ist dann auch als Abbildung mit Empfindungen aus dem eigenen Erfahrungsschatz verbunden, die eine Ahnung vermitteln, was das Gegenüber gerade fühlt. Aufgrund spezieller Zusatzneurone, die ganze Handlungspläne speichern, kann dann bei ausreichender Erfahrung aus dem angedeuteten Bewegungsmuster auch auf das mögliche Weiterführen der muskulären Aktionen, also die Absichten, geschlossen werden.

Auch die Reaktion auf das Erfassen der Situation, also ein Eingehen auf die Begegnung oder Abwendung durch unbewusst erfolgende minimale Änderungen des eigenen muskulären Musters, teilt sich dem anderen dann sofort mit.

Das System ist dabei gut in der Lage, sozial adaptiv zu wirken, also ohne Kampfmodus kommunikativ flexibel zu reagieren, auch bei einem verbalen Angriff z. B. ins Gespräch zu kommen, im Gespräch zu bleiben oder auch zu gehen. Das ist die große Errungenschaft dieses Systems und es hat vermutlich zu einem besseren Überleben in größeren Gruppen geführt.

Der ventrale Vaguszweig kann aber nur die Führung im ANS halten, wenn er durch Balance im Leben des Menschen, Pausen und gutem Schlaf entspannt bleibt und durch interessante und herausfordernde Begegnungen gut trainiert wird. Damit entsteht dort ein kommunikatives Repertoire, was einen den Großteil der Situationen im Leben kommunikativ stressarm beantworten lässt ohne Hilfe von Stressantworten des Sympathikus, die immer etwas aufgeregter, heftiger und unreflektierter ausfallen.

Das ANS unter Führung des ventralen Vaguszweiges fragt also ständig in Windeseile Informationen aus der Umgebung und der inneren Verfassung ab auf Gefahren, stressige Herausforderungen oder ausreichend sichere Lage.

Dieses System reguliert dann z. B. auch unverzüglich den für die Situation notwendigen Herzschlag, und falls die Situation nicht dramatisch ist, hemmt das System auch Reaktionen aus dem Sympathikusanteil des ANS, andernfalls sinkt der Tonus im sozialen System und der Herausforderungs- bzw. Kampf- oder Fluchtmodus wird über den Sympathikus mobilisiert.

Diese Einschätzungen wurden in früheren Zeiten nur über die äußeren, mit den Sinnen zu erfassenden Situationen in der jeweiligen Umgebung getroffen im Abgleich zu archaischen, eigenen oder Gruppen-Erfahrungen.

Heutzutage kommen in stärkerem Umfang auch Informationen und Signale aus dem individuellen Inneren, insbesondere aus dem Denken bzw. emotionalem Erleben dazu, wie gefühlte Ablehnung, Erniedrigung, Selbstwertzweifel usw. als aufgespürte Gefahren, die den Tonus des ventralen Vaguszweiges drosseln und den Sympathikus mit Stressreaktionen auf den Plan rufen.

Das ist eine Bürde, manchmal auch Sackgasse des die starke Individualisierung befördernden und bindungsauflösenden „Fortschritts“ unserer heutigen Zeit, u. a. eine Auswirkung und Folge fehlender Liebe und Vertrauen ins Leben in den ersten Lebensjahren und nicht ausreichend gelungener Selbststeuerung.

Das soziale System und die Bindung

Der ventrale Vaguszweig ist wie die Liebe der Eltern eine wesentliche Grundlage für das dyadische Erleben und dieses wieder für die kraftvolle Entwicklung dieses Nerven. Das Bindungsverlangen und die Bindungsfähigkeit sind uns damit sozusagen angeboren und der ventrale Vaguszweig muss im Weiteren stabil weiterentwickelt werden, damit wir den ganzen Nutzen in unserer sozialen Interaktion immer zur Verfügung haben.

Der ventrale Vaguszweig ist schon vor der Geburt tätig, kennt insbesondere die Stimme der Mutter und empfindet ebenso ihre Stimmung, ggf. ihren Stress. Nach der Geburt findet, wie bereits beschrieben, die dyadische Kommunikation von Mutter und Kind im permanenten Erleben statt. Dadurch entwickelt das Kind immer weiter Sicherheit und Bindung.

Der zentrale Vaguszweig hat dabei eine herausragende Bedeutung und durch die sichere Bindung, die das Kind erlebt, erfährt ebenfalls dieser Teil des ANS beim Kind einen kräftigen Tonus. Damit ist er in der Lage, den Sympathikus in seinen Stressantworten zu begrenzen, was lebenslang eine Ressource für das Kind darstellt im Sinne einer erworbenen Resilienz.

Aber auch dieses System muss wie gesagt trainiert werden, und wir trainieren, indem wir im weiteren Leben gute Bindungen eingehen mit Freunden, Partnern, unseren Kindern, aber auch Arbeitskollegen und Geschäftspartnern, generell also kommunikative Herausforderungen suchen.

Die Entwicklung eines kräftigen Tonus im ventralen Vaguszweig gehört also gleichermaßen zur gesunden Hirnentwicklung eines Kindes.
Für die Frage der körperlichen Unversehrtheit auch bei Kindern müssen wir uns jetzt insbesondere noch die Thematik der sogenannten Telomere anschauen.

1.4 Telomere und ihre Bedeutung

Telomere sind die Endstücke der Chromosomen (die Chromosomen befinden sich im Zellkern und tragen die Gene, unser Arsenal an Erbinformationen). Die Telomere werden häufig mit den Plastikenden von Schnürsenkeln verglichen, die auf die Enden der Schnürsenkel aufgesetzt werden, damit diese nicht ausfasern.

Entsprechend schützen auch die Telomere die Chromosomen-Enden. Nun können die Telomere kurz oder lang sein. Vereinfacht gesagt sind lange Telomere gut für die Gesundheit und ein gesundes, langes Leben und kurze Telomere sind für beides eher ungünstig.

Wichtig in diesem Zusammenhang ist, dass krankheitsfördernde Lebensweise und Dauerstress sich auf die Länge der Telomere auswirkt und zwar verkürzend. Umgekehrt kann eine längere gesundheitsförderliche Lebensweise die Telomere wieder verlängern.

Es ist jetzt in einigen Untersuchungen nachgewiesen worden, dass die Länge der Telomere sich vererbt, also die Telomere schon beim Embryo und nach der Geburt so sind wie bei den Eltern. Daher schauen wir später noch genau auf die Situation bei der Empfängnis.

Dieser Zusammenhang ist in der Grafik 3 dargestellt, indem Vererbung der Telomere und Lebensweise ins Verhältnis gesetzt wurden. D. h., dass sich kurze Telomere und eine krankheitsfördernde Lebensweise ungünstig potenzieren und lange Telomere und gesundheitsförderliche Lebensweise günstig potenzieren. Der gute Effekt bei der letzteren Kombination ist insbesondere, dass man im Alter wenige Krankheiten hat und eher gesund erst im hohen Alter stirbt.

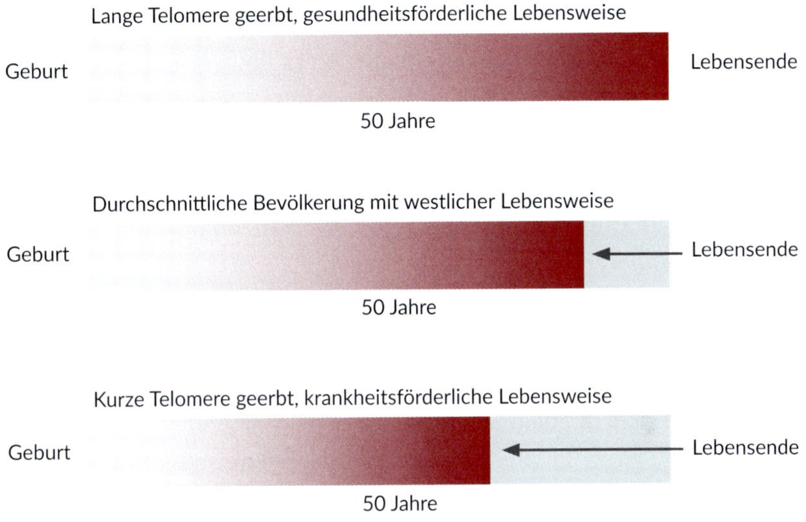

Abb. 3: (Grafik weiterentwickelt nach einer Vorlage aus „Die Entschlüsselung des Alters" von Elizabeth Blackburn und Elissa Epel (Mosaik-Verlag 2017))

Aber kürzere Telomere sind nun auch kein gänzlich unabwendbares Schicksal, weil sich dieser Zustand deutlich verbessern kann bei neuer gesundheitsförderlicher Lebensweise.

Telomerase

Der Vorgang der Verlängerung und Verkürzung der Telomere wird gesteuert von einem Enzym, der sogenannten Telomerase. Deren Menge und Aktivität kann größer und kleiner sein. Das wiederum wird von vielen Einflüssen aus dem Innenleben, aber auch aus Einflüssen der Umgebung wie z. B. gute Stimmung oder schlechte Luft oder eben Stress gesteuert. Dabei wirken diese Einflüsse, z. B. anhaltender Stress so, dass die Produktion der Telomerase am zuständigen Gen in den Zellkernen gedrosselt oder angetrieben wird. Diesen Vorgang nennt man epigenetisch (Epigenetik, (siehe 1.6), lat.: die Lehre der Dinge, um die Gene herum).

Aber die Alltags-Situation und Verfassung der Schwangeren ist bereits äußerst wichtig, weil sich insbesondere Stress und seelische Belastung der Mutter nicht nur auf die Telomere der Mutter, sondern auch auf die des Embryos auswirken.

1.4.1 Stress im Mutterleib

„Die starke seelische Belastung einer Schwangeren wirkt offenbar in der nächsten Generation nach und beeinflusst die Entwicklung der Telomer-Länge des Kindes auf Jahrzehnte hinaus“,
und *„Die Telomere des Babys lauschen dem Stress der Mutter“*,
schreibt Frau Prof. Elisabeth Blackburn (Nobelpreisträgerin) in ihrem Buch „Die Entschlüsselung des Alters“ (Mosaik 2017).

Die heutige Pränatalogie beschreibt die neun Monate im Bauch der Mutter ebenfalls als intensive Erlebnis- und Erfahrungswelt, die sich günstig oder traumatisierend und deutlich auf die Länge der Telomere auswirken kann.

Die epigenetische und Telomer-Forschung muss unbedingt weitergeführt und intensiviert werden, denn wir haben zwar schon einige gesicherte Informationen darüber, aber befinden uns letztlich doch noch in den Anfängen dieser Forschungen.

1.5 Von „Orchideen“ und Resilienz bei Kindern

Hochsensible Kinder – „Orchideen“

Hochsensible Kinder sind u. a. genetisch mit in Studien festgestellter größerer Variation für Neurotransmitter geboren, insbesondere Dopamin und Serotonin, die u. a. auch die Stimmung regulieren. Und sie sind dadurch stressempfindlicher mit höherer emotionaler Empfindsamkeit. Auch fallen sie häufig im Sozialverhalten auf, entweder rasch zurückgezogen und bedrückt oder wütend, aufsässig oder unruhig und unkonzentriert. Oft wird die Diagnose ADHS gestellt, ADHS-Verhalten ist aber dann möglicherweise schon eine Folge der Empfindsamkeit bei unpassenden Umgebungen, nicht alle Kinder mit Hochsensibilität zeigen dies.

Diese Auffälligkeiten im Sozialverhalten finden sich besonders oft bei Kindern in für sie schwierigen familiären oder sozialen Umfeldern und dann besonders in für sie chaotischen, stressigen Situationen. Die Hochsensibilität findet sich dabei in allen Gesellschafts-Schichten.

Viele Veröffentlichungen zur Hochsensibilität betonen entweder die Gemeinsamkeit mit ADHS oder gerade die Unterschiedlichkeit, z. B. weil Hochsensibilität eben genetische Anlagen zur Ursache habe und keine Krankheit sei. Auch unter Eltern wird hier vehement und kontrovers gestritten und jeweils einzelne in Studien gefundene Fakten in den Vordergrund gestellt, besonders online.

Die wissenschaftlichen Studien geben dazu aber keine Klarheit, da der ursächliche Beginn eines ADHS-Syndroms nach wie vor nicht geklärt ist, die meisten Studien zeigen also nur das, was an Befunden zu erheben ist, wenn die Kinder oder Erwachsene ADHS-Symptome schon länger haben. Hierzu hat u. a. Gerald Hüther zusammen mit Helmut Bonney umfangreich geforscht, recherchiert und veröffentlicht (in „Neues vom Zappelphilipp").

In den USA und Deutschland werden tonnenweise Ritalin® und ähnliche Präparate gegeben bei ADHS und Hochsensibilität mit Unruhe unter nach meinem Verständnis fragwürdigen wissenschaftlichen Theorien und trotz großer medizinischer Bedenken über die Folgen des Einsatzes in der Kindheit. Frankreich z. B. und Luxemburg tun dies nicht in dieser Weise und haben viel häufiger sehr erfolgreich familientherapeutische und psychotherapeutische Ansätze in der Behandlung.

Der Entwicklungspädiater Tom Boyce hat diese hochsensiblen Kinder „Orchideen“ genannt, weil sie in warmherzigen, achtsamen Umgebungen, insbesondere bei warmherzigen, fürsorglichen Erwachsenen aufblühen.[2] Dann sind sie meist kreativer, bringen bessere Leistungen und sind seltener krank als die Mitschüler.

Leben diese stressempfindlichen Kinder in dauerhaft chaotischen Situationen, haben sie kürzere Telomere als andere. Wenn sie dagegen in stabilen, warmherzigen Lebenssituationen aufwuchsen, hatten sie sogar längere Telomere als andere Kinder.

Etwa 20 % aller Kinder gelten nach neueren Erkenntnissen als „Orchideen“ (was für ein schöner Name!), das ist also eine viel größere Gruppe von Kindern, als man früher angenommen hat.

Es ist also sehr wichtig, diese Kinder in ihrer Art zu erkennen und ihnen eine geschützte Umgebung zu bereiten, in der sie dann aufblühen. Das ist insbesondere eine Herausforderung für unsere Kitas und Kindergärten. Ich benutze übrigens in diesem Buch diese Begriffe folgendermaßen: „Kitas“ für Kinder unter drei Jahren, „Kindergärten“ für Kinder ab drei Jahren.

Kitas sind in der Regel für diese Kinder ungeeignet, weil Personalschlüssel und Gruppengröße diesen noch verstärkt notwendigen umhegenden Schutz nicht zulassen. Es gilt auch später, z. B. in der Schule, selbst im Erwachsenenalter erbringen diese Menschen die besten Leistungen in fürsorglichen Umgebungen, gelten dann in großen Unternehmen oft als „High Performer“, die das Unternehmen kreativ voranbringen.

Sie können dort allerdings in Unkenntnis der Zusammenhänge auch oft durch zu hohen, für „Orchideen“ unpassenden Leistungsdruck überfordert werden und kommen in ein frühes Burn-out.

Resilienz bei Kindern

Es gibt immer wieder unerwartet Kinder, die in armen und schwierigen, ja emotional rauen Verhältnissen aufwachsen und doch ihren guten Lebensweg mit ausreichender Selbstkontrolle machen. Auf der Suche nach den Gründen bzw. Schutzfaktoren, die ihrem Gehirn und ihrer Physiologie eine ausreichend gute Entwicklung ermöglichen, hat sich Folgendes ergeben:

- Sie haben einen meist gutmütigen Charakter
- Sie sind weniger stressempfindlich, vermutlich schon auf genetischer Basis
- Sie haben in ihrer Umgebung frühzeitig eine Person gehabt, die an sie geglaubt hat, sie okay fand und zu der das Kind Zugang hatte (Oma, Nachbarin, ältere Kinder, in einigen Fällen auch zutrauliche Tiere)
- Sie sind aufgrund ihrer stressunempfindlicheren Art in der Lage, die Situationen, die sie erleben, und die Wirklichkeit, in die sie gesetzt sind, erst einmal im Gehirn konstruktiv als für sie ausreichend okay einzudeuten.

Diese Kinder fallen in stabilen Familienverhältnissen oft nicht besonders auf und gelten als unkompliziert. In schwierigen Familienverhältnissen (wie beispielsweise Vater Alkoholiker oder Mutter depressiv bzw. umgekehrt), insbesondere bei Familien in Armut fallen diese Kinder dann in gutem Sinne auf, weil sie oft unerwartet ihren guten Weg machen.

Ihr Anteil kann bis zu 30 % der Kinder ausmachen, je nach sozialer Situation. Entscheidend für die Entwicklung ist aber hier auch die eine Person, die das Kind intensiv wahrnimmt und stärkt.

Die Hälfte aller Kinder liegt in ihrer Art zwischen den „Orchideen" und den resilienten Kindern. Und sie sind ebenso wie die „Orchideen"-Kinder sehr auf die geschilderte Umhüllung in den ersten Jahren angewiesen. Auch resiliente Kinder brauchen dies natürlich für ihre beste Entwicklung, auch wenn sie in schwierigen Verhältnissen häufig doch noch eine hinreichende Selbststeuerung entwickeln können.

Weitere Forschung nötig

Viele wissenschaftliche Untersuchungen, auch solche in der Bindungsforschung, haben allerdings bei Kindern noch keine Untersuchungen zur Länge der Telomere gemacht bzw. machen können oder haben nicht differenziert nach hochsensiblen und resilienten Kindern. Insofern gibt es hier noch einen erheblichen wissenschaftlichen Nachholbedarf an integrativen Studien.

Die „genügend gute" Mutter

Dieses Kapitel hat sicherlich gezeigt, wie unterschiedlich die Kinder auf die Welt kommen. Sie haben auch unterschiedliche Mütter und Väter und die Kinder fordern ihre Mütter und Väter auch unterschiedlich.
Es gibt dabei eben sehr pflegeleichte Kinder und andere, die als high-need-Babys benannt werden, weil sie kaum Trennungen von der Mutter vertragen, jede andere Nahrung als die Muttermilch verweigern und gerade die Mütter kolossal erschöpfen können.
Mir ist es dabei wichtig, darauf hinzuweisen, dass es das perfekte Verhalten der Mütter und Väter oder das überlegene Erziehungssystem nicht gibt und jede Familie eigene Erfahrungen machen wird. Hinweise einiger kluger Pädiater oder Entwicklungspsychologen sind hier zwar durchaus hilfreich, aber sie verweisen letztlich alle darauf, dass keine Mutter perfekt sein kann und alle mehrmals am Tag „Fehler" machen. Fehler in Anführungszeichen, weil dies selten echte Fehler sind, sondern wir alle als Eltern in einem permanenten Lernprozess sind, der durch reflektierte „Fehler" erst wirklich gut gelingt.

Der britische Kinderarzt und Psychoanalytiker Donald Woods Winnicott hat den schönen und hilfreichen Begriff „der genügend guten Mutter" eingeführt. Sie ist die beste Mutter, nicht die ideal gedachte oder perfekte Mutter. Und ich füge hinzu: Die Mutter, die versucht perfekt zu sein, ist für die Kinder und ihren Mann meist ein Graus und macht sich selbst unglücklich, weil sie ein unerreichbares Ziel verfolgt. Daher: „Genügend gut" ist wunderbar!

Dies ist übrigens auch in vielen anderen Bereichen so: Der perfekte Chef, der nicht delegieren kann, kommt bald ins Burn-out. Ein Chef muss schon Vertrauen in seine Mitarbeiter haben, auch wenn er glaubt, hätte er es gemacht, wäre es noch besser geworden. Na und? Die Mitarbeiter wollen sich auch entwickeln und werden immer besser. Und wenn man ein Klavier perfekt sauber nach sogenannten reinen Sinustönen stimmt, klingt es eher scheußlich. Der erfahrene Klavierstimmer stimmt es so, dass ganz feine Schwebungen zu hören sind, Abweichungen von den Sinustönen, und dann klingt es wunderbar, das für das menschliche Ohr wohltemperierte Klavier!

1.6 Epigenetik

Die Gene, die im Zellkern auf den Chromosomen angeordnet sind, sind wie eine riesige Bibliothek aufzufassen. Aber da man nicht alle Bücher gleichzeitig lesen kann, ist immer nur ein Teil der Gene aktiv geschaltet. Diese Schaltung wird von speziellen Botenstoffen bewirkt, die in der Zelle und im Zwischengewebe gebildet werden, wenn der Bedarf an bestimmten Eiweißen steigt, also ein Mangel auftritt oder wenn sie nicht mehr so gefragt sind, also ein Zuviel vorhanden ist. Mangel oder Zuviel entsteht durch die Nutzung des Stoffwechsels in der jeweiligen Lebenssituation bzw. im Lebensstil. Insofern können Wirkungen aus der Umgebung Informationen bis in den Zellkern tragen, andererseits Schaltungen im Zellkern die Umgebung beeinflussen.

Zwei Beispiele zu den Vorgängen in der Epigenetik zur Veranschauung:

1. Apfelbäume können nicht einfach blühen. Die Gene, die die Ausbildung der Blüten bewirken, sind im Normalbetrieb erst einmal blockiert, also ausgeschaltet. Diese Blockade muss also aufgehoben werden, damit der Apfelbaum blühen kann und dies geschieht tatsächlich durch einige Tage Frost. Durch Frost wird die Blockade aufgehoben, dann können die dafür zuständigen Gene ihr vorgesehenes Werk, in diesem Fall also die Ausbildung der Blüten in Gang setzen. Das hat der Epigenetiker George Coupland, der an der Universität in Köln mit Pflanzen forscht, herausgefunden.[3]
   Allerdings zeigt dies auch, dass wir falschliegen, wenn wir glauben, alles unter Kontrolle zu haben. Wir können nur hoffen und mit daran arbeiten, dass durch eine Begrenzung der Erderwärmung noch Frosttage stattfinden, damit es weiter Äpfel geben kann.

2. Wenn wir zur Erkältungszeit im Bus fahren und alles um einen herum niest und schnupft, dann kommt es darauf an, in welcher Emotion wir mitfahren, weil diese unsere Abwehrkraft epigenetisch mit beeinflusst. Denken wir an etwas Schönes, dann wird innerhalb von wenigen Minuten mehr vom Immunglobulin A im Speichel gebildet, ein wichtiger Immunstoff in unserer ersten Abwehrreihe gegen Viren. Fahren wir aber mit innerlichem Ärger oder mit negativen Bildern in unserer Vorstellung im Bus mit, dann sinkt der Immunglobulin-A-Spiegel ebenfalls innerhalb von Minuten und wir gewähren den Viren so freien Eintritt.

Die Lebensweise bewirkt nun epigenetisch ein bestimmtes Muster angeschalteter bzw. blockierter oder nur eingeschränkt verfügbarer Gene, und das bedeutet z. B. gute Regulation und Gesundheit oder ein Verlassen der regulatorischen Balance mit Verschlechterung von Funktionen und der Förderung von Krankheiten.

Wie kann man nun eine gesundheitsförderliche und eine krankheitsförderliche Lebensweise beschreiben?

Gesundheitsförderliche Lebensweise

Eine Orientierung für lebensförderliche Lebensweise kann man bekommen, wenn man sich das Leben in den sogenannten Blue Zones anschaut. Als Blue Zones sind fünf Gegenden in der Welt entdeckt und erforscht worden, in der überproportional viele Hundertjährige leben:

- Sardinien, Dörfer der Central Region von Barbagia
- Okinawa, japanisches Viertel
- Loma Linda, Kleinstadt in Kalifornien (Glaubensgemeinschaft)
- Ikaria, griechische Insel
- Nicoya, Halbinsel in Costa Rica.

Die ersten Forscher, die solche Gegenden entdeckten, umkreisten sie auf einer Weltkarte blau, so wird berichtet, daher der Name Blue Zones. Der Amerikaner Dan Buettner, Geograf, Journalist und Autor, untersuchte diese Gegenden, die Menschen, die dort lebten, und ihre Lebensbedingungen und Lebensstile systematisch und begründete das Konzept der Blue Zones.

Übrigens fand man in sardinischen Dörfern, dass es dort auch eine deutlich erhöhte Zahl von hundertjährigen Männern gab, sich die Lebenserwartung von Männern und Frauen dort fast angeglichen hatte. Sonst ist die Lebenserwartung von Frauen ja einige Jahre höher als die von Männern.

Die Lebensweise in den Blue Zones ist hier exemplarisch zusammengefasst:

Lebensstile in den Blue Zones

- Arbeit im eigenen Tempo, sich Zeit lassen, Auszeiten, kein Ruhestand im Alter
- Viel natürliche Bewegung am Tag, insbesondere bei der Arbeit, Tänze, Sport eher nicht
- Persönliche gute sinnhafte Gründe morgens aufzustehen, auch im hohen Alter
- Viele soziale Kontakte in familiäre Bindungen und Gemeinschaften, Rituale, viel Kontakt der Alten mit den Kindern
- Freunde und dabei gute Wahl richtiger und passender Freunde, also Freunde, die durchs Leben begleiten
- Maßvolles Essen: vorrangig Obst, Gemüse (Bohnen), Nüsse/Samen, Olivenöl, Wein in Maßen
- In den Bergen auch etwas Schaf-/Ziegenfleisch, am Meer Fisch.

Abb. 4: Merkmale der Lebensstile in den Blue Zones

Es sind Lebensstile, die zur Natur und Physiologie des Menschen gut passen. Und sie bewirken Folgendes:

Abb. 5: Wirkungen von zu Natur und Physiologie des Menschen passenden Lebensstilen

Interessanterweise haben diejenigen alten Menschen auf der Halbinsel Nicoya in Costa Rica die längsten Telomere und werden entsprechend auch am ältesten in guter Gesundheit, die täglich mit kleinen Kindern zusammenkommen bzw. leben. Dies sind Hinweise, die wir auch in Deutschland sinnvollerweise beachten könnten für gute Kontakte der Alten mit Kindern, z. B. bei der Architektur und Stadtplanung (Altenheime und Kindergärten in Sicht- und Laufnähe).

Wir sprechen bei einer gesundheitsförderlichen Lebensweise auch von Lebenspflege, die von mir exemplarisch dargestellt ist und die natürlich jeder für sich aufstellen bzw. modifizieren kann und dies bei Interesse auch tun wird.

Heutzutage unterscheiden sich die meisten Lebenssituationen stark von den Möglichkeiten in den Blue Zones, aber die Lebenspflege kann sich bei der Umsetzung doch daran orientieren.

Die auch zur Lebenspflege heute gehörende souveräne Mediennutzung beschreibe ich genauer in Kapitel 5.

Krankheitsförderliche Lebensweise

Was bringt uns aus dem Gleichgewicht und führt so zu einer krankheitsförderlichen Lebensweise?

Gegenspieler der Balance bei dauernder Einwirkung:

- Dauer-Stress, Ängste
- Sozialvergleich, soziale Ungerechtigkeit
- Krankheitsförderliche Ernährung bei sitzender Lebensweise
- Einschränkung der Körperwahrnehmung mit Entäußerung (Exo-Skelett durch „Experten")
- Alltage, die „pausenlos, schlaflos, bewegungslos, maßlos, sinnlos, bodenlos, bindungslos, atemlos" sind.

Diese Themen werden wir noch ausführlich bei dem Fokus auf die Situation der Kinds-Eltern und auf die Bedeutung von Dauer-Stress und Burn-out bei den Eltern anschauen.

Die epigenetische Bedeutung von Lebensstilen

Die Lebensgewohnheiten haben nun eine zentrale Wirkung auf die Physiologie des Körpers und speziell des Gehirns, derart, dass die gewählte oder geforderte Nutzung der körperlichen und psychischen Herausforderungen über eine längere Zeit Informationen für die Zellen und die

Gene in den Zellkernen darstellen. Dort wird dann über mehrere Zwischenschritte durch Enzyme und Botenstoffe festgestellt, dass einige Eiweiße wenig genutzt wurden, die Produktion also offensichtlich eher unwichtig ist, bei anderen quasi ein Mangel herrscht und mehr angefordert ist.

Da die Gene für die Eiweißproduktion von z. B. Enzymen zuständig sind, bedeutet das, dass die Arbeit einiger Gene abgeschaltet oder gedrosselt wird, andere Gene dagegen angeschaltet bzw. zur verstärkten Arbeit angeregt werden. Das nennt man Epigenetik, weil dies von speziellen Botenstoffen um die Gene herum bewirkt wird, und zwar sehr spezifisch und passgenau.

Die Epigenetik bestimmt sozusagen das Muster der aktiven und passiven Gene und reagiert empfindlich auf den Lebensstil. Einfach dargestellt wird das Leben dann auf epigenetischer Ebene in der Summe lebensförderlich oder auch vielfach bei unserer heutigen westlichen Lebensweise krankheitsförderlich geschaltet.

Das eröffnet uns einerseits großartige Möglichkeiten, ist auch eine Grundlage des Satzes: „Jeder ist seines Glückes Schmied." Wir dürfen aber diesen Satz natürlich nicht als Begründung benutzen, um Menschen in schwierigen sozialen Situationen Selbstverschuldung vorzuwerfen, statt gemeinwohlorientiert zu handeln. Aber wir haben doch viel in der Hand, können vieles beeinflussen, müssen auch mit den Folgen leben, wenn wir unsere Physiologie krankheitsförderlich bedrängen bzw. die Herausforderungen mit unseren Mitteln und Ressourcen nicht bewältigen können.

Allerdings wissen wir auch bei der Epigenetik noch nicht genug, um alles gut steuern zu können, wir können lebensförderlich handeln, sollten aber auch demütig bleiben, weil das Leben manchmal auch Krankheiten für uns bereithält, die trotz bestem gesundheitsförderlichem Bemühen entstehen und dies für uns eben unerklärlich bleiben kann.

Und von einer epigenetischen Kontrolle einzelner Gene sind wir in den meisten Fällen noch weit entfernt. Aber wir wissen mittlerweile, dass lebensförderliche Lebensstile funktionieren, sich also epigenetisch in den meisten Fällen sehr günstig auswirken.

Was ebenfalls sicher ist:

**Das Beste für Kinder ist es,
wenn es den Eltern gut geht!
Am besten schon vor der Empfängnis!**

1.7 Die Dunedin-Studie zur Selbstkontrolle

Ich möchte hier jetzt noch abschließend für dieses Kapitel eine Studie anführen, die die ganze Bedeutung einer hinreichend gesunden Hirnentwicklung mit guter Ausbildung der Selbststeuerungs-Funktion zeigt. Diese Studie hat hohe Beachtung und Anerkennung in der Wissenschaft gefunden. Solche Langzeitstudien mit einer Beobachtungszeit über mehrere Jahrzehnte sind ungemein wichtig und bringen besondere Zusammenhänge zutage.

Die Studie

1972 startete an der medizinischen Universität-Klinik in Dunedin in Neuseeland ein Langzeitprojekt der Abteilung für Präventiv- und Sozialmedizin der Universität von Otago (Studienleiter Richie Poulton), das über mehrere Jahrzehnte angelegt war.[4] Alle in der Stadt innerhalb eines Jahres geborenen Kinder (Anzahl ca. 1.000 Kinder) wurden erfasst. Alle diese Kinder wurden von Ärzten und Psychologen regelmäßig (alle zwei Jahre) in den ersten elf Jahren einen ganzen Tag lang im Beisein der

Eltern untersucht. Nachfolge-Termine gab es im Jugendalter und zum Abschluss mit 32 Jahren. Das Ziel der Studie war es, die Entwicklung der Selbstkontrolle zu beobachten und zu sehen, wie sich dies im weiteren Leben im Jugendlichen-Alter und als Erwachsene auswirkt.

Sozioökonomischer Status, ADHS-Diagnosen und Geschlechter-Differenzen konnten statistisch herausgerechnet werden.

Das Ergebnis war sehr deutlich:
Kinder, die nur eine geringe Fähigkeit zur Selbstkontrolle ausbilden konnten, zeigten im weiteren Leben im Alter zwischen 13 und 18 Jahren gehäuft Auffälligkeiten im Vergleich zu den Kindern, die eine gute Selbstkontrolle entwickelt hatten, z. B.:

- häufiger Schulabbrüche
- häufiger Schwangerschaften bzw. Schwängerungen
- mehr Raucher

Bei den Erwachsenen mit 32 Jahren fiel bei denjenigen, die als Kinder eine geringere Selbstkontrolle ausgebildet hatten, auf:

- der körperliche Gesundheitszustand war schlechter
- sie waren sozial schlechter gestellt
- häufiger alleinerziehend
- verdienten weniger
- hatten häufiger finanzielle Probleme
- waren häufiger drogenabhängig
- und häufiger straffällig geworden.

Diese Ergebnisse, durch die die Lebens-Chancen bei einem gesunden und glücklichen Leben der Kinder gut abgebildet sind, sind eine klare Aufforderung an alle Eltern, ihren Kindern eine gesunde Hirnentwicklung zu ermöglichen und für die Politik eine Verpflichtung, die Rahmenbedingungen dafür zu schaffen, dass Eltern diese Aufgabe meistern können! Außerdem ist dafür zu sorgen, dass die Gesellschaft die jungen Menschen, die diese Liebe nicht erfahren konnten, nicht aufgibt, sondern ihnen zweite Chancen bietet, sich mit liebevoller Unterstützung hier heraus zu entwickeln.

Kurze Zusammenfassung

Kinder, die in liebevoller Umhüllung mit gesunder Hirnentwicklung und sicherer Bindung aufwachsen konnten, weisen folgende Merkmale auf:

- Genügend lange Telomere bei der Vererbung
- Stressarmes Wachsen im Mutterleib
- Initiale Stillzeit, hohe Oxytocin-Ausschüttung
- Dyadische Kommunikation
- Unbehinderte Entwicklung des Gehirns
- Gute Ausbildung und Training des ventralen Vaguszweigs
- Angemessene Ernährung nach der Stillzeit
- Vorbildfunktion der Eltern mit Medien
- Sehr sparsame kindliche Medienerfahrung

Diesen Kindern geht es in den allermeisten Fällen gut und sie sind in guter Gesundheit. Dies gelingt immer dann gut, wenn Eltern ihre Kinder lieben können, so wie sie sind. Dieser Satz endet mit einem Punkt! und nicht etwa mit einem Komma und einem dann folgenden „aber“ oder „wenn“. Darauf weist André Stern in seinen Vorträgen und Büchern immer wieder hin (siehe Literaturliste).

Wir kommen auf diese Merkmalsliste in Kapitel 3 zurück, wenn wir uns die aktuelle reale Situation der Kinder in Deutschland anschauen.
Jetzt in Kapitel 2 gehen wir erst einmal in der Übersichtsgrafik noch weiter zurück zu der Zeit der Eltern vor der Empfängnis, schauen uns ihre Verfassung an in Bezug auf ihre Gesundheit und ihre Kompetenzen und was es bedeutet, wenn sie Kinder bekommen.

Kapitel 2
ELTERN

Kapitel 2
Eltern

Eigene Erfahrung von über Jahre andauernder gelungener Partnerschaft zeichnet die Menschen aus (eines der Hauptmerkmale), die mit 50 Jahren von Zufriedenheit mit ihrem Leben berichten. Diese Menschen leben meist in guter Gesundheit.

Dieses Kriterium lässt sogar die Prognose guter Gesundheit auch mit 75 Jahren sowohl körperlich als auch psychisch sehr verlässlich zu. (Harvard-Langzeitstudie zur Gesundheit seit 1938)[5]

Prof. Robert Waldinger als Leiter der Studie betont, dass sich damit der Gesundheitszustand besser vorhersagen lässt als beispielsweise mit den Cholesterinwerten.
(Zur häufigen Fehleinschätzung der Bedeutung von Cholesterinwerten siehe auch mein Buch „Schutz vor Burn-out", S. 140f.).

Auf mehr als die Hälfte der Bevölkerung in Deutschland trifft „gute Gesundheit" aber nicht mehr zu. Wie ist die gesundheitliche Verfassung der Deutschen?

Wir schauen uns daher die Situation der Eltern bzw. der Menschen, die Kinder bekommen wollen, also vor der Empfängnis (in der Mitte der schon bekannten Abbildung) genau an.

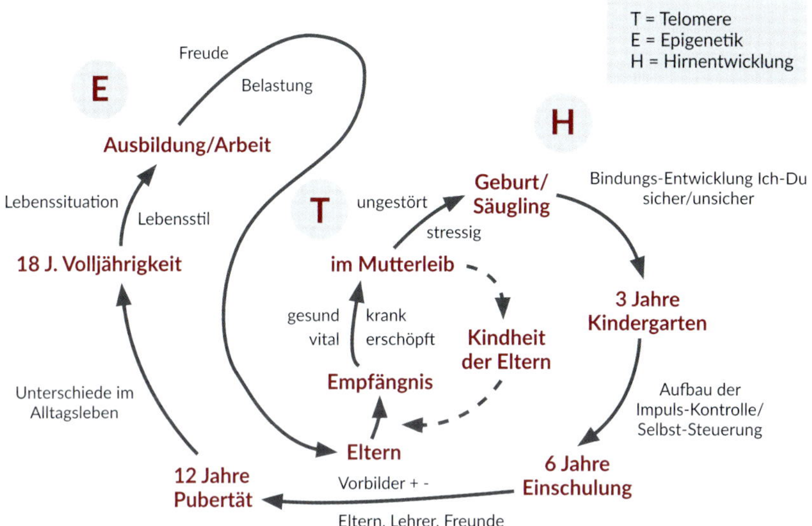

Abb. 1: Phasen des Lebenslaufs von der Empfängnis bis zur Erwachsenenzeit

2.1 Gesundheit und Erkrankungen in Deutschland

Gesunde Eltern sind ein Geschenk für die Kinder, aber das können nicht alle Kinder erleben. Viele Eltern fühlen sich selbst nicht wohl, haben es schwer, ihr eigenes Leben zu meistern oder müssen mit eigenen Krankheiten fertig werden und einen Umgang damit finden.

Fast die Hälfte der erwachsenen Bevölkerung hat Bluthochdruck in verschieden starker Ausprägung. In unserem Gesundheitssystem gilt das nicht als großes Problem, da man den Blutdruck mit Medikamenten senken und ihn „einstellen" kann.

So „eingestellt" ist das Problem weg, wie es jedenfalls scheint. Das stimmt allerdings nicht, denn ein längere Zeit erhöhter Blutdruck ist physiologisch eine manifeste Krise, weil die Regelung des Blutdrucks im Vegetativum ein grundsätzlich ganz stabiles System ist. Wenn es aus der Balance kommt, muss man sich die Ursachen anschauen.

Und dann sieht man regelmäßig, dass ein nicht balancierbarer Anforderungsdruck im Alltag, woher er auch immer kommen mag, offensichtlich die physiologische Regelung zunehmend beeinträchtigt, beim Blutdruck und vielen anderen vegetativen und Stoffwechsel-Funktionen.

Wird dies aber nicht als Krise gesehen, dann bleibt der Alltag unverändert, spitzt sich vielleicht sogar zu. Stress, insbesondere Dauerstress bei einem allgemeinen Anforderungsdruck, der die Bewältigungskräfte übersteigt, bildet dabei die dysfunktionale Grundlage der meisten sogenannten Zivilisationskrankheiten und insbesondere der Zunahme psychischer und psychosomatischer Störungen. Das schauen wir uns jetzt genauer an.

2.1.1 Stress

Dies können wir in der modernen Stress-Diagnostik (siehe Kapitel 5) sehr genau nachweisen. Bei Dauerstress (trotz „eingestelltem" Blutdruck) kommen viele physiologische Regelungssysteme aus der Balance und wir sehen dann z. B. Burn-out, Depressionen, auch Diabetes Typ 2, die jeweils aktuell etwa jeden fünften der erwachsenen Bevölkerung betrifft (viele auch mit mehreren dieser Krankheiten, da es sich um eine gemeinsame Stress-Ursache handelt). Dass Depressionen oder auch Diabetes Typ 2 u. a. eine Stress-Ursache haben, ist dabei in der Bevölkerung gar nicht so bekannt.

Das Stress-System ist seit Jahrtausenden speziell ausgelegt für Situationen, in denen man kämpfen oder fliehen muss. Wenn beides nicht geht, kann man sich noch „tot"-stellen. Früher waren die Gefahren klar und diese Entscheidungen überlebenswichtig. Wenn der damalige Mensch überlebt hatte, kehrte wieder Ruhe ein und das Stress-System ging in seine Ausgangs-Ruhelage zurück.

Heute sind die Gefahren eher unterschwellig, sie sind vielfach nicht greifbar, aber diese unterschwellige Bedrohungsempfindung (Angst vor Arbeitsplatzverlust, Überforderung, digitales Ausspähen, empfundene Erniedrigung, Ausgeschlossen-Werden, Mobbing usw.) aktiviert trotzdem das Stress-System und lässt es nicht mehr zur Ruhe kommen.

Insgesamt leidet mehr als die Hälfte der Bevölkerung unter solchem Dauer-Stress, fast drei Viertel der arbeitenden Erwachsenen in Berlin beispielsweise haben keinen erholsamen Schlaf mehr (Studie der DAK , siehe auch S. 148).

Schauen wir uns einige Stress-Gründe genauer an.

2.1.2 Beziehungs-Stress und Trennungen

Gut drei Viertel der Menschen in Deutschland leben in der aktuell üblichen Familienform mit Mutter, Vater oder mittlerweile auch gleichgeschlechtlicher/m PartnerIn und einem oder mehreren Kindern zusammen. Das sagt noch nicht viel über die Atmosphäre in den Familien aus. Denn es gibt immer mehr Menschen, die abnehmende Beziehungs-Kompetenzen haben, nicht mehr in sich ruhen oder im Dauer-Stress leben. Dazu tragen Beziehungskonflikte und häufiger Streit ebenso bei wie der Stress aus den Arbeitsverhältnissen.

Die durchschnittliche Ehedauer in Deutschland beträgt etwa 15 Jahre. Aktuell werden knapp 38 % der Ehen wieder geschieden, etwa 150.000 pro Jahr. Die Eltern der Hälfte davon haben minderjährige Kinder, darunter 20 % mit Kindern zwischen null und fünf Jahren.

Das sind jährlich 15.000 kleine Kinder, die aus ihrer noch märchenhaften Welt durch eine Scheidung herausgerissen werden, auch wenn nach langem Streit oder deutlich gewordener Unvereinbarkeit der Lebensvorstellungen der Eheleute dies auch für einige Kinder so besser ist. Hinweisen möchte ich darauf, dass in Schweden, wo es schon lange eine Elternzeit für Väter gibt und dies dort auch deutlich genutzt wird, ein deutlich geringeres Scheidungsrisiko bei Paaren besteht, wenn Väter diese Elternzeit genutzt haben.

Die genannten Zahlen sind ein Anhaltspunkt für die Auswirkungen auf Eltern und Kinder, denn die Häufigkeit von Trennungen von Paaren ohne Eheschließung ist statistisch nicht klar erfasst und wird je nach Einstellung zur Ehe als häufiger oder weniger häufig angegeben.

Etwa 17 Millionen Menschen leben in Singlehaushalten, davon sind 1,5 Millionen Alleinerziehende mit minderjährigen Kindern. Singlehaushalte sind nicht unbedingt von Beziehungs-Stress befreit. Die Single-Situation ist von vielen frei gewählt, von vielen anderen aber nicht. Sie entstehen auch häufig aus Trennungen. Und Stress aus dann nachlaufenden streitbefangenen Themen wie Sorgerecht, Unterhalt, Besuchsregelungen sind sehr häufig. Dazu kommt der Stress durch die Mehrfachbelastung und regelhaft Belastung durch ein schlechtes Gewissen, dass man den Kindern nicht gerecht wird. Und sicherlich auch Stress bei der eventuellen Suche nach einem neuen Partner.

Trennung ist natürlich etwas, das in der Regel nicht gelernt wurde, also auch dann nicht unbedingt gekonnt wird. Notwendig ist es, neben der jeweils eigenen Perspektive der einzelnen Eltern eine gemeinsame Perspektive auf das seelische Erleben des Kindes aufzubauen. Kinder sind, auch wenn sie zu einem Elternteil tendieren, innerlich immer zu beiden loyal und in Liebe bzw. bei Trennung innerlich oft stark belastet. Für Kinder ist es also unbedingt wichtig, dass die Eltern dabei bleiben, dass es eine Liebe als Paar gab, dass sie nicht schlecht über den anderen reden und dass sie das Kind nicht in der Paar-Auseinandersetzung benutzen, dafür in einem Rosenkrieg missbrauchen und/oder das Kind vor unlösbare Aufgaben stellen.

Gelingende Trennung wird dann zwar Arbeit, aber eine gute Arbeit für die Eltern und sie ist gut, weil das Kind dann die beiden innerlich noch zusammen fühlen kann. Andernfalls wird es in der Regel irgendwann krank. Der Zusammenhang wird dabei wegen des oft zeitlich großen Abstands einer Krankheit des „Kindes“ zur damaligen Trennungs-Situation der Eltern und fehlendem psychosomatischen und systemischen Wissen nicht bzw. sehr verspätet erkannt.

Was Trennung für Kinder bedeutet, darüber muss also in der Gesellschaft geredet werden und ggf. wird hier Unterstützung gebraucht (siehe auch Kapitel 4 und 5). Wie gesagt, die Elternzeit der Väter hat offenbar einen stark stabilisierenden Effekt auf die Paarbeziehung.

2.1.3 Stressrelevante Einflüsse der Digitalisierung

Die Digitalisierung z. B. findet in ungebremster Beschleunigung statt und ergreift alle Lebens- und Gesellschaftsbereiche. Grenzen, Werte und Verantwortung sind der Technologie nicht immanent. Dies bleibt den Menschen als Einzelne und der Gesellschaft als Ganzes überlassen. Dabei ist die Steuerungskompetenz der einzelnen Menschen eben sehr unterschiedlich, die Steuerungskompetenz der Gesellschaft erscheint sehr unzureichend und läuft der Entwicklung hinterher.

Die aktuelle Hirn- und Zellforschung lehrt uns nun heute, dass Risiken der Digitalisierung z. B. bei Fehlnutzung von digitalen Medien im Körper und in den Zellen Schäden anrichten können (siehe Kapitel 3). Dies findet insbesondere dann statt bzw. potenziert sich, wenn Menschen in Überforderung, Erschöpfung und Burn-out sind. Dies unterstreicht noch einmal die Balance-Notwendigkeit durch souveräne Mediennutzung, also Medienresilienz für jeden heutzutage.

Kompetenz zur Selbststeuerung

Für die Frage möglicher pathogener Wirkfaktoren in der Digitalisierung ist es also im Besonderen bedeutsam, ob jemand in guter Selbststeuerung souverän für sich ist, z. B.:

- in der Balance von online und offline,
- in der vegetativen Balance (sichtbar beispielsweise in der Messung der Herzratenvariabilität),
- in der Balance von sofortiger Bedürfnisbefriedigung und Befriedigungsaufschub,
- aber auch in der Erfüllung von eigenen und fremden Erwartungen beim sogenannten Arbeiten 4.0 (der neuen digitalbedingten Arbeitsorganisation mit flex desk, home office u. a.)
- im bewussten und zur Person passenden Vernetzungsgrad online (Smarthome), der noch Kontrolle bzw. Transparenz des Datenflusses aus der Privatsphäre zulässt.

Souveräne Menschen profitieren dann im positiven Sinne im Rahmen eigener Entscheidungen von den Möglichkeiten der neuen Technologien, viele können sie sinnvoll und bereichernd in ihr Leben einbauen.

Bei Menschen mit fragilen und schutzbedürftigen Persönlichkeitsanteilen bzw. fehlender Souveränität im Alltag sind Ängste oder Ignoranz in Bezug auf die Digitalisierung dagegen häufig und ausgeprägt. Aber diese Menschen verhalten sich dabei gerade so, dass sie die Kontrolle und Selbststeuerung aus der Hand geben und so ihren eigenen Ängsten Auftrieb geben. Hier ist Aufklärung und Beschäftigung in der Schule und auch politisch zur Digitalisierung zu betreiben (Kapitel 4 und 5).

2.1.4 Stress-Faktor permanente online-Einbindung

Es werden in der Digitalisierung zunehmend gesundheitlich bedenkliche Entwicklungen bei einer gesellschaftlich relevanten Zahl von Menschen identifiziert, bei der die Art der digitalen Nutzung eine Rolle spielt, wie Stresszunahme durch permanente Smartphone-Erreichbarkeit oder wie die Zunahme der stressbasierten Adipositas, die aber u. a. auch direkt als weitere Folge des Bewegungsrückgangs z. B. bei vielstündigem Gebrauch digitaler Medien am Tag gesehen wird.

Die Bedeutung ständiger Erreichbarkeit durch Smartphones als Stresswirkung fordert insofern vom Einzelnen hohe Kompetenzen in der vegetativen Balancierung, u. a. durch ausreichende Pausen und guten Schlaf. Im klinischen Kontext sehen wir dies bei den meisten unserer Burn-out-Patienten als eines der gravierenden Themen.

Durch die enorme Beschleunigung digitaler Technologien (rasche Innovationsschübe, kurzfristig aufeinanderfolgende Restrukturierungen in Unternehmen) mit zunehmender Eroberung aller gesellschaftlichen Bereiche (z. B. smarte Technologien wie „Smarthome", Internet der Dinge, Robotik) und einem bereits schon hohen Stresslevel in der Bevölkerung gelingt die Bewältigung der sich ständig ändernden Anforderungen vielen Menschen oft nicht mehr.

Ältere Menschen hatten ihre Kompetenzen für andere, vielfach analoge Prozesse in der Gesellschaft erworben, jüngere Menschen haben ihre Alltagskompetenzen oft nur fragil oder nicht ausreichend ausgebildet.

Die digitalen Anforderungen wirken insofern dabei vielfach als zusätzlicher Stressfaktor. Hat der Betroffene dafür keine ausreichende Bewältigungs-Kompetenz, ist Krankheit die häufige Folge, insbesondere im Rahmen von Burn-out-Prozessen und anderen Stressfolge-Erkrankungen.

Wir wissen, dass Menschen in Burn-out-Prozessen ihre Souveränität in vielen Belangen des Alltags und der Anforderungserfüllung am Arbeitsplatz verlieren. Dies gilt insbesondere, wenn der Anforderungsdruck zunimmt, wie es durch z. B. Alleinerziehung, Pflege von Angehörigen, Mehrfachbelastung von Frauen, aber auch Arbeitsverdichtung, Restrukturierung und Personalverringerung häufig der Fall ist. Dabei werden Arbeitsplätze flexibilisiert, gehen gewohnte Kollegenkontakte verloren und das dauernde Erlernen neuer digitaler Techniken überfordert viele, da sie in kürzester Zeit beherrscht werden müssen. Hier ist die Steuerungskompetenz der Gesellschaft mit der Politik gefragt, die sie allerdings bisher nicht ausreichend wirksam erfüllt.

Stressrelevante Einflüsse in der Digitalisierung (Beispiele):

- ständige Erreichbarkeit (verordnet oder selbstinitiiert, „Revierstress")
- mehrstündige Bildschirmpräsenz (Computerarbeit, Online- oder Smartphone-Nutzung) ohne Pausen
- Ängste vor Verlusten und dem Vergessenwerden bei Social-Media-Kontakten
- Missbrauch von mitgeteilten intimen Daten, Texten, Bildern, Videos, also soziale Nötigung und Cybermobbing
- Ängste vor Ausspähen der Privatsphäre
- Unterbrechungs-Stress durch Smartphone-Kontrolle (100-mal +/- täglich)
- Schlafstörungen durch Fehlnutzung (Überdosis, Online am Bett etc.)

Wie man heute krankheitsförderlichen Dauer-Stress diagnostizieren kann, dazu Kapitel 5, S. 420

2.1.5 Stress durch Informationsüberflutung – News/Fake News

Heutzutage werden wir von Informationen, meist als News verpackt, überschwemmt. Das Wesentliche herauszufiltern, weiterhin die Nachrichten auf ihren Wahrheitsgehalt zu überprüfen, das hat niemand gelernt und aktuell hat auch niemand dafür Zeit, weil ja schon die News und ihre Wirkung zusätzlich zur knappen Zeit den Rest der Zeit aufsaugen. Im Übrigen bräuchte man auch dringend Zeit zur Verarbeitung der Resonanz auf die massenhaften Inhalte ohne klaren Kontext.

Facebook gibt es seit 2004, Twitter seit 2006, WhatsApp seit 2009, Instagram seit 2010. Die massenhafte Zunahme erfolgte seitdem exponentiell, sodass die Social-Media-Kanäle der Hauptverbreitungsweg von Online-Nachrichten geworden sind.

Zeitungen werden dabei rasch immer unwichtiger, Fernsehen ist für die Alten und Abgehängten, Streaming-Plattformen und Social-Media-Kanäle sind bereits die Norm, aber niemand hat gelernt, damit umzugehen. Unsere Welt ist also eine Medienwelt ohne Bodenkontakt und ist dazu geeignet, die Menschheit zu desorientieren, weil die News nichts miteinander und ebenfalls nichts mit den Menschen zu tun haben. Vielmehr transportieren sie nebenbei unbemerkt Werbung. Desorientierung bedeutet immer starken Stress, das Gehirn wird in einen Alarmzustand versetzt, weil solche Desorientierung als Bedrohung empfunden wird.

Gleichzeitig sinkt aber auch die Verfügbarkeit der direkt angezeigten Infos rapide, bei Twitter z. B. aktuell nur noch 30 Minuten, sodass ein Nutzer ständig dranbleiben muss, um nichts „Wichtiges“ zu verpassen. Zum späteren Nacharbeiten bleibt sowieso keine Zeit, weil es ja rasend schnell weitergeht.

Viele Menschen versuchen da hinterherzukommen. Das ist aber auch mit mehrstündiger Online-Präsenz nicht zu schaffen, man ist also immer auf der Verliererstraße und arbeitet sich ggf. ins Burn-out.

Das Gehirn braucht also eine andere Lösung für diesen Zustand:

Die vorläufige, oberflächliche, aber dysfunktionale Lösung ist für viele, sich dauerhaft auf einige Kanäle zu beschränken, deren Botschaften sie verstehen und alles andere versuchen auszublenden. Die Fütterung des Gehirns mit von den inhaltlichen Haltungen und Einstellungen her immer gleichen Informationen spiegelt mittlerweile bei vielen Menschen eine zunehmend von der Realität abgekoppelte Welt vor, wirkt insofern manipulativ. Das fordert keinen Dialog mit Menschen anderer Einstellung an, sondern eher Abgrenzung, um nicht unsicher zu werden, mehr noch Abstumpfung, Desinteresse an gesellschaftlicher Aktivität und Entwicklung und resignativem Abtauchen in Social-Media-Kanäle und andere virtuelle Welten. Die großen Internet-Konzerne fördern dies ja geradezu als Geschäftsmodell.

Bei den kommenden Herausforderungen des gesellschaftlichen und klimabedingten Wandels folgt daraus eher Ohnmacht, Krankheit oder Aggressivität bis hin zum Extremismus.

Durch diese Pseudolösung gewinnt man also doch keine Zeit und bleibt überflutet, aber von nun schon bekanntem Wasser. So entsteht eine Parallel-Community, die dauernd die selben Fernsehsender sieht, die selben Streaming-Dienste nutzt und die selben Internetplattformen, die im Weiteren über ihre Algorithmen garantieren, dass keine verunsichernden Nebenthemen auftreten.

Das fördert dann auch den Boden für Verschwörungserzählungen, weil andere Erzählungen als mögliches Korrektiv aus dem Blick sind.

Allerdings kennt wohl jeder den Wunsch für ihre/seine Meinungen und Sicht der Welt Bestätigung in seiner Umgebung zu bekommen. Aber es bleibt ja doch bei den meisten eine Offenheit und auch Interesse für Anregungen durch anderslautende Meinungen und Informationen. Problematisch wird es jedoch wie gerade beschrieben, wenn sich der Fokus immer weiter einengt und andere Informationen als die für sich „festgestellten" ausgeblendet werden.

Dann steuert ein Mensch auf einen Kipp-Punkt zu, der eine Rückkehr zu einer offeneren Haltung stark erschwert. Es ist also im demokratischen Gemeinwohlwesen sehr wichtig, in Gesprächen und Kontakten mit diesen Menschen zu bleiben und zu sein, bevor solche Kipp-Punkte auftreten.

Dabei ist es nicht unbedingt erforderlich, Menschen argumentativ umzustimmen – das fördert oft eher eine Abwehrhaltung – vielmehr dreht es sich um ein Zusammensein, das den anderen wertschätzt und eine z. B. vorhandene Sympathie mitteilt und austauschen kann. Dann kann auch das eine oder andere Argument gewechselt werden und wenn das freundlich geschieht, mag es immer wieder den Charakter einer Brücke haben, die beizeiten genutzt werden kann.

Eltern haben also mit dieser Lösung durch Einengung auf immer gleiche Informationskanäle für den Umgang mit News letztlich immer noch keine Zeit für ihre Kinder und können kein Vorbild für sie sein.

Desinformations-Mechanismen im Internet

Und es finden sich ja außer den beschriebenen Algorithmen auch noch andere Desinformations-Mechanismen wie digitale „Sockenpuppen", „Social Bots" und digitale „Trolle":

- Sockenpuppen sind zusätzliche Fake-Accounts, mit denen Menschen z. B. ihre Likes oder Dislikes oder aber Meinungen oder auch Verunglimpfungen verdoppeln oder vervielfältigen. Sie unterlaufen letztlich Regeln, die der unbefangene Internet-Nutzer als gegeben annimmt. Eine Identifizierung solcher Fake-Accounts als solche ist oft nicht möglich.
- Social Bots sind automatisierte Computerprogramme (bots von Roboter), die menschliche Wesen in Fake-Accounts vortäuschen. Sie reagieren auf Keywords und geben dann vorgefertigte Antworten oder führen mit jemandem fiktive Gespräche. Sie imitieren menschliches Verhalten, verschicken Freundschaftsanfragen, können Social-Media-Accounts von Menschen überfluten, ein Cybermobbing auslösen, ein Produkt besonders loben oder schlecht machen oder das Internet zu bestimmten Fragen majorisieren, sodass das Thema groß und wichtig aussieht. Es kann unerkannt eine Bedeutung in der politischen Willensbildung haben.
- Digitale Trolle sind Menschen, die im Internet so agieren, dass sie andere Teilnehmer gezielt emotional provozieren und damit Schaden anrichten und Vertrauen zerstören in Social-Media-Communities. Sie werden aber auch gezielt eingesetzt, um Verwirrung zu stiften. Das kann in seltenen Fällen z. B. bei der Cyberabwehr auch positive Bedeutung haben, indem kriminelle Vorhaben in der Kommunikation der kriminellen Teilnehmer durcheinanderkommen und so im Sande verlaufen können.

Menschen, die auf einfache Lösungen im Internet und den dort zugesandten News hoffen, durchschauen diese negativen Einflussnahmen im Netz meist nicht mehr, weil diese in der Regel algorithmisch kontrolliert, ja der Bestätigung ihrer Meinung dienen. Menschen müssen diese Dinge kennen und mit ihnen sehr wachsam umgehen, um persönlich oder im Unternehmen keinen Schaden zu erleiden.

Wozu News?

Es braucht also eine andere Lösung für Menschen, die ihre Elternschaft ernst nehmen wollen und Wege in der Informationsflut suchen, die wirklichen Schutz vor solcher Überflutung bieten.

Es beginnt mit der Frage: Wofür braucht man News?

News sind in der Regel irrelevante Daten ohne echten Kontext. Die News untereinander stehen ohne jeden Belang nebeneinander herum. Und sie sind für meine Lebensführung in der Regel völlig unbedeutend, für jetzt gerade und überhaupt.

Eine Kostprobe v. 10.8.2020 aus den „Zeit"-online-News:
- *Ausbildung in der Corona-Krise: Portal eröffnet,*
- *Bayern startet Barca-Vorbereitung,*
- *Weinlese startet früh,*
- *Lauenau muss weiter Wasser sparen,*
- *Vettels Fatalismus: „Kann nicht schlimmer werden",*
- *Kritik an Gratistests für Urlauber aus Risikogebieten wächst,*
- *SPD macht Vizekanzler Scholz zum Kanzlerkandidaten,*
- *Aida Cruises legt wieder ab,*
- *Seniorin gesteht Tötung eines siebenjährigen Kindes,*
- *Kosmischer Staub verglüht am Himmel,*
- *Neue Hauptdarstellerinnen bei den „Roten Rosen",*
- *Mehrheit legt keinen Wert auf Sommer-Dresscode im Job,*
- *Maas drängt auf Reformen im Libanon,*
- *Dürre: „Wo ist mein Wasser?",*
- *Tyson-Comeback offenbar auf November verschoben.*

Dass Bayern München sich vor dem Barca-Spiel vorbereitet, wird Sie nicht überraschen, dass Scholz Kanzlerkandidat der SPD wird, wussten Sie schon oder hätten Sie noch rechtzeitig vor den Bundestagswahlen 2021 erfahren, Maas ist bekanntermaßen nicht der Erste, der im Libanon auf Reformen drängt, aber wie will er das denn machen? Das steht da nicht, usw.

Sie sehen also, wenn sie das alles nicht gelesen hätten und das hat ja noch „Niveau“, dann würde sich Ihr Tag wohl nicht wesentlich ändern.

Ach ja, es fehlt ja noch der DAX! Sagen Sie mal, was Sie fühlen, wenn er mit Schwung abschließt und was, wenn er im Minus ist. Müssen Sie das wissen für Ihren Tag heute? Macht Sie das heiter oder deprimiert? Das Letztere wäre zumindest schade!

Einmal am Tag Radio-Nachrichten, einmal in der Woche eine Sonntags-Zeitung (wobei man die auch mal wechseln kann), einmal im Monat ein gutes Sachbuch, öfter mal mit Freunden und Nachbarn sprechen, das würde reichen, um die wichtigsten Daten und Kontext-Ideen zu erhalten, die für Ihr Leben bedeutsam sein könnten. Dann haben Ideen auch Zeit zu reifen und man kann konkret und selbstaktiv weitere Informationen dafür sammeln.

Rolf Dobelli schlägt vor, die Informationsflut zu meistern, indem man konsequent auf sämtliche News-Angebote für immer verzichtet. Sein Buch „Die Kunst des digitalen Lebens“ handelt davon, hochinteressant!

Des Weiteren kann man Informationen unterscheiden lernen. Das heißt u. a. Nachricht von Meinung und Manipulation, Wichtiges von Unwichtigem zu unterscheiden, so die Informationsmenge zu begrenzen und Nachrichten mit einer klaren inneren Haltung und vegetativer Ruhe, ohne emotionales Einrasten bei Resonanz, auf Glaubwürdigkeit zu überprüfen, dabei eine innere Klarheit zu entwickeln für das, was man selbst wichtig nennen könnte.

Um solche Wege muss man sich bemühen, sie werden nicht frei Haus geliefert. Und sie erfordern Zeit. Sie wachsen und werden deutlicher und einfacher bei einem Lebensstil in dem Lebenspflege stattfindet. Denn mit einer inneren vegetativen Balance, in TCM-Terminologie würden wir von innerer Mitte und Neutralität sprechen, denkt man anders, kreativer, kooperativer und liebevoller (siehe Kapitel 1, S. 75ff). Eine solche innere Referenz ermöglicht, Haltungen hinter Nachrichten wahrzunehmen und somit Ausgewogenheit oder aber Manipulation zu spüren. Ein klares inneres Körpergefühl ist dafür Voraussetzung und enttarnt dann Fake News oft durch ein mulmiges Gefühl bzw. die Absurdität eines eventuell mitgelieferten Kontextes. Das geht aber nur, wenn man die Flut der News geeignet für sich begrenzt.

Wie erreicht man das? In Kurzform: Zeit haben, News abbestellen, gut und ausreichend schlafen, z. B. regelmäßig QiGong üben, Menschen begegnen. Das ist das Thema von Kapitel 5, Gestaltung. Dort werden wir das intensiv weiterbesprechen.

2.1.6 Stress durch Angst: z. B. die Corona-Pandemie

Wir leben in einer Welt, die schwer zu verstehen ist. Und niemand kann im Voraus sagen, was wohl als Nächstes passieren wird. Selbst Zukunftsforschern gelingt das in der Regel nicht mehr gut, sie sind selbst oft überrascht von der näheren Zukunft. Die Klima-Problematik war lange nicht wirklich zu spüren in Deutschland, eine Erderwärmung von zwei Grad oder aber drei Grad ist als Unterschied heute nicht wahrnehmbar, sondern wird an Folgeszenarien durchgespielt, die noch recht weit weg scheinen. Eine Angst vor einer Klimakatastrophe lässt sich insofern aktuell noch ganz gut verdrängen, was zwar fatal ist, weil jetzt gehandelt werden müsste, aber noch gelingt. Doch eine Angst zu verdrängen heißt nicht, sie zu meistern, sie wirkt sich physiologisch aus und erzeugt trotzdem Stress.

In der Salutogenese, der Lehre von dem, was für die Gesundheit wichtig ist, ist die Durchschaubarkeit und Erklärbarkeit der Welt ein wichtiger Faktor für Gesundheit. Dieser Faktor geht den Menschen zunehmend verloren, weil ein Wandel ansteht, aber die politischen Autoritäten nicht davon reden, was dieser Wandel anfordert. Das machte die Welt nebulös und unsicher, schon vor der Corona-Pandemie.

In der Corona-Krise konnte man jetzt zwar kurzfristig das öffentliche Leben anhalten, aber die Autoritäten, Wissenschaftler, Ärzte, Politiker kennen das Virus auch nicht bzw. müssen es erst einmal kennenlernen. Ein a priori richtiges Vorgehen gibt es nicht, wird aber erwartet, weil es früher so etwas zu geben schien. Wir erheben sozusagen Anspruch auf wissende Autoritäten und sind nicht nur enttäuscht, dass es sie nun nicht gibt, sondern kommen ohne funktionierende Experten leicht in Hilflosigkeit und Angst. Wir haben also tiefe existenzielle Ängste, zusammen mit konkreten Ängsten, teilweise die finanzielle Existenz vernichtenden Bedrohungen. Das verursacht ungeheuren Stress und versetzt das Vegetativum vieler Menschen in eine anhaltende sympathikotone Reaktionshaltung. Da niemand eindeutig sagen kann, wie es weitergeht, sind reaktiv Krankheitsentwicklungen, insbesondere auf dem Boden des schon vorbestehenden Stresslevels an der Tagesordnung. Was ist jetzt zu tun?

Die Einstellung der Gesellschaft und des Einzelnen zum schon stattfindenden Wandel muss in den zentralen Fokus rücken. Jeder Mensch kann seinen Lebensstil so ändern, dass sein Immunsystem davon profitiert und Politik muss die ganze in der Corona-Krise offensichtlich gewordene, aber schon vorbestehende Unordnung und Ungereimtheit unseres Lebens hier in Deutschland neu ordnen. Dazu ist es wichtig, dass alle wissen, dass die Selbstverständlichkeiten der letzten Jahrzehnte, also ein so ressourcenverbrauchendes, carbonbasiertes Wirtschaften mit Wachstum nicht weitergeht. Entweder wir ignorieren die Notwendigkeit, die Wandlung als Gemeinschaft anzupacken und ernten dann in einigen Jahren ein unbeherrschbares, jeden bedrohendes Chaos, oder wir beginnen radikal, also die Themen an der Wurzel packend, den Wandel zu gestalten, und begrenzen die Folgen so konkret, dass das Leben auf der Erde lebenswert bleibt.

Dazu bietet die Corona-Krise eine hervorragende Chance, wenn die Politiker begreifen, dass sie und ihre Wähler um den Wandel nicht herumkommen. Im Wandel kann es schmerzhaft sein, aber wenn man durch diesen Schmerz durch ist, gewinnt man sogar die Menschlichkeit zurück und die Menschen ihre Würde.

Die Politiker müssen anfangen, ihren Wählern zu erklären, dass es verantwortungslos ist, nicht zu handeln. Es geht um Radikalität, die ein Übel an der Wurzel packt, dabei aber Zeit zum Reifen lässt, im Gegensatz zur Revolution, die diese Zeit zum Reifen nicht ermöglicht. Radikalität ohne wortreiche, aber nichtssagende Ausflüchte ist jetzt notwendig, weil in der allgemeinen Verdrängung der entstandenen Notlage kein wirksames Handeln möglich war und so wertvolle Handlungszeit verschenkt worden ist.

Es wird also unbequem für die Parteien, sie müssen den Bürgern die Wahrheit einschenken und ihnen gleichzeitig helfen, diese nicht nur zu verdauen, sondern als Aufbruch in eine neue menschlichere Zeit zu sehen. Dies wird sicherlich ein oder zwei Wahlperioden brauchen, weil die konservativen Kräfte ihren festgelegten und quasi gewonnenen Handlungsrahmen nicht ohne Weiteres aufgeben können und viele Wähler, insbesondere Ältere, weiter darauf hoffen, dass sich nichts ändern muss. Aber die Erderwärmung mit ihren spürbaren Folgen auch in Deutschland wird dieses Vorgehen pushen.

Wichtig ist dabei, die älteren Menschen mitzunehmen, also ehrlich zu schauen, wie man älteren Menschen schon in und während dem radikal notwendigen Wandel Sicherheit und Geborgenheit geben kann. Man muss in die Änderung eintreten, aber kreativ und liebevoll vorgehen. Das geht, weil Kreativität und Liebe im Gegensatz zu Konkurrenz und Konsum keine solchen Kosten zeitigen. Dann werden „die Alten“ beginnen, den Wandel mitzutragen, weil sie merken, dass etwas Besseres im Gange ist.

Dies gilt es im Weiteren genauer zu besprechen. Das werde ich in Kapitel 4 und 5 machen. Dort soll auch das für die Corona-Krise wichtige Thema des Immunsystems angesprochen werden, das wir in der gesellschaftlichen Diskussion wieder aus der Vergessenheit herausholen wollen.

2.1.7 Stress durch sozialen Vergleich

Zufriedenheit und Glück durch Geld steigt im niedrigen Einkommensbereich an bis zu einer Höhe, in der die Grundbedürfnisse von Miete, Mobilität, Ernährung und einem üblichen Equipment im Haushalt und von Haushaltsgeräten wie Waschmaschine, Kühlschrank, Fernseher usw. erfüllt sind.

Danach steigt die Zufriedenheit nicht weiter an mit steigendem Einkommen, ja man beobachtet vielfach eine zunehmende Unzufriedenheit bis hin zum Stress, weil man anfängt, sich in der Bevölkerung, in der Nachbarschaft bzw. unter Kollegen im Sozialrating zu verorten.

Der Mensch ist nicht in der Lage, eine universelle Bezugsgröße in sich zu fühlen, die ihn gänzlich unabhängig machen würde vor Vergleichen mit anderen Menschen. Man setzt sich also meist in einen konkreten Bezug zu Mitmenschen, verursacht also selbst ein Ranking, das einem guttut, wenn man darin gut abschneidet und einen verärgert bzw. sogar unter Stress setzen kann, wenn man darin schlecht oder ungenügend abschneidet oder immer in der unteren Skala verbleibt.

Das ist allerdings immer abhängig von kulturellen Einflüssen, also was jeweils als wichtig zu haben gilt, sowie von der Wirtschaftsform also, in welchem Ausmaß soziale Ungleichheit besteht und jeder mit jedem als Konkurrent gesehen und beurteilt wird. Weiterhin ist es wichtig, ob man mit dem jeweiligen sozialen Status gesehen wird oder eher nicht.

Viele versuchen, andere nach Möglichkeit irgendwie zu übertreffen, um sich im Ranking sichtbar zu halten oder zu steigen. Das geschieht meistens durch sichtbaren Konsum, also Werkzeug, Mode, Auto, was die Nachbarn oder die Kollegen mitbekommen können. Vieles „muss man einfach haben", mit anderem „kann man gut punkten". Das fängt schon im Kindergarten an und wird in der Schule sozusagen quasi zelebriert, was soziale Ungleichheit ausgesprochen fördert.

Die Werbung zeigt dabei in der Regel, wohin die Reise geht, man muss also auch schnell sein. Es kommt dabei nicht so sehr darauf an, ob man etwas braucht, sondern, wie man damit dasteht im Vergleich. Ich denke, jeder kann sich dabei erkennen, dass er oder sie aus solchen Gründen manchmal etwas kauft. Es ist uns bei unserer Art zu wirtschaften quasi von Kindesbeinen eingebläut worden, dass Besitz und Haben die soziale Stellung begründen, und besonders, wenn es sichtbar ist, uns als fortschrittlich, überlegen, vielleicht sogar als sexy auszeichnet. Nur so können wir Karriere machen und im Leben Erfolg haben, wird uns suggeriert.

So die Erziehung und die Werbung, aber es klappt dummerweise nicht immer und man kann auch keinen dauerhaft guten Zustand erreichen, sondern es droht ständig zu kippen, man muss also immer nachsteuern, soweit es der Geldbeutel zulässt. Das verursacht Stress und wenn wir darin stark verfangen sind, können wir allein dadurch gesundheitliche Probleme bekommen, also Stressfolge-Krankheiten.

Wie verhindert man diesen sinnlosen Konsum, was man nicht wirklich braucht und was zum Glücklichsein herzlich wenig beiträgt? Wir alle kennen ja die Halbwertzeit von zufriedenen Gefühlen über unsere Konsum-Beute, sie ist kurz.

Wir sind besonders anfällig dafür im Sinne einer Verführung (siehe auch Kapitel 4), wenn wir uns innerlich leer fühlen, wenn wir wenig Bestätigung bekommen oder bekommen haben, also wenig Selbstwert empfinden und nicht zu einer guten Selbststeuerung gelangen konnten. Diese Leere versuchen wir aufzufüllen, aber so, durch Konsum, klappt das nicht wirklich. Wir brauchen Zufriedenheit durch erfüllende Beziehungen, Begegnungen und Partnerschaft, Freude an unserer Arbeit und natürlich Anerkennung, aber nicht von irgendwem, sondern von Menschen, die uns nah und lieb sind. Dann kaufen wir viel eher nur das, was wir brauchen, garniert mit kleinen überschaubaren Lustkäufen als Belohnung für was auch immer.

Exkurs: Konsum als systemrelevant

Übermäßiger sozialer Vergleich ist ungesund, treibt aber den Konsum an und fördert den Wohlstand im systemischen Sinne. Konsum stabilisiert unseren Staat, in dem er in besonderer Weise der Wirtschaft ermöglicht zu wachsen. Konsum ist also in unserer Wirtschaftsweise im Grunde eine staatsbürgerliche Pflicht. Dies galt bisher meist, ohne dass dies so benannt wurde. Jetzt in der Corona-Krise drehte es sich nach dem Lockdown aber alles darum, den Konsum wieder anzukurbeln, um ein wirtschaftliches Zusammenbrechen bzw. eine schwere Rezession zu vermeiden. Dies wurde jetzt auch so ausgesprochen. Damit wurde offensichtlich, dass unser Wirtschaftssystem auf gefährliche Art und Weise verletzlich ist und Konsum systemrelevant. Ohne Konsum können wir diese Wachstumswirtschaft nicht retten, wie ungesund!

Wir kommen als Bürger hier in ein Dilemma: Zum einen haben wir die ethische Verpflichtung, besonnen zu konsumieren, um Ressourcen zu schonen und klimafreundlich zu handeln, zum anderen haben wir die moralische, offensichtlich staatsbürgerliche Pflicht zu konsumieren, damit unser Wirtschaftssystem nicht zusammenbricht.

Weiterhin werden wir implizit „gezwungen", die Missachtung unseres Grundgesetzes durch unsere Wirtschaftsweise zu ignorieren mit der Folge, dass wir uns meist unbewusst aber doch im Hintergrund mitschuldig fühlen an den vom Staat zugelassenen massiven Rechtsbrüchen,

im Besonderen an GG § 1 „Die Würde des Menschen ist unantastbar", § 2, Abs. 2. „Jeder hat das Recht auf Leben und körperliche Unversehrtheit" und § 14, Abs 2 „Eigentum verpflichtet. Sein Gebrauch soll zugleich dem Wohle der Allgemeinheit dienen."

Wieso die Staatsmacht darin keine krasse Divergenz sieht, darüber mehr in Kapitel 4 bei der Erörterung des sogenannten „freien" Marktes.

Gleichzeitig wissen wir, dass ausufernder Konsum uns als Menschen nicht glücklich macht, müssen aber auch dieses ignorieren, um „den Wohlstand" zu erhalten, der uns versprochen ist, und dürfen hier keine Gefährdung zulassen.

Das alles bedeutet eine innere Zerr-Spannung, sie setzt uns ungeheuer unter Druck, weil wir es nicht richtig machen können. Mit jeder Positionierung verstoßen wir gegen eine Pflicht. Das ist quasi wie ein unbewusstes, aber loderndes Feuer für unser Stress-System und fördert Gefühle der Ohnmacht.

So ein verletzliches System stützen zu müssen ist also an sich unerträglich. Aus der Sicht mündiger Bürger müssen wir dagegen sozialen Widerstand leisten, aber in der Form, dass wir an einer Umwandlung des Wirtschaftssystems arbeiten mit dem Ziel, dass es funktioniert, auch wenn wir nicht mehr sinnlos ausufernd konsumieren. Ein solches Wirtschaftssystem ist die Gemeinwohl-Ökonomie, in der die genannten Dilemmata aufgehoben sind. Wohlstand bedeutet hier genug zu haben, uns aber auch aus den inneren Zerr-Spannungen befreien zu können und gemeinsam mit unseren Mitmenschen zu kooperieren. Der soziale Vergleich ist vermutlich nicht gleich völlig aufgehoben, wird aber mäßiger und hat nicht mehr die Getriebenheit zum Konsum.

Die Gemeinwohl-Ökonomie und wie der Prozess der Umwandlung dorthin gelingen kann, beschreibe ich in Kapitel 5.

Exkurs Soziale Ungleichheit

Wir müssen dabei noch einen Blick auf die soziale Ungleichheit werfen, die noch stärker als der soziale Vergleich für die nachteilig Betroffenen eine Verletzung ihres Daseins bedeutet, besonders was Würde und Gesundheit angeht. Die Lebenserwartung sozial benachteiligter Bevölkerungsgruppen in Deutschland (definiert durch ein Haushaltsnettoeinkommen von weniger als 60 % des gesellschaftlichen Mittelwertes) ist im Vergleich zu Beziehern hoher Einkommen um bis zu elf Jahre verringert, das Risiko für chronische Erkrankungen nach Daten des Robert-Koch-Instituts um das 2-3-fache erhöht (siehe auch Kapitel 5, S. 493).[6]

Starke soziale Ungleichheit korreliert zudem mit hohem sozialem Misstrauen der Bürger untereinander und hohen sozialen Problemen (z. B. bei der Anzahl von Insassen in Gefängnissen, höhere Zahlen von Gewalttaten, mehr Teenager-Schwangerschaften, schlechtere Leistungen in der Schule, z. B. in der Lese-Schreib-Kompetenz, Zunahme der Fettleibigkeit usw.). Erfasst wird dies wissenschaftlich im sogenannten Gini-Koeffizienten (von dem italienischen Statistiker Corrado Gini entwickelt), der bei bester sozialer Gleichheit gegen

Null tendiert, bei starker sozialer Ungleichheit gegen Eins. Deutschland ist hier noch recht häufig nur im Mittelfeld der Länderskalen zu finden. Eine interessante Bearbeitung des Themas der sozialen Ungleichheit weltweit haben Wilkinson und Pickett in ihrem Buch „Gleichheit – warum gerechte Gesellschaften für alle besser sind" vorgelegt. Ein schöner Untertitel!

Die sozialen Themen werden uns im Weiteren noch häufiger beschäftigen. Eltern, die möchten, dass es ihren Kindern einmal besser geht oder heutzutage zumindest hoffen, dass sie noch in einer lebenswerten Welt leben können, können ihre Kinder am besten vorbereiten, wie in Kapitel 1 zur gesunden Hirnentwicklung beschrieben, damit sie in eine gute Selbststeuerung, guten Selbstwert und soziale Widerstandskraft kommen. Dann sind sie weniger anfällig auf die Verführung durch Konsum und kraftvoller in ihrem Beitrag, die aktuelle Wirtschaftsweise in eine Gemeinwohl-Ökonomie umzuwandeln mit der Chance, die Erde als guten Lebensraum zu erhalten.

2.2 Lebensstil, Mediennutzung und gesundheitliche Verfassung der Eltern

2.2.1 Bedeutung für die Zeit vor und bei der Empfängnis

Vor der Empfängnis

Die Eltern haben je nach gewähltem oder entstandenem Lebensstil einen bestimmten Gesundheitszustand, Stress- und Angst-Level, Stoffwechsel- bzw. Hormon- und Immunstatus mit entsprechendem epigenetischem Muster aktiver und passiver Gene incl. einer dazu passenden Telomer-Länge als Endkappen der Chromosomen.

Nicht nur die chromosomalen Anlagen, sondern auch diese epigenetische Situation wird nun bei einer Befruchtung weitgehend an das Kind weitergegeben, und auf dieser Grundlage macht der Embryo im Uterus nun seine physiologischen, kommunikativen und damit verbundenen emotionalen Erfahrungen.

Eine alte chinesische Tradition (wohl eher bei der privilegierten Bevölkerung angesiedelt), empfiehlt, dass Eltern, die ein Kind haben wollen, sich 100 Tage darauf vorbereiten sollen durch Enthaltsamkeit bei Alkohol und Völlerei, gesundem, in der Menge eben reduziertem Essen, guter Bewegung (QiGong) und Meditation sowie viel Schlaf. Außerdem soll die Vorfreude auf das Kind Raum bekommen. Das Paar kommt sich in seiner Liebe und Feinfühligkeit näher, sexuelle Enthaltsamkeit bzw. reduzierte sexuelle Aktivität unter Vermeidung einer Befruchtung ermöglichen die 100 Tage ohne Empfängnis.

Ein solcher Zeitraum von einem guten Vierteljahr der Lebenspflege ist zur Vitalisierung der Eltern wissenschaftlich gesehen äußerst sinnvoll. Es kommt zur Normalisierung von Körpergewicht und Bauchfett, die Leber wird entfettet und kann wieder die Gefäße und das Herz schützen, Gewebe, insbesondere Stützgewebe, Sehnen und Bänder werden geschmeidig, Muskeln erhalten genug Energie. Der Hormonhaushalt wird balanciert und die Sexualorgane vitalisiert, die Fruchtbarkeit von Mann und Frau gestärkt. In den Zellkernen der Zellen der Eltern, auch der Geschlechtszellen, die an das Kind weitergegeben werden, schaltet das epigenetische Muster in dieser Zeit auf ein lebensförderliches Muster.

Empfängnis

Kommt es nach dieser Zeit zur Empfängnis, was aufgrund der meist guten Fruchtbarkeit und nach sexueller Enthaltung bzw. Zurückhaltung großer sexueller Lust beider zukünftiger Eltern sehr wahrscheinlich ist, hat das Kind beste Einnistungs-Bedingungen und erhält ein bestmögliches, stressarmes epigenetisches Muster mit aktiver Telomerase und verlängerten Telomeren vererbt, von dem es lebenslang profitieren kann.

Klingt das nicht schön, eine solche liebevolle Vorbereitungszeit auf und für das Kind? Mancher mag einwenden, dass das heute nicht mehr gehen kann. Aber warum denn nicht? Wir werden uns das in Kapitel 5 bei den Gestaltungsräumen, die wir haben, genau anschauen.

Bedeutung für die Zeit der Schwangerschaft

In der Schwangerschaft ist es jetzt wichtig, dass die schwangere Frau möglichst sorgen- und stressfrei leben kann, damit sich das Kind im Uterus möglichst ungestört in guter innerer Kommunikation mit der Mutter entwickeln und gute Erfahrungen machen kann.

Das Mutterschutzgesetz in Deutschland schützt die Schwangere und ihr Kind im Bauch vor Gefährdungen des Lebens und der Gesundheit. Das erstreckt sich aber bisher nicht explizit auf den wichtigen Sachverhalt von weitgehender Stressfreiheit der Mutter im Sinne bestmöglicher Kindesentwicklung mit den Telomeren des Kindes im Fokus.

Daher wiederhole ich die Zitate aus Kapitel 1:
„Die starke seelische Belastung einer Schwangeren wirkt offenbar in der nächsten Generation nach und beeinflusst die Entwicklung der Telomer-Länge des Kindes auf Jahrzehnte hinaus."
„Die Telomere des Babys lauschen dem Stress der Mutter."
(Prof. Dr. Elisabeth Blackburn)

Viele schwangere Frauen arbeiten gerne in der Schwangerschaft weiter und fühlen sich gut, sofern die Arbeit Freude macht, nicht sehr erschöpft und sie Pausen bekommen, wie sie es brauchen.

Wenn die Arbeit aber stresst, sehr erschöpft oder vielleicht sogar Mobbing stattfindet, dann ist eine Stress-Wirkung auf das Kind sehr wahrscheinlich, selbst wenn die Schwangere selbst keine offensichtlichen Symptome hat. Aber auch eine empfundene Stressbelastung ohne aktuell nachweisbare Symptome trotz Einhaltung der Vorschriften des Mutterschutzgesetzes seitens des Arbeitgebers sollte im Interesse des Kindes ernst genommen werden.

Dies ist natürlich der Wahrnehmung und der Entscheidung der Schwangeren überlassen, aber es macht Sinn, dies ggf. mit dem Arzt des Vertrauens zu besprechen und zu klären, ob, aus Gründen der Vermeidung von Stressfolgen auch für das Kind, ein Beschäftigungsverbot geboten ist.

Aber das gilt natürlich genauso für Stress in der Partnerschaft oder andere Bereiche, wo möglichst Klärung erzielt werden sollte.

Stressfolgen in der Schwangerschaft für das Kind müssen zukünftig also viel ernster genommen werden, weil hier schon Weichen für die Zukunft gestellt werden. Dies war in der Vergangenheit in dieser Weise nie wirklich im Fokus, aber wir können mit diesem Wissen den Kinderschutz auf das Ungeborene nunmehr ausweiten, vorerst individuell, aber mit der Forderung nach weiteren praktikablen Kriterien im Mutterschutzgesetz.

Dies ist auch deshalb wichtig, weil so auch soziale Ungleichheit weiter vermindert werden kann, denn mit ausreichenden finanziellen Verhältnissen kann eine Schwangere diese Zeit natürlich auch stressärmer gestalten als bei der Notwendigkeit der Lohnarbeit der Schwangeren für den Lebensunterhalt der Familie bzw. im Single- oder alleinerziehenden Haushalt.

Hier müsste die Möglichkeit des Beschäftigungsverbotes klarer geregelt und sich auch explizit auf absehbare Stressfolgen für das Kind erstrecken, da im Beschäftigungsverbot die Lohn- oder Gehaltszahlung ja weiterläuft wie im üblichen Mutterschutz in den Wochen um die Geburt.

Und Ärzte müssten sich hier unbedingt in epigenetischen Fragen weiterbilden, da dies in der bisherigen Ausbildung noch zu wenig Raum bekommt. So kann ein Faktor sozialer Ungleichheit etwas ausgeglichen werden, bevor allgemeinere gesellschaftliche Gestaltungen greifen.

Gute Begleitung in der Schwangerschaft

Es ist sehr sinnvoll, dass sich das Paar, sofern es sich nicht um eine zufällige oder nicht gewollte Schwangerschaft handelt, für die gemeinsamen Aufgaben gut abstimmt und gerade beim ersten Kind Ängste und Unsicherheiten empathisch ernst genommen und besprochen werden, die in Phasen kommen und normal sind.

Dies erfordert gute Begleitung von Hebammen und Ärzten, optimalerweise solchen, für die eine Schwangerschaft nicht eine Krankheit ist, sondern ein normaler, freudvoller Lebensabschnitt. Die Mehrzahl der Schwangerschaften ist nicht als Risiko einzuschätzen, sondern als natürlicher, lebensspendender Entwicklungsprozess mit eigener Kompetenz der Mutter zum Gebären. Generell gelingt eine Schwangerschaft umso besser, indem die Schwangere in dieser Kompetenz unterstützt wird und Ängste vor Komplikationen gut besprochen und bewältigt werden können, wenn keine Hinweise für Komplikationen da sind. Das gilt auch für Ängste des werdenden Vaters.

Bei Risikoschwangerschaften ist die entängstigende und lebensbejahende Betreuung umso wichtiger und die Kompetenzen von Hebamme, Arzt und Krankenhaus zu betonen, die Sicherheit gibt, ohne die Kompetenz der Schwangeren zur Frage des Tragens und Gebärens ihres Kindes infrage zu stellen. Ihre Wünsche und Gedanken dazu und der Rahmen ihrer Selbstbestimmung in dieser besonderen Situation brauchen großen empathischen Raum. Ein solches Vorgehen negiert nicht das Risiko, sondern minimiert es, indem die Schwangere und damit auch ihr Kind im Bauch eine bestmögliche Ausgangslage bekommt.

Die Frage der Indikation zum Kaiserschnitt möchte ich ausführlich in Kapitel 5, Gestaltungsräume, besprechen, ebenfalls dort das Thema Hausgeburten ansprechen.

Bedeutung für die ersten Lebensjahre

Lebensstil, Mediennutzung und gesundheitliche Verfassung der Eltern sind sehr wichtig für das Gedeihen und die Hirnentwicklung des Babys.

Im Kapitel Stress und Digitalisierungs-Stress habe ich beschrieben, wie die reale Lebenssituation vieler Erwachsener Dysbalancen auf vielen Ebenen ergibt und sicherlich die Mehrheit der Menschen sich im Alltag dauerhaft überfordert fühlt angesichts des permanenten und beschleunigten Wandels. Wer hier nicht mit günstigen Voraussetzungen, Kompetenzen und Ressourcen im Ring steht, geht leicht k.o., also kommt z. B. ins Burn-out. Die Zahl der Menschen mit Stress-Folge-Erkrankungen wie Burn-out, Depression, Diabetes Typ 2, Tinnitus u. a. gehen, wie schon gesagt, in die Millionen (jeweils ca. jeder 5. Mensch in Deutschland), beim Bluthochdruck und nicht erholsamem Schlaf ist es fast die Mehrheit der Menschen hierzulande.

Der Schlaf der Eltern aber ist in der Regel mit einem Baby nicht ungestört, sie können insofern meist auf die regenerative Wirkung guten Schlafes nicht umfassend zurückgreifen.

Wenn jetzt ein Kind zu einem gestressten Paar kommt und diese zukünftigen Eltern keine Lebenspflege, wie vorher beschrieben, vor der Empfängnis gemacht haben oder machen konnten bzw. das Kind unerwartet kommt, wird das Kind in eine Belastungssituation hinein empfangen und auch geboren. Für Eltern in bereits bestehender Überforderung wird die Belastung dann in der Schwangerschaft stärker und nach der Geburt ebenfalls. In dieser Belastung können Eltern dem Kind eine verlässliche Umhüllung oft nicht geben, zusätzlich waren bei Empfängnis und in der

Schwangerschaft die physiologischen und epigenetischen Voraussetzungen für das Kind nicht optimal und auf dieser Lebensgrundlage läuft die Hirnentwicklung des Kindes noch nicht in der bestmöglichen Bahn.

Es ist für die Eltern und die Entwicklung des Kindes insofern hochbedeutsam, dass die Eltern spätestens jetzt dafür sorgen, dass es ihnen ausreichend gut geht und sie in eine bessere vegetative Balance kommen. Und sie müssen jetzt auch unter diesen ggf. schwierigen Umständen klare Entscheidungen treffen bzw. sich Unterstützung holen. Wie sie dahin gelangen können, bespreche ich in Kapitel 5. Dies muss in der Gesellschaft aber umfangreich kommuniziert werden und zu jeder Geburtsvorbereitung dazugehören. Wer hier Unterstützung braucht, muss diese auch bekommen, unabhängig von der persönlichen finanziellen Lage.

Wenn die Eltern aber auch noch biografische Belastungen mit sich tragen wie eigene oder familiäre Traumata, eigene Krankheiten, psychische Störungen, Suchtentwicklungen oder Dauer-Streit und Trennungen mit ihren Partnern, können die aktuellen Lebensanforderungen noch schwerer zu bewältigen sein mit Vernachlässigung oder emotionalem Mangelerleben der Kinder bis hin zur Gewalterfahrung. Hier kommt dann die Entwicklung der Kinder in ganz schwierige Bahnen, die unsere ganze Aufmerksamkeit und Unterstützung brauchen (Kapitel 3 und 4).

Ursachen und Folgen in biografisch belasteten Familien
Belastete Eltern, die bereits für sich schwer kämpfen müssen, um mit dem Leben klarzukommen bzw. nach Lösungswegen für ihr eigenes Dilemma suchen und nicht finden, können natürlich dem Kind keine wirklich tragfähige Grundlage für das Leben mitgeben. Diese Belastungen wirken auf die Kinder und die Verhaltensweisen bzw. Beziehungsformen, die aus den schwierigen Erfahrungen der Eltern im eigenen Leben resultieren, gehen vielfach auf die Kinder über.

Mütter können als Ergebnis eigener schwieriger Entwicklung auf unterschiedliche Weise problematisch für das Kind sein, z. B.:
· sie können das Kind ablehnen, abwerten, bestrafen
· sie können das Kind völlig für ihre Zwecke vereinnahmen
· sie haben z. B. keine Liebesfähigkeit oder keine Zeit für das Kind
· sie füllen mit dem Kind ihren eigenen Mangel an Selbstwert auf.

Diese Mütter können ihr Kind im Lebensbeginn nicht liebevoll umhüllen und überdies bewirken sie schwere Probleme beim Kind mit existenzieller Bedrohung, Identitätsstörungen, emotionalem Missbrauchserleben, starken Minderwertigkeitsgefühlen bzw. völliger Abhängigkeit.
Ähnliche Einflüsse können vom Vater ausgehen.

Diese Zusammenhänge hat z. B. der Psychiater Hans-Joachim Maaz in seinem Buch „Das falsche Leben" ausführlich dargestellt.

(Auswege aus diesen größtenteils für das Kind schädlich wirkenden Familiendynamiken siehe Kapitel 4 und 5)

2.3 Genderthemen

2.3.1 Muttersein

Die Bedeutung der Mutter in ihrer umhüllenden Funktion und physiologischer Stillfähigkeit, die den besten Boden für die Entwicklung sicherer Bindung ermöglicht, ist heutzutage gerne umstritten, da dieses zeitlich umfängliche Sein, oft auch nur als Rolle benannt, mit Gelderwerb, Karriere und Selbstbestimmungsrechten der Frau in Konkurrenz gesetzt wird bzw. in Konkurrenz erscheint.

In Abhängigkeit vom individuellen Ranking von Muttermilch mit Ersatz-Milchprodukten wird diese Rolle bestätigt oder abgestritten. Die

Mutterfunktion scheint dann im letzteren Falle, so die Annahme, bereits kurz nach der Geburt ohne Qualitätsverlust von Hirnentwicklung und Bindungsfähigkeit ersetzbar zu sein durch Väter, Partner/Partnerin bei gleichgeschlechtlichen Paaren oder eben einer Betreuungsperson der Frühbetreuung.

Wo die Mutter fehlt, für die Mutterrolle nicht zur Verfügung steht z. B. durch Krankheit, Persönlichkeit oder biografische Themen ist eine empathische Ersatzperson natürlich ein Segen.

Und wenn eine Frau in ihrer Selbstbestimmung die Mutterrolle nicht übernehmen will, steht sie dafür auch nicht zur Verfügung. Das ist ihre Entscheidung. Das erzählte Begründungsnetz ist in sich oft stimmig, allerdings sind die Emotionen in diesem Bereich nicht immer gut integriert, sodass es in der Reflexion der Biografie später oft zu einem Bedauern über diese nicht gemachte Erfahrung kommt. Auch über Schuldempfinden gegenüber dem Kind wird häufig berichtet. Über mögliche Auswirkungen früher, insbesondere externer Betreuung auf das Kind dabei, schreibe ich ausführlich in Kapitel 3.

Mutter und Vater gleichzusetzen in der Funktion der ersten Umhüllung erscheint zeitgemäß, erfasst aber aus meiner Sicht nicht die ganze Bandbreite des Themas.

Zwar findet man bei Männern mit gewollter Vaterschaft während der Schwangerschaft ihrer Frauen und nach der Geburt auch öfter eigene hormonelle und physiologische Veränderungen (dieses Phänomen nennt man u. a. Couvade „Männerwochenbett“). Und in einer Schwangerschaft, in der das Paar viel zusammen ist, hört das Kind im Bauch natürlich auch die Stimme des Vaters, wenn auch anders als die Stimme der Mutter. Insofern wird auch die Stimme des Vaters dann vertraut sein nach der Geburt.

Aber die Schwangerschaft und die Geburt als Seinserfahrung der Frau geht in die dyadische Kommunikation mit dem Säugling ein, ihr Herzschlag ist ihm vertraut und ihre Immunstoffe stehen ihm in der Muttermilch zum Schutz und zur Einverleibung zur Verfügung. Über Weiteres von mütterlicher Seinserfahrung kann ein Mann ja aus eigener Erfahrung nicht berichten. Als Arzt wurden mir allerdings von vielen Frauen ihre Biografien und Anamnesen lebendig anvertraut.

Insofern ist die Gleich"gültig"keit von Frauen und Männern im gesellschaftspolitischen Kontext heutzutage unbedingt zu betonen und dies unbedingt einzufordern. Die Gleichheit im Sinne einer Unisex-Bewegung ist allerdings nicht gegeben. Und das ist aus meiner Sicht gut so.

Die Unterschiede von Männern und Frauen machen uns sicherlich reich, sie sind dabei komplementär, durch ihre Polarität sehr anziehend und ermöglichen wunderbare Tänze, aber komplementär heißt in der Quantenphysik eben interessanterweise auch: „maximal unvereinbar"! Das ist die Spannung, in der wir hier auf Erden unsere Erfahrungen und unsere Liebe einstellen und erfassen müssen. Insofern ist es auch eine therapeutische Erfahrung, insbesondere bei Familienaufstellungen, dass Männer im Alltag die inneren Probleme des Frauseins nicht lösen können und Frauen nicht die inneren Probleme des Mannseins.

Da allerdings, wie aus der Traditionellen Chinesischen Medizin bekannt, ein jedes Yang ein kleines Yin enthält und jedes Yin ein kleines Yang, so hat auch jede Frau ein männliches Element und jeder Mann ein weibliches Element, aus der beide eine Ahnung des anderen Daseins ziehen können und in Resonanz weiter bilden können.

Auf der anderen Seite haben wir eben auch genug Gemeinsames aus der Evolution als Spezies durch gemeinsame archaische, kollektive und weitergegebene Erfahrung und unsere Entwicklungserfahrung als Mensch, die auf Kommunikation beruht, und insofern auch in der Folge das Leben in der Gruppe, sodass das „maximal Unvereinbare" eben auch relativiert wird, seinen guten Platz im Leben erhält und das Interesse aneinander.

Kurzer Einschub zur sexuellen Identität

Die Tatsache, dass die Größe des Yins im Yang und des Yangs im Yin recht variabel ist, dürfte sicherlich auch eine Grundlage für die Beziehung gleichgeschlechtlicher Paare sein. Dort entspricht die Ahnung über das Dasein des heterosexuellen Partners aber bei gleichgeschlechtlichen Paaren einem Wissen um das Dasein des anderen im gleichen Geschlecht.

Ich gehe hier davon aus, dass die Menschen biologisch fast immer eindeutig einem der beiden Geschlechter zugeordnet werden können (mit Ausnahme der anzahlmäßig geringen (ca. 1 auf 50.000 Geburten) biologischen Intersexualität, unabhängig davon, ob sich ein Mensch heterosexuell, lesbisch, schwul oder bisexuell einordnet.

Diese binäre biologische Zuordnung wird von Transgendern abgelehnt, die ihre Geschlechtsidentität als nicht mit ihrem biologischen Geschlecht übereinstimmend erleben. Die Größe dieser Gruppe ist unklar, knapp 20.000 Menschen haben sich diesbezüglich mit ihrem Anliegen bei den Behörden in Deutschland gemeldet.[7] Die tatsächliche Zahl dürfte weitaus größer sein.

Die große Mehrheit der Menschen in Deutschland ordnen sich selbst als heterosexuell ein. Etwa 5 % in Deutschland (die Zahlen variieren) sehen sich als lesbische oder schwule Menschen. Aber auch in der Gleichgeschlechtlichkeit gibt es regelmäßig Präferenzen in Richtung eher weiblichen oder männlichen Empfindens.

2.3.2 Gesellschaftspolitische und kulturelle Anschauungen zum Muttersein

Ich möchte hier einmal die Sicht der katholischen Kirche und der sogenannten Queer-Theorien als gegensätzliche Anschauungen gegenüberstellen.[8]

Katholische Kirche

Im aktuellen Thesenpapier der katholischen Kirche zur Gendertheorie wird die Zweigeschlechtlichkeit als natürliche Grundlage zur Paarbildung angesehen. Das heterosexuelle monogame Paar mit eigenen Kindern bildet als Familie aus christlicher Sicht die gottgegebene Grundeinheit und damit auch die Basis der Gesellschaft. Damit stellt sich die katholische Kirche in die Kritik von vielen Seiten, die veränderte Einstellungen in der Gesellschaft wahrnehmen und das Wissen um andere, insbesondere historische Kulturen, mit einbeziehen wollen.

Queer-Theorien

Einige Vertreter der sogenannten Queer-Theorien, die u. a. alle sich selbst als gleichgeschlechtlich einordnende Menschen gemeinsam mit Bisexuellen, Transsexuellen und Intersexuellen (LGBQTI+) zusammenfassen möchten, behaupten, dass die männliche und weibliche Ausprägung aller auch heterosexueller Menschen nur kulturell bedingt ist. Die Ausnahme sei das Uterus-Organ, das ein Mensch hat oder nicht hat, dies sei als reproduktive Differenz der einzige Unterschied zwischen Männern und Frauen, alles andere sei mehr oder weniger gleich und wird durch Kultureinflüsse herausgeprägt. Die Frau sei nun aufgrund ihrer Gebärfähigkeit mit ihren Kindern eine Einheit, der Mann sei nur in unserer Kultur zu dieser Einheit zugeordnet, aber eigentlich weder der Frau noch dem Kind zugehörig. Die Familie sei keine originäre Grundbasis der Gesellschaft, wie beispielsweise auch matrilineare und polygame Gesellschaften beweisen.

Integrative Sicht

Die Forderung nach Selbstbestimmung der sexuellen Identität eines jeden Menschen halte ich für sehr wichtig. Die Theorie der reproduktiven Differenz als alleinigen Unterschied der Geschlechter auszumachen ist allerdings für mich nicht stimmig, obwohl ich die Bedeutung der einzelnen Standpunkte aus jeweiligen Lebenszusammenhängen sehen kann.

Kulturelle Prägungen auf die Physiologie, Körperlichkeit, Empfindung und Verhalten bestehen dabei zweifelsohne, als Arzt sehe ich dabei sowohl die Grenzen dieser Prägung als auch der genetischen Determinanten und weiß um die Interaktionen beider Bereiche.

Nachvollziehbar ist auch, dass eine heterosexuelle Familie mit Vater, Mutter, Kind als eine Möglichkeit von gesellschaftlich konstituierender Basis gesehen werden kann, allerdings eine offensichtlich heute und auch früher für die meisten Menschen und Gesellschaften nahe liegende. Es gab auch andere gesellschaftliche Formen, in denen Frauen für sich mit ihren Kindern standen und die Männer keine einer Frau zugehörige Bedeutung, sondern nur reproduktive Aufgaben zu erfüllen hatten. Dies war allerdings weltweit nie die Norm, noch gab es eine größere Verbreitung.

Vielfach wird die Thematik der Unabhängigkeit der Mütter von den Vätern auch aus historischen Beispielen aus der Zeit vor der Sesshaftigkeit begründet. Ich bespreche dies gleich und im Rahmen der Frühbetreuung in Kapitel 3 noch weiter.

Aber vieles wird selbst unter Matriarchats-Forscherinnen und Forschern noch sehr kontrovers gesehen und Fakten und Mythen sind dabei teilweise schwer sauber zu trennen. Insofern haben wir letztlich vom Matriarchat bisher noch sehr wenig Klarheit.

Kulturunabhängige Geschlechterunterschiede

Die körperliche Ausdifferenzierung der Geschlechtsorgane und die hormonelle Grundausstattung ist bereits beim Fötus im Uterus der Mutter genetisch festgelegt und bewirkt in der Folge für das Leben einige physiologische und Empfindungs- und Wahrnehmungs-Unterschiede unabhängig von kultureller Prägung, soweit man dies aus Untersuchungen an aktuell lebenden Menschen ableiten kann. Dabei gibt es kein typisch weibliches oder typisch männliches Gehirn, aber die Gehirne von Mann und Frau arbeiten doch so unterschiedlich, dass es auffällt.

Insgesamt haben Frauen als Geschlechtergruppe aktivere Gehirne im präfrontalen Cortex und limbischen System, Frauen sind tendenziell empathischer, teamfähiger und haben eine bessere Impulskontrolle, sofern sie sich in den ersten Lebensjahren ausbilden durfte. Sie können sich auch besser konzentrieren. Männer können sich etwas besser fokussieren auf ein Thema, was u. a. testosteronbedingt ist. Sie können sich insofern aufgrund fehlender Ablenkung leichter durchsetzen, dabei aber auch Kontexte ihrer Vorhaben und Handlungen verlieren und dann quasi mit Scheuklappen ihre Ziele verfolgen (ggf. ohne Rücksicht auf Verluste).

Diese Aussagen sind natürlich Ergebnisse von Querschnittsuntersuchungen und sagen nichts über eine einzelne Person aus. Auch sind die Unterschiede nicht grandios, bewirken aber für sich schon durchaus unterschiedliche Wahrnehmungen und Verhaltensausformungen im Alltag. Die Unterschiede sind nach meiner Auffassung und Kenntnis mehr als die reproduktive Differenz durch den Uterus.

Genetische Grundlage sexueller Differenzierung

Die Entwicklung von Ovarien und Uterus des Feten hängt von dem jeweiligen männlichen Geschlechtschromosom der Samenzelle ab. Bei einem Y-Chromosom verhindert das dort lokalisierte SRY-Gen die Ausbildung von

Ovarien und Uterus, führt stattdessen zur Ausbildung Testosteron bildender Zellen und zur Hodenbildung. Bei einem X-Chromosom fehlt dieses Gen und ohne Einfluss dieses Gens bilden sich die weiblichen Geschlechtsorgane aus.

Aus den sogenannten Müller-Gängen (wie das nachfolgend erwähnte Anti-Müller-Hormon benannt nach dem Entdecker Johannes Peter Müller), die in den ersten Wochen des Embryos bei beiden Geschlechtern gleich angelegt sind, bilden sich also sowohl Hoden als auch Ovarien und Uterus aus in Abhängigkeit davon, ob ein SRY-Gen vorhanden ist oder nicht.

Bei Vorliegen des SRY-Gens wird ein Eiweiß produziert, der sogenannte Hoden-determinierende Faktor (TDF), der auch bestimmte Zellen anregt, sich zu den Testosteron produzierenden Leydig-Zellen zu entwickeln. Nach Entwicklung der Hoden bewirkt das Anti-Müller-Hormon (AMH), das nur bei Vorliegen des SRY-Gens von den sogenannten Sertoli-Zellen produziert wird, den Abstieg des Hodens bis zum Beckenrand, durch den nachfolgenden Testosteronanstieg sinkt der Hoden dann über den Leistenkanal in den Hodensack ab. Das AMH bewirkt danach die Umwandlung des Müller-Ganges zu einem bindegewebigen Strang. Ohne AMH, also bei der genetischen XX-Konfiguration, bleibt der Müller-Gang offen und es entwickeln sich daraus die Ovarien und der Uterus.

Aktuelle Zahlen

Die heterosexuelle Paarbeziehung über eine längere Zeit ist aktuell also auch noch für die große Mehrheit der Gesellschaft, etwa 75 %, die Grundlage. Es gibt zusätzlich auch eine halbe Million gleichgeschlechtliche Lebenspartnerschaften in Deutschland, zum Teil mit Kindern, bei Frauen meist mit eigenen Kindern, bei Männern selten mit Adoption oder als eigene in die Partnerschaft mitgebrachte Kinder, bei etwa vier Millionen Menschen, die sich in Deutschland als lesbisch oder schwul einordnen.

Knapp die Hälfte der Haushalte in Deutschland sind, wie schon erwähnt, Single-Haushalte (etwa 17 Millionen Menschen), gewollt als Lebensentwurf, getrennt wohnend bei bestehender Partnerschaft oder ungewollt infolge Trennung oder fehlendem Partner, z. B. auch bei verstorbenem Partner. Davon leben 1,6 Millionen als Alleinerziehende mit minderjährigen Kindern. Eine knappe Million Menschen werden in Pflegeheimen versorgt. Die anderen 65 Millionen Menschen leben hauptsächlich als Paar und Familien mit Kindern sowie einigen Wohngemeinschaften in den weiteren 24 Millionen Haushalten.

Die gesellschaftliche Grundlage hat sich also schon verändert, die familiäre und paarbezogene Basis besteht aber noch.

Matrilineare und polygame Gesellschaften

Matrilineare Gesellschaften, in denen die Frauen an die Töchter vererben und im Allgemeinen auch Macht und gesellschaftlichen Einfluss haben, gibt es noch in über 100 Ethnien außerhalb von Europa. Beispiele sind die Minangkabau-Kulturen von Sumatra (3 Millionen Menschen), die Khasi-Kulturen in Nordostindien (1,5 Mill.) und die Tuareg-Kulturen in Nordafrika (3 Mill.). Sie bestehen meist in sogenannten Gartenkulturen bzw. einfachen Ackerbaukulturen ohne den Einsatz von Pflügen.

Polygame Gesellschaften sind in der Regel geschlechtsbezogen, also, dass Frauen mehrere Ehemänner oder Erzeuger bzw. Männer mehrere Ehefrauen haben. Polygame Gesellschaften oder Regionen sind offiziell oder geduldet noch weit verbreitet außerhalb der sogenannten westlichen Länder, auch unabhängig vom Islam.

Der Islam ist dabei nicht einheitlich, es gibt dort sowohl die Einehe als auch die Mehrehe von Männern. Die Ehe eines Mannes mit mehreren Ehefrauen setzt aber, sofern sie regional und religiös unterstützt ist, eine ausreichende wirtschaftliche Lage des Mannes zur guten Versorgung aller Frauen und Kinder voraus.

Polygame Verhältnisse von Frauen finden sich und entsprechen in der Regel den matrilinearen Kulturen mit Gartenbaukultur. Bei den Männern findet sich ggf. die Polygamie eher dann, wenn der Pflug im Ackerbau eingesetzt werden musste, bzw. in viehzüchterischen Kulturen. In einigen Regionen entstand auch nach Kriegen, in denen viele Männer gefallen waren, eine polygame Struktur, vermutlich u. a. auch, damit die hohe Zahl der Frauen wirtschaftlich angemessen versorgt werden konnte.

Gedanken zur Beziehung der Geschlechter

In matrilinearen Gesellschaften sind und waren die Frauen vermutlich von den Männern unabhängig und haben sich gemeinschaftlich mit den anderen Frauen wirtschaftlich gesichert und gemeinsam die Kinder aufgezogen.

Im Patriarchat war die Frau wirtschaftlich über Jahrtausende von dem Mann völlig abhängig, die Ehe war für die Frau wirtschaftliche Existenzsicherung.

Die Verteidigung der eigenen Ehefrau als Besitz war für Männer im Patriarchat zentral, um möglichst sicher nur an eigene Kinder zu vererben. Eigene außereheliche Kontakte des Mannes störten dieses Prinzip für ihn selbst nicht. Ein Ehebruch der Frau aber, sofern bekannt geworden, wurde daher von der Kirche schwer geahndet, die dabei von der „Männer-Gesellschaft" unterstützt wurde. Ein Ehebruch des Mannes wurde teilweise in der Gesellschaft umdefiniert als Kavaliersdelikt, über das man schweigt. Die Ehe war also eine Wirtschaftsgemeinschaft und nicht auf Liebe gegründet. Sie enthielt aber implizit oder auch explizit formuliert ebenso sexuelle Rechte und Pflichten, ersteres meist beim Mann angesiedelt, letzteres eher bei der Frau.

Die romantische Liebe als eine Grundlage einer Ehe trat ab 1800 breiter in Erscheinung und wurde für einen Teil der Menschen eine Möglichkeit.

Heute wird sie in Befragungen (zumindest als Wunsch) als normal angesehen.

Die Frauenbewegung der letzten hundert Jahre, die Anwendung der Antibabypille seit 50 Jahren, das Recht, nach eigener Entscheidung arbeiten zu gehen in Deutschland (seit 1977) und die zunehmend veränderte Sexualmoral der letzten Jahrzehnte haben Frauen allmählich größere Unabhängigkeit und Freiheit im wirtschaftlichen Sinne, teilweise auch in der Sexualität erbracht.

Parallel dazu ist heute eine männliche Überlegenheit durch Körpergröße und muskuläre Kraft nicht mehr gegeben wie zu Zeiten, als der Mann den Pflug auf dem Acker halten musste. Heute gibt es für jeden Kraftaufwand eine dazugehörige technologische Lösung, die Männer wie Frauen nutzen können.

Diese prinzipielle Unabhängigkeit der Frau ist heute allgemein anerkannt, allerdings blieben Haushalt und Kinderbetreuung mehrheitlich bis heute bei der Frau, gerieten Mutterschaft und Erwerbstätigkeit im Interesse von Unabhängigkeit also zu Gegensätzen, die bis heute gesellschaftlich nicht gelöst sind.

Die exklusive Partnerschaft bzw. Ehe im Sinne der Monogamie ist auch heute noch die Regel. Außereheliche sexuelle Kontakte finden in einigen Ehen (studienabhängig mit unterschiedlicher Häufigkeit festgestellt) dann meist heimlich statt. Daraus wird in der gesellschaftlichen Diskussion zum Teil abgeleitet, dass Monogamie für beide Geschlechter biologisch unzumutbar sei und die Menschen nicht glücklich mache.

Allerdings bleibt Monogamie evolutionär gut abgestimmt auf die Betreuung der Kinder, die nirgendwo sonst im Tierreich einen solchen langjährigen Schutz benötigen.

„Serielle Monogamie, also Lebensabschnitts-Partnerschaften seien unnötig, wenn man sich sexuell frei fühlen und ohne Heimlichkeiten und schlechtes Gewissen sexuell betätigen könnte. Dabei könne man auch lebenslang bei einem Lebens-Partner bleiben und die Kinder aufziehen", so eine Theorie.

Jeder kann heute sicherlich einen ihm/ihr genehmen Lebensstil wählen und Erfahrungen mit einer sexuellen Betätigung machen, die passt oder zu passen scheint. Meist steht allerdings mehr das Leben, das sich ereignet dahinter, als ein konkreter Lebensplan, den man umsetzen möchte. Aber die sich so ergebende Lebenspraxis braucht natürlich auch dann eine möglichst sinnstiftende Begründung, die dann meist im Nachhinein durch entsprechende Theorien vom Menschsein geliefert werden kann.

Lebenspraktisch haben sich Versuche der freien sexuellen Betätigung in der Regel nur selten bewährt, auch wenn sie medial breiteren Raum einnehmen. Zu oft führt dies doch zu seelischen Verletzungen und auch die Kinder belastenden Trennungen der Eltern, wie wir in der psychotherapeutischen Praxis sehen.

Jugendliche der aktuellen Generation streben nun mehrheitlich sehr deutlich eine Liebesbeziehung mit Treue zum Partner an, wie aus verschiedenen Umfragen hervorgeht.

Geistig-spirituelle Sicht

In geistig-spiritueller Hinsicht, also jenseits religiöser Auslegungen, dürfte für manche aber die besondere Beziehung von Mann und Frau in der Ehe ein Freiheits-Mysterium im Sinne von Zusammengehörigkeit von Geist und Form sein, in der „Ehe" für die Eheleute einen tiefen inneren Weg zeigt, der über das Erdenleben hinausweist.

Soziale Organisation

Hinzuweisen ist sicherlich darauf, dass auch die Wohnformen sich beginnend verändern. Nicht alle Kleinfamilien wohnen für sich alleine, neue Wohngemeinschaften oder Wohnprojekte entstehen, auch mit verschiedenen Altersgruppen und Singles zusammen. Der Gedanke, dass es sich als Kleinfamilie auch gut in Gemeinschaftsformen leben lässt, ja vielleicht durch gegenseitige Hilfe im größeren sozialen Netz sogar stressfreier, macht solche Projekte attraktiv. Sie sind zahlenmäßig noch überschaubar, nehmen aber in den letzten Jahren deutlich zu.

Diese Entwicklung ist z. B. auch in der aktuellen „architektur biennale 2020" vorgesehen. Der geplante deutsche Beitrag schaut aus dem Jahre 2038 zuversichtlich zurück, weil mit einem Aufatmen alles noch einmal gut gegangen „ist" und sich allgemein Kooperation entwickelt „hat", so auch kooperative Wohnformen. Aufgrund der Corona-Krise ist die Veranstaltung nun ja verschoben worden auf 2021.

Soziale Netze und Unterstützung der Mutter

Das soziale Netz der Eltern, speziell der Mütter, hat noch eine andere wichtige Bedeutung, z. B. für das Auftreten einer Depression nach der Geburt. Soziale Unterstützung und schon die Gewissheit sozialer Unterstützung, falls benötigt, sorgt dafür, dass Mütter seltener nach der Geburt depressiv werden. Auch konkrete Alltagshilfe für die Mütter durch Familie, Nachbarn und Hebammen lässt die Mütter rascher wieder zu Kräften kommen und die Mütter fühlen sich ernstgenommen und wertgeschätzt als Mutter. In vielen Ländern gibt es ethnisch begründete kulturelle Riten, die zur Umsorgung der Mütter führen und jedes Neugeborene als neues Mitglied der Gemeinschaft feiern. Zum Beispiel auf dem Lande in Malaysia findet dies so statt und eine postnatale Depression ist dort auffällig selten.

2.3.3 Mütterthemen in der aktuellen medialen Diskussion

Über Muttersein, Stillen, Gebären gibt es derzeit in der öffentlichen Diskussion sehr viele unterschiedliche Meinungen auch gerade unter Frauen. Es wird zum Teil sehr heftig, ja aggressiv gestritten, und auf einige extreme Positionen, die in unterschiedlichem Maße Frauen, aber auch Männer als Adressaten haben, möchte ich hier eingehen.

Fundamentale Kritik einiger Feministinnen

Einige Feministinnen lehnen Positionen zum Muttersein ab wie hier im Buch vorliegend von mir beschrieben, meinen, die Kinder seien in früher Fremdbetreuung genauso gut aufgehoben und urteilen, man sei mit dem Engagement für die dyadische Umhüllung der Kleinsten romantisch verklärt, von gestern, frauenfeindlich, im Patriarchat gefangen und hätte aus der faschistischen Mütterverherrlichung nichts gelernt.

Diese Kritik geht für mich gerade vom Kind aus gesehen ins Leere. Natürlich sehe ich die noch impliziten patriarchalischen Strukturen sehr genau und kann der Kritik und der aktiven Arbeit zur Veränderung daran beipflichten.

Aber wie soll erreicht werden, dass Kinder heutzutage eine gesunde Hirnentwicklung erleben mit Erlangen einer sicheren Bindung, wenn Mütter, die in dieser speziellen feministischen Sicht ihr Leben nur verwirklicht sehen können, indem sie ihre Kleinsten früh in Fremdbetreuung geben, bei der eine dyadische Beziehung nach aktueller Analyse doch überhaupt nicht gesichert ist (siehe Kapitel 3, S. 243). Aber vielleicht gibt es in diesen Haushalten ja doch eine Oma oder eine Frau oder einen Mann, die hier die Betreuung nach der ersten Stillzeit empathisch weiterführen können.

Die Möglichkeit zur vollen Väter- oder Partner*innen-Zeit in den ersten 2–3 Jahren der Kinder halte ich natürlich für eine überfällige Regelung, wenn auch eher in der späteren Hälfte dieser Zeit.

Exkurs zum Begriff Feminismus aus meiner Sicht

Ich sehe den Begriff Feminismus heute zum einen als Motor bei der Herausentwicklung aus patriarchalischen Strukturen für sehr wichtig, zum anderen für die Gender-Zukunftsentwicklung auch als begrenzt und begrenzend und möchte ihn gemeinsam weiterentwickeln: Feministische Positionen und Aktivitäten in der Gesellschaft sind wie gesagt notwendig, solange patriarchalische Vorstellungen, Einstellungen und Realitäten konkret oder implizit verborgen sind in der Gesellschaft. Diese engagierte Haltung steht für mich aber nicht mehr allein als ein Begriff für das Eintreten von Frauen für Frauenrechte, sondern steht in einer neuen zukunftsfähigen und freudvollen Fassung, vielleicht besser auch mit einem neuen Namen, zunehmend für ein Eintreten von Frauen und Männern für unbedingte Geschlechter-Gerechtigkeit. Eine zunehmende Emanzipation von Männern wird diese Sehweise rasch und wirksam befördern.

Ohne diese Gerechtigkeitsentwicklung können wir kein friedfertiges, zukunftsfähiges Narrativ in der Gesellschaft entfalten. Den aktuellen Stand der Entwicklung aus patriarchalischen Strukturen heraus beschreibe ich weiter unten unter „Karrieren“.

Als neues Textkürzel, z. B. für einen Button zum Anheften, schlage ich **„6G“** vor: **G**eschlechter-**G**erechtigkeit, **G**rund-**G**esetz, **G**leich-„**G**ültig“.

Frauen, die Mutterschaft generell ablehnen

Es gibt die Anschauung, es sei fahrlässig, angesichts der Bevölkerungszunahme und des Klimawandels Kinder in die Welt zu setzen, da keine Kinder eben auch überhaupt kein CO_2 verbrauchen. Man solle daher keine Mutterschaft mehr propagieren.

Meine Erfahrung zeigt hier Folgendes:
In der psychosomatischen Arbeit mit Frauen bleibt unerfüllter oder unerfüllbarer Kinderwunsch sowie für den eigenen Lebensentwurf abgelehnte bzw. nicht gewollte Schwangerschaft, unabhängig von der lebensgeschichtlich für sich eingeordneten Bedeutung, ein großes und oft leidvolles Thema, das im Verborgenen eine sich in Körper und Seele auswirkende anhaltende Energie haben kann.

Andererseits erzählen Frauen auch davon, dass sie sich nach intensiver Auseinandersetzung mit dem Thema es als für sich stimmig und richtig empfinden, eine Mutterschaft nicht einzugehen, und dass dies sie nicht belastet. Diese Frauen agieren allerdings nicht unbedingt vehement gegen Mutterschaft, sondern sehen es als ihren persönlichen Entschluss. Vielfach gibt es in ihrem Leben etwas, was sie als unverzichtbar und wichtiger erleben als Mutter zu werden, bzw. sind „Mutter“ von etwas anderem häufig Ideellem.

Offensichtlich stehen zur Zeit die beiden Möglichkeiten im Leben einer Frau für viele Frauen als eben möglich nebeneinander, ohne dass die eine Möglichkeit „besser“ als die andere empfunden wird.

Diese Grundthematik, Auseinandersetzung mit dieser komplexen und tiefen Entscheidung hat die kanadische Schriftstellerin Sheila Heti in ihrem Buch „Mutterschaft“ umfangreich und bewegend ausgeführt und dabei auch die Bedeutung ihres Enkelseins, einer Großmutter, die Auschwitz überlebt hat, hervorgehoben.

In spiritueller Sicht möchte ich sagen, dass eine schwierige Zeit auch immer Knospen hervorbringt, also Kinder inkarnieren und geboren werden, deren Blühen die Welt unbedingt braucht. Ein generelles aktives Beenden der Fortpflanzung des Menschen würde hier aus meiner Sicht eher ein tragischer Verlust sein. Glücklicherweise wird das sicherlich nicht eintreten, weil die Menschen viel Freude an der Fortpflanzung haben und die meisten auch an Kindern. Aber wir sind natürlich verpflichtet und herausgefordert, den nachfolgenden Generationen die Erde so zu hinterlassen, dass das Leben lebenswert bleibt! Aus Indianerweisheit (ich wertschätze das Wort Indianer immer noch sehr), sollten wir zumindest Verantwortung für sieben nachfolgende Generationen haben. Offensichtlich müssen wir wieder lernen, sehr viel weiterzudenken als in Quartalsberichten der Wirtschaft und vierjährigen Legislaturperioden!

Mütter-Fundamentalisten

Es gibt einige, meist gut situierte Mütter, die ihr Muttersein in einer Weise in die Öffentlichkeit tragen, dass sie anderen Lebensentwürfen vollkommen intolerant gegenüber werden und die Kinder wie Ikonen vor sich hertragen und Mütter, die das so nicht tun, als schlechte und unmögliche Mütter beschimpfen. Viele davon fühlen sich dem „Attachment Parenting" zugehörig. Dies halte ich allerdings für eine fundamentalistische Entartung der Idee der Gründer William und Martha Sears, die ich als eher tolerant sehe, die nur konsequent vor Experten zur Kindererziehung warnen und auf gute und intuitive Wahrnehmung der Eltern verweisen.

Ebenfalls fundamentalistisch kommen viele Helikopter-Eltern daher, ohne Einwände zu berücksichtigen, dass sie die Selbstwirksamkeit und erobernde Neugier ihrer Kinder massiv und mit ungünstigen Folgen für das weitere Leben und Lernen der Kinder untergraben.

Solche fundamentalistischen Positionen sind für Kinder aus meiner Sicht nicht hilfreich, sondern können eher schädigen.

2.3.4 Rechtsextremistischer Missbrauch von Mütterthemen

Rechts-Extremisten und -Populisten nutzen Berichte zur Bedeutung des Mutterseins in vermeintlicher Übereinstimmung der Meinungen in der Öffentlichkeit vielfach als Unterstützung ihrer Positionen für ihre national-völkischen und rassistischen Einstellungen und Selbstwahrnehmungen, die Mütter zum Gebären funktionalisiert und degradiert. Dem muss man entschieden entgegentreten. Wir haben dazu schmerzliche Leidenserfahrungen in unserer eigenen Geschichte.

Ich möchte daher an dieser Stelle erwähnen, dass eine Kindesentwicklung in liebevoller Umhüllung wie in Kapitel 1 beschrieben, die Kinder für rechtsextremistisches oder aber überhaupt extremistisches Gedankengut weitestgehend unempfänglich macht. So haben Forschungen gezeigt, dass Kinder, die in der Kindheit nicht geschlagen bzw. vernachlässigt wurden und viel Liebe erfahren haben, später sehr selten rechtsextremistische Positionen vertreten, im anderen Fall mindestens dreimal so häufig (siehe auch Kapitel 4).

Heutzutage gibt es nun in Europa wieder solche offen geäußerten Einstellungen, Beispiele dazu finden wir aktuell in der alleinregierenden Fidesz-Partei von Viktor Orban in Ungarn und ähnlich in der bis vor Kurzem mitregierenden Lega-Partei von Matteo Salvini in Italien, die Gebärprämien und weitere Vergünstigungen für die „Aufzucht" von originär-ungarischen bzw. originär-italienischen Kindern geben wollen bzw. propagieren. Aber es gibt solche Einstellungen ja auch offen wieder in rechten Szenen in Deutschland. Zum Beispiel wird in der AfD schon mal die Drei-Kind-Familie propagiert als Überfremdungsschutz gegenüber Ausländern und Geflüchteten.

Familien mit drei oder mehr Kindern können wunderbar sein, aber haben mit solchem Unsinn wie Überfremdungsschutz natürlich nichts zu tun.

Was vereinzelt auch heutzutage noch Frauen dazu bewegt, sich in der Pflicht zu fühlen, ihre Mutterschaft als völkisch notwendiges Gebären zu sehen und zu verklären, ist dabei nicht einfach zu verstehen. Es bietet allerdings für Frauen die Möglichkeit einer hohen Anerkennung bei gleichgesinnten Männern wie Frauen. Diese Frauen müssen aber den Missbrauchs-Charakter in ihrer Rolle als Frau ignorieren bzw. verdrängen können. Allerdings sieht man aktuell, dass Frauen in Deutschland wenig die AfD wählen bzw. in diese Partei eintreten, ein deutlicher Hinweis auf eine hier bei uns gestärkte, für rechtspopulistische Propaganda unempfängliche Frauenbewegung.

Im Dritten Reich scheint dieses Verdrängen vordergründig ja auch für eine große Zahl von Frauen notwendig gewesen zu sein, vermutlich war es für viele überlebenswichtig, nicht aufzubegehren. Die damalige Pflichtlektüre des Mütter-Ratgebers der Ärztin Johanna Haarer „Die deutsche Mutter und ihr erstes Kind“ in den Mütter-Schulen wird ihren Teil dazu beigetragen haben.
In diesem Buch werden der Mutter die natürlichen Empfindungen zu ihrem Kind ausgetrieben und eine harte, unerbittliche Erziehung propagiert, damit das Kind begreift, „dass ihm sein Schreien nichts nützt, …“ Bis 1945 sollen etwa fünf Millionen Mütter diese Mütterschulen besucht haben.

Sicherlich hatte dabei auch die hohe gesellschaftliche Anerkennung als gebärende Mutter im Nationalsozialismus eine entlastende Funktion im Leben von Frauen in solcher hochpatriarchalisch geprägten menschenfeindlichen Struktur.

Die Entwicklung unserer Gesellschaft hin zu realer Geschlechter-Gerechtigkeit wird diese mögliche Bereitschaft von Frauen, Gebären und Mutterschaft in diesem missbrauchenden Sinne geschehen zu lassen, sicherlich beenden.

Einen möglichen Umgang mit allgemein populistischen und insbesondere rechtsextremen Positionen heute und ihren Ursachen und Zusammenhängen beschreibe ich in Kapitel 4.

Fazit

Aktuell ist aber für die meisten Gesellschaften auf der Erde, übrigens in allen großen Religionen, mehrheitlich auch im Islam, das Paar- und Familienmodell von Männern und Frauen Grundlage der heutigen Gesellschaften. Allerdings in Integration mit einem Teil der Gesellschaft, die in gleichgeschlechtlichen Partnerschaften leben, und zunehmend mit Menschen, die gewollt oder ungewollt als Single leben, unabhängig von der sexuellen Identität. Diese Modellgrundlage wird sich in den nächsten zehn bis dreißig Jahren, also dem Zeitraum, für den ich Gestaltungsräume auslote und beschreibe und für den ein Umlenken in allen Bereichen des Lebens notwendig ist, um ein gutes Weiterleben auf der Erde zu ermöglichen, nicht gravierend ändern.

Insofern ist mein Schwerpunkt für dieses Buch die reale, in der Gesellschaft mehrheitlich anzutreffende Situation der Paare und Familien, ebenso die Alleinerziehenden mit minderjährigen Kindern. Denn hier geht es mir ja im Kern um die Situation aller Kinder. Was sich aber hoffentlich zunehmend ändern wird, ist die patriarchalische Grundstruktur, die fast überall in unterschiedlichem Maße auf der Erde noch wirksam ist (siehe weiter Kapitel 4). Dies wird trotz der Corona-Krise, die ja aktuell eher die traditionellen Geschlechterrollen bekräftigt, sicherlich nachfolgend weitergehen. Insofern müssen wir gemeinsam unseren Willen, dies zu ändern, im Sinne echter Gleichberechtigung stärken.

Dass hier die Eltern vielfach in bessere Lebens-Bedingungen gebracht werden müssen u. a. durch politische Entscheidungen, wird deutlich werden, wenn wir uns die Alltagskompetenzen noch einmal anschauen.

2.3.5 Abnehmende Alltagskompetenzen der Menschen

Ärztlicherseits müssen wir konstatieren, dass immer weniger Menschen souveräne Kompetenzen für den Alltag und insbesondere psychosoziale Kompetenzen neben dem digitalen Alltag in das Erwachsenenalter und in das Berufsleben mitbringen. Verstärkt sehen wir dies insbesondere bei einem großen Teil der Jüngeren aus der Z-Generation und jünger, die eine Lebenszeit ohne Smartphones kaum oder gar nicht mehr erlebt haben. Sie können zwar das Smartphone technisch perfekt bedienen, die analog-digitale Balance, die für eine souveräne Mediennutzung notwendig ist, gelingt aber häufig nicht wirklich.

Dies hat u. a. den Grund, dass die Verlässlichkeit und Präsenz von Eltern für die Kinder in der Gesellschaft wahrnehmbar abnimmt und ihre Erschöpfung zunimmt. Beides sind weitere Gründe zur Erklärung der deutlichen Zunahme unsicherer Bindungen bei kleinen Kindern. Und ohne sichere Bindung ist die Entwicklung von Selbststeuerung eben erschwert. Diese vorab schon dargestellten Probleme der Eltern bzw. zukünftigen Eltern sind ein sehr ernstzunehmendes Thema für die Eltern selbst und ihre Kinder. Beispielsweise informiert eine aktuelle Untersuchung der DAK, dass mehr als drei Viertel aller Erwerbstätigen in Berlin Probleme beim Schlafen haben und dies u. a. „an den Bedingungen am Arbeitsplatz wurzele“.[9]

Gestresste Eltern können ihren Kindern insofern vielfach keinen belastungsfähigen Boden zur Entwicklung sicherer Bindung und guter Selbststeuerung geben, insbesondere, wenn sie in der digitalen Nutzung selbst nicht souverän sind.

Diese abnehmenden Alltagskompetenzen sind bei wichtigen persönlichen Lebensentscheidungen ebenfalls mit einzubeziehen. Es dreht sich um die Frage, inwieweit es sich nach intensiver Auseinandersetzung mit einem bestimmten Thema dann um eigene klare Entscheidungen handelt oder inwieweit man sich z. B. aufgrund von Erschöpfung oder fehlender Zuversicht innerhalb einer vorgegebenen bzw. aktuell entstandenen gesellschaftlichen Normierung verhält und entscheidet.

Dies finden wir bei politischen Wahlen, bei Konsumentscheidungen aber natürlich auch, wenn Kinder da sind, kommen wollen oder eine Abtreibung zur Diskussion steht, z. B. bei ungewollter Schwangerschaft.

Über dieses wichtige und in der Gesellschaft sehr kontroverse Thema schreibe ich in Kapitel 4 ausführlich. Jetzt sollen erst einmal die Karrieren und mögliche Bilder von Frau und Mann beleuchtet werden, denn die Einstellungen und Entscheidungen von Menschen in dieser Hinsicht haben großen Einfluss auf die gesunde Hirnentwicklung der dazugehörigen oder dazukommenden Kinder.

2.3.7 Gedanken zu Karriere

Die Frauenbewegung hat gekämpft und kämpft zu Recht für Gleichberechtigung, Gleichentlohnung und Gleichbehandlung, weiterhin für das Selbstbestimmungsrecht der Frauen über ihren Körper.

Einige Frauen hatten und haben Karriere gemacht auf ihre Art, aber sie hatten keinen einfachen Weg. Sie brauchten innere Klarheit über sich, einen starken Willen und große Durchsetzungskraft, denn patriarchalische Strukturen waren und sind kulturell und durch Erziehung normierend, und so sind sie implizit allgemeinwirksam. Es ändert sich daran tatsächlich etwas, aber es ist ein langer Weg (siehe Kapitel 4). Und er funktioniert besser jenseits oder am Rande des Mainstreams, weil man sich im Mainstream öfter Vorbilder nimmt, die in die Irre führen können.

Neuerdings verstärkt ist ein Ziel des Kampfes die Karriere im Beruf, wobei als Orientierung und Zielmarke nun die Karriere der Männer im Fokus steht.

Insofern müssen wir uns die Karrieren des Mannes etwas genauer anschauen.

Für Männer als Alleinverdiener in patriarchalischen Strukturen ist die Karriere ein bedeutender Faktor für eine hohe Entlohnung (die als Alleinverdiener ja auch gebraucht wurde) sowie für die vermutete Attraktivität auf Frauen in ihren männlichen Selbstbildern. Beides hatte bisher eine reale „Wirk“lichkeit.

Aber was ist eine Karriere in der heutigen Zeit für den Mann?

Es ist ein meist gehetztes, ständig durch Konkurrenz bedrohtes Leben auf normierten Bahnen mit guter Vergütung als Belohnung für die Unterwerfung unter Kapitalmarktkriterien.

Folgen sind Midlife Crisis ohne wirkliche Bewältigung, Partnertrennungen, Verlust der Erlebnisse mit den eigenen Kindern, Stressfolge-Krankheiten, Burn-out/Depression durch die zunehmend als sinnentleert wahrgenommene Existenz.

Die nachfolgende Skulptur „Kampf auf der Karriereleiter“ von Peter Lenk zeigt dabei deutlich den Kampf in der Konkurrenz, der, selbst wenn man oben ankommt, letztlich meist sinnlos ist, regelhaft in völliger Erschöpfung mündet oder sogar mit dem Tod enden kann.

„Kampf auf der Karriereleiter“, Skulptur von Peter Lenk.
(Abdruck mit freundlicher Genehmigung des Künstlers.)

Karriere heute ist also viel zu oft eine innerlich eingegangene Versklavung mit Verzicht auf inneres und Persönlichkeitswachstum und ohne Chancen einer psychosozialen Kompetenzerweiterung, die im Übrigen für zukünftige Leitungsfunktionen unerlässlich ist.

Die beste Vorbereitung dafür, nämlich das Erleben und die Herausforderungen durch Kinder werden vertan. Solche Karrieren sind wahrlich nicht beneidens- und erstrebenswert.

Die meisten Männer machen ja auch keine Karriere, sondern leiden und träumen vielleicht auch mit ihren Frauen von einer Karriere.

Diese Karrieren scheinen mir völlig ungeeignet als Zielgröße für einen Kampf um Karrieren für Frauen. Mein Ansatzpunkt ist daher umgekehrt nicht der Kampf um die Karriere der Frau im Beruf, sondern die Wahrnehmung der Fragwürdigkeit dieser Art Karrieren des Mannes ist im Fokus, dies als ein wichtiger Teil einer Emanzipation des Mannes.

Hier sind allerdings die Frauen als Geburtshelfer mitgefragt, denn die Faszination von männlichen Karrieristen war und ist durchaus noch vorhanden.

In der 1968er Zeit bekamen die Frauen ein erstes Interesse an den sogenannten „Softies", also Männern mit weicheren Seiten, oft als eher weiblich benannt. Daneben blieb aber trotz der Hippiebewegung und dem Ausprobieren der freien Liebe in Teilen der Szene die Attraktivität des erfolgreichen Machos. Das ergab zumindest in der Studentenbewegung dann öfter Dreiecksbeziehungen oder offene Beziehungen, die allerdings für die Beteiligten vielfach auch leidvoll waren.

Heute besteht die große Chance, dass Männer beide Anteile in einem neuen Selbstverständnis und Männerbild in unterschiedlichen Anteilen in sich vereinen und Frauen dies zu schätzen beginnen. Dabei können auch Karrieren herauskommen für Männer wie für Frauen, aber in gemeinsamem Lebensentwurf eines Paares und für beide ohne Versklavung und mit großer Wesensnähe.

„Nur wer den eigenen Weg geht, kann nicht überholt werden", soll Marlon Brando gesagt haben, was das oben Gesagte gut unterstreicht. Und der eigene Weg wird gefunden, indem man ihn geht. Gute Selbststeuerung, körperliche Wahrnehmungsfähigkeit und klare Empfindungen auf und zu dem Weg helfen, ihn wesensgerecht zu gehen, zu gestalten und ggf. immer wieder zu modifizieren nach eigener innerer Instanz.

Allerdings findet sich der Kampf um Karrierechancen in dieser Art konkurrenter Arbeitswelt auch eher bei nur einem Teil der Gesellschaft, insbesondere gut ausgebildeten Frauen, z. B. Akademikerinnen. Hochdotierte Stellen zeigen in diesem Sinne unnatürlich regelhaft noch immer eine Männerwelt.

Die Mehrzahl der Frauen sorgt sich aus meiner Wahrnehmung mehr darum, dass sie nicht ausreichend verdienen können, Hausarbeit, egal ob bei Frau oder Mann, nicht vergütet wird und dann schließlich im Alter Armut da ist, weil die Renten so minimal ausfallen. Da nützt auch das „Starke-Familien-Gesetz" der Familienministerin nichts, bei der ein paar Euro zusätzlich ins Budget kommen, eher weist schon die aufgestockte neue Grundrente in die richtige Richtung zur Verhinderung ausgeprägter Altersarmut bei denen, die am bedürftigsten sind. Das betrifft aber nur einen kleineren Teil der Senioren, etwa 1,5 Millionen von 17,5 Millionen, und war ja auch bezüglich der Finanzierung in lächerlicher Weise in der Koalition noch streitbefangen.

Aber der Ansatz nur kleiner Verbesserungen ist falsch, bleibt menschenfeindlich und gegen die Würde der Menschen, weil die Investition in die Kinder gesellschaftspolitisch höchste Priorität genießen muss und dies generell nicht zulasten eines würdigen Alterns gehen darf.

Damit das gut gelingen kann, müssen eben Hausarbeit und Kinderbetreuung, egal ob bei Mann oder Frau, vergütet werden und finanzielle Sicherheit im Alter durch neue Rentengrundsätze oder andere Vergütungsformen wie Grundeinkommen oder Ähnliches sichergestellt werden (siehe Kapitel 5). In einem bedingungslosen Grundeinkommen können diese Themen einfacher gestaltet werden und Frauen und Männer und Paare mit und ohne Kinder auch gleich behandelt werden.

Es muss also die Realität der Frau nicht an die Männerwelt angepasst werden, sondern durch Weiterentwicklung und Normalisierung der Männerwelt entstehen für beide Geschlechter neue Möglichkeiten. Natürlich war und ist die Frauenbewegung für diese Veränderungen hilfreich, wahrscheinlich sogar unverzichtbar, um dies anzustoßen und weiter voranzubringen. Dies gilt im besonderen Maße gerade jetzt für die Corona-Krise, in der Männer und Frauen zusammen ein stärkeres Zurückfallen in der Gleichberechtigung verhindern können.

Karrieren werden sich also auch für Frauen in einer kooperativen Wirtschaftsform, z. B. Gemeinwohl-Ökonomie (s. Kapitel 5) völlig anders darstellen und vermutlich viel öfter im Rahmen von Teamlösungen stattfinden. Solche Teams werden die Vorteile der eben doch unterschiedlichen Wahrnehmungs- und Handlungs-Arten von Männern und Frauen betonen und damit sehr erfolgreich und befriedigend sein, ohne ins Burn-out zu führen.

Das Bild der modernen Frau

Das Bild der modernen Frau, die arbeitet (möglichst Vollzeit), finanziell unabhängig ist, ihr Kind in die Krippe geben möchte, Karriere macht und sich ggf. in Vorständen und Aufsichtsräten wiederfindet, ist allerdings nicht allein durch die Bedürfnisse der Frauenbewegung entstanden.

Vielmehr wird an diesem Bild aktiv von der Wirtschaft gearbeitet, damit Wachstum bei Arbeitskräftemangel doch noch stattfinden kann. Teilzeit von Frauen war ein erster Schritt, aber Vollzeit ist das Ziel. Dieses Bild der unabhängigen modernen Frau, das Wirtschaft und Politik malen, ist allerdings vollkommen fantasielos und schadet nicht nur den Kindern, sondern macht allen Frauen ein schlechtes Gewissen, wenn sie nicht auch extern oder zu wenige Stunden arbeiten.

Die Politik in Deutschland feiert allerdings gerade den mittlerweile errungenen (vielleicht auch finanziell erzwungenen) Platz 3 im Ranking der

Zahl der berufstätigen Frauen in Europa nach Schweden und Lettland (Stand 2019).

Ob Vollzeit überall als erstrebenswert angesehen wird, zeigen Beispiele aus zwei europäischen Ländern.

Lettland
In Lettland ist der höchste Anteil von Vollzeit arbeitenden Frauen in Europa, 41 %. Einer der Gründe ist, dass mit dem Ende der Sowjetunion und der Unabhängigkeit des Landes viele Großkombinate kaputt gegangen waren. Dort waren die meisten Männer beschäftigt, die Frauen eher in kleineren mittelständischen Betrieben, wobei die Arbeit der Frau normal war.
Die Krippen aus der Sowjetzeit hatten keinen Bestand, sodass in Lettland keine Kita-Infrastruktur besteht. Viele Frauen haben insofern dort nun Mehrfachbelastung von Vollzeit, Kinderbetreuung und Haushalt, die Männer nehmen daran nur in geringerem Umfang teil und haben sich in dieser Hinsicht bisher weniger emanzipiert.

Niederlande
In den Niederlanden findet sich der einsam höchste Anteil an Teilzeit arbeitenden Frauen, 71 %. Es gibt dort auch keine wirkliche Kita-Infrastruktur und die Frauen mit Kindern nehmen meist eine 2-jährige Elternzeit. Allerdings arbeiten auch die meisten Frauen, die keine Kinder haben, Teilzeit. Es herrscht dort bei den Frauen offensichtlich ein Lebensgefühl vor, dass sie ihren gewollten Lebensstil besser mit Teilzeit gestalten können und dies kommt eben auch den Kindern zugute.
Allerdings machen Wirtschaft und Politik Stimmung dagegen und versuchen, den Frauen klarzumachen, dass so nicht die moderne, unabhängige Frau aussieht. Denn mit Wachstumswirtschaft könnte man dort auch mehr Arbeitsstunden gebrauchen. Die holländischen Frauen zeigen sich allerdings bisher davon recht unbeeindruckt, was für mich eher selbstbestimmt aussieht.

Zurück in Deutschland

Übrigens laufen ähnliche Kampagnen ja auch in Deutschland, wo die Regierung sich um die Unabhängigkeit der Frauen sorgt (?), die Lösung aber nur in Arbeit mit möglichst hoher Wochenstundenzahl sieht.

Vergessen wird dabei immer, dass Frauen nicht nur finanziell unabhängig vom Mann sein sollten, sondern auch frei vom Erfolg und Gelingen einer Karriere oder in einer als gut empfundenen Arbeitstätigkeit. Sonst sind sie vielleicht sofort wieder in einer Abhängigkeit, entweder vom Mann oder vom Staat.

Das Bedürfnis nach Arbeit bei Frauen

Ein Bedürfnis nach sinnhaftem Tätigsein ist im Grunde allen Menschen eigen. Dabei kommt im Allgemeinen Zufriedenheit auf schon beim Arbeiten über nur einige Stunden in der Woche. Eine Erhöhung der Wochenstundenzahl bis hin zur Vollzeit führt nicht wesentlich zur Steigerung von Zufriedenheit durch Arbeit. Dies hängt natürlich auch von Freude und Wohlfühlen mit und bei der Arbeit bzw. Erschöpfung, Langeweile oder fehlender Anerkennung ab und kann dann eben auch sogar sinken. D. h., Vollzeitarbeit, die zukünftig weder notwendig noch für alle gesichert ist, ist für Zufriedenheit, die eine Arbeit schenken kann, nicht erforderlich.

Teilzeitarbeit für alle ist dagegen zukünftig umsetzbar und zufriedenstellend. In Berufen, in denen eine längere Tagesarbeitszeit notwendig ist, wird es Modelle geben, die rechnerisch Teilzeit ergeben, z. B. durch Freiwochen. Wer aber lieber viel arbeiten will, wird es in diesen Modellen sicherlich können.

In unserer Gesellschaft, die noch implizit vielfach patriarchalisch organisiert ist und unserem Wirtschaften mit Konkurrenz- und Wachstums-Credo muss man allerdings gut unterscheiden:

Arbeit im eigenen Haushalt bzw. Familie haben Frauen genug, viele entscheiden sich klar dafür, andere sehen sich mehr in diese Rolle gezwungen. Diese Arbeit ist derzeit üblicherweise nicht vergütet. Bei Notwendigkeit, das Familieneinkommen zu erhöhen, folgt meist eine Doppelbelastung der Frauen.

Viele haben aber auch ein Bedürfnis nach einer Arbeit außerhalb des eigenen Haushalts bzw. Familie. Externe Arbeit ermöglicht Frauen ein anderes Kommunikationsfeld, ggf. eine andere Verwirklichung ihrer Talente, eine andere Art der Anerkennung und vielfach auch bei Erwerbsarbeit eben einen bzw. einen wesentlichen Teil zum Familieneinkommen beizutragen oder so auch ihre Unabhängigkeit in diesem System zu bewahren oder zu erwerben.

Dies ist ja mit dem Fokus auf die Kindes-Entwicklung prinzipiell auch gut sinnvoll umsetzbar nach den ersten 1,5 bis 2 Jahren, in denen die Mutter die dyadische Umhüllung meist am besten ermöglicht. Diese Zeit sollte nach den bisherigen Ausführungen für alle ermöglicht werden, wenn sie dies so wollen.

Es ist dabei natürlich ein Unterschied, ob dann eine externe Tätigkeit zur Arbeit im Haushalt dazu kommt oder z. B. der Mann hier einen Teil oder die ganze Arbeit übernimmt.

Erwerbsarbeit in unserem aktuellen Wirtschaftssystem ist aber für Frauen derzeit vielfach nicht befriedigend, obwohl Interesse an sinnvoller Tätigkeit besteht. U. a. ist Bezahlung und Belastung in den üblichen „Frauen"-Berufen nicht angemessen, die Gesellschaft verharrt hier in alten Strukturen, die Unternehmen und der Staat sparen hier unerlaubt (bei Gleichberechtigung im Grundgesetz) Geld auf dem Rücken der Frauen.
Teilzeit, was vermutlich auch in Deutschland zukünftig wie in den Niederlanden normal sein wird für Frauen wie für Männer, ist bisher nicht

immer möglich oder kann aufgrund schlechter Bezahlung nicht angenommen werden. Homeoffice-Tätigkeiten sind besonders für Frauen sehr stressig, wenn der Mann hier nicht klar mitarbeitet, und sie tragen zum Bedürfnis nach Kommunikation mit Kollegen wenig bei.

Dies alles gilt erst einmal alles unter den aktuell herrschenden Verhältnissen. Im Kapitel 5 spreche ich über Gestaltungen in der Gesellschaft, in der wir gemeinsam die Gesellschaft anders organisieren können und sich damit Tätigsein für Männer und Frauen natürlich viel freudvoller und gleichberechtigter darstellt.

Viele Frauen sagen auch, sie hätten ihre Kinder nicht bekommen, um sie als Ein- bis Zweijährige ganztags wegzugeben, also „frei" von ihren Kindern zu sein. Die bisherigen gesellschaftlichen Lösungen mit Kitas und Elternzeiten allein für Frauen sind eben selten Win-win-Situationen, eine/r verliert bisher fast immer.

Die für die Kleinsten günstige familiäre Betreuung gelingt, wie gesagt, vermutlich erst dann zeitgemäß, wenn sich auch die Männer emanzipieren und sich die Elternzeit mit den Frauen teilen. Ob 1,5 zu 1,5 Jahre oder doch die ersten 2 Jahre der Kinder bei der Mutter und 1 weiteres Jahr beim Vater zuhause wird sicherlich von Paaren unterschiedlich favorisiert. Aber dies wird sich in der Gesellschaft zunehmend durchsetzen. Und die Arbeitszeit insgesamt wird sich verringern müssen, um als Familie zu gewinnen und so wird es auch kommen (siehe Kapitel 5). Ein bedingungsloses Grundeinkommen wird dabei die Unabhängigkeit auch der Frau unterstützen und ihr dafür keinen unsinnigen Karrierezwang wie aktuell bei den Männern aufbürden.

Schauen wir uns also den heutigen Mann genauer an.

Das Bild des „modernen" Mannes

Es gibt derzeit große Verunsicherung und Unklarheit bei Männern, welchem Männer-Bild sie folgen sollen oder wollen. Dazu gehört das Thema Vaterschaft. Vieles ist möglich, aber Glück entsteht nur, wenn das Männerbild auch zum inneren Wesen passt. Insofern sollte man es besser in sich passend entstehen lassen, als einer verführerischen Norm zu folgen.

Unser Wirtschaftsmodell fordert immer noch den Mann als Sieger ohne behindernde Empathie auf seinem Weg für den Verlierer, „the winner takes it all"! Diesen zentralen Slogan des (Raubtier-) Kapitalismus, über den ABBA 1980 einen Song gemacht hat (allerdings als eine Beziehungsgeschichte), singt die Musikerin und Ehefrau des ehemaligen französischen Präsidenten Sarkozy, Carla Bruni, mit sanfter verführerischer Stimme (textgleich wie ABBA): „Der Gewinner bekommt alles, der Verlierer muss fallen, es ist einfach und ehrlich. Warum sollte ich mich beklagen?"[10]

Diese unterwerfende Zustimmung mit einer Prise Resignation und Traurigkeit zu diesem Wirtschaftssystem gilt implizit als normal und ist doch völlig verrückt, wenn man weiß, dass der Mensch auf genetischer Grundlage kooperativ ist.

Sich auf diese fast schon lächerliche Verengung eines Lebens als Mann einzulassen, fällt immer mehr Männern schwer. Außerdem hat sich ja mittlerweile herumgesprochen, dass es immer nur einen Sieger, aber viele Verlierer gibt. Insofern weicht das Konkurrenzmodell immer mehr dem Kooperationsmodell, was im Alltag auch deutlich weniger anstrengend und weniger gesundheitsschädigend ist. Um es deutlich zu sagen, das Konkurrenzmodell mit dem Zwang siegen zu müssen, wirkt für immer weniger Männer attraktiv, ist bald sehr wahrscheinlich ein Auslaufmodell für alle Anwendungen (außer vielleicht Heldensagen abends am Feuer als Retro-Romantik).

Natürlich geht von Spitzenleistungen z. B. im Sport oder bei der Auslotung von Grenzen, z. B. im freien Bergsteigen, für viele eine Faszination aus. Und die Begeisterung und der Stolz auf die Sportler der eigenen Stadt/Region oder des Landes tun ja auch gut und stärken ggf. die eigene Identität bzw. ein Heimatgefühl, so wie jede Region, jedes Dorf auch ihr eigenes Erkennungs- oder Heimatlied hat. Ein solcher „National"stolz ist sicherlich okay, soweit dies nicht zu unpassenden Gefühlen eigener Überlegenheit und Abwertung gegenüber anderen Menschen führt und benutzt wird.

Diese „Helden" (meist männlich) sind bei näherem Hinschauen aber in ihren Persönlichkeiten nicht immer als Vorbilder geeignet, weil sie den Erfolg vielfach nicht wirklich tragen können. Glücklicherweise gibt es auch herausragende Ausnahmen, wie z. B. Dirk Nowitzki, den Basketballer, der für viele Kids ein echtes Vorbild ist. Solche „glühend verehrten" Idole wird es gerade in der Pubertät natürlich weiter geben, weil das eine gute und phasengerecht orientierende Bedeutung hat. Wenn daraus „Fans" im Erwachsenenalter werden, hat ja meist die Treue zum Idol die zwanghafte Siegesforderung hinter sich gelassen. Insofern wird es „Helden" weiterhin geben, aber die Brillanz und der Glanz werden sich in zukünftigen Zeiten der Gleichberechtigung und Gemeinwohl-Orientierung zumindest im Erwachsenenalter etwas legen.

Es wird sicherlich auch weiterhin die verschiedensten Männerbilder geben wie den Draufgänger, den Schüchternen, den Macho, den Charmeur, den Rebell, den Intellektuellen, den Filou, den Kämpfer, den Angepassten, den Temperamentvollen, den Ruhigen, den Feinen, den Groben, den Introvertierten, den Extrovertierten, den Kommunikativen und den Zurückhaltenden, den Muskulösen und den Schmächtigen, den Gentleman und den Bohèmian und viele andere, abhängig vom Typus, Temperament, von Vorbildern und Akzeptanz im Elternhaus.

Jedes dieser Bilder kann authentisch sein oder als Rolle aufgesetzt und unterschiedlich ausgelebt werden. Ein wichtiger Unterschied in Verhalten und Darstellung ist z. B.: eher konkurrent, aggressiv, abwertend, im Gegensatz dazu eher kooperativ, freundlich, wertschätzend. Hier wird es mit der Zeit eine Bewegung hin zu Männer-Bildern und -Vorbildern geben, wo Männer mehr Lust auf ein Leben in Kooperation haben. Denn Konkurrenz wird gesellschaftlich zukünftig weniger Gratifikation oder andere Vorteile bringen, es sich also nicht mehr bewähren, Konkurrent zu sein.

Für jeden männlichen Typus wird es natürlich auch Frauen geben, die diesen für sich attraktiv finden, aber dabei geht der Trend heute schon zu zunehmender Attraktivität von Männern mit kooperativer Lebenshaltung. Und die Faszination von „harten Hunden", „Männern in Uniformen" u. Ä. auf Frauen schwindet bereits jetzt, sie werden anzahlmäßig gering werden. „Echte Kerle", worunter wahrscheinlich jede und jeder etwas anderes versteht, oft aber „raue Schale, weicher Kern", wird es sicherlich weiter geben und diese auch liebevoll benannt werden wie im Plattdeutschen, wo viele Frauen oft von „mien Kerl" sprechen.

Kooperation ist für Männer und Frauen also eine bereits für die Gegenwart gleichermaßen passende Haltung. Aber wie es in diese Richtung wirklich vorangeht, schauen wir uns jetzt genauer an.

Veränderungen in den patriarchalischen Strukturen

Es ist im Bildungsbereich mittlerweile kein Geheimnis mehr, dass die Mädchen die Jungen überholt haben, z. B. machen mehr Mädchen als Jungen Abitur und im Studium bringen sie auch in den MINT-Fächern (Mathematik, Informatik, Naturwissenschaften und Technik) bessere Leistungen. In der Bevölkerung ist das gar nicht so bekannt. Aber wie ist es dazu gekommen?

Der bekannte Kriminologe Christian Pfeiffer hat in seinem Buch „Gegen die Gewalt“ interessante Ergebnisse der Begleitforschung der Erziehung zu Untersuchungen der Gewalterforschung vorgelegt, die ich hier kurz sinngemäß referieren möchte:

In den Dreißigerjahren war die Erziehung wenig liebevoll, körperliche Züchtigung war ein normales Erziehungsmittel. Bis in die sechziger Jahre wurden Jungen noch als Stammhalter gesehen und erbten den Hof oder die Firma ganz selbstverständlich. Die patriarchalischen Strukturen waren unbestritten wirksam und auch im Recht verankert, z. B. durften Frauen kein Bankkonto eröffnen und keine Arbeit ohne Zustimmung des Ehemannes aufnehmen. Bankkonten für Frauen gab es erst ab 1958, das Recht für Frauen, selbstständig einen Arbeitsvertrag zu unterschreiben, wurde 1977 eingeführt, beides ein Erfolg der stärker werdenden Frauenbewegung. Bis 1980 wurden 70 % der Kinder in den Familien geschlagen im Sinne der Erziehungsgewalt. Dabei bekamen bis dahin mehr Jungen als Mädchen eine liebevolle Zuwendung der Eltern. Dies egalisierte sich aber schon für die nach 1980 Geborenen. Zu dieser Zeit machten noch mehr Jungen als Mädchen Abitur, aber bereits 1990 waren die Geschlechter pari und im Weiteren überholten die Mädchen die Jungen; 2012 machten es 56 % Mädchen und nur 44 % Jungen.

Die Jungen bleiben häufiger sitzen oder brechen die Schule ab, bei den Studenten findet man unter den nicht bestandenen Prüfungen nur ⅓ junge Frauen, aber ⅔ junge Männer. Die Frauen laufen den Männern in ihrer Leistungsfähigkeit in Schule und Studium davon. Die Eltern goutieren dies und schenken mittlerweile den Mädchen mehr liebevolle Zuwendung als den Jungen und Jungen werden in den Familien, in denen noch geschlagen wird, mittlerweile häufiger geschlagen als Mädchen.

Die Jungen haben also schon in ihrer Statthalterfunktion ausgedient, die alten Rollen der Männlichkeit gehen im Alltag immer häufiger ins Leere. Das führt zu einer allgemeinen Verunsicherung der Jungen, da die Rollenbilder für Männer nicht mehr richtig funktionieren, die Überlegenheit durch körperliche Stärke ist durch Technologien, die auch Frauen offenstehen, unbedeutend geworden.

Sie werden aber doch von vielen Jungen noch gesucht und teilweise auch gefunden, u. a. in der virtuellen Welt. Gerade Computerspiele bieten den Jungen und jungen Männern eine Zuflucht, in der Männer noch in den alten Männlichkeits-Rollen agieren, gerade auch in den sogenannten Gewaltspielen, weiterhin in Pornovideos.

Da dies aber nicht mehr in den Alltag gebracht werden kann bzw. dort immer seltener akzeptiert wird, verbringen viele Jungen mehrere Stunden am Tag in dieser virtuellen Welt. Dies tun Mädchen nur marginal. Die Computer-Spielezeit ist vielfach höher als die Schulzeit, dies wird u. a. als ein weiterer Grund der beobachteten Leistungsbremse der Jungen gesehen (siehe auch Kapitel 3, der digitale Verrat und Kapitel 5, Gamification).

Hier sind also patriarchalische Strukturen vielfach unbemerkt von der Öffentlichkeit schon brüchig geworden, auch wenn dies noch nicht die Vorstände der DAX-Unternehmen erreicht hat und vorerst noch implizit in den Gesellschafts-Verhältnissen und der Kultur weiterwirkt. Dies wird sich nach dem Gesagten natürlich ändern, da diese jungen Menschen in Verantwortung kommen und die Trends weitergehen. Wir nehmen diesen Faden in Kapitel 4 wieder auf.

Wir müssen den Jungen gute Vorbilder von in diese heutige Zeit passende Männlichkeit geben jenseits patriarchalischer Strukturen. Sie zu stärken in einem neuen Rollenverständnis wird gesellschaftlich zunehmend wichtiger. Natürlich wird es auch zukünftig eine breite Palette an männlichen Rollenbildern geben, aber sicherlich auch einen kreativen Shift in Richtung partnerschaftlicher, kooperativer und gelassener Haltung als Mann.

In diesem Sinne stehe ich selbst in meiner Einstellung als Mann allgemein für ein lebendiges, liebevolles, aufregendes und gelassen friedfertiges Zusammenleben der Geschlechter in minoischer Tradition, d. h. ohne Unterordnung, Erniedrigung und Abhängigkeit innerhalb der Partnerschaft und in der Gesellschaft. Dass dies nicht allein in persönlicher Entscheidung liegt, sondern auch gesellschaftlich möglich und erreichbar ist, zeigt die minoische Tradition auf Kreta (um das 15. Jahrhundert vor unserer Zeitrechnung, also ein Vorbild vor 3500 Jahren(!), das jetzt wieder Kraft bekommen wird), wie sie Riane Eisler in ihrem epochalen Buch „Kelch und Schwert – von der Herrschaft zur Partnerschaft" beschrieben hat. Ich selbst erlebe mein Leben mit meiner Frau eben so. Sie hatte bereits vor 25 Jahren das Buch gekauft und ich habe es auch mit großem Interesse gelesen; jetzt wird es wieder empfohlen in dem großen Bericht des Club of Rome „Wir sind dran" von Ernst Ulrich von Weizsäcker, Anders Wijkman u. a. (erschienen 2019).

Vaterschaft

Für mich in meinem Leben hat auch das Vatersein heute eine herausragende Bedeutung und bedeutet für mich Glück. Seit Beginn der Sesshaftigkeit vor vielen tausend Jahren hat sich die von mir beschriebene „gesunde" Hirnentwicklung von Mutter und Kind etabliert unter unterschiedlicher Beteiligung der Väter in den ersten Jahren der Kinder. Die Väter mit früher über lange Zeit vielfach patriarchalischer Haltung hatten erst späte Rollen und persönliche Bedeutung im Leben des Kindes, wenn überhaupt, und dann häufig behindernd bzw. bevormundend.

In einem Bildband aus dem Jahre 1960 mit dem Titel „Das Kind und sein Vater" finden sich im Vorwort von Eugen Roth u. a. die Worte: „... es ist nicht leicht, der Ehrfurcht die Furcht zu nehmen und die Verehrung zu wahren. ..." und „... Mein Großvater hatte noch sechzehn Kinder, sein ältester Sohn zehn. Wir selber verbrachten unsere Jugend in einem Mietshaus, aus jeder Tür quollen die Kinder, zu unendlichen Spielen bereit.

Wer sich heute, gar in besseren Kreisen, schärfer umblickt, sieht, wie die Kinder vereinsamen und wie sie die Familie, den Vater vor allem, nötig brauchen. Aber auch der Vater, mag er auch beruflich noch so überlastet zu sein, zieht sich in seinen freien Stunden mehr auf den Kreis der Seinen zurück. – Wir sahen unseren oft kaum bei Tisch oder nur, wenn es galt, einen Schulverweis unterschreiben zu lassen. …"

Aus dieser Zeit kommen wir, haben seitdem eine 60-jährige Entwicklung hinter uns, aber dieses Statement von 1960 war damals eine kritische, fortschrittliche Stimme und sie hat, wie mir scheint, auch heute noch eine gewisse Gültigkeit. Der Vater als Teil der Familie, präsent und emotional verbunden sowie zuverlässig, muss sich heute als solcher doch auch immer noch selbst installieren. Vaterschaft ist in diesem Sinne ein aktiver Prozess, der sich als Vorbild für die Kinder durch Liebe in Nähe, Innigkeit und Grenzsetzung erfahrbar macht, Ehrfurcht ohne Furcht unter Wahrung der Verehrung, wie Eugen Roth es damals ausdrückte. Und die Kinder erleben es ja als unsagbar gut, wenn er wirklich an die Seite der Frau tritt.

Die Möglichkeiten von Männern, heute gemeinsam als Väter mit den Müttern und Kindern eine Einheit zu bilden und als Wesen anderer Art gleich„gültig" in der Partnerschaft zu sein, halte ich für eine großartige (Wieder-) Errungenschaft speziell der letzten Jahrzehnte und eine günstige Emanzipationsrichtung von Männern und Jungen gerade für neue friedfertige Narrative unserer Gesellschaft.

Das bedeutet für Männer Stärkung der Entwicklung der Kleinsten, klare, hilfreiche Vorbilder als Mann für die Kinder und Jugendlichen und echter Partner für die Frau, wenn ihm auch noch der Schritt von der Mutter, die geehrt bleibt, ganz und gar hin an die Seite der Frau, mit der zusammen der Mann leben will, gelingt. Denn Mutters Söhne, die solche bleiben, sind für Frauen, die echte Partnerschaft wollen, „ungeeignet".

Umbruch in den Geschlechterrollen

Dieser Umbruch in den Geschlechterrollen wird sicherlich noch etwas Zeit in Anspruch nehmen, insbesondere ist ein Umbruch aktuell in der Corona-Krise eher behindert.

Allerdings bieten sich zunehmend auch für Männer andere Alltagsmöglichkeiten, wenn z. B. eine Teilzeit-Arbeit ins Blickfeld kommt, die dreijährige Elternzeit in Anspruch genommen und zwischen den Partnern passend aufgeteilt wird, auch passend zu den Kindern, denn es gibt immer auch Mama- und Papa-Kinder und wo möglich, darf das auch so sein, wenn auch nicht exklusiv. Generell braucht das Paar Einigkeit darüber, wie der Lebensstandard aussehen soll, wie viel Zeit zum Geldverdienen gebraucht wird, solange es noch kein Grundeinkommen gibt. Ein Homeoffice gibt neue Möglichkeiten, aber das sei gesagt, braucht auch die Räumlichkeit zum konzentrierten Arbeiten und eine gute Kompetenz zur Selbstorganisation bei den Arbeitenden im Homeoffice.

Persönliche Krisen dabei, die die Gesellschaft immer noch als Versagen einstuft und solche Menschen stigmatisiert, müssen als normal im Leben von Menschen angesehen werden. Darin reifen sie. Allerdings ist eine solche Zunahme von Depressionen und Burn-out-Entwicklungen, wie wir es derzeit sehen, bei Männern wie auch Frauen, dem zunehmenden Anforderungsdruck in der Gesellschaft bei abnehmender Bewältigungskompetenz geschuldet. In einigen Jahren werden diese Erkrankungen rückläufig sein und Krisen dann als Zeiten notwendiger Reifung angesehen werden können.

Normalität von Krisen im Leben der Menschen

Im Weiteren muss auch transparent gemacht werden, was denn z. B. in Beratungsstellen für Jugendliche bzw. in einer Kinder- und Jugend-Psychiatrie und -Psychosomatik eigentlich passiert und was für eine gute und hilfreiche Möglichkeit sich in solchen Behandlungen bietet, für die betreffenden Kinder und Jugendlichen ebenso wie Chancen anderer Kommunikation für die ganze Familie.[11] Menschen gehen wie gesagt nie ohne Krisen durchs Leben, durch krisenhafte Herausforderungen reift man. Wenn sie zu hart sind, braucht man vielleicht eine hilfreiche Hand.

Solches Wissen mit wissenschaftlichem Hintergrund, also z. B. aus der Hirnphysiologie und Epigenetik gestützt, gehört bereits in die Schule, z. B. in den Biologie- oder Ethik-Unterricht. Und es muss ein Basiswissen von Politikern werden, wenn sie wirklich dem Volke dienen wollen.

Wir können es uns nicht länger leisten, Menschen, die zwangsläufig in Krisen geraten müssen, für ihr inneres Wachstum als Versager abzustempeln. Vielmehr handelt es sich um ein gesundes Zeichen, wenn der Körper rebelliert, wenn er in sinnlosen Anforderungen einer sich verselbstständigten Wachstums-Wirtschaft seine Kraft verliert, man sozusagen verheizt wird für menschenfremde Zwecke.

Die Jugendlichen müssen schon in der Schule lernen, dass eine gut funktionierende Körperwahrnehmung eine der besten und lebenssichernden Empfindungen ist, insbesondere auch wohlige, angenehme Körpergefühle. Das soll aber nicht heißen, dass man hypochondrisch bei jedem Zipperlein kneift, sondern vielmehr bemerkt, wann Pausen angesagt sind, mehr Schlaf, ggf. auch ein Innehalten für sich selbst angesagt ist, damit die Kreativität wieder fließen kann. Die Wahrnehmung der Innenwelt, die sogenannte Enterozeption, fließt besonders in einer speziellen Hirnformation zusammen, „Insula“, also „Insel“ benannt, die den Innenzustand laufend für die anderen Hirnformationen zur Verfügung stellt (siehe auch Kapitel 5). Dies fließt dann auch in die Körperwahrnehmung mit ein, wenn sie gut funktioniert und sich von Kindesbeinen an erhalten hat. Es ist ja z. B. gerade für die Zeit der Pubertät sehr wichtig, dass Körper und Seele in dem pubertären Durcheinander gut zueinanderfinden.

Gute Körperwahrnehmung und die Fähigkeit innezuhalten sind entscheidende Voraussetzungen für die Erhaltung des kreativen Potenzials.

Kurze Zusammenfassung

Es ist für junge Menschen enorm wichtig, sich selbst in eine gute gesundheitliche und vegetative Verfassung zu bringen, wenn sie Eltern werden wollen – am besten schon vor der Empfängnis.

Wenn sie sich im Lebensalltag bereits überfordert fühlen, ist es natürlich unbedingt sinnvoll, sich Hilfe zu holen. Dies gilt umso mehr, wenn sie Eltern werden wollen oder schon geworden sind. Denn Elternschaft ist eine Quelle, aus der sich die Kinder speisen. Das kann gut oder unzuträglich sein. Und als Eltern lernt man jeden Tag dazu und sich selbst immer besser kennen.

Kinder brauchen Liebe, dann werden sie gestärkt und voller Vertrauen in die Welt gehen. Wie schön, wenn sich auch die Eltern aus belastenden Biografien befreien können. Hierzu brauchen sie die Unterstützung der Gesellschaft, also von uns allen.

Und ebenso brauchen sie eine finanzielle Grundausstattung, die es ihnen ermöglicht, in den ersten beiden oder drei Lebensjahren für die Kinder da zu sein.

Was sie nicht brauchen, ist Konkurrenz und Ellenbogengesellschaft, wie sie die Wachstumswirtschaft predigt. Sie sollen vielmehr für sich selbst und ihren eigenen Weg einstehen und sich bei der Verfolgung ihrer Ziele in der Aktion spüren können, in empathischer Beachtung der anderen und der Umwelt. Eine Entwicklung zu kooperativen Wirtschaftsformen wird vielen Kindern dafür besseren Boden geben und ihre Empfindungsfähigkeit stärken. Verführungen aller Art, wirtschaftlich oder politisch, können dann schwerlich greifen. Und wenn die gesellschaftlichen Verhältnisse so werden, dass Kinder von den Eltern und der Gesellschaft immer mehr willkommen geheißen werden, werden sich auch in westlichen Gesellschaften wahrscheinlich wieder mehr Menschen für Kinder entscheiden.

Bevor wir diese Gedanken in mögliche menschliche und würdevolle Gestaltungen gießen und darstellen können, ist aber in Kapitel 3 die aktuelle Situation der Kinder in Deutschland zu beleuchten und anzuschauen, warum ich es Verrat nenne, was so viele an Leid erleben müssen.

Es dreht sich dabei aber auch um die gesellschaftlichen und politischen Verhältnisse in unserem eigenen Lande. Ich werde ebenfalls aufzeigen, wie sich Elternliebe bzw. im Gegensatz dazu autoritäre Machtausübung in der Entwicklung bzw. Erziehung der Kinder in ihren Haltungen und Einstellungen in gesellschaftlichen und politischen Fragen im Erwachsenenalter auswirkt (Kapitel 4).

Kapitel 3
SCHUTZLOSE KINDER – DIE TABUS

Kapitel 3
Schutzlose Kinder – die Tabus

3.1 Verrat am Grundrecht auf körperliche Unversehrtheit

„Jeder hat das Recht auf Leben und körperliche Unversehrtheit.
Die Freiheit der Person ist unverletzlich. ...“
Artikel 2 II des Grundgesetzes

Die Väter und Mütter des Grundgesetzes (es gab übrigens neben den 61 Männern auch tatsächlich vier Frauen, die das Grundgesetz mitgeprägt haben) konnten damals die Entwicklungen, z. B. auch die der Digitalisierung, natürlich nicht vorhersehen. Körperliche Unversehrtheit und Freiheit der Person schienen klar definierbar zu sein (wobei körperliche Züchtigung damals als „normal“ galt).

Dieses Recht beginnt im gesunden Volksempfinden sofort mit der Geburt und gilt für jeden Menschen, also natürlich auch für Kinder. Eigentlich bestreitet das niemand. Allerdings wird es doch für notwendig gehalten, die UN-Kinderrechte noch in das Grundgesetz einzubringen.

Das ist angesichts der aktuellen und für mich völlig unverständlichen Rechtsauffassung in Deutschland auch richtig, weil skandalöserweise unter „Jeder“ im Grundgesetz die Kinder offensichtlich nicht eindeutig gemeint waren/sind bzw.:

„ ... um auch für Erwachsene geltende Grundrechtsnormen so auszulegen, dass diese für Kinder einen spezifischen Gehalt ausweisen.“ (aus dem „Gutachten bezüglich der ausdrücklichen Aufnahme von Kinderrechten in das Grundgesetz nach Maßgabe der Grundprinzipien der UN-Kinderrechtskonvention“, Prof. Dr. Dr. Rainer Hoffmann und Dr. Philipp B. Donath (beide Goethe-Universität Frankfurt/Main)).

Die Bundesregierung will die UN-Kinderrechte nun also tatsächlich in das Grundgesetz einbringen. Die Bundesfamilienministerin Franziska Giffey nannte den Umgang mit Verdachtsfällen von Kindesmissbrauch in der Debatte z. B. als Anwendungsfall.

Für den Embryo wird das Recht auf Leben und inwieweit § 2 II GG bereits seinen Schutz fordert, dagegen anhaltend kontrovers in der Gesellschaft und Politik diskutiert, u. a. in der Abtreibungsdebatte (siehe Kapitel 4), aber auch bei der künstlichen Befruchtung und der Gen-Editierung (siehe Kapitel 4).

Eindeutig klärende Aussagen dazu finden sich im Grundgesetz nicht, eben weil das „Jeder" offensichtlich Interpretations-Spielraum lässt. Die Ethik-Kommission des Bundes hat jetzt begonnen, der Interpretation hier Richtungen vorzugeben, allerdings noch recht vage.

Ich gehe im Weiteren davon aus, dass das „Jeder" im Grundgesetz auch alle Kinder meint. Dies wird ja auch hoffentlich so kommen, da die Bundes- und Landes-Regierungen für die Aufnahme der Kinderrechte in das Grundgesetz mittlerweile entsprechende Beschlüsse gefasst haben, auch wenn es nun immer weiter verschoben wird, u. a. mit Hinweis auf die Corona-Krise.

Schauen wir uns dies nun für den Bereich der körperlichen Unversehrtheit an:

Körperliche Unversehrtheit

Wann können wir von körperlicher Unversehrtheit des Säuglings/Kleinkindes sprechen, die das Grundgesetz im „Jeder" auch für die Kleinsten zusichert und für die wir alle sorgen sollten? Ich hatte folgende Merkmalsliste schon in der Zusammenfassung von Kapitel 1 gezeigt. Hier noch einmal:

- Genügend lange Telomere bei der Vererbung
- Stressarmes Wachsen im Mutterleib
- Initiale Stillzeit, hohe Oxytocin-Ausschüttung
- Dyadische Kommunikation
- Unbehinderte Entwicklung des Gehirns
- Gute Ausbildung und Training des ventralen Vaguszweigs
- Angemessene Ernährung nach der Stillzeit
- Vorbildfunktion der Eltern mit Medien
- Sehr sparsame kindliche Medienerfahrung.

Dies darf kein hehres Ideal bleiben, sondern die Gesellschaft hat dies garantiert und muss sich jetzt kompromisslos dahin entwickeln. Dass dies ein aktuell noch weiter Weg ist, darf uns nicht abschrecken. Wir können uns gemeinsam kräftigen für diesen Weg.

Die Bedeutung beeinträchtigter Reifung des präfrontalen Cortex im Kleinkindalter

Viele Kinder haben in Deutschland also tatsächlich keine unbehinderte Hirnentwicklung. Für die kleinen Kinder bedeutet dies hirnphysiologisch, dass die Funktionen des präfrontalen Cortex (PFC) eben nicht umfassend reifen können (wie in Kapitel 1 dargelegt) und insofern zwischen ihrem basalem Bedürfnissystem und der Impulskontrolle durch den PFC keine gute bzw. ausreichende Balance entstehen kann.

Zum Beispiel wird dann die Fähigkeit zum zeitweiligen Befriedigungsaufschub geringer ausgebildet. Basale Antriebe zur sofortigen Bedürfnis-Befriedigung bekommen und behalten dann ein Übergewicht, die Frustrationstoleranz sinkt. Einige dieser Kinder entwickeln darunter auch eine antisoziale Persönlichkeitsstörung (siehe S. 195).

Dass das im Grundgesetz zugesicherte Recht auf körperliche Unversehrtheit schon auf hirnphysiologischer und epigenetischer Ebene heute vielfach nicht eingelöst wird, zeigen Substanzveränderungen in verschiedenen Hirnarealen bei Kindern, die von ihren Eltern immer wieder geschlagen wurden, bei jeglicher Traumatisierung in der Kindheit sowie bei täglicher unangemessener Nutzungsdauer digitaler Medien. Ebenfalls ist hierbei die Zunahme der Stressempfindlichkeit der Telomere bekannt, den Schutzkappen unserer Chromosomen, deren Länge u. a. mit unserer Lebenserwartung korreliert.

Sehr dramatisch ist eben die Situation der Kinder, die Vernachlässigung und Gewalt erleiden müssen. Hier hat der Schutz des Grundgesetzes bisher völlig versagt.

Aber auch hier müssen wir hinter das Tabu schauen, das vielfach immer noch seinen Schleier ausbreitet, aber in der Corona-Krise offensichtlicher geworden ist.

An dieser Stelle sei aber bereits gesagt, dass diese Kinder und Jugendlichen, die viel Leid erfahren haben, doch neue Chancen in ihrem Leben bekommen können, wenn die Gesellschaft sich um sie kümmert, dass heißt, es wirklich will, entscheidet und Geld in die Hand nimmt dafür.

Denn das Gehirn bleibt zeitlebens „plastisch“, d. h. formbar in der Vernetzung der Zellen und in der Weiterentwicklung von günstigen Funktionen, wenn es durch entsprechend gute Umgebung angeregt, neue und vertrauensvolle Erfahrungen mit Menschen und angepassten zu bewältigenden Herausforderungen macht. Manchmal reicht es dabei aus, wenn einem ein anderer Mensch begegnet, der an einen glaubt.

Und wenn aus den traumatischen Erlebnissen sogenannte Traumafolgestörungen entstanden sind, ist Traumatherapie notwendend.[12] Natürlich braucht das alles auch Zeit und nicht alles kann man nachentwickeln, oft bleiben auch Narben. Aber die Qualität des Lebens und die Möglichkeiten, die Angst zu verlieren, aus den sogenannten flash-backs herauszukommen und auch wieder vertrauensvoll und glücklich zu werden, steigen dann deutlich!

Das haben wir und andere Traumatherapeuten schon tausendfach zusammen mit den Kindern, Jugendlichen und jungen Erwachsenen, die zur Therapie kamen, erleben dürfen.

3.2 Der emotionale Verrat – Vernachlässigung und Gewalt an Kindern

Ich möchte mit diesem Buch einen kräftigen und für die Entwicklung der Kinder hoffnungsvollen Impuls geben. Dabei muss man sich jedoch auch den Boden anschauen, von dem aus man einen Impuls aussenden möchte. Insofern wende ich mich jetzt der aktuellen Situation der Kinder in Deutschland zu und die ist für zu viele Kinder schwer erträglich, vielfach sogar traumatisch. Und diese Realität ist noch weitgehend tabuisiert. Sie muss nicht nur für die Zukunft, sondern bereits in der Gegenwart verändert werden und wir schauen uns das „Wie" hier und in den nächsten Kapiteln weiter an.

Die für das Gehirn optimalen Grundlagen zur Entwicklung im familiären Kontext sind nicht überall gegeben, die meisten Menschen halten eine gesunde Hirnentwicklung bei den Kindern, aber doch für das „Normale". Das stimmt jedoch weltweit nicht und auch nicht für die Situation in einem so reichen und „hochentwickelten" Land wie Deutschland. Ich habe „hochentwickelt" in Anführungszeichen gesetzt, weil dies für viele Ebenen des Menschseins auch bei uns in Deutschland nicht passt.

Bitte lesen Sie dieses Kapitel dann, wenn Sie der Meinung sind, dass Sie sich emotional sehr bedrückende und bedrängende Inhalte zumuten können, ohne aus Ihrer Balance zu fallen. In starken Überlastungsphasen sollten Sie es vorerst überspringen und dann zu einem späteren Zeitpunkt lesen. Und es ist sicherlich keine Lektüre vor dem Schlaf.

Kapitel 5 Gestaltungsräume ist demgegenüber dann ermutigend und mit begründeter Zuversicht geschrieben, weil wir tatsächlich vieles ändern und gestalten können.

3.2.1 Zur aktuellen Situation der Kinder in Deutschland:

„Sometimes I feel like a motherless child …“

Dieser Satz aus einem der bekanntesten Spirituals aus der Zeit der Sklaverei in den USA mag ein wenig anklingen lassen, was viele Kinder auch in Deutschland fühlen, die schutzlos mit Gewalt und Vernachlässigung aufwachsen.

Ärzte, Traumaforscher und Wissenschaftler gehen davon aus, dass nur etwa gut die Hälfte der Kinder in Deutschland in einer wirksam liebevollen Kommunikation mit unbehinderter oder weitgehend unbehinderter Hirnentwicklung aufwächst und sich ihr Potenzial und ihre Kreativität in der weiteren Kinder- und Jugendzeit behalten und entwickeln kann.

Denn etwa jedes vierte Kind erlebt körperliche und/oder emotionale Vernachlässigung bzw. Gewalt und/oder sexuellen Missbrauch. Weitere 25 % erleben dies in geringerem Maße.

Dies bedeutet unermessliches Leid der Kinder und Jugendlichen und hat auch schwere Folgen für ihre Erwachsenenzeit. Traumatisierungen führen neben den erwähnten häufigen Substanzveränderungen im Gehirn meistens zu ausgeprägten Behinderungen der Hirntätigkeit, z. B. das Lernen mit den Gedächtnis-Leistungen und die vegetative Balance als Basis der Kreativität und Gesundheit. Und die existenzielle Sicherheit und die Gefühle des Aufgehobenseins sind insbesondere durch die inneren Bedrohtheitsgefühle aufgrund des Vertrauensbruchs nicht mehr gegeben. Die Mediennutzung wird bei diesen Kindern meist von einer großen Labilität geprägt, eine Entwicklung in suchtartige Nutzung ist zumindest gebahnt.

Auch wenn die Jugendämter davon erfahren – alle 14 Minuten wird in Deutschland ein Kind aus seiner Familie genommen wegen Kindeswohl-Gefährdung[13] –, dauert es häufig noch lange, bis die Kinder in eine hilfreiche Umgebung kommen und aus ihrer Vernachlässigung und körperlichen, insbesondere innerpsychischen Verletzungen auf den langdauernden Weg einer Genesung kommen. (Erwähnenswert z. B. SOS-Kinderdörfer mit ambulanter Hilfe oder Lebensmöglichkeit im Dorf.)

Und die Jugendämter erreichen ja nicht alle Kinder (hohe Dunkelziffer) und sind in personeller Hinsicht und bezüglich spezieller Weiterbildungen aktuell noch nicht ausreichend ausgestattet. Und die Herausnahme aus der Familie ist meist, muss aber nicht in jedem Fall, die bessere Lösung für das Kind sein.

Man muss immer schauen, inwieweit auch Familientherapie möglich und wirksam ist bei weniger ausgeprägten Situationen. Aber hier gilt es sehr wachsam zu sein, damit man nicht Kinder in der „Obhut“ von Tätern belässt, die Gewalt und Missbrauch unter noch mehr Drohungen weiterführen. Noch zu oft lassen sich die Mitarbeiter täuschen, da ihnen die Familie heile Welt vorspielt und dabei die Kinder natürlich das tun und erzählen, was die Eltern sagen.

3.2.2 Vernachlässigung, Gewalt und sexueller Missbrauch familiär oder familiennah

In Deutschland erleben von den derzeit ca. 13 Millionen Kindern und Jugendlichen etwa 10 % (1,3 Millionen Kinder) eine schwere Vernachlässigung, jeweils ca. 15 % emotionale oder körperliche Gewalt (jeweils fast 2 Millionen Kinder), weiterhin erleidet etwa jedes achte Kind bis 14 Jahre, also etwa 1 Million Kinder, sexuellen Missbrauch. Die Weltgesundheitsorganisation geht davon aus, dass jede/r Siebte bis Achte in Deutschland sexuellen Missbrauch in Kindheit und Jugend erfahren hat.
Insgesamt sind es in Deutschland jährlich (!) mehr als 120.000 Kinder bzw. Jugendliche bis 14 Jahren, die sexuellen Missbrauch erleben, zum Teil auch über mehrere Jahre hinweg (mit einem Schwerpunkt zwischen 6 und 14 Jahren, die große Mehrzahl davon Mädchen). In der oben genannten Zahl sind die von der WHO festgestellten Dunkelziffern (WHO Faktor 10, BKA Faktor 15, andere Forschungsstudien bis Faktor 20) eingerechnet. Die meisten Fälle von sexuellem Missbrauch finden in Familien bzw. familiennahem Umfeld statt.
Die in der polizeilichen Kriminalstatistik (PKS) ausgewiesenen Zahlen gründen sich auf gemeldete bzw. angezeigte Fälle von sexuellem Kindesmissbrauch, diese Zahlen machen nur etwa ein Zehntel der obengenannten Zahl aus, das Hellfeld genannt wird, und beschreibt die tatsächliche Situation der Kinder ohne Erwähnung der hohen, in Forschungen gesicherten Dunkelziffern falsch.
Körperliche Gewalt erleiden in Deutschland jährlich (!) unter Beachtung der auch hier großen Dunkelziffer mehr als 200.000 Kinder und Jugendliche in den ersten Kinderjahren beide Geschlechter, bei älteren Kindern und Jugendlichen in der großen Mehrzahl Jungen und hier oft über mehrere Jahre. Dabei ergeben sich natürlich Überschneidungen in den Opfer-Gruppen, sodass allgemein von etwa 25 % der Kinder (über 3 Millionen der 13 Millionen Kinder und Jugendlichen in Deutschland, also jedes 4. Kind) mit schwerer Vernachlässigung bzw. Gewalterfahrung und/oder sexuellem Missbrauch ausgegangen wird.

Weitere 25 % der Kinder wachsen zusätzlich in unterschiedlicher Vernachlässigung geringerer Ausprägung bzw. emotionaler Kommunikationsarmut geringerer Grade auf:

- *z. B. Liebe nur gegen Leistung,*
- *fehlende emotionale Ansprache,*
- *emotionale Abwertung,*
- *Erfüllungsanforderung für nichterfüllte Lebensanteile der Eltern,*
- *Krankheit der Eltern, dabei häufig Drogensucht,*
- *keine Zeit für Kinder („Straßenkinder") bei z. B. Arbeitszwang aus finanzieller Armut,*
- *Wohlstandsverwahrlosung bei Karriere-Prioritäten der Eltern (verweigerte Liebe),*
- *wenn die Eltern selbst in großer eigener Belastung leben*
- *Miterleben der Kinder bei Gewaltanwendung unter den Eltern, meist der Männer gegenüber ihren Frauen.*

Das erschreckende Fazit: Etwa die Hälfte der Kinder erleben in ihrer Kindheit und meist in der Familie bzw. im familiennahen Umfeld (andere Verwandte, Ex-Partner, Stiefväter, Patchwork-Kontakte, aber auch in einigen Fällen enge Freunde der Familie oder Partnerschaft) für sie als Kinder Vertrauensbrüche und zu viele von ihnen Traumatisierungen mit bedrückenden Folgen für ihr Leben.

Außerfamiliärer sexueller Missbrauch in Institutionen

Die Universität Ulm hat aktuell eine Studie zum sexuellen Missbrauch auch im Sport veröffentlicht[14] und beziffert die Anzahl von Jugendlichen, die sexuellen Missbrauch dabei erleiden, mit hochgerechnet 200.000 Fällen (über alle Jahre der Erfassung zusammengerechnet) in Deutschland, also doppelt so viele wie die in Einrichtungen der katholischen Kirche bekanntgewordenen Fälle in Deutschland (siehe auch S. 202).

Diese Zahlen sind also aufgesummt über mehrere Jahre, die Problematik in den Familien und im familiennahen Umfeld ist also zahlenmäßig so sehr viel dramatischer. (Zu den kinderpornographischen Missbrauchstaten und Pädophilie siehe S. 200).

Gewalt unter den Eltern

Viele Kinder müssen mit ansehen, wie insbesondere Männer ihren Frauen Gewalt antun, sowohl körperliche Gewalt als auch sexuelle Nötigung und Vergewaltigung, also erzwungener Sex in der Ehe/Partnerschaft gegen den Willen der Frau. Das Bundeskriminalamt nennt für das Jahr 2018 eine Zahl von 114.000 Fällen von Gewalt an Frauen in der „Partnerschaft". Für Kinder ist das ebenfalls traumatisch, sie können selbst nichts machen und sehen insbesondere die Mutter extrem leiden. Falls sie doch eingreifen wollen, werden sie meist ebenfalls geschlagen.

Dabei finden sich Gewalt und Missbrauch in allen gesellschaftlichen Schichten, wobei es eine gewisse Verschiebung in der Häufigkeit hin zu ärmeren, bildungsfernen Schichten gibt.

Alle diese schlimmen Erfahrungen nehmen die Kinder und Jugendlichen als schwere Bürde in ihr Erwachsenenleben mit. Ein Teil der Kinder schafft es, diese traumatischen Erfahrungen mit ihren vorhandenen Ressourcen so zu verarbeiten, dass die Trauma-Erfahrung nicht mehr anhaltend ihr Leben bestimmt. Sehr vielen Kindern und Jugendlichen gelingt das aber nicht und viele von ihnen entwickeln selbst eine sogenannte antisoziale Persönlichkeitsstörung mit aggressivem Potenzial (siehe S. 195).

Ein Großteil derjenigen, die körperliche Gewalt erfahren haben, wendet dann selbst körperliche Gewalt an, sobald sie (meist Jungen) ausreichend Kraft dazu in sich spüren. Die Mehrzahl der jugendlichen Straftäter, die körperliche Gewalt anwenden, hat in der Kindheit also selbst körperliche Gewalt erlitten. Die körperliche Gewalt der Jugendlichen wendet sich dabei auch oft gegen die eigenen Eltern, wenn die sie massiv geschlagen hatten.

In dem Buch „Deutschland misshandelt seine Kinder" von den Rechtsmedizinern Michael Tsokos und Saskia Guddat, das ja kürzlich als ZDF-Drama „Stumme Schreie" gesendet wurde, werden die Zusammenhänge zu körperlicher Gewalt und Vernachlässigung gut und verständlich dargestellt. Die Autoren verweisen darauf, dass ihr Buch sich nicht auf sexuellen Missbrauch bezieht, da bei körperlicher Gewalt öfter klinische Hilfe in Anspruch genommen werden muss und daher öfter Gutachten der Rechtsmedizin angefordert werden. Das Leid der Kinder bei sexuellem Missbrauch bleibt insofern noch häufiger verborgen als bei körperlicher Gewalt. Ich empfehle ausdrücklich das Buch von Tsokos und Guddat zur Lektüre, wenn Detail-Informationen zur körperlichen Gewalt gegenüber Kindern gebraucht werden. Wo nötig, greife ich das Thema jeweils wieder auf.

Insofern stelle ich hier jetzt aufklärende Informationen zum sexuellen Missbrauch stärker in den Vordergrund.

Definition sexueller Missbrauch von Kindern

Sexueller Missbrauch von Kindern wird in der Öffentlichkeit vielfach als erzwungener Geschlechtsverkehr mit Kindern verstanden. Dies ist in den meisten Fällen von sexuellem Missbrauch zwar nicht der Fall (erzwungener Geschlechtsverkehr bei Kindern in etwa 20 % der Fälle sexuellen Kindesmissbrauchs), aber die traumatische Wirkung des jeweiligen sexuellen Handelns der Erwachsenen ist in der Regel genauso vorhanden. Als sexuellen Missbrauch bezeichnet man insbesondere sexuelle Handlungen (incl. Perzeption und Anfertigung von entsprechenden Fotos und Videos) von Erwachsenen mit Kindern oder explizit gewollt im Beisein von Kindern sowohl ohne als auch mit Geschlechtsverkehr (schwerer sexueller Missbrauch), wobei davon ausgegangen wird, dass Kinder keine Einwilligungsfähigkeit wie Erwachsene haben. Die Handlungen werden zum Teil mit körperlicher Gewalt durchgesetzt, andererseits aber häufiger durch „willentliche" Einwilligung im Rahmen des Machtgefälles, z. B. von Eltern und Kind im Sinne von Unterwerfung,

Ohnmacht, Angst oder Liebe des Kindes zu den Eltern, wobei die Zustimmung oft auch mit konkreten oder angedeuteten Drohungen erzwungen wird. Man unterscheidet willentliche Einwilligung in diesem Sinne von der informellen Einwilligung, bei der die Übersicht über Geschehen, Bedeutung und Folgen besteht und vom Kind auch die Sichtweise und Bedürfnislage beim Erwachsenen erfasst wird. Eine informelle Einwilligung kann bei Kindern und Jugendlichen bis 14 Jahre in der Regel nicht vorliegen.

In dem jetzt vorgelegten Gesetzesentwurf der Bundesjustizministerin Christine Lambrecht zur Strafverschärfung bei Kindesmissbrauch ist der Begriff „sexueller Missbrauch" durch den Begriff „Sexualisierte Gewalt" ersetzt „um das Unrecht der Taten klar zu beschreiben". Inwieweit dieser neue Begriff sich als klarere Benennung in der Gesellschaft durchsetzt, bleibt abzuwarten. Die Benennung als „Gewalt" ist sicherlich angemessen. Es ist wichtig, missbräuchliche sexuelle Handlungen mit Kindern von gutem und wichtigem Körperkontakt von Eltern mit ihren Kindern in altersgemäßer Ausprägung zu unterscheiden. Darüber später mehr (S. 207).

3.2.3 Tabuisierung von Kindheitstraumata

Das sind schockierende Zahlen, die meisten werden sie nicht mit ihrer Alltagserfahrung in Übereinstimmung bringen können. Aber nicht alle diese Kinder sind konkret im Alltag auffällig, viele leiden in sich gekehrt, ohne ihr Leiden selbst zu verstehen. Und viele Krankheiten, schulisches Versagen, kindliche oder spätere Depressionen im Erwachsenenalter und Suizide stehen hiermit im Zusammenhang.
Geschulte Fachleute können hier vielfach misshandelte Kinder erkennen, aber auch ihnen bleibt manches verborgen, weil Kinder immer wieder ihre Familie auch als „normal" ansehen, wie die Eltern dies ebenso tun, so als würde das Leid irgendwie dazugehören. Und viele dieser Kinder glauben, dass es in anderen Familien auch so ist, wissen aber, dass man darüber nicht spricht oder fragt.

Diese familiären Traumata geschehen, wie gesagt, im Grundsatz unabhängig von der Schichtzugehörigkeit und vom Bildungsstand, obwohl eine gewisse Häufung in Armut und sozialen Notlagen gesehen wird. Die Zunahme der Migration erklärt die für viele unerwartete Häufung nicht, weil diese Zahlen bereits weit vor dem Sommer 2015 bekannt waren. Sie stützen also keinesfalls populistische Positionen.

Kulturell gibt es im Übrigen in Deutschland auch einen ausgeprägten Boden für die familiäre körperliche Gewalt. Über Jahrhunderte war es normal, dass man Kinder auch durch Schläge bestraft, im Christentum wurde zum Thema Züchtigung ja auch oft die Bibel bemüht. Auch nach dem Zweiten Weltkrieg war es noch normal, dass Männer ihre Ehefrauen schlagen durften, das galt „in Maßen“ nicht als Delikt.

Viele Rentner kennen noch die körperlichen Schläge der Eltern, ob Ohrfeige oder Rohrstock, an Schulen durfte erst ab 1973 nicht mehr körperlich gezüchtigt werden (ohne wirkliche Einhaltung des Verbots) und die körperliche Bestrafung von Kindern in Familien ist erst seit dem Jahre 2000 per Gesetz verboten. Allerdings wird sich in den meisten Familien nicht daran gehalten, wie 2003 in einer Untersuchung von Familien- und Justizministerium festgestellt wurde. Von mehr als der Hälfte aller Eltern wird die Ohrfeige immer noch als Erziehungsmittel eingesetzt.

Andererseits berichtet der Kriminologe Christian Pfeiffer in seinem sehr lesenswerten und warmherzigen Buch „Gegen die Gewalt“, dass sich die Erziehung seit den neunziger Jahren in der Gesellschaft ändert und sich zunehmend ohne ausgeprägte körperliche Züchtigung gestaltet, wie aus Befragungen zur Erziehung in den Forschungen zur familiären Gewalt hervorgeht. Es bleiben aber zahlenmäßig doch viele Familien, in denen geschlagen, vernachlässigt und emotionale Gewalt angewendet wird, auch wenn es (mit Ausnahme von Ohrfeigen) nicht mehr die Mehrheit in der deutschen Gesellschaft ist (siehe auch Kapitel 2, S. 162).

Allerdings stimmen die Forschungsergebnisse verschiedener Professionen, also z. B. der ärztlichen Gutachter oder Kriminologen nicht immer ganz überein. Teilweise wird mit den Zahlen der polizeilichen Kriminalstatistik gerechnet ohne den bekannten ungeheuren Dunkelziffern, mal werden Statistiken zur Kindheit und Jugend bis 14 Jahre, bis 16. Jahre oder bis zur Volljährigkeit erfasst, mal ist mit Minderjährigkeit das Alter unter 14 oder unter 16 Jahre gemeint.
Im Videotext vom 2.12.2019 wird z. B. berichtet, dass Familienministerin Franziska Giffey und der Beauftragte zur Aufklärung sexuellen Missbrauchs Johannes Wilhelm Rörig einen neuen Rat zur Bekämpfung von sexuellem Missbrauch gegründet haben, auch zur besseren Koordination von Jugendamt, Polizei und Ärzten. Dort wird von 40 minderjährigen Kindern und Jugendlichen ausgegangen, die täglich sexuell missbraucht werden.
Dies entspricht der polizeilichen Kriminalstatistik (PKS) von 2018 von 12.328 Fällen sexuellen Kindesmissbrauchs in Deutschland. Dort werden die jeweils gemeldeten Fälle erfasst. Die WHO geht aber von einer Dunkelziffer von Faktor 10 aus, das Bundeskriminalamt von Faktor 15, das heißt also, nach WHO sind es 123.280 Kinder, nach dem BKA 184.920 Kinder, die sexuellen Missbrauch in 2018 erlitten haben. Das sind also 400 bzw. 600 Kinder anstelle der in der dpa-Meldung genannten 40 Kinder pro Tag. Die Dunkelziffern sind dem Familienministerium bekannt, ein Hinweis auf hohe Dunkelziffern wäre sicherlich notwendig. Aber es kommt nicht auf die genaue Zahl an, auch wenn sie gravierend höher ist, denn die genannten 40 Kinder pro Tag, die als sexuell missbraucht gemeldet wurden, müssten natürlich unbedingt schon geschützt und die Taten verhindert werden.

Offensichtlich gehen Vernachlässigung, Gewalt und sexueller Missbrauch in den Familien anzahlmäßig noch nicht wirklich zurück, obwohl sich die Erziehungsstile in vielen Familien doch schon geändert haben. Es scheint sogar so, dass Taten heute von jüngeren Menschen in Befragungen eher verschwiegen werden, möglicherweise, weil dem zugesicherten Datenschutz auch bei Befragungen im Rahmen seriöser Forschung nicht mehr wirklich getraut wird. So ist nach Forschungen der sexuelle Missbrauch bei nach 1990 Geborenen zurückgegangen, wie aus Befragungen hervorgeht. Gleichzeitig gibt die PKS das Jahr 1997 mit der höchsten Zahl gemeldeter Fälle von sexuellem Kindesmissbrauch an. Und in der genannten dpa-Meldung von 2019 bedeutet die Zahl der kindlichen Missbrauchsopfer sogar eine Zunahme von 6 %.

Die Aufklärung von kindlicher Vernachlässigung, Gewalterfahrung und speziell sexuellem Missbrauch in den alten Bundesländern hat ernst zu nehmend erst seit der Jahrtausendwende begonnen, dann im breiteren Umfang seit 2010. In den neuen Bundesländern hat sie gerade erst begonnen, dort sind die Tabus auf dem Boden zweier totalitärer Regime nacheinander und nachfolgender „freiheitlicher", aber doch wieder autoritär wirkender wirtschaftlicher „Bevormundung" und „Überformung" durch Führungskräfte aus den alten Bundesländern stärker und trotz langsam beginnender Aufarbeitung vielfach noch immer sehr wirksam.

Diese Thematik taucht auch nur unvollständig (nur angezeigte Fälle, also das sogenannte Hellfeld) auf im Bericht zur polizeilichen Kriminalstatistik des Innenministeriums und es fehlt dort, wie gesagt, der Hinweis auf die ungeheure Dunkelziffer. Durch die Information, dass schwere Gewalttaten rückläufig sind (zur Beruhigung der Bevölkerung und Betonung der Potenz der Regierung), bleibt der Schleier über Gewalt gegenüber Kindern in Familien und ihrer Umgebung bestehen. Vernachlässigung, körperliche und emotionale Gewalt und sexueller Missbrauch sind gleichermaßen davon betroffen.

Das gipfelt bezüglich des sexuellen Missbrauchs in der bedrückenden Feststellung, die der unabhängige Kindesmissbrauchs-Beauftragte Johannes Wilhelm Rörig am 30. Januar 2019 in den Tagesthemen gesagt hat: „Sexueller Missbrauch ist Grundrisiko der Kindheit in Deutschland."

Das ist unerträglich und um dieses Leid für die Kinder baldmöglichst zu beenden, ist es zwingend notwendig, das Tabu zu durchbrechen. Dies ist aktuell in Deutschland begonnen worden:

Untersuchung und Aufarbeitung von sexuellem Missbrauch

Aufgrund dieser langandauernden Tabuisierung in der Gesellschaft und entsprechend in den Familiensystemen ausgeprägt wirksamen Verleugnungen und Verdrängungen ist in der Öffentlichkeit kein Bewusstsein dafür, dass diese Traumata, insbesondere durch sexuellen Missbrauch in mindestens ⅔ aller Fälle hauptsächlich in Familien bzw. familiennaher Umgebung stattfinden (Bericht der unabhängigen Kommission zu Aufarbeitung sexuellen Missbrauchs in der BRD und DDR, April 2019).

Weitere 17 % erfahren sexuellen Missbrauch in Institutionen, denen Eltern ihre Kinder anvertrauen. Über einige Internats-Schulen, einige Kirchen-Bereiche, einige Jugend-Sporttrainer wurden in den Medien diesbezüglich ausführlich berichtet. In 93 % der Fälle waren die Täter dem Kind bekannt. Die genannten Zahlen beziehen die hohe Dunkelziffer mit ein, die wissenschaftlich gut belegt ist (WHO mindestens 1:10, Bundeskriminalamt 1:15, Forschungsstudien bis 1:20). Nur 1 % der Fälle sexuellen Missbrauchs von Kindern kommt zur Verhandlung bei Gericht bzw. zur Information an Jugendämter. Bei der Aufarbeitung der Fälle von sexuellem Missbrauch in Institutionen ist übrigens deutlich geworden, dass viel häufiger die Kinder Opfer von Missbrauch in Institutionen werden, die bereits in der Familie sehr wenig Liebe erfahren haben, stattdessen Vernachlässigung/Gewalt oder dort schon Missbrauch. Erklärt wird dies, dass diese Kinder infolge der dauerhaft erfahrenen Erniedrigung und des Liebesmangels sich Personen in großer Nähe zuwenden, die sich ihnen erst einmal freundlich und liebevoll nähern, obwohl sie da schon oder später andere Absichten verfolgen. Diese spüren die große Bedürftigkeit dieser Kinder und nutzen sie schließlich aus.

Berichterstattung

Gegenüber dem tabuisierten und verschwiegenen sexuellen Missbrauch in der Familie und im nahen Umfeld findet in den Medien die Berichterstattung über Missbrauchs-Skandale in Institutionen oder Kinderpornografie, Kindesentführungen und Vergewaltigungen außerhalb der Familien in extremer Weise statt. Mit möglichst großer Detailgenauigkeit und täglichem Bulletin über Wochen und Monate nimmt die Gesellschaft daran teil, entsetzt, aber mit großem Informationsbedürfnis. Hier ist sicherlich eine neue Balance zwischen verstärkter Enttabuisierung zur Realität sexuellen Missbrauchs in der medialen Berichterstattung und medialer Zurückhaltung bezüglich täglicher Skandal-Bulletins notwendig.

Allerdings haben aktuell Berichte zum sexuellen Missbrauch in kirchlichen Bereichen und Beschlüsse dort zur Sensibilisierung, Prävention und Schutz der Kinder zu wichtigen, intensiven und kritischen Diskussionen in den Medien geführt. Die Aufdeckung zum massenhaften sexuellen Missbrauch und kinderpornografischen Straftaten an mehreren Orten in NRW (wohl auch aufgrund deutlicher Personalverstärkung der ermittelnden Behörden) hat die Öffentlichkeit offensichtlich ebenfalls so erschüttert, dass das Thema mit großer Wahrscheinlichkeit nun nicht mehr so leicht wieder ins vollständige Schweigen rutschen kann.

Auch bei der Politik scheint die Notwendigkeit für den Schutz der Kinder zu handeln, angekommen zu sein. Die Informationsschrift des Bundeskanzleramtes zu „Auslöser und Risikofaktoren für Gewalt an Kindern" (2019) zeigt, dass die Politik gut informiert ist über die Hintergründe, die zu solchen Taten führen. Wie umfassend und wirksam ihr Handeln ist und sein wird, wird sich zeigen. Dieses Buch zeigt, dass ein an der Wirksamkeit orientiertes konsequentes Handeln zwingend gegeben ist und möchte hier unterstützend Druck entfalten. Die Corona-Pandemie mit Lockdown und ausgedehntem häuslichen Aufenthalt hat u. a. nun dazu geführt, dass über die Zunahme von Gewalt und sexuellem Missbrauch in Familien in den Medien unmissverständlich berichtet wurde. Ich hatte dies ja schon im Vorwort angesprochen mit der zeitweiligen Titelwahl des Buches, nämlich „Offensichtlich".

Umgang mit schockierenden Informationen

Die Zahl der Täter von Kindesmisshandlung und Kindesmissbrauch in der Regel in den eigenen Familien überschreitet in Deutschland eine Million Menschen, häufiger Männer. In den Familien, in denen solche Traumatisierungen stattfinden, schauen die Angehörigen weg, verdrängen, sind vielfach hilflos und abhängig.

Diese Häufung von Vernachlässigung und Gewalt gegenüber Kindern und Jugendlichen ist in der Bevölkerung bisher aus den genannten Gründen noch vielfach unbekannt und wird meistens eher ungläubig zur Kenntnis genommen. Die Reaktion ist oft: „Aber bei uns gibt es das nicht."

Wir wissen mittlerweile, dass rechnerisch in jeder Schulklasse ein bis zwei Kinder sind, die misshandelt oder missbraucht wurden oder werden. Das heißt, wir alle kennen Kinder in diesem Leid, ohne sie zu erkennen bzw. wollen es letztlich doch nicht wahrhaben. Und wir kennen insofern auch vielfach Täter, die mit diesen Kindern in den Familien zusammenleben. Aber solche Leute „möchte man auch gar nicht kennen" und man verdrängt das als Einzelner und als Gesellschaft.
Dass man sich das nicht vorstellen kann bzw. möchte, das ist vollkommen verständlich und für den eigenen emotionalen Selbstschutz auch erst einmal gut. Daher gebe ich hierzu gleich noch einige Erklärungen.

Aber das Schweigen, selbst wenn man etwas als eigenartig bzw. hinweisend erlebt, belässt die Kinder in dieser Schutzlosigkeit. Und dieses Nicht-für-möglich-Halten ist in der Gesellschaft so generalisiert, dass

Kinder, falls sie doch etwas erzählen möchten, durchschnittlich erst beim 7. Erwachsenen Gehör finden. Das heißt aber noch nicht, dass die Erwachsenen sich dann auch konsequent darum kümmern.

Generell ist Detailwissen oder detaillierte Vorstellung oder Bebilderung beim Umgang mit schockierenden Informationen, auf die man selbst keinen oder wenig Einfluss nehmen kann, nicht erforderlich und auch nicht sinnvoll. Um die Vorgänge aus der Tabuisierung und Verdrängung anhaltend herauszuholen, ist es einfach nur notwendig, Neuinformationen, die vielfach doch unbewusstes Ahnen bestätigen, zu verstehen und dann in seine bewusste Wissens-Matrix hereinzulassen und dort möglichst ohne genaue Details, Vorstellung oder Bildmaterial abzulegen. Einem konkreten Verdacht kann man auch nachgehen, wenn man keine detaillierte Vorstellung hat und dies einmal mit Fachleuten besprechen, wie man sich verhalten sollte.

An dieser Stelle sei das Buch des Trauma-Arztes Andreas Krüger „Erste Hilfe für traumatisierte Kinder“ erwähnt, das Erwachsene soweit möglich in die Lage versetzt, akute Traumatisierungen zu erkennen und den Kindern initial zu helfen. Er ist auch ärztlicher Leiter von Ankerland e. V. – www.ankerland.org –, wo man sich für ein weiteres Vorgehen beraten lassen kann.

Dieser Umgang damit ermöglicht guten persönlichen Schutz und hilft darum trotzdem der allgemeinen gesellschaftlichen Bewusstheit, die dann Lösungen finden kann.

Dies gilt für Gewalt und den sexuellen Missbrauch gegenüber Kindern ebenso wie für die vielen Kriegs- und Unfallberichte in den Nachrichten, die, insbesondere, wenn sie viel Bildmaterial enthalten, sehr bedrückend auf jeden wirken und wegen der Ohnmacht zu handeln, vielfach entmutigen. Daher braucht man die Spätnachrichten im Fernsehen eher nicht, wenn man gut schlafen möchte. Bewusst informiert sein ist aber wichtig, damit sich in der Welt etwas ändern kann. Das geht mit Radio-Informationen hirnphysiologisch besser.

Bei bedrückenden Nachrichten aus der Region dagegen kann man, da dies der eigene Lebensraum ist, oft mit anderen sprechen, handeln, Änderungen herbeiführen, also gestalten. Daher kann man mit Informationen im eigenen Lebensraum auch anders umgehen, weil man in der Regel nicht wirklich ohnmächtig ist.

In diesem Sinne bin ich auch zuversichtlich, dass viele sich ihren Mut erhalten und im Verstehen gestärkt sind, dass wir uns in unserer Gesellschaft auch um jeweils eigene innere Friedfertigkeit kümmern können mit guten Auswirkungen auf belastete Familien (s. Kapitel 4).

Annäherung an ein Verstehen von Gewalt in Familien

Der erwähnte Bericht der Aufarbeitungs-Kommission identifiziert als zentrale Ursache für sexuellen Missbrauch das Schweigen des Umfeldes, egal ob Familie oder Institution. Diese Tabuisierung liegt u. a. daran, dass andernfalls Familien- oder institutionelle Systeme auseinanderbrechen könnten und dies auch für die Opfer gerade im Kindesalter in höchstem Maße angstbesetzt ist.

Die Spitze des Eisbergs zeigt sich dabei oft erst klinisch bei den jungen Menschen in der Kinder- und Jugend-Psychiatrie/-Psychosomatik. Ich möchte jedoch bereits hier als Arzt darauf hinweisen, dass diese Aussagen nicht bedeuten, dass Vernachlässigung und Gewalt als primäre Schlechtigkeit und Gewaltbereitschaft der Eltern gesehen werden muss, vielmehr besteht bei den Eltern sehr oft große Hilflosigkeit und Überforderung schon seit der Kindheit mit Fehlentwicklung in psychosozialer Hinsicht.

Auch Täter sind in den allermeisten Fällen keine „genetischen Unholde". Missbrauchsstraftaten auf genetischer Grundlage, also sich durchsetzende pathologische Genveränderungen, ohne dass hierfür eine Interaktion mit pathologischen familiären bzw. Umwelt-Verhältnissen für das Verhalten bedeutsam ist, sind sehr selten und auch bei antisozialer Persönlichkeitsstörung und Psychopathie so nicht gegeben (siehe nachfolgenden Exkurs).

Auch sind bei sexuellem Missbrauch in der Familie und familiennaher Umgebung entgegen der allgemein verbreiteten Annahme nicht vorrangig pädophile Männer Täter (auch hierzu nachfolgend ein Exkurs). Dies scheint nur so, weil aufgedeckte pädophile und pornografische Straftaten medial detailliert und zeitlich lange präsent sind.

Aus den Biografien der erfassten Täter zeigt sich vielmehr, dass Liebesfähigkeit oder familiärer und sozialer Rahmen für liebevolle Kommunikation nicht erlangt werden konnten, auch gerade als Folge eigener Krankheit bzw. Traumatisierung. Der Kriminologe Christian Pfeiffer sagt in diesem Sinne auch sinngemäß, dass ein Kindesmissbraucher, Vergewaltiger oder Sexualmörder nicht als solcher geboren wurde, sondern durch seine Leid-Erfahrungen im engsten Umfeld in Kinderjahren dazu gemacht wird.[15] Im Zentrum steht dabei die eigene Erfahrung dauerhafter Erniedrigung durch emotionale, körperliche und sexuelle Gewalt.

Und bei vielen Kindern finden sich trotz des angetanen Leides immer noch Hinweise, meist verschüttet, dass sie ihre Eltern irgendwie lieben oder sich wünschen, sie könnten sie lieben. Zumindest tun sie das, was die Eltern wollen oder ein Elternteil will und es ist einfach klar, dass niemand darüber spricht, obwohl es alle irgendwie „wissen", Erwachsene, aber auch Geschwister. Das Kind sieht z. B. auch, dass z. B. die Mutter sich so verhält, als gäbe es das alles gar nicht oder als wäre es nichts Besonderes oder Erwähnenswertes, was der Vater mit dem Kind macht, und dieser „Realität" folgt das Kind.

Leser oder Leserinnen, die selbst Betroffene sind, empfinden möglicherweise bei diesem Kapitel Wut, so als würde ich die Täter „nur“ als Opfer aus ihren Biografien sehen und die Taten damit entschuldigen. Eine solche Reaktion ist als Betroffene/r völlig verständlich, aber ein „Entschulden“ der Täter ist nicht meine Absicht.

Ich möchte vielmehr bei den Lesern ein Verständnis fördern, wie solche Taten entstehen und was die Gesellschaft und der Einzelne tun oder lassen kann, damit Gewalt und Missbrauch in Familien und Institutionen zurückgehen. Ohne ein solches Verständnis könnten sich viele Leser eher abwenden und meinen, solche Verbrechen seien eben nur Sache der Polizei.

Und als Arzt möchte ich noch sagen, dass zur Bewältigung dieser traumatischen Taten eine Bestrafung der Täter zwar einen vorläufigen Schlussstrich für die Betroffenen zieht, eine Heilung sich aber neben spezifischer Traumatherapie immer aus einem Verzeihen ergibt. Denn Hass bindet den Hassenden immer an den Täter, von dem ja gerade die Ablösung erfolgen muss für ein wieder freies und möglichst glückliches Leben und Erleben. Dies ist für Menschen, die im inneren Verarbeitungs-Prozess stehen, oft kaum zu fassen, wird sich aber im Laufe der Bewältigung im Therapie- und Befreiungsprozess so als hilfreich und notwendend ergeben. Insofern bitte ich Sie erst einmal, mir hier zu vertrauen, damit Auswege aus den Tabus auch anhaltend offensichtlich werden und von vielen beschritten werden können. Insofern möchte ich hier zum Verständnis des Themas die Suche nach der Schuld weiter beleuchten.

Schuld

Bei der Suche nach Schuld oder Mitschuld für diese Taten findet man fast immer Vorgeschichten, z. B. generations-übergreifende Traumata (Krieg) mit familiärer Aktualisierung, übermäßig patriarchalische, gewaltbejahende Strukturen oder fragwürdige Männerbilder und ggf. auch Atmosphären der Gefahrlosigkeit für Täter (bereits in den alten Bundesländern, noch ausgeprägter in der Zeit der DDR).[16] Ich greife dieses Thema in Kapitel 4 weiter auf.

Die große Mehrheit der Missbrauchs-Täter wird als sogenannte regressive oder Ersatz-Täter eingeordnet, also meist Männer, die in partnerschaftlichen Beziehungen als beziehungsgestörte Männer mit oft ebenfalls beziehungsgestörten Frauen ihre emotionalen Ausdrucksformen und ihre Sexualität nicht oder nicht befriedigend leben können. Es besteht vielfach dann schon Gewalt und Unterdrückung zwischen den Partnern und so können Kinder, die für diese Männer durch die gewachsene Nähe besser „verfügbar" sind, als Ersatzobjekte auch sexuell missbraucht werden.

Viele dieser Männer sind selbst aus vegetativ günstigem sozialen Erleben als Kinder herausgefallen oder waren nie drin, alle Begegnungen waren und sind vegetativ im Sympathikotonus angst- und stressbefangen fixiert, tendieren also lebenslang zu eher heftigen Reaktionen für eigenes Überleben im innerlichen Empfinden im Zusammenhang mit fehlender Impulskontrolle und Selbststeuerung. Empathie und die Fähigkeit zum Lesen im Gesicht des Gegenübers, wie in Kapitel 1 beschrieben, konnten nicht wesentlich aufgebaut werden, weil es keine Zeit ohne Stress und stresserzeugende Erniedrigung in ihrem Leben gab. Insofern konnten die Leidens-Reaktionen beim Missbrauch ihrer Kinder für sie oft keine spiegelnde Wirkung zeigen.
Insofern müssen wir zum Verständnis der Thematik näher auf die bei diesen Menschen in der Regel diagnostizierte „antisoziale Persönlichkeitsstörung" bzw. auch „Psychopathie" eingehen.

Die antisoziale Persönlichkeitsstörung ist im Allgemeinen eine reaktiv pathologische Entwicklung unterschiedlicher Ausprägung bei einem Teil der Kinder, die keine Liebe bei ihren Eltern gefunden haben, oft in der Familie zusätzlich Gewalt erlebt haben und in eine Verwahrlosung gekommen sind. Dabei konnte es nicht zu einer ausreichend gesunden Hirnentwicklung kommen, wie ich in Kapitel 1 beschrieben habe, sondern einige Hirnareale blieben in ihrem Volumen verkleinert bzw. konnten keine ausreichende Aktivität entwickeln. In der Folge konnte sich keine wirksame Impulskontrolle und Selbststeuerung entwickeln, stattdessen hirnorganische Dysfunktionen im präfrontalen Kortex und der Amygdala. Dies führt in der Regel zum Fehlen von Ängsten vor eventuellen Folgen des eigenen Tuns, zu Reaktionslosigkeit auf Emotionen von anderen, fehlender Reue und Verantwortungslosigkeit.

Eine gewisse interaktive genetische Prädisposition besteht dabei öfter, allerdings wirkt sich diese Prädisposition bei liebevoller Familiendynamik kaum aus, wie wir aus der Forschung wissen, Liebe wäre bzw. ist hier also protektiv wie bei so vielen Störungen. Das ist der Grund, warum wir uns um diese Familien kümmern müssen.

Antisoziale Persönlichkeitsstörung und Psychopathie

Da die Fragestellung, ob und wie diese prädisponierende genetische Struktur zu aggressivem Verhalten führt, in der medialen Diskussion einen breiten Raum einnimmt, möchte ich hier kurz etwas näher eingehen. Ein „Krieger-Gen", das sich genetisch als aggressives und antisoziales Verhalten im Leben eines Menschen durchsetzt, gibt es nicht! Es gibt ein Gen für Varianten eines bestimmten Enzyms, der Monoaminooxidase-A, welches im Stoffwechsel von Neurotransmittern (Botenstoffen im Nervensystem und Gehirn) wie Serotonin, Dopamin und Noradrenalin bedeutsam ist. Bei einer Variante (die hochaktive) entsteht praktisch kein antisoziales Verhalten, selbst wenn die Kinder misshandelt oder missbraucht worden waren, also trotz ihres inneren Leidens. Bei der schwachen Form des Enzyms ergibt sich antisoziales Verhalten nur, wenn sie als Kinder traumatisiert, also misshandelt oder missbraucht worden waren (in 85 % der Fälle). Zum Gen mit der schwachen Variante muss hier also eine Traumatisierung stattgefunden haben, damit das Gen wirksam wird. Das nennt man interaktive Prädisposition. Der Nachweis dieses Gens allein besagt also gar nichts, aber damit wird traurigerweise im Internet doch sehr viel Geld verdient. Menschen, die dies präventiv tun und ggf. dieses Gen haben, sind dann oft sehr verunsichert und brauchen oft entlastende Beratung.

Bei Menschen, bei denen sich eine antisoziale Persönlichkeitsstörung entwickelt hat, werden Regeln und Normen mangels Vorbildern schwach oder bedeutungslos, sie übertreten dann soziale Regeln und Normen in unterschiedlichem Ausmaß und lernen auch nicht wirklich aus den Erfahrungen (daher oft Ärger mit anderen Menschen, Sanktionen, Einschreiten von Lehrern oder Polizei). Sie kommen recht oft mit dem Gesetz in Konflikt und nicht selten landen sie so auch im Gefängnis (eben häufiger als der Bevölkerungsdurchschnitt). Sie sind in der Regel impulsiv und reizbar, können Situationen leicht missverstehen und viele reagieren insofern z. B. auf Reizworte oder kleinste empfundene Provokationen schnell aggressiv, teilweise gewalttätig. Aufgrund der fehlenden Selbststeuerung haben sie auch gehäuft Rauschmittelkonsum.

Exkurs: *Hierbei gibt es auch Hinweise in der Forschung, dass bei einer antisozialen Störung auch eine Hyperaktivität des Nucleus accumbens besteht, einem zentralen Teil in unserem Belohnungssystem, das auch durch die Erwartung einer Belohnung aktiviert wird. Bei einer gesunden Hirnentwicklung steht dieser Bereich auch unter der Kontrolle des präfrontalen Cortex, der u. a. auch Handlungspläne auf Sozialverträglichkeit und Sinnhaftigkeit in thematischen und zeitlichen Kontexten prüft und ggf. begrenzt. Das ist bei nicht gelungener Selbststeuerung, wie in der antisozialen Störung anders, die Dopaminausschüttung ist weniger unter Kontrolle und wirkt auch bei Suchtstoffen und vermutlich auch rücksichtslosem Verhalten, das Befriedigung bringt. Da der Nucleus accumbens in alle Lernvorgänge eingebunden ist, „lernt" jemand mit einer antisozialen Persönlichkeitsstörung eben u. a. auch, dass bei Rauschmitteln und z. B. rücksichtslosem, ggf. sogar missbrauchendem Verhalten eine besonders starke Ausschüttung von Dopamin stattfindet und angenehme Gefühle auslöst.* **Exkursende.**

Auf Grund der bei vielen ausgeprägten Impulskontrollstörung und bei fehlender Verbindlichkeit von Regeln sind die Taten meist nicht geplant, sondern spontane Reaktionen. Aufgrund ihrer Rücksichtslosigkeit und Bindungsstörung sind sie zu längeren verbindlichen Beziehungen oft nicht in der Lage, sofern sie den Partner nicht von sich abhängig machen können.
Lügen und Manipulieren findet teilweise in extremer Weise statt. Das kann dazu führen, dass sie andere Menschen ausnutzen, kontrollieren und von sich abhängig machen. Aufgrund der Dysfunktionen im Gehirn empfinden sie meist keine Reue, gelten als herzlos, sie kennen in der Regel keine Schuldgefühle, kein Verantwortungsbewusstsein, haben bewusst keinen Leidensdruck, eher übersteigertes Selbstvertrauen und Machtgefühle aufgrund fehlender Sanktionsangst oder Angst vor Folgen ihres Verhaltens.
Diese Störung des Sozialverhaltens ist in der Regel die Folge der Hirnentwicklung unter pathologischen Familienverhältnissen, sehr häufig mit Gewalterfahrung und sexuellem Missbrauch. Kommen kleine Kinder unter drei Jahren mit solchen traumatischen Erlebnissen zu liebevollen Adoptiveltern oder haben das Glück, zu empathiefähigen Tagesmüttern oder Kitas hoher Qualität zu kommen, bildet sich eine antisoziale Persönlichkeitsstörung mit großer Sicherheit nicht aus. Allerdings haben zu wenige Kinder dieses Glück.
Die Ausbildung der antisozialen Persönlichkeitsstörung hat als neurobiologisches Korrelat eben Verminderungen des Volumens verschiedener Hirnareale bzw. veränderte Stoffwechselaktivitäten dort. Davon sind auch Regionen betroffen, die für das Empfinden von Mitgefühl wichtig sind.
Eine antisoziale Persönlichkeitsstörung ist als pathologische Folgestörung der Hirnentwicklung nicht unerwartet recht hoch in Deutschland, Studien gehen von zwei bis drei Millionen Menschen aus. Allerdings werden natürlich nicht all diese Menschen auffällig oder delinquent, diese Störung existiert in unterschiedlicher Ausprägung. Diese Menschen finden sich z. B. auch häufig als jähzornige Nachbarn, schnell und willkürlich in ihren Familien schlagende Väter und Mütter, rüpelhafte Menschen in der Öffentlichkeit usw., aber auch als zurückgezogene, unauffällige Menschen.

Gerade bei der körperlichen Gewalt gegen Kinder und sexuellem Missbrauch gibt es eine recht große Zahl von Tätern und Täterinnen mit antisozialer Persönlichkeitsstörung. Und es wird deutlich, dass diese Kinder in ihren Familien Unterstützung brauchen, um sie vor solcher Fehlentwicklung, wie wir es bei den Tätern sehen, möglichst zu bewahren.
Einige dieser Menschen mit antisozialer Persönlichkeitsstörung können bei hoher intellektueller Begabung auch Karrieren machen, Firmen und Institutionen leiten, als geistreich und charmant imponieren, sich dabei aufgrund fehlender Sanktionsangst oder Angst vor Folgen ihres Agierens ohne Rücksicht auf Verluste mit Berechnung und Machtstreben durchsetzen. Sie sind selbst ohne großes emotionales Empfinden, können aber bei anderen wahrgenommene Gefühlsregungen oft gut imitieren und fallen insofern nicht immer als antisozial auf.
Auffällig ist allerdings, dass diese Angstfreiheit von anderen Menschen vielfach bewundert wird und die dazugehörige Rücksichtslosigkeit eher als Durchsetzungsfähigkeit aufgefasst wird. Da diese Menschen weder durch Ängste noch durch Emotionen oder Urteile anderer Menschen über sie beeinträchtigt sind, schaffen es einige gesellschaftlich leicht nach oben, weil sie, ohne Skrupel zu empfinden, andere unterdrücken oder „beseitigen" können, entsprechen also dem bisher vielfach noch von der Wirtschaft geforderten konkurrenzbetonten Ellenbogen-Profil von Firmenbossen oder auch politischen Führungsfiguren, ja sie gelten ggf. sogar als Businesshelden oder „harte Hunde", die man eben für Wirtschaftserfolge „braucht". Massenentlassungen bereiten ihnen keine schlaflosen Nächte.
Diese sozial sehr erfolgreichen und aufgrund ihrer Erfolge oft angesehenen Menschen finden sich dabei häufig in einer abgrenzbaren Gruppe der antisozialen Persönlichkeiten (etwa ein Fünftel), den sogenannten Psychopathen. Dabei entsprechen diese viel seltener als im Volksempfinden erwartet dem Serienkiller, wie er vor allem in Romanen und Filmen, aber auch tatsächlich als Kriminalfall vorkommt. Eine gesellschaftliche Verfasstheit, in der psychopathisches Verhalten bewundert und insofern unterstützt wird, zeigt auch einen wichtigen Anhaltspunkt für notwendige Veränderungen.

Psychopathie

Bei Psychopathen finden sich viele Merkmale der antisozialen Persönlichkeitsstörung, aber auch deutliche Unterschiede, z. B. die Komorbidität mit der narzisstischen oder Borderline-Persönlichkeitsstörung. Sie können im Unterschied auch ihr Tun oder ggf. auch ihre Taten statt spontan und impulsiv sehr genau und perfektionistisch vorausplanen und lernen, trotz ihrer Unfähigkeit, Emotionen selbst tiefer gehend zu empfinden, diese in ihrem Ausdruck genau zu imitieren, sodass sie vielfach als psychisch normal gelten und nur durch ihre Erfolge auffallen. Woher diese offensichtlich antrainierte Impulskontrolle und Planungsfähigkeit trotz der nachgewiesenen Dysfunktionen im Gehirn kommt, ist noch unklar.

So können Psychopathen Firmenbosse, Präsidenten, Wirtschaftskriminelle oder auch Hochstapler sein und dabei in der Öffentlichkeit als ehrenhaft gelten. Einige Fachleute gehen sogar so weit, dass sie öffentlich fragen, wo würde z. B. Deutschland wirtschaftlich stehen, wenn es keine Psychopathen gäbe. Ein zumindest etwas psychopathisches Profil bei unseren gesellschaftlichen Lenkern würde einfach gebraucht, andere „normale" Menschen würden das gar nicht durchhalten mit ihrem Gewissen, ihren Skrupeln und Ängsten. Über Implikationen einer solchen Einstellung im Wirtschaftsleben soll es u. a. auch in Kapitel 4 gehen.

Einige Experten halten die Psychopathie für eine genetisch bedingte Krankheit. Ein Nachweis hierfür ist nicht erbracht worden. Die interaktiv genetische Disposition, wie bei der antisozialen Persönlichkeitsstörung gezeigt, kommt dafür nicht infrage. Allerdings zeigen viele Biografien, dass Psychopathen ebenfalls in den ersten Lebensjahren einen Mangel an Liebe und Zuwendung hatten mit den bekannten hirnphysiologischen Folgen und gehäuft narzisstischer Persönlichkeitsstörung, die ja u. a. als sogenannte frühe Störung der familiären Kindheitsentwicklung gilt. Diese Komorbidität bewirkt aber vermutlich die oft pathologischen Größenfantasien, die dazugehörige massive Erniedrigung und Unterdrückung von auch nahen Personen des Umfelds und die bei der Machtausübung ggf. in Kauf genommene und als belanglos oder Kollateralschaden eingestufte, kaltblütige Zerstörung von Strukturen, einzelnen Menschen und

Menschengruppen, Tieren und Umwelt um des persönlichen, finanziellen oder lustbasierten Vorteils und Gewinns willen. Auch dies findet natürlich in unterschiedlicher individueller Ausprägung bei Personen statt, die als Psychopathen diagnostiziert werden. Insofern dürfte auch hierfür ein familiär bedingter pathologischer Entwicklungsweg eine zentrale Rolle spielen.

Die Gefahr bei der Psychopathie ist allerdings, insbesondere bei Männern, dass sie in Verfolgung ihrer Ideen dabei in konkrete Realitätsverluste kommen, scheitern und viele Menschen mit ins Verderben ziehen können. Ian Robertson hat in seinem Buch „Macht" hierzu einige sehr gut nachvollziehbare Beispiele beschrieben. Wir kommen in Kapitel 4 noch darauf zurück. Vermutlich wird man Gewalt in Familien nicht gänzlich verhindern können, aber es spricht viel dafür, dass wir in eine deutlich friedfertigere Phase eintreten und dabei viele Menschen aus diesen Belastungen herausholen und mitnehmen können.

Wir müssen hier also die Kinder schützen, Tätern soweit möglich helfen, anders in ihr weiteres Leben zu kommen mit Therapie und sinnhaftem „Straf"vollzug, aber insbesondere durch Entwicklung unserer Gesellschaft ermöglichen, dass Menschen gar nicht erst zu Tätern werden. Wie Enttabuisierung und Hilfe bei dem Ausstieg aus der Generationen-Belastung von Familien hier Verbesserungen für diese Familien und ihre Kinder schaffen können, schauen wir uns in den Kapiteln 4 und 5 an.

Pädophilie und Kinderpornografie

Sexueller Missbrauch wird in der Bevölkerung oft mit Pädophilie und Kinderpornografie in Zusammenhang gebracht. Wie schon erwähnt, sind es viel häufiger nicht pädophile Ersatz-Täter in der Familie oder familiennahem Umfeld, die ihre Erwachsenen-Sexualität nicht selbstreguliert leben können, die sexuellen Missbrauch begehen. Insofern gilt es hier, die Pädophilie aus ärztlicher Sicht differenzierter zu betrachten.

Pädophilie

Pädophilie ist eine krankhafte psychische Störung fast ausschließlich von Männern, bei denen die sexuelle Präferenz, also die sexuelle Erregung, vorwiegend von kindlichen Körpern vor der Pubertät ausgeht. Sie haben entsprechende Vorstellungen mit Kindern in der Fantasie oder durch bildhaftes Material, die in der konkreten Begegnung mit Kindern weiter angeregt werden kann.

Forscher nehmen als Ursache spezielle Bindungsstörungen an, Hirnstudien geben allerdings auch Hinweise darauf, dass im Gehirn das Paarungssystem, möglicherweise auch das sogenannte Brutpflegesystem gestört ist. Hinweise darauf, dass Pädophilie eine genetische Störung sei, fanden sich bisher nicht bzw. blieben unklar.

Pädophile leiden stark, weil sie ihre Sexualität nicht leben können und sie ihre Neigung verstecken müssen, weil die Gesellschaft Pädophile fast automatisch als Straftäter begreift und verurteilt. Dies ist aber so nicht richtig. Nicht jeder Pädophile begeht Kindesmissbrauch oder konsumiert kinderpornografische Bilder, und nicht jeder, der sich an Kindern vergeht, ist pädophil, hat aber möglicherweise trotzdem solche Bilder konsumiert. Pädophile finden oft keine Partnerschaften, da sie durch sexuelle Reize von Erwachsenen nicht stimuliert werden. Problematisch wird es insofern für sie meist, wenn sie sich sozial völlig isolieren. Dann steigt die Gefahr, dass sie Täter werden. Einigen dieser Taten gehen dann auch lange Planungen voraus, wie sie an Frauen mit Kindern bzw. an Kinder herankommen.

Unter anderem das Präventionsnetzwerk „Kein Täter werden“[17] versucht nun richtigerweise durch niedrigschwellige und ggf. anonyme Beratungsangebote Stigmatisierung und soziale Isolation zu verhindern und auch über Therapien zu informieren, deren Behandlungsziel eine sichere Verhaltens-Kontrolle ist. In schweren Fällen gibt es auch medikamentöse Therapien, in die einige aus ihrem immensen Leidensdruck einwilligen.

Aber es ist nicht sehr bekannt, dass in Studien sexuelle Fantasien mit Kindern bei etwa 4,4 % der männlichen Normal-Bevölkerung (etwa 1,5 Millionen Männer) erfasst werden, wobei die Anzahl der Pädophilen in Deutsch-

land unter Beachtung der Dunkelziffer seitens der Forschung unter 250.000 Männern liegt. Möglicherweise liegt die Zahl auch weit darunter, das „Mikado"-Projekt der Universität Regensburg nimmt die Häufigkeit von Pädophilie mit 1:1000 in der männlichen Bevölkerung an.[18]
Die meisten Missbrauchsstraftaten in der Familie werden wie erwähnt also insbesondere von sogenannten regressiven Tätern begangen (pädophile Männer leben eben seltener in familiärem Zusammenhang), auch im familiennahen Umfeld und in Institutionen finden sich als Täter nichtpädophile Männer häufiger als pädophile Männer.

Dies gilt übrigens auch für sexuellen Missbrauch in der katholischen Kirche. Die Täter dort sind in der großen Mehrzahl medizinisch-diagnostisch nicht als pädophil einzuordnen. Aber ein Pflichtzölibat fordert sicherlich eine hohe Selbstregulierungsfähigkeit, die vermutlich nicht immer vorhanden war beim Eintritt in die Priester-Laufbahn und ist möglicherweise eher hinderlich als förderlich auf dem kirchlich angedachten Weg zu Gott.

Die Freiheit, ein Zölibat selbst zu wählen, wäre wohl angemessener, hier diskutiert die katholische Kirche ja aktuell intensiv durch die Forderungen besonders der südamerikanischen Kirchen. Diese Diskussion ist nun ja vorläufig durch das kürzlich erfolgte Papst-Votum zum Leidwesen vieler Gläubiger beendet worden. Aber das Zölibat ist sicherlich nicht alleinverantwortlich, denn wir sehen ja Missbrauchsfälle auch in protestantischen Institutionen.

Kinderpornografie

Herunterladen, Besitz und Verbreitung von Kinderpornografie sind Straftaten, weil dieser Konsum kinderpornografische Straftaten und die Anfertigung solchen Bild-Materials fördert und insofern konkret an dem schlimmen Schicksal der kindlichen Opfer beteiligt ist.
Solche Taten gibt es auch selten im familiären Rahmen, indem Eltern ihre

eigenen Kinder bzw. Stiefkinder sexuell missbrauchen und dies abbilden. Es gibt dabei auch Bildmaterial-Tauschringe von Gleichgesinnten bis hin zu gemeinsamen Taten, wie es offensichtlich von der Kriminalpolizei im Falle der Taten in Lüdge, Bergisch-Gladbach und Münster aktuell aufgedeckt worden ist. Diese oft unfassbaren Taten nehmen in der öffentlichen Berichterstattung einen größeren Raum ein, obwohl wie erwähnt Missbrauch in Familien und familiennahem Umfeld meist durch die sogenannten regressiven Täter stattfindet.

Viel häufiger aber wird kinderpornografisches Material in kriminellen, oft pädophilen Szenen durch sexuellen Missbrauch von Kindern angefertigt als lukrative kriminelle Einnahmequelle. Vieles davon kursiert im sogenannten Darknet, in dem die Nachverfolgung der Quellen und Tathergänge oft verschleiert bleiben. Das Darknet zu durchdringen ist aktuell zunehmend eine große Aufgabe der Kriminalbehörden.

Wichtig ist noch einmal festzuhalten, dass kinderpornografisches Bildmaterial häufig auch von Nichtpädophilen benutzt wird, was die Tragweite des Problems ausweitet.

3.2.4 Hintergründe zu Vernachlässigung und Gewalt

Beispiele:

Vernachlässigung und Gewalt gegenüber Kindern mit Behinderung einer gesunden Hirnentwicklung kann viele Gründe haben:

- *Eigene Traumata der Eltern in ihrer Kindheit, z. B. Gewalterfahrung*
- *Vererbte Traumata in Familien, z. B. Kriegskinder / Kriegsenkel (Bode)*[19]
- *Sozialer Abstieg bzw. soziale Chancenlosigkeit*
- *Frühstörungen der elterlichen Persönlichkeit wie Borderline-, narzisstische Störung und andere*
- *Kulturelle Einstellungen zu z. B. Erziehungsstilen (Sorge um Verwöhnung der Kinder im ersten Lebensjahr (z. B. durch Stillen) bzw. die Idee der frühen „Abhärtung“ oder Ansprüche auf frühe Selbstständigkeit mit der Folge traumatischer Frustration)*

- *Verhaltens- und Erziehungsvorschriften in bzw. aus der NS-Zeit (das Mütterbuch der NS-Zeit „Die deutsche Mutter und ihr erstes Kind“ von Johanna Haarer (1934) wurde nach späterer Überarbeitung und Bereinigung von einigen NS-Inhalten noch bis 1987 verlegt!)*
- *Sehr frühe Fremdbetreuung ohne Möglichkeit zur dyadischen Kommunikation (z. B. geringer Personalschlüssel, häufig wechselnde Betreuerinnen, fehlende Empathie)*
- *Krankheiten der Eltern oder Fehlen eines Elternteils*
- *Helikopter-Eltern, die ihre Kinder für die eigene innere Not, fehlende Balance (der Eltern) „fördern, designen, pushen“ und überwachen*
- *Schwere Partnerschaftskonflikte, häufig mit Auswirkungen auf die Sexualität*
- *Seltene genetische Dispositionen in Verschränkung mit Umwelten*
- *Alkohol und Drogen erschweren oft die Problematik massiv und es kommt eher zu Enthemmungen*
- *Medikamentöse Behandlungen mit Antidepressiva bzw. Tranquilizern der Eltern, dadurch Vernachlässigung möglich.*

Sie sehen, es gibt hier nicht nur die „eine“ Ursache und wir brauchen insofern auch eine Entwicklung in der Gesellschaft, die dies alles berücksichtigt und nicht einfach zur Tagesordnung übergeht (Kapitel 4). Erwähnt werden muss auch, dass ältere Jugendliche selbst sexuellen Missbrauch an Jüngeren begehen, dabei vielfach selbst Opfer sexuellen Missbrauchs waren.

Das Problem und die Gefahr für Kinder und Jugendliche von Online-Kontakten mit sexuellem Hintergrund erörtere ich nachfolgend.

An dieser Stelle muss aber, wie ich schon angekündigt habe, noch allgemein etwas zum Körperkontakt gesagt werden:

Exkurs
Körperkontakt in Familien und Institutionen

Intensiver liebevoller Körperkontakt ist zu Beginn des Lebens für viele Organfunktionen unerlässlich und auch im späteren Leben als Erwachsener bedeutsam, z. B. für die Stärkung des Immunsystems, die Senkung des Stresslevels usw., aber ganz zentral als Liebeserfahrung.

Körperkontakt von Eltern mit ihren Kindern ist insofern integraler Bestandteil ihrer Liebe. Viele Kinder erleben hier eher einen Mangel, ein hochbedeutsames Thema in Familientherapien.

Insbesondere kleine Kinder brauchen diese liebevolle Körperlichkeit (tragen, im Arm halten, kuscheln, Baby-Massagen, auch mit den Geschwistern rangeln und balgen), Urvertrauen gründet auch darauf. Und auch ältere Kinder möchten von ihren Eltern meist immer weiter gerne in den Arm genommen werden, was beste Auswirkungen hat, wenn die Beziehungen in der Familie stimmen.

Es ist also sehr wichtig, missbräuchliche sexuelle Handlungen mit Kindern von gutem und wichtigem liebevollen Körperkontakt der Eltern mit ihren Kindern und der nahen und erwünschten Verwandten, z. B. Großeltern oder Lieblings-Tante oder -Onkel in altersgemäßer Ausprägung zu unterscheiden. Dies gilt in gebotener Zurückhaltung auch für Lehrer und Trainer, z. B. in den Arm nehmen zum Trost bei Misserfolg bzw. Mobbing. Es ist sehr oft notwendig und hilfreich, im Übrigen auch eine normale menschliche Verhaltensweise.

Wenn diese Menschen, die in guter Selbststeuerung mit funktionierender Impulskontrolle leben, passenden Körperkontakt mit den Kindern haben, ist dies für Kinder Segen und Labsal, wenn sie den Körperkontakt wollen. Andernfalls sind diese Erwachsenen sensibel genug, auch kleine Signale für gewollten Abstand des Kindes wahrzunehmen.

Die Einschränkung liegt dabei immer dort, wo Menschen ihre Impulse nicht wirklich gut händeln können und den Körperkontakt für ihre sexuellen Bedürfnisse bzw. ihre Selbstwertbalance brauchen. Solche Körperkontakte brauchen meist zurückgezogene Räume, wo das Ausnutzen von Abhängigkeit auch z. B. durch sexuell motivierte Berührungen nicht gesehen wird. Die Notwendigkeit des Schweigens darüber wird den Kindern dann schon durch Angstmachen und Drohungen oft zusammen mit Anerkennung und Vorteilsangeboten klargemacht.

In der Familie braucht es Kommunikation untereinander, denn wenn nicht mehr gesprochen wird, auch die direkte Ansprache fehlt, können Kinder auch „durch die Blume" nichts mehr mitteilen. In Institutionen ist Gemeinsamkeit wichtig, für Vereinzelung mit einem Lehrer, Trainer oder Geistlichen in gesonderten Räumen gibt es nur selten Gründe. In diesem Falle sollte der Erwachsene dieses Gespräch auch einer weiteren Person mitteilen bzw. ankündigen. Ein Abschließen der Tür bei einem solchen Gespräch sollte als schriftliche institutionelle Forderung und Verpflichtung für alle Mitarbeiter grundsätzlich untersagt sein. Einzelne Kinder sollten ohne klare und nachvollziehbare Gründe nicht nach Hause einbestellt werden. Eltern können dies mit ihren Kindern auch so besprechen, also dass sie Einzelgespräche in verschlossenen Räumen oder im fremden Zuhause mit ihnen bekannten Erwachsenen aus den Institutionen nicht erlauben und dies auf Elternabenden und Treffen ansprechen, wenn sie davon Kenntnis erhalten.

Andererseits muss man sehr darauf achten und vielleicht wieder lernen, dass man liebevollen Körperkontakt als solchen erkennt und nicht gleich als missbräuchlich ansieht. Einem Verdacht, der sich immer wieder zu bestätigen scheint, soll man nachgehen, aber durch falsche Vorverurteilungen können Menschen in fatale Lagen gebracht werden. Solche Differenzierung wird aber im Rahmen einer Entwicklung zu einer wieder menschlicheren, empathischen Gesellschaft einfacher werden.

Über das fragwürdige Thema des „Original Play“, einer Methode, bei der u. a. erwachsene Männer mit Kindern in Kitas und Kindergärten körperlich rangeln, spreche ich gleich (unter Frühbetreuung).

Täter als Opfer

Bei Gewalt gegenüber Kindern sind also die Eltern oft selbst Opfer von Gewalt in der Kindheit gewesen. Diese Generationen-Übertragung findet sich oft in den Anamnesen späterer Täter und geht häufig bis auf den Krieg (2. Weltkrieg) zurück.

Der Fokus der Gesellschaft liegt sehr verständlich und im Einvernehmen mit dem Volksempfinden heute erst einmal auf der Entfernung der Täter aus dem Sozialraum und Bestrafung der Täter, die Gewalt in Familien anwenden (ein Exkurs über Täterbestrafung findet sich in Kapitel 4).

Es ist aber ein hohes gesellschaftliches Ziel, gerade diese Familien aus solchem traumatischen und generationen-übergreifenden Kreislauf therapeutisch und gesellschafts-politisch kontinuierlich herauszuführen. Im Mittelpunkt der aktuellen Regierung steht dieses Ziel allerdings noch nicht, hier soll vielmehr mit Blick auf die politisch rechten Szenen Härte demonstriert werden. Dies wird sich aber mit der notwendigen Wandlung der Gesellschaft zu menschlicheren Grundlagen ändern.

Wenn man dies sagt, empfinden viele vielleicht Hilflosigkeit und wissen nicht, dass sie selbst zu einer Umkehr in der Gesellschaft beitragen können.

Daher gilt es erst einmal, diesen Satz umzudrehen und zu sagen, dass doch die meisten Kinder (das sind etwa sieben Millionen Kinder und Jugendliche) sicher bzw. einigermaßen sicher aufwachsen und wir uns um dieses hohe Ziel für die anderen Kinder kümmern können.

Aber was kann der Einzelne tun? Dies schauen wir uns in Kapitel 4 und 5 intensiv weiter an. Hier sei bereits gesagt, dass sich jeder Einzelne auch um seine innere Verfassung kümmern und insbesondere schauen kann, inwieweit auch er/sie frei von Hass, Vorurteilen, Verurteilen und Intoleranz ist. Diese Innenschau von vielen Einzelnen hat eine humanisierende Wirkung im gesellschaftlichen Dialog und ist wichtig für eine „neue gesellschaftliche Erzählung“, die friedfertiger sein wird (Kapitel 4).

3.3 Der digitale Verrat – Digitalisierung ohne Schutz der Kinder

3.3.1 Internet und soziale Netze

Das Internet und die sozialen Netze bieten für einen souveränen Nutzer interessante Möglichkeiten, seinen/ihren Alltag anzureichern. Die Nutzung ist aber als hilfreich immer im dann schon vorher zufriedenstellenden und gut und gewollt herausfordernden Alltag zu definieren, wird zeitlich nicht überdehnt, ist in keiner Weise von Angst geprägt, etwas zu verpassen oder „Glück“ an Land zu ziehen, zu wollen oder schon zu müssen, und die Kommunikation wird ggf. beendet, wenn sie als nicht dienlich oder abartig empfunden wird.

Dies setzt eine souveräne Mediennutzung voraus, die ihre Basis in gut entwickelter Selbststeuerung hat. Erwachsene, auf die dies zutrifft, und Unternehmen, die auf gesunden Umgang mit digitalen Prozessen bei ihren Mitarbeitern achten, haben viele Chancen Interessen, Erfolge und Freude in diesem neuen Reich der „ungeahnten Möglichkeiten“ zu erfahren und weiter zu gestalten.

Darüber schreibe ich hier nicht, gehe in Kapitel 5 auf Gestaltung einzelner Themenbereiche der digitalen Welt ein und verweise konkret auf spannende Literatur hierzu. Auch der Bereich des Gamings und der Motivierung durch Gamifications-Prozesse soll zur Sprache kommen (Kapitel 5).

Ich gehe an dieser Stelle also nicht näher auf die bereichernden Möglichkeiten ein, die die Digitalisierung bietet, deren Auswahl und Nutzung sowieso jeder für sich entscheiden muss.

Mir geht es hier vielmehr um die konkreten Alltagserfahrungen, die wir brauchen, um eine analog/digitale Balance leben zu können, gerade als Eltern mit unseren Kindern. Dazu gehört aber auch, sich die Gefahren und im Netz festhaltenden Situationen anzuschauen, um souverän in diesem Online-Sog in guter Standfestigkeit zu agieren und um einer positiven Haltung zum digitalen Technologiefortschritt einen klaren Boden zu geben.

Fehlt diese Souveränität, überwiegt eben leicht das Verführerische, das Versprechen auf Glück und die sofortige Befriedigung von Wünschen online – durchaus ohne Rücksicht auf Verluste, auch nicht auf eigene.

Woran liegt es, dass souveräne Mediennutzung so schwierig ist?
Die Ursachen sind vielfältig: Erschöpfung, Sinnverlust, Vererbung von Traumata bis in die Kriegsenkel-Generation, Rückgang konkreter sozialer Netze (Familie, Freunde, Nachbarschafts-Kontakte, Vereine, Gemeindeaktivitäten), Beschleunigung gesellschaftlicher Prozesse ohne suffiziente Pausen, generell Attraktivitätsverlust der Realität bei zunehmender Unfähigkeit im Alltag, Glück zu finden und zu empfinden.

Dabei gerät auch vorhandene Selbststeuerung leicht außer Balance. Aber wo sie gar nicht funktionstüchtig bestanden hat, potenziert sich das Problem.

Soziale Nötigung in sozialen Medien, Normierungsdruck, die „Gefahr“ des Verpassens und Vergessen-/Verlassen-Werdens bewirken bei vielen einen Zwang zur Teilnahme und Akzeptanz dieser Standards einer digitalen Welt/Cyberspace.

Eltern in dieser Verfassung sind für eine Förderung gesunder Hirnentwicklung ihrer Kinder leider nicht wirklich in der Lage. Und es lauern überall Fallen, Versprechungen und Lügen, die man erkennen und für die eigene Sicherheit und Standfestigkeit sinnvollerweise gemeinsam mit Freunden diskutieren sollte. Denn weil diese Aussagen nicht sichtbar sind, sondern mittlerweile unausgesprochen als „normal" gelten, werden sie von unserer psychischen Abwehr nicht deutlich erkannt. Dies ist wie bei Autoimmunprozessen, wo eigen und fremd vom Immunsystem nicht mehr deutlich unterschieden werden kann.

Der permanenten konsumptiven Verführung, dem digitalen Narrativ vom großen Glück durch sofortige Befriedigung ohne Aufschub, sind viele Menschen (und eben zunehmend Kinder) aufgrund vielfach fehlender Selbststeuerung schutzlos ausgeliefert. Aber auch Menschen mit guter Selbststeuerung erleben zumindest den Sog digitaler Medien und halten daher meist Balance durch eigene, regelmäßige Lebenspflege.

Die implizite Normierung in der Erzählung und dem Versprechen der digitalen Welt:

- *Du bist nicht optimal*
- *Du musst dich optimieren*
- *Die Digitalisierung hilft dir dabei (Apps)*
- *Du willst dich optimieren, weißt es nur noch nicht*
- *Die Realität bietet nur eng begrenzte Erlebnismöglichkeiten*
- *Social-Media und virtuell reality bieten dir die große Freiheit des Erlebens*
- *Du kannst alles, aber nur mit digitaler Unterstützung*
- *Ohne digitale Unterstützung bist du ein Nichts*
- *Die Digitalisierung des Lebens bringt Freiheit, Effizienz, finanziellen Spielraum*
- *Digital bist du nie allein*
- *Digital steht dir immer Hilfe zur Verfügung, z. B. durch Siri, Alexa und andere*

- *Digital lernst du schneller und, wenn du willst, alles*
- *Digital ist alles einfach so praktisch*
- *Digital bist du schöner und jünger*
- *Digital alterst du nicht und erschlaffst du nicht*
- *Der Mensch kann sich leicht an die digitale Welt anpassen*
- *Wirkliches Glück ist digital und nur digital nicht vergänglich*
- *Digital hast du dein Lebensglück in der Hand und zwar immer sofort*
- *Die Digitalisierung wird das Leid aus der Welt verbannen*
- *Digital ist gerecht, alle können daran teilnehmen und gestalten*
- *Du musst nur tun, was du musst, um dazuzugehören*
- *Nimm alles wahr, was sich dir anbietet*
- *Alle Menschen werden in der Digitalisierung glücklich ohne Politik*
- *Bleib online und immer verortet für dein Glück*

Dieses implizite Versprechen funktioniert auch erst einmal, d. h., selbst wenn es oberflächlich ist, wird bei der Mediennutzung meist entsprechend der Erwartung im Gehirn der Neurotransmitter Dopamin ausgeschüttet, was zunächst zufrieden macht. Und wenn man denkt, ein vernünftiger Mensch wird darauf nicht hereinfallen, so stimmt es leider nicht. Vernunft macht Implikationen nicht unwirksam, man muss sie sich immer wieder aktiv bewusst machen.

Wenn der Alltag nicht wirklich glücklich macht und Glücksempfindungen durch Beziehungen und sinnlich intensive Erlebnisse schwer erreichbar sind oder nicht erreichbar scheinen, wird die Dopamin-Ausschüttung im analogen Alltag ja weniger und der Alltag grauer.

Dann wird die Dopamin-Ausschüttung aber durch Internet und Netzaktivitäten erst einmal wieder häufiger und bunter, dabei vordergründig „verlässlicher", hürdenfreier und schneller und wird so erst zur Gewohnheit und schließlich immer weiter zum Verlangen. Damit ist man aber verstrickt, macht sich abhängig, wird unvorsichtiger und setzt sich zwangsläufig auch Gefahren aus. Gefahren gesundheitlicher Art als auch inhaltlicher/systemischer Gefahren, die wir nun besprechen wollen.

3.3.2 Gefahren online

Eine aktuelle Bilanz zur Lage der Medienerfahrungen der 2–13-Jährigen liefert die BLIKK-Medien-Studie unter der Schirmherrschaft der Drogenbeauftragten der Bundesregierung, die jüngst in Berlin vorgestellt wurde.[20] Dort wird festgestellt, dass 90 % der Kinder und Jugendlichen digitale Medien unkontrolliert von den Eltern nutzen. Sie sind dabei dann ganz allein z. B. mit sozialer Nötigung in Bezug auf Teilnahme am Social-Media-Leben und dem zunehmenden Gefühl, etwas zu verpassen, was dann zwangs- bzw. suchtartigen Gebrauch von Social-Media-Anwendungen nach sich ziehen kann. Deshalb lautet die Empfehlung der Kinderärzte und Drogenbeauftragten an die Eltern, ein eigenes internetfähiges Handy für ihre Kinder erst ab dem Alter von zwölf Jahren zu erlauben.

Die Realität sieht bereits ganz anders aus:
2017 hatten 6 % der 6–7-Jährigen, 18 % der 8–9-Jährigen und schon 67 % der 10–11-Jährigen ein eigenes Handy, danach gehen die Zahlen schnell auf über 90 %. Schon jedes zweite Kind zwischen sechs und sieben Jahren nutzt aber bereits ab und zu ein Smartphone. 88 % der 10–18-Jährigen streamen Musik, fast ebenso viele schauen Videos. 78 % machen selber Fotos und Videos, 61 % bewegen sich in sozialen Netzwerken, insbesondere WhatsApp und Instagram. Facebook und Twitter folgen erst bei den älteren Jugendlichen. Die Zahlen variieren zwar etwas je nach Untersuchung und Jahreszahl, sind aber im Kern ähnlich und ansteigend.
In einer Befragung gaben die Jugendlichen der Altersgruppe zwischen 10 und 18 Jahren mehrheitlich an, dass sie sich ein Leben ohne Handy nicht mehr vorstellen können.

Dazu äußert sich Achim Berg, der Präsident des Digitalverbandes Bitkom 2018 in der Weise, dass er ein Recht auf digitale Teilhabe ableitet, und sagt damit, dass die Nutzung von Smartphones für Kinder nicht begrenzt werden sollte, als Interessenvertreter für digitalen Konsum ein nicht unerwartetes Statement.[21] Interessehalber: Die Direktmitglieder im Bitkom-Industrieverband erwirtschaften knapp 200 Milliarden Euro in der digitalen Welt, 2017 wurde Bitkom der Negativ-Preis „Big Brother Award" in der Kategorie Wirtschaft verliehen.

Immerhin weist Berg darauf hin, dass Eltern ihre Kinder auf dem Weg in die digitale Welt aufmerksam begleiten sollten, allerdings nur ein Lippenbekenntnis angesichts der Erkenntnisse der BLIKK-Studie, dass 90 % der Kinder bis 13 Jahre Handys unbeaufsichtigt nutzen. Hierauf komme ich in Kapitel 4 zurück. Und hier setzen viele Probleme an, denen gegenüber sich viele Kinder hilflos ausgesetzt fühlen. Sie können die Folgen ihrer Handlungen nicht abschätzen und die erreichbaren Inhalte vielfach nicht verarbeiten.

Empfehlungen der Kinder- und Jugendärzte für Eltern zum achtsamen Bildschirmmediengebrauch:
„Neben den Chancen der Mediennutzung nehmen Kinder- und Jugendärzte und -ärztinnen auch die Schattenseiten dieser Entwicklung wahr: Sie sehen zunehmend Auswirkungen auf die Gesundheit der Kinder, die sich beispielsweise nicht mehr konzentrieren können oder unter Schlafstörungen leiden. Spielen mit realen Dingen, Sprechen, Lesen, Künstlerisches, Bewegung im Freien, Schlafen und Schule werden häufig vernachlässigt. Die für die Förderung von Kreativität wichtige Langeweile und Ruhe kommen oft zu kurz. **Zudem bedeutet technische Versiertheit keine Medienkompetenz** (Hervorhebung durch den Autor). Wie man mit den Medien sinnvoll umgeht, sodass sie den Einzelnen nicht beherrschen, sondern Spaß machen und die reale Welt ergänzen, wissen Kinder meist nicht" (BLIKK-Studie 2017).

3.3.3 Cybermobbing und andere Gefahren

Dies gilt für die Jugendlichen noch genauso. Hier kommt es z. B. auch zunehmend zum Cybermobbing, häufig nach Versendung von intimen Details, u. a. auch Nacktfotos aus oder für erste Liebschaften durch Weiterleitung an hunderte Follower, die auch die Umgebung des/der Gemobbten darstellt. Die Täter/Täterinnen sind dabei immer öfter Gleichaltrige. Aktuell erlebt etwa jeder sechste Jugendliche (etwa zwei Mill. Jugendliche) irgendwann einmalig oder öfter Cybermobbing in unterschiedlichem Maße, Tendenz zunehmend.

Die Gemobbten fallen vielfach aus ihrer Community vollständig heraus, hirnphysiologisch ist dies ein Hyperarousal, also ein überschwemmender Angst-Alarm aus dem Bereich der Amygdala, den die Kinder nicht konfrontieren können. Die Amygdala ist eine Hirnformation, die aktiviert wird, wenn wir z. B. aus unserem Lebensumfeld herauszufallen drohen. Wir versuchen somit, uns so zu verhalten, dass wir sozial überleben können und wieder in die Gruppe integriert werden können, meist mit dann verringertem sozialem Status. Dies gelingt aber vielen Kindern bei Cybermobbing mit einer so großen Verbreitung der Attacke schwer oder nicht mehr.

Die gemobbten Kinder vertrauen sich auch dann nicht immer ihren Eltern oder Lehrern an. Da die Eltern oft nicht wissen, was in den sozialen Netzen passiert, sind die Kinder alleingelassen und hilflos. Insofern hören wir immer öfter davon, dass Kinder und Jugendliche in ihrer Verzweiflung sogar in den Suizid gehen. Ebenfalls aus der unkontrollierten Situation heraus werden immer wieder kinderpornografische Straftaten gebahnt (Grooming).

Eine große und weitgehend unbekannte Gefahr ist dabei auch das algorithmisch generierte Angebot von weiteren Youtube-Videos, die sich im

Nachgang eines gewählten Filmes auch ohne Anklicken von selbst anstellen. Die meisten Kinder und Jugendlichen schauen dann auch diese und weitere Videos an.

Die Algorithmen sind in fataler Weise so geschaltet, dass inhaltlich immer mehr und härtere sexuelle Darstellung und Gewalt stattfindet. Diese Fortsetzung ist in Vermarktungsmöglichkeiten mit finanziellen Vorteilen begründet. Die Nutzer sind dann gebannt, was jetzt wohl als Nächstes kommt, und schalten nicht ab. So erleben Kinder Inhalte, die sie nicht verarbeiten können. Fatalerweise aber gelangen sie ggf. auch zu Kontakten mit kriminellen Absichten.

Die schlimmsten digital ermöglichten sexuellen Missbrauchs- und Gewalttaten ergeben sich im sogenannten „Darknet“, in das die Kinder versehentlich hineingeraten können, in dem Taten durch Verschlüsselungen später schwer nachverfolgbar werden. Ich hatte dies im Abschnitt zur Kinderpornografie schon benannt.

Dies möchte ich hier aber nur erwähnen, um die Gefährdungssituation darzustellen, damit Eltern verstehen, warum sie unbedingt in den Medienkonsum ihrer Kinder eingebunden sein müssen, auch wenn das vollständig nicht geht.

Es wird aber einfacher, wenn die Kinder tatsächlich erst spät ein eigenes Handy bekommen und bis dahin das Handy oder iPad der Mutter und des Vaters nutzen dürfen und sich dann öfter auch gemeinsam mit den Eltern etwas anschauen können, dort ihre Lernschritte machen, mit den Eltern noch in der Diskussion sind und dann recht gut Bescheid wissen, wenn sie ihr eigenes Handy bekommen. Es dreht sich also für die Eltern nicht darum, die Kinder vom Handy und Internet in Fortschritts-Gegnerschaft völlig fernzuhalten, sondern dies als einen sich passend entwickelnden Prozess angemessen begleiten zu lernen.

So können die Eltern ihre Kinder auch später besser beraten, ihre Belastungen dabei verstehen und mit ihnen oft Wege aus Dilemmata herausfinden und gemeinsam beschreiten. Die Kinder werden sich dann auch eher an die Eltern wenden, wenn sie in Schwierigkeiten gekommen sind. (Näheres, z. B. gemeinsame Familienregeln in Kapitel 5, Gestaltungsräume).

Für Eltern ist es auch wichtig zu wissen, dass Online-Kontakte von Jugendlichen zu Menschen im Netz (oft Pädophilen) nur zu 14 % von den Jugendlichen abgebrochen werden, wenn ein sexuelles Thema aufkommt oder sexuelle Handlungen gefordert werden (Grooming).

Knapp ein Viertel der Jugendlichen traf sich mit den Online-Bekanntschaften. Die meisten konnten damit umgehen, aber ein Teil (2 %) fühlte sich belastet, in 2,5 % der Fälle kam es zu sexuellen Handlungen bei dem Treffen, so die Wissenschaftler der „Mikado"-Studie der Universität Regensburg.

Hier ist gemeinsame Medienresilienz in der Familie, also Eltern und Kinder, auch ganz allgemein Prophylaxe zum Schutz vor Gefährdungen und vor Kriminellen.

3.3.4 Porno-Video-Konsum von Jugendlichen

Was das regelmäßige Online-Sehen von Porno-Videos für die Sexualität der Jugendlichen bedeutet, ist vielfach noch unklar. Die Mehrheit der Jungen schauen regelmäßig Porno-Videos (mindestens einmal wöchentlich), viele Mädchen schauen auch, aber seltener. Wir wissen, dass bei einer noch nicht sehr großen, aber zunehmenden Zahl von männlichen Jugendlichen und jungen Männern das regelmäßige Schauen von Online-Pornovideos zum behandlungsbedürftigen PIED-Syndrom (Porn-Induced Erectile Dysfunction)[22] führt, also beim sexuellen Real-Kontakt mit einer Frau keine wirksame Erektion stattfindet.

Aber die Begegnungen sind für beide Geschlechter auch erschwert durch permanenten Vergleich mit online dargebotenen unerreichbaren Idealen. So fühlen sich weniger als die Hälfte der Mädchen körperlich okay, die meisten fühlen sich gegenüber den idealen Frauenkörpern der Werbung oder in vielen Porno-Videos unattraktiv und in der Regel zu dick.

Trotzdem scheint der Trend zu immer früherem Sex der Jugendlichen zurückzugehen, sie sind zunehmend älter beim ersten Sex. Die Verhütung hat dabei zugenommen, die Zahl der Teenager-Schwangerschaften geht kontinuierlich zurück.

Aber es gibt hier sicherlich im Internet Stolpersteine und Gefahren sowohl bezüglich der Entwicklung einer liebevollen, zärtlichen Sexualität, als auch in kriminelle Situationen verstrickt zu werden.

Weitere Studien und Befragungen von Jugendlichen sind hier notwendig, wie sie z. B. durch die Bundeszentrale für gesundheitliche Aufklärung zur Sexualität gemacht wird, aber auch in der Dr.-Sommer-Studie 2016 der Zeitschrift Bravo durchgeführt wurde.[23] Viele Leser, die früher auch die Bravo gelesen haben, mögen jetzt schmunzeln, aber es handelt sich bei dieser Studie um ernsthafte Forschung. Erwähnt werden muss hier auch „Speak! Die Studie: Sexualisierte Gewalt in der Erfahrung Jugendlicher“ (Mai 2017) der hessischen Universitäten Marburg (Prof. Sabine Maschke) und Gießen (Prof. Ludwig Stecher), in der die Jugendlichen ausführlich zu Wort kommen.[24]

Möglicherweise führt pornografischer Konsum der Jugendlichen auch eher zur Verunsicherung und Zurückhaltung in der sexuellen Aktivität, die Sorge der Erwachsenen zur Entartung von jugendlichem Sex beschreibt die Realität nicht unbedingt sicher, teilweise dürfte es sich hier auch um Projektionen der Erwachsenen handeln.

Umso wichtiger ist die verständnisvolle Begleitung durch die Eltern, die von den Jugendlichen zwar in der Pubertät auf Abstand gehalten werden, aber für sie als Zufluchtsort bei ihren Nöten bereitstehen müssen.

3.3.5 Kinder als Kunden – Gefahr für normales Leben

Die Konsumwirtschaft hat die Kinder seit Längerem als Kunden entdeckt und im Digitalen erreicht, sodass in den meisten Haushalten Spielekonsolen, Fernsehgeräte, Computer und Handys als Grundausstattung vorhanden sind. Und die Kinder bedrängen die Eltern nun dabei, dieses Equipment immer auf dem neuesten Stand zu halten. Dass die Kinder dadurch über den größten Teil des Tages vom Spielen, vom Bewegen und Herumtollen sowie vom kreativen Erkunden der Welt abgehalten werden, wird den Eltern erst langsam bewusst. Bis dato sind sie in ihrer Erschöpfung vielfach sogar dankbar für die Ruhe, die zwischenzeitlich vorm Fernseher einkehrt. Um diese Ruhe zu erhalten, geben sie leicht dem Quengeln der Kinder nach, Neues zu kaufen, verschulden sich gegebenenfalls sogar dafür, wenn nicht genug Geld da ist.

Zunehmend wird die Verschuldung auch von den Kindern selbst verursacht, indem sie zum Beispiel übers Handy Online-Bestellungen tätigen können, wie Klingeltöne, Musik und später sogar Pornobilder und Gewaltspiele.

Die Kinder stehen insbesondere in der Schule untereinander unter einem starken Druck, da die Wertschätzung der Freunde heute auch mit äußerlichen materiellen Werten wie dem Besitz der neuesten Spielekonsole, gegebenenfalls außerdem spezieller Software einhergeht. Die Kinder identifizieren sich mit dieser Sicht der Dinge, kommen nach Hause und bedrängen die Eltern, die sich hier zunehmend machtlos fühlen. Für die Spiele- und Medienindustrie ist dies ein Selbstläufer. Sich dem zu widersetzen, wird für die Eltern noch schwieriger, wenn sie selbst ausgiebigen Fernsehkonsum betreiben oder ständig ihre E-Mails bearbeiten, weil dieses Verhalten dann das vorgelebte Hauptvorbild für die Kinder ist. So sind fast unbemerkt und ohne freie Wahl solche „Normalitäten“ entstanden, die ungünstige Auswirkungen auf die Hirnentwicklung der Kinder haben.

Moderner Kinderalltag und Entwicklung

Allein durch den Verlust der Bewegung bei der Nutzung der neuen „modernen Spielgeräte“, die vorwiegend im Sitzen betrieben werden, wird eine grundlegende Basis des Lernens blockiert. Denn Lernen funktioniert beim Kind über Bewegung, es „begreift“ durch die Hand, es „versteht“ durch die Beine, bis es „läuft“. Dies ist die Voraussetzung für den Erhalt und die weitere Herausbildung einer kräftigen Vernetzung der Hirnzellen untereinander.

Der Verlust der Bewegung im modernen Kinderalltag ist hier ebenso dramatisch wie die Inhalte der virtuellen Welt. Mit der langen Dauer dieser eindrücklichen Fremdeinflüsse wird dann die sinnliche Verarmung und Nichtverarbeitung emotionaler Bedrängtheit und Überflutung erst richtig bedeutsam – und zwar auf ungünstige Weise.

Es besteht hier eine große Gefahr: Auch virtuelle Welten binden Kinder unsicher und schaffen weder wirklich anhaltende Präsenz der virtuellen Figuren noch tragfähige Beziehungen zu ihnen im realen Leben (Reinhard Plassmann, Selbstorganisation, Psychosozial-Verlag, 2011). Auch dadurch muss der Kontakt ständig wiederholt werden, was die Kinder vor die Bildschirme oder Handys zwingt. So kommen Schulkinder schon aus diesen Gründen teilweise auf höhere Medien- als Schulzeiten. Die Anzahl dieser Schüler steigt. Von hier ist der Weg in eine Internetsucht nicht weit. Wenn die Beziehungen zu den Eltern oder anderen Bezugspersonen ebenfalls unsicher gebunden sind, sind Kinder dieser gleichsam gewalttätigen medialen Vereinnahmung schutzlos ausgeliefert.

Diese bewirkt im Kindesalter Bahnungen im Gehirn, die später dazu führen können, dass Jugendliche und junge Erwachsene beginnen, sich im Internet zu verlieren. Sie können aus sich selbst heraus kaum noch stoppen. Es besteht die Gefahr, dass sie zunehmend ohne Halt durch Bindungen an Realpersonen in eine Internetsucht geraten. Für Therapeuten ist dies ein seit Längerem vorhergesagtes Krankheitsbild. Aktuell betrifft die Internet- oder Onlinesucht schon Hunderttausende meist jüngerer Menschen.

Betroffen sind u. a. 5–6 % der Internet-Game-Spieler. Sie sind teilweise bis zu 35 Wochenstunden online. Erst langsam kommt diese Problematik ins gesellschaftliche Bewusstsein und die Medien.

Die späteren Möglichkeiten, kreativ Lösungen für schwierige Herausforderungen zu finden, werden so gebahnt massiv eingeschränkt. Dies hat dann auch Bedeutung für den Umgang mit Stress im Erwachsenenalter. Hier hat der globalisierte Alltag also bereits Standards gesetzt, die Entwicklung und Freiheit erschweren.

Wir alle werden immer mehr in einen solchen von Medien bestimmten Alltag hineingezogen, stets mit dem Hinweis darauf, dass wir in einer freiheitlichen Demokratie ja „alles freiwillig machen". Tatsächlich handelt es sich neurophysiologisch und psychisch aber mitnichten um eine freie Wahl. Vielmehr entscheidet sich der Einzelne mitzumachen, um so die Gefahr der Isolierung und Ausgrenzung der eigenen Person oder der Kinder aus Gemeinschaften, zum Beispiel der Schulklasse, zu vermeiden.

Es handelt sich um eine archaische Furcht aus dem Bereich des limbischen Systems, einer entwicklungsgeschichtlich alten Hirnstruktur, die Gefahren, Angst und Emotionen verarbeitet und wenn notwendig Alarm schlägt. Dies tut sie zum Beispiel eben dann, wenn die Gefahr einer Ausgrenzung besteht, die früher ein Überleben erschwert hat. Auch heute wirkt dies noch in gleicher Weise. Die Gefahr bleibt allerdings häufig unbewusst, man fühlt sie unterschwellig und gibt dem Druck nach, ohne es recht zu bemerken. Dies macht die Sogkraft der Prozesse im globalisierten, digitalisierten Alltag aus.

Hierin finden wir unter anderem einen Grund, warum wir unsere Kinder diesen Alltagen häufig ohne wesentlichen Protest und ohne Gegenmaßnahmen aussetzen, obwohl sie vielfach zum Verlust ihrer Lebendigkeit, ihres Glücks und ihrer Bewältigungs- und Gestaltungskräfte im Leben führen.

Das muss jedoch nicht sein. Um wieder frei wählen und die Kinder schützen zu können, müssen den Eltern diese unterschwelligen Prozesse bewusst werden (siehe Kapitel 4 und 5). Die Eltern können dann tatsächlich anders entscheiden, die Alltage ihrer Kinder mit ihnen zusammen passender und kindgerechter einrichten, selbst souveräner in ihrer eigenen Mediennutzung sein und sie unterstützen in den meist folgenden Auseinandersetzungen, zum Beispiel in der Schule. (Etwa, wenn gespottet wird: „Haha! Die haben noch nicht einmal Skype!“).

Wenn Eltern ihre eigenen Grenzen kennen, wenn sie ein abwechslungsreiches Leben führen und die Kinder dabei mitnehmen, wirken die Konsumeinflüsse zwar auch, sind aber leichter zu lenken und zu begrenzen, weil Alternativen begeistern können und die Kinder durch die sichere Bindung zu ihren Eltern Boden unter den Füßen haben. Damit dies gelingt, müssen die Eltern selbst natürlich ebenfalls noch begeisterungsfähig sein.

3.3.6 Online-Adipositas und andere „digitalbedingte“ Erkrankungen bei Kindern im Rahmen der allgemeinen gesundheitlichen Verfassung der Kinder und Jugendlichen

Die Kinder-Gesundheit in Deutschland wird unter Federführung des Robert-Koch-Instituts (RKI) regelmäßig untersucht, auch über mehrere Jahre hinweg. Die Ergebnisse werden u. a. im Bundesgesundheitsblatt veröffentlicht, zuletzt im vorigen Jahr.[25] Die Eltern werden dabei befragt, ab zwölf Jahren auch die Kinder und Jugendlichen selbst und auch körperlich untersucht.

Die Studie kommt zu dem Ergebnis, dass gut 4 % der 3–17-jährigen von dauerhaften gesundheitlichen Einschränkungen betroffen sind. Daraus wird gefolgert, dass es also den meisten Kindern gut geht.

Bei näherem Hinschauen wird deutlich, dass es sich bei dem Terminus „dauerhafte gesundheitliche Einschränkungen“ um bereits manifeste körperliche Erkrankungen dreht und Risikozustände, psychosomatische Belastungen, Traumafolgen und Suchtentwicklungen nicht darunter fallen.

Die gesundheitliche Lage der Kinder heute
Im Detail:

Gleichzeitig wird aber doch festgestellt, dass etwa 20 % der Kinder- und Jugendlichen unter Ess-Störungen leiden, unter den 3–10-Jährigen ein Drittel der Mädchen und ein Viertel der Jungen öfter Bauchschmerzen haben, unter den 11–17-Jährigen die Hälfte der Mädchen und ein Drittel der Jungen häufig Kopfschmerzen haben mit einer hohen Medikamenten-Einnahme, besonders der Jungen.

Es ist wissenschaftlich noch unklar, ob Kinder und Jugendliche mit obengenannten Symptomen unter anderem auch darunter leiden, weil sie zu viel online sind oder dass diese Symptome auf Probleme der Kinder hinweisen mit der Folge einer dysfunktionalen Online-Nutzung. Auf die schwierige Situation vieler Kinder in ihren Familien habe ich zu Beginn dieses Kapitels hingewiesen (Vernachlässigung, Gewalt usw.), hinzu kommt noch, dass eine hohe Zahl der Kinder (2,8 Millionen Kinder) unter der Armutsgrenze lebt, im wahrsten Sinne des Wortes ein „Armutszeugnis" im reichen Deutschland. Die Armut ist in allen Untersuchungen zur Gesundheit von Kindern und Jugendlichen ein generell verstärkender Faktor. Handys sind mittlerweile aber auch bei armen Familien meist vorhanden.

Adipositas, also krankhaftes bzw. krankheitsbedingendes Übergewicht, und mit ihr im Gefolge das sogenannte metabolische Syndrom (Adipositas, Insulin-Resistenz, Hypertonie und Fettstoffwechselstörungen) als Gesundheitsgefährdung ist auch in Deutschland deutlich angestiegen. Mehr als die Hälfte der Bevölkerung gilt als übergewichtig. In den letzten Jahrzehnten ist Übergewicht auch bei Kindern angestiegen und steigt im Laufe der Schulzeit weiter an, besonders bei Jungen, bei einem knappen Viertel der Schüler bestehen Ess-Störungen. Aufgrund des sehr großen präventiven Aufwandes zur Reduktion von Ess-Störungen hatte man einen zunehmenden Rückgang erwartet. Dies ist allerdings nicht eingetreten, weil zu viele maladaptive Einflüsse wirksam sind, u. a. ausuferndes Online-Verhalten, mediale, fragwürdige Vorbilder und Influencer, Werbestrategien der Wirtschaft sowie allgemein abnehmende eigene Körper-Bewegung (mit zunehmender Nutzung digitaler Medien in sitzender Haltung) im gesellschaftlichen Alltag. Dies alles wird den Kindern sehr häufig gerade auch durch die Eltern vorgelebt.

Mittlerweile ist die sitzende Situation der Kinder und Jugendlichen durch medialen Konsum im Alltag mit der begleitenden Aufnahme von Süßigkeiten, Chips und gesüßten Getränken bei vielen Kindern also ein ernst zu nehmendes Problem mit der weiter bestehenden Folge von Gewichtszunahme und den die Adipositas begleitenden Erkrankungen.

In der genannten Studie wird aber z. B. unter dem Thema der Ess-Störungen nicht unerwartet auch herausgefunden, dass das Körperselbstbild der Kinder und Jugendlichen, eine Selbstwirksamkeitserwartung, emotionale Probleme und familiärer Zusammenhalt hochbedeutsam sind. Ich zitiere hier einmal aus dem Bericht:

„Kinder, bei denen die emotionalen Regulationsfähigkeiten auf persönlicher oder familiärer Ebene eingeschränkt sind, brauchen eine längere Zeit, um negative Emotionen zu verarbeiten. Als Folge zeigen sie ein erhöhtes Risiko, sich schnell wirkenden, aber maladaptiven Mechanismen wie dem „emotionalen Essen“ zuzuwenden.

Wichtige Voraussetzung für den erfolgreichen individuellen Umgang mit negativen Emotionen könnte daher eine positive Grundstimmung und emotionale Unterstützung innerhalb der Familie sein.

Folglich liegt ein zentraler Präventionsansatz in der Stärkung individueller Ressourcen sowie in familiären Regulationskompetenzen und gegenseitiger Unterstützung.“

Der präventive Ansatzpunkt wird ja ganz richtig erkannt, nur ist dies ja das Dilemma, dass die positive Grundstimmung und die familiären Regulationskompetenzen vielfach nicht nur nicht gegeben sind, sondern die Problematik und das Drama ja überhaupt erst mitbedingt haben.

Exkurs
Verhaltenssucht und Drogen

Drogen und Sucht sind in der heutigen Zeit ein großes Problem. Eine umfassende Darstellung der Problematik würde allerdings den Rahmen des Buches sprengen. Daher hier ein Exkurs, im Anhang weitere nützliche Informationen. Aber auch bei der Suchtproblematik spielt eine gut erworbene Selbststeuerung und Bindungsfähigkeit eine starke Sicherung vor diesen Gefahren, umgekehrt müssen wir auf Kinder und Jugendliche mit Impulskontroll-Defiziten und -Störungen und unsicheren Bindungen im besonderen Maße achten.

Mehr als jedes fünfte Kind in Deutschland hat einen Elternteil mit Suchtproblemen, das sind etwa drei Millionen betroffene Kinder und Jugendliche. Diesen Kindern wird eine unlösbare Verantwortung aufgebürdet. Ein Teil der betroffenen Kinder wendet sich dabei vollkommen von Drogen ab, ein anderer Teil übernimmt die Problematik. Erschwerend kommt hinzu, dass gerade in diesen Familien eine gesunde Hirnentwicklung für die Kinder häufig nicht stattfinden konnte und es hier oft Vernachlässigung und Gewalt gibt.

Computer-Spielsucht ist ja gerade international als Krankheit anerkannt worden, eine offizielle Diagnose „Social-Media-Sucht" wird in den nächsten Jahren folgen, die Wissenschaftler sind sich über die Kriterien allerdings noch uneinig.
Der Drogen- und Suchtbericht 2017 der damaligen Suchtbeauftragten des Bundes, Frau Mortler, informiert, dass 34 % der Kinder und Jugendlichen, die Social-Media nutzen, dies tun, um nicht an unangenehme Dinge denken zu müssen. Dies ist ein wichtiges Element der Social-Media-Disorder, wie diese suchtartige Nutzung heute schon als eigenständige Krankheit benannt wird. 8,2 % der Social-Media-Nutzer zeigen eine depressive Symptomatik, bei Social-Media-Disorder jeder dritte Jugendliche. Unklar ist hier noch der Zusammenhang, also ob diese suchtartige Entwicklung depressiv macht oder bei depressiver Symptomatik Social-Media häufiger suchtartig genutzt wird.
Die Drogenaffinitätsstudie der BZgA (Bundeszentrale zur gesundheitlichen Aufklärung) kommt zu dem Ergebnis, dass 2015 knapp 6 % aller 12–17-Jährigen eine Computer-Spielsucht bzw. Internet-Abhängigkeit haben. Ausgeprägte Sucht sieht man dabei (2015) bei etwa 2,6 %, das sind ca. 100.000 betroffene Jugendliche mit Online-Sucht. Die große Mehrheit der Jugendlichen nutzt dabei allein Social-Media im Durchschnitt etwa drei Stunden am Tag.

Online-Nutzung als Suchtgefahr steht also mittlerweile neben der Alkoholproblematik, die bei Jugendlichen gleichzeitig etwas rückläufig ist (auch das „Komasaufen“).
Cannabis haben Jugendliche in der Gruppe der 12–17-Jährigen zu 8,7 % ausprobiert, davon nehmen regelmäßig 1,5 % Cannabis-Produkte. Bei den 18–25-Jährigen haben 35,8 % Cannabis ausprobiert, aber schon 5,4 % nehmen Cannabis regelmäßig in der Woche. Ein bedeutendes Problem bei Cannabis ist die Entwicklung von Pflanzen, die mehr vom für den Rauschzustand verantwortlichen THC (Tetrahydrocannabiol) enthalten. Der Gehalt hat in den letzten Jahren (von 1996 bis 2017) um das Dreifache zugenommen. Gleichzeitig hat der die THC-Wirkung abmildernde CBD-Gehalt (Cannabidiol) in den Pflanzen abgenommen. Mittlerweile kommen auch gefährlichere synthetische Cannabiol-Präparate auf den Markt.
Ein regelmäßiger Cannabis-Konsum hat neben Konzentrations- und Gedächtnis-Störungen hirnverändernde Folgen, weiterhin ist nicht sehr bekannt, dass darunter Hodenkrebs (sogenannte Nicht-Seminome) signifikant gehäuft auftritt. Besonders problematisch ist ein regelmäßiger Konsum, wenn er im Alter vor 15 Jahren begonnen wurde. Der Konsum härterer illegaler Drogen wie Kokain, Heroin, Exstasy, Cristal Meth sind in ihrer Häufigkeit deutlich geringer als Cannabis, insbesondere bei Schülern, die Aufmerksamkeit ist aber aufgrund der besonderen Gefährlichkeit unbedingt notwendig.
Neben der hohen Abhängigkeitsgefahr sind in Deutschland aktuell 1.300 Menschen durch die Zuführung dieser Drogen zu Tode gekommen. Wichtig hierbei auch z. B. die Nachricht über mehrere Todesfälle junger Mädchen durch Hyperthermie von 43 Grad Celsius, die Exstasy überdosiert hatten, weil sie bei geringerem Körpergewicht dieselbe Dosis wie junge Männer eingenommen hatten.
Im Rahmen der antisozialen Störung habe ich auch die Bedeutung des Nucleus accumbens für das Suchterleben und die Suchtentwicklung erwähnt (siehe S. 196), was die hohe Bedeutung einer gesunden Hirnentwicklung mit Einbettung des Belohnungssystems in die Aktivitäten des präfrontalen Cortex unterstreicht.

Bedeutung des sensorischen Mangels bei digitalen Anwendungen

Wenn Kinder mehrere Stunden ausgedehnt digitale Medien nutzen, sind sie sensorisch sehr einseitig aktiv, hauptsächlich mit den Augen, Ohren und den Fingerspitzen. Der Tast- und Berührungssinn steht nur im Reaktions-Dienst für die Augen und nicht haptisch für sich, weil er nur auf immer gleicher Fläche wischt oder tippt.

Die Erkundung der Welt in ihrer Vielfalt mit den Händen, also die verschiedenen Arten von Oberflächen, rau oder glatt, kalt oder warm, die Weichheit oder Härte von Gegenständen, deren Form, das Dreidimensionale, die ertastbare Größe und das Liegen in der Hand, findet nicht oder nur noch selten statt, die Welt „verflacht" in der Empfindung im wahrsten Sinn des Wortes.

Es fehlt andererseits die direkte körperliche Berührung der Kinder untereinander beim Spielen und Herumtollen, auch z. B. beim Rangeln unter Geschwistern bzw. der liebevolle körperliche Kontakt mit den Eltern. Dieser direkte Körperkontakt ist vegetativ ausgleichend, entstressend, immunstärkend und stärkt das psychosoziale Miteinander. Ein hoher Erregungslevel sinkt, ebenso das Stresshormon Cortisol, das Bindungshormon Oxytocin wird ausgeschüttet. Direkte körperliche Berührung zwischen Menschen, die sich sympathisch sind bzw. sich lieben, Erwachsene wie Kinder, brauchen das und profitieren davon in ihren Beziehungen.

Digitale Technologien versuchen Berührungsempfinden technologisch in die Anwendungen zu holen, so z. B. über Kleidungsstücke Vibrationen oder Wärme zu erzeugen bzw. Touchscreens aus weichem Stoff herzustellen. Dies mag für Fernbeziehungen ein wenig mehr Ausdruck ermöglichen, wirkt aber nicht wie direkte Berührung, weder vom Empfinden noch von den physiologischen Reaktionen her. Wo die Personen sich nahe sind, wie in Familie, Freundschaften usw., ist der direkte körperliche Kontakt unersetzlich und sollte gepflegt werden. Durch die Corona-Pandemie ist er vielfach noch einmal bedenklich vermindert.

Wenn Eltern ebenso wie ihre Kinder viele Stunden am Tag mit digitalen Nutzungen beschäftigt sind, bleibt wenig Zeit für direktes körperliches Erleben. Meist ist diese zu zeitintensive und oft unsinnige Nutzung auch schon einer Emotionsarmut in den Familien geschuldet und direkte Berührung gehört kaum noch zur Kommunikation. Der Mangel an liebevollem körperlichem Kontakt, Umarmung, im Arm halten, Streicheln, über die Haare streichen wirkt dann eben auch auf die emotionale Entwicklung der Kinder und die Kommunikation außerhalb der Familie.

Digitalisierung und Auswirkungen auf Organe

Aber auch konkrete Wirkungen auf andere Organe und Gewebe des Menschen sehen wir in der Digitalisierung zunehmend. Ein Beispiel:

Das menschliche Auge ist für dauernde optische Naharbeit physiologisch und funktionell nicht ausgelegt. Die zunehmende Dauernutzung der Smartphones im Alltag führt u. a. dazu, dass es zu einer Dauerspannung im Ziliarmuskel des Auges kommt, da die Augen-Linse für das Lesen im Handy gewölbt sein muss. Kurzfristiges Hochblicken um, z. B. auf die Straße zu achten, wirkt nicht als Pause, sondern verstärkt die Anstrengung sogar noch, weil die Akkomodationsaufgaben des Auges nicht mehr rasch genug gelingen.
Diese dauernde optische Naharbeit führt neben Kopfschmerzen offensichtlich zu Wachstums-Reizen des Augapfels in der Länge zur Anpassung der Sehleistung, insbesondere bei intensiver Smartphone-Nutzung im Kinder- und Jugendalter (u. a. Forschung Prof. Frank Schaeffel, Uni Tübingen). Daraus resultiert eine Zunahme bzw. auch Entwicklung von Kurzsichtigkeit und zunehmend auch früherer Alterung der Linse.
Diese Problematik ist in den südostasiatischen Ländern, die im Handy-Gebrauch bei Kindern und Jugendlichen „führend“ sind, dramatisch, die Zunahme der Brillenträger wegen Kurzsichtigkeit sehr groß. Aktuell wird,

insbesondere in China, versucht dagegen zu steuern mit Maßnahmen der Orthokeratologie, also dem nächtlichen Tragen von Linsen, die das Längenwachstum über taktile Reize abbremsen sollen. Diese Maßnahmen scheint wirksamer zu sein als die bei uns durchgeführten Atropin-Behandlungen, aber Prävention ist etwas anderes, als Behandlungsregime zu entwickeln, die letztlich nur bei etwa 30 % der Betroffenen wirken.
Da Handy- und Computer-Nutzung meist indoor stattfinden, haben viele Kinder und Jugendliche auch einen Tageslicht- und insbesondere UV-Mangel, der u. a. auch die Anforderung an die Spannungszustände der Augenmuskeln verändert und ein weiterer Grund für die Entwicklung der Kurzsichtigkeit darstellt. Beschwerden beim ständigen Schauen auf das Smartphone führen in der Regel allerdings nicht zum Unterbrechen des Gebrauchs. Dagegen wird Ermüdung beim langen Lesen eher zur Erkenntnis genommen und eher mit einer Pause beantwortet.
Der Nacken ist im heutigen Alltag emotional, propriozeptiv und strukturell bereits vorbelastet (HWS-Syndrom bei weit über der Hälfte der Bevölkerung). Die permanente Kopfbeugung für das Lesen im Smartphone verstärkt diese Belastung zusätzlich. Hierdurch steigt im Übrigen auch die Unfallgefahr durch Ausblenden der Umgebung.

Einflüsse auf die Gesundheit bei übermäßiger digitaler Nutzung, pathogen bzw. mit funktionellem Störpotenzial (Beispiele):
- *Bewegungsmangel durch zeitliche Über-Nutzung digitaler Medien*
- *Adipositas bei Fehlernährung, speziell durch gehäuftes Essen von Fast Food wie Chips, Süßigkeiten, gesüßten Säften und Kaffees während regelmäßiger langwährender Mediennutzung*
- *Zunahme der Kurzsichtigkeit und Folgen wie Störungen der Helligkeits-Adaptation, Kopfschmerzen und Gefahr späterer Netzhautablösung*
- *Unsichere Bindung von Kindern durch virtuelle Objektinkonstanz*
- *Behinderung der emotionalen Entwicklung, u. a. durch Mangel an direkter körperlicher Berührung in den Familien*
- *Belastung im Falle des stark zunehmenden regelmäßigen Porno-*

Video-Konsums Jugendlicher für ihr Sexerleben, u. a. PIED-Syndrom (Porn-Induced Erectile Dysfunction) schon bei jungen Männern

- *Inkonsistenzerleben und Empathieverluste durch Entgrenzung von Real- und Virtuell-Raum (bei z. B. gehäuftem Konsum von 3D-VR-Videos).*

Zur Digitalisierung, wenn sie menschlich bereichernd und gerade für Kinder ohne große Gefahren sein soll, gehört nicht die technologische Versiertheit, sondern die analog-digitale Balance ins Zentrum als zukünftig impliziter Kern. Dafür brauchen die Kinder die Liebe der Eltern und diese ausreichend Zeit für ihre Kinder. Was das für das familiäre Leben und den Alltag heißt und wie Eltern hier gestalten können, schauen wir uns in Kapitel 5 ausführlich an.

Digitale Medien und Klimaerwärmung

Die Entwicklung immer schnellerer und höherer Übertragungsraten hat das Downloaden bzw. Streamen von Musik und Videos ermöglicht. Das ist heute eine der häufigsten medialen Nutzungsarten. Ähnliches ist das Versenden und Teilen von selbstangefertigten Videos in sozialen Netzen. Und die allgemeine Internet-Nutzung, im Besonderen das iCloud-Computing, heizt den Verbrauch immer weiter an. Die Server müssen dabei ja einen 24-Stunden-Betrieb gewährleisten. Viele Menschen meinen, dafür bräuchte man nur die Energie für das Handy, also das bisschen, was man regelmäßig aufladen muss.

Es ist gar nicht so bekannt, dass dies ungeheuren und rasant zunehmenden Energieverbrauch bei den Servern auslöst, weltweit schon im Umfang des Gesamtenergieverbrauchs von z. B. Deutschland, Italien und Polen zusammen! Diese Energie ist bei den meisten IT-Unternehmen, die diese Server bereitstellen, noch lange nicht durch erneuerbare Energien bereitgestellt, sodass die aktuelle massenhafte Nutzung noch viel fossile Energie verbraucht. Insbesondere die notwendige Kühlung der Server ist dabei ein bisher energieverzehrendes Thema. Dies könnte noch verstärkt werden durch den für die Zukunft diskutierten Einsatz von digitalen Blockchain-Technologien, z. B. in der Verwaltung oder im Geldwesen.[26]

Es ergibt sich die Frage, ob es Konkurrenzen des Internets mit anderen wichtigen energieverbrauchenden Sektoren gibt oder geben wird. Wir brauchen ja bereits eine deutliche Zunahme der Wind- und Solarenergie für die Energiewende, also um aus Atom- und Kohlestrom baldmöglichst ganz auszusteigen.

Netzpflege mal anders

Um dies zu unterstützen, macht es Sinn, gedankenlose, bzw. unsinnige Gewohnheiten zu überdenken und einmal mehr zu überlegen, ob dieses Video wirklich gepostet werden muss, ob man immer jeden Film streamen muss, solange es noch DVDs gibt. Dies betrifft aber hauptsächlich die Babyboomer, denn bei der jüngeren Generation sind sie bereits „out", viele haben schon keinen DVD-Player mehr im Haushalt. Ein bewusster Technologiemix gerade in den nächsten zehn Jahren könnte jedoch die Energiekonkurrenz etwas mindern. Wir brauchen also auch etwas wie pfleglichen Umgang im Internet, im Netz. Wenn wir uns dies für uns persönlich anschauen, können wir mit einer solchen „Netzpflege" auch unsere persönliche souveräne Mediennutzung kraftvoll unterstützen.

3.4 Der soziale und politische Verrat – Opferung kindlichen Potenzials auf dem Altar der Wachstumswirtschaft

Wir haben gesehen, dass viele Kinder in ihren Familien ungeschützt aufwachsen, Vernachlässigung, Gewalt und Missbrauch erfahren und in der allgemeinen digitalen Welt ebenfalls Schaden erleiden können. Die Regelungskompetenz der Gesellschaft ist hier gering und hinkt hinter der realen Entwicklung weit zurück. Der Staat wirkt hilflos bzw. ignorant und hinter dem tendenziell wirkungslosen staatlichen Agieren gestaltet die Wirtschaft in der neoliberalen Freiheit von Fesseln und Regeln die Gesellschaft in ihrem Sinne und für ihre Zwecke. Für ihr systemisch notwendiges Wachstum und bei bestehendem Fachkräftemangel braucht sie nun vermehrt die Frauen und unter ihnen auch die Mütter der Kleinsten als meist preiswerte Arbeitskräfte. Hier unterstützt der Staat die Wirtschaft nach Kräften in der aktuellen, von der Bundeskanzlerin benannten Sehweise unserer Gesellschaft als „marktorientierte Demokratie“ und ist insofern auch in der Verantwortung für die Dramen und Unordnungen, die das verursacht, z. B. in der Bildungspolitik.

Wir gehen also jetzt von den Gefahren und Erfahrungen im Netz wieder zurück in das Kleinkindalter und wenden uns kritisch der externen Frühbetreuung in diesem Alter zu.

Frühbetreuung, Frühpädagogik, das Recht auf Kita für unter Dreijährige sind in der Agenda der Bildungspolitiker mittlerweile feste Größen. Sie gelten mittlerweile als „normale“ Forderungen und ihr Zusammenhang und ihre Herkunft insbesondere aus den Bedürfnissen der Wachstumswirtschaft ist aus den Augen verloren. Diese Bildungsfaktoren gelten als wissenschaftlich validiert, obwohl dies nur für einseitige Kontexte gilt, und werden kaum noch hinterfragt. Hier kommt die Hirnphysiologie auf den Plan und bringt diese Themen wieder in den Dialog.

3.4.1 Frühbetreuung und Frühpädagogik – die Wirtschaft konkurriert mit den Kleinsten um die Mütter

Heute gibt es als neu und modern präsentierte Annahmen, die in meiner Wahrnehmung die klare Sicht verstellen, z. B. die implizite Annahme, dass Frühpädagogik entscheidend sei, wenn Kinder im Leben erfolgreich sein sollen. Wie früh? Vorschule? Kindergarten? Oder gar Kita für unter Dreijährige? Oder noch früher? Und welcher Art? Und vor allem worauf sind diese Annahmen gegründet? Hier ergeben sich viele Fragen, die vom Bildungssystem im Prinzip mit dem Vermerk „so früh wie möglich" ausgestattet, damit aber nicht wirklich beantwortet werden. Und sie gelten in mehreren Forschungsstudien mit pädagogischem und soziologischem Primat als bewiesen, weil messbare kognitive Kompetenz, die in höherem Kindesalter (auch bei psychosozialen Defiziten) erreicht werden kann, in MINT-Kontexten bereits als Erfolg früher Bildung gefeiert wird.

Dies ist in Zeiten des Fachkräftemangels aus der Sicht der Wachstumsorientierung der Wirtschaft ja auch nachvollziehbar. Aber Jugendliche, die jetzt schon im Arbeitsprozess sind, waren in der Regel nicht in Kitas für unter Dreijährige. Denn das Recht auf Kita-Plätze in Deutschland wurde ja erst seit 2007 durch die damalige für Familien zuständige Ministerin Ursula von der Leyen durchgesetzt und die Umsetzung in der Breite auf einen Zeitraum von sechs Jahren angesetzt, somit haben wir erst seit knapp zehn Jahren eine breitere Fremdbetreuung für Kinder unter drei Jahren. (Siehe S. 249)

Von diesen Kindern wissen wir also noch nicht, wie sie im Arbeitsprozess „funktionieren", wenn das für uns eine korrekte Messlatte wäre. Diese Kinder sind aber, nicht in der Mehrheit, aber in großer Zahl auffällig in Kita, Kindergarten und Schule und als kleine bzw. junge Patienten vielfach schon in ärztlicher Behandlung. Jedes 4. Schulkind zeigt psychische Auffälligkeiten, wie eine aktuelle Studie der DAK mitteilt. Der vormalige Beweis der pädagogischen Studien harrt also noch der Bestätigung, die aus meiner Sicht nicht kommen wird. Denn setzt man den Rahmen weiter unter Einschluss der Hirnphysiologie, so wird deutlich, dass die pädagogische Anforderung in den ersten beiden Lebensjahren durch Überforderung einen Rückgang der Hirnvernetzungen und damit des kreativen Potenzials bewirkt. Wir stellen der pädagogischen Frühförderung hier also das heutige Wissen der Hirnphysiologie entgegen und die meint in Kurzform:

Kinder müssen die ersten sechs Lebensjahre spielen, sich die Welt spielerisch erobern und die Welt mit den Händen begreifen. Dann bilden sich die Vernetzungen unter den Hirnzellen gut strukturiert und kräftig aus. Das bedeutet dann größtmögliches Potenzial, kreativ, intelligent, kerngesund und vital mit schneller Auffassungsgabe, guter Bewältigungskraft von Herausforderungen und resilient unter Belastungen. Spielen heißt automatisch Lernen und vor allem das jeweils passende Lernen und das Lernen können (siehe auch Kapitel 5, S. 431/432 zum Spielen).

Begreifen

Was „begriffen“ ist, lässt sich dann auch später in abstrakter und logischer Form „behandeln“ und „erfassen“, aber Sie sehen, dass wir in der deutschen Sprache kaum von den Händen wegkommen, wenn wir über das Lernen sprechen. Der Grund ist, dass die Hand des Menschen im Unterschied zum Tier, auch den Affen, für die Hirndifferenzierung und Repräsentation im Gehirn eine besondere Bedeutung hat, wobei insbesondere der Daumen hier die entscheidende Rolle spielt.

Die von vielen Eltern geforderte „Einsicht“ ohne vorheriges „Begreifen“ ist kaum möglich, weil man mit „leeren Händen“ im Gehirn ein Problem hat: Es ist einfach nicht passend aufbereitet, ein kleines Kind schaut bei der „Einsicht“ eben oft ins Leere und weiß nicht, was eigentlich los ist, auch wenn es sich brav bemüht!

Elterliche Anregung der Kinder

Auf das Kind abgestimmte Anregung gehört dazu, ist sinnvoll, aber Kinder müssen weder permanent von Erwachsenen bespielt noch beschult werden. Phasen der Langeweile regen nach kurzer Zeit die Fantasiewelt der Kinder an und dies kann von den Eltern oder Betreuern unterstützt und mitgestaltet werden. Für anregendes Neues, was durch eine Person, zu der eine gute Bindung besteht, vermittelt wird, ist ein kleines Kind ganz offen. Und wenn Eltern Lust haben, mit den Kindern zu spielen, wunderbar.

Kinder aus bildungsfernen Haushalten profitieren insofern von einer Kita, wenn dort Anregung durch andere Kinder und durch Empathie-kompetente Betreuerinnen besteht und Kommunikation vonseiten der Kinder durch die Betreuerinnen auch beantwortet wird. Hierbei stören aber gerade pädagogische Zielsetzungen und Altersstandards. Die Kinder kommen in Begleitung, Betreuung und Anregung zu ihrem eigenen Lernen und Lernfortschritt. Auch Deutsch wird bei kleinen Kindern nicht gelernt durch Deutschunterricht, sondern dadurch, dass Deutsch gesprochen wird.

Denn kleine Kinder sind in jedem Falle hochinteressiert an anderen Kindern, schon mit weniger als einem Jahr haben sie ein anderes Aktionsniveau, wenn sie andere Kinder sehen oder mit ihnen zusammen sind.

Dasselbe sieht man übrigens auch, wenn Tiere in den Blick der kleinen Kinder gelangen. Insofern haben gerade Geschwister große Bedeutung, egal, ob sie Lust haben, mit den Kleinen zu spielen oder nicht. Bei Einzelkindern sollten die Eltern auch den Kontakt mit Nachbarkindern suchen, Tagesmütter mit drei bis vier Kindern können hier für einige Stunden gut passen. Auch Tiere im eigenen oder Nachbar-Haushalt können ebenfalls eine gute anregende Wirkung entfalten.

Ab drei Jahren sind die meisten Kinder dann ja sowieso im Kindergarten und können dies von ihrer Hirnentwicklung dann auch beginnend nutzen für ihr freies Spiel und zusammen mit den anderen Kindern. Und ihre im Kindergarten gefundenen Freunde werden zunehmend wichtiger und steigern die Lust, in den Kindergarten zu gehen. Solcherart Umfeld-Gestaltung und -Anregung wird von einigen an der kindlichen Entwicklung orientierten Systemen wie u. a. Waldorf- oder Montessori-Kindergärten, die das individuelle Kind und seine Entwicklung in den Blickpunkt setzen, weitsichtig und sinnvoll eingesetzt, erfreulicherweise auch in einer kleinen, aber doch zunehmenden Zahl in anderen Kitas und Kindergärten für die Kinder ab drei Jahren.

Frühpädagogik im Sinne früher Wissens- und Fähigkeits-Anforderungen, die gleichzeitig Mangel an kindlicher Spielzeit und -welt bedeutet, führt neben einem marginalen Lernertrag aufgrund der in der Regel sehr rasch entstehenden Überforderung also zur Reduktion von kindlicher Hirnvernetzung, die das spätere Lernvermögen schwächt, und belässt die Kinder mit einem anderen Wissen, das nicht wirklich gegründet und begriffen ist, unter ihrem Potenzial.

Frühpädagogik in diesem Sinne ist daher aus hirnphysiologischer Sicht sicherlich nicht notwendig und ebenfalls nicht empfehlenswert, ja, es muss davor sogar konkret gewarnt werden, auch wenn diese Meinung aktuell noch nicht im Mainstream etabliert ist. Wie gesagt, hier müssen eben in der Zukunft interdisziplinäre Studien durchgeführt werden. Denn, wenn sichere Bindung entstehen konnte, treibt die kindliche Neugier bei ausreichend anregendem Umfeld immer zur Eroberung der Welt an. „Erzieher“ sollten besser „Rahmungskünstler“ genannt werden, die die Kunst, den Spiel-Rahmen für die kleinen Kinder flexibel mitwachsen zu lassen, beherrschen.

Dies gilt noch mehr für Kinder, die bei Lebensbeginn in Lebensräumen mit schwächerer Anregung für ihre Hirnentwicklung aufgewachsen sind. Sie brauchen besonders empathische, emotional sichere und verlässliche Schaffung von Spielräumen anstelle von Beschulung. Das schafft dann auch Spielräume im Gehirn! Ich möchte jetzt in die Historie schauen, inwieweit es dort für uns hilfreiche Informationen gibt, die Bedeutung auch für die vollkommen andere Zeit unseres aktuellen Lebens haben.

3.4.2 Kinderbetreuung in aktuell noch lebenden Naturvölkern und Geschichte

Die Menschen und ihre Vorfahren waren seit Jahrmillionen Jäger und Sammler, herumziehend oder in wechselnden Basis-Camps lebend. Sesshaftigkeit mit der Gründung von Dörfern und Ackerbau-Tätigkeit bzw. Viehzucht fand erst vor gut 10.000 Jahren statt. Unsere Genetik ist auch heute noch stark auf das Jagen und Sammeln eingestellt, wir sind genetisch auch noch „Savannenläufer". Das Gehirn damals bildete mehr die Gruppe als ein bedeutendes individuelles Ich in seiner Struktur ab, Kooperation in kleinen Gruppen sicherte das Überleben gut ab, Vereinzelung bedeutete in der Regel Tod.

Die im ersten Kapitel dargestellte gesunde Hirnentwicklung entwickelte sich erst im Rahmen der Sesshaftigkeit mit Gemeinschaftsgestaltungen, die zu erstem Besitz, beginnender Individualität und größeren zusammenlebenden Gruppen führten. Doch schauen wir uns erst einmal die Vorzeit an.

Die international renommierte Bindungsforscherin Liselotte Ahnert hat in ihrem lesenswerten Buch „Wieviel Mutter braucht ein Kind" eine gute Einsicht in den derzeitigen Forschungsstand der „Vorzeit" gegeben, aus dem ich kurzgefasst berichten möchte: Forscher haben insbesondere vier Naturvölker gefunden, die heute noch in unterschiedlicher Weise ihre Neugeborenen und kleinen Kinder betreuten und versorgten:

1. *Die !Kung-Frauen (an der Grenze zwischen Namibia und Botswana) sorgen dafür, dass sie jeweils nur im Abstand von 3–4 Jahren Kinder haben, damit sie in der Fortbewegung immer nur ein Kind tragen müssen (bis zum Alter von drei Jahren), insofern bekommen sie nur drei Kinder. Kinder, die früher kommen, dürfen in der Regel nicht weiterleben. Die Entscheidung liegt allein bei der Frau, die geboren hat. Dieses Vorgehen wird in Abstim-*

mung mit der Tragenotwendigkeit und der Versorgungslage als passend und notwendig empfunden. Ab drei Jahren sind die Kinder zunehmend in der Betreuung der Großeltern und anderer Personen der Gemeinschaft. Die Kinder gelten in jeder Hinsicht als sehr gut entwickelt.

2. *Die Ache-Mütter (im Osten Paraguays) bekommen bis zu acht Kinder, die Kleinsten tragen sie selbst permanent, ab dem zweiten Lebensjahr werden die Kleinen auch von anderen Personen zeitweilig mitgetragen, aber immer in der Nähe der Mutter. So bleiben sie in den ersten fünf Jahren immer unmittelbar bei der Mutter. Sie sind in ihrer Entwicklung offensichtlich langsam und laufen spät, wobei solche Beurteilungen nicht immer die damalige Wahrheit und Sinnhaftigkeit treffen müssen.*
3. *Die Aka (Kongo-Brazzaville) haben andere Rhythmen aufgrund von Regen- und Trockenzeiten. Außerdem halten sie sich in der Nähe von Dörfern auf, wo sie zeitweilig beim Ackerbau mithelfen. Sie bekommen doppelt so viele Kinder wie die !Kung-Mütter und viele Mitglieder der Gemeinschaft betreuen die Kleinsten vor und nach dem Stillen. Die BetreuerInnen wechseln häufig am Tag, da die kleinen Kinder lange getragen werden. Beim Jagen tragen meist die Mütter die Kleinsten, in der Ruhe sofort auch andere. Auch die Väter tragen die Kinder, vielfach besonders bei Märschen. Trotz der vielen Betreuungspersonen sind Mutter und Vater nahe beim Kind und erreichbar, entsprechend ist die Bindung zu Vater und Mutter am stärksten, sie geben letztlich große Sicherheit für die Kinder.*
4. *Die Efe (aus Zaire) leben in Camps und gehen von da aus zum Jagen. Die Neugeborenen werden von vielen Frauen versorgt und von mehreren Frauen gestillt. Die Kinder werden von all diesen Frauen nicht nur versorgt, sondern umsorgt und ggf. beruhigt. Die Kinder scheinen durch diesen häufigen Betreuungswechsel nicht gestresst, da es offensichtlich jeweils prompte Reaktionen auf Bedürfnis-Äußerungen der Kinder durch die Frauen gibt. Dies wird nur die ersten Monate so gestaltet, danach übernehmen die jeweiligen Mütter die meisten Betreuungsaufgaben. Dadurch entsteht eine bevorzugte und ausgeprägte Bindung zu den Müttern.*

Das Gemeinsame dürfte die immer gewährleistete Umsorgung und Fütterung (Stillen) der Kleinsten sein und gewesen sein, die mitversorgenden Frauen wussten, um was es ging, konnten die Kinder auch umhüllen und die Kinder wurden alle als ein gemeinschaftlicher Schatz gesehen. Trotzdem blieben die Mütter der zentrale Bindungspunkt, teilweise waren die Kinder durch den engen Kontakt zu Vätern auch zu ihnen sicher gebunden.

Allerdings ist hier keine Romantisierung angebracht, denn wie erwähnt, wurden Kinder auch getötet, wenn sie zu viel waren, zu früh kamen oder behindert waren. Sven Fuchs schreibt in seinem Buch: „Die Kindheit ist politisch!“, dass die Kindheiten auf der ganzen Welt, also auch bei uns, alles andere als paradiesisch waren und Kinder in der Rangordnung vielfach in der Hierarchie ganz unten standen und oft gänzlich ohne Schutz waren. Ich nehme das Thema noch einmal in Kapitel 4 auf.

Der Forschungsansatz, aus früheren Zeiten erhaltene Formen des Zusammenlebens in der Gegenwart zu untersuchen und Ergebnisse im Sinne von Beweisen zu verwenden, ist allerdings durchaus umstritten, da es heutzutage kaum noch gänzlich von der heutigen Lebensweise unbeeinflusste Naturvölker gibt.

Sesshaftigkeit, Ackerbau und Viehzucht

Durch die Sesshaftigkeit, Entwicklung von Dörfern und damit der Vergrößerung der in der Gruppe zusammenlebenden Menschen wurde die Entwicklung des Frontalhirns allmählich größer, weil es mehr soziale Kontakte, Zusammenhänge und notwendige Regelungen gab. Für die Familien entstand eine klarere Identität, Abgrenzung und Individualität durch festen Wohnort, gesellschaftlicher Funktion und Stellung. Der Ackerbau mit Einsatz von Pflügen und die Entwicklung von Viehzucht wurde zunehmend zur Aufgabe der Männer, die Frauen konnten sich vermehrt um die Kinder kümmern, die sie in größerer Zahl und kürzeren

Abständen zur Welt brachten (die Kinder, die überlebten, wurden auch konkret zur Arbeit auf den Höfen gebraucht). Die Kinder wuchsen näher mit der Mutter und den Geschwistern auf, die Bindung an die Mutter wurde intensiv, eine individuelle, an den neuen Notwendigkeiten und Regeln orientierte Förderung der Kinder gewann an Bedeutung. Dadurch begann die in Kapitel 1 beschriebene stärkere Ausbildung eines „Ichs", als es in den Jägerkulturen wohl der Fall war. Trotzdem waren die Kinder auch viel von den mitlebenden Großeltern, Geschwistern, Tanten ohne eigene Kinder, aber auch bei den größeren Höfen zunehmend dort angestellten Menschen und Nachbarn betreut. In diesem Sinne entstand wohl der Satz: „Man braucht ein ganzes Dorf, um ein Kind zu erziehen" (siehe auch Vorwort von Auma Obama).

Die Dorfgemeinschaft war dabei lange Zeit im Inneren ein eher sicherer Ort auch für die Kinder, allerdings musste nach außen auch der zunehmend wichtige Besitz geschützt werden. Mit der Entwicklung der Städte und größerer Gemeinschaften wurde die Individualität immer größer und es gab neue Narrative und neu verbindende Vereinigungen über die Religionen, die Stände, die Hierarchien und später die Bildungsstätten, die Sport- und andere Vereine. Diese Gemeinschaften und Zuordnungen lösten sich schließlich in der Moderne immer mehr auf, auch aufgrund der Trennung in Wohnstätte und Arbeitsstelle, sodass es mittlerweile kaum noch Großfamilien oder gemeinsames Wohnen mit Großeltern gibt, die Dorfgemeinschaft sich vielfach aufgelöst und fraktioniert hat und in den Städten zunehmend Vereinzelung in kleinen Wohneinheiten ohne viel Nachbarschaftskontakt bis hin zur Vereinsamung entstanden ist. Allerdings beginnen wieder einige Menschen neue Lebensformen zu entwickeln in Wohngemeinschaften, neuer Architektur und anderem, in denen es wieder mehr Betreuungspersonen und Kinder gibt. Auch eine Kita in hoher Qualität mit genügend Anzahl und Zeit der Betreuerinnen und auch der Eltern für eine freudvolle, befriedigende Kommunikation könnte so heutzutage ein Teil des „Dorfes" werden, das die Kinder betreut. Dazu braucht es aber sicherlich eine ausreichende Zahl von gut ausgebildeten und motivierten Betreuerinnen, die eine möglichst sichere Bindung auch in der Kita schaffen, und eine allgemeine Reduktion von Arbeitszeit auch der Eltern, was heute möglich ist (mehr in Kapitel 5). In dieses aktuelle Feld gilt es jetzt das Muttersein und eine mögliche Fremdbetreuung zu verorten und in Bezug auf eine gesunde Hirnentwicklung anzuschauen.

3.4.3 Kitas für unter Dreijährige – Fortschritt oder Gefahr für die Kinder?

Allgemein geht die Diskussion zur Frühbetreuung ja dahin, dass wir in Deutschland aus dem Ausland lernen können.

Aber schauen wir erst einmal auf unsere Situation:

In Deutschland leben aktuell 2,3 Millionen Kinder unter drei Jahren. 33,6 % davon, also 790.000 Kinder, sind in Kitas und bei Tagesmüttern betreut. Davon ist ein Drittel der Kinder schon im ersten Lebensjahr in Kitas (ca. 260.000), die weiteren zwei Drittel ab dem zweiten Lebensjahr (ca. 530.000). Diese Zahlen differieren stark nach Bundesländern und auch Gemeinden. In den neuen Bundesländern, in Hamburg und Berlin liegen die Zahlen etwa doppelt so hoch wie in den alten Bundesländern, wo also mehr Eltern ihre Kinder zu Hause betreuen. Dies liegt für die neuen Bundesländer auch an der Geschichte der umfassenden Kindesbetreuung von den meisten der unter 3-Jährigen in der DDR. Ich komme noch darauf zurück.

Die Relation von Betreuerinnen (nur zu gut 5 % männlichen Betreuern) zu Kindern ist im Westen aktuell 1:3,6, im Osten 1:6. Gefordert von Ärzten und Wissenschaftlern und auch von der Bertelsmann-Stiftung empfohlen ist eine Relation von 1:3.

Die Zahlen beziehen sich auf das gesamte Personal, also auch Leitungskräfte, die vielfach gar nicht mit Kindern arbeiten, die Dokumentationszeiten, Urlaubs- und Krankheitszeiten sind in den Zahlen ebenfalls nicht berücksichtigt. Das heißt, dass ein Schlüssel von 1:3 eher 1:5 bedeutet und ein Schlüssel von 1:6 eher 1:9. Damit sind für die unter 3-Jährigen die notwendigen Betreuungsschlüssel, die eine dyadische Kommunikation mit den Kleinsten ermöglichen, in Deutschland nicht gegeben und es wird sich daran so rasch nichts ändern. Dies ist übrigens im europäischen Ausland nicht anders. Es arbeiten in Deutschland hauptsächlich Frauen in Kitas, die Mehrzahl davon Teilzeit (incl. Leitungsfunktionen). Es werden dabei mindestens weitere 100.000 Fachkräfte in Kitas gebraucht sowie 20.000 Leitungskräfte, um überall die Relation 1:3 zu erreichen. Weiterhin gibt es etwa 45.000 Tagesmütter, bei denen das Verhältnis 1:3 in der Regel erfüllt ist. Zusätzlich fehlen voraussichtlich 320.000 Kita-Plätze, wie das Deutsche Institut für Wirtschaft aktuell mitteilte, was weitere gut 100.000 qualifizierte Erzieherinnen erfordert. Und die Aufwendungen für das Mehrpersonal von einigen Milliarden Euro sind auch nur zum Teil in die Budgets eingepreist. Aber es gibt gar keine qualifizierten Erzieherinnen auf dem Markt und es arbeiten schon viele weniger qualifizierte. Damit sind der Frühbetreuung für die nächsten Jahre bereits klare Grenzen auferlegt.

Und dies mindert natürlich auch die Qualität der Kitas mit schweren Folgen für die kindliche Entwicklung der ersten drei Jahre. Minderung der Kita-Qualität heißt, die Kinder können dort Schaden an ihrer Entwicklung erleiden, weil es mehr um Erledigung aller Aufgaben geht als die konkrete menschliche Betreuung der Kinder, die sie zwingend brauchen.

Die „Nationale Untersuchung zur Bildung, Betreuung und Erziehung in der frühen Kindheit“ (Nubbek) hat die Qualität in Deutschlands Kitas untersucht (2012).[27] Danach wurden in der Hälfte der Kitas mehrere Bildungsbereiche mit „unzureichend“ bewertet und nur weniger als 10 %

wurden selbst in der pädagogischen Prozessqualität als wirklich gut befunden.

Zusammenfassend kann man sagen:
Frühe Fremdbetreuung in den ersten drei Jahren muss von hoher menschlicher Qualität sein und durch empathische BetreuerInnen in ausreichender Zahl durchgeführt werden. Und die kleinen Kinder sollten nur „Teilzeiten" des Tages dort verbringen. Diese Aussagen werden auch von einer großen Langzeituntersuchung des Nationalen Instituts für Kindergesundheit und menschliche Entwicklung (NICHD) seit 1991 zur Langzeitfolge von Fremdbetreuung von kleinen Kindern in den USA gestützt.[28]

Es gibt gute Kitas mit hoher Qualität und ausreichend Mitarbeitern, denen für ihre empathische Betreuung hohe Anerkennung gezollt werden muss, aber es ist nicht die Regel und das geht nicht! Gesunde Kinder können in Kitas mit hoher Qualität und genug empathischen BetreuerInnen ihre gute Entwicklung weiter fortsetzen, wenn es Gründe gibt, unter 3-jährige Kinder fremdbetreuen zu lassen.

Kinder ohne gesunde Hirnentwicklung, mit Traumatisierungen oder eben besonders sensible Kinder, die bei ihren Eltern keine notwendige Umhüllung erfahren, können in Kitas mit hoher Qualität von der Empathie der BetreuerInnen profitieren, Schutz und Anregung erfahren, auch wenn diese Kinder natürlich immer wieder den Wechsel zu den Eltern haben. Kitas ohne gute Qualität und ausreichend BetreuerInnen sind nicht eben etwas weniger gut, sondern schädigen die Kinder in ihrer Entwicklung, selbst die Kinder von liebevollen Eltern. **Kitas für Kinder unter drei Jahre ohne gute Qualität darf es nicht geben!** Die Qualität der Betreuung durch Tagesmütter scheint aber doch mehrheitlich eher gut zu sein, insbesondere aufgrund der Konstanz der Betreuungsperson. Aus diesem Grunde hat z. B. Dänemark verstärkt auf Betreuung durch Tagesmütter gesetzt.

Die Ausbildung der Erzieherinnen muss verbessert werden und sich inhaltlich weniger an pädagogischen Zielsetzungen als an hirnphysiologischem und entwicklungspsychologischem Wissen orientieren. Weiterhin ist bei den Herausforderungen in der Kita ein praktisches Fach „Lebenspflege" einzurichten, damit die Erzieherinnen aus ihrer Mitte heraus den Kindern empathisch begegnen können. Dazu gehört z. B. Meditation und Qigong, das Wissen um die Notwendigkeit eigenen ausreichenden Schlafes usw. Die Eltern dürfen keine Gegner sein, sondern die Kooperation als Grundprinzip sollte ebenfalls erlernt werden.

Darüber hinaus muss!! das Gehalt von Erzieherinnen deutlich aufgestockt werden, hier geht es um das Potenzial einer ganzen Generation, die schwierige Herausforderungen zu meistern haben wird. Wir müssen uns alle als Gesellschaft dazu entscheiden, Geld genug ist da, wie ich noch zeigen werde (Kapitel 4 und 5).

Kindergärten

Ab drei Jahren sind die meisten Kinder in Deutschland dann im Kindergarten. Dies ist ab diesem Alter sinnvoll, über die notwendige Betreuungs-Relation wird noch intensiv gestritten und wird von 1:8 bis 1:16 angegeben und in der Realität auch angetroffen. Die Betreuung einer Person von etwa acht bis zehn Kindern sollte allerdings auch hier angestrebt werden.

Es wird oft gesagt, Migrantenkinder sollten so früh wie möglich in die Kita. Bei diesen Kindern gilt aber nichts anderes, auch sie brauchen eine gesunde Hirnentwicklung, möglichst mit ihren Müttern. Dies gelingt dann auch dort, wenn die Kinder auch genügend Ansprache haben, andernfalls sind Kitas in der von mir beschriebenen hoch qualifizierten Form für Migrantenkinder sicherlich günstiger. Aber Argumente für den Erwerb der deutschen Sprache im Alter von ein bis drei Jahre überzeugen nicht, es gibt keine Untersuchung, die zweifelsfrei zeigt, dass in der

Zeit von drei bis sechs Jahren Kinder in Kindergärten die deutsche Sprache schlechter lernen als vorher, aber alle Migranten-Kinder, wenn sie in den Kindergarten geschickt werden, lernen gutes, zumeist akzentfreies Deutsch. Entscheidend ist also, dass die Kinder ab drei Jahren dann regelmäßig in den Kindergarten gehen, damit sie in der Schule später keine Nachteile haben.

Kitafremde Einflüsse

Zeitschriften

Es gibt mittlerweile ein umfangreiches Zeitschriften-Arsenal für Kita-Mitarbeiter. Hier werden die Kinder in der Regel als lernunerfahrene Menschlein gesehen, die man durch pädagogische Maßnahmen zum Lernen wie zum Reifen bringen muss. Es stehen dort viele Banalitäten drin, die eine Erzieherin, insbesondere, wenn sie eigene Kinder hat, intuitiv weiß. Tatsächlich sind die Kinder die einzigen, die wissen, wie man als Kind und zwar schon als ganz kleines lernt. Man muss ihnen, wie schon erwähnt, die passende Liebe, den passenden Raum und ausreichend Anregung geben, die aber meist schon durch die anderen Kinder gegeben ist.

Ein besonderes Beispiel aus einer Kita-Zeitschrift möchte ich erwähnen: Dort wird neben durchaus kreativen Ideen auch vorgeschlagen, damit die Kinder ab 1,5 Jahren (!) auch ein Gefühl von Nachhaltigkeit (?) bekommen, dass man die Kaffee-Kapseln, die die Eltern zu Hause benutzen, sammelt und mit den kleinen Kindern daraus Ketten bastelt.[29] Was wird da eigentlich vermittelt?

Original Play

Es gibt aktuell einen Elternprotest in mehreren Kitas, auch evangelischen, dass die Leitungen der Kitas die Methode des Original Play in ihren Kitas stattfinden lassen. Bei dieser Methode kommen meist Männer in die Kita und kuscheln und rangeln mit den Kindern auf Matten. Das soll angeb-

lich Selbstvertrauen, Körperwahrnehmung und Emotionsausdruck verbessern. Diese Methode wurde von dem in Kalifornien lebenden Spielexperten Fred O. Donaldson entwickelt. Er hat seine langjährige Erfahrung aus Spielen mit Kindern, auch schwierigen Kindern, Bandenmitgliedern und vor allem Tieren gewonnen. „Original Play ist die Kunst, Liebe zu schenken und Liebe zu geben" (Zitat Fred. O. Donaldson).

Das Spielen mit Tieren bzw. der Kontakt mit Tieren ist sicherlich als günstig bekannt und sinnvoll, z. B. durch tiergestützte Therapie und Pädagogik (übrigens auch für Erwachsene), wie durch das Zusammenleben von Kindern mit Tieren im elterlichen Haushalt.

Bei näherer Auseinandersetzung mit den Schriften von Donaldson wird deutlich, dass Kinder und Tiere ihn gelehrt haben, wieder den ursprünglichen Kern des Spielens zu erfassen und zu erleben, was viele Erwachsene ja verloren haben im Prozess des Erwachsenwerdens. Insbesondere hat er erlebt, dass Konkurrenz und Besiegen in den Grundformen des Spiels von Kindern und Tieren nicht vorkommt. Aus seinem Spielerleben hat Donaldson dann Workshops und Ausbildungen für Erwachsene gemacht. Von den Kindern und den Tieren lernen steht also im Mittelpunkt, Kinder zeigen den Erwachsenen in ihrem unbefangenen Spiel, welches Körperkontakt mit einschließt, was Erwachsenen verloren gegangen ist.

Wer nun die Sache umgedreht hat und meint, Kindern in Kitas und Kindergärten das Spielen durch Körperkontakt beibringen zu müssen, ist mir nicht klar. Aber es stellt das Thema auf den Kopf.

Was soll dadurch erreicht werden und wieso sind plötzlich Kinder die Adressaten?

Auf der Internetseite steht: „Alle Teilnehmenden entscheiden bei der Einladung auf die Spielfläche für sich selbst, ob und in welcher Form sie spielen." Dies mag bei Tieren klar sein, sie machen mit oder nicht. Auch Männer können ihre Absichten und Verantwortung für die Situation übersehen, Kinder dagegen können die Situation und die Absichten der Männer nicht übersehen. Informelle Einwilligungen können Kinder für viele Situationen nicht wirklich geben, das habe ich bei dem Thema Missbrauch schon angespro-

chen. Ein „Nein", wenn ihnen etwas unangenehm ist, können viele Kinder in so einer Situation nicht sagen oder nur viel später. Insofern ist der oben zitierte Satz auf der Internetseite nicht einlösbar. Und Kinder können offen für ihnen unbekannte Menschen sein, viele sind es aber nicht.
Auch wenn beste Absichten bei den beteiligten Männern angenommen werden, sehe ich notwendigen Körperkontakt und liebevolle Einlassung erst einmal bei den Eltern, dann auch als Aufgabe bei den Kita-Mitarbeitern, sicherlich nicht bei fremden Männern. Die Gefahr von sexuellem Missbrauch bzw. unpassender Nähe zu den Kindern ist nicht von der Hand zu weisen, die Sendung Kontraste hat am 24.10.2019 darüber berichtet. Insofern sehe ich keinen Sinn und keinerlei Notwendigkeit, diese Methode in Kitas einzusetzen, stattdessen mögliche Gefahren für die Kinder, an pädophile Männer, die sich ja nicht outen werden, zu geraten und eine „Entlastung" der Kita-Mitarbeiter an völlig falscher Stelle.

Wenn Kita-Mitarbeiterinnen, also eher Frauen und nicht Männer, sich in Original Play ausbilden lassen wollen und dabei wieder viel vom ursprünglichen Spielen lernen können, mag das passen. Dann sind sie den Kindern ja bekannt und sie wissen, welches Kind etwas mehr an liebevollem Körperkontakt braucht.

Aus meiner Sicht hat Original Play mit von außerhalb in die Kita extra zum Rangeln eingeladenen Männern in Kitas und Kindergärten also nichts zu suchen.

3.4.4 Frühbetreuung im Ausland – Vorbildlich?

Wie sieht es im Ausland aus? Die Informationen und Zahlen sind auch bei gut recherchierten Studien meist nicht wirklich vergleichbar. Die Situation im Ausland ist auch je nach Land völlig unterschiedlich. Generell ist die Relation von 1:3 nirgendwo erreicht, Deutschland liegt hier mit anderen Ländern wie Schweden, Finnland und Dänemark mit einem Realschlüssel zwischen 1:5 oder 1:6 im Vorderfeld. In Skandinavien ist die Ausbildung und Bezahlung der Erzieherinnen allerdings auf deutlich höherem Niveau als in Deutschland. Danach gibt es vielfach Vorschulkonzepte.

Frankreich und Belgien haben Relationen von 1:6 bis 1:8. In Frankreich sind mitnichten alle Kinder unter zwei Jahren in Kitas, sondern in 63 % bei ihren Eltern. In Belgien ebenfalls die Mehrheit der Kleinsten bei den Eltern. Die Vorschulkonzepte sind ab 2,5 Jahren bzw. drei Jahren sehr pädagogisch aufs Lernen ausgerichtet mit den vorher geschilderten Problemen.
Die Niederlande, Österreich, Lettland z. B. haben keine wirkliche Kita-Infrastruktur, die Eltern müssen dort eine mindestens zweijährige Elternzeit nehmen oder die Kinder anderweitig versorgen.

Insgesamt ist der Blick ins Ausland in Bezug auf die Betreuungsrelationen interessant, aber dort ist nicht alles besser. Allerdings ist die Qualifizierung von Erzieherinnen in Finnland, Dänemark und Schweden inzwischen ein Studiengang, in Dänemark gibt es dabei mehr Tagesmütter als Krippenplätze. Die Kosten für die Kitas sind sehr unterschiedlich im Ausland, vielfach kostenlos oder zumindest finanziell unterstützt.

Beispiele aus dem Ausland:
Frankreich: Kaum Versorgung für unter 2-Jährige (in Paris sind es nur 5 % der Kinder, die in Krippen sind), ab zwei Jahren sind 35 % der Kinder in Vorschulen, ab drei Jahren fast alle Kinder.
Belgien: 44 % der Kinder unter 2,5 Jahre sind in Kitas, Relation real 1:8. Ab 2,5 Jahren sind alle Kinder in der Vorschule.
Schweden: Hohe Betreuungsrate von 48 % durch Kitas und Tagesmütter für unter 3-Jährige
Dänemark: Nach Ausweitung des Elternurlaubs nur noch 20 % der unter 1-Jährigen extern betreut, danach steigt der Anteil der Betreuung außerhalb auf etwa 64 % an.
Österreich: Die meisten Mütter nehmen 2-Jährige Elternzeit in Anspruch.

Niederlande: Keine ausgebildete Kita-Infrastruktur, die Niederländer bleiben mehrheitlich in den ersten zwei Jahren bei ihren Kindern und arbeiten danach zu 70 % Teilzeit.
Lettland: Es existiert keine Kita-Infrastrukur.
In Polen und Rumänien werden die meisten der unter 3-Jährigen zu Hause betreut.[30]

Die damalige Situation in der DDR:
Oft wird die DDR-Situation der Kinderkrippen und Kindergärten als Modell benannt, das funktioniert haben soll.

Zur Veranschaulichung der Position: In dem evangelischen Magazin „chrismon“ vom September 2019 (Beilage der Wochenzeitung „Die Zeit“) findet sich ein lesenswertes Interview mit den in ihren Karrieren erfolgreichen Frauen Maria Furtwängler, Ärztin und Schauspielerin, die „im Westen“ und Hiltrud Werner, VW-Vorstandsmitglied für Integrität und Recht, die „im Osten“ aufgewachsen ist.[31] In einer Passage wendet sich Frau Furtwängler an ihre Kollegin mit den Worten: „Ihr DDR-Frauen habt Eure Kinder ja früh und ohne Weiteres abgegeben, und die wurden gut betreut.“ Frau Werner sagt dazu: „Ja, die Kinderbetreuung in der DDR war sehr gut. Insbesondere im Alter zwischen vier und sechs, wenn Kinder sehr neugierig und lernwillig sind, haben die Kindergärten diese Zeit mit vielen frühkindlichen Angeboten genutzt und auch soziale Kompetenzen in der Gruppe mit gefördert. …“

Soweit die Statements, die letztlich untermalen und hinweisen, dass die meisten Menschen in den alten Bundesländern über die Verhältnisse der Kinderbetreuung in der DDR überhaupt nicht näher informiert sind, in den neuen Bundesländern kommt es in Rückschau häufig zu einer selbstberuhigenden Verklärung der Kinderbetreuung. Und da diese in einem inneren Zusammenhang mit der Gleichberechtigung von Mann und Frau in der DDR stand, zumindest auf der Arbeitsebene, färbt dieses Positivum eben auch heute noch gerne auf die Kinderbetreuung ab. Auch ich habe die Situation in den Kinderkrippen der DDR erst recht spät realisiert im Rahmen von Patienten-Behandlungen, die mich zu Recherchen bewegt haben. Insofern habe ich durchaus Verständnis für die Interview-Partnerinnen.

Schauen wir uns die tatsächlichen Verhältnisse der Kinderbetreuung in der DDR also einmal näher an:

Hier wurden fast alle Kinder nach sechs bis acht Wochen, zumindest aber im ersten halben Jahr in Kinderkrippen aufgenommen. Wer dies nicht wollte, hatte im sozialen und politischen Gefüge Nachteile zu erwarten. In der ersten Phase der Krippenbetreuung nach dem Krieg gab es Wochenkrippen, d. h. die Kleinsten kamen erst am Wochenende wieder zu den Eltern. Die Mütter wurden u. a. gebraucht, um die Kriegsschäden möglichst rasch wieder zu beseitigen. In diesen Wochenkrippen drehte es sich um körperliche Pflege sowie medizinische Versorgung.

Da es jedoch überall Entwicklungsverzögerungen und Infekte bei den Kleinsten gab, wurden statt Wochenkrippen Tageskrippen eingerichtet, in denen die Erzieherinnen das Sagen hatten, und die Eltern waren aufgefordert, das Familienleben entsprechend der Krippenpädagogik auszurichten. Frühpädagogische Beschäftigungs- und Lernaufgaben dominierten.

Auch dies konnte die Entwicklung der Kinder nicht fördern und die Infektanfälligkeit der Kinder und andere, insbesondere psychosomatische Störungen (Einkoten, Einnässen bei den Kleinen, Entwicklung von Angst, angstvolle Vermeidung, depressive Entwicklungen bei den Größeren) wurden so nicht wesentlich reduziert. So wurden schließlich doch Ansätze einer individuelleren und kindgerechteren Frühpädagogik entwickelt, die jedoch vor dem Fall der Mauer nicht mehr zur Umsetzung kamen.[32] In den letzten zehn Jahren davor haben allerdings doch recht viele Eltern versucht zu improvisieren und ihren Kindern diese Kitaerlebnisse zu ersparen.

Zusammenfassend möchte ich sagen, dass dies ein schlimmes Kapitel mit desaströsen Folgen für viele Kinder und späteren Erwachsenen in der DDR war mit Folgen für viele Menschen bis heute für ihre Gesundheit, Lebensgestaltung, Zuversicht und ihr Lebensglück. Bei vielfach hoher kognitiver Kompetenz, die sich auch trotz Bedrohungssituationen zur Angstminderung ausbilden kann, war aber die im Überwachungsstaat unterdrückte emotionale Wahrnehmungs- und Ausdrucksfähigkeit sehr schwer, wieder aus der Angst vor Kontroll-Verlust und der Angst, so ins Radar der Stasi zu gelangen, heraus- und weiterzuentwickeln. Das Buch „Gefühlsstau" von Hans-Joachim Maaz ist diesbezüglich ja sehr erhellend und bekanntgeworden.

Es ist bewundernswert, dass trotzdem viele Menschen im Osten die Herausforderungen nach dem Mauerfall angenommen haben und trotz dieser Belastungen aus der Kindheit an ihren Alltagskompetenzen immer weiter und vielfach erfolgreich gearbeitet haben, aber doch oft mit anhaltendem inneren Leid. Jetzt, 30 Jahre nach dem Mauerfall, arbeiten sich insbesondere die Jüngeren in Ost wie in West aus den transgenerationalen Kriegstraumata heraus und beginnen, sich den aktuellen gemeinsamen Herausforderungen wie Klimawandel, Migration und den Folgen der seit den neunziger Jahren zunehmend deregulierten Wirtschaft auf unterschiedliche Weise zuzuwenden.

Zu den mir als positiv mitgeteilten Erfahrungen von Freunden und Patienten aus der DDR gehörte aber die Sicherung der Arbeit dort, jeder hatte Arbeit, Frauen wie Männer, und die Höherbezahlung der Vorgesetzten blieb in einem nachvollziehbaren Rahmen. Überstunden gab es weniger, die Arbeit wurde in den meisten Fällen pünktlich beendet, sodass eine Gestaltung des Nachmittags und Abends möglich war in den Familien, unter Freunden und Nachbarn. Dass dort aus persönlichen Sicherheitsgründen nicht über Politik gesprochen wurde, war der Preis dafür. Aber ein Gefühl von Gerechtigkeit in der Gesellschaft war vermutlich eine Ressource zur Bewältigung des Alltags, die nach der Öffnung der Mauer offensichtlich zunehmend verloren ging.

Kinder im Kibbuz

Es wird auch immer wieder das Kibbuz genannt als eine Betreuungsform, die zeige, dass Mütter nicht wirklich wesentlich im Leben von Kindern sind. Das traditionelle Kibbuz war und ist eine Lebensform für Betreuer, Eltern und Kinder mit dem Ziel, den Individualismus aufzuheben. Die Kinder waren im traditionellen Kibbuz in Kinderhäusern mit Gleichaltrigen untergebracht, wurden dort versorgt und im Kollektiv erzogen. Die Eltern konnten einige Stunden am Tag mit ihren Kindern verbringen, aber nicht über Nacht. Dort führten dann BetreuerInnen Aufsicht. Es ist sehr viel darüber geschrieben worden, vielfach auch von jungen Menschen aus westlichen Ländern, die von diesem Versuch, ohne Besitz im Kollektiv zusammenzuleben, fasziniert waren. Wo sonst konnte man „Sozialismus pur" erleben.

Insbesondere der amerikanische Kinderpsychologe Bruno Bettelheim, der als Jude selbst ein Jahr in den Konzentrationslagern Dachau und Buchenwald war und dann 1939 emigrieren konnte, hat darüber berichtet.[33] Die Kinder seien selbstbewusst und hätten in Tests besser abgeschnitten als herkömmliche, also mit Mutter erzogene US-Kinder, so seine Analyse. Diese Tests betrafen aber vielfach insbesondere die kognitiven Leistungen. Er schloss daraus, dass es für Kinder besser sei, ohne Mutter im Kibbuz aufzuwachsen und dies keinen Schaden bei den Kindern verursache. Dies wurde aber in der Fachwelt sehr kontrovers diskutiert. Der österreichisch-amerikanische Psychologe und Psychoanalytiker René Spitz fand in seinen Forschungen in amerikanischen

Säuglingsheimen das Gegenteil, also dass Kinder, die ohne Mutter aufwuchsen, Schaden nehmen. Diese Position von René Spitz ist unter den Fachleuten mittlerweile ein recht breiter Konsens.
Bettelheim war durch seine Arbeit mit seelisch schwer gestörten Kindern, die von Fachleuten auch wegen der Anwendung seiner Methoden in der Behandlung vielfach kritisiert wurde, eben der Meinung, dass die Betreuung eines Kindes durch eine seelisch kalte Mutter zerstörerische Wirkung auf die Entwicklung des Kindes habe mit schweren Folgen des Erlebens und im sozialen Kontakt (Autismus-These). Insofern war er begeistert von einer Erziehungsform ohne große Abhängigkeit von Müttern. Obwohl wir sehen und Bettelheim darin zustimmen können, dass seelische Kälte in der Kindererziehung vielfach traumatisch wirkt, sind seine verallgemeinerten Auffassungen daraus nicht schlüssig und nicht gültig für liebevolle Mutter-Kind-Beziehungen. Dass hier ein Beweis erbracht wurde, also dass das Kibbuz-Leben den Kindern „Urvertrauen" gab, wie es Bettelheim deutete, wird von den meisten Fachleuten abgestritten und problematisiert.

Vielmehr wird von Forschern konstatiert, dass dieses Aufwachsen mit marginalen Eltern-Kontakten für viele Kinder auch Angst bedeutete und die Bindungsfähigkeit beeinträchtigte. Da dies sich auch in der Öffentlichkeit zunehmend als Problem für die Kinder herausstellte, wurde diese traditionelle Kibbuz-Organisation ab 1990 dann auch geändert, sodass viele Kinder zu Hause schlafen konnten. Die Forschung in diesen Jahren belegte (z. B. Die Haifa Longitudinalstudie v. Avi Sagi-Schwartz/Uni Haifa[34]), dass fast doppelt so viele Kinder eine sichere Mutter-Kind-Bindung hatten, die zu Hause schlafen konnten, gegenüber der Mutter-Kind-Bindung bei der traditionellen Variante des Schlafens im Kinderhaus.

Die Bindung der Kinder an die Betreuungspersonen war vielfach unsicher, nur einem Teil der Kinder gelang es hier, zu sicheren Bindungen zu kommen, die ihnen dann später aber insbesondere für kognitive Leistungen doch zur Verfügung standen. Möglicherweise galt dies insbesondere für einige der in Kapitel 1 von mir erwähnten resilienten Kinder. Dies war aber nicht genauer untersucht worden.

Auffällig war aber in der Regel eine starke Gefühlsverdrängung, die die Beziehungsaufnahme sowohl in der Öffentlichkeit als auch der jungen Menschen im privaten Emotionalkontakt untereinander oft erschwerte. Positive Herausforderungen und Ansporn, etwas zu erreichen und darüber zu wachsen und zu reifen, gab es im Kibbuz zu wenig. Diese Themen sieht auch Bettelheim als Nachteile des Kibbuz-Systems.
Die traditionelle Kibbuz-Organisation war offensichtlich für die meisten der Kinder eine große emotionale Belastung und nicht wirklich zukunftstauglich für eine Welt, in der die Kinder und jungen Erwachsenen später auch individuell bestehen müssen. Denn zum Teil gute kognitive Leistungen alleine reichen dafür nicht. Die heutigen Kibbuz-Organisationen sind der Zeit und dem Wissen um die Bedeutung des Eltern-Kontaktes besser angepasst. Allerdings ist die „kollektiv-sozialistische" Idee vielfach verloren gegangen, auch aufgrund von Privatisierung und neuem Besitztum.

Vorbildhaft war sicherlich die für Kinder sichere Spielwelt in der Natur. Daran könnten sich zukünftige Strukturen von Kinderspielwelten bei uns durchaus orientieren.

Fazit

Die genannten Reifungsproblematiken des kindlichen Gehirns ließen sich präventiv vielfach vermeiden, wenn die Gesellschaft diese Zusammenhänge, insbesondere die Notwendigkeit einer guten dyadischen Beziehung der Mutter oder einer Beziehungsperson mit dem Kind in den ersten zwei bis drei Jahren ernsthaft zur Kenntnis nimmt und die entsprechenden Rahmenbedingungen dafür schafft. Das bedeutet, dass Kleinkinder, wenn die Notwendigkeit von Fremdbetreuung gegeben ist, also möglichst erst mit zwei Jahren in die Kita kommen und dort empathiefähige Erzieherinnen die Dyade weiterführen.

Das gelingt im Allgemeinen dann, wenn die Relation Kinder: Erzieher real nicht mehr als drei zu eins ist. Sollten aus wirtschaftlicher Notwendigkeit oder fehlender familiärer Anregung des Kindes die Kinder früher in Kinderkrippen gegeben werden müssen, gilt dies umso mehr. Ebenso finden Gedanken zur wirtschaftlichen Stärkung von Familien, die es ihnen ermöglicht, mit einem Verdiener zeitweilig über die Runden zu kommen, hier ihren berechtigten Platz (angemessene Löhne, selbstbestimmte Arbeits- und Betreuungs-Aufteilung der Eltern, bedingungsloses Grundeinkommen oder andere gesellschaftlich sinnvolle Lösungen).

Da aktuell allerdings der Markt an Erzieherinnen leergefegt ist, erste Kitas deswegen schließen und dringend eine Aufstockung des Kita-Personals notwendig ist für die Kind-Betreuerin-Relation 3:1, sollten Eltern derzeit die familiären Lösungen zur Kinderbetreuung unbedingt in Betracht ziehen, ja favorisieren. Ggf. gilt auch die Tagesmutter-Betreuung aufgrund oft guter Qualität der Betreuung als sinnvolle zeitbegrenzte Alternative.

Dies gilt in besonderem Maße, wenn das Kind hochsensibel ist. Die Gesellschaft ist aufgefordert, in die Ausbildung, gute Auswahl und gute Bezahlung von Erzieherinnen und Tagesmüttern zu investieren.
Nur Kitas in hoher Qualität sind gesellschaftlich akzeptabel, Kitas in geringerer Qualität setzen Schäden und verhindern eine gesunde weitere Hirnentwicklung bei den kleinen Kindern.

Die familiäre Lösung der Kinderbetreuung unter drei Jahren bleibt auch angesichts der für die Kinder unsicheren Kita-Situation in Deutschland absolut sinnvoll und kindgerecht, sofern die Familien emotional stabil sind und ausreichend finanziell unterstützt werden. Die familiäre Betreuung gelingt aber vermutlich erst dann zeitgemäß, wenn sich auch die Männer emanzipieren und sich die Elternzeit mit den Frauen teilen. Ob 1 zu 1 oder 1,5 zu 1,5 Jahre oder doch die ersten zwei Jahre der Kinder bei der Mutter und ein weiteres Jahr beim Vater zu Hause wird sicherlich von Paaren unterschiedlich favorisiert. Aber dies wird sich in der Gesellschaft zunehmend durchsetzen (siehe auch Kapitel 2 und 4).

Wenn wir unsere Art zu wirtschaften zukünftig nachhaltig und kooperativ entwickeln, sowohl in Deutschland als auch mit anderen Menschen aus anderen Ländern, wird das Thema der Kinderbetreuung noch einmal in seinen Voraussetzungen ins Positive verändert werden. Eltern werden es sich trotz verringerter Arbeitszeit finanziell leisten können, ihre Kinder in den ersten Jahren zu Hause zu betreuen, andererseits wird es mehr Tagesmütter geben und nur noch Kitas hoher Qualität mit ausreichend empathiefähigen Mitarbeitern und würdigen Gehältern. Dann werden Leidenswege der Kinder zurückgehen, insbesondere Traumafolge-Störungen und Entwicklungen in antisoziale Persönlichkeits-Störungen.

3.4.5 Schule: Bismarcks Erbe und Wirtschaftslogik – hirnphysiologisch ohne wirklichen Lernertrag

Wir haben im Gezeiten Haus neben der jeweils persönlichen Erfahrung als Eltern sehr viel Einblick in das Schulsystem durch Behandlung vieler Lehrer, Schulleiter, Schulkinder, und während der stationären Behandlung der Kinder und Jugendlichen erfüllen wir die Schulpflicht selbst mit geeigneten Lehrkräften.

Vor meinen kritischen Anmerkungen möchte ich aber meine Wertschätzung ausdrücken für die vielen Lehrer, die sehr empathisch und mit hohem Engagement versuchen, in diesem veralteten Schulsystem ihre Schüler zu stärken und zu begeistern. Das ist aber bereits jetzt und auch zukünftig schwer durchzuhalten, besonders in den weiterführenden Schulen. Auch sehe ich, dass die meisten Grundschüler noch in freudiger Erwartung und großer Neugier in ihr Schulleben eintreten. Für viele hält das aber nicht lange an und sie verheddern sich zunehmend in systemische Fallstricke dieses Schulsystems, ebenso die Lehrer.

System Schule

Schule funktioniert nicht mehr richtig, ein klarer Arbeitsauftrag für Lehrer ist heutzutage nicht mehr wirklich erkennbar. Schule soll vielmehr in Ermangelung einer Neuausrichtung heutzutage für alles herhalten und alles geradebiegen, was irgendwie in den Familien, in der Gesellschaft, im permanenten Wandel und in Zuarbeit für die Wirtschaft mit ständig wechselnden Zielen schiefläuft. Das kann nicht funktionieren. Schule ist aktuell also de facto ein völlig insuffizienter Reparaturbetrieb geworden. Und unterstrichen wird das noch durch ständig wechselnde Konzepte der Kultusministerien, die die ganze Hilflosigkeit zeigen. Die Literatur hierzu ist sehr umfangreich geworden, die biografischen Erzählungen von Lehrern und Jugendlichen, die darin krank wurden, sind bedrückend.

Und in der Corona-Krise sind diese Themen ja noch konkreter offensichtlich geworden.

Unser heutiges Schulsystem ist kein gesunder Ort, weil Begeisterung und kreatives Potenzial bei Schülern und Lehrern vom System her nicht gefragt sind und im Laufe der Schulzeit weitgehend verringert, wenn nicht zerstört werden. Das System ist alt und arbeitet mit Instrumenten und Zielsetzungen aus der Vergangenheit. Es hatte mindestens seit Bismarck den obrigkeitlichen Auftrag, unter heute fragwürdigen pädagogischen Konzepten die Kinder so zu formen, dass sie als „Untertanen“ bzw. neue Mitglieder der Gesellschaft nach der herrschenden Moral funktionieren und ihren Arbeitsplatz nach den wirtschaftlichen

Vorgaben korrekt ausfüllen. Kreativität und Kooperation waren keine geforderten Elemente.

In der obrigkeitlichen Unterordnung hatte vielfach Angst die kindliche Neugier abgelöst. In der Angst wird Lernen zu harter Arbeit schon im Kindesalter. Heutzutage in der allgemeinen Auflösung von Gruppen- und Bindungs-Strukturen ist ein Vakuum entstanden, das Neue ist noch nicht da (schon existierende hoffnungsvolle Ausnahmen siehe weiter unten).

Die alten Regeln werden nicht mehr akzeptiert, weder von Schülern noch von Eltern. Angst existiert weiterhin und zusätzlich ist bei allen Beteiligten ein zunehmend hoher Erregungspegel entstanden durch ein Nichtmehrverstehen der Welt, einhergehend vielfach mit Sinnlosigkeitsempfinden, wirtschaftlicher Belastung der Familien und Digitalisierungsstress. In Erregung kann man nicht lernen! Das ist eine altbekannte hirnphysiologische, aber auch im Schulalltag erfahrene Erkenntnis.

Schule ist bis heute ein Dienstleistungsbetrieb zur Bereitstellung geeigneter Arbeitskräfte für die Wirtschaft geblieben. Und implizit zieht sich durch das ganze System die Anforderung, in Konkurrenz zu gehen und darin zu bestehen. Und auf diesem Boden entsteht nun der verzweifelte Versuch, ohne hirnphysiologisch vorbereitete Kreativität und Selbststeuerung die MINT-Fächer zu pushen. Das ist so natürlich zum Scheitern verurteilt. MINT-Fächer sind Mathematik, Informatik, Naturwissenschaften und Technik.

Die Schule ist aktuell also kein Ort zur Stärkung des Wesens eines kleinen Menschen für kooperative Lösungen, der aktuellen Herausforderungen des Menschseins, der Erlangung von Glück, Zufriedenheit und Balance sowie der Erhaltung der Lebensbedingungen auf der Erde. Das liegt unter anderem daran, dass die Verantwortlichen für die Schulstrukturen, z. B. die Beteiligten der Kultusministerkonferenzen in der Regel kein Wissen über die Abläufe im Gehirn haben und was hirnphysiologisch gefordert ist, damit Lernwissen im Gehirn wirklich ankommt und gedächtnisfähig verarbeitet werden kann.

Dafür bräuchten wir erstens ein Interesse für diese Prozesse und zweitens eine Abkehr vom obrigkeitlichen Lernen hin zu dialogischem, kooperativem Lernen.

Klaus Günther (Universität Bonn) hat hier eine hervorragende Abhandlung geschrieben über diese Zusammenhänge, die ich jedem Lehrer empfehlen kann (Das Hirn der Studierenden). Er zeigt, dass Lernen dann hohen Lernertrag hat, wenn sich Lehrpersonen und Lernende in Nahkommunikation und empathischer Nähe treffen. Das kann auch mal Frontalunterricht sein, wo es passt, sofern der Lehrer diese Nähe aufbauen kann. Klaus Günther sieht die Situation in der Schule bei aller Rückschrittlichkeit durch beginnende neue Lernformen sogar etwas günstiger als die Studiensituation.

Dazu muss sich Schule radikal im System und seinen Zielsetzungen ändern. Wie das gehen könnte, dazu anschließend gleich mehr. Hier möchte ich die Analyse der aktuellen Situation noch etwas weiterführen.

Die aktuelle Situation

Klassen mit 30 Kindern waren immer schon zu groß. Heute hat sich die Lage sehr verschärft, die Kinder haben sich sehr verändert, neue Kinder sind hinzugekommen, viele haben mehr Zuwendungsbedarf:

- *zunehmend sind Kinder unsicher gebunden oder haben Bindungsstörungen*
- *kennen oder akzeptieren keine Rituale mehr*
- *kommen aus schwächelnden bzw. sehr belasteten Familienverbänden oder sind Trennungskinder*
- *viele Kinder sind in ihrer Hirnentwicklung (auch durch frühpädagogische*

Zielsetzungen in Familien und Kitas) behindert worden mit ungünstigen Folgen für ihr Potenzial und ihre Lernkompetenz
- *haben zunehmend Probleme mit der Impulskontrolle aufgrund behinderter Entwicklungsbedingungen (teilweise mit antisozialen Entwicklungen)*
- *viele Kinder kommen müde und erschöpft in die Schule infolge Schlafmangel, der u. a. auf emotionale Probleme, öfter auch Drogen und nächtliche Social-Media-Kontakte zurückzuführen ist*
- *viele Kinder aus Migrationsfamilien sprechen, wenn sie nicht im Kindergarten waren, vielfach kaum Deutsch und sind für das Lernen in ihren Familien nicht unterstützt*
- *es gibt viele Varianten bei Religion und Geschlechterverhalten und wenig Toleranz und Regeln*
- *die Inklusion bringt eigene Herausforderungen mit sich*
- *Zusätzlich aktuell Abstandsregelungen in der Corona-Pandemie.*

Unter diesen veränderten Voraussetzungen dürften Klassen natürlich nicht so groß sein, vermutlich höchstens mit 15 bis 20 Kindern, vielleicht sogar noch kleiner. Aber kleine Klassen gibt das System nicht her. Und wir bräuchten natürlich mehr Schulräume und Lehrer. Dabei sind unsere Schulen baulich eine Katastrophe, die Betonklötze sind einfach schallhart, die Schall-Laufzeiten viel zu lang, dadurch sinkt die Wortverständlichkeit und die Lautstärke in der Klasse schaukelt sich automatisch hoch. Lernen ist dadurch allgemein eindeutig erschwert (Nelting, Hyperakusis, Kapitel 12).

Junge engagierte und begeisterte Lehrer werden so in kürzester Zeit demotiviert. Viele feinfühlige Lehrer werden langjährig frustriert, schließlich krank, in der Regel mit Stressfolge-Erkrankungen – chronisch-komplexer Tinnitus, Hyperakusis (Geräuschüberempfindlichkeit), Burn-out, Depression. Es werden zu viele Lehrer und diese viel zu früh frühpensioniert (im Durchschnitt mit 58 Jahren), wenn das auch heutzutage ärztlicherseits gut nachvollziehbar ist. Das bedeutet gesellschaftlich ein schwerer Verlust an gut ausgebildeter Lehrer-Kapazität. Nur etwa 40 % der Lehrer erreichen aktuell das Regelrenten-/Pensions-Alter von 65 bzw. mittlerweile zukünftig dann von 67 Jahren.

Schulleiter stehen zwischen dem Bedürfnis, ihre Lehrer zu schützen und Richtlinien der Kultus-Bürokratie umzusetzen. Darüber hinaus stehen sie in großer Rechtsnot, weil sie zur Bewältigung digitaler Gefahren wie Cybermobbing, konkreter Drogenbedrohungen auf dem Schulhof sowie Forderungen von Eltern zur Umsetzung ihrer individuellen Vorstellungen zur Beschulung ihrer Kinder gar keine Handhabe und Unterstützung bekommen. Schulleiter will inzwischen ja auch niemand mehr werden, die Anzahl der Schulen ohne Schulleiter steigt dramatisch. Zusätzlich gibt es einen ausgeprägten Lehrermangel, allein in den Grundschulen fehlen nach Angaben der Bertelsmann-Stiftung gut 26.000 Lehrer.

Die Schüler werden ge„pisa“ckt, weil Deutschland internationale Bildungs-Ziele verfehlt. Der starre Blick auf PISA mit dem Fokus auf die MINT-Fächer, was einem Ranking des Durchhaltens von Kindern in einem kranken System entspricht, läuft völlig in die Irre. So verstärkt sich nur die Potenzialvernichtung bei den Kindern. Die wichtige Frage der Lesekompetenz von Schülern sehe aber auch ich als Thema, das in die Wahrnehmung, ja in den zentralen Fokus der Gesellschaft gehört.

Was Kinder zum Lernen brauchen

Was Kinder brauchen, ist Unterricht durch begeisterte Lehrer in kleinen Klassen und Direkt-Kontakten zum Lehrer, und vor allem müssen nicht alle Kinder eines Jahrgangs gemeinsam immer das Gleiche lernen. Das gelingt besser, wenn man mehrere Jahrgänge zusammenfasst, so können auch ältere Schüler Jüngeren helfen. Bevor jemand einwendet: „Das geht doch gar nicht“, sage ich, das geht und ist in allen früheren Dorfschulen ausprobiert worden, und aktuell zeigen einzelne Schulen, wie befreiend das auf die Schüler wirkt (siehe S. 609-612).

Priorität sollte erst einmal auf kreativen Kultur-Fächern liegen: Sport, Musik (Singen), Kunst, Handarbeit und Handwerk, Theater und Improvisation mit dem Blick auf psychosoziale Entwicklung und Kompetenzerwerb. Und auch in den einzelnen Unterrichtseinheiten immer wieder Bewegung. Darüber hinaus Fächer, die die Probleme des aktuellen und zukünftigen Alltags anschauen und z. B. Sinnvolles in der digitalen Welt und Gefahren dort thematisieren, aber auch die Schüler für das analoge Leben befähigen als Voraussetzung für eine funktionierende analog-digitale Balance. Auch dies ist keine rückwärtsgewandte Romantik, sondern hirnphysiologisch seit Langem bekanntes, aber nicht angewandtes Wissen.

Die Leistungen in den MINT-Fächern werden automatisch besser werden, wenn die Gehirne der Kinder und Jugendlichen kreativ befreit werden und die Lust und Neugier am Lernen und Erkunden durch die oben benannten Disziplinen wieder eine Rolle spielen darf (intrinsische Motivation). „Wer sagt überhaupt, dass man im Sitzen lernen muss?“, meinte neulich ein Schweizer Freund zu mir. Und recht hat er, das ist hirnphysiologisch eher Unsinn. Und wenn man das mal machen möchte als Lehrer oder muss aufgrund von Vorgaben oder auch, weil es manchmal sinnvoll ist, sollte man nach 20 Minuten eine kurze Pause mit Bewegung machen. Vor dem Mathematikunterricht sollte man fünf Minuten chaotische Bewegung (Tanz/Stockfechten o. Ä.) mit den Schülern machen oder eine kurze, kindgerechte meditative Zeit, dann ist das Hirn in einem echten Lernmodus.

Die „Fridays for Future“- Schülerbewegung wird sich z. B. in diesem Sinne auswirken, dass die Schüler in gemeinsamem Handeln und guter Bewegung die brüchige Welt der Erwachsenen selbstwirksam erleben und verändern werden. Dies wird hirnphysiologisch für ihr Lernen eine kolossale Erfrischung und Befreiung bedeuten, die ihre Leistungen in Mathematik und Physik deutlich befördern werden, obwohl ein paar Schulstunden ausfallen.

Das aktuelle Schulsystem scheint mir allerdings so nicht einfach reformierbar (obwohl die Schulgesetze der Länder mutigen Lehrern viel Freiheit lassen), vielmehr braucht es eine völlige Neuorientierung, die pädagogischen Sachverstand mit hirnphysiologischen Wissen zusammenbringen darf und eine empathische, liebevolle Lernumgebung in Schulen geschaffen wird, natürlich mit adäquaten Herausforderungen, die die Schüler aber meistern können.

Das hat nichts mit Kuschelkurs zu tun, sondern mit dem Wissen, wie Lernertrag entsteht. Schule mit Schulpflicht wird bei uns von Elternseite her mittlerweile zunehmend als repressiv, einengend, ja sogar manchmal als sinnlos gesehen und von Schülern entsprechend empfunden. Lehrer kommen vielfach ins Burnout, Schüler zu oft ins „Versagen". Kinder in Entwicklungsländern dagegen sind oft begierig nach Schule und Lernen, sie sind begeistert, weil Bildung dort Hoffnung macht und gute Wege eröffnet.

Schule hier müsste sich also so entwickeln, dass das Großartige daran und die Möglichkeiten, insbesondere des Erlebens der Welt, ins Zentrum des Schulalltags kommen und die natürliche Neugier der Schüler wieder entfacht wird. Dann macht Lernen bald auch wieder Sinn, der in gewisser Weise dann auch wieder zu (be)greifen ist. Aus Natur- und Menschenkunde lassen sich dann gute Herausforderungen ableiten, die Lernstoffe als Rüstzeug interessant machen. Das lässt sich leicht auf MINT-Fächer übertragen. Sitzendes Lernen wird dann vermutlich bald seltener werden bzw. jeweils zeitlich begrenzt sein.

Dazu müssen aber einige Lehrer auch lernen, über ihr Fach hinauszudenken, also eine interdisziplinäre Lust zu entwickeln. In den Lehrerzimmern herrscht in den Pausen zu oft eine lähmende Atmosphäre, andererseits große Konkurrenz in den pädagogischen Konzepten und eigentlich wenig Empathie füreinander und für die Schüler.

Hierzu ein Beispiel:
Ich war als Elternvertreter in einer Klasse befasst mit dem beabsichtigten Verweis eines Schülers von der Schule wegen Fehlverhaltens. Die in dieser Klasse arbeitenden Lehrer kamen zu einem Entscheidungs-Treffen mit der Schulleitung und mir zusammen. Alle Lehrer, die in den Raum eintraten, waren erstaunt, welche andere Kollegen jeweils in dieser Klasse engagiert waren. Sie wussten es einfach nicht und hatten sich seit Langem nicht mehr über diese Klasse besprochen. Als ich zu bedenken gab, dass bei einem so fragmentierten Lehrer-Team das Verhalten des Schülers auch eine systemische Deutung im Sinne eines Opfers oder Schuldigen zuließ, wurde ich recht verständnislos angeguckt, sogar von einem Lehrer beschimpft.

Es wurde aber schließlich deutlich, dass der Schulverweis eine zu einfache Lösung war und die Lehrer letztlich sehr unterschiedliche Ansichten über den „Schöler" (wie in der Feuerzangenbowle) hatten. Der Schüler konnte bleiben und entwickelte sich recht gut. Die Lehrer in ihrer Entwicklung konnten mit ihm nicht wirklich Schritt halten.

Mehr Erfolge als Misserfolge sind die Leitschnur, die Schüler gern zur Schule gehen lässt. Und vor allem lernen sie so gerne bei Lehrern, die noch begeisterungsfähig sind. Es müssen dabei vermutlich nicht alle Lehrer sehr geeignet sein, um noch Kreativität zu erhalten. Oft reichen ein paar wirklich Geeignete für diesen Beruf im Laufe der Schullaufbahn der Schüler aus.

Ein Biologielehrer eines Sohnes von uns war derart begeisterungsauslösend, dass nach einem Jahr die Hälfte der Klasse Biologie studieren wollte. Selbstredend wurde die ganze Klasse auch in anderen Fächern besser. Das heißt, dass der Lehrerberuf so in die gesellschaftliche Wirklichkeit Eingang finden muss, dass die für diesen Beruf Geeigneten und psychosozial Kompetenten diesen Beruf ergreifen möchten. Wir brauchen also viele neue Lehrer wegen der Notwendigkeit kleiner Klassen und solche, die wirklich Lust haben, mit Kindern und ihrer Neugier auf die Welt zu arbeiten. Mehr für sich selbst gut motivierte Lehrer und attraktive, das Lernen förderliche Schulräume und Schulumgebungen kosten Geld.

Hier muss die Gesellschaft deutlich machen, ob sie das will! Und dann den Willen mit geeigneten Finanzierungen umsetzen. Geld dafür ist in der Gesellschaft reichlich da, allerdings häufig sehr und vermutlich für das gesellschaftliche Gemeinwohl unsinnig konzentriert auf wenige.

Und ich möchte an dieser Stelle unmissverständlich darauf hinweisen, dass ein Schüler nicht wirklich lernen kann, wenn er oder sie auf die Toilette muss. Viele sanitäre Anlagen in den Schulen sind aber in einem unzumutbaren Zustand, die Schüler verkneifen sich lange den Toilettengang, den Lehrern geht es genauso. Eine Sanierung von Schultoiletten ist unaufschiebbar! Schauen wir uns also später an, wo dafür das Geld herkommen kann (S. 542 ff).

Wir werden später in Kapitel 4 sehen, dass die Bezahlung aller Berufe, in denen Menschen mit Menschen arbeiten, deutlich attraktiver werden muss. Dies betrifft z. B. Erzieher, Lehrer, Krankenschwestern und -pfleger, ebenso wie Altenpflegerinnen und -pfleger, Feuerwehrleute und andere. Denn der Arbeitsmarkt ist leer gefegt, die Menschen ergreifen diese Berufe nicht mehr gerne.

Außer der Bezahlung und einer guten Ausbildung sind eben auch die Arbeitsbedingungen zu verändern. Die skandinavischen Länder sind hier tatsächlich weiter (wenn auch durchaus noch in Sichtweite). Aber es gibt z. B. in Finnland keine Bestenlisten oder Rankings für die Schüler. Kooperation zwischen Lehrern, Schülern und Eltern und jeweils untereinander ist das Geheimnis ihres Bildungserfolges und der Verringerung sozialer Ungleichheit. Diese entspanntere Haltung zum Bildungserfolg sehen wir in ganz Skandinavien.

Aber auch bei Kooperation bleiben Lehrer und Eltern über die gesamte Schulzeit Vorbilder, d. h. vorangeht die Erkenntnis und ein Bemühen, ein Vorbild zu sein oder zu werden. Inwieweit neue, offenere und erst einmal empathischere Schul-Konzepte nachhaltig Impulse in die Schullandschaft setzen können wie z. B. an der Brüder-Grimm-Schule in Hamm, die mit dem deutschlandweiten 1. Platz des Schulpreises 2019 ausgezeichnet worden war, wird sich zeigen. Offensichtlich gibt es dort Ziele, anhand derer mit den Schülern begeistert gearbeitet wird.

Ein weiteres hocherfreuliches Beispiel ist das private Albgymnasium in Sonnenbühl bei Reutlingen, das jetzt vom Kultusministerium die volle finanzielle Förderung erhält und den Schulbeitrag so gering halten kann. Den Link zu dem sehr interessanten Film über diese Schule habe ich im Anhang aufgeführt. (QR-Code zur Link-Liste im Anhang)

Über die Stadtteilschule Winterhude in Hamburg, die ein aus meiner Sicht großartiges Konzept entwickelt hat und in der Corona-Krise ja auch öfter in den Medien war, möchte ich ausführlicher sprechen und werde dies in Kapitel 5, „die Welt vom Kinde aus gesehen", machen. Ein Beispiel aus den Niederlanden soll dann auch zur Sprache kommen.
Dort werde ich auch auf das von Pädagogen als dramatisch beschriebene sogenannte Scarring eingehen, also die durch die Corona-Pandemie verursachten möglichen Narben und Nachteile für die spätere Erwerbsbiografie.

Ich möchte an dieser Stelle allen Lesern aber unbedingt empfehlen, bei ihrem örtlichen Buchhändler die DVD „Alphabet" zu erwerben oder für die Jüngeren, die keinen DVD-Player mehr haben, sich das entsprechende Online-Produkt zu holen.

Hier wird sehr anschaulich und in internationalem Umfang gezeigt, wie die Schulen dieser Welt die kreativen Potenziale der Kinder verringern bzw. vielfach vernichten, und gibt erste Hinweise, wie wir dies ändern können. Holen Sie sich alle diesen Film, danach können wir den Dialog viel besser fortführen und mit den Lehrern in die Umgestaltung der Schulen eintreten.

Wir werden statt Lernrobotern, Lernverweigerern oder „Versagern" wieder lebensfrohe Kinder sehen (vorausgesetzt wir gestalten in all den anderen Lebensfeldern ebenfalls aktiv unsere Gesellschaft).

Schule neu denken

Wenn zunehmend mehr Menschen verstehen, dass das Schulsystem erneuert werden muss, angepasst an die heutige Zeit und auf dem Boden einer mit der um hirnphysiologische Erkenntnisse erweiterten Pädagogik, können wir eine Skizze eines neuen Systems entwerfen, das den Kindern wieder Lernen ermöglicht und in einigen Schulen schon auf eigene Weise stattfindet:

1. Ein grundlegendes Kriterium ist, dass Kinder Bewegung brauchen, Lerneinheiten nur im Sitzen über 45 Minuten werden seltener werden und bedürfen einer Begründung. Nach 20 Minuten braucht es in jedem Fall kurze Bewegung, vor logisch-kognitiven Fächern wie Mathematik muss der heute normale Erregungslevel der Kinder oft auch gepaart mit Müdigkeit aufgrund fehlenden Schlafes, durch geeignete Bewegung oder Stille gesenkt werden und das Gehirn so in einen für das Lernen geeigneten Zustand gebracht werden. Wir wissen aus EEG-Untersuchungen, dass z. B. durch kurze, eher chaotische Bewegungen wie beim freien Tanz oder Schüttelbewegungen, sogenannte Theta- und Alpha-Wellen auftreten, die einem entspannten, wachen und aufnahmebereiten Gehirn entsprechen (u. a. der Sportwissenschaftler Prof. Wolfgang Schöllhorn, Mainz)[35].

Die Lehrer sollten dabei natürlich mitmachen und erfahren auf diese Weise mehrmals am Tag eine willkommene Stressreduktion.

2. Neuer Lernstoff sollte variantenreich und fächerübergreifend angeboten sein und individuell zum Schüler passen, dauerndes Wiederholen nur aus einem Blickwinkel senkt den Lernertrag durch neuronale Adaptation. Die erwähnte Nahkommunikation zwischen Lehrern und Schülern erlaubt eine gute Beteiligung der Kinder, sich Neues anzueignen und eine gute Abstimmung der Lehrer untereinander. Alles, was Schüler selbst zum Lernen ergreifen, können sie später auch ohne häufiges Wiederholen. Zu passiv Beigebrachtes schafft es vielfach noch nicht einmal in den Arbeitsspeicher, geschweige denn ins Gedächtnis. Prof. Schöllhorn sagt plakativ, häufiges Wiederholen dient der Sicherheit und der Vorbereitung auf den Schlaf. Daher ist ständiges Wiederholen zum Lernen unpassend in Schulen, aber wunderbar für das abendliche Märchenerzählen.
3. Es ist unsinnig, dass alle Schüler zur gleichen Zeit das Gleiche lernen müssen. Eine Individualisierung der Lernaufgaben ist dringend notwendig. Hilfreich ist dabei, klassenübergreifend Unterricht zu machen, damit z. B. ältere Schüler Jüngeren helfen können, die Jüngeren viel fragen können, wenn sie etwas nicht verstehen.
4. Zensuren am Ende des Schuljahres zu geben, wenn diese nicht mehr verbessert werden können, ist verantwortungslos. Die Schüler brauchen Herausforderungen bei Lehrern, denen sie vertrauen. Diese Lehrer sind dann über den Leistungsfortschritt ja sehr gut informiert und können die Kinder gut beraten. Wenn überhaupt, sollte der Fortschritt benotet werden.
5. In Gesamtschulen kann auf dem Wege der Jahre herausgefunden werden, welcher Abschluss gut zu einem Kind passt, ohne es zu überfordern oder zu demotivieren. Das geht mit einem gesplitteten Schultypen-System nicht.
6. Wenn Kinder in die Schule kommen, wissen sie noch, wie sie lernen aus sechs Jahren Neugier auf die Umgebung und die Welt.

Kinder sind dadurch in der Regel intrinsisch motiviert. Ihr Lernen ist passend, oft passender als die pädagogischen Ideen der Lehrer. Die Lehrer sollten sich entspannt und freudig daran orientieren und aufpassen, dass sie diese Motivation durch von außen kommende, übergestülpte Aufgabenstellung nicht schwächen. Wir kennen die hohe Bedeutung des Nucleus accumbens für Lernvorgänge, in dem als Teil des inneren Belohnungssystems auch bei Erwartung von interessantem Erleben aus Neugier und intrinsischer Motivation heraus schon Dopamin ausgeschüttet wird. Das fördert die innere Lernmotivation und die Bereitschaft, später zunehmend und passend durch Aufgaben herausgefordert zu werden, außerordentlich.

7. Lernen braucht Erleben und wechselnde Formate im Schulalltag. Dann ist das Gehirn sehr bereit zum Lernen und die Schüler sind begeistert. Viele Schulen müssen hier vermutlich in einigen Bereichen umgebaut werden. Dazu, so meine Sicht, brauchen alle(!) Schulen verpflichtend einen Garten, am besten einen Permakulturgarten, in denen die Schüler sich immer wieder erden können. Für die Schulkantine kann hier einiges wachsen und geerntet werden. Kinder und Jugendliche sind meistens fasziniert davon.
8. Lehrer müssen in Hirnphysiologie ausgebildet werden und darauf ihre fachliche Expertise ausrichten. Weiterhin müssen sie schon in der Ausbildung Lebenspflege lernen, also wie sie immer wieder in ihre Mitte kommen. Dies ist die Basis dafür, dass sie selbst lebenslang begeistert und lernbereit sind und sich auf „ihre" Kinder freuen. Eigenes achtsames Üben, z. B. von QiGong und Meditation, wird dabei sehr hilfreich sein können.
9. Eltern gehören zum Schulsystem dazu und müssen Freude daran bekommen. Aber sie sind nicht mehr die Aushilfslehrer! Und die Orientierung sollte dahingehen, dass sie Schule von Herzen befürworten. Dazu ist ein Umfeld von Vertrauen erforderlich, das muss vielfach aufgebaut werden. Denn die Kinder bekommen die Einstellung der Eltern zu Schule natürlich mit.

10. Bei dem Lehrermangel gehören heute Quereinsteiger dazu. Sie sind zwar häufig nicht pädagogisch bewandert, aber das ist im neugedachten Schulsystem nicht so gravierend, wenn sie gute Selbststeuerung und Begeisterungsfähigkeit mitbringen. Dann können sie vielfach frischen Wind mitbringen. Und die erfahrenen Lehrer können sie ja in gutem pädagogischem Sinn mitnehmen und unterstützen, wenn das System sich in Richtung Kooperation statt Konkurrenz entwickelt.
11. Schule sollte nicht mehr im Herbst beginnen, sondern wieder im Frühling, wenn die Natur sich wieder bereit macht und der Energielevel bei Mensch und Natur steigt. Dies ist für die Kinder viel einfacher, insbesondere für die Schulanfänger. Und es ist physiologisch notwendig, die Winterzeit für das ganze Jahr zu lassen, wenn das Ende der Zeitumstellung kommt.
12. Da viele Kinder, wie ich schon beschrieben habe, in ihrer Selbststeuerung gute Unterstützung brauchen, sind heutzutage für die nächsten Jahre Sozialarbeiter und Psychologen in ausreichender Zahl fest angestellt an den Schulen notwendig. Sie können mit viel Geduld und Liebe den Kindern die Türen weiter öffnen und bei den Eltern Sympathie für das System fördern, indem sie sie gerne einbeziehen, ohne sie als lästige Notwendigkeit anzusehen. Ihre Arbeit heute ist vielfach frustrierend und bedrückend, weil sie sozusagen nur palliativ erfolgen kann, es kann keine wirkliche Weiterentwicklung initiiert werden, weil das Umfeld mögliche Entwicklungen nicht mitträgt. Dies gilt es zu ändern.
13. Es braucht viel Forschung, um herauszufiltern, wie digitale Medien im Schulbetrieb die Schüler im Lernen wirklich und wirkungsvoll unterstützen können. Es zeichnet sich ab, dass dies nur möglich ist, wenn es eingebettet ist in eine erfolgreiche und empathische Nahkommunikation. Der Wahlslogan „Digital first, Bedenken second" lockt uns in eine Falle, in ein hirnphysiologisches Desaster, wenn die Selbststeuerung von Schülern nicht ausreichend ausgebildet

werden konnte. Denn „souveräne Mediennutzung" ist als notwendendes Schulfach anzusehen, das für sehr viele Schüler einer Unterstützung für ihre Selbststeuerung bedarf. Das ist eine umfangreiche, zeitintensive und unbedingt emotionsreiche analoge Arbeit.
Das Homeschooling im Corona-Lockdown hat aus den verschiedensten Gründen nicht funktioniert. Viele Eltern und Schüler wurden aber unter extremen Stress gesetzt. Wenn jetzt mögliche Unterrichtsinhalte und Kontaktformen zum Lehrer gut weiterentwickelt werden, kann digitaler Unterricht ein Teil des Unterrichts sein und die Eltern entlasten, denn sie sind keine Aushilfslehrer.
Im Zentrum muss aber der direkte Kontakt zum Lehrer bleiben, ggf. in Corona-Zeiten mit weniger Unterricht, Hybridunterricht bzw. aufgeteilten Klassen, dafür u. a. Unterricht im Freien. Die Lehrpläne dürfen sicherlich durchforstet und von vielem befreit werden, da sie alten Zeiten gedient haben und notwendendes Neues nicht repräsentieren. Es gibt Workshops zu digitaler Kompetenz und Medienresilienz auch für Schulen[36].

14. Die Notebooks an alle Schüler zu verteilen, die sich keines leisten können, ist notwendig, kein Hexenwerk und in den Kosten überschaubar. Diese Hilflosigkeit im Vorgehen in Deutschland ist peinlich, und fehlende Internetanschlüsse bei vielen Familien sind ein großes Versäumnis in der Aufbereitung der Infrastruktur der letzten Jahre.
15. Die Erhaltung und Förderung der Schreibschrift möchte ich noch erwähnen. Dies ist keine romantische Rückorientierung im digitalen Zeitalter, sondern eine für die Hirntätigkeit ungemein wichtige Thematik, weil die selbstangefertigten Texte, Briefe und Kommentare eine günstige Darbietung von Inhalten für die Aufnahme ins Gedächtnis bieten, schriftlich niedergelegte Dinge also hohen Lernertrag haben. Wir haben deutliche Hinweise, dass regelmäßige handschriftliche Aufzeichnungen, z. B. Tagebücher, einer Demenzentwicklung vorbeugen, nicht indem sie dauernd nachgelesen werden, sondern allein durch den Akt der Anfertigung. Dieser günstige

Effekt findet sich auch bei Personen mit Hirnabbauprozessen, diese Menschen kommen sozusagen auch mit weniger Hirnmasse im Alter vielfach noch lange gut klar im Alltag.

16. Die Themen, die Sie, liebe Leser, aus Ihrer Erfahrung einbringen, verändern und dabei fruchtbar gestalten möchten.

Dies sind nur einige grundsätzliche Koordinaten, aber Sie sehen, dass es sich zukünftig in einem neuen Denken von Schule im Kern bei den Lehrern noch viel mehr um Persönlichkeit, Klugheit, Weitblick und Begeisterungsfähigkeit drehen wird. Da dies sicherlich eine Weile dauern wird und auch Eingang in die Ausbildung haben muss, sollten wir so rasch wie möglich mit einem solchen Umbau beginnen.

Dafür müssen die Politiker dies zuvorderst verstehen – oder entsprechende Politiker gewählt werden –, die den Menschen erklären, warum diese Veränderungen ihren Kindern ermöglichen werden, die auf sie zukommenden gewaltigen Herausforderungen auf menschliche Weise zu meistern.

Die fünfjährigen Legislaturperioden der Länder bzw. die vier Jahre in Bremen dürfen diese Entwicklung nicht behindern, ein weiterer Zickzack-Kurs je nach Wahlausgang richtet Schaden an. Das wird nur funktionieren, wenn Politiker sich hier auch fachlich weiterbilden und in einen guten Konsens kommen.

Eine Veränderung des Schulsystems entwickelt sich, wenn alle Beteiligten, also Eltern mit ihren Kindern, Lehrer und Politiker dies verstanden haben und wollen. Das wird etwas Zeit brauchen, aber Schritte in diese Richtung und dass Schule bereits jetzt in der geschilderten Weise möglich ist und auch schon weitgehend stattfindet, bespreche ich u. a. am Beispiel der Stadtteilschule Winterhude in Hamburg weiter in Kapitel 5 (S. 612).

Folgen für die spätere Erwachsenenzeit

Im Erwachsenenalter dann wirkt sich eine fehlende Reifung des präfrontalen Kortex z. B. insbesondere in der Arbeitswelt schädlich aus, u. a. ist das konzentrative Durchhaltevermögen geschwächt, Frustrationen führen zu kompensativen Wünschen nach Befriedigung ohne Aufschub, die digitale Medien scheinbar erfüllen können. Enttäuschungen in Beziehungen aufgrund der nicht gut entwickelten Bindungskraft werden kompensatorisch in vermeintliche Leistungsbereitschaft, ja Arbeitswut und Workaholismus umgesetzt.

Vordergründig imponiert dies oft als hohe Leistungsbereitschaft, was Vorgesetzte über die vermeintliche „High Performance" täuschen kann. Aber die fehlende oder nicht ausreichend ausgebildete Selbststeuerung erschwert dann eigene Rahmensetzung und kann zu manifesten Impulskontrollstörungen werden, die auch den Boden zur Suchtentwicklung wie Internetsucht bahnen können. Wir haben die Thematik intensiv in Kapitel 2 besprochen.

Kurze Zusammenfassung:

Die Behinderung der Hirnentwicklung mit der Folge, dass eine suffiziente gewebliche und funktionelle Entwicklung des präfrontalen Cortex ausbleibt, ist eine Grundgesetzverletzung von Art. 2 II. Es handelt sich um einen körperlichen Schaden mit zum Teil schwerer Beeinträchtigung von Hirnfunktionen, Alltagskompetenzen und Lebens-Chancen sowie im Besonderen negativen Auswirkungen auf die Medienresilienz bis hin zur Suchtentwicklung.

Dies ist „Normalsituation" für knapp 50 % aller Kinder in unterschiedlichem Ausmaß, also auch Belastung für die Hälfte der späteren Erwachsenen. Ich benenne dies hier als Verrat an den Kindern.

Eltern sind Vorbild für eine analog-digitale Balance im Alltag für ihre Kinder und Jugendlichen, wo Eltern dies nicht geben können, brauchen sie und ihre Kinder Unterstützung von der Gesellschaft. Sie dürfen nicht schutzlos im Digitalisierungsprozess bleiben.

Wenn Eltern ihre Kinder in Kitas schicken möchten oder müssen, ist darauf zu achten, dass ein Personalschlüssel von 1 BetreuerIn für 3 Kinder gewährleistet ist. Alles andere ist nicht akzeptabel.

Häusliche Betreuung durch die Eltern ist in der Regel die beste Gewährleistung für eine gesunde Hirnentwicklung, sofern die Eltern in der Lage sind, empathisch auf ihr Kind einzugehen. Es gibt keine bessere Investition seitens der Eltern, als diese Zeit der ersten zwei bis drei Jahre für die Kinder da zu sein, auch für deren Erwachsenenzeit, für das Potenzial der zukünftigen Gesellschaft und für die Entwicklung der Demokratie.

Mit drei Jahren gehen die meisten Kinder dann in den Kindergarten und entwickeln sich gut weiter.

Schule muss neu gedacht werden, die alten Systeme passen nicht mehr. Wir brauchen mehr Lehrer, vor allem geeignete und begeisterungsfähige, und müssen sie gut bezahlen. Kinder lernen von Geburt an und wissen insofern meist besser, wie sie mit ihrer Neugier an der Welt lernen. Daher sollte Unterricht so gestaltet werden, dass die Kinder und ihr Potenzial nicht behindert werden.

Die Analyse der Situation der Kinder in Deutschland zeigt, dass die Welt für viele Kinder aktuell nicht in Ordnung ist. Dies gilt es beherzt zu ändern, als Gesellschaft und zu schauen, wie und wo der Einzelne hier seinen Teil ganz unspektakulär im Alltag beitragen kann zum eigenen Wohl, dem Wohl der Kinder und der ganzen Gesellschaft. Darum soll es im 5. Kapitel „Gestaltungsräume“ gehen.

Jetzt in Kapitel 4 schauen wir uns noch an, welche Auswirkungen das leidvolle Erleben der verratenen Kinder für ihre Erwachsenenzeit hat, wie das Gesellschaft und Politik formt und in welche Bedrängnis die Kinder kommen bei unserer derzeitigen Gestaltung von Wirtschaft und Politik, aktuell also zwischen Konsumzwang und Zukunftslosigkeit. Wir schauen uns dabei aber nun auch zunehmend die Auswege daraus an.

Kapitel 4

TIEFERE URSACHEN UND FOLGEN VON SCHUTZLOSIGKEIT BEI KINDERN

Kapitel 4
Tiefere Ursachen und Folgen von Schutzlosigkeit bei Kindern

4.1 Bedeutung der Globalisierung und Wachstumswirtschaft für Kinder und Erwachsene

Wir haben in den ersten drei Kapiteln eine umfangreiche Bestandsaufnahme gemacht zur Situation der Kinder, der Eltern, und wie eine gesunde Hirnentwicklung aussieht. Dabei ist schon deutlich angeklungen, dass wir in Deutschland mit unserer Art zu wirtschaften und unserer Politik Bedingungen geschaffen haben, die für das Potenzial vieler Kinder hier und ihre Entwicklung und die Gesundheit unserer Bevölkerung insgesamt ungünstig wirken. Das Grundgesetz, das haben wir gelernt, kann uns nicht schützen, weil Würde und Unversehrtheit des/der Einzelnen und insbesondere der Kinder noch keinen Anwalt und keine Lobby haben und insofern, obwohl diese Zustände Unrecht sind, unter einer Tabuglocke bleiben.

Daher möchte ich jetzt über Wirtschaft und Politik sprechen und über die Geschichten, die uns dazu erzählt werden. Wir müssen darüber ausreichend Klarheit haben, wenn wir für unsere Kinder bessere Entwicklungs- und Lebensbedingungen schaffen wollen. Dass wir dies unbedingt erreichen müssen, ist aus den ersten drei Kapiteln sicherlich klar geworden.

4.1.1 Der Erhalt ausreichend guter Lebensbedingungen auf unserer Erde

Der Bericht des Weltklimarates 2018 hatte schon Aufsehen erregt, der Bericht des Weltbiodiversitätsrates am 6.5.2019 hat nun alle durchgerüttelt.[37] Spätestens seit diesem Datum ist klar, dass wir unser Wirtschaften umstellen müssen, es ist eindeutig, dass die derzeitige Wirtschaftsform der ungezügelten Wachstumswirtschaft, die bereits jetzt 50 % aller Ökosysteme beschädigt hat, uns unserer Lebensgrundlagen auf der Erde beraubt. Bei einem „Weiter so" sägen wir uns den Ast ab, auf dem wir sitzen. Wer jetzt noch auf unbegrenztes Wachstum setzt und sich nicht in ein nachhaltig ökologisches Wirtschaften hinein bewegt, handelt fahrlässig, ja mit Vorsatz schädigend und setzt sich somit der Kritik aus. Dies gilt für West wie Ost.

Dies gilt auch für die Vorstellung der Lösung aller Probleme durch sogenannte grüne Technologie, die, wenn sie anhaltend möglich sein sollte, bei den meisten der Projektideen mehr Zeit zur Umsetzung braucht, als wir aktuell zur Erhaltung unserer Lebensgrundlagen haben. Wir sollten sie durchaus fördern, aber müssen sofort andere Wege beschreiten für den Erhalt des Lebens auf dieser Erde.

Ein interessantes Projekt dieses sogenannten Green Engineering zur CO_2-Reduktion in der Atmosphäre möchte ich aber erwähnen, weil man dort innerhalb von schon zwei Jahren erfolgreich war:

In Island hat man CO_2 aus der Luft in Anlagen zu sogenannten Carbonat-Verbindungen umgewandelt und dieses Carbonat in Basaltgestein verpresst. Innerhalb von zwei Jahren wurde das Carbonat dabei selbst zu Gestein. Dies konnte kürzlich nachgewiesen werden.[38] Inwieweit dies auch in großem Maßstab möglich ist, bleibt abzuwarten.

Das aktuell ins Leben gerufene internationale Kernfusions-Projekt in Frankreich ist für die noch mögliche Abwendung einer Klimakatastrophe ohne Belang, da hier, wenn es einen Erfolg geben sollte, eine Energiegewinnung erst in dreißig Jahren stattfinden wird. Entscheidend sind aber die Weichenstellungen schon der nächsten Jahre, um unterhalb der sogenannten Kipp-Punkte zu bleiben.

EU-weit sagen 96 % der Menschen als Reaktion auf den Bericht des Weltbiodiversitätsrates, die Menschheit müsse die Natur schützen, in Deutschland sogar 98 % (Eurobarometer). Wir sind also nicht alleine unterwegs.

Die jetzige Bundesregierung ist dafür in weiten Teilen sicherlich lobbyistisch verbraucht (dazu weiter unten mehr) und gelähmt im Credo der Wachstumswirtschaft (unsere Bundeskanzlerin spricht nicht von der Demokratie, sondern der „marktorientierten Demokratie"(?)) und wird keine große Rolle mehr beim Umlenken spielen können (z. B. die unwirksame Höhe der CO_2-Bepreisung im Umweltgesetz).

Aber es zeigen sich ja aktuell neue, kompetente und uneitle Politiker mit klarer demokratischer Gesinnung in Deutschland und in der EU, die die Wirtschaft in den nächsten Jahren konsequent und verantwortungsvoll in eine neue nachhaltige Art zu wirtschaften führen werden.

Wir sehen allerdings auch, dass sich Bundes- und Landespolitiker auf einmal „grün" gebärden. Das ist erst einmal gut so und zeigt, dass der Druck aus der Bevölkerung ankommt. Aber wir dürfen auch misstrauisch sein, dass hier Ablenkung im Spiel ist. Zum Beispiel dauert der Prozess, den Umweltschutz ins Grundgesetz zu bringen, wieder eine geraume Zeit mit der Notwendigkeit, sich in den Parteien abzustimmen, Verzögerungen können da leicht eintreten.

Aber Zeit haben wir nicht und es muss auch jetzt gehandelt werden. Und auch wenn der Umweltschutz im Grundgesetz steht, heißt es dabei noch lange nicht, dass danach gehandelt wird. Wir haben ja schon mehrfach gesehen, dass das Grundgesetz, das mit Recht gefeiert wurde (70 Jahre) nicht wirklich umfassend erfüllt wird („Die Würde des Menschen ist unantastbar", „Jeder hat das Recht auf Unversehrtheit", „Eigentum verpflichtet").

Wir müssen es aus dem juristischen Hintergrund wieder in den lebendigen gesellschaftlichen alltäglichen Vordergrund holen. Insofern werden sich in den nächsten fünf bis zehn Jahren gravierende Änderungen ergeben, die den Bürgern aber auch neue Möglichkeiten und Gestaltungsräume eröffnen. Dies wird u. a. die Arbeitszeiten, Entlohnungen, Gleichberechtigung und Absicherungen im Alter betreffen.

Beispielsweise ist mittlerweile die Mehrheit der Bürger in Deutschland in einigen Umfragen für ein bedingungsloses Grundeinkommen. Ich werde hier noch genau darauf eingehen, weil es sehr wichtig ist, dass alle verstehen, dass dies kein illusionistisches Fantasiegebilde ist, sondern durchgerechnet wurde und viele Probleme auf einen Streich lösen wird. Es wird mit großer Sicherheit in der beschriebenen oder einer ähnlichen Form in den nächsten Jahren kommen.

4.1.2 Der notwendende Übergang in eine nachhaltige Wirtschaft

Ich hatte schon im Vorwort darauf hingewiesen, dass neue Gestaltungen sich immer wieder an unserer aktuellen Form der Wachstumswirtschaft und insbesondere den Auswirkungen des beherrschenden Finanzkapitalismus stoßen werden.

Auch in dieser Auseinandersetzung wird deutlich werden, dass wir unser Wirtschaften verändern müssen, wenn wir unser Weiterleben auf der Erde sichern möchten und friedfertig und für alle Menschen gültig in Würde leben möchten.

Dieser Prozess ist bereits im Gange, aber noch erleben wir die schlimmsten Auswirkungen einer auf Profitmaximierung beruhenden ungezügelten Wachstumswirtschaft, der die Würde des Menschen und sein Überleben egal ist, und die Entwürdigung und Lebensbedrohung von Menschen für Profit in Kauf nimmt. Es gibt viele Beispiele:

- das Sterben von Menschen in Goldminen und an benachbarten Flüssen in Ghana aufgrund von Cyan-Vergiftung
- die Vorgänge in Seltenen-Erde-Gruben in China, in denen die Menschen verstrahlt werden, weil seltene Erden dort immer mit radioaktivem Material zusammen liegen (seltene Erden werden für Handys, Batterien und andere technologische Produkte benötigt und die Gewinnung bräuchte hohe Sicherheits-Standards für die Arbeiter dort)
- die Abholzung von Regenwäldern, z. B. in Brasilien, mit Folgen für das Weltklima und uns alle
- in Deutschland z. B. die Nitratbelastung im Wasser als Folge der Überdüngung durch Massentierhaltung, sodass in manchen Gegenden das Leitungswasser nur nach Filtern zu trinken ist.

Aber das sind nur erhellende Beispiele, der zunehmend zerstörerische Impetus dieser Wirtschaftsform, so wie sie sich entwickelt hat, speziell in den letzten 30 bzw. 40 Jahren, ist allgemein und tritt derzeit an vielen Stellen offen zutage.

Der Wohlstandszuwachs in Deutschland in der Nachkriegsgesellschaft hatte in der Aufbauphase lange die Augen verschließen lassen vor den langzeitlichen Folgen, die vielfach außerhalb unserer konkreten Wahrnehmung liegen, weil die offensichtliche Zerstörung besonders und skrupellos in Schwellenländern und Ländern der sogenannten Dritten Welt stattfindet. Sie ist in Deutschland erst einmal so nicht so leicht sichtbar, wenn man nicht aktiv hinter die Kulissen und die Tabus schaut. Die ersten drei Kapitel haben gezeigt, dass wir für Missstände und Zerstörung nicht nur ins Ausland schauen müssen, sondern unser eigenes Haus in Ordnung bringen müssen.

Andererseits wollen jetzt immer mehr Menschen anders leben und die Forderungen zur Änderung unseres Wirtschaftens in der Gesellschaft werden nicht nur lauter, sondern die Parteien kommen mächtig unter Druck. Viele Menschen wollen fair miteinander umgehen und kooperieren, aber das stößt sich mit den Grundsätzen der aktuellen Marktwirtschaft, die besagen, dass es allen gut geht, wenn jeder versucht, seine eigenen Interessen in den Vordergrund zu stellen und gegen Konkurrenten durchzusetzen. Wir wissen, dass das nicht stimmt, aber aggressive Dynamiken alle Lebensbereiche durchziehen.

Und trotz ständiger Wiederholung seitens der Politiker, dass diese Art zu wirtschaften das Beste für alle sei, zudem „alternativlos", wird das nicht stimmiger und die Menschen sehnen sich nach Kooperation, statt ohne Rücksicht auf Verluste zu konkurrieren.

Die praktische Umsetzung der Entwicklung aus dem jetzigen Profit-Wirtschaften in eine Wirtschaft, die das Gemeinwohl betont, hat bereits angefangen, die Konzepte einer Gemeinwohl-Ökonomie funktionieren und entwickeln sich weiter. Noch ist es eine kleine Zahl, aber immer mehr Unternehmen machen nicht nur eine Finanzbilanz, sondern auch eine Gemeinwohl-Bilanz, die die höhere Bedeutung hat (siehe Kapitel 5).

Und parallel zu dem noch zerstörerischen Impetus bewegt sich etwas in der Wirtschaft, weil die Unternehmen der Global Player bereits antizipieren, dass der Gewinn demnächst woanders liegt. Beispielsweise werden neue Kohlekraftwerke von der Versicherungswirtschaft nicht mehr versichert, der Aktienkauf von Unternehmen der carbonbasierten Wirtschaft wird bereits weltweit zurückhaltender. Ich werde diese Entwicklung noch im Kapitel 5 ausführlich beschreiben. Und die Corona-Krise hat ja wie ein Brennglas vieles offensichtlich gemacht, die Folgen bei Erhaltung des alten Systems und die Forderungen für nachhaltige Änderungen stehen sich jetzt sehr viel deutlicher gegenüber.

Alle Gestaltungsmöglichkeiten bekommen dadurch Auftrieb und zunehmend besseren Boden für ihre Umsetzung in die Realität, um dort weitere gute Wirkungen zu entfalten. Aber erst einmal gilt es zu verstehen, wie aktuell in der Globalisierung gewirtschaftet wird, um die Ansatzpunkte für wirksame Veränderungen klar auszumachen.

4.1.3 Ethik und Markt – der Markt ist nicht so klug wie gedacht

Ich möchte nicht der Wirtschaft oder den Politikern verallgemeinernd eine Schuld an dem entropischen, zerstörerischen Handeln der ungezügelten Wachstumswirtschaft geben. Aber ich möchte darauf hinweisen, dass es hier Systemwirkungen gibt, die für das Gemeinwohl ungünstig sind und die Geschichten, die dazu erzählt werden, um Akzeptanz zu erzeugen, nicht stimmen.

Kurzer wirtschaftlicher Exkurs – das Märchen vom freien Markt

Adam Smith (1723–1790) hat den menschlichen Egoismus als Zentrumskraft der Wirtschaft gesehen. Und er glaubte, dass ein Markt auf diese Weise den Wohlstand aller mehren würde und ein Ausarten des Egoismus durch die Konkurrenz schon begrenzt würde. Jemand, der gute Qualität zu einem guten Preis anbietet, dessen Produkte werden eben gut gekauft. Anders bei jemandem, der zu teuer ist, der wird dann schon die Preise senken und dann gleicht sich das wieder aus usw. Er sprach in diesem Sinne von einer „unsichtbaren Hand", die das alles leiten und lenken würde. Und jeder konnte am Markt teilnehmen.

Dies mag zu der damaligen Zeit sogar oftmals gestimmt haben, im Rahmen der weiteren Industrialisierung mit ihren jeweiligen Produktionsfortschritten war dieser Mechanismus vielfach schon ausgehebelt. Denn Produktionsfortschritte konnten nur in großen kapitalkräftigen Unternehmen stattfinden. Gewinne machten nun zunehmend die Aktionäre von großen Firmen, die Bevölkerung wurde arm. Die Wohlhabenden investierten ihr Geld dann dort, wo weitere und größere Gewinne erwartet wurden, z. B. damals vielfach in die besonders lukrativen Sklavenhändlergesellschaften, ein Beispiel, das gut die Skrupellosigkeit des Marktmechanismus damals und den Wohlstand für alle als Mär entlarvt und gleichzeitig einen tiefen Zusammenhang an den Wurzeln von Ausbeutung und Rassismus zeigt.

Der Abstand zwischen Reichen und Armen wurde größer und doch stieg über Jahrzehnte in Grenzen der Wohlstand der eigenen Bevölkerung der Industriegesellschaften, insbesondere erkämpften sich Arbeitende kürzere Arbeitszeiten, höhere Löhne und bessere Wohnungen. Dies griff die Wirtschaft und Regierung gerne auf, um das Märchen des freien Marktes, der aus sich heraus für alle den Wohlstand mehrte, in der Bevölkerung zu festigen.

Nach dem Zweiten Weltkrieg gab es dann ja auch in Europa erst einmal einen großen Wirtschaftsaufschwung, von dem im besonderen Maße West-Deutschland unter US-amerikanischem Interesse und Support profitierte. Kühlschränke, Fernseher, Waschmaschinen und dann auch Autos waren sichtbare Argumente, die die Grundlagen der Wirtschaft und Politik und ihre „Märchen" bestätigten. Über den frühen für den Aufschwung bedeutsamen Wiederaufbau der Werftindustrie in Bremen und Hamburg durch Schiffsbestellungen des griechischen Reeders Onassis mit amerikanischem Bankkapital gab es ja kürzlich bei „Phönix" eine erhellende Dokumentation.[39]

Dies änderte sich dann aber in den Achtzigerjahren (in den USA früher, in Europa deutlich später) langsam mit der Aufhebung der Bindung des Geldes an z. B. die Goldreserven und der aktiven Vermehrung des Geldes durch Notenbanken. Weiterhin bewirkte die zunehmende Globalisierung, dass immer größere und mächtigere Unternehmen international das Geschehen bestimmten und so die Arbeitsteilung der Produktion unter den Ländern zunahm, jeweils abhängig davon, wo dieses oder jenes am billigsten produziert werden konnte. Aufgrund der zunehmenden internationalen Konkurrenz durch multinationale Konzerne, die in anderen Ländern als Deutschland billiger produzierten, stagnierte das Wirtschaftswachstum in der Eurozone insofern zunehmend gegen Ende des Jahrtausends und die Arbeitslosigkeit nahm zu.

Deutschland insbesondere galt nun als kranker Mann Europas. Die deutschen Unternehmen reagierten darauf mit starker Lohnzurückhaltung, Teilzeitverträgen und Minijobs, u. a. für Sozialhilfeempfänger, politisch flankiert mit der Hartz-Reform. So wurden die deutschen Unternehmen allmählich wieder international konkurrenzfähig. Da gleichzeitig die Schwellenländer boomten, wurden die Exporte dorthin immer größer und Deutschland konnte sich vorerst aus dem Wohlstandsbruch befreien, auch auf Kosten vieler anderer Länder in Europa.

Allerdings erreichte der Wohlstand mittlerweile zunehmend weniger die Bevölkerung. Und der erneute Wohlstandszuwachs kam jetzt wieder zustande wie damals im Sklavenhandel, indem die Ausbeutung in Afrika und Südostasien durch internationale Konzerne, auch der deutschen, extrem zunahm, der Wohlstand also gerade nicht für alle in der Welt wuchs. Wir erinnern uns an die extremen Bedingungen z. B. in Bangladesch für die Näherinnen als Zulieferer für billige Kleidung bei uns. Und Wohlstand für alle muss eben heute den Weltmarkt im Blick haben.

In diesem Sinne hat sich der internationale Markt verändert, er ist nicht mehr der freie Markt für alle, sondern wird bestimmt von großen Playern nach ihren Regeln, ohne dass die Politik hier noch große Lenkungsmacht behalten hat. Kinderrechte und würdige Lebensumstände für sie sind dabei nachgeordnet, ja im Grunde völlig egal im Verhältnis zu den möglichen erzielbaren Wirtschafts-Gewinnen der Großkonzerne.

Die internationale Arbeitsorganisation hat aktuell tatsächlich mit allen Staaten der Welt ein Verbot der Kinderarbeit beschlossen.[40] *Das ist institutionell und diplomatisch sicherlich ein großer Erfolg. Er muss aber dennoch sehr kritisch gesehen werden, da Kinderarbeit ja in der Regel aus der Not geboren ist und diese Not durch ein solches Verbot ja nicht verschwindet. Es wird sich nur dann durchsetzen lassen, wenn die Weltwirtschaft sich ändert und gute Existenzbedingungen für Menschen weltweit ein gemeinsames vorrangiges Ziel werden.*

So kann der Staat, obwohl dazu durch das Grundgesetz verpflichtet, die Kinder auch in Deutschland nicht wirksam schützen. Stattdessen haben wir hier einen gewissen Wohlstand, Rede- und Versammlungsfreiheit und eine für die Bürger untereinander verlässliche Justiz. Pressefreiheit in dem Sinne, dass ich meine Meinung grundsätzlich auch veröffentlichen kann, ist auch gesichert. Allerdings ist die Presse vielfach zunehmend nicht mehr frei von Vorgaben von Investoren. Dies möchte ich weiter unten (S. 594 ff.) noch genauer anschauen.

Manchmal funktioniert der „Markt" noch, allerdings auch unerfreulich, wenn plötzlich sehr viele gleiche Produkte auf den Markt kommen bzw. Dumping-Preise existieren, wie z. B. bei staatlich subventionierten Solarpaneelen aus China, die Insolvenzen in deutschen Solarfirmen verursacht haben. Eine Gleichheit der Akteure war hier nicht gegeben.

Aktuell sahen wir das extreme Angebot von Fichten- und Kiefernholz nach den verheerenden Folgen lokaler Stürme, die ganze Forstgebiete entwurzelt haben. Hier ist durch das Angebot der Markt quasi zusammengebrochen, das Holz wurde unverkäuflich, weil der auf dem Markt erzielbare Preis die Kosten für das Herausschaffen der Bäume aus dem Wald nicht mehr deckte. Das ist äußerst problematisch, weil so nicht wiederaufgeforstet werden kann und damit die notwendige Aufnahme von CO_2 durch Bäume verringert bleibt.

Dasselbe passiert, wenn wir unsere Reste aus der Geflügelproduktion, z. B. Chicken Wings, zum Spottpreis nach Afrika exportieren und in der Folge die eigene Hühnerzucht dort zusammenbricht. Auch das ist „Markt" nach den herrschenden Wirtschaftsregeln, aber pervers, und muss beendet werden im Interesse der Würde der Menschen dort.

Die von Adam Smith erhoffte „unsichtbare Hand" im Markt, die zu Vorteilen für alle führt, existiert in dieser Form nicht, ist ein Märchen, was für viele aber noch verfängt, weil das Gehirn die ständige Wiederholung vielfach als Garant für „Normalität" interpretiert. Es bleibt aber falsch. Und was wir brauchen, ist wohl vielmehr eine sichtbare Hand, die in der Lage ist, Regeln zu schaffen, wo die Würde der Menschen bedroht ist.

Kapitalkonzentration und -Verflechtung

Im Verlauf nahm die Kapitalkonzentration und Kapitalverflechtung weiter zu. Immer mehr Unternehmen agierten multinational auf dem Weltmarkt und entzogen sich staatlichen Regularien, falls diese nicht sowieso liberalisiert oder aufgehoben wurden. Dies schwächte den Einfluss des Staates weiter, der Artikel 14 GG II „Eigentum verpflichtet, sein Gebrauch soll zugleich dem Wohle der Allgemeinheit dienen" ist heute eine sinnentleerte Farce. Um dies zu verschleiern und nicht die Potenz zu verlieren, betonen Politiker ihr engagiertes Eintreten für westliche Werte. Das ist insofern ein Taschenspielertrick, als sie die Werte der Wachstumswirtschaft meinen und für das „freie" Gefühl der Bürger, abhängig vom Einkommen, sich frei zu verhalten und zu konsumieren, eintreten.

Zur Illustration: Der damalige Vorsitzende der fünf Wirtschaftsweisen, Prof. Christoph Schmidt, sagte 2018 in einer politischen Talksendung, als er darauf angesprochen wurde, dass ja die Koalitionsverhandlungen zwischen SPD und CDU so schwierig seien, Deutschland jetzt schon ein halbes Jahr ohne Regierung sei und dies doch fatal für die Wirtschaft sei, das sei überhaupt kein Problem, die Wirtschaft käme gut ohne Regierung klar, es dürften jetzt nur nicht zu viele sozialdemokratische Positionen vereinbart werden, die das Wirtschaften erschweren würden (!).[41]

Die Verflechtung der Unternehmen untereinander ist so gewaltig, dass in Studien 147 Unternehmen weltweit identifiziert werden konnten, die mit ihrem Kapital ¾ des Weltmarktes kontrollieren.[42] Dabei sind ebenfalls ¾ dieser 147 Firmen solche, die Finanzgeschäfte betreiben, darunter übrigens auch die Deutsche Bank und die Allianz. Damit liegt die Macht im Wesentlichen bei der Finanzwirtschaft und nicht mehr ausreichend bei den Staaten. Das hat sich also in den letzten Jahrzehnten gravierend verändert, ohne dass wir unsere Zustimmung dazu hätten geben oder verweigern können.

Der Markt ist dabei aufgeteilt mit unsichtbaren Absprachen, Großkartelle machen sich noch Konkurrenz, aber Unternehmens-Entscheidungen sind heute eher strategisch und machtpolitischer Natur und sie haben staatliche Institutionen und Regierungs-Personen stark unter Kontrolle oder es findet sich vielfach Personalunion. (Forschung der Eidgenössischen Technischen Hochschule in Zürich, 2014).

Wieso propagiert unsere Regierung dann noch anhaltend eine marktorientierte Demokratie, obwohl es die gar nicht gibt, sondern einen zunehmend ungezügelten Finanzkapitalismus, der undemokratisch und zerstörerisch agiert und dabei den Bürgern immer wieder Geschichten von der freien Welt auftischt? Lügen sie alle?

Meine Wahrnehmung ist, dass Regierungsvertreter dies schon auch sehen, es aber mehr als Entartungen denn als systemimmanente menschenfeindliche Unordnungen einer liberalisierten, also im wahrsten Sinne des Wortes von sinnvollen Regularien entfesselten Wachstumswirtschaft einordnen. Und einige glauben, dass sie bei großem Einsatz die Konzerne doch zu einer ethischeren Haltung bringen könnten. Sie sind dabei sehr ambivalent und hoffen immer noch, dass der „freie“ Markt mehr Wohlstand für alle bringt, obwohl sie täglich das Gegenteil erleben. Aber sie sehen auch, dass sie, wenn sie aufhören, an den freien Markt zu glauben und ihn ständig zu propagieren, also ihre „Pflicht“, diese Mär ständig weiterzuerzählen, in den Augen der Wirtschaft verletzen, ihre persönliche Machtposition nicht mehr halten könnten, ihnen die Unterstützung der Finanzindustrie entzogen wird.

Großkonzerne unterstützen gefällige Regierungen strukturell, medial und teilweise in Personalunion erst in der Politik, dann in der Wirtschaft und die Staatsführung verfolgt insofern in der Regel die Interessen der Großkonzerne als gemeinsame Interessen. Und das lässt die Regierungsvertreter wohl doch zu oft die Augen verschließen oder sie haben ihren inneren Widerstand aufgegeben. Andere sind vermutlich aber auch einfach unanständig im Interesse für ihren Vorteil, z. B. einer Machtposition.

Da Wirtschaftsvertreter und Politiker in der Regel den Eliten eines Landes entstammen, stimmen sie darüber überein, dass die Bürger die Verhältnisse und die sogenannten notwendigen Entscheidungen nicht durchschauen können, weil sie zu kompliziert seien. Das glauben sie auch. Sie arbeiten insofern, teilweise sicher auch unbewusst, immer intensiv und manchmal absichtsvoll daran, die Dinge zu verkomplizieren. Damit kommt nur ihnen als Experten die Fähigkeit zu, zu wissen, wie die Wirtschaftsführer und die Politiker für die Bürger Wohlstand und Glück erreichen und absichern können. Viele Dinge sind zwar kompliziert, aber man kann sie doch vielfach mit einfachen Worten erklären, ohne dass die Zusammenhänge falsch werden. Die meisten Politiker müssen sich vorwerfen lassen, dass sie das eben nicht tun bzw. gar nicht wollen.

Die viel beschworene „Mündigkeit“ des Bürgers bekommt dabei auch ihren Platz. Die Ebene der Aktivitäten und Beziehungen untereinander sind im Bürgerlichen Gesetzbuch (BGB) geregelt, in Politik- und Wirtschaftsfragen wird den Bürgern aber wenig zugetraut. Bei Wahlen wird ihnen der Sachverstand zur Bekundung ihres Willens zugestanden, aber auch nicht wirklich, denn sie alle kennen die Wahlslogans der Politiker, die besagen, „wir wissen schon, welchen Weg Deutschland gehen muss" oder noch treffender „Sie kennen mich" also „lass Mutti mal machen". Über den „mündigen" Bürger und wie es sich damit wirklich verhält, möchte ich noch ausführlich weiter unten S. 328 sprechen.

Die Politiker und Wirtschaftsführer betonen dabei immer ihre soziale Einstellung, die aber auch täuschen kann. Der bekannte amerikanische Investor Warren Buffett z. B. gilt als vorbildlich, weil er 2006 ankündigte, 85 % seines Vermögens an Stiftungen zu verschenken. Schauen wir uns die Geschichte einmal genauer an.

Das Beispiel:
Über Warren Buffett, der weltweit wegen seines Imperiums Berkshire Hathaway bewundert wird, stand aktuell im Video-Text der ARD vom 3.11.2019:
„... Buffett saß in seiner Firma zuletzt auf überschüssigem Cash-Flow von 128 Milliarden Dollar. An den Märkten wird schon lange auf seinen nächsten großen Deal hingefiebert." (Fiebert die ARD mit? Wer kontrolliert hier eigentlich nach welchen Kriterien den Text?).

Das Geld fließt ihm über seine Beteiligungen an Fonds und Aktiengesellschaften zu, die er offensichtlich „klug" steuert. Er selbst ist zu knapp 20 % selbst größter Aktionär seiner Firma, sein privates Vermögen wird aktuell auf 87 Milliarden geschätzt (Platz drei in der Liste der reichsten Menschen der Welt). Seine Beteiligungen fußen zentral auf Rückversicherungen, seine Firma gehört also zum Finanzkapital, das vieles in der Welt steuert bzw. sich über Beteiligungen auswirken lässt.
Hier vermehrt sich Geld und Macht durch Geld, was, obwohl Warren Buffett sicherlich eine intensive Tagestätigkeit hat, letztlich leistungslos

in seine Firma fließt. Es heißt „Eigentum verpflichtet". Daraus ergeben sich zwei Fragen: Wieso ist das zufließende Geld eigentlich sein Eigentum? Und: Wo zeigt sich die Verpflichtung, wenn es sein Eigentum sein sollte? Zu der ersten Frage eine Geschichte:

In Nord-Amerika gab es nach Beginn der Staatsgründung Maßnahmen, um die Macht von Konzernen zu beschränken. Sie brauchten Konzessionen, die auch widerrufen werden konnten und sie durften keine Aktien anderer Unternehmen handeln. Als die Verfassung festlegte, dass im Rahmen der Abschaffung der Sklaverei alle „Personen" vor dem Gesetz gleichberechtigt sind, versuchten insbesondere die Eisenbahngesellschaften als „juristische Personen" vor Gericht durchzusetzen, dass diese Gleichberechtigung nicht nur für Sklaven galt, sondern auch für sie. 18 Jahre lang wurde dieses Ansinnen von den Gerichten abschlägig beschieden und schließlich im Urteil von „Santa Clara County vs. Southern Pacific Railroad" doch anerkannt. Damit entstand für Gesellschaften letztlich das Recht auf Eigentum an Vermögen und der Weg zu Beteiligungen wurde frei. Die Gesellschaft in ihrer kontrollierenden Funktion als Staat war sozusagen per Gerichtsbeschluss entmachtet, Geldflüsse von der Bürgergesellschaft zu den Aktiengesellschaften gebahnt.

Die Details, wie es dazu kam, berichtet James Bruges in „Das kleine Buch der Erde", also dass der Richter erkrankt war und ein gerichtlicher Urkundsbeamter, der fast sein ganzes Leben bei der Eisenbahn verbracht hatte, das Dokument abschließend entgegen dem dokumentierten Richterwillen formuliert und beurkundet hatte. Bruges kommt zum Schluss, dass das amerikanische Unternehmensrecht daher auf einem Betrug basiert, andere nennen es einen Irrtum, ohne sich aufgefordert zu fühlen, ihn zu korrigieren. Und alle nehmen das mittlerweile so hin, ja kaum einer kennt diese Geschichte noch, daher erzähle ich sie hier gerne.
Zur zweiten Frage, wo zeigt sich seine Verpflichtung dem Gemeinwohl gegenüber aufgrund des Vermögens:

Warren Buffett gilt als sozial eingestellte Person, 2006 hat er also angekündigt, 85 % seines 2006 vorhandenen Vermögens zu stiften bzw. an Stiftungen zu schenken. Das klingt großartig und dieser Nimbus ist auch geblieben, ja sogar gestiegen.

2006 hatte er ein Vermögen von 45 Milliarden US-Dollar, 2019 hat er aber ein Vermögen von 87 Milliarden. Wie geht das, 85 % von 45 Mrd. Dollar zu verschenken und 12 Jahre später fast doppelt so viel zu haben? Die Geschichte: Warren Buffett hatte 2006 angekündigt, 85 % seines damaligen Vermögens für wohltätige Zwecke in Aktien zu verschenken, allerdings nicht auf einmal, sondern nach und nach über viele Jahre gestreckt immer mal ein oder zwei Milliarden jährlich. Durch die Schenkung in Etappen hat sich der Wert der ja noch lange in seinem Besitz verbliebenen Aktien schneller vermehrt als die Abgabe an die Stiftungen. Gleichzeitig hat er durch den gestiegenen Aktienwert den angekündigten Schenkungs-Wert von ankündigten 85 % von 45 Mrd. Dollar früher erreicht, sodass sich sein Aktien-Anteil an seiner Firma nur von 28 % auf 20 % reduziert hat, diese 20 % heute aber viel mehr wert sind als seine damaligen 28 %. Nicht unerhebliche Steuervorteile hatte dieses Konzept natürlich auch.

Den größten Teil hat er an die „Bill und Melinda Gates-Stiftung“ gegeben, in deren Vorstand er ebenfalls sitzt, den Rest an vier eigene Familienstiftungen! Egal ob er dabei sogar reicher geworden ist, wie wohltätig ist seine Schenkung nun wirklich?

Die Gates-Stiftung hat als Stiftungszweck globale Entwicklung, Gesundheit und Bildung, das klingt gut. Und so gibt es tatsächlich Vorzeige-Projekte, die sozial sind und insbesondere Hilfsbedürftige in aller Welt hier und da unterstützen. Dafür haben sie also einiges von den vielen Milliarden Dollar, um die es geht, aufgewendet, so weit, so gut.

Aber man kann und muss die Gates-Stiftung auch kritisieren, was übrigens mit Verschwörungstheorien nichts zu tun hat. So haben sie die WHO (die Weltgesundheitsbehörde) mit mehreren Milliarden Dollar „unterstützt", andere sagen, sie haben sich damit dort Einfluss und Macht verschafft, um ihre anderen Interessen zu verfolgen. Zum Beispiel haben sie der WHO „nahegelegt", in Afrika in Gesundheits-Kampagnen statt preiswerter Generika teure Medikamente von den großen Pharmafirmen (Merck, GlaxoSmithKline, Novartis und Pfizer) zu verwenden.[43] An diesen Firmen sind aber sowohl Familie Gates als auch Warren Buffett über ihre Imperien gut beteiligt, sodass sie auf diese Weise dort viel Geld verdienen. Das kann man „klug" nennen, muss es aber nicht, denn hier wird Finanzmacht doch offensichtlich nicht wirklich dem Gemeinwohl dienlich eingesetzt. Es handelt sich also um die übliche Vermehrung von Geld mit Geld, geschmückt mit Wohltätigkeitsprojekten fürs Image. (Allerdings hat sich z. B. die Säuglingssterblichkeit in der sogenannten Dritten Welt auch durch die Aktivitäten der Stiftung für breite Impfprogramme deutlich, wenn auch kostenintensiver als notwendig, verbessert).

Insofern sieht sich die „Bill und Melinda-Gates-Stiftung" vielfach der Kritik ausgesetzt.[44]

Ähnliches gilt für die Firma „Berkeshire Hathaway" von Warren Buffett.[45,46]

Das öffentlichkeitswirksame Verschenken von riesigen Vermögen sieht hier also wohltätig aus, ohne es wirklich zu sein. Diese Vermögen fehlen den Staaten und ihren Bürgern, um die Würde für alle im Alltag zu ermöglichen, also die grundsätzlichen notwendenden und zukunftsfähigen Struktur-Veränderungen umsetzen zu können wie z. B. ein Grundeinkommen. Dies ist in Deutschland nicht anders.

Es gibt auch andere erfreulichere Beispiele, z. B. der gleichnamige US-Konzern der Familie Mars, bei uns hauptsächlich bekannt für Schokoriegel und spezielle Reis-Produkte. Der Hauptumsatz wird aber durch Hunde- und Katzenfutter und ca. 2500 Tierkliniken gemacht. Die Familie Mars gehört ebenfalls zu den reichsten Familien der USA.

Der Familie ist inzwischen klar geworden, dass die Haustiere ungeheure Mengen Fleisch essen. Um eines Tages in eine CO_2-neutrale Produktion zu kommen, müsste der Fleischanteil der Tierernährung drastisch verringert werden und auch Palmöl, für das Wälder gerodet werden müssten, dürfte nicht mehr verwendet werden.

Der Konzern beschloss vor kurzem, dieses Ziel anzustreben und bis 2050 den CO_2-Ausstoß um zwei Drittel zu senken, immerhin.[47] Dies bedeutet einen ungeheuren Aufwand, die Einstellungen der Tierhalter auch in ein neues Zeitalter zu bringen, denn viele Tierhalter wollen wie für sich auch für ihre Tiere nur das Beste, und sie halten Fleisch immer noch für das Beste. Und sehr viele Tiere fressen zu viel, sind schon übergewichtig wie ihre Halter. Herrchen und Frauchen gehen oft nur noch selten Gassi und sitzen mit ihren Haustieren vor dem Fernseher. Aber der Konzern hat sich auf diesen nachhaltigen Weg gemacht, wir hoffen, dass er dabei bleibt und es schafft. Die Voraussetzungen, dass dann auch weitere Gemeinwohl-Schritte gemacht werden, stehen nicht schlecht, zumal Mars nicht an der Börse notiert, also keinen Aktionären verpflichtet ist. Der Konzern hat im Übrigen die Gründung der Stiftung „Economics of Mutuality“ angekündigt zur Weiterentwicklung des Kapitalismus zu einem gerechteren und verantwortungsvolleren Wirtschaftsmodell. Wir schauen uns das an, wünschen gutes Gelingen, und dass bei diesem Modell zukünftig auch das Geld besonders in der Gemeinschaft der Bürger verbleibt.

Öl- und andere Interessen von Großkonzernen und Macht-Politik

Der Putsch im Iran 1953

Die Geschichte zeigt auch Beispiele von wirtschaftlichen und geopolitischen Interessen verursachten Umstürzen/Regierungswechsel, unter Beteiligung von Geheimdiensten und Politik. Beispielhaft dafür und vielfach erwähnt ist der Putsch im Iran 1953 mit Sturz der dortigen trotz aller Wirren demokratisch gewählten Regierung. Damit sollte verhindert werden und wurde auch verhindert, dass der Anteil des Irans am Gewinn der Anglo-Iranian Oil Company (Vorläufer von British Petroleum (BP)) nicht von 20 % auf wie vom Iran geforderte und in den umgebenden Ländern übliche 50 % anstieg und die Gefahr der angedrohten Verstaatlichung der Company abgewendet werden konnte. [48]

Ebenso ging es u. a. um Ölinteressen beim Einmarsch der USA mit Großbritannien in den Irak 2003. Weitere Gründe solchen Handelns sind immer auch geopolitische Machtinteressen.

Vor Kurzem ging es im Konflikt um die Straße von Hormus wieder um Öl- und Gasinteressen, obwohl doch klar ist, dass die Welt sich rasch von der Erdöl- und Erdgas-basierten Ökonomie entfernen muss. Aus einer Sicht zehn Jahre später wird dieser Konflikt völlig anachronistisch anmuten. Er ist es aber schon heute! Dies gilt auch für die Themen US-Fracking-Gas und Gas aus Russland mit North Stream II für Deutschland (näheres siehe S. 506 ff.).

Der Hauptauftrag der Finanzindustrie an die Politik heute lautet: alle Hindernisse zur Geldmehrung zu beseitigen (sogenannte „Frei“handelsabkommen) und alle Regulierungsinteressen von Seiten der Bürger zu verzögern (z. B. Einsatz von endlos arbeitenden Kommissionen).

Demgemäß haben wir diese eigenartige Politik von Hinterzimmerverträgen wie TTIP, CETA und Mercosur, und begleitend Versprechungen,

Sonntagsreden, Scheingesetzen, die die Bürger beruhigen sollen und die nichts grundsätzlich ändern, und ggf. dazu fragwürdige Hilflosigkeitsgesten mit Hinweis auf internationale oder europäische Regularien und problematische Koalitionspartner.

Penetrant wird mit der Sorge vor Arbeitsplatzverlusten bei der Forderung nach von der Wirtschaft als zu einschränkenden Regularien argumentiert. Die Großunternehmen selbst entlassen dabei Mitarbeiter, wie sie wollen, als Beispiel:

- Bayer nach dem von den eigenen Aktionären als unsinnig eingeschätzten Kauf von Monsanto oder angekündigt von
- der Deutschen Bank auch in Deutschland bei der schlechten Bilanz nach den vielen Strafzahlungen aufgrund von illegalen Geschäftspraktiken und jetzt
- der Lufthansa und der TUI nach den Hilfspaketen aus Steuern der Bürger ohne Auflagen, die dem Gemeinwohl zugutekommen.

Die durch die kommenden disruptiven (zerreißenden) Veränderungen in Wirtschaft und Gesellschaft vermutlich entstehenden Arbeitsplatzverluste werden aktuell noch konsequent ignoriert, verneint oder beschönigt mit dem Argument, die IT-Branche wird genug neue Arbeitsplätze bereitstellen. Solche hoch qualifizierten Tätigkeiten sind aber nur für einige Menschen eine gute Zukunftsperspektive (siehe Kapitel 4, S. 356 ff.).

Westliche Allianz

Die Politiker schaffen es, diese Ungereimtheiten in sich zusammenzubringen meist mit dem Hinweis auf die hohen übergeordneten Werte der freien westlichen Welt bzw., dass Sozialismus und Kommunismus ja versagt hätten. Auch auf die Gefahren von außen von so genannten „Schurkenstaaten“ wird immer wieder verwiesen.

Dass Regierungen der westlichen Welt, besonders der Großmacht USA, teilweise auch Russland, diese Länder vielfach in großer Zahl Jahrzehnte zuerst in Allianzen aufgerüstet, dann aber bei veränderter Interessenslage massiv destabilisiert haben (z. B. Afghanistan, Irak, Syrien) lässt sich offensichtlich ggf. verdrängen.

Und man nennt die brave deutsche Gefolgschaft auf politischem, moralischem, wirtschaftlichem und sicherheitspolitischem Feld mit den USA „Deutsch-Amerikanische Freundschaft“.

Es gibt viele echte Freundschaften zwischen Deutschen und Amerikanern, aber die sogenannte Freundschaft der Administrationen, mehr noch der Eliten beider Länder, zeigt eben Abhängigkeits- und Vorteils-Verhältnisse, die aber gerade auch im Interesse von Eliten sind, nicht immer im Interesse des Gemeinwohls beider Länder.

Bisher lässt sich kein echter Emanzipationswillen in der deutschen Regierung im Interesse der Bürger und des Gemeinwohls erkennen[49], eher schon hintergründig eine Art allgemeines Denk-Verbot. Ein Infragestellen, eine problematische Thematisierung ist letztlich nicht erwünscht, weder in der Politik noch in den Medien – mit Ausnahme über die Ära der Präsidentschaft von Donald Trump. Die Rolle der Medien dabei siehe später (Kapitel 5, S. 594 ff.).

Als Beispiel für das Interesse von Eliten an solchem „Denk-Verbot“ möchte ich aus meiner Sicht u. a. die „Atlantik-Brücke e. V.“ erwähnen, eine private und auf Gesellschaft und Politik einflussreiche Vereinigung von Politikern, Wirtschaftsführern, Medienunternehmern und anderen hochrangigen Vertretern der deutschen Gesellschaft. Sie möchte „die transatlantische Freundschaft fördern", wie gesagt mit einem privaten Netzwerk, ohne echte Transparenz und demokratischer Kontrolle.[50] Es gibt in den USA dazu ein Schwester-Netzwerk „The American Council on Germany".

Beide Gesellschaften wurden nach dem Krieg 1952 von John J. McCloy initiiert, dem höchsten Vertreter der USA in der neu gegründeten Bundesrepublik Deutschland, der von 1949–1952 den wirtschaftlichen Wiederaufbau Deutschlands betreute bzw. beaufsichtigte.[51]

In der Atlantikbrücke sind gleichzeitig auch immer Politiker in hohen Regierungsfunktionen bzw. Mitglieder des Bundestages.

Ich erwähne das, weil ich der Meinung bin, dass gewählte Abgeordnete und Politiker, die aktuell hochrangige Posten in der Regierung bekleiden oder kürzlich bekleidet hatten, ihre Arbeit im Bundestag und in der Regierung oder Opposition machen sollten. Dafür sind sie gewählt. Dort ist, sofern das Lobbyregister zur Verdeutlichung und Transparenz von Interessenkonflikten umgesetzt wird, demokratische Kontrolle gegeben. Auch für die Außenpolitik gibt es ja ein Ministerium, in dem die transatlantischen Beziehungen ihren zentralen Ort haben sollten.[52]

Die Mitgliedschaft in der Atlantikbrücke wird aber von ihren Mitgliedern nicht verheimlicht, sondern die Zugehörigkeit meist mit einem gewissen Stolz erwähnt. Für neoliberal eingestellte Politiker und Wirtschaftsvertreter ist ein Engagement in der Atlantikbrücke sicherlich sinnvoll, denn hier gibt es offensichtlich weniger Interessenkonflikte zwischen Politik und Wirtschaft, eher Übereinstimmung in den Interessen. Man kann übrigens nur auf Vorschlag Mitglied werden, so ergibt sich eine illustre geschlossene Gesellschaft. Staatstragende Politiker waren und sind von Beginn an bis heute mit dabei (Mitgliederliste siehe Internetseite der Atlantikbrücke e. V.).

Natürlich hat die „Zivilgesellschaft“ ihre Beziehungen und Netzwerke nach Amerika, aber brauchen wir so ein Paralleluniversum mit Einfluss auf politische Entscheidungen u. a. auch durch Personalunion von Politikern?

Wenn man die Liste der Mitglieder des Vorstandes und der allgemeinen Mitglieder anschaut, versteht man besser, dass es offensichtlich vorteilhaft ist, hier mitzumachen bzw. warum die deutsche Regierung gegenüber den USA letztlich „gehorsam“, genauer für die Wachstumswirtschaft vorteilhaft agiert, was aber aus der Wertepartnerschaft heraus erklärt wird.

Insofern ist die Atlantik-Brücke e. V. z. B. auch als gemeinnützig anerkannt, ohne dass ihre zentrale Bedeutung für das Gemeinwohl mir ins Auge fällt. Obwohl im Vereinszweck u. a. auch mildtätige Zwecke erwähnt sind, nützt sie aus meiner Sicht heute über ihr Netzwerk vielmehr der Absicherung der neoliberalen Doktrin der „Freiheit von staatlichen Regularien“ für die wachstums-wirtschaftliche Orientierung. Das steht nicht im Vereinszweck. Aber es ist natürlich erlaubt und gilt als „normal“, weil diese Art zu Wirtschaften noch unser offizielles Gegenwartsmodell ist.

Ich möchte hier wie später auch im Medienkapitel vor allem auf Machtkonzentrationen aufmerksam machen, die an der Aufrechterhaltung des in Bezug auf die Zukunft aus meiner Sicht veralteten Systems der deregulierten Wirtschaft zur Förderung des Wachstums interessiert sind und letztlich ohne demokratische Legitimierung hierfür in eigenem Auftrag, aber handlungsleitend wirken und so auch die Regierungs-Agenda beeinflussen. Sie behindern aus meiner Sicht insofern die Weiterentwicklung direkter Demokratie, erschweren den raschen und Not-wendenden Umbau zu einer Gemeinwohl-Ökonomie und bremsen in der Klimapolitik zugunsten von Profiten.

Netzwerken war schon immer wichtig und ist heute sicherlich unerlässlich. Aber wenn in der Atlantikbrücke sich auch Krankenschwestern und Handwerker und andere im Alltag tätige Personen beteiligen könnten, wäre mir wohler. Auch ein Wahlverfahren wie bei den neuen Bürgerräten könnte hier sinnvoll sein. Aber ich rechne nicht wirklich mit einer Erneuerung der Atlantikbrücke in diesem Sinne, ich denke, sie wird eher zunehmend austrocknen, wenn die Gemeinwohl-Orientierung sich durchsetzt.

Freundschaften mit Amerikanern sind natürlich gut, aber eben etwas anderes als Interessenvertretungen von Eliten, intransparent hinter „westlichen Werten" positioniert. Und diese westlichen Werte sind oft hauptsächlich für diese Eliten gültig[53], entsprechend dem „Märchen" vom freien Markt konkurrenter Kräfte, der für alle das Beste sei (siehe S. 284). Hierbei sieht man dann im Allgemeinen von dem aggressiven und zerstörerischen Impetus ab, der diesem System immanent ist.

Im Rahmen dieser Wertepartnerschaft schaffen es viele Politiker eben, ihre Entscheidungen in bester und menschenfreundlicher Absicht vor sich selbst zu verstehen und öffentlich zu äußern. Und aufgrund von Schuldbewusstsein aus unserer jüngeren deutschen Geschichte erwächst entsprechend in der Öffentlichkeit quasi freiwillig eine gewisse Unterordnung und Gehorsam gegenüber den USA und so die Verdrängung der tatsächlichen politischen und sicherheitspolitischen Abhängigkeit von den USA (über die NATO) mit Vorteilen für die Wirtschaft. Die Selbstbestimmung in auch geistiger Freiheit gestehen wir uns in Deutschland also immer noch nicht zu.

Dankbarkeit für den Wiederaufbau und die Unterstützung gegenüber insbesondere den USA in der Nachkriegszeit ist trotz der damaligen wirtschaftlichen Vorteile der USA dabei völlig in Ordnung und bleibt in Erinnerung.

Auch in der EU regt sich natürlich berechtigterweise Unwillen über die deutschen USA-Positionierungen, da diese aufgrund der Wirtschaftsleistung ebenso machtvoll wie letztlich behindernd sind für eine erfolgversprechende Weiterentwicklung der EU.

Mit meiner Kritik an der „deutsch-amerikanischen Freundschaft" und der „Atlantik-Brücke" möchte ich also für Transparenz sorgen bei solchen elitären Verbindungen und mehr demokratische Kontrolle einfordern. Dies sehe ich als gute Voraussetzung an um zu einer echten deutsch-amerikanischen Freundschaft zu gelangen ohne Behinderungen und „Denkverbote" mit der selbstbestimmten Freiheit Freundschaften mit allen Völkern dieser Erde würdevoll einzugehen ohne Bevormundung, ohne Erniedrigung, ohne Unterwerfung jedweder Art.

4.1.4 Unordnungsfolgen ungezügelter Wachstumswirtschaft und Familien-Ethik

Für das Verständnis von Auswirkungen und Folgen schwieriger Kindheit und Ansatzpunkten für Auswege aus fehllaufenden Familien-Dynamiken und Gewalt muss man noch einmal den Blick auf unsere heutige ungezügelte Wachstumswirtschaft werfen.

Tomáš Sedláček schreibt in seinem Buch „Die Ökonomie von Gut und Böse" unter „Mainstream-Ökonomie", ich zitiere: „Das Prinzip des freiwilligen Nutzenverzichts (...) zum Wohle des Ganzen ist in der heutigen Ökonomie völlig fremd. In der ökonomischen Anthropologie herrscht derzeit ein ungewöhnliches Durcheinander. Mit der Moral befasst sie sich nicht – sie geht davon aus, dass die unsichtbare Hand des Marktes persönliche Laster in Gutes für die Allgemeinheit umwandeln wird."

Schauen wir uns also weiter beim Markt um.
Die sogenannte „unsichtbare Hand des Marktes", die unter anderem,

wie erwähnt, nach Adam Smith die Belange der Menschheit über Angebot und Nachfrage austariert, bewegt sich offensichtlich nicht für menschenwürdige Lebensziele auf der Erde. Vielmehr wirkt der globale Markt nun fatalerweise ohne solche ethischen Grundsätze bis in den letzten Winkel der Erde hinein. Ich habe gezeigt, dass es diese unsichtbare, alles ausbalancierende Hand gar nicht gibt, die Aufrechterhaltung dieses Märchens stattdessen die Macht des internationalen Banken- und Finanzwesens verschleiert und stützt. Die Finanzwelt konnte und kann die Politik – Schmiergelder sind dafür in Deutschland gar nicht nötig – davon „überzeugen", dass das Märchen gültig ist, das besagt, dass die Finanzakteure das Wohl des Bürgers besser bewirken können als deren gewählte Vertreter (siehe auch Heribert Prantl, „Wir sind viele" 2011).

So konnten und durften Banken sowie Finanzplätze sich über längere Zeit unter Assistenz der Politik recht unbemerkt aus der gesellschaftlichen Verantwortung vollkommen herauslösen, verbrämt und beschönigt von Imagekampagnen, die die Theorie des beschleunigten Wachstums als letztlich für alle Menschen gut idealisieren. Gleichzeitig haben sie als „Fachleute für ihren Vorteil" die Politik beraten, die z. B. Entwürfe für Gesetze als Experten-Expertise willig übernommen hat. Auch die weltweiten Folgen der Lehman Brothers-Pleite haben daran nichts geändert.

Heutige „Markt"-Regeln und Familien-Ethik

Das System Markt hat, wie gesagt, in den ersten Anfängen im Sinne von Angebot und Nachfrage funktioniert. Mit dem Größerwerden der Unternehmen und der Entwicklung zu Aktiengesellschaften hat sich schon früh eine Marktmacht der AGs herausgebildet. Heute wird der Markt durch den Finanzkapitalismus beherrscht, das System wird noch Markt genannt, die Regeln haben sich jedoch fundamental geändert. In diesen Unternehmen sind die Unternehmensleiter nur noch Funktionsgrößen, die den Gewinn maximieren sollen, Konkurrenz ist das führende Prinzip. Dort ist es im Gegensatz zum Leben als Normalbürger erlaubt, seine Konkurrenten gnadenlos zu besiegen, Fair-Play spielt keine Rolle, Hauptsache, es mehrt den Gewinn. Alle Tricks sind erlaubt, jeder darf funktionalisiert, jeder „aus dem Weg geräumt“ werden (siehe auch Bild 1 „Kampf auf der Karriereleiter“, Kapitel 2), Ehrlichkeit und ethisches Verhalten sind nicht gefragt. Und alles, was hindert, darf passend zurechtgemacht werden, alles und jeder wird so zur Ware, die man gewissermaßen kaufen und besitzen kann. Alle diese Grundsätze werden uns ständig verkauft in einem Sinne, dass sie angeblich für alle den Wohlstand mehren. Aber der Blick auf die Verlierer wird dabei erfolgreich verschleiert (heutzutage viele unserer Kinder, sowie neben Prekariaten und vielen alten Leuten auch bei uns, häufig die Bevölkerung von „Entwicklungs“- und Schwellenländern).

Natürlich gibt es Ausnahmen, z. B. die Fairtrade-Bewegung versucht es anders, viele insbesondere familiengeführte Mittelstandsunternehmen haben sich nachhaltiges Wirtschaften auf die Fahnen geschrieben, aber es ist ein Skandal, dass man Wirtschaftsethik suchen und anmahnen muss.

Nebenbei, Leo A. Nefiodow beschreibt in seinem Buch „der sechste Kondratieff“ (2006), dass der direkt kriminelle, zerstörerische, krankheitsfördernde bzw. konkret Unordnung schaffende Wirtschaftssektor damals 14.000 Milliarden US-Dollar betrug bei einem Weltsozialprodukt von 55.000 Milliarden US-Dollar. Er nennt es den entropischen Sektor (Entropie ist ein physikalischer Begriff für den Grad der Unordnung). Das sind aber systemische Auswirkungen unserer Wirtschaftsordnung, deren Unordnungsfolgen sich zunehmend generalisieren.

Wer würde seinen Kindern solche Grundsätze als richtig oder sinnvoll oder lebensfördernd erzählen? Niemand!

Wir haben also einen großen Widerspruch zwischen unserer Wirtschaftslogik und unserer erwünschten zwischenmenschlichen Ethik.

Diese Ethik hat aber nicht immer die Kraft im Alltag und unser Alltag ist schon so entartet, dass wir es vielfach nicht merken.

Konkrete Auswirkungen unserer Wirtschaftslogik

Um ein auffälliges Beispiel zu nehmen: Wir alle haben uns daran gewöhnt, dass viele Produkte, z. B. Autos, im gleichen Bild oft zusammen mit nur leicht bekleideten schönen Frauen oder auch „coolen" muskulösen Männern, vielfach in verführerischer oder lässiger Pose gezeigt werden. Man „kauft" also mit dem gezeigten Produkt unterbewusst oder halbbewusst nicht nur das Produkt, sondern das Produkt bekommt durch den Rahmen quasi Eigenschaften auch des Rahmens, z. B. der Verführung. So funktioniert das Framing im Neuromarketing, das weiß die Werbung und steigert so den Gewinn.

Und die Wirtschaft „erlaubt" es uns natürlich, erteilt dafür mit Freude die Absolution. Das Gleiche passiert mit Kindern in der Werbung von Spielzeug, Events oder auch z. B. gesüßten Nahrungsmitteln. Die Kinder in der Werbung kommen mit leuchtenden Augen daher, sodass Kinder, die das sehen, das jeweilig beworbene Produkt auch haben wollen.

Was bedeutet das für Kinder in Familien, in denen Vernachlässigung und Gewalt herrschen?

Eine Gegenüberstellung:

- Wenn Männer ihre Selbststeuerung nicht gut haben erwerben können,
- aus ihrer Lebens- und Arbeitserfahrung in innere Aggression gekommen sind und diese ggf. auch nach außen wenden,
- für sich keine befriedigende Sexualbeziehung herstellen können,

dann wirken diese verführerischen Frames durch Frauenbilder auf sie besonders stark (implizite wirtschaftliche Unordnungsfolgen in patriarchalischen Strukturen), natürlich ungünstig und frauenfeindlich.

- Wenn diese Männer dann noch oft Porno-Videos sehen, evtl.
- regelmäßig Alkohol trinken und
- zu Hause heimlich agieren können,

dann wird klar, dass die entstandenen gesellschaftlichen Verhältnisse der heutigen Wirtschaftsweise mit ihrem unethischen, zerstörerischen Maximalgewinn-Streben hier bei Männern mit Impulskontrollstörung auch eine wichtige Rolle u. a. als Vorbild oder Rechtfertigung spielen.

Die bestehende körperliche Überlegenheit von Männern kann dann gegenüber Frauen und Kindern auch zu Gewalt und Missbrauch als möglicherweise letzte verbliebene Möglichkeit einer Selbstwirksamkeits-Empfindung führen, die, obwohl sicherlich als pathologisch anzusehen, innerpsychisch wirkt und tiefe Ängste binden kann.

Das nehmen diese Männer aber nicht als pathologisch wahr. In ihrem Erleben vor sich selbst ist es dann eher als „normal" eingedeutet, „Männer dürfen das" oder „Männer machen so was eben" bzw. im Sinne einer noch verallgemeinerten Sicht: „Das machen doch alle Männer" oder „Männer sind eben so". In gewisser Weise leistet das dem also Vorschub, wenn Väter oder andere Menschen aus dem familiären Umfeld es nicht als Unrecht fühlen, ihren Kindern Gewalt zuzufügen, auch sexualisierte Gewalt.

Drehen wir das Ganze einmal um und gehen davon aus:

- dass Männer und Frauen eine gute Selbststeuerung erwerben konnten und
- mit einer guten Teilzeitarbeit, die sie gerne mögen, ungehetzt mit ihrer Familie leben können.
- Diese Menschen sehen keine oder selten Pornos, das ist für sie eher langweilig, wenn die eigene Sexualität aufregend und befriedigend ist bei bester Beziehungsfähigkeit.
- In diesen Familien gehört Alkohol mehr zum Festessen als zum Alltag und
- es gibt eine schöne offene Kommunikation und Erleben mit Familie, Nachbarn und Freunden.
- Reize aus Zeitschriften-Cover und Werbung nimmt man vermutlich noch wahr, das Interesse daran ist aber reduziert, hat keine große verführerische Kraft.

Wie geht es da den Kindern?

Das Gefährdungspotenzial für Kinder, Gewalt in der Familie zu erleiden bzw. sexuell missbraucht zu werden, würde, da wird mir sicherlich jeder zustimmen, nach einer Übergangszeit massiv zurückgehen. Aber auch generell würde Aggressivität nicht in der Weise entstehen wie heute und wenn, dann könnten andere Wege der Auseinandersetzung möglich sein, weil die Menschen hirnphysiologisch viel konstanter und sicherer im vegetativen Modus wären, der vom ventralen Vaguszweig geführt wird. Noch einmal erwähnt: Der Mensch ist auch heutzutage noch genetisch primär auf Kooperation gepolt und bleibt es!

Was unterscheidet nun diese zweite Gesellschaftsszene von der erstgenannten? Man könnte denken, es zeigt in gewisser Weise nur soziale Ungleichheiten, aber beide genannten Beispiele gibt es doch in allen gesellschaftlichen Schichten. Es zeigt viel mehr Folgendes:

- Kooperation versus Konkurrenz im Wirtschaftsmodell
- Günstige Hirnentwicklung, ja allgemein Entwicklungschancen für Kinder statt Schutzlosigkeit
- Liebe statt Angst
- Selbststeuerung statt unkontrollierter Impulsantrieb
- Bejahenswerte und zeitlich angepasste, sinnvolle Arbeitssituation
- Innehalten, Muße und analoge Kommunikation statt pausenloser Hetze und digitaler Mediensucht
- Eine bemühte mediale Atmosphäre von menschlicher Würde und Anerkennung statt systemischer Degradierung zur Ware
- Befriedigendes Sexualleben statt reaktives Impulsgeschehen auf Trigger-Eindrücke
- Alkoholgenuss in Maßen mit funktionierender Eigenkontrolle
- Breites, offenes Kommunikationsnetz mit ausreichender Face-to-Face-Begegnung, auch als wichtiger Faktor in der On-Offline-Balance.

Wenn wir uns diese Unterschiede anschauen, dann ist leicht festzustellen, dass auf alle genannten einzelnen Bereiche unsere aktuelle Wirtschaftsform der „Wachstumswirtschaft auf dem Boden von Konkurrenz" seine implizit unheilvolle Unordnungswirkung ausübt und natürlich zu Teilen auch in soziale Ungleichheit umsetzt. Aber in dieser Unordnungswirkung durch den Kampf um Marktanteile, Gewinnmaximierung und

Macht werden auch menschliche Unzulänglichkeiten oder das „Tier im Menschen“, das erst in der Konkurrenz und im Dauerstress massiv gereizt wird, natürlich eher gefüttert als die genetisch programmierte primäre Kooperation der Menschen als evolutionärer Überlebensvorteil.

Aber diese entropische Wirtschaftsform ist natürlich kein teuflisches Ungeheuer, sondern Menschen-ge„macht“, wir alle haben also unseren Anteil daran, wie wir leben und agieren. Denn wir lassen dieses Leben unter diesen Systemkriterien immer noch zu, haben es so entstehen und stehen lassen, wie es unsere Vorgenerationen auch gemacht haben. Im Schweigen und Nichthandeln geben wir eine unbewusste oder bewusste und oft in der Überindividualisierung auf Ohnmachtserleben beruhende Zustimmung zu etwas, was wir im tiefsten Herzen ablehnen. Diese Gefühle wenden wir aber nicht nach außen und handeln politisch, sondern lassen diese Energie, so ist es derzeit systemisch „vorgesehen“ bzw. im System gerne toleriert, als individuelles „Versagen“ in uns vagabundieren und sich als „Krankheit“ oder auch aggressives Handeln manifestieren. Und wir prüfen nicht mehr, ob wir wirklich ohnmächtig sind.

Folgerungen

Wir sollten also das, was wir klar ablehnen, bewusst wahrnehmen und in soziale Handlungsenergie und Gestaltungskraft für unsere Lebensräume verwandeln. Das heißt, **wir ziehen unsere durch Schweigen erfolgte Zustimmung zur ungezügelten Wachstumswirtschaft zurück** und beginnen für kooperative Wirtschaftsformen zu handeln, die besser zum Menschen, seiner kooperativen Genetik und seinem sozialem Vegetativum passen!

Dies gelingt am besten z. B. dadurch, dass wir einen Modus finden, dass dies keine Gewinne mehr generieren kann (siehe Kapitel 5). Die Gemeinwohl-Ökonomie hat hier in den Kriterien für eine Gemeinwohl-Bilanz zusätzlich zur Finanzbilanz hilfreiche Konzepte entwickelt (siehe später). Auch hier wird das Kooperationsmodell seine hohe Bedeutung für das Zusammenwirken von Männern und Frauen zeigen. So können wir auf das vorgenannte Beispiel bezogen u. a. erreichen, dass Männer und Frauen gemeinsam Menschen in der Werbung aus ihrer Degradierung und Erniedrigung als Ware herausholen. Süßigkeiten-Werbung für Kinder wird so ebenfalls verschwinden, ggf. mit gesetzlicher Unterstützung.

Genuss und Warencharakter

Genuss hat zentrale Bedeutung im Leben von Menschen. Genusserwartung ist handlungsleitend. Neurophysiologisch wird, wie ich schon erwähnt habe, u. a. im Gehirn im Nucleus accumbens geprüft, ob eine mögliche Handlung Genuss verspricht oder nicht. Dies wird dem präfrontalen Cortex als Information zur Verfügung gestellt und dort wird entschieden, ob und wie gehandelt werden soll. Die Genusserwartung betrifft alles, z. B.:

- die Befriedigung durch Essen
- das Eingehen von Herausforderungen und die Erwartung des Gelingens
- das Beenden von Unangenehmem
- Freude im Kontakt und der Begegnung mit Natur, Tieren und Menschen, aber auch speziell mit Kultur wie Musik, Tanz etc.
- das Erleben von Sympathie mit anderen Menschen bzw. Geselligkeit und gemeinschaftlicher Aktion sowie
- von Genuss und Freude sowie Erleben ästhetischer Attraktivität im Zusammensein mit Personen des anderen Geschlechts bzw. persönlicher Partnerorientierung
- Genusserwartung bei Wahrnehmung sexueller Attraktivität
- aber auch dysfunktionale Genusserwartung, wie z. B. beim Thema Sucht erwähnt oder bei übersteigerter egoistischer Selbstbestätigung (Narzissmus).

Attraktoren wirken dabei in der Regel auf alle Menschen, aber in ihrer Stärke, abhängig von der Resonanz der einzelnen Menschen auf einzelne Reize, dabei von der aktuellen oder generellen Bedürftigkeit bzw. einem Unbefriedigtsein in speziellen Bereichen und der im Zusammenhang mit Reizen gemachten Erfahrungen.

Handlung findet dann statt, wenn das Interesse an dem speziellen Genuss sowie die Genusserwartung ausreichend groß sind, keine gesellschaftlichen bzw. moralischen Einschränkungen wirken, Ressourcen zur Verwirklichung der Erwartung vorhanden sind und bei guter Selbstregulation die Handlung im persönlichen Gesamtkontext des Lebens Sinn macht oder aber die betreffende Person sich doch dagegen entscheidet. Andernfalls wird die mögliche Handlung häufig verdrängt, ohne aufgelöst zu sein, bewusst oder unbewusst in eine Ersatzhandlung umgewandelt oder in der Fantasie ausgelebt bzw. führt zum Träumen oder in die (unerfüllte) Sehnsucht.

Angenehme, insbesondere ästhetische Wahrnehmungen und Reize erfreuen uns in der Regel im Alltag und tragen zu guter Stimmung und Atmosphäre bei.

Wo es passt, kann das Erblicken einer anmutigen Person, die Abbildung eines schönen Körpers oder dargestellter Pose ästhetischer Genuss sein, Freude bereiten, auch erotische Fantasien anregen. Weil dies im Alltag vielfach so wirkt, haben ja die modernen Werbestrategien Erfolg. Es wirkt eben auch in Darstellungen, die dem Warencharakter dienen. Und der Alltag soll unter diesen Marketing-Gesichtspunkten ja bewusst ganz stark sexualisiert werden, jedes Produkt oder Verhalten soll sexy sein. Und mittlerweile wollen viele Menschen eben nach Möglichkeit auch durch gekaufte Produkte sexy werden, obwohl das ja, wie wir vielfach sehen, nicht funktioniert und zum Teil gründlich daneben geht. Aber eben erst, nachdem sie das Produkt schon gekauft haben.

Aber diese Strategien wirken eben auch, weil das Christentum die Körperlichkeit ja zur Basis der „Sünde“ erklärt hat, aber das Verbotene immer schon, wenn auch unbewusst, in die Erscheinung drängen möchte und so im Marketing ein Feld findet, das den Körper allerdings als Objekt zu gouttieren erlaubt.

Die im Neuromarketing bewusst lancierte Erregung wirkt besonders stark bei veräußerlichtem Leben mit innerer Leere, weil so die innere Leere überdeckt werden kann. Das ist zwar dysfunktional, aber es wird noch etwas Zeit brauchen, bis Menschen sich wieder an ihre inneren Quellen anschließen und solcherart Resonanz damit unattraktiver und somit wirkungsloser wird.

Die Entwicklung von allem zum Warencharakter, also zur Handelsware, zum Konsum, gerade mittels der Strategie der Sexualisierung bzw. libidinösen Ausgestaltung der Produkte und Verhaltensoptionen schafft allerdings derzeit noch eine starke Dysbalance durch inflationäre Überbetonung und Überreizung von Sexualität und Erotik. Die haben ja sonst, eingebettet in den Alltag, ihren guten und lustvollen Platz bei Menschen mit ausreichender Selbststeuerung und einem guten und positiven Bezug zur Körperlichkeit im subjektiven Empfinden. Dort behält eben auch erotische Wahrnehmung ihre gute Bedeutung im Menschen, ohne zu impulsgesteuerter und grenzüberschreitender Kommunikation bzw. unsinnigem und unpassendem Konsum zu führen.

Der Unterschied zwischen Erotik und Eros ist hier noch zu betonen. Eros, also die auch im Körperlichen gefühlte Liebe, fließt aus innerer Fülle und Herzensgüte und hat auch genug Raum im Außen, in der Begegnung, die dazugehörende Erotik bekommt dabei auch ihren guten Platz, so wie es passt. Erotik ohne im Herzen empfundenen Eros entartet, macht das Gegenüber zum Objekt, zum Lustobjekt und macht gemeinsame Liebe zunichte.

In diesem Zusammenhang in besonderer Weise zu erwähnen ist auch noch die im Griechischen von Eros unterschiedene uneigennützige, ja spirituelle Liebe „Agape", die zwei Menschen auf einer höheren geistigen Ebene verbindet und auch die Liebe zu allen Kreaturen und den kosmischen Gesetzen (für viele als Gott benannt) zeigt. Agape schließt Eros nicht aus, wie christliche Auslegungen nahelegen, sondern die Verbindung beider erleben Menschen gerade auch als Krönung im irdischen Leben.

Exkurs:
Alltag, Umgang und kommunikatives Annäherungs-Spiel der Geschlechter

Um in der Filmindustrie bestimmte begehrte Rollen zu erhalten, „mussten" einige Schauspielerinnen, insbesondere noch junge und unerfahrene, in dieser männerdominierten Szene sexuell „gefällig" sein bzw. konnten sich sexueller Übergriffe nicht erwehren, so manche Aussagen oder Andeutungen von Betroffenen. Das war in der Bevölkerung an sich kein Geheimnis, man wusste nur nichts Genaues, eher Gerüchte.

Die im Jahr 2017 aufgekommene #MeToo-Bewegung hat dann die häufige sexuelle Ausnutzung der Abhängigkeitsverhältnisse bzw. die unterschiedlichen Machtverhältnisse deutlich gemacht. Die Debatte hat auch dazu geführt, dass dieses Thema dann in anderen Geschäftsfeldern und Institutionen hinterfragt wurde.

Dies führte vielfach zu neuen Verhaltensanforderungen an Männer und u. a. zu Änderungen im jeweiligen System, um sexuelle Belästigung und Ausnutzung zu verhindern. Es führte aber auch zu einer Verunsicherung und Verzagtheit im kommunikativen Spiel der Geschlechter und der schwierigen Diskussion um „Unerlaubtes" im „Normalen", das ja implizit noch viel Patriarchalisches enthält, und was denn nun tatsächlich noch erlaubt sein könnte bzw. im Gegenteil sogar strafbedroht ist. Die Reform des Sexualstrafrechts in Deutschland, die ja noch vor dieser Debatte beschlossen wurde und seit Ende 2016 gilt, hat das „Nein ist Nein" in das Zentrum der Beurteilung sexueller Kommunikation gestellt, die seit einem Jahr in Schweden geltende Reform nur noch „Ja ist Ja". Es ist verständlich, dass man hier etwas justiziabel machen wollte und solche Klarstellungen brauchte.

Das kommunikative Annäherungs-Spiel der Geschlechter ist aber etwas ganz anderes als ein Vorgang mit Durchführung nach einem manualisierten Regelwerk und Vertrag mit vorheriger Unterschrift von beiden und Kündigungsklauseln etc. Die Menschen nutzen dabei seit Menschengedenken sowohl Verhaltensweisen, die wir auch aus dem Tierreich kennen, um attraktiv zu erscheinen, als auch kulturelle Rituale mit dem Ziel, in Kontakt mit einem Partner zu kommen und wenn möglich bzw. genehm sich fortzupflanzen bzw. heute vielfach auch eher um Zärtlichkeit, Erotik und sexuelle Lust zu empfinden. Liebe taucht dabei als Begriff mittlerweile recht selten auf, obwohl dies wohl die tiefste und wichtigste Ebene menschlichen Empfindens und Erlebens zwischen Menschen meint.

Der Flirt hat dabei vielfach eine eruierende Funktion, inwieweit jemand auf sich aufmerksam machen kann, offensichtlich also als attraktiv erlebt wird und darin Anerkennung findet. Flirt kann dabei sowohl allein der Bestätigung dienen als auch der Auftakt eines um jemanden werbenden Handelns sein.

Davor kennen wir alle die Sympathie. Einem als sympathisch empfundenen Menschen ist man in individuell unterschiedlichem Maße offen gegenüber, mag ihn um sich haben, sich in ihn empathisch einfühlen und im Alltag mit ihm was zusammen machen. Wenn es passt, wird die Sympathie auch erwidert. Sie ist oft grundsätzlich und bleibt auch bestehen, wenn man sich lange nicht gesehen hat. Sympathische Menschen sind einem angenehm, manche solcher Kontakte beziehen auch den Flirt mit ein, aber es liegt kein erotischer Druck in der Sympathie, das macht sie so entspannt.

Uns innewohnende Mimik zeigt dabei Interesse auf verschiedensten Ebenen an, das gilt für alle Spielarten der Interessensbekundung, also für die Sympathie ebenso wie für den Flirt und Liebesbezeugungen. Die daraus entstehende Wahrnehmung z. B. einer Resonanz seitens des anderen durch eigene Spiegelneurone und darauf folgende Handlungen und Aktivitäten im Deuten der Handlung auf dem jeweils eigenen Erfahrungsfeld führt zu spielerischem Aushandeln dessen, was gut als gemeinsame Aktivität zusammenpassen könnte. Das ist ein Spielprozess mit Kontakt-Angeboten, in dem es Entwicklung gibt hin zu einem annähernden Ja von beiden, einem Nein einer der beiden oder beider Personen oder bereits ausreichend zur Genugtuung der Bestätigung eigener Attraktivität.

Dabei finden sich im Weitergehenden auch Schüchternheit und Ungestümes, Verschämtes und Un-Verschämtes, verborgene, ggf. aber doch wahrnehmbare Wünsche nach Verführung und Eroberung. Die Signale müssen jedoch von einer zur anderen Person übersetzt werden und es kommen natürlich auch Übersetzungsfehler vor, die dann der guten und klaren Korrektur und Akzeptanz bedürfen.

So lotet man auch auf vielen anderen zwischenmenschlichen Ebenen und Beziehungen Nähe und Distanz aus, setzt Rahmen und Grenzen. Und wenn sich Menschen zu einer Partnerschaft entscheiden, vereinbaren die Partner hierfür ja ihre Regeln, durch die dann ein gemeinsamer Wille die Rahmen setzt, in der hoffnungsvollen Annahme, dass dies auch gelingt. Eine Übereinstimmung zu einer gemeinsamen sexuellen Aktivität wird daher in der Regel ebenfalls spielerisch erzeugt und nicht vorher vertraglich verhandelt (möglicherweise gelten in speziellen Dating-Portalen auch andere Normen). Dabei ist in diesem Prozess das Ja und Nein auch nicht immer gleich klar und nicht immer gleich deutlich und kann sich in jedem Moment auch wieder verändern, eben ambivalent sein. Nichtsprachlich vermittelte, gefühlte Übereinstimmung kann im sexuellen Spiel ihre Bedeutung haben, wird aber auch manchmal fehlgedeutet. Darüber braucht es dann auch weitere Kommunikation, die gelingt, wenn die sich Annähernden gute Selbststeuerung haben.

Die Verführung, egal von wem sie ausgeht, ist dabei kulturell ein erlaubter Bestandteil des Spiels und viel besungen in Sagen und Gedichten alter Zeit und auch in der heutigen erotischen Darstellung in Bild und Schrift und im Liebeslied als Verlangen, Anbetung und Verführungskunst vorhanden und gouttiert.

In katholischer Auslegung vom Paradies wird hier die Thematik der Verlockung und Verführung allerdings allein bei der Frau (Eva) angesiedelt (dahinter lässt sich auch eine andere Symbol-Interpretation im Sinne eines Mysteriums geistig erfassen). Das widerspricht in dieser Einseitigkeit bekanntermaßen der Realerfahrung auf Erden, aber hier haben Menschen doch unterschiedliche Anschauungen. In Erzählungen von Don Juan, Casanova und anderen Verführungskünstlern wird hingegen von deren Unwiderstehlichkeit erzählt und die Frau bezüglich der Verführungsbeteiligung (fast) „exkulpiert“.
Exkursende

Ein solches gekonntes gemeinsames Spiel setzt aber Reife voraus, gute Wahrnehmung kommunikativer Signale, eigene Körperwahrnehmung, Deutungserfahrung und Selbststeuerung, also Beziehungsfähigkeit. Denn in diesem Spiel ist dem einen auch an der Freude des anderen gelegen und nicht allein die Befriedigung der eigenen z. B. sexuellen Lust das Ziel. In einer solchen kooperativen Spielhaltung kann ein Umkippen der Stimmung oder ein aufkommendes, ggf. sogar zögerlich auftretendes Nein oder Signale, dass der andere etwas falsch verstanden hat, akzeptiert und das Spiel beendet werden, zumindest vorläufig.

Heute gibt es aber immer mehr Menschen mit Beziehungsstörungen, Menschen, die keine gesunde Hirnentwicklung erwerben konnten, die mehr impulsgesteuert sind, Frustrationen nicht gut aushalten können und sich, wie in der Werbung empfohlen, hauptsächlich um die Befriedigung ihrer eigenen Lustimpulse kümmern. Dann funktioniert das alte, gekonnte kommunikative Spiel der Geschlechter (das sogar im ausgeprägten Patriarchat eine gewisse Gültigkeit hatte) natürlich nicht mehr, und es fällt dann auf eher grobes, meist männliches Durchsetzen von Eigeninteressen zurück, vor sich selbst und in Männerkreisen dann sogar häufig als Männlichkeit bestätigt (antisoziales Verhalten imponiert ähnlich, siehe S. 195). Das hier die Justiz im Interesse der im Grundgesetz zugesicherten Gleichberechtigung irgendwann tätig werden musste, ist klar. Es wird aber zwangsläufig viele unklare und falsche Justizentscheidungen geben, ohne dass eine „tat"sächliche Realitätsüberprüfung möglich wäre.

Es bleibt auch hier nur der Weg, dass sich möglichst viele Menschen selbst weiterentwickeln und wir unseren Kindern eine gute Selbststeuerung ermöglichen, damit das Spiel der Geschlechter oder allgemein zwischen zwei Menschen zu einem wunderbaren Bestandteil des Lebens werden bzw. bleiben kann.

4.1.5 Der Umgang mit Macht

Viele erfolgreiche männliche Politiker in hohen Positionen kann man testosterongesteuert nennen (etwas vereinfacht dargestellt, aber wohl nicht unpassend), sie suchen Macht (es gibt natürlich auch Ausnahmen) und zeichnen sich auch nicht gerade durch empathisch einfühlendes Miteinander mit Kollegen und Kolleginnen (oder vielleicht besser: Konkurrenten) aus. Bei Frauen in entsprechenden politischen Positionen lässt sich das hormonell nicht so klar benennen (möglicherweise gibt es auch ein wenig mehr Testosteron), sie beißen manchmal zwar Nebenbuhler beiderlei Geschlechts weg, aber scheinen doch immerhin noch empathiefähiger zu bleiben als ihre männlichen Kollegen. Nun, Spaß beiseite, aber war das wirklich spaßig?

In den Parteien kommen deutlich mehr Menschen hoch, die gut reden und ihre Ellbogen gebrauchen können, ohne dabei auf andere Menschen zu achten. Und sie müssen heutzutage eigentlich Juristen sein, wie es scheint, jedenfalls ist das die größte Fraktion in der oberen Etage von Parteien, Regierungen, Parlamenten und Ministerien. Wen wählen wir also, wenn wir wählen und was sind unsere Kriterien?

Der Wähler ist ja nun auch nicht nur Spitze, wir wissen, dass die Wähler häufig ähnlich entscheiden wie kleine Kinder, wenn sie die Wahlplakate sehen. Mit großer Sicherheit kriegen die Kinder raus, wer später die Nase vorn hat (Versuch von Rangar Yogeshwar, erzählt im Buch: „Unsere Zukunft" mit Klaus Töpfer). Das ist nun alles andere als mündig: Führungspersonal kann man offensichtlich riechen bzw. am Wahlplakat erkennen und wir wollen ganz klar Führungspersönlichkeiten haben, keine Looser, so zeigt uns das Wahlverhalten. Aber wen wählen wir da? Was haben die, was uns so imponiert?

Es sind Durchsetzungskraft, sichtbares Testosteron (Pose), Fehlen von Zweifel, immer „klar wissen", was richtig und gut ist, obwohl es das so nicht gibt, und natürlich alles wissen. Sie haben immer eine Antwort und wenn es inhaltlich nicht klar ist, können sie solange und immer dasselbe reden, bis der andere aufgibt. Wir hatten diese Durchsetzungskraft schon im Abschnitt über die Psychopathie ähnlich beschrieben und erwähnt, dass sich immerhin etwa 5 % von gesellschaftlich leitenden Personen, also wohl auch einige Politiker, hier finden.

Die Bewerber müssen also Macht ausüben können, und das alles scheint viele zu entlasten, „solche Leute sollen es mal machen".

Wählen Sie nach anderen Kriterien? Wie wählen Männer Frauen und Männer Männer, wie Frauen Männer und Frauen Frauen? Wichtige Fragen, aber noch keine zufriedenstellenden Antworten.

Man findet bei vielen, die sich zur Wahl stellen, allerdings noch anderes. Loriot hat diesbezüglich mit seiner „Bundestagsrede" schon ins Schwarze getroffen, „wer wollte das bestreiten", Floskeln, wohin man schaut, inhaltsleere Reden, hinhören Fehlanzeige, andere Meinungen akzeptieren geht gar nicht, wo man doch selbst weiß, wo es lang geht. Großartigkeit ist Trump(f), Fehler gibt es nicht, insofern Lernen auch nicht, außer wenn eine Wahl verloren gehen könnte. Das heißt, die Fähigkeit zum Wendehalsen, ohne mit der Wimper zu zucken, muss auch dabei sein.

Aber es gibt natürlich auch ernsthafte Persönlichkeiten, denen man wegen ihrer Art und ihren Inhalten zuhört bzw. weil man dieses Politikergehabe satt hat. Aber auch sie haben nur eine Chance, wenn man bei ihnen einen Machtwillen spürt.

Und das auch zu Recht. Machtwille und die Fähigkeit, sich durchzusetzen, sind nichts Falsches, wenn das in Diensten einer auf Empathie- und Einfühlungs-Fähigkeit beruhenden sozialkompetenten Haltung geschieht und der betreffende Politiker in der Lage ist, sich zu balancieren, sich zu hinterfragen und sein Leben selbst in guter Selbststeuerung zu gestalten.

Allerdings haben diese Menschen ein weniger dickes Fell als die Siegertypen und brauchen eigene Techniken von Lebenspflege, um in diesem konkurrenten Umfeld bestehen zu können. Solche Menschen finden sich übrigens eher bei Frauen als bei Männern (siehe weiter unten). Aber insgesamt sind sie eben oft doch noch nicht so chancenreich wie die Siegertypen, denen die Leute so gerne nachlaufen und sie wählen. Viele haben sich sehr daran gewöhnt und glauben, wir bräuchten an der Spitze solche Menschen.

Die Siegertypen sehen allerdings oft nur so kompetent aus, sind aber häufig sehr inkompetent, mit Macht umzugehen und solche Inkompetenz hat oft egoistische Machtausübung im Gefolge, die durchaus bis zum Machtmissbrauch gehen kann. Eigentlich sind solche Politiker sehr ungeeignet, einige sogar gefährlich, uns in dieser Zeit zu führen. Insofern müssen wir als Bürger weiterlernen, um uns nicht blenden und „ver"führen zu lassen, wenn wir mündige Bürger sein wollen. Dazu einige interessante Informationen, die uns dabei weiterhelfen können.

Gehirn und Macht

Hier hilft uns wieder einmal die Hirnphysiologie. Macht kann das Gehirn schädigen, wesentliche Gehirnfunktionen stören, ja lahmlegen. Zum Beispiel ist die Fähigkeit zur Realitätseinschätzung, die insbesondere im rechten präfrontalen Gehirn beheimatet ist, mehr oder weniger ausgeschaltet, wenn das linke präfrontale Gehirn mit Dopamin, dem Erwartungshormon auf Belohnung, geflutet ist. Das passiert insbesondere, wenn viel Testosteron im Spiel ist. Und Testosteron bei Männern, besonders bei denen, die Macht für sich haben wollen und brauchen, steigt besonders durch tatsächlichen Erfolg, Macht und Sex. Das weiß die Bevölkerung auch und so gab es z. B. auch eine große Ambivalenz zu Silvio Berlusconi aus Italien, aber sehr viele haben ihn auch gerade wegen seiner Skandale bewundernd gewählt. In Frankreich wäre Dominique Strauss-Kahn als ein in dieser Hinsicht bekanntes Beispiel zu erwähnen. Wenn man genau hinguckt, dann wird man feststellen, dass sie glaubten, alles machen zu können, über den Dingen und den Gesetzen zu stehen. Solche Menschen sind in Deutschland natürlich auch zu finden, aber hier stehen sie nicht so ausgeprägt in der Öffentlichkeit wie die genannten Beispiele.

Diktaturen nach Freiheitsbewegungen

Einige Freiheitsbewegungen in Ländern mit großer Unterdrückung, denen mit einer Freiheitsarmee unter einem bejubelten Anführer Umstürze gelungen waren, wurden nach kurzer Zeit wieder Diktaturen, die Helden der Befreiung zu Unterdrückern ihres Volkes. Was war da passiert?

Die Anführer waren harte Männer im Dauer-Kampfmodus, vegetativ und hormonell, ohne Empathie, es reichte, dass sie für eine ihrer Meinung nach gute Sache kämpften und einen Feind hatten. Es gab nur Freund oder Feind, Empathie wurde nicht gebraucht bzw. war hinderlich. Wenn sie nun Erfolg und die Macht ergriffen hatten, war nach meist brutalen Säuberungen der Feind weg, sie aber Männer mit mehr Macht als vorher. Macht braucht aber weiterhin Erfolgserlebnisse, um die Dopamin-Ausschüttung im linksfrontalen Gehirn aufrecht zu halten und dafür ist Ausübung von Macht notwendig und die macht schließlich auch süchtig. Neben anderen Gründen gelingt dieses Machtgefühl dann noch, indem man Gegner umbringt, durch willkürliche Unterdrückung, Erniedrigung und auch besonders Sex (in diesen Fällen auch Vergewaltigungen, wie Anklagen gegen Diktatoren am Internationalen Gerichtshof in Den Haag zeigen)[54], wobei eben genug Macht da war, um Menschen gefügig zu machen. Wenn alles möglich war aufgrund absoluter Machtfülle ohne Kontrollinstanzen, gab es bei diesen Menschen keine Barrieren mehr. In ihrer Persönlichkeitsstruktur sind diese Despoten denn auch meist psychopathisch einzuordnen (siehe Kapitel 3, S. 199).

Zu erwähnen ist allerdings auch, dass die Freiheit bei einem Umsturz oder einer Revolution für die Menschen wirklich sehr plötzlich kommt und sie eigentlich Zeit bräuchten, um sich aus der Unterdrückung in die Freiheit hinein zu entwickeln. Dies erfordert letztlich einen umfangreichen Reifungsprozess, worüber sich aber die meisten Menschen täuschen und eben dem Revolutionsführer zujubeln, seinen Versprechungen glauben und ihm folgen. Die langsam wieder zunehmende neue Unterdrückung wird dann meist zu spät bewusst, wenn die Macht des neuen Diktators schon gefestigt ist.

In Demokratien laufen die Dinge gemeinhin erfreulicherweise anders, auch wenn immer wieder Skandale vorkommen, aber Machtwille und Siegeswille wird dabei immer noch bewundernd wahrgenommen. Das ist wieder menschlich, weil in der Evolution so ein machtvoller Mensch ggf. eine Gruppe beschützen konnte, es also auch hier einen gewissen evolutionären Vorteil bei Bedrohung gab. Das ergab aber wohl keine Sonderrechte außerhalb von Bedrohungszeiten, für den normalen Alltag konnte man narzisstische und übermäßig egoistische Menschen auch damals nicht gebrauchen.[55]

Nun gibt es aber Menschen mit unterschiedlichen Arten von Machtstreben. Ian Robertson spricht in seinem wunderbaren Buch „Macht“ von p-Machtstreben und s-Machtstreben. „p“ steht für persönliche Macht, „s“ steht für soziale Macht, die durchaus auch p-Machtstreben enthält, aber eben nicht nur.

Ich habe schon erwähnt, dass die Fähigkeit zur Realitätseinschätzung, also ein Abscannen aller Bereiche nach eventuellen Gefahren (das war früher der Horizont) in der rechten präfrontalen Gehirnsphäre beheimatet ist, in der linken mehr die Zielfokussierung.

Die Zielfokussierung kann so stark werden, dass nichts anderes mehr gilt, wir sprechen auch von Scheuklappen, nichts neben dem Weg lenkt dann mehr ab, aber auch nichts kann den Betreffenden dann von seinem Weg in seiner narzisstischen Großartigkeit abbringen. Das funktioniert aber eben dadurch, dass gleichzeitig die Realitätseinschätzung im rechten Frontalgehirn quasi abgeschaltet wird.

Das passiert eher bei Personen mit p-Machtstreben und das findet man mehr bei Männern, entsprechend s-Machtstreben eher bei Frauen, wo die Realitätseinschätzung eher nicht vollständig abgeschaltet wird und die Scheuklappen nicht so stark sind. Insofern neigen Menschen mit p-Machtstreben eher zu fragwürdigem Umgang mit Macht, zu Intoleranz und auch zu Machtmissbrauch.

Machtmissbrauch führt nie zu günstigen Situationen oder Verhältnissen, aber in Demokratien ist Machtmissbrauch ja an sich immer undemokratisch und immer bürgerfern und wird letztlich doch meist gut abgewehrt. Aber er findet auch in Demokratien statt, eher subtil und durch Intransparenz verschleiert. Auch die Macht-Konzentration der genannten 147 Unternehmen stellt letztlich schon einen, allerdings anonymen Machtmissbrauch gegenüber den Menschen auf dieser Erde da, der ja auch in keiner Weise demokratisch legitimiert, noch kontrolliert ist.

Insofern haben wir als Wähler heutzutage sicherlich die Verantwortung und auch die Chance, Menschen mit s-Machtstreben nach vorne zu bringen und Menschen mit p-Machtstreben trotz eventueller Bewunderung bei ihrem Aufstieg zu bremsen. Das ist aber so erst einmal ein eher theoretisch bedeutsames Statement, da das Hingezogensein zu starken Männern und Frauen mit p-Machtbestreben ein meist unterbewusst ablaufender Prozess ist. Wie sollen wir dann unserer Verantwortung gerecht werden?

Hierzu müssen wir uns selbst und ebenso auch unsere Parteien weiterentwickeln. Folgende Gedanken dazu:

Günstige Parteien-Entwicklung

In allen wichtigen Positionen, auch schon auf kommunalen Ebenen, brauchen wir Parität, also gleichviele Frauen und Männer. Wir stärken so nicht nur die Menschen mit s-Machtstreben (eben eher Frauen), sondern lassen so auch Strukturen entstehen, die Menschen, Frauen wie Männer, mit s-Machtstreben nach oben lassen. Wir benennen soft skills, die als Qualifikationskriterien für Menschen mit Führungswillen in Parteien unverzichtbar sind: Teamfähigkeit, Empathie- und Einfühlungs-Fähigkeit,

Kooperationsfähigkeit und Bereitschaft und Durchsetzungskraft zur eigenen Lebenspflege. Im Gezeiten Haus behandeln wir auch Politiker, daher wissen wir, dass Lebenspflege von den meisten Politikern kaum durchgeführt wird bzw. bei der aktuellen Organisation der Politiker-Arbeit kaum durchgeführt werden kann, aber an sich unverzichtbar ist bei dieser „knochenharten Arbeit", vielfach ohne echte Pausen am Tag.

Lebenspflege ist für Politiker deshalb wichtig, weil gerade sie vegetativ im ventralen Zweig des Vagus balanciert sein müssen, wenn sie erfolgreich kooperieren und Vorbild sein wollen, und sie dürfen keinesfalls in Erschöpfung leben, wenn sie zu kreativen, zukunftsfähigen Entscheidungen kommen wollen. Das gelingt nicht in Erschöpfung. Aber sie und die Medien lieben geradezu Marathon-Sitzungen, wo sich Politiker danach völlig erschöpft der Presse stellen. Das ist an sich lächerlich und, wie gesagt, nicht der politischen Verantwortung angemessen und hilfreich, wird aber als Verantwortungsbewusstsein vor sich selbst interpretiert.

Letztlich ist Politik vielmehr eine Kunst, aber Künstlerschaft setzt Menschen voraus, die an ihre Quellen angebunden sind, aus diesen Ressourcen schöpfen können und den Zugriff auf beide Gehirnhälften haben und behalten können. Wir sollten solche Menschen als Politiker suchen und stärken.

Joseph Beuys erweiterte den Kunstbegriff ja sogar auf alle Bürger, meinte, jeder Mensch ist ein Künstler, und sah in der Politik und besonders in der Demokratie eine künstlerische Skulptur von freien schöpferischen Individuen, eine „soziale Plastik", wie er es nannte. Zur künstlerischen Gestaltung rechnete er z. B. auch ein bedingungsloses Grundeinkommen und direkte Demokratie (mit dem Hinweis, dass unser GG, Art. 20, solches zulässt). (zu Beuys siehe auch „Kunstwerk Volksabstimmung" von Thomas Mayer und Johannes Stüttgen, 2004, sowie Philip Kovce, „Beuys politisches Erbe - Zukunftsdenker und Wegweiser" DLF Kultur, Januar 2021)

Und zu den soft skills gehört im Übrigen auch Berufsvielfalt! Im Führungspersonal sollten eben explizit auch Menschen mit anderen Berufen als Juristen zu finden sein. Und sie sollten in diesen oder anderen Berufen auch gearbeitet haben, wenn sie Führungspositionen anstreben. Die Parteien brauchen eine Doppelspitze, und zwar eine Frau und ein Mann, damit die Macht geteilt wird und dies auch sichtbar ist. Denn wer Macht teilen kann, neigt weniger zum Machtmissbrauch. Außerdem wird so die s-Macht in der Führung stabilisiert.

Auf diese Weise stehen zukünftig mehr Menschen mit s-Macht zur Wahl. Für die Politik wird das dann zunehmend ebenso unpassend erlebt wie in Unternehmensleitungen, wo ebenfalls ein neuer, eher kooperierender Managertyp gefragt ist und sich langsam durchsetzt, wie der Boom von Mixed-Team-Ausbildungen und Coachings zeigt.

Diese Entwicklung haben einige Parteien ja schon begonnen und sie setzt sich jetzt auch weiter durch. Die neue Kommissionspräsidentin Ursula von der Leyen hat es ja nur knapp verfehlt in der Kommission, wie angekündigt, Geschlechter-Parität durchzusetzen, immerhin. Ich will das aber auch gar nicht als ihre Kernkompetenz herausstellen.

Ich möchte nun zu uns als Menschen in der Demokratie kommen.

4.2 Auswirkungen von Kindheitsprägungen in die Gesellschaft und auf politische Einstellungen

Ich habe in Kapitel 1 eine Skizze für eine gesunde Hirnentwicklung in liebevoller Begleitung der Eltern gezeichnet, die es den Kindern ermöglicht, ihr volles Potenzial zu entwickeln und in ihr Leben als Erwachsene mitzunehmen und auszugestalten. In Kapitel 2 habe ich die Situation der Eltern beschrieben, die ihre liebevolle Begleitung fördern oder erschweren, in Kapitel 3 dann die Probleme in Familien, denen liebevolles Miteinander verwehrt ist. Die Entwicklung der Kinder ist natürlich nie ganz der einen oder anderen Situation zuzuordnen, es gibt Entwicklungen im Günstigen wie Ungünstigen aller Grade und Ausprägungen und Unterstützung und Bindungsentwicklung gibt es im ganzen Leben weiter und ebenfalls Verlust von Kompetenzen, wenn die entsprechende Ansprache verloren geht oder jäh abbricht wie bei Traumatisierung.

Ich möchte aber noch einmal darauf hinweisen, dass in den ersten zwei Lebensjahren die Ich/Du-Entwicklung in Kommunikation mit einem Gegenüber oder besser einem mitseienden Menschen stattfindet und als „Wir“ dann hirnphysiologisch im präfrontalen Kortex gegründet ist. Diese mit dem Ich untrennbar verbundene Du-Ebene klingt dann eben auch bei zunehmender Ich-Individualisierung im weiteren Leben immer mit an, das Du hat in allem seinen festen Platz. Im Weiteren baut sich ein Arsenal an Du-Erfahrungen auf, das immer auch verbunden ist mit dieser ersten Ich/Du-Grunderfahrung.

Ein Kind, das diese Grunderfahrung machen durfte, hat Urvertrauen und das Du in seinem Leben mit dabei. Alle Erfahrungen, die dieser Mensch im Weiteren macht, bezieht das Du mit ein, das Du ist existent und eine gute Bindung im und mit dem jeweiligen Du ist möglich, natürlich auch ein Nein zur Verbindung mit einer Person, die man nicht mag oder die nicht zu einem passt. So ein Nein zeigt ebenfalls die Bindungsfähigkeit einer Person an, die Autonomie erlangt hat. Das Ausmaß dieser Grunderfahrung, also wie stark ein Ich/Du als Wir im präfrontalen Kortex und weiteren Hirnstrukturen eingeprägt ist, entscheidet viel in unserem weiteren Leben, insbesondere, wie groß die Bedeutung eines Gegenübers in der emotionalen Wahrnehmung und wie stark eine Bindung ggf. möglich ist.

Wenn z. B. bei Vernachlässigung in der Kindheit keine kraftvolle Ich/Du-Repräsentation im Gehirn entsteht, dann also kein wirkliches Du etabliert ist oder bei Gewalterfahrung ein Du nicht im Ich/Du-Verbund im präfrontalen Kortex angelegt wird, sondern als Gefühl der Dauer-Bedrohung in der Amygdala festgelegt ist, bleibt das Ich hirnphysiologisch unverbunden mit der Gemeinschaft und ohne eine neuronale Basis eines Mitfühlens mit einem Gegenüber.

Auch dies bildet sich natürlich in unterschiedlichem Maße bei den einzelnen Menschen aus. Je vollständiger das Erlebnis ist oder wird, dass man alleine auf der Welt ist, ohne vorhandene bzw. schutzgebende Bezogenheit auf ein Du, desto eher entwickelt sich ein für das Leben in der Gesellschaft ungeeignetes, als pathologisch auffallendes Verhalten, z. B. die schon erwähnte antisoziale Störung.

Dann hat ein Mensch keine neuronale Basis für das Mitgefühl erworben, auch keine Basis für die eigene Körperfühlsphäre, somit kein Empfinden mit sich selbst. Dieser Mensch hat auch mit sich selbst und seinem Körper keine sichere Bindung erworben, stattdessen ein bedrohliches Gefühl innerer Leblosigkeit, bei der die Person immer wieder inneren Impulsen oder äußeren Reizen nachgehen muss, um die Bedrohung zeitweilig aber nur kurzfristig loszuwerden.

Dies hat auf viele Ebenen des gesellschaftlichen Lebens und für die persönlichen Empfindungen und Entscheidungen große Bedeutung.

Wie der Umgang mit Macht sich als Kompetenz oder Inkompetenz entwickelt, habe ich schon beschrieben. Ich möchte jetzt darauf eingehen, wie sich die hirnphysiologischen Gegebenheiten mit der entsprechenden familiären Atmosphäre und Elternverhalten auf verschiedene Ebenen auswirken, beispielhaft:

1. Das Bild und die Realität des „mündigen“ Bürgers und Koordinaten zu Empfänglichkeit für Manipulationen, insbesondere rechtsextreme Positionen

2. Das körperliche Selbstbestimmungsrecht der Frau
3. Die VUKA-Welt und Optimierungs-Szenarien beim Menschen

4.2.1 Der „mündige" Bürger – noch beliebte Phantomgestalt der Politik

Die Politik spricht gerne vom mündigen Bürger, meist dann, wenn westliche Werte und die freiheitlich-demokratische Grundordnung verteidigt werden sollen. Am häufigsten wird der Begriff „mündige" Bürger von konservativen Politikern als Antwort bemüht, wenn Politiker anderer Parteien Ideen zur Klärung untragbarer, aber ungeregelter Verhältnisse z. B. beim Tierschutz, beim Klimaschutz, der Biodiversität oder Konsum vortragen, die Leitplanken, Beschränkungen oder Verbote gesetzlich nahelegen.

Dann wird der mündige Bürger meist so beschrieben, dass wir in einer freiheitlichen demokratischen Grundordnung leben und der mündige Bürger eben selbst weiß, was er will, mit welchem Auto er wie schnell fahren will, wie viel Fleisch er essen will und wie oft und wohin er fliegen will. Dies ist ja jetzt in der Corona-Pandemie in eine offenere Diskussion gemündet. Und ob der mündige Bürger das wirklich und selbstbestimmt weiß und was das mit Freiheit, Demokratie und Mündigkeit zu tun haben soll, darauf möchte ich jetzt näher eingehen.

Wie weit ist es also mit der Verantwortung und der Mündigkeit der Bürger in Deutschland?

Meiner Wahrnehmung nach sind die Bürger in Deutschland doch immer noch sehr autoritätsgläubig. Seit Bismarck war Demokratie in Deutschland ja noch nicht sehr geübt, in und zwischen den Weltkriegen waren die Bürger eher als Untertanen gefordert und nach dem 2. Weltkrieg wurde ihnen Demokratie zwar verordnet, aber in den Köpfen ging der demokratische Prozess eher langsam voran. Und durch das sogenannte

Wirtschaftswunder ging es dann bald den meisten besser, sodass klar war, dass die jeweils etablierten und regierenden Parteien auch gewählt wurden. Erst langsam wurde deutlich, dass es für Demokratie mehr brauchte, als das Kreuz bei denen zu machen, die einem den Wohlstand vermehrten, egal wie. Aber Autoritätsgläubigkeit ist hartnäckiger, als man denkt.

Seit dem Fall der Mauer, die die beiden deutschen Staaten voneinander getrennt hatte, konnten nun die Menschen endlich wieder gemeinsam Demokratie üben und für die meisten wurde Demokratie sehr wichtig. Aber die Notwendigkeit einer eigenen Entwicklung zur Selbstverantwortung und Mündigkeit ist letztlich auch 2020 noch nicht allen Bürgern deutlich, weil die Regierenden, wie schon erwähnt, doch eher vorschlugen, sie als Politiker mal machen zu lassen, das Politikgeschäft sei eben doch zu kompliziert für den Normalbürger. Insofern hatten die Politiker das alltägliche Übungsfeld für eigene Meinungsbildung und die Demokratie doch ziemlich eingeschränkt und die Bürger hatten sich damit in gewisser Weise arrangiert.

Insofern gab und gibt es unter den Bürgern unterschiedliche Einstellungen zur Demokratie und der Verantwortung fürs Allgemeinwohl.

Was ist also ein mündiger Bürger?

Das Wort Mündigkeit stammt ab von den Worten Mund und münden. Damit ist gemeint, dass ein Erwachsener eigene Gedanken hat, seine Interessen selbst vertreten kann, dies in Sprache mündet, man also für sich spricht, selbst und aktiv eingreift in die Diskussionen, auch wenn andere anderer Meinung sind bzw. aktiv widersprechen. Wie alle wissen, ist das aber nicht bei allen Menschen der Fall.

Einem Erwachsenen wird trotzdem immer Mündigkeit zugeschrieben, ohne dies in Zweifel zu ziehen bzw. zu hinterfragen.

Und die Eltern sprechen für Kinder und Jugendliche bis 16 oder 18 Jahre, abhängig vom Thema, vor allem aber ohne sie zu fragen und bei ihnen hinzuhören, denn Kinder und Jugendliche haben ja auch schon Mund und Stimme, auch wenn sie sich hier so vertreten lassen müssen. Die Kinder und Jugendlichen zu fragen bzw. hinzuhören, bleibt auch aktuell noch unüblich, sowohl die Fragen als auch die Lösungen kommen jeweils aus der Erwachsenensicht in die Diskussion.

Solche Vertretung gibt es natürlich auch bei z. B. bestimmten Behinderungen bzw. Krankheiten wie ausgeprägte Demenz oder andere Zustände im Alter, die die Geschäftsfähigkeit von Menschen begrenzen können.

Bevormundung ist also das Gegenteil von Mündigkeit und bevormundet sein will an sich niemand. Insofern stimmen in der Regel die erwachsenen Menschen zu, wenn man von ihnen als mündig spricht. Darum können Politiker ohne Widerspruch der Leute vom mündigen Bürger sprechen, auf ihn verweisen und ihn als einerseits schützenswert darstellen, andererseits ihm die ganze Verantwortung aufbürden, unabhängig davon, ob er sie tatsächlich tragen kann.

Mündigkeit heißt eben auch in der Lage zu sein, gut hinzuhören, ggf. auch seine Meinung zu ändern, wenn man neue Argumente überzeugend findet. Diese Mündigkeit sehen wir aber eher selten in unserer Gesellschaft, gerade unsere Politiker sind z. B. in ihren Reden und den politischen Talkshows meist keine guten Vorbilder (glücklicherweise gibt es auch immer wieder erfrischende Ausnahmen).

Die Rede vom mündigen Bürger schiebt insofern erst einmal einfach nur die Verantwortung vom Staat auf das Individuum, ohne dessen Fähigkeiten zur Meinungsbildung und Meinungsäußerung zu hinterfragen bzw. zu fördern.

Was der Erwachsene aber meint und welche Positionen er vertritt und wie er dazu gekommen ist, das muss er schon sagen, damit andere das erfahren. Das Gros der Erwachsenen sagt öffentlich seine Meinung nur bei den Wahlen, also eher anonym, in kleinem Kreis und ggf. auch am Stammtisch oder im Freundeskreis. Einige kommen in der Presse zu Wort, andere bei Demonstrationen und politischem Engagement innerhalb oder außerhalb von Parteien, vielfach werden neuerdings Meinungen in Social-Media-Kanälen geäußert, wobei dies oft mehr Selbstdarstellung als Meinung ist. Die meisten sagen zwischen den Wahlen in größerer Öffentlichkeit nichts und oft auch nur die Hälfte gibt derzeit bei Wahlen noch ein Votum ab.

Heutzutage wird Meinung auch regelmäßig durch Meinungsforschungs-Institute abgefragt, man ist also über die gerade aktuell vorherrschenden Meinungen im Volk orientiert, was besonders für populistische Politiker interessant ist. Aber diese Umfragen ermöglichen es generell Parteien und Politikern abzuschätzen, ob sie sich in dieser oder jener Frage bewegen müssten bzw. sogenannte toxische Positionen im Interesse ihrer Wähler fallenlassen sollten. Das verhindert allerdings ein gestaltendes Regieren und fördert Abwarten und dann wohlabgestimmtes Reagieren, ohne mit den Bürgern wirklich im Dialog zu sein und gesellschaftliche Fragen zur Reife zu bringen.

Meinung meint also oft eher Positionierung bei Nachfragen von Meinungsbildungsinstituten oder aktiv in der Presse, im Netz oder anderswo. Damit haben wir also ein Element, das bei Mündigkeit eine Rolle spielen könnte. Aber wie die Menschen zu ihrer Meinung gekommen sind, können viele gar nicht sagen und die Begründungen sind oft nicht überzeugend bzw. zu hinterfragen.

Aber heißt Meinung schon Mündigkeit? Natürlich nicht, ich werde zeigen, dass das überhaupt nicht stimmig ist.

Denn Mündigkeit setzt ja freies, unabhängiges Sein und Leben in einer Gemeinschaft voraus, also einerseits eine Autonomie, andererseits Verantwortung und Einfühlungsvermögen ins Ganze. Beides gilt sicherlich nicht für alle Menschen, wie ja in den Vorkapiteln schon beschrieben.

- Wie wirken sich beispielsweise die familiäre Situation, beginnend mit der Hirnentwicklung, auf die Meinungsbildung aus, wie die soziale Situation?
- Welche Rolle spielt die Lebenserfahrung bzw. spielen die gewählten, gefundenen oder erzwungenen Lebensentwürfe bzw. Biografien?
- Welche Auswirkungen haben die umgebenden Menschen, die Gruppen, in denen man sich aufhält oder eine soziale Isolierung, ggf. als Einsamkeit erlebt?

Ich werde die drei Fragen gemeinsam erörtern.

Hierzu müssen wir einen Ausflug in das Denken und das Bewusstsein des Menschen machen. Schauen wir uns zuerst noch einmal das Thema der Umfragen der Meinungsbildungsinstitute an.

Eine simple Frage, z. B. ob „bevorzugt Frauen hohe politische Ämter" einnehmen sollten, können die meisten beantworten, entweder bestätigend oder ablehnend. Das ist dann als die jeweilige bewusste Haltung erfasst, und der oder die Betreffende hält das auch für seine eindeutige Meinung. Aber ob sich jemand, wenn er sich entscheiden, also im Alltag konkret verhalten muss, sich so verhält, wie er gesagt hat, dann ist das oft nicht so.

Wir haben hinter unserer bewussten Meinung ein ganzes Arsenal von unbewussten Gefühlen und Erfahrungen zu diesem Thema, die unser Verhalten meist viel mehr bestimmen als unsere bewusste Meinung.

Es kann also gut sein, dass jemand als moderner Mann mit der Meinung „mehr Frauen in politische Ämter" dann bei einer Wahl sein Kreuz doch bei einem Mann macht, weil er sich unbewusst dabei sicherer fühlt. Wenn man ihn dann befragt, wird er dafür einen guten Grund nennen, z. B. dass dieser männliche Politiker sich in der Vergangenheit ja auch für Gleichberechtigung eingesetzt habe. Da hat sich eine unbewusste Einstellung, dass vielleicht Männer bessere Politiker seien, weil sie sich besser durchsetzen könnten und ihm dies vielleicht mehr Sicherheit gibt, dazu gebracht, sein Kreuz bei der Wahl dem Mann zu geben.

Bewusste und unbewusste Einstellungen stehen dabei oft im Widerstreit und die unbewusste Einstellung setzt sich doch oft durch, wie Forschungen ergeben haben.

Dazu ein anderes Beispiel:
Rassenvorurteile gegenüber Menschen mit schwarzer Hautfarbe, die per Fragebogen abgefragt wurden, wurden gegenüber dem Interviewer oft klar abgelehnt. In Hirnuntersuchungen stellte man fest, dass bei solchen Befragungen von Menschen mit weißer Hautfarbe im Hirn-Scan, die meinten, dass sie keine Rassenvorurteile gegenüber Menschen mit schwarzer Hautfarbe hätten, tatsächlich keine besondere Reaktion und Aktivität der Amygdala, unserem auch archaischen Angst- und Gefühlszentrum, auftrat.

Wurden aber den gleichen Personen Bilder von z. B. Menschen mit schwarzer Hautfarbe gezeigt, so gab es oft eine deutliche Zunahme der Aktivität der Amygdala als unbewusste Angst- oder Ablehnungsreaktion, interpretiert als Ressentiments gegen Fremdes.[56]

Wie kommt es zu diesen unterschiedlichen Reaktionen der Amygdala? Das bewusste und das unbewusste Denken haben ganz verschiedene Aufgaben:

Das unbewusste Denken soll Anforderungen aus der Umwelt mit dem ganzen Arsenal bisher gemachter Erfahrungen, Erlebnisse, Urteile (auch als richtige Beurteilungen empfundene Vorurteile) und Gefühle, insbesondere zur Sicherheit oder Gefahr abgleichen und als sicher oder zumindest okay einordnen oder Gefahr signalisieren. Die entscheidenden Informationen steuert dabei die Amygdala bei. Bilder stehen dabei auch stellvertretend für ganze Situationen. Daraus folgt eine rasche Entscheidung, ob man bleibt, sich entfernt, kämpft bzw. kooperiert oder sich ggf. Vorteile zu verschaffen versucht.

Sofern umgehend gehandelt werden muss, wird die Entscheidung auch in der Regel sofort umgesetzt. Das bewusste Denken ist dann dafür da, das Verhalten vor sich und für andere zu begründen bzw. stimmig erscheinen zu lassen. Die Begründung muss nicht stimmen, wird aber meist selbst geglaubt. (Näheres siehe Kapitel 5, S. 412). Dafür funktioniert das unbewusste Abstimmen blitzschnell, nicht immer ganz genau, aber führt rasch zur Klärung, was zu tun ist.

Wenn keine sofortige Reaktion notwendig ist, hat das bewusste Denken die Aufgabe, in Übereinstimmung mit dem Ergebnis des unbewussten Denkens in sozialen Situationen ein angemessenes Verhalten bzw. Äußerung zu kreieren und sich z. B. in gesellschaftlich erwünschter Weise zu verhalten, einen bestimmten Eindruck beim Gegenüber oder in Gruppen zu hinterlassen oder eine als passend empfundene Meinung, Antwort oder Aktion zu platzieren, verbindlich oder auch provozierend. Dabei nutzt das bewusste Denken oft nur bestimmte Hirnareale, die voreingestellte bewährte Reaktionsmöglichkeiten bereithalten. Diese Hirnbereiche arbeiten langsamer und können sich das auch leisten.

Das ganze Arsenal von Erfahrungen abzuscannen könnte der bewusste Arbeitsspeicher überhaupt nicht bewältigen. Die Amygdala beurteilt Situationen aus der rein kognitiven Ebene, in denen gar nicht konkret gehandelt werden muss, eben nicht weiter, erst, wenn sie direkt damit und vor allem emotional konfrontiert ist wie bei dem Bildmaterial, das als fremd signalisiert wird, hier im Beispiel also von schwarzen Menschen bei weißen Probanden. Bilder wirken dabei, wie gesagt, oft wie reale Situationen. Ob auch umgekehrt die Wirkung der Bilder weißer Menschen bei schwarzen Menschen untersucht wurde, ist mir nicht bekannt, es handelt sich vermutlich doch um eher „weiße" Forschung.

Kognitiv antirassistisch eingestellte Menschen werden gerade auch in der Reflexion zunehmend bewusster werden und mit solchen unbewussten Reaktionsmustern kreativ umgehen müssen, um auch diesen latenten Rassismus auflösen zu können.

Unbewusste Einstellungen bestimmen uns also viel mehr im Alltag als bewusste. Unbewusstes Denken geht eben blitzschnell, bewusstes viel, viel langsamer. Und so halten sich viele Menschen für modern und vorurteilsfrei, obwohl sich bei Gehirn-Scans zeigen kann, dass es unbewusst fest gefügt Vorurteile gibt, die das Verhalten durchsetzungskräftiger beeinflussen.

Ein weiterer Grund ist die fälschliche Annahme, dass unser bewusstes Denken den Hauptteil unseres Denkprozesses im Gehirn ausmacht. Das Gegenteil ist aber der Fall, bei den Aktivitäten im Gehirn fallen nur etwa 2 % auf das bewusste Denken (das wir zu 100 % für das Denken halten), alles andere sind Hintergrundaktivitäten, die der Mensch auch für sein bewusstes Denken braucht, vieles davon sich aber schon innerlich abstimmt, um passend zum Arsenal der bisherigen Erfahrungen zu Entscheidungen zu kommen. Wie gesagt, das geht so schnell vor sich, dass wir das im bewussten Denkbereich gar nicht verfolgen können.

Welche Bedeutung haben nun die drei Fragen:

- Wie wirkt sich die familiäre Situation, beginnend mit der Hirnentwicklung, auf die Meinungsbildung aus, wie die soziale Situation?
- Welche Rolle spielt die Lebenserfahrung bzw. spielen die gewählten, gefundenen oder erzwungenen Lebensentwürfe bzw. Biografien?
- Welche Auswirkungen haben die umgebenden Menschen, die Gruppen, in denen man sich aufhält oder eine soziale Isolierung, ggf. als Einsamkeit erlebt?

Das konkrete Denken ist quasi nur stecknadelkopfgroß in der Spitze des sichtbaren Teils (dem Bewusstsein) eines ganzen Eisbergs (der gesamten Hirnaktivität), eben nicht alles. Und wenn die Hirnentwicklung nicht liebevoll zu einer guten Selbststeuerung begleitet werden konnte, hat die Amygdala gegenüber den präfrontalen Zentren oft eine Vormachtstellung erlangt, sodass emotionale Bedrohungsgefühle z. B. gegenüber Fremdem oft unbewusst leitend sind und so als fertiges Resultat (z. B. Vorurteil) ins Bewusstsein kommen und nicht hinterfragt werden.

Bei einer guten Selbststeuerung und günstiger psychosozialer Entwicklung wird das bewusste Denken dagegen immer kongruenter, also im Grund übereinstimmender mit dem großen unbewussten Reich, insofern auch kreativer. Diese Menschen sind bereiter Fremdes und Fremde an sich heranzulassen, ohne sich übermäßig bedroht zu fühlen. So können sie meist interessante und erfreuliche Erfahrungen machen, die die Amygdala dann auch für zukünftige Begegnungen speichert.

Umgekehrt können Menschen mit emotional problematischen, angstvollen Erfahrungen sich eben von Fremden eher bedroht fühlen, obwohl sie gar keine Menschen aus anderen Ländern bzw. Menschen anderer Hautfarbe kennen und auch nie von ihnen bedroht waren oder sind. Und es fällt ihnen schwerer oder sie lehnen es ab, fremde Menschen kennenzulernen und hier in günstige Erfahrungen zu kommen.

Sie sehen, es gibt hier viele Vorurteile gegenüber anderen, die von Menschen bei sich selbst nicht immer bewusst erkannt werden, aber auch Vorurteile, die nicht eigenen Erfahrungen zugeordnet werden können.

Andererseits gibt es neben bewusst erlebten Selbstwertproblemen auch unbewusste Vorurteile gegenüber sich selbst, z. B. dass man nicht intelligent genug sei. Dies kann entstehen, wenn die Gesellschaft allgemein etwas beurteilt und einordnet und man dies unbewusst übernimmt. Dies spielt auch eine große Rolle bei dem sogenannten latenten Rassismus. Das ist den Betreffenden dann aber selbst so nicht klar. Ian Robertson beschreibt in seinem Buch „Macht“ dazu einen erhellenden Versuch[57]:

Im Rahmen eines internationalen Intelligenztestes, der mit Studenten dunkler Hautfarbe in den USA durchgeführt wurde (1965 veröffentlicht), sollten von den Probanden abstrakte Symbole bestimmten Ziffern zugeordnet werden, während der Versuchsleiter die Zeit stoppte, die der jeweilige Proband brauchte. Die Hälfte der Versuchsleiter war weiß, die andere Hälfte schwarz. Einigen Studenten wurde erzählt, dass es sich um einen Test der Auge-Hand-Koordination, anderen, dass es sich um einen Intelligenztest handele.

Die Ergebnisse: Bei den weißen Versuchsleitern waren ihre Leistungen viel schlechter, wenn ihnen gesagt worden war, es sei ein Intelligenztest, im Falle der Benennung des Tests als Auge-Hand-Koordination hatten sie viel bessere Ergebnisse. Bei den schwarzen Versuchsleitern hatten die Studenten in beiden Fällen gute Ergebnisse, bei dem als Intelligenztest benannten Versuch waren sie dabei sogar noch besser als bei dem als Koordination benannten.

Der Versuch verdeutlicht, wie Vorurteile aus der Gesellschaft unbewusst übernommen werden können; damals hielten viele Weiße (und heute immer noch zu viele) die Menschen mit schwarzer Hautfarbe eben für weniger intelligent als Menschen mit weißer Hautfarbe. Dieses Vorurteil hatten die schwarzen Studenten unbewusst mit in die Versuchsreihe übernommen. Sie fühlten sich also bei den weißen Versuchsleitern gedeckelt, bei den schwarzen waren sie nicht unter diesem Druck. Dieses Phänomen wurde als „Glasdecken im Gehirn" bezeichnet als hartnäckiges Hindernis für freiere Anschauungen, dass also alle Menschen unabhängig von der Hautfarbe intelligent seien.

Der bekannte Fußballspieler Zlatan Ibrahimovic sagte einmal: „Du kriegst den Jungen aus dem Ghetto, aber nicht das Ghetto aus dem Jungen". Es ist nicht einfach, sich zu befreien und befreit weiterzuentwickeln, wenn man gar nicht bewusst weiß, was alles an festgezurrten Implikationen und übernommenen Einstellungen nicht nur unbewusst im Gehirn abgelegt ist, sondern auch das Gehirn und das Denken mit strukturiert hat. Man weiß heute in der Wissenschaft, dass das, was unbewusst als Einstellungsarsenal vorhanden ist, stark bestimmt, welches Leben Menschen für sich selbst für möglich halten, wie stark eine Begrenzung durch einen solchen Rahmen gegeben ist und insofern eine freie Persönlichkeits-Entwicklung zulässt oder verhindert. In letzterem Falle müssen sie gesellschaftlich und durch die Politik konkret unterstützt werden, die Chance zu haben, den Rahmen ihrer Vorstellungsmöglichkeiten erweitern zu können. Dies gelingt am besten und wirksamsten durch konkrete Schritte für das Grundrecht auf Würde, durch Wertschätzung und ausreichende finanzielle Basis. Und das fördert demokratische Gesinnungen außerordentlich.

Denn Menschen, die keine ausreichende Selbststeuerung erlangen konnten und so mit ihren Impulsen schwieriger umgehen können, neigen dazu, rasche Bedürfnisbefriedigung zu erlangen und können sich schwerer zukünftige Entwicklungs-Szenarien für ihr Leben oder die Gesellschaft als Ganzes vorstellen. Diese Menschen sind eher manipulierbar und zum Konsumieren verführbar als Menschen mit guter Selbststeuerung. Die Wirtschaft und viele Politiker reden insofern zwar vom mündigen Bürger, meinen aber meist den Konsumenten dahinter, den sie fördern wollen. Wirklich mündige Bürger sind für eine Wachstumswirtschaft an sich gar nicht zu gebrauchen, da sie leicht hinter die Kulissen schauen können und wissen, dass sie vieles aus dem großen Angebot eben nicht brauchen, ja vieles sogar stört und ablenkt von ihrem gewählten freiheitlichen und zufriedenstellenden Leben.

Autoritäre Erziehung versus Entwicklungsbegleitung der Kinder

Herbert Renz-Polster beschreibt in seinem unbedingt lesenswerten Buch „Erziehung prägt Gesinnung“, wie unterschiedliche Erziehungsstile die Einstellung zu vielen Themen in der Gesellschaft eindeutig wirksam beeinflussen. Er stellt dabei zwei Erziehungsstile gegenüber:

- zum einen eine liebevolle, altersangemessene Begleitung der Kinder auf dem Entwicklungs-Weg zum Erwachsenwerden mit einer Freude zum Leben im Miteinander,
- zum anderen eine autoritär-kontrollierende Erziehung mit der strengen Forderung von Gehorsam und Einhaltung gegebener Normen mit Sanktionen und Bestrafungen, häufig mit körperlicher Züchtigung sowie Furcht vor der Freiheit mit Unterordnung unter starke, mächtige Väter, Vorgesetzte und politische Führer mit der Angst vor Auffälligwerden und Versagen in Konkurrenzen.

Und er stellt fest, dass liebevolle Erziehungsstile deutlich weniger manipulierbar in gesellschaftlichen Fragen machen und die Mündigkeit der Bürger befördern. Demgegenüber finden sich bei Menschen aus autoritären Erziehungsstilen z. B. rechtsextreme Haltungen dreimal häufiger als bei liebevollen, begleitenden Erziehungsstilen.

Dies weist deutlich darauf hin, dass wir nicht wirklich hilflos gegenüber dem Rechtsextremismus sind, also auch gesellschaftlich nicht nur an Bestrafungen, Strafverschärfung und Überwachung, sondern vielmehr auch an die Stärkung von Familien für ein liebevolles Miteinander denken und danach handeln müssen.

Mündige Bürger sind also dann weniger beeinflussbar beim Konsum, bei politischer „Ruhigstellung“ durch Verweis auf zu hohe Komplexität, bei Suchtentwicklung sowie allgemein extremen und fundamentalistischen Anschauungen. Und sie wissen, dass wir ein umfangreiches demokratisches Übungsfeld auch heute noch brauchen, insbesondere zwischen den Wahlen. Selbstverständlich werden wir auch alle immer besser lernen müssen, kompetent Informationen der Medien zu beurteilen, und brauchen, wie schon öfter erwähnt, eine gute Medienresilienz, um nicht durch News und Bilder überflutet zu werden.

Dieser Abschnitt zeigt, dass ein Bemühen um ein liebevolles Miteinander in den Familien und im Alltag unter den Bürgern zunehmend der Mündigkeit zugutekommt, die unabhängiger von unbewussten Einstellungen und Vorurteilen wird und damit die Demokratie und die demokratische Gesinnung der Menschen stärkt und erfrischt.

4.2.2 Das körperliche Selbstbestimmungsrecht der Frau

„Mein Bauch gehört mir!" Dieser Satz ist bekannt geworden durch das Outen von prominenten Frauen, die abgetrieben haben. Sie reklamierten das Entscheidungsrecht darüber für sich in einer Zeit, als es die Fristenregelung noch nicht gab. Diese Frauen waren selbstbewusst, kämpferisch und auch in guter Selbststeuerung. Das zeichnet sie aus.

Bei den oben beschriebenen, immer noch implizit patriarchalischen Atmosphären in der Gesellschaft, den zunehmend veränderten Einstellungen zur Sexualität sowie unter der beschriebenen vielfach geschwächten Selbststeuerungskompetenz kommt es natürlich auch zu ungewollten Schwangerschaften, der oft eine Diskussion zum Schwangerschaftsabbruch folgt.

Dies möchte ich jetzt genauer betrachten, um die Basis für eine Entscheidung für oder gegen eine Abtreibung so zu stärken und zu verstehen, dass unabhängig davon, wie die Entscheidung ausfällt, möglichst wenig Leid dabei entsteht und Frauen nach einem Schwangerschaftsabbruch bei weiter bestehendem Kinderwunsch später eine möglichst unbeeinträchtigte neue Schwangerschaft erleben können. Das Ziel ist, dass möglichst viele Frauen zur Ausübung ihres Selbstbestimmungsrechtes mit einer Entscheidung für die Austragung oder den Abbruch der Schwangerschaft in der Lage sind. Dies ist allerdings nur in guter Selbststeuerung und Bindungsfähigkeit ausreichend wirksam gegeben.

Die nachfolgenden Gedanken gelten erst einmal für unsere Situation in Deutschland. Sie können auch im länderübergreifenden Diskurs bedeutsam sein. Es können aber dort vielfach andere Themen in der Priorität für eine Abtreibung stehen. Dies wird besonders deutlich und ändert sich, wenn mit einem Kind oder einem weiteren Kind die Existenz bedroht ist, z. B. durch Hunger, ebenfalls, wenn Vergewaltigungen von Frauen und

jungen Mädchen weitgehend straffrei stattfinden oder junge Mädchen sich prostituieren müssen, um die Familie zu ernähren, übrigens auch oft durch westlichen Sex-Tourismus. Wenn hieraus Schwangerschaften entstehen, ändert sich natürlich die Diskussion um Abtreibung, die wir hier in Deutschland führen. (Zu erwähnen ebenfalls die folgenschweren Genitalbeschneidungen von Mädchen)[58]
Außerdem sind Eingriffe dort aufgrund ggf. schwacher Gesundheitsstrukturen vielfach auch noch lebensgefährlich für die Frauen. Wie wir gemeinsam mit diesen Ländern weltweit Änderungen erreichen können, diskutiere ich zum Ende des 5. Kapitels. Dort geht es um Kinder in der ganzen Welt, und es kann und darf keinen Unterschied geben, abhängig davon, wo ein Kind geboren wird.

Gedanken zum Schwangerschaftsabbruch

Sowohl bei dieser Frage als auch auch bei einem erlebten Zwang zur Austragung eines Kindes brauchen schwangere Frauen ggf. gute und möglichst ideologiefreie Betreuung, Beratung und Unterstützung, um eine möglichst folgenarme Entscheidung zu ermöglichen. Dieses Thema ist teils ebenfalls tabuisiert bzw. bewirkt immer wieder heftige Auseinandersetzungen in Politik und Gesellschaft. Beide konträre Positionen sehen Recht, Notwendigkeit und die Würde des Menschen, insbesondere der Frauen, auf ihrer Seite.

Entscheidungsfindung und Unterstützung

Ohne gute hirnphysiologisch etablierte Selbststeuerung bzw. in großer Überlastung ist es für eine schwangere Frau ggf. schwer, in dieser Situation zu einer klaren, wirklich eigenen Entscheidung zu kommen, meist fehlt hier auch dann eine soziale Unterstützung zur Klärung. Bei geringer neuronaler Ich/Du-Verankerung ist das Verhältnis einer schwangeren Frau zu ihrem Bauch als auch zum in ihr wachsenden Kind mehr objekthaft geprägt, ohne dass eine haltbare Bindung besteht oder ohne Hilfe aufgebaut werden könnte.

So kommt es öfter zu einer Entscheidung aus einer Bedrängnis heraus, die oft auch noch von außen durch Personen des Umfeldes angetragen wird, z. B. den Partner bzw. Partner aus einem Kurzkontakt oder den Eltern. Soziale Ängste, ggf. auch Scham und Norm-Vorstellungen der Umgebung kommen dazu, und so fühlt sich die Schwangere möglicherweise ohne ausreichende etablierte eigene soziale Widerstandskraft dann zu einer Entscheidung gedrängt. Im Missbrauchsfall eines jungen, geschwängerten Mädchen wird sie vielfach auch vom Täter zur Abtreibung gezwungen, oft auch ohne danach dem weiteren Missbrauch zu entkommen.

Dies kann in einigen Fällen natürlich auch eine Abtreibung gegen den inneren Wunsch der Frau nach einem Baby sein, aber auch die Austragung der Schwangerschaft gegen den Willen der Frau, z. B. wenn ein Abbruch verweigert wird, kann traumatisch sein. Die Verweigerung eines Schwangerschaftsabbruchs findet rechtlich in den erlaubten Fristen nicht mehr statt, aber immer wieder einmal noch innerfamiliär.

Bindung zum im Uterus wachsenden Kind

Da eine schwangere Frau, die sich auf das Kind freut, eine Bindung zu ihrem in ihr wachsenden Kind aufbaut, wirkt sich dies wie schon angesprochen auf die Länge der Telomere und lebensförderliche epigenetische Schaltungen in den Zellkernen des Fötus aus. Diese Bindung entsteht oft recht früh, oft nach den ersten Ultraschallbildern, sicherlich aber nach den ersten gespürten Bewegungen des Babys im Bauch.

Bindungsfähige Frauen, die ungewollt schwanger geworden sind und egal aus welchen Gründen die Schwangerschaft nicht austragen möchten, entwickeln trotzdem häufig eine bewusste oder unbewusste Bindung an das Ungeborene. Bei einem Schwangerschaftsabbruch gilt es aufgrund dieser Bindung daher auch die Trennung psychisch zu verarbeiten, was häufig nicht geschieht.

Schwangere Frauen mit ausgeprägter Bindungsstörung entwickeln dagegen oft keine deutlichen Gefühle zu ihrer Situation oder dem Baby im Bauch, stattdessen wie schon gesagt ein eher objekthaftes Verhältnis. Wenn nicht ein ausgeprägter Kinderwunsch da ist, ist der eigene Wille zur Austragung des Babys dann oft schwach und die Abtreibung in Wahrnehmung eines gesellschaftlich als normal angesehenen technischen Eingriffs liegt oft näher. Üblicherweise ist dort auch wenig Engagement zur Austragung des Babys bei den Eltern oder dem jeweiligen Partner zu finden, da sowohl das Familiensystem als auch die Partnerwahl bei einer Bindungsstörung vielfach geschwächt ist. Es wird dann sogar oft offensiv dazu geraten.

Da Bindungsstörungen in der Gesellschaft zunehmen, zeigt sich hier die Relevanz der in Kapitel 1 beschriebenen gesunden Hirnentwicklung mit guter Selbststeuerung und Bindung in Familien, in denen die Eltern ihre Kinder lieben können. Dann kann die Frage der Austragung oder aber eine vorzeitige Beendigung der Schwangerschaft in guter Selbststeuerung von der Frau bei meist guter sozialer Unterstützung entschieden werden. Durch einen Schwangerschaftsabbruch entsteht darüber hinaus oft eine Schwächung einer bestehenden Partnerschaft, viele Partner trennen sich nach so einem Eingriff. Die Gründe hierfür sind vielfältig, aber es scheint vielen Menschen danach schwerer zu sein, die Liebesgefühle zu halten. Wenn schon Kinder da sind, ist das natürlich besonders dramatisch.

Es ist allerdings nicht zwangsläufig so, Paare mit guten psychosozialen Kompetenzen können einen Schwangerschaftsabbruch auch in ihre Beziehung und ihr Gefühlsleben integrieren.

Bei einer Frau, die einen Abbruch hat durchführen lassen, findet nicht selten eine möglicherweise unbewusste schuldhafte Verarbeitung der Abtreibung statt, die im Alltag nicht besonders auffallen muss, in späteren Therapien aber oft zum Thema wird. Dies kann aber eine spätere Schwangerschaft belasten und einen hintergründigen Stress verursachen, der wie in Kapitel 1 (S. 80) angesprochen eine Wirkung auf die Telomere und das epigenetische Muster in den Zellkernen des Kindes haben kann. Dies gilt es in der Beratung auch nach einem Schwangerschaftsabbruch zu beachten.

Abtreibung in der gesellschaftlichen Diskussion

Abtreibung gilt in unserer heutigen Zeit ja gewissermaßen inzwischen auch als eine Wahlmöglichkeit oder für einige Frauen sogar als bessere Möglichkeit, als Kinder in die Welt zu setzen.

Relevanz haben dabei auch einige medial präsente Fragen wie:

Kann ich bei meinem aktuellen Stresslevel überhaupt eine gute Mutter sein? Kann man in diese „verrückte" Welt überhaupt noch Kinder setzen? Menschen, die nicht auf der Welt sind, verbrauchen kein CO_2, also sollte man es besser lassen, Kinder zu kriegen!?

Man hört hier hintergründig dreimal ein „Nein" für Kinder heraus. Ich habe diese Gedanken und Haltungen zur Ablehnung von Mutterschaft bei den „Mütterthemen" schon erwähnt.

Alle drei Fragen könnten aber auch anders beantwortet werden, wenn man die gesellschaftlichen Fragen, die dahinter stehen, weiterentwickelt, also eine Gesellschaft gestaltet, in der man Stressprävention und Lebenspflege betreibt, die Wirtschaft nachhaltig umgestaltet und sofort Klimaschutz betreibt, also eine Welt gestaltet, die ein wirklich guter Platz für Kinder ist und in der es den Erwachsenen gut geht. Dies betrifft ggf. auch die Situation von Alleinerziehenden, insbesondere auch die finanzielle Situation. Dies werden wir im letzten Kapitel ausführlich besprechen.

Andererseits ist ein Schwangerschaftsabbruch, obwohl gesetzlich innerhalb der Fristen mit Beratung straffrei, also erlaubt, gesellschaftlich aber nicht allgemein anerkannt, wobei die Gegengründe viele Ebenen betreffen.

Das möchte ich auf beiden Seiten etwas erhellen.

Historisch gab es immer Abtreibungen, eine annähernd genaue Zahl gibt es nicht, weil auch dies oft mehrere Tabus berührte. Aber die häufigsten Gründe waren früher Schwangerschaften im unehelichen Status der Frau bzw. Frauen mit schon mehreren Kindern, die nicht noch ein Kind austragen wollten, oft aus wirtschaftlichen Gründen oder Scham wegen einer späten Schwangerschaft. Die Abtreibungen waren auch aufgrund der teilweise bizarren Methoden noch riskant, die Gefahr für Frauen dabei zu sterben, war gegeben.

Ein Schwangerschaftsabbruch in den ersten drei Monaten einer Schwangerschaft ist heute zu einem Routineeingriff geworden und nahezu risikolos, die Gefahr für eine Frau zu sterben, ist bei einem fachgerechten Abbruch in Deutschland heute minimal.

Über die Beendigung des Lebens bei den Embryos gibt es trotz gesetzlicher Regelung eine fundamentale Kontroverse (zur Info: In einigen großen Städten in Deutschland wird jede sechste Schwangerschaft durch Abbruch beendet, im Mittel jede neunte Schwangerschaft, 2017 um 100.000 Abbrüche).

Diese Kontroverse betrifft das Thema werdendes Leben. Die Frage bleibt, ob dies das moderne Leben ist oder diese Moderne abgelehnt wird. Als dritte Möglichkeit gibt es ja Impulse, die Gesellschaft in ihrem Narrativ und tatsächlichem realen Alltag so zu verändern, dass mehr Kinder kommen können und dies für die jeweiligen Eltern, im Besonderen auch für die Frauen, schön und verkraftbar ist, sozial, finanziell und mit Raum für das Bild einer modernen Frau und für die Zukunftschancen ihrer Kinder (siehe auch Kapitel 5).

Das körperliche Selbstbestimmungsrecht der Frauen auch in dieser Frage ist von den meisten sicherlich unbestritten, obwohl es, wie oben beschrieben, von Frauen mit Bindungsstörungen oft nicht wirklich in voller Selbstwirksamkeit ausgeübt werden kann. Dass es von den Frauen erkämpft werden musste und immer noch muss, zeigt den in vielen Ebenen noch stark impliziten patriarchalen Charakter unserer Gesellschaft an. Aber auch hier gibt es Gegner des körperlichen Selbstbestimmungsrechtes der Frau aus den unterschiedlichsten Gründen und mit der empfundenen Berechtigung für diese Positionen, weil beim Schwangerschaftsabbruch zwar den Frauen innerhalb der Frist mittlerweile Straffreiheit gesetzlich zugesichert ist, das körperliche Selbstbestimmungsrecht der Frau aber gesetzlich nirgends verankert ist.

Auch im GG § 3 zur Gleichberechtigung der Geschlechter ist kein Verweis auf die besondere Möglichkeit, als Frau schwanger zu werden, gegeben und Gleichberechtigung ist kein hinreichender Hinweis auf ein selbstbestimmtes Entscheidungsrecht der Frau in dieser Situation.
Diesem Mangel ist durch die aktuelle Abtreibungsgesetzgebung sozusagen rechtlich durchaus halbherzig abgeholfen worden.

Die Bedeutung eines Schwangerschaftsabbruchs im Leben einer Frau

Doch die Frage bleibt, was bedeutet ein solcher Eingriff für die Frauen in ihrem Sein oder handelt es sich tatsächlich nur um einen medizinischen Eingriff?

Der Vorschlag von Gesundheitsminister Jens Spahn und schließlich der Beschluss der Koalition, eine neue Studie zu den Folgen von Schwangerschaftsabbrüchen in die Wege zu leiten, hat eine breite und heftige

Empörung nach sich gezogen. Ihm wurde Frauenfeindlichkeit, ja Diskriminierung vorgeworfen, dem Koalitionspartner, sie hätten dies trotz gegenteiliger Auffassung mitgetragen, quasi Verrat begangen.

Dies ist eine ernst zu nehmende Reaktion vonseiten der Frauenbewegung, die anführt, es gäbe hierzu genug Studien und sie würden zeigen, dass es keine Langzeitfolgen respektive psychische Störungen nach Schwangerschaftsabbrüchen gibt.

Diese Frage ist international umfangreich untersucht, allerdings immer mit dem Fokus, inwieweit Schwangerschaftsabbrüche das Risiko für psychische Störungen erhöhen. Und dieses Risiko ist eben in keiner Studie erhöht außer bei späten oder illegalen Abbrüchen.

Einige Studien verweisen darauf, dass die Stigmatisierung des Schwangerschaftsabbruches in der Gesellschaft, insbesondere auf dem Boden impliziter christlicher Anschauungen, eher psychische Probleme begründen.

Aber das lässt sich in der Verarbeitung von Belastungen nicht wirklich trennen, weil die Frauen dabei nach einem solchen Ereignis in einen inneren Prozess eingetreten sind, der die Gründe verwebt. Und die intendierte Beendigung der in Teilen der Gesellschaft noch bestehenden Stigmatisierung der „Abtreibenden" darf aufgrund der ernsten Bedeutung dieses Eingriffs ins Leben keinen Anlass geben, Abtreibung nicht mehr zu hinterfragen.

Aber nach meiner Erfahrung greifen diese Argumentationen, also die Frage möglicher psychischer Störungen durch den Abbruch selbst oder die daraus mögliche Stigmatisierung zu kurz. Denn eine Auslösung einer psychischen Störung muss davon unterschieden werden, was ein Schwangerschaftsabbruch im lebendigen Sein einer Frau und auch des beteiligten Mannes bedeutet.

In vielen Biografien von Frauen, die sich in unsere Behandlung wegen psychischer und psychosomatischer Störungen oder Krisen begaben, spielen Schwangerschaftsabbrüche eine tiefbewegende Rolle. In transgenerationalen Familientherapien haben neben Kriegsgeheimnissen zu Täter- oder Opfer-Erlebnissen vermutete oder nach Befragungen bestätigte Abtreibungen regelhaft eine anhaltende vagabundierende Leidens-Energie, insbesondere Trauer, die zur Lösung benannt und angeschaut werden muss. Und dies findet sich immer wieder auch in den Familientherapien bei Männern.

Natürlich spielen auch innerpsychisch kulturelle Wertvorstellungen, kulturell bedingte Gewissensfragen und die tabuisierte Beurteilung von „verwerflichem" Handeln eine Rolle und können Belastungen in tiefen seelischen Schichten nach einem Abbruch mit bedingen, das ändert das Leiden aber nicht, da dies wie gesagt im psychischen Verarbeitungsprozess nach längerer Zeit sich gegenseitig bedingt und im psychischen Erleben insofern kaum trennbar ist.

Knapp die Hälfte aller ungewollt schwangeren Frauen beendet die Schwangerschaft. Einer der häufigsten Gründe ist dabei das Versagen der Verhütung in gut einem Drittel der Fälle. Dies betrifft übrigens besonders die Erwachsenen, denn die Teenager-Schwangerschaften sind zurückgegangen. Die Schuldzuweisung an das Verhütungsmittel kann dabei innerpsychisch entlasten, von der Verantwortung freisprechen und eine Berechtigung zum Abbruch hergeben. Dies ist kognitiv oft erfolgreich, nicht immer aber im Unbewussten.

Es gibt aber auch Frauen, die dann ganz bewusst sagen, sie möchten nicht, dass ein Kind z. B. ihre Karriere unterbricht oder den Arbeitsplatz gefährdet. Inwieweit ein inneres Leiden daran die Karriere bzw. Arbeitsleistung auch schwächen kann, ist bisher wenig untersucht. Aber ein Leiden kann dann entstehen, wenn schließlich die Gebärfähigkeit nicht mehr gegeben ist, wenn ein Kinderwunsch sich doch einstellt oder drängt.

Eine besondere anhaltende psychische Belastung findet sich regelhaft,

- wenn die Schwangere damit alleingelassen war und keinerlei Beistand in der Situation,
- ggf. auch Angst um den Arbeitsplatz hatte,
- wenn die Entscheidung durch den Mann getroffen wurde, weil er das Kind nicht wollte und die Frau dabei einen evtl. Kinderwunsch nicht durchsetzen konnte,
- bzw., wenn die Frau durch Familie, warum auch immer, dazu gedrängt wurde.

Diese Belastung ist aus dem Bewusstsein oft verdrängt und der Abbruch kognitiv meist stimmig begründet, in den Therapien zeigt sich jedoch, wie oft diese Belastung unbewusst weiterwirkt, nicht unbedingt bis hin zum Vollbild einer psychischen Störung, aber z. B. in geringerer Zuversicht zum Leben, hintergründiger Bedrücktheit im Alltag, fehlender Ausgelassenheit, obwohl all dies früher nicht so war.

In der Regel suchen Frauen denn auch erst mehrere Jahre später Unterstützung für ein zunehmendes Belastungsempfinden aufgrund eines Schwangerschaftsabbruchs.

Insofern kann eine Studie, die dies und nicht nur das Erfassen psychischer Störungen zum Ziel hat, hier einen Beitrag leisten, der die Haltung der Gesellschaft zur Förderung guter Bedingungen für das Aufwachsen der Kinder stärken könnte. Für zwingend notwendig halte ich sie aber nicht, wichtiger finde ich die Frage, wie wir die Gesellschaft entwickeln können, in welcher Kinder hochwillkommen sind.

Folgen der Austragung einer Schwangerschaft gegen den Willen der werdenden Mutter

Erwähnt werden muss aber, dass Studien auch zeigen, dass Frauen, denen Abtreibung z. B. familiär bzw. aus Glaubensgründen verweigert wurde, die also ein Kind ungewollt zur Welt bringen müssen, ebenfalls psychischen Risiken ausgesetzt sind. Sie erleben in einem Drittel der Fälle ihre Kinder als Belastung. Die Kinder reagieren darauf statistisch signifikant mit psychosomatischen Krankheiten und z. B. schlechteren Schulnoten als die Altersgenossen.[58a]

Erwähnen möchte ich hier auch, dass Kindstötung direkt nach der Geburt von Müttern, die eine Schwangerschaft gegen ihren Willen ausgetragen haben, meist als Kurzschlussreaktion in großer Hilflosigkeit eine häufige Ursache bei den Kindstötungen von null- bis sechsjährigen Kindern ist.[59]

Relevante Themen im Hintergrund der Abtreibungs-Diskussion

Mein Beweggrund zu intensiven weiteren Diskussionen und meine Haltung möchte ich daher folgendermaßen beschreiben:

Ich glaube, dass es für ein zukünftiges gesellschaftliches Narrativ sinnhaft und freudvoll ist, dass mehr Frauen in Ausübung ihres vollumfänglichen körperlichen Selbstbestimmungsrechtes bei der Abwägung, ob sie die Schwangerschaft abbrechen sollen oder nicht, es auch als gute Wahl sehen können, Kinder zu gebären.

Das wird aus meiner Sicht stattfinden, wenn die Gesellschaft es den einzelnen Frauen und Paaren bei aktiver Gestaltung ermöglicht, finanziell mit flexiblen Elternzeiten, mit Zeit im späteren Alltag für Lebenspflege und mit dem verpflichtenden Fokus gerade auf Kinder bei politisch wesentlichen Entscheidungen mit ihren Kindern zufrieden zu leben und ihren Kindern eine gesunde Entwicklung zu ermöglichen. Dann wird die Abtreibungsrate, so nehme ich an, weiter sinken, auch wenn sie für einige oder viele Frauen die richtige Wahl bleibt.

Meine Haltung beruht neben der Erfahrung und den Erlebnissen aus meiner ärztlich / psychotherapeutischen Tätigkeit auch aus der Beteiligung an Schwangerschaftsabbrüchen als junger Medizinalassistent 1977. Ich wurde über mehrere Monate angewiesen und eingeteilt, die intravenösen Kurznarkosen für diese genehmigten Eingriffe durchzuführen. Ich weiß um meine Empfindungen dabei und hatte auch Gelegenheit, vorher und nachher mit den meist jungen Frauen zu sprechen. So war mir früh klar, dass diese Entscheidungen sehr oft etwas Tragisches in sich hatten und dass ein technisch lösbarer Eingriff fast nie die technisch-rationale Lösung in den Lebenssituationen der Frauen war, als welche sie heutzutage im gesellschaftlichen Diskurs weit verbreitet gesehen wird.

Am eindrücklichsten für mich war, dass nach dem Eingriff oft, vielleicht bei der Hälfte der Frauen, nicht die Erleichterung im Vordergrund stand, sondern eine Bedrücktheit und Traurigkeit, vielfach ohne Worte. Studien geben dies meist deutlich seltener an, wobei die Befragungen dort auch zu späteren Zeitpunkten und unpersönlicher stattfanden.

Es gab dabei dann auch spirituelle Fragen, die in den meisten Studien keinen Raum bekommen. Die Hauptfrage war dabei, wann wohl die Seele des Kindes zur körperlich beginnenden Existenz hinzutritt.

Die katholische Kirche hatte früher eine Zeit, zu der sie das Hinzutreten der Seele zum Fötus auf 80 Tage nach Empfängnis festlegte. Insofern war es Katholiken auch damals erlaubt, vorher abzutreiben, ohne eine

Sünde zu begehen. Dies entspricht recht genau dem Zeitraum der heutigen Fristenregelung. Die katholische Kirche ist von diesen 80 Tagen, wie wir wissen, schon lange wieder abgewichen und erlaubt Abtreibungen für ihre Gläubigen nicht.

Unterschiedliche Glaubensrichtungen und auch säkulare Haltungen sehen das Hinzutreten der Seele beim Embryo schon innerhalb der ersten Wochen als gegeben an. Die ersten Sinneseindrücke über die Haut werden ihm wissenschaftlich in der siebten Woche im Uterus zugesprochen, das schlagende Herz können viele Eltern im Ultraschall schon ab der sechsten Schwangerschaftswoche sehen.

Andere Meinungen sehen eine Beseelung mit der Empfängnis gegeben oder eine bevorstehende Empfängnis bereits im Himmel gebahnt, sozusagen schon ein Versprechen auf Liebe und Leben zwischen Kind und Mutter. In diesem Sinne wäre eine Unterbrechung der Schwangerschaft ein „Liebesverrat", wie es der anthroposophisch orientierte Philosoph und Heilpädagoge Hellmut Wolff benennt. Er sagt, es sei hilfreich und erlösend, wenn die Mutter sich danach innerlich mit dem Kind weiter in eine liebevolle Kommunikation begibt, die Trennung betrauert, wodurch es letztlich zu Vergebung, auch Selbstvergebung und Ausgleich für diesen Schritt kommen kann.

Hellmut Wolff weist letztlich auf Themen hin, die in der öffentlichen Diskussion kaum auftauchen. Das ist zum einen die Bindung, die eine Mutter zu ihrem in ihr wachsenden Kind aufbauen kann und in der Regel spätestens bei den ersten Bewegungen, heutzutage schon beim ersten Ultraschall aufbaut. Insofern muss bei einem Abbruch der Schwangerschaft auch die Trennung aus dieser Bindung gelingen. Bei einem Verlust eines nahen Angehörigen, egal ob Eltern, Partner, Kinder oder noch werdende Kinder im Uterus, trauert der Mensch bewusst oder unbewusst.
Und diese Trauerphase braucht es, um die Trennung so zu vollziehen,

dass der Alltag ohne diesen verlorenen Menschen möglich wird und er/sie einen Platz im Herzen bekommt, seine Wesens-Essenz für einen also bleiben darf. Diese Trauer, die im Hintergrund besteht, selbst wenn es auch Erleichterung nach dem Eingriff geben kann, wird nach Schwangerschaftsabbrüchen meist nicht bewusst gelebt, weder von der Frau noch ihrem Umfeld und im gesellschaftlichen Diskurs kaum beachtet, wohl auch, weil sie die Anschauung stört, Abtreibung sei eben in der modernen Welt ein medizinischer Eingriff ohne psychische Folgen für die Frau. Zur Entstigmatisierung der Abtreibung ist es aber notwendig, diese notwendige Trauer offen zu benennen.

Ungeklärt bzw. noch nicht einmal als Forschungsthema in der Diskussion ist aber, was es bedeutet, wenn die jungen Frauen sich heutzutage im digitalen Zeitalter in großer Zahl verändern, also wenn die Bindungsfähigkeit sinkt, weil eine große Zahl von Frauen als Mädchen keine gesunde Hirnentwicklung erleben durften oder gar Opfer von Gewalt und Missbrauch wurden. Auch die Digitalisierung übt dann oft einen verstärkenden unheilvollen Einfluss auf die Bindungsschwäche aus. Dann wird der Aufbau einer Bindung auch zum werdenden Kind schwer, es gibt wahrscheinlich weniger Empathie für das noch Ungeborene und die Wahl eines Abbruches der Schwangerschaft statt Austragung könnte näher liegen, weil die Entscheidung im Feld erworbener Emotionsarmut und neuronal fehlendem Du getroffen wird.

Damit hat die eigene unglückliche Entwicklung der Frau als Kind möglicherweise Folgen für ein Ungeborenes, dem dann ggf. das Leben verwehrt wird. Diese Fragen und Auswirkungen gehören diskutiert im Rahmen der Bedeutung gesunder Hirnentwicklung für unsere Kinder und fordern diese eindrücklich an.

Welcher Anschauung eine Frau auch folgen möchte, in jedem Falle wird dem Ungeborenen zum üblichen Zeitpunkt des Abbruchs eine Seele zugesprochen. Das muss jede Frau bewusst oder unbewusst verarbeiten. Deshalb sagt man nicht nur aus spiritueller, sondern gerade aus therapeutischer Sicht, auch das Ungeborene braucht im Falle eines Schwangerschaftsabbruchs dann für sich schließlich einen liebevollen Platz im Herzen der Mutter. Es sei noch erwähnt, dass ja auch das Kind sich trennen kann, also das Thema der Fehlgeburt. Dieses verwandte, aber umgekehrte mögliche Erlebnis für eine Frau zeigt noch einmal Bindung, Trennung und Trauer auf eindrückliche, andersartige Weise an.

Fazit:

Das körperliche Selbstbestimmungsrecht der Frauen ist in Wahrnehmung, Ausübung und Durchsetzung nicht allen Frauen möglich, es wird unterminiert durch:

- zahlenmäßig zunehmende schwache oder fehlende neuronale Ich/Du-Verankerung im Kleinkindalter von Frauen mit nachfolgender Bindungsstörung,
- entscheidungsbestimmende Personen familiär bzw. aus dem Umfeld
- sowie einer Gesellschaft, die Kinder im Grundsatz nicht willkommen heißen kann, weil Bedingungen gesunder Kindheit den Interessen einer deregulierten Wachstumswirtschaft, also den systemisch und mittlerweile auch strukturell verankerten Profitinteressen, nachgeordnet sind.

Das kann so nicht bleiben, es wird anders durch liebevolles Begleiten der Kinder durch ihre Eltern, dadurch bessere Bindungsfähigkeit mit sozialer und partnerschaftlicher Unterstützung in diesen Fragen und nachhaltiges gemeinwohlorientiertes Wirtschaften (Kapitel 5 Gestaltung).

4.2.3 Die VUKA-Welt und Optimierungs-Szenarien beim Menschen

Ich möchte jetzt darauf schauen, in welche Welt wir aktuell eintreten und auf die Wahrscheinlichkeit bestimmter Entwicklungen eingehen.

Die sogenannte VUKA-Welt

VUKA steht für die ersten Buchstaben der Worte: Volatilität, Unsicherheit, Komplexität und Ambivalenz/Ambiguität. Im Englischen wird es mit „C" geschrieben. Die Begriffe kennzeichnen die Rahmenbedingungen der Arbeit 4.0 in den heutigen vernetzten und immer schneller werdenden Informations- und Tätigkeitsbewegungen in der Gesellschaft.

- Volatilität bedeutet systemische Instabilität der Verhältnisse
- Unsicherheit meint, dass die Risiken des Tuns und was als Nächstes passiert unbekannt sind
- Komplexität steht für die extreme Verflechtung und Vernetzung und ein chaotisches und unberechenbares Agieren in den einzelnen Netzpunkten
- Ambivalenz/Ambiguität steht für die Unvorhersehbarkeit, zudem ist vieles paradox oder mehrdeutig, sodass das Antizipieren immer schwieriger wird.

In diesen Kontexten gilt es heute, Dinge zu managen. Die bisherigen Management-Strategien versagen dabei völlig. Hierarchien und lange Entscheidungswege sind viel zu langsam. Man muss sich wie ein Wellenreiter den ständig wechselnden Verhältnissen und Prämissen anpassen und anvertrauen. Das dazugehörige neue Management-Konzept ist „Agility". Die dafür heutzutage geforderten Top Skills sind ebenfalls in Änderung zu erfassen, wie etwa Flexibilität, Belastbarkeit, Verantwor-

tungsbewusstsein, Zielstrebigkeit, Entscheidungsfähigkeit, Kreativität, Teamfähigkeit und Organisationstalent. Die Anzahl der Menschen, die ein solches Potpourri an Kompetenzen aufweisen, sind natürlich sehr begrenzt, insofern ist ein „War of Talents“ ausgebrochen, jedes Unternehmen will solche Leute haben, diese wenigen können sich ihre Arbeitsbedingungen aussuchen.
Aber diese Top Skills widersprechen sich vielfach, Kreativität und Organisationstalent fallen selten zusammen. Die meisten sehr kreativen Menschen sind organisatorisch eher chaotisch, was die selbstständige Homeoffice-Tätigkeit zusätzlich stressig macht. Sie brauchen eher einen sicheren Rahmen, um zu voller Form aufzulaufen, der aber stört die Flexibilität. Viele dieser Hochkreativen sind zudem nicht wirklich teamfähig, die meisten haben also nicht all die geforderten Kompetenzen zusammen.

Viele der aktuellen High Performer sind in ihrer Beziehungsfähigkeit sogar eingeschränkt und versuchen ihre Enttäuschungen in Beziehungen mit Mehrarbeit zu kompensieren in der Hoffnung auf Anerkennung. So bahnen sie häufig ihr eigenes Burn-out. In unseren Gezeiten Haus Kliniken sehen wir zunehmend diese Menschen, die z. B. auf „Agil“ geschult, ins Burn-out kommen.

Die Kompetenzen der Menschen nehmen derzeit eher noch ab, Bindungsstörungen, Traumata, Antisozialität und Sucht sind häufig und schwächen die Belastbarkeit und Resilienz. Und Schule schult die Kinder noch zu Untertanen und trainiert sie für eine von außen kommende Motivation, wie ich in Kapitel 3 dargestellt habe. Da kommen nicht so viele nach in den nächsten 10 bis 15 Jahren, die „Agility“ umsetzen können und durchhalten.
Insbesondere im Bereich der digital verfügbaren News muss man persönliche Informationsfilter haben bzw. herstellen und dabei doch den Trend erkennen.

Nur mit innerlicher Klarheit, intrinsischer Motivation und Boden unter den Füßen kann man mit diesen Herausforderungen umgehen. Aber wer das kann, wird sich nicht verheizen lassen, sondern nach Projektzeiten wieder Auszeiten fordern und sich nehmen.

Im Rahmen von „Agility" verflachen wie gesagt Hierarchien und selbst zu verantwortende Entscheidungen sind rasch zu fällen.

Diese Themen betreffen aber im Wesentlichen Führungskräfte und Projektentwickler in der digitalen Welt. Die Mehrzahl der Menschen bleibt im digitalen Bereich Anwender, allerdings von immer schneller wechselnden Tools. Die Bereitschaft, Innovationen anzunehmen und in kurzer Zeit zu erlernen, ist hier stark gefordert.

Die Personalentscheider brauchen für die zukünftig immer mehr geforderte Modul- und Projektarbeit dabei immer weniger fest Angestellte, die Arbeitsplätze sind also ebenso wie die Projekterfolge eher unsicher. Dies macht vielen Menschen Angst und setzt sie zusätzlich unter Stress. Viele kommen dabei irgendwann über ihre Belastungsgrenzen und ins Burn-out (siehe Interview Nelting in: Basler/Gattinger, Führen an der Leistungsgrenze, siehe Literaturliste).

Die neue Ebene der globalen Digitalisierung macht hier die Rechnung ohne den Menschen, den sie sich zurecht plant, aber ohne weitere Eingriffe möglicherweise gar nicht bekommt, wahrscheinlich auch dann nicht. Forscher, Investoren, Politiker und andere möchten daher aber doch gerne den Menschen designen und optimieren. Schauen wir uns die Trends an:

Die Optimierung des Menschen

Für die digitalen Strategen sind mehrere Design-Felder angedacht:

- die biotechnische Optimierung des Menschen (angedacht über den Chip im Gehirn als Schnittstelle zur künstlichen Intelligenz (KI)). Bei der KI wird dabei ja sehr kontrovers diskutiert, ob das klappen kann. Ich halte das schon aus dem Wissen von lebenden Systemen heraus für sehr unwahrscheinlich. Viel wahrscheinlicher dürfte es sein, dass das System die soziale Ungleichheit verstärkt, bis es an die Grenzen stößt, weil kein zum System passendes Personal verfügbar ist. Inwieweit die Unternehmen der globalen Digitalisierung hier die Ungleichheit bis in die Schulen tragen, also die Differenzierung nach Schulen, die Menschen für eine Untertanen-Mentalität im Unterschicht-Milieu und Schulen für die Vorbereitung zum Management in der VUKA-Welt vorantreibt (so die Statements einiger digitaler Strategen der großen IT-Firmen[60]) oder die Schule im Umbruch generell sich für die Unterstützung und Begleitung in der Entwicklung von menschlicher Kompetenz entscheidet, ist eine offene Frage, die wir aktiv in Richtung der zweiten Möglichkeit treiben sollten (siehe Kapitel 3).

- entsprechende Life-Style-Medikationen sind aktuell bereits auf dem Markt, insbesondere solche, die einerseits wach machen, andererseits die Konzentration und Leistung erhöhen. Dies können noch verschreibungspflichtige Medikamente sein wie Ritalin® oder illegale Drogen wie Kokain. Beides ist weit verbreitet. Die DAK hatte schon vor Jahren untersucht und festgestellt, dass die Zahl der Menschen, die solche Medikamente nehmen, über zwei Millionen Arbeitnehmer umfasst, heute sicherlich weit mehr.[61] Diese Medikamente werden genommen, um gegenüber anderen, die auch diese Medikamente nehmen, keinen Wettbewerbs-Nachteil zu bekommen. Häufig bekommen diese Menschen die Verschreibungen, z. B. von Ritalin®, indem sie sagen, ihr Kind habe ADHS, sie nehmen es dann aber selbst (bei Kindern ist hier

die Konzentrationserhöhung im Fokus, Erwachsene haben besonders die Erhöhung der eigenen Leistungsfähigkeit im Sinn)
Aktuell werden auch neue Designer-Medikamente zur Aufmerksamkeits- und Leistungs-Erhöhung erforscht und kommen auf den Markt. Allerdings ist diese Nachfrage unserer konkurrenzbasierten Wirtschaft geschuldet, in einer Gemeinwohl-Ökonomie mit generell weniger Arbeitszeit wird sie weniger werden, weil sie nicht mehr notwendig ist. Außerdem werden Menschen mit gesunder Hirnentwicklung, guter Selbststeuerung und Lebenspflege sich vermutlich weit weniger in dieser Weise aus dem Lot und in ein frühes Burn-out bringen lassen.

Es gibt eine weitere Design-Methode mit Eingriffen in das Genom des Menschen, die ich im Zusammenhang der Optimierung besonders besprechen möchte, weil sie nach meiner Einschätzung viel gefährlicher als KI oder Designer-Medikamente ist, gleichzeitig aber z. B. segensreiche Möglichkeiten zur Heilung bestimmter Krankheiten zur Verfügung stellt, weswegen man die Forschung, selbst wenn man es könnte, nicht einfach stoppen sollte.

Die Gen-Editierung mit Crispr-Technologie

Die Gen-Editierung, insbesondere mit der Crispr-Cas-9-Technologie ist eine Methode, mit der man einzelne Gene, die monogenetische Krankheiten verursachen oder anderweitig als veränderungswürdig gesehen werden, reparieren oder zu speziellen Zwecken gewollt durch ein neues Gen ersetzen kann. Anders als bei sonstigen genetischen Manipulationen, bei denen z. B. ein zusätzliches Gen eingesetzt wurde, um eine Pflanze gegen bestimmte Schädlinge widerstandsfähiger zu machen, kann man bei der neuen Methode danach nicht mehr feststellen, dass hier ein Gen herausgeschnitten und ersetzt worden ist.

Diese Methode ist in der Öffentlichkeit noch wenig bekannt, aber weit fortgeschritten im Pflanzen- und Tierreich und bereits vielfach zugelassen ohne Pflicht-Hinweis auf genetische Manipulation. Beispielsweise essen wir solche Tomaten und Sojapflanzen bereits jetzt. Diese Methode wird in der Forschung sehr unterstützt, z. B. weil es ein Segen sein könnte, Erb-Krankheiten des Menschen, die durch die Mutation eines einzelnen Gens oder die Weitergabe eines solchen Gens an die Kinder im Genom eines Menschen vorhanden sind, durch die Reparatur dieses Gens zu heilen, ggf. auch schon in den frühesten Zeitpunkten der Befruchtung. Auch können Tiere, z. B. Ziegen, durch entsprechende Eingriffe gen-editiert werden und dann Stoffe in ihrer Milch haben, die man als Medikamente braucht, quasi als preiswerte Massenproduktion.

Die Gefahr ist aber, den Menschen ganz neu zu designen, und da die Methode leicht durchzuführen ist und bereits weltweit in den Forschungs-Laboratorien bekannt ist und eingesetzt bzw. weitergeforscht wird, könnte dies unterschiedlichen Zwecken dienen bis hin zu kriminellen Absichten.

Die Forschungsgelder kommen dabei meist von Milliardären, deren Stiftungen, von den großen Internet-Konzernen, Pharma- und Biotech-Unternehmen, die alle große Gewinne wittern.[62] Es gibt zum Teil auch staatliche Subventionen bzw. Tolerierung der Durchführung sowohl in den USA als auch in China, die auf diesem Feld sicherlich auch strategisch eingesetzt sind. Die Geldgeber dieser Forschung stellen sich im Rahmen der neoliberalen Wachstumswirtschaft auf, um sich hier Profite zu sichern, das Gemeinwohl und ethische Fragen des Menschseins sind systemimmanent nicht im Fokus, eine demokratische Kontrolle ist nicht gegeben und würde bekanntermaßen die Absicht der Gewinnerwartung stören.

Es ist allerdings noch etwas Zeit, die Forschung ist noch nicht reif für umfangreiches Design im menschlichen Genom, es ist vielfach noch ungeklärt, ob es nicht ggf. doch unkontrollierbare Folgen im Genom haben könnte, die Epigenetik wird vielfach nicht mit untersucht, und die Auswirkungen auf die Telomere und damit auf die Lebensdauer nach Eingriffen sind ebenfalls noch nicht im Fokus. Beim Klonen von Tieren z. B. hat sich ja zwar initiale Lebensfähigkeit, aber auch nur deutlich verkürzte Lebenszeit herausgestellt.

Um die Gefahren hier einmal konkret an einem Beispiel zu beleuchten: Man könnte das Myostatin-Gen inaktivieren, das die Muskelmasse beim Menschen steuert und begrenzt. Damit könnte man ggf. vererbbare Muskeldystrophien günstig behandeln. Man könnte dies aber auch bei gesunden Menschen machen mit der Folge, dass das Muskelwachstum weiter angeregt wird und den Betreffenden möglicherweise übermenschliche Kräfte verleiht. Es stellt sich dabei die Frage, wer daran ein Interesse hätte und vor allem, wer sich einen solchen Eingriff leisten könnte. Denn aktuell kosten solche Eingriffe derzeit etwa 1 Million Dollar.

Menschen, die sich das leisten können, könnten sich also in ihrem Genom editieren lassen, sodass sie oder ihre Kinder sehr stark und sehr gesund und langlebig von ihrem Genom her sind. Wenn es Trend würde, dies so durchführen zu lassen, weil es immense Vorteile im Leben bietet (soweit es sich heute überblicken lässt), würde die soziale Ungleichheit extrem zunehmen, sich Eliten auch vom Genom her herausbilden und eine zahlenmäßig sehr große Unterschicht.

Wir hätten also nicht nur sozioökonomische und gesundheitliche Vorteile der Eliten, sondern mit jeder Generation zunehmende genetische Unterschiede zugunsten dieser Eliten. Die Überlegenheit solcher Super-Menschen könnte, da braucht man nicht viel Fantasie, zu einem neuen Rassismus und neuen Herrschaftsformen führen.

Auf der anderen Seite sind manche Gene zwar mutiert oder defekt, betroffene Menschen leben aber mit ihren Krankheiten und Behinderungen, erleben sich selbst vielleicht sogar als glückliche Menschen. Wer also sagt, dass solche Gene in jedem Fall repariert werden müssten? Das lässt die Gefahr anklingen, dass es auch eine Zwangs-Redigierung von Genen durch den Staat geben könnte, eine Diskussion, die wir von den Impfungen her kennen.

Diese Zeit also, solange die Gen-Editierung beim Menschen noch nicht reif ist, ist aus meiner Sicht dringend zu nutzen, unsere demokratischen Strukturen im Gemeinwohl-Sinne zu gestalten, um rechtzeitig Kontrolle und ethische Regulierung in diesem Bereich weltweit zu erreichen. Es dürfte sich um einen Wettlauf besonderer Art handeln, der die Völker, nicht die Business-Front, in eine Steuerungskompetenz bringen muss.

Wer sich hier näher informieren möchte, sollte das Buch von Jennifer Doudna und Samuel Sternberg „Eingriff in die Evolution – Die Macht der CRISPR-Technologie“ lesen. Jennifer Doudna hat diese Technologie mitentwickelt und ist als begeisterte Forscherin und von den Möglichkeiten der Methode klar überzeugte Pionierin doch auch sehr nachdenklich wegen des möglichen Missbrauchs und krimineller Anwendung, sofern wir alle, Forscher ebenso wie Gesellschaft und Staat, es nicht schaffen, die Rahmenbedingungen für eine ethische Anwendung der Methode demokratisch zu kontrollieren.

4.3 Gewalt in der Gesellschaft

4.3.1 Gewalt

Eines Abends erzählte ein alter Indianer seinem Enkel vom Kampf, der in jedem Menschen tobt: „In unserem Herzen leben zwei Wölfe. Sie kämpfen oft miteinander. Der eine Wolf ist der Wolf der Dunkelheit, der Ängste, des Misstrauens und der Verzweiflung. Er kämpft mit Zorn, Neid, Eifersucht, Sorgen, Schmerz, Gier, Selbstmitleid, Überheblichkeit, Lügen und falschem Stolz.
Der andere Wolf ist der Wolf des Lichts, der Lust, der Hoffnung, der Freude und der Liebe. Er kämpft mit Gelassenheit, Heiterkeit, Güte, Wohlwollen, Zuneigung, Großzügigkeit, Aufrichtigkeit, Mitgefühl und Zuversicht. Der kleine Indianer dachte einige Zeit über die Worte seines Großvaters nach und fragte ihn dann: „ Und welcher Wolf gewinnt?“ Der alte Indianer antwortete: „Der, den Du fütterst.“

Einige Leser werden diese Geschichte in dieser oder anderer Form kennen. Diese Weisheit kommt aus einer Zeit, als die Indianer wussten, wie sie ihre Grundbedürfnisse stillen konnten, ausreichend Ressourcen vorhanden waren. In dieser Zeit war es in der Gruppe bzw. dem Stamm ruhig und friedfertig, Streit und Auseinandersetzungen entarteten nicht, weil alle wussten, welchen Wolf sie füttern mussten, damit es allen gut geht.

Wurden die Ressourcen aber knapp oder wurde der Stamm angegriffen, kam die Gruppe als Gruppe in den Kampfmodus gegen den äußeren Feind, das Kriegsbeil, das geruht hatte, wurde ausgegraben.

Hier zeigt sich die zentrale Weichenstellung, bei ausreichender Sicherung der Lebensbedürfnisse der Gruppe verhalten sich alle Mitglieder der Gruppe entsprechend dem eigenen Selbstverständnis und ihrer Genetik kooperativ, der Kampfmodus stellt sich erst ein bei Bedrohung oder Ressourcenknappheit. Auch da wird innerhalb der Gruppe kooperativ gehandelt, aber im Kampf gegen den äußeren Feind.

Die inhaltliche Bedeutung der Brecht'schen Aussage „Erst kommt das Fressen, dann kommt die Moral" war ursprünglich ein Thema der Gruppe, die überleben musste. Schichtspezifisch bzw. individuell wurde das Thema erst später und ja auch dann erst so formuliert. Und das Menschenbild formte sich dann in Abhängigkeit der Wirtschafts- und Machtverhältnisse.

Hierarchien waren unter Nomaden nicht so ausgeprägt, in der Sesshaftigkeit nahmen die Hierarchien im Zusammenhang unterschiedlicher Besitzverhältnisse zu, aber auch niedrige Mitglieder hatten ihren Platz im System, meist waren sie in diese Position hineingeboren. Aber als Mitglieder war ihre Versorgung auch im Grundsatz gegeben. Solange das System alle umfasste, gab es wenig Gewalttätigkeit.

Bei der Zunahme der zusammenlebenden Menschenmengen entstanden zunehmend Verhältnisse der Ausbeutung. Die wirtschaftlich Mächtigen suchten ihren Reichtum zu mehren, auch rücksichtslos auf Kosten von entstehenden Unterschichten. Die Ausgebeuteten gehörten als Menschen dann nicht mehr zum System und verloren ihre Rest-Würde als Menschen.

Menschen tolerieren soziale Unterschiede, auch solche von Reichtum und Armut, wenn die Armen noch zum System gehören, d. h. gesehen werden, und Verantwortung der Reichen für ihre Versorgung besteht, unabhängig von der Höhe der Leistungsforderung an sie. Werden die Armen nicht mehr als Menschen mit Grundbedürfnissen gesehen, werden ausgegrenzt und stigmatisiert, verlieren so ihre Würde, dann besteht für die Herrschenden immer die Gefahr von sozialen Aufständen. In der Regel bestand die Lösung darin, viele verarmte Männer als Söldner in die

Heere aufzunehmen, wodurch sie und ihre Familien wieder mitversorgt wurden. Da Heere ohne Feind nicht zur inneren Befriedung taugen und der Sold auch erbracht werden musste, waren kriegerische Auseinandersetzungen gesetzt. Gewalt wurde aber so zur Lebenserfahrung der meisten Menschen, die Besiegten mussten ebenfalls versorgt werden, waren aber bis zur Assimilierung Unterworfene, denen vielfach Gewalt angetan wurde, wenn sich die Lebensverhältnisse nicht entscheidend veränderten. So entstand Zorn auf beiden Seiten.

Wirtschaftliche Interessen der reichen Bevölkerung begründeten weitere Kriegsauseinandersetzung oder Unterwerfungs-Szenarien wie beim Sklavenhandel bzw. der Rohstoffausbeutung. So entstanden Verwerfungen in der Welt mit reichen und armen Ländern, mit dem Gewaltmonopol bei den Reichen und dem gefühlten Recht zur Unterwerfung von Aufständischen. Die direkte militärische Unterdrückung wurde ergänzt, teilweise abgelöst durch die wirksamere Machtausübung durch Kredite des Bankensystems an arme Länder, deren korrupte Eliten die Rückzahlung der Kredite durch den ärmeren Teil der Bevölkerung sicherstellte.

Aktuelles Beispiel, was aber offensichtlich nicht nach Plan geklappt hat, war die Erhöhung der Benzinpreise in Ecuador im Oktober 2019 als Auflage für IWF-Kredite für das Land, was die indigene Bevölkerung an ihrer Lebensbasis traf und zu heftigen Unruhen führte.[63] Diese Erhöhung der Benzinpreise und der Wunsch der Regierung nach Abschluss der IWF-Kredite wurden zurückgenommen, zumindest vorerst.

Gewalterleben gehört somit in vielen Ländern der Welt zum Alltag. Im sogenannten Westen und insbesondere auch in Deutschland erleben wir davon im Alltag eher wenig (sofern wir nicht hinter die Tabus schauen), obwohl uns die Folgen der Verwerfungen, an denen wir als Deutsche kolonialistisch stark beteiligt waren und auf andere Weise heute durch unsere neoliberale Wirtschaftsweise ebenfalls sind, bewusst werden. Wir beginnen zu begreifen, dass die Gewalt in der Welt im großen Maßstab wirtschaftliche Gründe hat und wir als Nutznießer-Nation der weltweiten Gewinne dafür auch mitverantwortlich und zur Änderung aufgerufen sind.

Ein Beispiel dazu:
IS
Der IS hat insbesondere arme irakische und syrische Männer in diesen wirtschaftlich destabilisierten Ländern für sich gewinnen können, die keine Zukunftsaussichten auf Einkommen hatten und ihnen so u. a. eine Mitgift zur Eheschließung verwehrt war. So hatten sie nun in der IS-Struktur quasi die „Erlaubnis", sogenannte „ungläubige" Frauen, also die nicht ihres Glaubens waren, straffrei zu vergewaltigen bzw. mit Todesandrohung zur Konvertierung im Glauben und zur Heirat zu zwingen.[64] So gab es für sie einen neuen, aber gewalttätigen Weg zur Erlangung eines Zugangs zu Frauen und zur Versorgung. Dass sie das möglicherweise mit einem hohen Preis, dem Märtyrertod, bezahlen mussten (wollten?), war vermutlich durch das „Jungfrauen-Versprechen im Himmel" in der Wahrnehmung dieser Männer ausgeglichen.

Die aktuelle Armut vieler Menschen in diesen Ländern zu bessern muss global ein vorrangiges Ziel werden, um diese Rekrutierungsmöglichkeiten und das allgemeine Leid in dieser Region, besonders aber für jesidische Frauen, beenden zu können.[65]

Den liebenden Wolf füttern können wir dann, wenn wir eine gute Selbststeuerung erlangen (wie z. B. in Kapitel 1 beschrieben) und unser soziales vegetatives System gut trainieren konnten, also nicht dauerhaft im Stress versinken. Die Erlangung dieser Fähigkeiten, die Möglichkeiten der Anwendung im Alltag und ein Leben in Würde werden eben nicht gefördert und geschützt von Wirtschaft und Politik, sondern sind stark eingeschränkt aufgrund der Potenz des entwürdigenden Wirtschaftssystems in den Händen der supranationalen Finanzwirtschaft.

Es wird also deutlich, dass wir hier die gesellschaftliche, vorrangig staatliche Kontrolle zurückgewinnen müssen, um wieder zu einer Gemeinwohl-Orientierung zu kommen.

Die vielen Milliarden der auch untereinander verflochtenen Beteiligungs-Gesellschaften wie Berkshire Hathaway, BlackRock und andere sollten nicht weiter aufgestockt werden können, sondern zukünftig in der Gemeinschaft der Menschen verbleiben, der sie letztlich gehören. Versuche, den Menschen dieses Vermögen zu erhalten bzw. sogar in Teilen wieder zurückzugeben, werden ja in der Gesellschaft intensiv diskutiert.

Der Weg wird vielleicht beginnend beschritten von zehn europäischen Staaten unter Beteiligung von Deutschland. Ein Beschluss für eine vielleicht ab 2021 geltende Finanztransaktionssteuer wird allerdings ständig unter diesen Staaten wieder hinterfragt, weil der von Deutschland vorgeschlagene Rahmen mit Recht als letztlich unwirksam angesehen wird. Als Modell war zuerst eine Steuer nach französischem Vorbild (0,3 %) vorgeschlagen, wobei da ja noch viel Luft nach oben wäre (die bis 1991 erhobene Börsensteuer (1,5 %) und Aktiensteuer (2,5 %) war ja für die Aktionäre durchaus verkraftbar). Auch Konzepte von Vermögenssteuern gehören hier hin. Die Kontrolle von Vermögensverwaltern und Aktienhandel wird unverzichtbar sein auf dem Weg, den Menschen auf der ganzen Welt ihre Würde zurückzugeben (siehe S. 540).

Den möglichen Umgang mit innerem Hass und Wut auf dem Wege zur Friedfertigkeit des Einzelnen habe ich schon mehrfach angesprochen. Gewalt bleibt also nicht wirklich eine Konstante der Menschheit, wenn wir es schaffen, die Grundbedürfnisse der Menschen durch praktizierte Gemeinwohl-Orientierung zu verwirklichen und Menschen nicht mehr durch unkontrollierte Macht und Renditen entwürdigt werden. Vermutlich haben wir erstmalig in der Menschheits-Geschichte heute die wirkliche Chance, ein tatsächlich lebenswertes Leben für alle zu ermöglichen, auf der Grundlage der Kooperation, also ohne Gewalttätigkeit zu aktivieren.

Schauen wir uns hier auch noch mal das Wort aggressiv bzw. Aggression genauer an. Es kommt aus dem Lateinischen, von dem Verb-Wortstamm „aggredi", was so viel wie an etwas oder an jemanden herangehen heißt, erst im Nachgang heißt es angreifen. Hier sehen wir vorrangig eine Aktivität, eine Kraft, die erst einmal Interesse- und Neugier-geleitet ist im Losgehen und noch nicht verknüpft mit speziellen anderen Emotionen. Aggression ist dann das schließlich vollendete und mit negativer Emotion verbundene Herangehen an Gegenstände oder Personen und das kann dann bereits ein verbaler oder handgreiflicher Angriff sein oder zumindest eine solche Wahrnehmung bei dem Gegenüber auslösen bzw. ausgelöst haben.

Wichtig ist hier erst einmal, dass es sich initial um eine durchaus vitale Kraft handelt, und mit dieser Kraft kann man auch anders umgehen, sowohl derjenige, der herangeht, als auch derjenige, dem sich jemand nähert. Damit das besser gelingt, braucht es oft Beratung, ggf. Therapie, na und? Therapie ist nichts Ehrenrühriges, man muss nicht alles alleine schaffen bzw. einsam scheitern. Die Ausbildungen und die Verbreitung von Wissen in „Gewaltfreier Kommunikation" oder im Umgang mit „Hate Speech" sind hier sicherlich auch hilfreich (siehe QR-Code zu der Link-Liste im Anhang). Dies auch digital in den Social-Media-Netzen umzusetzen ist eine weitere gewaltige Herausforderung für Gesellschaft und Politik.

Dieses Vorgehen macht Sinn, wenn man ein kooperatives Bild vom Menschen hat, das durch die Wissenschaft auch gestützt wird. Aber in unserem Alltag sehen wir doch immer wieder Menschen „böse" agieren, egoistisch und gemein. Und wir sehen aggressive Politiker, die bereit sind, Kriege zu riskieren, und dies mit dem bösen Feind da draußen begründen. Ich habe die Abhängigkeit des „Bösen" von dem zerstörerischen und würdelosen Charakter des jeweiligen Wirtschaftens schon angesprochen, das sogenannte Böse müssen wir aber doch noch einmal genauer anschauen, um die noch aktuelle Resonanzkraft beim Individuum zu verstehen.

Gedanken zum „Bösen" im Menschen

Das sogenannte Böse im Menschen wird in der Bevölkerung einerseits moralisch entrüstet abgelehnt, „fasziniert" andererseits aber offensichtlich doch, wenn man sich die Medien anschaut. Krimis im Fernsehen oder Streaming-Portalen sind nach Porno-Videos die häufigsten Filme, die sich eine große Zahl von Menschen anschauen. Das Gleiche gilt für den großen Markt von Kriminalromanen, die ja oft die Bestsellerlisten dominieren. Die Zunahme der Beschreibung und Darstellung harter Verbrechen und die Zunahme der Anzahl von Leichen sprechen eine deutliche Sprache. Gruseln, Grauen bis hin zum Horror im mörderischen Treiben hält viele in Atem. Was führt zu diesem Konsum, was geht da in Resonanz? Und unter den älteren Jugendlichen und Gamern haben Killerspiele Konjunktur, hier kommt sogar noch ein aktives virtuelles Handeln dazu.

Zum einen scheinen Krimis dem eher grauen Alltag einen Kitzel zu geben, der aufgrund empfundener innerer Leere und schwacher Eigengestaltung oft fehlt. Zum anderen gehen die meisten Krimis gut aus, das Gute triumphiert letztlich über das Böse. In Zeiten großer Unsicherheit gibt das einen verlässlichen Boden fürs Innere.

Aber auch dieser Boden weicht zunehmend auf. Zur Figur des Batman sagt der Wiener Theologieprofessor Ulrich Körtner: „Batman verteidigt nicht mehr das Gerechte, sondern das Verfaulte und Verdorbene." Und der „Joker" schließlich betreibe auch nicht mehr die Rettung der Welt, sondern die Rettung aus der Welt; mit der Hoffnung, dass nach der Zerstörung der Welt wieder Gutes wachsen könne.[66]

Es gibt aber sicherlich ein Resonanzthema zu der inneren vegetativen Erregung und inneren Wut, die sich aller Ungerechtigkeit, Benachteiligung und Erniedrigung entledigen möchte, ob sich dies nun in Gewaltfantasien, Killerspielen oder unbewusst aufgestaut darstellt. Die Macht des christlichen „Sündenfalls" mag dabei auch seine seit Alters her kulturelle Bedeutung haben und die Beichte reicht oft nicht wirklich in die Tiefe. Ohne konkretes auch kooperatives Erleben und Mitmenschlichkeit im Alltag ist eine solche Resonanzthematik mit Gewaltthemen bzw. dem Bösen aufgrund des unerträglichen Gefühls des Ausgeliefertseins vielfach gegeben. Man kann im Krimi dann seine ganze Ambivalenz leben, sozusagen am Mordgeschehen teilnehmen, ohne zur Verantwortung gezogen zu werden und dann in der Identifikation mit dem Wiederherstellen des Rechts wieder zur Beruhigung kommen.

Vielfach möchte man sich so auch aussöhnen mit einem irgendwie gearteten „Gott" und zeigen, dass man doch trotzdem gut ist und nichts Böses tut. Es ist wie bei Kindern, die dem Weihnachtsmann auf ihren Wunschzetteln mitteilen, dass sie lieb sind.

Und wenn wir dazu kommen, dass wir mit unseren Kindern so umgehen, dass wir ihnen wirklich sagen: „Ich habe Dich lieb, so wie Du bist" und nicht ein „aber" einfügen[67], wird diese Ambivalenz weicher werden, das „Mörderische" wird kleiner und kleiner. Und die Krimis werden dann auch wieder mit weniger Leichen auskommen und vermutlich seltener konsumiert werden.

Unabhängig von diesen Zusammenhängen wird es sicherlich immer wieder mal Spaß bringen und Genuss bleiben, ein im Dunkeln liegendes Knäuel von möglichen Verknüpfungslinien der szenisch angebotenen

Fakten mit der Kommissarin oder dem Kommissar zusammen langsam ans Licht zu holen und zu entwirren. Mit der Aufklärung zum Schluss ergibt sich dann eine angenehme Entspannung.

Sonnen- und Schattenseiten unseres Daseins

Generell spricht dies das Thema unseres Seins an, das Sonnen- und Schatten-Seiten hat und erst dadurch ein Ganzes gibt. Insofern braucht es ein Anschauen beider Seiten, um der Verleugnung zu entgehen. Dies ist ja auch in vielen Therapien ein wichtiges Thema auf dem Weg zum inneren Heilwerden.

Menschen sind lebenslang herausgefordert, mit Widerständen und Grenzen umzugehen. Dies ist z. B. die erste kommunikative Erfahrung eines Babys im Uterus, also die Uteruswand. Diese Herausforderungen gilt es zu meistern und dies gelingt umso besser, je vertrauensvoller und unterstützender die Umgebung ist.

Menschen, die in eine gute Selbststeuerung kommen konnten, gelingt es dann meist, die Widerstände zu überwinden oder, wenn das nicht möglich ist, die Grenzen zumindest aktuell auch zu akzeptieren. Und sie können mit gelegentlichen aggressiven Impulsen bzw. bösen Fantasien zu innerem Ausgleich und zu einem für sie akzeptablen Ende kommen, müssen diese nicht ausagieren und können diese Energie für anderes nutzen. QiGong, TaiJi und besonders Partner-TaiJi und auch andere meditative Praktiken stärken diese Fähigkeiten. Selten kommen sie zu dem Schluss, den „Gordischen Knoten“ durchschlagen zu müssen. Insgesamt kommen sie so nicht übermäßig lange in einen Stresszustand und haben keine lange vagabundierende negative Energie in sich.

Menschen, die nicht in eine gute Selbststeuerung gelangen konnten, haben es da schwerer und empfinden bei Herausforderungen leichter Ohnmacht bzw. fehlende Selbstwirksamkeit. Sie versuchen oft, sich durch Widerstände hindurch zu lavieren, sich zu ducken oder aber gegen sie anzugehen, also Gewalt anzuwenden, unterschwellig, konkret verbal oder körperlich. Dieses Vorgehen löst die inneren Spannungen aber nicht, sie bleiben im andauernden Stresszustand und die vagabundierende negative Energie beeinträchtigt oft die Gesundheit.

Ich habe diese beiden Möglichkeiten hier polar gegenübergestellt, die meisten Menschen kennen natürlich beides, und es kommt für das Lebensgefühl darauf an, welche Seite überwiegt und selbstverständlich, wie der alte Häuptling sagt, „welchen Wolf ich füttere" (Lebenseinstellung und Lebensstil). Das böse Handeln bzw. böse Gedanken zeigen sich dann also als eine Reaktions-Möglichkeit bei Herausforderungen, die nicht gelingen wollen. Sie sind aber letztlich nicht dem Menschen als wesenseigen zuzuschreiben.

Der niederländische Historiker Rutger Bregman hat in seinem Buch „Im Grunde Gut" eindrücklich aufgezeigt, dass der Mensch so ist, wie der Titel des Buches sagt, im Grunde gut. Und wo er sich anders gebärdet, ist es nicht das Böse, das in ihm steckt, sondern ihm ist etwas widerfahren und es fehlte die Liebe. Oder er lebt unter einem Menschenbild, das den Menschen als egoistisch, konkurrent, von Grund auf verdorben durch seine tierischen Triebe und herzlos beschreibt und solches Verhalten von ihm verlangt wird, damit er sich in ein herzloses Macht- und Wirtschafts-System einfügt, das für Eliten gewinnbringend ist.

Er beschreibt aber auch zwei Seiten der Empathie bei der Frage von Gut und Böse. Darauf möchte ich etwas näher eingehen, sonst wird das unverständlich.

Empathie

Man hat in vielen Versuchen festgestellt, dass schon kleine Kinder zwischen Gut und Böse unterscheiden können und dabei grundsätzlich Gut bzw. Helfen bevorzugen. Ebenfalls wurde festgestellt, dass für Kinder eine Gruppenzugehörigkeit wichtig ist. Innerhalb dieser Gruppe handelten sie immer empathisch und hilfreich gegenüber den Mitgliedern der gemeinsamen Gruppe. Aber wenn man dieser Gruppe eine andere Gruppe gegenüberstellte und die Gruppe der Zugehörigkeit durch Merkmale unterscheidbar machte von der anderen Gruppe, dann waren die Kinder jeweils empathisch in der eigenen Gruppe, aber doch negativer, also abwertender oder sogar feindlich der anderen Gruppe gegenüber.

Die Empathie war in diesen Untersuchungen also kein allgemeines menschliches Leitphänomen, sondern Fokus-abhängig auf Menschen bzw. Gruppen der eigenen Umgebung gerichtet.

Auffällig war, dass je weiter die Menschen, die Tiere, die Natur oder Lebens-Situationen aus dem Blickfeld waren, umso desinteressierter waren die Menschen an ihrem Schicksal und ließen auch ein Handeln, was gegen diese Menschen etc. gerichtet war, eher zu. Was aus dem Blick verloren war, hatte nicht den Wert wie die eigene Umgebung und die eigene Gruppe.

So berichtet Bregman auch eindrucksvoll davon, dass Soldaten, die im direkten Kampf miteinander waren, eher selten ihr Gegenüber getötet hatten, dass die Todeszahlen aber zunahmen, je weiter die Entscheider vom Feind weg waren. Die Toten nahmen also zu von den Soldaten an den Granaten-Mörsern über Bombenabwürfe von Kampf-Piloten bis zu den Raketen bzw. Drohnen, zu deren Abschuss jemand in irgendeiner Kommandozentrale einen Knopf drücken musste, der sich dazu durch Vorgesetzte bzw. Geschichten über den bösen Feind ermächtigt sah, ohne das konkrete Töten von Menschen zu sehen oder zu spüren.

Wir sehen also in den Beispielen die Empathie vorrangig in der Gruppe, aber meist auch bei Direktkontakt mit einem Gegenüber, z. B. dem gegnerischen Soldaten. Aber es kommt in der eigenen Gruppe leicht zu dem Gefühl eines Besserseins und zu ablehnendem Empfinden gegenüber den Menschen einer anderen in Merkmalen als eben anders erlebten Gruppe. Andersartigkeit scheint also tendenziell die Empathie nach außen aufzuheben bzw. ins Gegenteil zu verkehren.

Mit anderen Worten, es sieht so aus, als seien wir nur empathisch mit Menschen, die uns nahestehen bzw. alltäglich in unserem Blickfeld sind, also in unserer sichtbaren Umgebung oder die in Direktkontakt mit uns kommen. Mit dem Verschwinden aus unserem Fokus bzw. bei größerer Entfernung eines Geschehens schwindet also die Empathie, dies sagt so vielfach die Forschung. Schauen wir uns das weiter an.

Zum Begriff der Empathie

Der Begriff Empathie wird umgangssprachlich meist genutzt als emotionale Fähigkeit, sich in andere einzufühlen und an ihren Empfindungen und Erlebnisweisen bis hin zu Handlungsplänen teilzunehmen. Da dies gegenseitig stattfindet, regen wir uns an, kommen in Resonanz und teilen Freud und Leid.

Vielfach wird aber gleichzeitig damit verbunden und einfach erwartet, dass es zu einem unterstützenden Verhalten kommt, wenn die Person, in die man sich einfühlt, Hilfe braucht. Steven Pinker nennt es die „engelhafte Seite unserer Natur“. Damit impliziert er aber auch eine andere Seite in der Natur des Menschen, es klingt sozusagen auch eine teuflische Seite an. In seinem Buch „Gewalt: Eine neue Geschichte der Menschheit“ beschreibt er die Menschen aus der Jäger- und Sammlerzeit als besonders blutrünstig und leitet daraus eine zivilisatorische Erfolgsgeschichte ab.

Rutger Bregman hat in seinem Buch „Im Grunde Gut“ nachgewiesen, dass das nicht stimmt und die verwendeten Grundlagen von Pinker die damaligen Verhältnisse gar nicht abbilden. Trotzdem spricht Bregman auch von der anderen negativen Seite von Empathie.

Empathie kann insofern also im Gegensatz zu der freundlichen Bedeutung durch die Kenntnis der Person aus der Einfühlung auch zu egoistischen Zwecken genutzt werden, ebenfalls zur Manipulation, zum Abhängigmachen, ja aus sadistischer Motivation auch zur Schädigung und zum Quälen der Person. Auch emotionsarme Menschen können Empathie imitieren, so ihr Gegenüber freundlich explorieren (ausforschen) und daraus ihre Schlüsse ziehen, wie wir von antisozialen, insbesondere psychopathischen Störungen wissen (siehe Kapitel 3).

Hierzu hat Fritz Breithaupt ein erhellendes Buch geschrieben, „Die dunklen Seiten der Empathie". Er folgert daraus, dass die dunklen Seiten der Empathie eben auch menschlich seien. Aber ich habe zu den dargestellten zwei Seiten der Empathie-Medaille, die als zum menschlichen Wesen gehörig dargestellt werden, begründete Einwände:

Empathie-Entwicklung in Abhängigkeit der familiären Atmosphäre

Empathie gilt zum einen als wesenhaft, zum anderen als Fähigkeit oder sogar kommunikative Technik.

Wenn ich in diesem Buch von Empathie spreche, meine ich ein mitmenschliches Empfinden und Sein, das auf der Grundlage genetischer Kooperationsbereitschaft entsteht, wenn ein Neugeborenes, wie im ersten Kapitel dargestellt, in dyadischer Kommunikation aufwächst und liebevoll von den Eltern im Entwicklungs-Weg begleitet wird.

Ich spreche also von Empathie auf der Basis der gelungenen Selbststeuerung und einem andauernden Einüben sozialer Kommunikation entsprechend dem vegetativen „sozialen System", das eine funktionierende Stressregulation bewirkt. Die andere Auffassung von Empathie meint eher die isolierte „kognitive Perspektivübernahme“ von anderen Menschen, die sich auch bei Psychopathen finden lässt.

Wir haben aber in unserer langen Zivilisationsgeschichte der letzten 10.000 Jahre eine geteilte Kindesentwicklung gehabt. Vielen Müttern ist es in zunehmender Zahl gelungen, die Babys soweit möglich liebevoll ins Leben zu bringen, also hirnphysiologisch ein gewisses Ich und Du als Wir in den Hirnstrukturen zu etablieren und soweit emotionales Erleben zu ermöglichen. Gleichzeitig gab es in den patriarchalischen Strukturen meist strenge Väter, die die Unterordnung unter ihr Normen- oder Willkür-System in der Regel mit körperlicher Züchtigung erzwungen hatten. Dies führte bei den Kindern zu einer Impulskontrolle aufgrund von Angst, die immer stressbefangen war. Darunter konnten die Kinder keine suffiziente Selbststeuerung erreichen, sondern wurden in unterschiedlichem Maße Untertanen.

Alle Untersuchungen zur Empathie wurden in früherer Zeit letztlich an Erwachsenen und Kindern durchgeführt, bei denen das Thema Selbststeuerung nicht überprüft wurde, aber in guter Ausprägung durchgängig vermutlich nicht gegeben war. In der Regel waren die Probanden aber doch durchaus emotional schwingungsfähig, wie vorher beschrieben und fähig zur „kognitiven Perspektivübernahme“ und somit empathisch innerhalb der eigenen Gruppe.

Insofern lassen diese Untersuchungen Aussagen zur **Empathie im hirnphysiologischen Stande guter Selbststeuerung** nicht zu. Diese zeichnet sich ja gerade dadurch aus, dass sie in keiner auf Angst, Stress und Trauma reaktiv sich ausgebildeten, belastenden Gefühlswelt existiert, diese Menschen insofern auch gelegentlich auftauchende negative Fantasien stoppen oder vorüberziehen lassen können und kein Bedürfnis verspüren bzw. entwickeln, empathisch erlangte Kenntnis eines Gegenübers, besser eines „Dus“, für egoistische Zwecke auszunutzen.

Insofern sind diese Menschen in der Lage, die Fütterung des „bösen“ Wolfes weitgehend zu lassen und Freude aus der Fütterung des freundlichen Wolfes zu ziehen.

Eine dunkle Seite von Empathie existiert also insofern, weil es noch zu vielen Menschen verwehrt war und vielfach immer noch ist, eine gute Selbststeuerung zu erlangen. Dies wird sich aber zukünftig in eine gute Richtung verändern.

„Empathie“ in diesem Sinne „bei guter Selbststeuerung“ wird z. B. von Tania Singer, aber auch Rutger Bregman nicht mehr Empathie genannt, sondern „Mitgefühl“. Ich sehe dies bedeutungsgleich als „kooperative empathische Anteilnahme am Anderen“ mit auch unterschiedlicher Hirnaktivität gegenüber der Empathie als nur „kognitiver Perspektivübernahme“. Das Konzept des Mitgefühls in dieser Definition kann ich insofern gut teilen.[69]

Erwähnen möchte ich in diesem Zusammenhang die Aufnahme-Bereitschaft und ehrenamtliche Tätigkeit der Menschen in der Flüchtlingskrise 2015, die zeigt, dass sich viele Menschen in Eigenverantwortung sehr empathisch einfühlen, Mitgefühl mit den Geflüchteten empfanden und entsprechend handeln konnten. Dies zeigt, dass sich die Erziehungsstile und Familienatmosphären bei vielen doch schon gebessert haben müssen. Ihre Arbeit wurde dann allerdings von konservativ-autoritärem Regierungshandeln zunehmend behindert.

4.3.2 Umgang mit rechtsextremen Positionen

Wir müssen uns überlegen, wie wir die Menschen, die solchen Ideologien anhängen oder erliegen, wieder in annähernde Kommunikation bringen und ihnen ihre Ängste nehmen, die meist eine der Grundlage dieser Ideologien sind. Die Ausgrenzung ist sicherlich die ungeeignetste

Wahl, allerdings sollte sich die mediale Aufmerksamkeit und Reaktionen auf entrüstende Äußerungen im Rahmen halten, das Wort „ungehörig“ deutet schon eine sinnvolle Strategie an, denn da, wo die Aufmerksamkeit und vor allem die häufige Wiederholung ist, da steigt auch die Energie und Wirksamkeit solcher Positionen. Und auch das Wort „Entrüstung“, also das Ablegen der Rüstung, zeigt Möglichkeiten, in der face-to-face-Kommunikation in eine gewaltfreie Richtung zu kommunizieren.

Allerdings kann dies nur eine Seite der Kommunikation sein, bei extremistischer Gewalt ist noch anderes nötig.

Rechtsextremistische Gewalt

Das Beispiel des rechtsextremistischen Täters, der jüngst in Halle zwei Menschen getötet hat und explizit viele Juden in einer Synagoge töten wollte, ist mit Recht als antisemitischer Täter eingestuft worden und hat Fassungslosigkeit ausgelöst, dass so etwas wieder in Deutschland passiert. Aber was heißt hier und heute antisemitischer Täter?

Die Täterperson soll zurückgezogen gelebt haben in seiner Internet-Welt, weitgehend isoliert ohne konkrete soziale Beziehungen.[70] Sein Vater gibt an, er sei nicht mehr an ihn herangekommen, weil er immer online gewesen sei. Die Eltern hatten sich getrennt, er lebte mit seiner Mutter allein. Ein radikalisierender Kontakt zu rechtsextremen Menschen und Gruppierungen in seiner Umgebung war aufgrund der sozialen Isolierung nicht vorhanden. Wo kommt also der Antisemitismus her?

Er hatte online Kontakt mit weltweiten rechtsextremen Internetplattformen („8chan“ u. andere) bekommen, die als Community bereits die mit Helmkameras in Echtzeit übertragenen Attentate in Pittsburgh (USA) und Christchurch (Neuseeland) als Heldentaten gefeiert hatten. Die Täter und diese Plattformen waren und sind eng vernetzt mit speziellen

Gamer-Szenen (die Übertragung des Attentates von Halle lief auf der Gamer-Plattform Twitch) und in diesem Verbund sieht man solche Massentötungen mittlerweile offensichtlich als reales Game, in dem man mit Attentaten die Zahl der Tötungen vorheriger Attentate übertreffen will, auf diese Weise „Scorer-Punkte" und Anerkennung erreicht. Gelingt dies, hat man sozusagen Heiligen-Status errungen, wie Elmar Theveßen in der ZDF-Sendung „Maybrit Illner" (10.10. 2019) erläuterte.

Solche Plattformen und Taten bauen in der Regel auf Verschwörungstheorien um Weltherrschaft, Volksaustausch, Volkstod auf, hinter denen nach Ansicht der Betreffenden in der Regel meist die Juden stehen. Dieser Antisemitismus, der sich eben weltweit findet, hatte in Deutschland letztlich nie aufgehört weiter zu existieren. Karrieren von Nazis nach dem Krieg, der Erhalt von braunen Seilschaften in einigen Verwaltungen und Institutionen bis hin zu Spitzenpolitikern mit expliziter Nazi-Vergangenheit sind in Deutschland bekannt.

Vielfach wurde der Antisemitismus dabei allmählich eher als latent angesehen, dann in den letzten Jahrzehnten immer mal aufflackernd, verkürzt als Rassismus eingeschätzt. Offensichtlich hat man die Situation falsch eingeschätzt, sowohl was den Untergrund angeht, als auch die Resonanzfähigkeit solchen Gedankenguts und Einstellung bei einer größeren Anzahl von Menschen heute, die Bertelsmann-Stiftung spricht von bis zu 20 % in Deutschland.

Dabei ist die Situation des schwierigen Zusammenwachsens beider deutscher Staaten, Zunahme prekärer Situationen in verschiedenen Bundesländern in Ost und West, internationale Migrationsbewegungen auch mit Flüchtlingsströmen in Deutschland und populistische Politströmungen ein nutzbarer Boden für Rassismus und Antisemitismus. Rechtsextreme Gruppierungen, Pegida und die AfD können dabei mit „einfachen Rezepten" bei einem Teil der Bevölkerung punkten, anderen bietet sich gerade die sich mittlerweile trotz ihres vielfach rechtsextremen Sprachgebrauchs und ihres rechtsextremistischen Mitgliederanteils inzwischen mehr rechtskonservativ gebärdende AfD als Protestalternative an, obwohl dies natürlich nicht glaubhaft, sondern rein taktisch zu verstehen ist, der Wolf im Schafspelz. Es muss festgestellt werden, dass die AfD an der Verbreitung von Hass schon programmatisch so stark beteiligt ist, sodass viele Protestwähler die AfD als Protestplattform sicherlich wieder verlassen werden. Dies ist im gesellschaftlichen Diskurs auch klarzumachen.

Aber es dreht sich hierbei nicht allein um Judenhass, sondern um alle Menschen, die man in dieser Anschauung als „Anders“ einordnet. So hatte der Täter von Halle zuerst Moslems bzw. Antifaschisten töten wollen, wie man nun in seiner Internetspur herausfand. Dieses „Anders“ war ja schon aus dem Nationalsozialismus bekannt, wo auch Sinti und Roma sowie Menschen mit Behinderung, psychisch Kranke und Kommunisten ähnliche Schicksale erleiden mussten wie Juden. Heute erstreckt sich dies offensichtlich auch auf Moslems, Politiker, Journalisten und Feministen, denen allen die Schuld für das abgehängte Leben zugeschrieben wird und auf die sich der Hass ausrichtet. Der Hass auf Feministinnen dehnt sich im Netz zunehmend undifferenziert auf Frauen allgemein aus. Ihnen wird die Schuld zugerechnet, dass sie keine oder nur wenig Kinder gebären und so den „Volksaustausch“ von Deutschen insbesondere durch Moslems beschleunigt und vorbereitet haben.

In den Judenhass eingebunden sind auf den besagten Plattformen damit eben auch Menschen, die als „Anders“ identifiziert werden, sie gelten dort als zu bekämpfende Menschen, werden dort auch auf gefährliche Weise bedroht.

Bevor ich auf tieferliegende gesellschaftliche Gründe für eine Online-Selbstradikalisierung in sozialer Isolation eingehen möchte, ergibt sich natürlich die Frage, wie sich die Gesellschaft davor schützen kann. Da solche Täter im Allgemeinen vorher nicht kriminell aufgefallen waren, ist dies natürlich eine reale Bedrohung, zuletzt bei der Tat in Hanau. Gerade weil hier eine kausale Strategie nicht sichtbar ist, sehen wir diejenigen, von denen wir „Sicherheit" erwarten, also Politiker, Kriminalbeamte, Polizisten, Nachrichtendienste usw., in ihrer Verwirrung und Hilflosigkeit starke Worte verbreiten, nach mehr Personal rufen und Bürgerrechte im Interesse von Datensammlungen weiter einzuschränken. Natürlich braucht es, solange Synagogen bzw. generell jüdisches Leben in Deutschland geschützt werden muss, mehr Polizisten. Aber im Zentrum von der Vorab-Erfassung solcher Straftaten müssen natürlich speziell internet- und szenenkundige Mitarbeiter in Nachrichtendiensten, Staatsanwaltschaften und Kriminalämtern ausgebildet und eingestellt werden. Eine entsprechende Einrichtung gibt es ja bereits im hierfür gebildeten Spezialdezernat in Hessen.

Die Tat in Hanau mit der ideologischen Nähe des Täters zu den rechtsextrem verbundenen Verschwörungs-Theorien von „QAnon" und „Pizzagate" hat anders als die Tat in Halle ja noch einen anderen, völlig irrationalen Begründungsraum für etwaige Taten. Hier wird die Existenz einer Geheimgesellschaft von Pädophilen im Umfeld staatlicher Akteure in den USA und weltweit angenommen, die kleine Kinder misshandeln und die Weltherrschaft anstreben.

Trotz der Absurdität dieser Annahmen haben diese Theorien doch eine zunehmende Anhängerschaft in allen Teilen der Gesellschaft und international (siehe S. 108).[71]

Dies zeigt noch einmal die Wichtigkeit von Netz-Spezialisten in den Dezernaten.

Extremistische Tätertypen und der Boden ihrer Radikalisierung

Zum einen gibt es mittlerweile Täter sowohl als sozial im Direktkontakt Radikalisierte als auch Selbstradikalisierte in sozialer Isolation. Im ersten Fall ist eine Überwachung durch Kriminalämter und Nachrichtendienste vielfach möglich, im zweiten Fall nicht. Kriminalisten bringen hier Streetwork durch Sozialarbeiter und Psychologen ins Spiel, aber sozial Isolierte finden sich eben nicht auf der Straße.

Außerdem sind mittlerweile ohne und durch das Internet sehr viele Personen sozial isoliert, Vereinsamte, Abgehängte, Süchtige, Online-Einkäufer, Computer-Nerds, Traumatisierte, Depressive, Ausgebrannte. Sie haben ihre konkrete Teilhabe an der Gesellschaft vielfach aufgegeben oder eingeschränkt oder sie ganz ins Netz verlegt, sie fallen der Gesellschaft oft nicht mehr auf und lassen sich natürlich nicht überwachen, wenn wir Bürgerrechte erhalten wollen. Vielen ist gemeinsam, dass sie diese Isolierung nicht freiwillig gewählt haben, diese vielmehr durch Bindungslosigkeit, Ablehnung, Verletzung oder Verarmung auf dem Boden gestörter Familienkommunikation mit Entwicklung von antisozialem Verhalten entstanden ist und unterstützt durch die Welt des Internets, in der man quasi verschwinden kann und durch Online-Dienste doch überlebt. Ein Blick nur auf das Individuum versperrt hier die Sicht auf die Massenhaftigkeit des Phänomens der Vereinzelung und Vereinsamung (ausgenommen hiervon sind sicherlich einige der Computer-Nerds, die bewusst ein Leben hauptsächlich im Netz gewählt haben und ohne Hass agieren).

Aus meiner Sicht ist das Augenmerk hier vielmehr auf die zunehmende Missgestaltung unserer Gesellschaft zu richten, die die Würde von Menschen nicht mehr respektiert, und den zugrunde liegenden Zusammenhang der systemimmanenten zerstörerischen Potenz der entfesselten Wachstumswirtschaft und Konkurrenzorientierung, die die Menschen aller ihrer Bindungen beraubt, zeigt (weiter siehe nächsten Abschnitt).

Hier sehen wir aber auch konkrete Ansatzpunkte für Veränderungen und Auswege, Menschen aus sozialer Isolation herauszuhelfen (Kapitel 5).

Ich möchte aber auch betonen, dass eine Schuldzuweisung allein an unser Wirtschaftssystem nicht zielführend ist, wir vielmehr bei berechtigter Kapitalismuskritik auch unsere passive schweigende Zustimmung im Alltag, die für die meisten durch unterschiedlich geartete Teilhabe am „Wohlstand" begründet ist, beenden und zur Gestaltung finden müssen. In der Loslösung von Bindungen bzw. Verhinderung bei entstandener Bindungsunfähigkeit kann vieles zum Haltepunkt und innerpsychischer Ausgleichsregulation werden, nicht automatisch Judenhass als Antisemitismus, aber eben sehr häufig. Bei nicht frei gewählter sozialer Isolierung findet sich zur innerpsychischen Regulation meist eine Schuldzuweisung für die eigene Leidens-Situation des fehlenden „sich Spürens" ins Außen.

Es können die Eltern oder der Partner „schuld" sein, aber öfter sind es „die da oben", „die Reichen", „die Eliten", „die Politiker", „die Kapitalisten", „die Ausbeuter", „die Gesellschaft". Über ein Gefühl, dass sich alle gegen einen verschworen haben, ist die Erklärung einer Verschwörung nicht weit. Und in Verschwörungstheorien, sowohl in Büchern, aber gerade in Internet-Foren ist die Schuldzuweisung an angeblich dahinterstehende Juden sehr häufig. Wie schon gesagt, dienen Verschwörungssituationen ja insbesondere dazu, innerpsychisch Ängste zu besänftigen, die extrem werden können, wenn jemand die Welt nicht mehr wirklich versteht und keine echten Kompetenzen zum Umgang mit diesen Ängsten und zu transparenterer Entwicklung in der Erfassung des bedrohlichen Außen bestehen (siehe S. 108).

Es wird nun auch Bildung! gerufen, Schule soll hier den Jugendlichen die Nazizeit und die große Schuld, die Deutschland auf sich geladen hat, präsent erhalten. Eine faktenbasierte Wissensvermittlung vom Katheder versagt hier aber, es bräuchte in neuer Schulausrichtung empathische

Nahkommunikation von Lehrern mit Schülern und es braucht hierzu vermutlich auch altersangemessene emotionale Beeindruckung durch z. B. konkrete oder virtuelle Begehungen von Konzentrationslagern. Erzählungen von Holocaust-Überlebenden in Schulen wird es bald nicht mehr geben können (außer quasi konservierte Gespräche in der neu begonnenen 3D-Erinnerungskultur noch mit Holocaust-Überlebenden).

Wichtig dabei ist aber, dass Jugendliche verstehen, dass so etwas stattgefunden hat und wie es passieren konnte. Dass Menschen durch besondere Umstände (Massenarbeitslosigkeit, Börsen-Crash (z. B. 1929), Propaganda, kollektive Beeinflussung, Krieg) in die Lage versetzt werden können, etwas zu tun, was sie an sich verabscheuen, ist bekannt. Und es ist Jugendlichen klar zu machen, dass es zum einen nach dem Krieg den in Familien und Institutionen bewusst oder unbewusst weitergegebenen Antisemitismus gab und insofern noch gibt, an den sich zum anderen immer weiter auch international vielfach Menschen, die sich abgehängt fühlen, in der Gesellschaft anbinden können und Taten begehen wollen, um sich u. a. noch in Gemeinschaft zu fühlen.

Aber Jugendliche wollen auch nicht mehr verantwortlich gemacht werden für Gräueltaten von einigen aus der Großeltern-Generation, sie wollen auch nach vorne leben. Hier muss Erinnerungskultur in der Schule und in der Öffentlichkeit auch so vermittelt und gelebt werden, dass Jugendliche sich nicht eingezwängt fühlen in Schuldverhaftung für die Vergangenheit und Zukunftslosigkeit auf diesem Planeten. Dies müssen Lehrer aus ihrer Persönlichkeit her vermitteln und sie müssen die Jugendlichen dabei in ihrer Kraft lassen und bestärken wegen und trotz der deutschen Geschichte. Denn sie sind diejenigen, die zukünftig die Demokratie kraftvoll leben werden.

Glaubwürdigkeit ist dabei ein großes Thema und weist über das bisher Gesagte hinaus. Denn unser Wirtschaften erfüllt nicht im Geringsten die ethischen Normen und Verhaltensweisen, die Schule und insbesondere Demokratie für einen mündigen Schüler und Bürger annimmt und fordert.

4.4 Auswege aus aggressiven Familiendynamiken

Unsere Familienministerin Frau Giffey sagte bei der Vorstellung des Berichts der Kommission zur Aufarbeitung sexuellen Missbrauchs: „Die Kinder müssen gestärkt werden, dass sie „Nein" sagen können. Und sie müssen wissen, wo sie Hilfe bekommen können."

Das ist natürlich richtig, aber in den Familien, in denen Vernachlässigung, Gewalt und sexueller Missbrauch stattfindet, haben die Kinder in der Regel in den ersten zwei Jahren eben keine sichere Bindung erwerben können mit gesunder Hirnentwicklung. Damit konnten sie auch keine gute Selbststeuerung entwickeln als eine wesentliche Voraussetzung, um „Nein" sagen zu können und es zu wagen, sich Hilfe zu holen. Denn ohne sichere Bindung und Selbststeuerung ist, wie schon erwähnt, die Angst, dass die Familie oder die Beziehungen im System auseinanderbrechen können und sie dann hilflos ohne Gruppenzugehörigkeit dastehen, viel zu groß.

Ein großes Problem hier zu helfen liegt darin, dass die Familienmitglieder incl. Umfeld in der Verleugnung und Verdrängung sich nicht als aggressiv, falsch oder schuldig empfinden, sondern als ganz normal. Unser Gehirn lässt solche realitätsverneinenden Umdeutungen bei Gefahr und Traumatisierung als Überlebensstrategie zu.

Der Anfang solcher Auswege kann insofern einerseits in der Betreuung dieser Familien liegen, wenn sie es zulassen, es braucht aber auch eine Entwicklung aus diesem Dilemma heraus durch einen öffentlichen Dialog in der Gesellschaft. Es braucht diesen Dialog in Schulen, Medien usw., der diese Tabuisierung aufbricht und damit die Ängste und die Gefahr für die Opfer verringert, mit ihrem Trauma aus allen gesellschaftlichen Gruppen herauszufallen, als auch eine Neuorientierung der Gesellschaft.

In der chinesischen Lehre von Yin und Yang (zwei sich gegenüberstehende, aber immer zusammengehörende und zusammen existierende Teilkräfte/Energien) heißt es, dass man einem Yang, das zu ausgedehnt geworden und nicht kleinzukriegen ist, ganz anders begegnen muss, als es zu bekämpfen. Vielmehr gilt es, das geschwächte, bedrückte Yin nun zu stärken und auch auszudehnen, bis wieder eine ausgeglichene Balance entsteht. Das Yang folgt dabei diesem Impuls und nimmt seine zu starke Ausdehnung zurück.

Um dies zu erreichen, ist es allerdings notwendig, dass sich immer mehr Menschen, die nicht in dieser schweren Weise belastet sind, dahin entwickeln, in sich selbst Frieden zu finden (Yin-Stärkung), um nicht noch unbewältigte Wut und inneren Hass projektiv nach außen zu wenden (Yang-Stärkung). Wir haben große Dankbarkeit, dass wir 70 Jahre ohne Krieg in Deutschland gelebt haben. Jetzt können wir das Projekt Frieden weiterentwickeln, indem wir uns um den inneren Frieden kümmern.

Denn die innere Entlastung bei solchen Themen muss nicht primär und allein durch die Bestrafung der Täter (die Taten und auch das Bestrafen sind Yang-Verstärkungen) erfolgen, sondern auch im Verstehen, der Einordnung und der Bewältigung des eigenen aggressiven oder ungeordneten Potenzials entstehen. Tut dies eine Vielzahl von Menschen, wird die gesellschaftliche Stimmung erlauben, diesen Familien grundlegend zu helfen, damit Gewalt gegenüber Kindern zurückgeht.

Exkurs
Täterbestrafung

Die Urteilsverkündung über die Männer, die des schweren sexuellen Missbrauchs auf einem Zeltplatz in Lügde angeklagt waren, wurde in der Presse seitens des Missbrauchsbeauftragten und der Familienministerin als ein wichtiges Signal zur Abschreckung für solche Taten kommentiert. Inwieweit stimmt das?

Es gibt in der Welt zu viele Gegenden, in denen Frauen kulturell massiv entrechtet sind und dort Vergewaltigungen in der Regel straffrei bleiben. Diese gewohnheitsmäßig erlebte Straffreiheit führt dort offensichtlich zu deutlich vermehrten Vergewaltigungen.

In Institutionen, in denen über Jahre hinweg für Täter eine Erfahrung von Gefahrlosigkeit für sexuelle Taten bestand, könnte eine Strafandrohung bei zunehmender Transparenz vermutlich tatsächlich für einige Täter bzw. potenzielle Täter eine abschreckende Wirkung haben. Die Entdeckungswahrscheinlichkeit gilt hier als wichtigerer Faktor als die Strafandrohung selbst.

Bei den meisten dieser Taten und eben gerade die im familiären Kontext geht allerdings eine zunehmend sexualisierende Nähe zum Kind voraus mit Zunahme des Missbrauchscharakters, dieser wird über eine längere Zeit zur „Normalität", die Strafbarkeit wird insofern vom Täter innerlich verleugnet. Ein eventuell weitergehender Missbrauch folgt dann oft einer durch Erregung schließlich weiter zusammenbrechenden Impulskontrolle. Dies wird in der Regel flankiert und befördert von zunehmender allgemeiner Überforderung und Stress im Alltag.

Die schwersten sexuellen Straftaten, wie Vergewaltigung der Kinder, werden also eher in akuter Erregung und plötzlichem Zusammenbruch der Impulskontrolle bei emotionaler Kälte mit und ohne „Vorgeschichte“ begangen (selbst wenn Taten in der Vorstellung bereits vorweggenommen wurden, insbesondere bei pädophilen Tätern), und hier ist vermutlich kein Gedanke an ein mögliches Strafmaß vorhanden. Und auch danach ist die Schuldhaftigkeit der Taten oft verdrängt, vielfach abgespalten.

Bestrafung dient seitens der Gesellschaft der Sicherheit und der Gerechtigkeit. Sie sollte aber keinem Rachebedürfnis folgen. Hass und Rache sind energetisch im Emotionalen etwas sehr Starkes. Aber sie lösen nichts, sondern erhalten die durch die Täter hervorgerufene aggressive Grundstimmung und vermehren diese in der Gesellschaft.

Aber auch Täter bleiben Menschen nach der Menschenrechtskonvention.

Wenn es Chancen zur Resozialisierung gibt, was ist dann zu tun aus menschlicher Sicht, wenn Rache keine Rolle spielt? Sie müssen menschlich behandelt werden und soweit das möglich ist und sie das wollen, Therapie haben. Dies müsste in den meisten Fällen vermutlich Traumatherapie sein, was, soweit mir bekannt ist, in Gefängnissen bisher wenig gemacht wird. Sie müssten selbst verstehen, was ihnen transgenerational geschehen ist, in welchem zerstörerischen und gewalttätigen Alltagssystem sie gelebt haben. Sie müssten soweit möglich wieder in eine möglichst gute Körperwahrnehmung kommen und den inneren Stress zurückfahren lernen. Und es wäre sinnvoll, ihren Oxytocin-Spiegel, soweit anregbar, zu erhöhen, damit soziales Empfinden eine Chance bekommen kann. Hier können effektiv auch im Gefängnis z. B. QiGong-Gruppen, TaiJi-Ball-Übungen mit einem Partner, Impulsarbeit aus dem argentinischen Tango (siehe den Film „Tango libre“), Behandlungen mit TuiNa, der manuellen Arbeit aus der TCM und andere Methoden, die auch in der Therapie eingesetzt werden, im besonderen auch Meditation mit seiner gehirnentlastenden Bedeutung, infrage kommen.

Solche Gedanken werden von vielen Menschen derzeit noch abgelehnt bzw. machen sie wütend: „Wieso sollen Verbrecher derart umsorgt werden?" Aber was würde passieren, wenn auf diese Weise diese Menschen in Verbüßung ihrer Strafe menschlich und zwischenmenschlich wachsen würden, sozusagen nachreifen? Die Resozialisierung würde besser gelingen und für die Bevölkerung würde es sicherer werden. Hass und Rachegelüste in der Bevölkerung würden hier gewaltig stören, wenn die Gesellschaft sich an ein solches Projekt heranwagt.

Wer nicht glauben mag, dass man Gefängnisse ganz anders gestalten kann und dass sich die Rückfallquote von Tätern fast halbieren lässt, der sollte sich Informationen zu den Gefängnissen „Halden" und „Bastoy" in Norwegen holen, die zeigen, dass dies gelingt, wenn man Menschen wie Menschen behandelt, egal, was sie getan haben (ein sehr aufschlussreiches Kapitel dazu in: Rutger Bregman, „Im Grunde Gut").

Eine Weiterführung dieser Thematik der Auseinandersetzung auch mit dem möglicherweise eigenen inneren Hass und innerer Wut folgt in dem Kapitel 5 „Friedfertiges Narrativ". Und selbst bei Menschen, bei denen eine erfolgreiche Resozialisierung ausgeschlossen werden kann und für die Zeit nach Verbüßung der Strafe Sicherheitsverwahrung angeordnet worden ist, ist Rache nichts, was irgendetwas verbessern könnte.

Vielleicht beurteilen wir in späteren Jahrzehnten eine Gesellschaft auch danach, wie sie mit ihren zu Recht verurteilten Gefängnisinsassen umgeht.

Der Hinweis, dass es in der Geschichte und in allen Völkern immer wieder Gewalt gegen Kinder gegeben hat, findet sein Gegenstück darin, dass es auch immer wieder in der Geschichte andere partnerschaftliche Formen des Zusammenlebens gegeben hat, in der Gewalt wenig Platz hatte (Riane Eisler, Kelch und Schwert). Die Entwicklung der Gesellschaft weg von patriarchalischen Strukturen hin zu einem partnerschaftlichen Zusammenleben der Geschlechter, wird hier also von besonderer Bedeutung sein. Deutschland hat hier seinen eigenen hohen Entwicklungsbedarf und gute Entwicklungschancen!

Therapeutische Bindungsarbeit

Eltern beiderlei Geschlechts mit Beziehungs/Bindungs-Störungen können eben oft keine befriedigende emotionale und sexuelle Beziehung gestalten, oft mit den vorgenannten Folgen für Entwicklungen zu Tätern bzw. Teilnahme am Schweigen.

Suchterkrankungen kommen komplizierend hinzu, jedes fünfte Kind in Deutschland hat einen Elternteil mit einer Suchtproblematik. Die in Deutschland häufige medikamentöse Behandlung von Depressionen, meist der Mütter, führt weiterhin oft zu einer Verstärkung psychischer Indifferenz mit der Folge von Vernachlässigung der Kinder. In den Gezeiten Haus Kliniken haben wir gezeigt, dass es auch therapeutische Vorgehensweisen gibt, die den verengten Fokus auf Medikamente, die man durchaus bei indizierten Fällen in ärztlicher Verantwortung braucht, erweitern, psychische Indifferenzen vielfach vermeiden und zu oft nachhaltigeren Therapieerfolgen führen.

Die Wirkungen solcher unbehandelter Elternverfassung können vom Kind natürlich nicht bewältigt und gelöst werden, sie führen bei ihnen wiederum zu ausgeprägten Bindungs-, Verhaltens- und Erlebnisstörungen, diese Kinder entwickeln viele somatische, psychiatrische und psychosomatische Symptomatiken, teilweise ähnliche Krankheits- bzw. Gewalt-„Karrieren" wie die Eltern.

Ein Großteil der Patienten psychiatrischer Kliniken kommt aus diesen belasteten Familien. Daher ist eine bereits möglichst frühe familientherapeutische Bindungsarbeit mit den betroffenen Familien lebenswichtig für Eltern wie für Kinder. Allerdings ist die Selbstwahrnehmung und Selbstanalyse bei den betroffenen Eltern auch das Bewusstsein über eigenes schuldhaftes Verhalten oder über das, was sie ihren Kindern angetan haben, in der Regel nicht gegeben, was die notwendige Familientherapie oft verzögert. Ein weiterer Grund besteht darin, dass die Gesellschaft im öffentlichen Diskurs diese Familien stigmatisiert und somit kaum Lösungswege aus der Generationenbelastung anbietet.

Wir wissen allerdings auch, dass die Bindungs-Arbeit mit Familien in der Behandlung oder auch präventiv die Entwicklung von Impulskontrollstörungen und Verhaltenssüchten und Gewalt in Familien deutlich mindern kann.[72] Ebenso können Therapeuten mit Traumatherapien wie EMDR[73] und andere die Traumafolgestörungen auch im Jugendalter gut behandeln.

Unterstützung der Mütter

Hebammen bekommen oft die Belastungen der Mütter mit und können informativ unterstützen, z. B. mit dem Angebot der Familienhebammen für längere Zeit nach der Geburt und ggf. weiterer Familienhilfe. Denn vielfach ist Gewalt auch eine Folge von Überforderung und Hilflosigkeit, ein „Nichtmehrkönnen" der Eltern, verstärkt bei schwierigen Kindern, z. B. Schreikindern. Alleinerziehende kommen hier besonders rasch in eine Überforderung und bedürfen der frühen Hilfe.

Ärzte sind gefordert, bei den Vorsorgeuntersuchungen Auffälligkeiten wie Verletzungen anzusprechen bzw. bei den kleinen Kindern auch auffälliges Verhalten zu registrieren wie „frozen watchfulness" (gefrorene Aufmerksamkeit), eine typische Reaktionshaltung bei misshandelten Kindern.

Diskutiert wird zum Kinderschutz auch die Verpflichtung der Teilnahme an den U-Untersuchungen im Kindesalter. Auch hausärztliche Betreuungen und Mitarbeiter von Kitas und Kindergärten, die die Familien kennen und eine entsprechend gute Ausbildung hatten, haben hier eine besondere Bedeutung zur Aufdeckung, aber auch zur Unterstützung der Familien.

Die Aus- und Weiterbildung aller Beteiligten der Kinderbetreuung in Kitas und Schulen, der ärztlichen Betreuung und den Beteiligten der Rechtspflege, also von Jugendamtsmitarbeitern, Polizisten, Richtern und Staatsanwälten muss verbessert bzw. eingeführt werden, wie Michael Tsokas und Saskia Guddat zum Schutz der Kinder anmahnen (siehe S. 182).
Dies eben in erster Linie zur Hilfe und Unterstützung für „hilflose“ Familien, die ihre Kinder aus Hilflosigkeit, Überforderung, fehlender Impulskontrolle und Bindungsschwierigkeiten vernachlässigen und emotionale bzw. körperliche Gewalt anwenden.

Die Zahl der in Kinder- und Jugendpsychotherapie ausgebildeten Ärzte hat sich in den letzten 30 Jahren ebenso wie die Zahl der psychologischen Kinder- und Jugendtherapeuten etwa verzehnfacht, ebenso die entsprechenden Beratungsstellen. Dies zeigt ein zunehmendes Verständnis der Gesellschaft für die Opfer und ermöglicht betroffenen Kindern und Jugendlichen mehr Beratung und Therapie, zeigt aber auch den hohen Bedarf an.

Wie in Kapitel 1 schon erwähnt, gilt es auch hier darauf hinzuweisen, dass Traumata der Eltern nicht nur über erlebtes Verhalten weitergegeben werden, sondern sich auch epigenetisch und über Telomere auf die Kinder vererben und dieses Wissen die Gesellschaft und Politik verpflichtet, hier bestmöglich zu handeln, teils durch Intensivierung der Traumatherapie-Angebote, besser präventiv, um Kinder vor dieser giftigen Last zu bewahren. Dies ist nach meiner Erfahrung vielen Politikern bisher noch unbekannt gewesen.

Dazu habe ich auch im vorangegangenen Kapitel 2 darüber berichtet, wie belastet viele Eltern in Deutschland in die Elternschaft gehen bzw. gehen müssen. Diese Grundbelastung der Gesellschaft ist ein weiterer Grund, warum viele Kinder aktuell Bindungsstörungen haben und somit nicht die besten oder sogar schlechte Entwicklungsmöglichkeiten. Im Vorrang muss hier also die Prävention stehen, dann aber gleichsinnig auch die Entwicklung zu einer Gesellschaft, die Kinder will und gute Rahmenbedingungen für sie schafft (Kapitel 5 Gestaltungsräume).

Kurze Zusammenfassung

Der Mensch ist genetisch kooperativ! Als Jäger und Sammler konnte er so leben. Mit der Sesshaftigkeit, die vor etwa 10.000 Jahren begann, änderten sich die Grundlagen des Zusammenlebens, wie ich geschildert habe, und Kooperation wurde zunehmend zurückgedrängt zugunsten von Machtverhalten aufgrund von Besitz und dem Schutz des Besitzes vor anderen, Konkurrenz war auf dem Vormarsch.

In der Zeit der industriellen Entwicklung wurden egoistische, konkurrente Verhaltensweisen dann als förderlich für das Wohl aller Menschen verbrämt, das sich angeblich durch die „unsichtbare Hand des Marktes" so ergibt. Dies stimmte aber nicht, stattdessen hat sich weltweit zunehmend eine ausgeprägte soziale Ungleichheit entwickelt.

Und doch haben sich seit der Mitte des letzten Jahrhunderts die existenziellen Lebensbedingungen für die Mehrheit der Menschen tatsächlich verbessert, was Hunger, Säuglingssterblichkeit, Impfprogramme usw. angeht, und auch der Lebensstandard in den armen Ländern konnte etwas angehoben werden, wie der schwedische Forscher Hans Rosling in seinem beeindruckenden Buch „Factfulness" nachweist. Ein Leben in Würde entstand allerdings dadurch für die meisten Menschen nicht, vielmehr entstanden in der Globalisierung zunehmend allgemein Abhängigkeiten der Menschen in allen Ländern von multinational operierenden

Großkonzernen. Dies verstärkte sich noch nach dem Zusammenbruch der Sowjetunion und dem Fall der Mauer in Deutschland.

In der neoliberalen „Entfesselung" der Wachstumswirtschaft der letzten Jahrzehnte von staatlichen und monetären Regularien mit exzessiver Zunahme im Ressourcenverbrauch entwickelte und zeigte sich dann die zerstörerische Seite dieser Art zu wirtschaften. Alles wurde Profitinteressen und der Gewinnmaximierung untergeordnet, die Traumata der Kriegszeit wurden in den Familien immer weitergegeben und die Menschen damit alleingelassen, die häufige Schutzlosigkeit von Kindern tabuisiert. Die sich verstärkende Bindungslosigkeit von allem, die Individualisierung und alleinige Verantwortungszuschreibung für jeden in seinem Leben war für die Profitinteressen willkommen, weil sie Konsum und Sofortbefriedigung förderte. Gleichzeitig unterminierte dieses Wirtschaften die Demokratie und die Umsetzung des Gehaltes des Grundgesetzes.

Es entstand nun eine extreme Zunahme der sozialen Ungleichheit, spürbare Zunahme der Folgen des Klimawandels in den armen Ländern, neue Existenzbedrohungen durch absolute Abhängigkeiten vom Agieren von Großkonzernen und Wetter-Katastrophen. In den sogenannten entwickelten Ländern begann eine neue Sinnlosigkeit im Leben mit extremer Erschöpfung bei Dauerstress.

Die Vulnerabilität (Verletzlichkeit) der Weltwirtschaft, insbesondere durch die quer durch die Welt entstandenen Lieferketten, die für jeden Produktionsschritt den jeweils billigsten Standort nutzten, wurde ausgeblendet und nun in der Corona-Pandemie radikal aufgedeckt. Dadurch wurde auch die Situation der Kinder, ihre Schutzlosigkeit in einer viel zu großen Zahl von Familien und allgemein in der Gesellschaft sowie die Verhinderung von umfassenden Lösungen im Zusammenhang mit unserer Wirtschaftsweise in aller Deutlichkeit offensichtlich.

Ich habe die Corona-Krise in ihrer Bedeutung und Auswirkung in meinem „Manifest aus der Zukunft“ auf Basis der soweit verfügbaren Datenlage im Mai 2020 im Rahmen einer Geschichte erzählt (siehe QR-Code zur Link-Liste im Anhang, Seite 656).

Wir werden im Weiteren also von einem kooperativen Bild der Menschen ausgehen, die mit Empathie und guter Selbstregulation gemeinsam gestaltet werden.

Die Notwendigkeit einer Gemeinwohl-Ökonomie liegt nun auf der Hand, es braucht ein Weiterlernen und Weiterüben auf dem Entwicklungsweg der Menschen zum kooperativ eingestellten, mündigen und demokratisch agierenden Bürger.

Im nächsten Kapitel 5 können wir uns nun diese Gestaltungswege im Detail anschauen, die schließlich immer mehr Kindern eine liebevolle Entwicklung mit Empathie auf dem Boden guter Selbststeuerung ermöglichen werden. Und wir können uns als Erwachsene damit die Sinnhaftigkeit unseres Seins zurückholen.

Abschließen möchte ich dieses Kapitel mit einem vor Kurzem im Presseclub gegebenen, klaren und einfachen Statement von Christiane Woopen, der Präsidentin des europäischen Ethikrates: „Die Wirtschaft ist für die Menschen da, nicht die Menschen für die Wirtschaft!“

Kapitel 5
GESTALTUNGSRÄUME

Kapitel 5
Gestaltungsräume

Natürlich kümmere ich mich um die Zukunft.
Ich habe vor, den Rest meines Lebens darin zu verbringen.
Marc Twain

Die meisten Menschen können dem sicher zustimmen. Darum muss die Welt in einem guten Zustand sein. Aber viele sagen, die Bürger können nichts verändern, weil nicht alle mitmachen. Und in der Demokratie entscheidet ja die Mehrheit. Das stimmt, aber die Mehrheit entscheidet bei unserer Art der Demokratie hauptsächlich über das Parlament und insofern die Regierung bzw. die Koalition, das dann tatsächlich umgesetzte Programm weicht dann aber ja meist beträchtlich von den Versprechungen vor der Wahl ab.

Einzelne Entscheidungen der Regierung kommen insofern oft anders zustande, vielfach nicht visionär, zukunftsgerichtet und bürgernah, sondern oft lobbyistisch, gerne unter Verweis auf Sicherung von Arbeitsplätzen (davon später mehr). Damit die Regierung zwischen den Wahlen auch auf Ideen oder Bedenken von Bürgern hört, brauchen wir, solange es noch keine wirksamen Instrumente direkter Demokratie zur Ergänzung gibt, Bürger, die sich Gehör verschaffen.

Das muss nicht die Mehrheit sein, sondern einige Bürger bringen Themen in die gesellschaftliche Diskussion, die die Parteien und die Regierung dann schließlich in eine gewollte und zukunftsweisende Bedrängnis bringen, Entscheidungen für die Menschen zu treffen, nicht nur für die wirtschaftlichen Interessen großer Unternehmen. Bevor es also zu Entscheidungen für Bürger kommt, passiert ganz viel in der Gesellschaft. In diesem Sinne sagt der aus meiner Sicht sehr fortschrittliche ehemalige Förster und Abgeordnete Joseph Göppel (der seit Jahrzehnten in der CSU ist und dort auch bleibt, weil er meint, die CSU braucht auch solche Leute wie ihn) sinngemäß dazu: „Die Veränderungen kommen nicht aus den Parlamenten, sondern schwappen in die Parlamente hinein".[74] Und ein zügiges Handeln der Politik für gute und wirksame Rahmenbedingungen zur Erhaltung unserer Lebensgrundlagen brauchen wir unbedingt.

Die Menschen, die hier vorangehen, sind eine Teilgruppe der Gesellschaft, die eine Vorreiterrolle (Avantgarde) ausübt. Das sind keine besseren Menschen als andere, aber sie sehen Möglichkeiten für günstige Entwicklungen in der Gesellschaft, die vielen Menschen ein besseres und glücklicheres Leben und in der Regel wieder mehr Freiheit bringen. Und sie fühlen in sich Kräfte, dies nach vorne und zu Gehör zu bringen, und erleben dies gleichsam als eine innere Verpflichtung zum Handeln.

Solche Avantgarden (das französische Wort kommt an sich aus der Militärgeschichte, hat sich aber im Sprachgebrauch eingebürgert) hat es in der Geschichte immer vor Veränderungen gegeben, solchen Anstoß braucht es. Und wenn die Zeit drängt wie beim Klimawandel, ist es ganz normal, dass sich immer mehr Bürger melden, die feststellen, dass die Regierung nicht wirksam handelt, sondern verzögert, also den Status quo nicht richtig antasten mag oder kein Konzept dafür hat. Sehr viele Bürger laufen der Politik nun weit voraus und das ist naturgemäß kein Dauerzustand.

Die Zeit der Verzögerung ist jetzt vorbei und die Regierung kommt entweder ins Handeln oder wird bald abgewählt. Die Zeichen in dieser Hinsicht sind eindeutig.

Wie aber soll das nun alles ablaufen? Das möchte ich mit Ihnen jetzt in vielfältiger Hinsicht genauer anschauen. Dabei werde ich zeigen, dass es sowohl auf die Avantgarde als auch den/die Einzelne/n ankommt, wenn sich etwas verändern soll.

Wie ändert man die Welt?

Wenn man im Außen etwas ändern möchte, muss man innehalten und sich nach innen wenden. So sagen es alle Weisen dieser Erde. Das leuchtete aber bisher vielen nicht ein, man versucht es also weiter im Außen und es ändert sich wenig. Daher möchte ich diesen anderen Weg kurz und einfach begründen. Wenn man innehält und sich nach innen wendet, wird es ruhiger, trotz allem Getöse um einen herum. Man muss das zwar meistens üben, aber dann gelingt es. Aus dieser Ruhe heraus wird man offen für Begegnungen statt hingezogen zu Verheißungen.

Innehalten und Begegnung sind aber die zwei elementaren Lebensvollzüge, die auch unser autonomes Nervensystem (ANS) in beste Balance und Kräftigung bringen und die Führung des ANS unter dem ventralen, also dem sozialen Vaguszweig vitalisieren und bestätigen. Hierdurch fühlen wir uns in uns sicherer und aufgehobener und unser Denken darf in dem dazugehörigen, zunehmend angstfreieren Rahmen aufatmen.

Dabei erleben wir Folgendes: Das, was wir als fest und unveränderbar gesehen haben, zeigt sich nur in unserem Denken als fest und unverrückbar. Da uns jetzt aber das ganze Potenzial der Kreativität zur Verfügung steht, kommt plötzlich Bewegung ins Spiel und das Festgefügte und Unverrückbare wird im Denken als zunehmend flexibel und gestaltbar erlebt, mehr plastisch wie eine Knetmasse anstelle von Stahlbeton. Wir können uns plötzlich wieder etwas vorstellen, was wir vorher als „Unsinn“ verworfen hatten. Und erst, wenn etwas vorstellbar ist, kann es „wirk“lich werden. Die Philosophin Svenja Flaßpöhler nennt das „die Potenz des Möglichen im Wirklichen“, was darauf hinweist, dass es alles andere als Fantasterei ist, damit zu arbeiten.[75] Hirnphysiologisch macht der „Umweg“ über eine Innenwendung also unbestreitbar Sinn, wenn man im Außen etwas ändern will. Und es geht dann leichter und spielerischer und beginnt Spaß zu bringen, statt sich an Beton abzuarbeiten. Zu Umwegen sagt Goethe übrigens: „Umwege erhöhen die Ortskenntnis“.

Gestaltung ist also möglich und tut gut.
Ich möchte hier in diesem Sinne Gestaltungsräume und Gestaltungsmöglichkeiten beschreiben, die Eltern einmal für sich und für ihre Kinder auch als Vorbild für ihre Kinder haben. Weiterhin mögliche Gestaltungen in der eigenen Lebens-Region sowie schließlich in den Rahmensetzungen der Politik.

Da es unendlich viele Möglichkeiten der Gestaltung gibt, möchte ich einige Möglichkeiten jeweils exemplarisch herausarbeiten. Das kann dann jede/r für sich und seine/ihre Art modifizieren oder sich dadurch zu Neuem anregen lassen. Oder man schließt sich bestehenden Gruppen an, die schon seit einiger Zeit etwas ausprobieren, was die Gesellschaft und das Zusammenleben wieder menschlicher macht. Ich werde dazu schließlich auch aus meiner Sicht passende Literatur und Internet-Links empfehlen. Und trotzdem könnte mancher fragen, „kann man denn da überhaupt etwas ändern, der Zug ist doch abgefahren und als Einzelner ist man vom Gefühl her machtlos?"

Die klare Antwort ist im vorgenannten Sinne: Ja, Gestaltung ist möglich und sinnvoll und chancenreicher als nur reaktiv dem permanenten schnellen Wandel unserer Zeit hinterherzulaufen. Und auch das wäre ja Gestaltung (durch Unterlassung), bei der wir in einer Sackgasse enden würden. Einige Züge sind abgefahren, aber es kommen gerade neue, wenn wir uns in die Lage versetzen, sie zu erkennen. Sehen Sie selbst auf den nächsten Seiten, ich werde dazu viel erklären.

Ich möchte nun Gestaltungsmöglichkeiten beschreiben, die wir als einzelne Menschen mit uns selbst haben. Danach schauen wir uns das im Familienleben an, danach in unserer Lebensregion und schließlich in der Politik. Aber wirklich trennbar ist das so nicht, insofern werde ich aus dem Nacheinander der Bereiche auch eine Zusammenschau machen, wenn sie sich anbietet.

5.1 Entfaltung der eigenen Person

Um an die Quelle zu kommen,
muss man gegen den Strom schwimmen.
Weisheit aus China.

5.1.1 Sein oder Design

Viele von uns können sich ein anderes Leben als ihr aktuelles gar nicht recht vorstellen, egal ob sie es als gut oder schlecht empfinden. Und viele haben große Angst vor der eigenen Kraft, die in jedem von uns steckt, wie Nelson Mandela einmal gesagt hat. Aber wenn wir diese Angst ablegen können, ist viel mehr und vor allem anderes möglich, als wir aktuell denken.

Beginnen wir mit einer Metapher:
Wir leben quasi in einem Kokon und noch nicht als Schmetterling. Wir wenden uns nicht nach innen, um den Schmetterling zu vollenden, sondern nach außen und malen dann den Kokon so bunt wie möglich an, in der Hoffnung, dass wir bemerkt werden. So stehen wir mal hoch im Kurs, mal fallen wir herunter. Der Kokon lebt in der Kokon-Gesellschaft, hat die Gesellschaft, die er zu brauchen glaubt. Aber das Make-up, die ganze Maskerade im Außen macht ihn abhängig und nicht glücklich, weil sein Wesen, der Schmetterling, nicht hervorkommen darf, obwohl es innen eng wird. Im Kokon wissen wir wenig davon, wie es ist, als schöner Schmetterling zu fliegen, wir wissen nichts von der Freude, ein Schmetterling mit anderen zu sein. Und wir wissen nicht, dass ein Schmetterling sich eine andere Welt erschafft als ein Kokon.

Darum scheint uns meist die bekannte Welt des Kokons sicherer. Aber in der Kokon-Gesellschaft ändert sich gerade etwas von innen und von außen. Es gibt nicht mehr genug „Farbe“ und innen wird es zu eng. Es geht tatsächlich nicht genauso weiter wie bisher. Der sicher geglaubte Kokon reißt. Nun müssen wir uns der neuen Situation stellen, es führt kein Weg daran vorbei.

Joe Cocker singt in seinem Song „N'oubliez jamais" „there is something on in the street, a brand new beat and a brand new song", also „es passiert gerade was auf der Straße, es gibt einen neuen beat (Rhythmus, Herzschlag), einen ganz neuen Song (eine neue Erzählung)". Gemeint ist hier das, was für jede Jugend auf einmal neu denkbar wird, aber einen solchen Aufbruch zu neuen Ufern kann auch jeder zu jeder Zeit für sich reklamieren. Die Beweggründe von „Fridays for future" kann jeder in seinem Herzen aufleben lassen und problemlos auf eigene Weise als innere Haltung auf die ganze Woche ausdehnen. Wenn wir nun als Schmetterling also endlich aus der Maske, dem Kokon, der so eingerissen jetzt nicht mehr die alte versprochene Sicherheit gibt, hervorschauen und schließlich herausschlüpfen und „wirk"lich werden, dann ist das ein Quantensprung. Das Herausschlüpfen kann trotzdem beschwerlich sein, diese Übergangszeit muss man überstehen, aber wir haben die Mittel dazu schon mit an Bord. Und diese „Wirk"lichkeit, vor der wir Angst hatten, sieht schließlich ganz anders aus, ja oft viel schöner als gedacht.

Kleine Parenthese:

- Viel schöner kann es werden, wenn die Schmetterlinge bald schlüpfen, aber wenn das noch lange dauert, werden die Farben fürs Make-up knapp und die Luft kann natürlich sehr viel dünner werden und die Wirklichkeit düsterer. Also, worauf warten wir eigentlich? Wir können doch schon anfangen, jeder mit sich selbst! Denn dabei sind wir ja „mächtig", nicht „ohn-mächtig".

Das Kunststück ist nun, sich davon schon ein wenig im Kokon vorzustellen, dass also das Leben als Schmetterling anders und unvergleichlich sein könnte und, warum nicht voller Freude. Dann macht es Sinn, dass wir uns nach innen wenden, den Schmetterling vollenden und ihn stärken, damit er sich ganz bald aus dem zu engen Kokon befreit. Das meinen die Weisen. Aber dazu müssen wir uns auf den Weg begeben, denn eigene Erfahrung und eigene Erlebnisse sind durch nichts zu ersetzen.

Auf die uns als Glück verheißene Farbe auf der Maske des Kokons werden wir vielleicht verzichten müssen, aber ist das Verzicht? Wir werden sie ganz sicher nicht vermissen, denn die Farben haben wir ja nun in uns und in unseren prächtigen Flügeln. Aber etwas Make-up und ein wenig Maskerade macht natürlich auch Spaß und werden uns dann weiter begleiten, aber wir werden nicht davon abhängig sein.

Jeder Mensch muss sich also entscheiden, ob er in sich seine Kraftquelle finden will, dabei durchaus anfangs gegen den Strom schwimmen muss, sich schon dabei kräftigt und dann aber aus sich heraus und für die anderen wahrnehmbar selbst leuchtet (Sein) oder ob er so viel Aufmerksamkeit wie möglich auf sich zieht und dann, falls er bemerkt wird, von außen angestrahlt wird (Design).

Im Kosmos ist dies der Unterschied zwischen Sonne und Mond. Anstrengung gibt es auf beiden Wegen, aber beim ersten Weg nimmt die Anstrengung allmählich ab, es wird leichter und freier, beim zweiten eher zu, denn das Auf-sich-aufmerksam-machen-Müssen braucht dauernd immer wieder viel Energie, es wird schwerer und abhängiger, sich bemerkbar zu machen.

Dies ist aber wohl die tiefere Aufgabe, die jeder im Leben hat, sich als Wesen zu vollenden und als Wesen in Erscheinung und ins Sein zu treten. Unser aktuelles Leben in dieser zunehmend veräußerlichten Welt hemmt uns vielfach in dieser Aufgabe und diese Hemmung gilt es zu beseitigen, wenn wir im Außen etwas bewegen wollen.

Hierzu möchte ich jetzt einige Hinweise für Wege der Gestaltung geben, Sie mit menschlicher Hirnphysiologie weiter vertraut machen. Sie liefert Erkenntnisse, die wir für unsere eigene Person, dann in der Familie und später in der Gemeinschaft, schließlich in der Politik brauchen können. Denn es ist gut, wenn wir uns selbst nicht zu sehr täuschen oder von außen täuschen lassen.

Wie kommen wir also ganz praktisch zu einer beginnenden Vorstellung, wer wir sein und wie die Welt sein könnte, wenn wir unseren Kokon ablegen, da wir ihn nicht mehr brauchen. Dabei weiß ich natürlich auch nicht genau, wie die Welt sich verändern wird, denn die Änderungen ergeben sich aus dem Willen, der Kraft und dem kreativen Potenzial der einzelnen Menschen zusammen in der Gemeinschaft. Insofern ist kein Schmetterling zu viel und wir pflanzen mit bestem Effekt viel „Schmetterlingsflieder" in jeglicher Landschaft zur stärkenden Lebensgrundlage.

Ich bitte Sie auch alle meine Gedanken und Entwürfe gut für sich zu prüfen, auch wenn sich für mich schon vieles als umsetzbar herausgestellt hat. Entscheidend ist, zu welcher Vorstellung Sie in Ihrer Welt gelangen und Sie dann als dieser spezielle Schmetterling wollen, wenn Sie den Kokon verlassen. Wenn Sie allerdings meinen, Sie könnten in Ihrem eingerissenen Kokon bleiben, bitte ich Sie doch, sich vorsichtshalber möglichst vielfältig in der verfügbaren Welt zu orientieren, denn ein Verbleiben im Kokon ist ganz und gar die unwahrscheinlichste Möglichkeit.

Schauen wir uns also Wissen und Rüstzeug an, das wir gut gebrauchen können, wenn wir unsere Vorstellungen und unser Handeln erweitern wollen:

- Die eigene Vorstellung von der Welt
- Die Plastizität des Gehirns
- Framing – wie wir die Welt erfassen
- Wie wir die Welt passend machen
- Inneres Wachstum.

5.1.2. Hirnphysiologie zum besseren Selbstverstehen

Die eigene Vorstellung von der Welt

Bevor Du Dich daran machst, die Welt zu verbessern,
gehe dreimal durch Dein eigenes Haus.
Japanische Weisheit.

Diese Weisheit ist die Leitschnur, wie man sinnvollerweise vorgeht, wenn man handeln und vor allem wirksam handeln möchte. Es ist gut, wenn man sich selbst ein wenig in den Dingen auskennt, die man anderen vorschlägt, also eigene Erfahrung eine Rolle spielt. Und was man im Außen ändern will, das wird zur Änderung vorbereitet, wenn man selbst in seinem Inneren dazu bereit ist. Das klingt zwar eigenartig, ist aber in der Hirnphysiologie bekannt.

Wir nehmen im Grunde nur dasjenige im Außen wahr und schaffen uns sozusagen das Äußere, das zu unserer Vorstellung von der Welt passt. Wenn diese Vorstellung weiter wird und neue Erfahrung hinzukommt, zeigen sich auch andere Ansatzpunkte für wirksames Handeln.

Wir nennen das auch Gewohnheitsbruch. Der erfrischt meist.

Eine kleine Geschichte, die Mahatma Gandhi zugesprochen wird:
Eine Frau kommt mit ihrem Kind nach langer Reise zu Gandhi und sagt: „Bitte sagen Sie meinem Kind, dass es nicht so viel Süßigkeiten essen soll". Gandhi antwortet: „Kommen Sie in drei Wochen wieder!" Die Frau tritt pikiert zurück und seine Freunde fragen, warum er das mit den Süßigkeiten denn nicht gleich gesagt habe. Er gibt keine Antwort. Nach drei Wochen kommt die Frau erneut zu ihm und bittet ihn um das Gleiche. Gandhi sagt zu dem Kind: „Du sollst nicht so viel Süßigkeiten essen!" Die Frau ist es zufrieden und geht. Seine Freunde fragen ihn verständnislos, wieso er es denn jetzt gesagt habe, das hätte er doch auch vor drei Wochen sagen können. Er aber sagt: „Ich musste es doch erst selber ausprobieren, ob ich es drei Wochen lang ohne Süßigkeiten aushalte! Ich habe es geschafft und konnte es dem Kind also sagen."

Diese klare Haltung hat Bedeutung in der Kommunikation, man spricht auch von authentisch. Das merkt das Gegenüber, ob es nur Gerede ist oder man selbst tatsächlich dabei ist. Das muss natürlich nicht perfekt sein, „genügend gut" reicht!

Insofern werden wir im Weiteren immer wieder auf uns selbst als einzelne Menschen zurückkommen, weil die Änderungen und Entwicklungen, auch Gewohnheitsbrüche, auf die wir uns selbst einlassen, erst die Kraft und Zuversicht generieren, die wir zur Gestaltung im Außen brauchen und die wir brauchen, damit es „leicht" geht, aber auch um ggf. schwierige Zeiten in der Umwandlung gut zu überstehen.

Die Plastizität des menschlichen Gehirns

Wir wissen schon seit vielen Jahren, dass sich unser Gehirn verändern kann, und der Hirnforscher Gerald Hüther sagt, dass es sich in der Weise verändert, entwickelt und strukturiert, wie wir es gebrauchen. Wir wissen, dass zum Beispiel ein Alltag, in dem wir zuversichtlich und kreativ agieren können und das auch tun, für das Gehirn ein kräftiger Anreiz ist, dass sich die Hirnzellen weiter untereinander vernetzen und ein Alltag voller grauer Gedanken und Ängstlichkeit diese Vernetzung eher verringert, weil diese Vernetzung für das immer gleiche Grübeln dann nicht wirklich gebraucht wird.

Um das Hirn wieder zu erfrischen, braucht es Änderungen in den Gewohnheiten des Alltags, beispielsweise: mit links Zähne putzen als Rechtshänder, zu Fuß zum Bäcker gehen, QiGong lernen, zum Einkaufen einen Korb mitnehmen, um Plastik zu vermeiden, eine neue Sprache lernen, mal wieder tanzen gehen und vieles mehr.

Wir nennen das auch, wie gesagt, Gewohnheitsbruch. Sehr bedeutsam sind dabei auch Begegnungen mit Menschen, die freundlich und vorwiegend heiter sind und auf uns authentisch und begeisternd wirken. Solche Menschen können einen förmlich aus einem bestehenden leidvollen Sumpf herausziehen, wirken als Vorbilder und zeigen neue Möglichkeiten des Handelns, Denkens, Empfindens für den Alltag.

Wir wissen auch, dass, sofern jemand Veränderungen wirklich will und seinen/ihren Alltag ändert, diese Veränderungen meist bereits nach wenigen Wochen spürbar im Empfinden werden.

Framing und Hirnphysiologie

Framing heißt „etwas in einen Rahmen setzen“. In der Hirnphysiologie wissen wir schon seit Langem, dass wir alles, was wir sinnlich erfassen, in einen Rahmen setzen müssen, um es sinnvoll einzuordnen und dies auch permanent tun.

Beispiele:
Wenn ich „Hund“ sage, werden Sie vielleicht an das schöne, flauschige Fell eines Hundes denken, den Sie kennen und mögen; diesen Rahmen haben Sie für „Hund“. Vielleicht sind Sie auch jemand, der einmal von

einem Hund gebissen wurde, und mögen Hunde überhaupt nicht; das ist ein anderer Rahmen für „Hund". Wenn Sie aber ein Hotel buchen, in dem Hunde mitgebracht werden dürfen, buchen Sie vermutlich im ersten Fall gerne, im anderen Fall suchen Sie wohl weiter nach anderen Hotels. Dieser Rahmen, also Ihre Erfahrung mit Hunden, beeinflusst also Ihre Entscheidung außerordentlich. Darüber denken wir aber meist nicht nach, denn das läuft in der Regel ganz unbewusst ab.

Ein weiteres Beispiel:
Sie sind im Urlaub, haben sich im Wald eine schöne Holzhütte gemietet. Die Sonne scheint, die Vögel zwitschern und es geht Ihnen gut. Abends nach Sonnenuntergang kühlt das Holz ab und knackt ganz herrlich, Sie finden es richtig urig. Dann machen Sie das Radio an und hören, dass aus der nahe gelegenen Justizvollzugsanstalt ein gefährlicher Häftling ausgebrochen ist. Und schon knackt es wieder und Sie bekommen Angst, dabei war es doch nur das Holz, der Rest ist Ihre sorgenvolle Vorstellung, vielleicht auch begründet.

Es sind also Sie, die das Knacken in zwei verschiedene Rahmen gepackt haben, einmal ein schöner und einmal ein ängstlicher. Beides gibt Sinn: Am Anfang trägt es zum Wohlfühlen bei, nach der Radio-Nachricht kommt Angst und Vorsicht auf, vermutlich machen Sie die Fensterläden dann zu und prüfen das Schloss der Haustür. Sie können sich erst wieder wohlfühlen, wenn Sie im Radio hören, der Häftling sei nun gefasst. Dann gilt wieder der erste Rahmen.

Diese Geräuschbewertung spielt z. B. eine große Rolle im Spektrum der Therapien in der Behandlung spezieller Formen der Geräusch-Überempfindlichkeit, der Hyperakusis. Wenn der Patient diese Geräusche, unter denen er leidet, mit therapeutischer Hilfe in andere Rahmen stellen lernt, wird die Symptomatik therapeutisch leichter zugänglich und kann sich eher bessern.

Das Framing, seine Rolle in der gesellschaftlichen Kommunikation und in der Politik, ist sehr gut erforscht worden, in Deutschland besonders von der Kommunikationsforscherin Elisabeth Wehling.[76] Sie hat gezeigt, dass die Framing-Prozesse dauernd laufen und in der Regel unbewusst (siehe ihr Buch „Framing"). So fällen wir viele Entscheidungen danach, welcher Rahmen bei einem Schlagwort assoziiert wird und weniger, als wir glauben, rational an Fakten orientiert. Wir werden darauf zurückkommen.

Unser bewusstes Denken spielt dabei eine viel geringere Rolle, als wir denken. Inzwischen schätzen wir den Anteil des uns bewussten Denkens auf etwa 2 % aller beim Denken beteiligten Hirnvorgänge ein, wie ich schon früher erwähnte. Das klingt erst einmal unglaubhaft, aber der größte Teil der Denktätigkeit läuft unbewusst ab, das bewusste Denken braucht eben viele Helfer im Unbewussten, die für alles einen Rahmen suchen bzw. alles in einen Rahmen setzen entsprechend unseren Erfahrungen. Wenn wir das alles bewusst mitkriegen müssten, wären wir sehr schnell schachmatt. Das Verständnis von Framing wird uns aber im Denken zukünftig sehr helfen, indem wir uns einzelne wichtige Rahmensetzungen konkret anschauen können und viele unserer Entscheidungen für uns selbst erhellen. Das ist auch deshalb wichtig, damit wir in der Lage sind, Politiker bewusst zu wählen, nicht ein Kreuz da zu machen, wohin uns ein unbewusster Rahmen drängt. Der amerikanische Quantenphysiker und Kommunikationsforscher David Bohm hatte einmal gesagt, es sei ein wichtiges menschliches Ziel, dass wir uns beim Denken zusehen lernen. Davon sind wir alle aktuell noch weit entfernt, aber auf einem guten Weg, wenn wir z. B. meditieren!

Wie wir die Welt passend machen

Vielleicht haben Sie zu den einzelnen Themen eine ganz klare andere Meinung und sehen sie sogar durch Experten bestätigt (die sich heute allerdings für jede Meinung finden lassen). Ich gebe aber zu bedenken, dass in Zeiten des permanenten Wandels es sich lohnt, die eigene Position immer wieder zu überprüfen, inwieweit sie eigentlich noch passt für Zufriedenheit und Glück des eigenen Lebens. Wir wissen allerdings, dass unser Gehirn die Dinge auch passend machen kann, selbst wenn die Puzzleteile gar nicht zusammengehören wollen. Denn dauerhaft kann man mit zu vielen Ungereimtheiten nicht gut leben.

Dafür ist unser Gehirn gut vorbereitet, wir haben sogar eine eigene Hirnstruktur, den sogenannten dorsalen anterioren cingulären Cortex (abgekürzt dACC), die hier mit anderen Arealen aufpasst. Diese Struktur erfasst sofort Ungereimtheiten, also wenn Informationen, Sinneseindrücke oder Interpretationen gar nicht zusammenpassen, miteinander oder mit unserer Weltsicht kollidieren, und gibt Alarm. Dann wird aus der Ungereimtheit doch noch eine passende Geschichte im Gehirn.

Ich erzähle dazu gerne folgende Anekdote:
Ein Mann, der Angst vor Hunden hat, dies aber nicht in sein Bild vom Mannsein passt, geht mit seiner Frau spazieren. Da kommt ihnen auf ihrer Straßenseite jemand mit Hund entgegen. Der Mann wechselt sofort die Straßenseite und seine Frau fragt ihn warum. Er antwortet: „Ich wollte mir immer schon mal die Fassade von diesem schönen Haus hier genauer anschauen." Seine Frau glaubt ihm und er glaubt das auch, denn solche Prozesse im Gehirn laufen eben vielfach unbewusst ab.

Da hat der dACC gute Arbeit geleistet, indem er die eigentlichen Beweggründe mit einer glaubhaften Geschichte hat überdecken lassen. Dies ist durchaus sinnvoll, weil wir andauernde Widersprüche nicht gut aushalten können. Und es ist im Allgemeinen nicht weiter schlimm, wenn wir den Lösungsprozess im dACC zusammen mit anderen Hirnarealen nicht mitbekommen.

Wenn allerdings dahinter Konflikte stehen, die ohne Lösung unangenehme oder schwere Folgen haben, lohnt es sich, einmal in sich zu gehen und zu fragen, ob das so wirklich stimmen kann. Dann kann man die Konflikte aus der Welt räumen und ist wieder frei.

Insofern macht es Sinn, die eigenen Positionen zum eigenen Handeln, zum Bild des Kindes und wie es sich entwickelt und auch zu gesellschaftlichen und politischen Haltungen immer wieder mal anzuschauen und sich zu fragen, „weshalb habe ich eigentlich diese Meinung? Habe ich sie von den Eltern, kommt das aus meiner eigenen Lebenserfahrung? Passt sie noch? Und kann das allgemeingültig sein? Oder kann ein Mensch, der das anders erlebt hat, für sich auch recht haben?“

Wichtig ist es auch zu betonen, dass Zeiten des Wandels in der Gesellschaft und in der eigenen Biografie die chancenreichsten Zeiten im Leben sind, um Gewohnheiten zu brechen und Neues zu beginnen und zum Erfolg zu bringen. Das wird unser bewusstes Denken außerordentlich erweitern.

Inneres Wachstum

Generell leben wir in einer veräußerlichten Welt der Waren, der Beurteilungen, der Rankings und der Selbstoptimierung mit Veröffentlichung derselben. Das sieht nach Gemeinsamkeit aus, ist aber eine maximal oberflächliche Stufe und bedeutet real eher Vereinzelung, Alleingelassensein und vielfach Einsamkeit.

Um hier wieder in die Balance zu kommen, braucht es ein Innehalten und eine Innenwendung, um sein Eigenes, sein Selbst wieder zu spüren und ohne die Scham beim Scheitern an den Optimierungsstandards im Außen sich wieder ohne Maske (symbolisch gemeint) begegnen zu können, mit sich und mit anderen. Dies soll uns im Folgenden begleiten und ich werde es immer wieder ansprechen. Dies betrifft auch unsere spirituelle Seite, die fast jeder Mensch auf die eine oder andere Weise in sich hat. Die Elementarteilchen-Forscher, die alle auf der Suche nach der sogenannten Weltformel sind, die nicht so recht auffindbar ist, sagen, dass wir nur einen winzigen Bruchteil der Welt und des Kosmos verstehen und alles Feste und Sichere offensichtlich nur scheinbar so ist und sich als fest und sicher auflöst, je weiter die Suche eindringt. In der Folge besteht eine große Demut bei den meisten Forschern, weil die spirituelle Welt und die Welt, wie sie sich in der Elementarteilchen-Physik zunehmend darstellt, als immer ähnlicher wahrgenommen werden. Die spirituellen Gefühle sind dabei sehr individuell und intim und müssen ja auch nicht in Worte gefasst werden. Aber sie sind im Erleben da. Meine Frau nennt eben das „sanfte Spiritualität".

Soweit erst einmal die Idee innezuhalten, um sich klarzumachen für ein gestaltbares Außen. Wir schauen uns den weiteren Innenweg ja noch weiter an im Kapitel der Achtsamkeit/QiGong.

5.2 In der Familie

5.2.1 Vorbereitung auf ein Kind

Die Vorbereitung auf die Empfängnis, wie vorher beschrieben, ist für viele Paare heute möglich, weil die Mehrzahl der Kinder derzeit „geplante Kinder" sind. Das Alter der Frauen bei der Erstgeburt in Deutschland liegt aktuell bei 30 Jahren, Tendenz steigend. Eine solche Vorbereitung ist eine stark lebensbejahende Entscheidung für drei Menschen. Dazu ist es sinnvoll, die eigenen Lebenssituationen, den Lebensstil und Werte und Ziele als Paar miteinander zu klären und abzustimmen.

Bevor wir zum Thema lebensförderlicher Lebensstile kommen, brauchen wir aber ein gutes Verständnis von der „Zeit" und wieso Zeit das zentrale Stellglied in der Veränderung von uns selbst und der Gesellschaft insgesamt ist und dann beste Voraussetzungen für ein Neugeborenes bereitstellt.

5.2.2 Zeit

Wir alle kennen den Spruch „Zeit ist Geld!". Das ist eine Beschreibung aus der Wirtschaft, die ihre Gültigkeit hat, wenn man z. B. Container von Schiffen lädt, dabei also beschreibt, dass man die Kosten des Entladens reduzieren kann, wenn man schneller arbeitet. Dies ist die alte Version. Die können wir zukünftig nur noch in begrenzten Zusammenhängen brauchen. Denn sie meint an sich „Beschleunigen ist Geld!" und ist damit eine zentrale Kategorie der Wachstumswirtschaft, die sich ja verändern wird. Wir brauchen eine neue Bedeutung von „Zeit ist Geld!" im Sinne, dass wir Zeit als eine Ressource ansehen wie Geld, die aber andere Möglichkeiten als Geld hat:

- Zeit haben an sich
- Zeit haben für etwas
- Zeit miteinander verbringen,
- Zeit hinzuhören, ansprechbar zu sein
- unverplante Zeit haben, u. a. auch für Unverhofftes, was immer mal dazwischen kommt
- Zeit haben zum Wahrnehmen, zum Fühlen
- Zeit haben zum Entwickeln, zum Reifenlassen
- Zeit haben zum befriedigenden Schaffen und Arbeiten ohne Hetze
- Zeit zum Tanzen, Singen, Musizieren, Theaterspielen
- Lebensprozesse entschleunigen, die es brauchen
- Zeit zum Ausruhen
- genügend Zeit haben zum Schlafen, Träumen, Spielen
- Wuwei, (chin.) „Handeln durch Nichthandeln"
- variabel mit der Zeit umgehen, mal beschleunigen, mal verlangsamen.

Mit einem Satz: „Zeit haben zum Sein!“
Haben Sie nicht auch die Frage, wenn Sie diese Aufstellung lesen, wie da eine 40-Std.-Arbeitswoche überhaupt hineinpasst? An sich doch gar nicht, das scheint ja nur zu gehen, wenn man Wesentliches vom Menschsein weglässt.

Jaja, Zeit haben heißt also tatsächlich weniger arbeiten und nach der Arbeit weniger rumhetzen. Aber weniger arbeiten, was heißt das und wie geht das und geht das überhaupt? Ja, das geht, vielleicht jetzt in unserer gegenwärtigen Zeit das erste Mal überhaupt in der Menschheitsgeschichte und es macht unbedingt Sinn.

Denn es ist schon jetzt nicht genug Arbeit in den Unternehmen da, die Mehrzahl der Erwachsenen arbeitet schon keine 40 Stunden mehr in der Woche als Erwerbsarbeit:

- Viele arbeiten z. B. Teilzeit,
- sind schlecht bezahlt im Prekariat oder
- arbeitslos (Hartz IV)
- arbeiten sowieso unentgeltlich im Haushalt, in der Betreuung eigener Kinder oder pflegen ihre Angehörigen zuhause
- arbeiten hauptsächlich ehrenamtlich
- sind im Burn-out
- oder aus anderen Gründen länger oder wiederholt krankgeschrieben, also im Krankengeldbezug oder sozusagen schon ausgesteuert.
- Bei vielen Rentnern reicht die Rente nicht wirklich zum Leben und sie müssen noch irgendwo Geld dazuverdienen mit kleinsten Stundenlöhnen, wobei es schwer ist, solche Arbeit zu finden.

Und es wird noch weniger Arbeit geben durch Digitalisierung und Robotik, also die disruptiven Prozesse in der Wirtschaft, die aktuell schon angelaufen sind und durch die Corona-Krise noch verschärft und deutlicher sichtbar, ja nun offensichtlich sind. Die Arbeit wird also knapper, die Computer und die Roboter können da sehr viel machen. Das ist an sich doch schön, ein alter Menschheits-Traum kann endlich wirklich werden und würde vieles ermöglichen, wenn die Arbeit nicht so unsinnig verteilt wäre: Die einen arbeiten zu viel, erschöpfen sich dort, die anderen kriegen keine, werden nicht bezahlt oder werden krank daran und fallen aus. Insofern ist es für den Einzelnen an sich nicht notwendig, voll zu arbeiten. Teilzeit könnte allen Beschäftigen zugutekommen. Und das wird die Zukunft sein, z. B. eine 25-Std.-Woche oder vielleicht auch weniger. Wer mehr arbeiten will, wird das dann natürlich auch tun können. Aber hat man dann noch genug Geld? Was heißt genug? Und wofür will man Geld zur Verfügung haben, das sind die Gegenfragen. Darüber später mehr, es gibt dafür gute Aussichten und Lösungen.

Zurück zum Thema Zeit:

Für die kindliche Hirnentwicklung gibt es für die Eltern keine bessere Investition als Zeit zu haben für die Kinder, aber auch für sich, denn ich hatte schon erwähnt: Geht es den Eltern gut, geht es auch den Kindern gut! Also, wenn ein Baby kommen will, müssen wir über uns und beim Thema Zeit gut orientiert sein.

Folgende Themen sind dabei relevant:

- Pausen
- Ein Verständnis der vegetativen Regulation
- Das Netzwerk zum Tagträumen im Gehirn
- Stärkung für ein kooperatives Zusammensein
- Spielen.

Pausen

In Überarbeitung und chronischen Stress-Situationen finden Pausen kaum statt, daher braucht das Paar schon im Voraus Informationen und Klarheit über den Wechsel von Aktion und Pause und dass das Lebendige generell darauf aufgebaut ist. Unsere „pausenlose“ Gesellschaft ist gegen das Leben gerichtet, die Zunahme von Burn-out und Depression sind als neue Sackgassen des Lebens aufzufassen. Da nützt uns auch nicht mehr Konsum als „Belohnung“ für das harte Leben.

Im Wesen des Atems und der Regulation der Herztätigkeit zeigt sich dies deutlich. Das Herz hat eine Aktion und dann eine variable Pause, das ganze Leben lang. Diese variable Pause wird durch das vegetative Nervensystem beschützt. Anhaltender Stress schwächt diesen Schutz und führt zu den schon mehrmals erwähnten Stress-Folgekrankheiten.

Es gibt also kaum Wichtigeres, als regelmäßig Pausen verschiedener Art zu machen bzw. zu erlernen, um wieder in Balance zu kommen bzw. sie nicht zu verlieren:

- bei Aufregung und Ärger immer wieder bewusst einige ruhige Atemzüge machen
- ebenso vor und nach Terminen am besten gemeinsam mit den jeweiligen Teilnehmern (ein kurzer meditativer Moment)
- sich 5 Minuten zwischen zwei Terminen gönnen
- sich zum Essen mindestens 20 Minuten Zeit nehmen, damit man das erst dann deutliche Sättigungsgefühl wahrnehmen kann
- nach der Arbeit auch mal zur Ruhe kommen, statt gleich weiter zu powern, auch wenn sich die Pause evtl. im Beginn noch nicht gleich gut anfühlt (das bessert sich nach regelmäßiger Übung)

- z. B. Meditation und QiGong zu lernen
- gut schlafen (lernen)
- z. B. ist alle sieben Jahre eine längere Sabbath-Zeit empfehlenswert, die gesellschaftlich durch geeignete Gestaltungen ermöglicht werden sollte
- und immer mal einzelne Tage für sich selbst reservieren
- ebenso z. B. einen Abend der Woche regelmäßig mit dem Partner verbringen (ohne Medien).

Die hohe Bedeutung der Pausen und des Schlafes lässt sich mittlerweile sehr gut mit der Untersuchung zur sogenannten Herzratenvariabilität sehr eindrücklich auch bildlich zeigen.

Hinweis: Einen visuellen Ersteindruck erhalten Sie hier über den **QR-Code.**

Herzratenvariabilität

Vegetative Balance wird gewährleistet durch das Zusammenspiel vom Sympathikus-Nervensystem (vereinfacht Aktivierung des Systems) und beiden Zweigen des Parasympathikus-Systems (sozialer Ausgleich und Beruhigung und Erholung des Systems).

Dieses Zusammenspiel der beiden großen vegetativen Nerven kann man besonders gut an der Regulation der Herztätigkeit ablesen. Dabei kann man in einer speziellen EKG-Ableitung (im Stress-Screening kurzzeitig, zur Stress-Untersuchung als 24-Std.-Ableitung) den Sympathikus und Parasympathikus getrennt erfassen und grafisch abbilden, also sichtbar machen und sehen, wie die jeweilige Aktivität im Tages- und Nachtverlauf ist. Dabei kann man auch die Pausen und ihre Wirkung direkt ablesen.

Innerhalb der Bandbreite von guter Alltags- und Arbeits-Bewältigung finden wir einen sehr aktiven ventralen parasympathischen Vaguszweig zur Ausbalancierung ggf. gesunden Abbremsung der Sympathikusaktivität mit einer reversiblen Sympathikus-Aktivierung bei Herausforderungen. In Pausen findet eine Rückkehr zur vorrangigen Parasympathikus-Aktivität statt, ebenso wie im Schlaf.

Die sogenannte gesunde Schlafarchitektur ist dabei erhalten, die anschließende Tagesaktivität voll verfügbar. Die Reaktion der Herzaktion auf verschiedene Anforderungen des Kreislaufs ist hierbei maximal flexibel; das sieht man in der medizinischen Herzratenvariabilitäts-Messung dann sehr genau abgebildet.

Bei andauernder Überlastung und z. B. im Burn-out findet man in der Regel eine pathologisch überschießende, ungezügelte Sympathikusaktivität, kaum Pausen bzw. Pausen, die dann nicht mehr vegetativ ausgleichend wirken können als Ausdruck des schon eingeschränkten Parasympathikus-Potenzials, Erholung und Balance zu generieren. Bei Andauern der Belastung sinkt dann schließlich die Parasympathikus-Aktivität massiv, nachfolgend die Sympathikusaktivität, die Schlafarchitektur ist zunehmend aufgehoben als Ausdruck nicht erholsamen Schlafes bzw. chronischer Schlafstörung.

Wir setzen diese HRV-Untersuchung nicht nur ambulant zur Stress-Diagnostik ein, sondern mit unserer Akademie auch als Screening-Verfahren in Unternehmen und grundsätzlich bei allen Patienten unserer Kliniken, stationär ebenso wie tagesklinisch bei Aufnahme und Entlassung, zur Erfassung des Status quo bzw. Besserung ihres Stress-Levels.

Das Netzwerk zum Tagträumen – Ruhemodus des Gehirns
Wir wollen uns die Pausen auch noch aus der Innenperspektive des Gehirns anschauen.

Wir haben viele Zusammenschaltungen von Hirnarealen zu Funktionseinheiten, sogenannten Netzwerken. Zwei besonders wichtige sind das

- Aufgaben-Netzwerk, task mode network (TMN) und das
- reizunabhängige Ruhe-Netzwerk, default mode network (DMN),

die sich in ihrer Aktivität abwechseln. Sie sind nicht gleichzeitig aktiv.

Das TMN kennen wir alle, es ist aktiv, wenn wir konzentriert arbeiten, Aufgaben lösen müssen, über etwas konkret nachdenken oder äußere Einflüsse unsere Aufmerksamkeit in Anspruch nehmen bzw. wir darauf reagieren müssen. Bei vielen Menschen ist dieses Netzwerk in ihrem pausenlosen Tun überstrapaziert und dadurch kommen notwendige Aktivitäten des Ruhe-Netzwerkes zu kurz.

Das Ruhe-Netzwerk DMN wird automatisch aktiviert, wenn wir keine Aufgaben zu erledigen haben und nichts zielgerichtet durchdenken müssen. Für die Aufmerksamkeits-Areale bedeutet dies Ruhe und Entspannung, trotzdem ist das Gehirn als Ganzes nicht in völliger Ruhe, sondern kann endlich mal was anderes machen wie Selbstreflexion, Gedanken schweifen lassen, auftauchende Erinnerungen noch mal nachbewerten usw. In dieser freien Zeit, dem Chillen, wie es heutzutage heißt, kann das Gehirn umsortieren, Dinge neu verbinden, tagträumen und in die Luft gucken, Szenarien simulieren und uns in Situationen oder Personen hineinversetzen, quasi wie im Traum. Auch im Schlaf ist das DMN in den REM-Phasen aktiv, den Traumphasen mit den Bewegungen der Augäpfel.

Routinetätigkeiten, die keine besondere Aufmerksamkeit verlangen, stören das DMN nicht, so kann man beispielsweise ganz in Ruhe Geschirr abwaschen und dabei seinen Gedanken nachhängen.

Das Besondere daran: Die Aktivität des DMN erfrischt, man wird frei für die nächsten Aufgaben und man hat leicht kreative Gedanken, Neues wird auf einmal denkbar. Diese Hirn-Phasen des aktiven DMN haben Pausen-Charakter wie bei den Pausen vorbeschrieben und sind in der Regel auch durch zunehmende Aktivität des Parasympathikus begleitet. Sie entstressen und verbessern die Abstimmung zwischen Herz und Hirn, der sogenannten Herz/Hirn-Kohärenz, was vegetativ ausbalanciert.

Kreativität ohne regelmäßige DMN-Phasen gibt es praktisch nicht. Ein pausenloser Arbeits-Modus führt zu einer kreativen Verflachung und Rückgriff auf alte Schemata. Innovation ist damit ausgebremst.

Tagträumen hat also nichts mit Faulenzen zu tun, sondern mit richtig verstandener Hirnaktivität. Es führt zu einer Identitäts-Stärkung durch Formung des autobiografischen Gedächtnisses. Zusätzlich stärkt es die Empathiefähigkeit. Auch unsere Kinder sollten wir insofern in Ruhe lassen, wenn sie offensichtlich in einer anderen Welt sind oder Löcher in die Luft starren.

DMN-Merkmale

Zum DMN gehören im Gehirn u. a. der mediale temporo-parietale Cortex, der posteriore cinguläre Cortex, der mediale präfrontale Cortex, der Lobulus parietalis superior, der Hippocampus und Praecuneus.

Der Aktivitätswechsel zwischen TMN und DMN und die Deaktivierung der jeweils anderen Phase ist der gesunde Normalfall im Zusammenspiel. Im Stress bzw. in Erschöpfung und bei Schlafmangel kann es zur Störung dieses Zusammenspiels kommen derart, dass beide Systeme gleichzeitig aktiv sind, also das wir nur zum Teil aufmerksam sind und in wandernden Gedanken schon woanders, insbesondere bei der nächsten Aufgabe. Dann sinken die Leistungen beider Systeme, die aktuelle Arbeitsleistung vermindert sich und ggf. steigen Befürchtungen vor der nächsten kommenden Situation schon an. Wir kennen alle dieses gelegentliche Nicht-mehr-abschalten-Können in besonderen Anspannungssituationen. Dies kann bis zur Paralyse der Systeme im Burn-out kommen, in der nichts mehr geht und es nur noch Grübelzwänge gibt.

Aber im Burn-out-Prozess ebenso wie bei Angsterkrankungen können Phasen der Angst vorkommen, wo man DMN-Prozesse vermeiden möchte, da man dann in DMN-Phasen von Angst regelrecht überschwemmt werden kann. Dies ist auch als Flashback bekannt aus posttraumatischen Belastungsstörungen. Das kann im Vermeiden von Ruhephasen Workaholismus fördern. Ein Ausdruck dieser Situation, die auch Zeichen der Zeit ist, ist das Telefonieren mit dem Handy, insbesondere beim Gehen. Ich bin noch am Ort, im Gespräch aber schon woanders.

Bei einigen Krankheiten dürfte eine unvollständige Deaktivierung des DMN bei TMN-Phasen eine pathologische Rolle spielen, z. B. bei Schizophrenien, aber wie erwähnt auch bei posttraumatischen Belastungsstörungen und bei Depressionen. Auch bei ADHS wird dies diskutiert, wobei dies aus meiner Sicht eher der Überforderung im TMN in der Schule als einer unvollständigen Deaktivierung geschuldet ist. TMN-Phasen von 45 min. wie in der Schulstunde sind hirnphysiologisch Unsinn und nicht kindgerecht.

Bei Autismus kann ein schwach ausgebildetes DMN möglicherweise eine Rolle spielen. Bei der Droge Psilocybin, ein Alkaloid von speziellen Pilzen, ist bekannt, dass es die Deaktivierung des DMN bei erforderlichen Aktivitäten des TMN stört. Das DMN ist aber, obwohl es im gesunden Funktionieren Pause und Ruhe bedeuten kann, immer noch durch Denkprozesse und vor allem Bewertungen und Einschätzungen gekennzeichnet. Das Denken, auch wenn es nicht zielgerichtet ist, kann dabei noch sehr aktiv sein, zeitweilig auch erschöpfen.

Meditation (siehe S. 475) zielt ja darauf ab, das Denken insgesamt zu beruhigen, nicht mehr zu bewerten und zu urteilen, ggf. die Gedanken einfach vorbeiziehen zu lassen, ohne sich näher damit zu beschäftigen.

Insofern kann Meditation als ein eigener Hirnzustand aufgefasst werden. Meditation hemmt quasi wiederum DMN-Aktivitäten, ohne in einen TMN-Modus zurückzukehren.

Ulrich Ott erwähnt in seinem Buch „Meditation für Skeptiker", dass in Hirn-Scans (MRT, Magnet-Resonanz-Tomografie) bei Beginn der Meditation die Aktivität im mittleren präfrontalen Cortex, dem vorderen Anteil des DMN, deutlich abnahm und bei in Meditation erfahrenen Probanden die Aktivität dort über die gesamte Zeitdauer der Meditation abgesenkt blieb. In eigener Forschung konnten wir sehen, dass auch Bewegungsmeditationen wie QiGong solche Hirnzustände kreieren wie bei langjährig meditierenden Mönchen.

Kinder haben übrigens erst im Alter zwischen neun und zwölf Jahren ein voll entwickeltes DMN, das sich in der Aktivität mit dem TMN abwechselt. Davor, zumindest in den ersten sechs Jahren, leben sie ja in ihrer märchenhaften Welt, wenn man sie lässt. Kreativität ist dabei in diesem Alter noch ein allgemeiner Hirnzustand, in dem freie Phantasie sich ungebrochen mit der Realwelt vermischen kann (siehe Spiel, S. 429).

Mit dem DMN ist noch ein ganz besonderer Zusammenhang verbunden: Im DMN scheint ein universeller Code für ästhetische Attraktivität enthalten zu sein. Wie Menschen auf Schönheit reagieren, die sie emotional bewegt, wird offensichtlich vom DMN mitgetriggert in ihrer Sensibilität und Wahrnehmung darauf. Das ist doch ein weiterer wunderbarer Effekt des phasenweisen Nichtstuns, die Welt wird schöner!

Und es gibt einen weiteren sehr interessanten Zusammenhang: Das zum DMN gehörige Praecuneus-Areal im Gehirn arbeitet u. a. besonders daran, spezielle räumliche Informationen und Koordinaten in das Langzeitgedächtnis einzuarbeiten. Diese räumliche Verortung ist insbesondere für den Schutz vor Demenz wichtig bzw. auch dafür, bei Demenz wieder gut nach Hause zu finden.

Stärkung für ein kooperatives Zusammenleben

Wir haben schon im ersten Kapitel darüber gesprochen, wie wichtig es ist, dass hirnphysiologisch „Du" und „Ich" immer auch als ein „Wir" verankert ist und dass dies bei einer gesunden Hirnentwicklung kräftig stattfindet. Damit einhergehend kommunizieren wir dann im vegetativen sozialen Zweig des Parasympathikus, der für Ruhe im System und vor allem für einen ruhigen, langsamen Puls steht. Damit funktioniert auch die sogenannte Herz/Hirn-Kohärenz, was bedeutet, dass wir eine optimale Ausgangslage zur Kommunikation mit anderen haben und auch eine fürsorgliche Einstellung quasi voreingestellt ist.

Im Stress, bei Bluthochdruck und schnellem Puls ist Fürsorge und Mitgefühl sowohl im Empfinden als auch im Handeln deutlich schwieriger. Allerdings kommt im Katastrophenmodus trotz der extremen vegetativen Stress-Reaktion meist ein sozialer, kooperativer Zusammenschluss der Menschen zustande, um ein Überleben abzusichern.

Kooperation braucht Vertrauen. Das ist leichter, wenn wir in unserem bisherigen Leben erlebt haben, dass Vertrauen gut ist und uns auch guttut und wir selten in diesem Bereich Enttäuschungen erlebt haben. Vertrauen erleben und für andere vertrauenswürdig zu sein gehören dabei hirnphysiologisch vielfach zusammen. Mehrere Bereiche im präfrontalen Cortex wie der orbitofrontale Cortex und der vordere mediale präfrontale Cortex arbeiten hier zusammen, weil es dabei auch um Impulskontrolle und Selbststeuerung im Interesse von Langzeitzielen geht. Diese

Hirnregionen sind u. a. dafür zuständig, dass wir Erlebnisse aus verschiedenen Zeitperioden zusammenbringen, um Konstanz und einen Sinn in solchen Themen wie Vertrauen zu erfassen.

Die Hirnarbeit im kooperativen Sinne ist in den Strukturen des Gehirns sozusagen voreingestellt, wenn eine gesunde Hirnentwicklung bei den kleinen Kindern gelingen konnte. Trotzdem gehört noch eine jahrelange Entwicklung mit günstigen Erfahrungen dazu, dieses Netzwerk zu stabilisieren und u. a. mit den Spiegelneuronen, dem sozialen Zweig des Vegetativums und dem Oxytocin-Haushalt abzustimmen. Dann gelingt auch empathisches, anteilnehmendes und kooperatives Verhalten nicht nur in der eigenen Lebensgruppe, sondern auch Fremden gegenüber. Darum ist es ja in der Kindheit so fatal, wenn ein schwerer Vertrauensbruch geschieht, weil dann im Gehirn alles durcheinandergerät.

Bei speziellen Antidepressiva (sog. Serotonin-Wiederaufnahmehemmer) fällt es übrigens schwerer, sich in Partnerschaften wohl, respektive zufrieden zu fühlen. Gleichzeitig führen solche Medikamente öfter auch dazu, weniger Vertrauen zu empfinden bzw. von anderen als vertrauenswürdig erlebt zu werden und in Kooperation einzutreten. (Sollten Sie solche Medikamente einnehmen, bitte nicht absetzen, sondern mit Ihrem Arzt besprechen!)

Das Interesse, sich in ein Gegenüber einzufühlen und in Kontakt zu kommen, ist auch bekanntermaßen in der Sucht deutlich geringer.

Wenn wir uns in jemanden empathisch einfühlen und bereit sind, auf jemanden zuzugehen oder mit jemandem zu teilen, wird dies in speziellen Hirnregionen gespeichert. Wenn wir dies regelmäßig machen bzw. dies üben, werden diese Bereiche in ihrer Aktivität gestärkt und erleichtern uns solches Handeln bzw. fördern es, machen es zu etwas Besonderem, quasi Vorzugshandeln. Eine solche Region im Gehirn ist z. B. die Area tegmentalis ventralis im Mittelhirn.

Dies kann auch gegenteilig wirken, z. B. wird bei Suchtverhalten z. B. dem häufigen Wunsch nach der nächsten Zigarette die Aktivität dort auch im Sinne eines Vorzugshandelns gebahnt sein.

Dieser Bereich entscheidet mit, welche Gedanken oder Impulse in die Tat umgesetzt werden bzw. dem Frontalhirn, hier insbesondere dem orbitofrontalen Cortex, zur Umsetzung vorgeschlagen werden. Der orbitofrontale Cortex ist u. a. dafür zuständig, abzuwägen, was wir uns davon versprechen, also ob das Tun gute Belohnung in den Belohnungszentren des Gehirns geben wird.

Beim Vorzugshandeln prüft er nicht mehr so genau und auch im mitbeteiligten Nucleus accumbens wird Vorzugshandeln eher durchgewunken. Die Erfahrung, was uns guttut, ist also ganz wesentlich und bei einem hirnphysiologisch gut verankerten „Ich, Du und Wir" wird also sozialem Handeln eben der Vorzug gegeben.

Weitere Zusammenhänge in diesem Sinne finden Sie auch in dem sehr lesenswerten Buch „Woher soll ich wissen, was ich denke, bevor ich höre, was ich sage" von Franca Parianen. Und vor allem kann man beim Lesen richtig viel lachen.

Spielen

Friedrich von Schiller schreibt in „Über die ästhetische Erziehung des Menschen" die viel zitierten Worte: „Der Mensch spielt nur, wo er in voller Bedeutung des Wortes Mensch ist, und er ist nur da ganz Mensch, wo er spielt."

In diesem tiefgründigen Satz ist angesprochen, dass Spielen sinnvoll ist, zu Menschen jeden Alters gehört, das Spielen ihn adelt und er im Spielen Würde hat und das Spielen braucht.

Weshalb muss man dann noch weiter über das Spielen sprechen?

Weil den Kindern seit einiger Zeit das Spielen geraubt wird:

- nach der Schule haben die meisten Kinder immer draußen gespielt, heute nicht mehr viele, denn
- spielen gilt Lehrern und Eltern als vertane Zeit, sie sollen ernsthaft lernen
- sie haben keinen Platz mehr in der Stadt
- sie haben ständig etwas zu tun, nach den Schularbeiten gleich Flötenunterricht und Trainings, z. B. im Sportverein
- und sie müssen in allen Disziplinen Leistung bringen, ggf. sollen sie sogar besser als andere werden
- die Eltern nehmen durch geschenkte Spielsachen oder Vorschläge den Kindern den eigenen Raum
- das Handy zieht sie in seinen Bann und
- sie haben Social-Media Pflichten bzw. Ängste, aus dortigen Gruppenzusammenhängen herauszufallen
- Sie „spielen" PC-Games und wollen dabei Scores erreichen oder wichtig in Communities sein usw.

Spielen heißt aber an sich für Kinder, selbst aktiv mit eigenen Ideen zu sein, den Rahmen selbst zu stecken, immer wieder zu verändern und die Fantasie laufen zu lassen. Die Vorstufe dafür ist Zeit, oft Langeweile, weil meist dann erst mit der Aktivierung des DMN, also dem Ruhemodus des Gehirns, Inneres spürbar wird, insbesondere die Kreativität angeregt wird.

Das kindliche Gehirn ist dann bereit, Realität und Fantasiewelt miteinander zu verbinden, die Freude daran kommt von innen, ist von da motiviert und kann nur dann in großer Neugier die Welt ausprobieren und gestalten, anfassen, erfassen und begreifen und sie und sich selbst in der Bewegung, die Erfasstes integriert, wahrnehmen. Daraus entwickeln sich immer neue eigene Erkenntnisse und ganz langsam, aber quasi automatisch ohne Zutun von außen, durch die vielen Wiederholungen von Zusammenhängen in unterschiedlichem Tun und Nachahmen von Vorbildern, Vorstellungen über den Selbstzweck des Spielens hinaus, ergibt sich auch eine Orientierung hin auf Ziele.

Das sind zunächst nahe, erreichbare Ziele, zunehmend dann auch zeitlich fernere Ziele, also der Beginn von Abstraktion und langzeitiger Ziel-Fokussierung und dem Herausfinden und Abstecken möglicher Wege dorthin.

Die Kinder sind von Beginn an dafür vorbereitet, einen solchen Weg des Spielens aus sich heraus zu gehen und sie brauchen diese Zeit des Spielens, um ihre Nervenzellen im Gehirn immer weiter zu verbinden. Ich hatte dies schon im Thema der aus meiner Sicht behindernden Frühpädagogik der Kitas für Kinder unter drei Jahren angesprochen.

Werden die Kinder im Spielen zu stark gestört, ist ihre neuronale Hirnentwicklung in Gefahr. Dies geschieht allein schon dadurch, dass Eltern, Erzieher oder Lehrer ständig Vorschläge und Vorgaben für Spiele machen, aber damit ist die eigene Exploration der Welt schon gehindert.

Aus der Erwachsenensicht noch gesteigerter eben von Frühpädagogen, ist das Kind aus seinem Sumpf des „sinnlosen Spielens“ herauszuziehen und in ein „ernsthaftes Lernen“ zu bringen (zu zwingen). Die Gesellschaft glaubt mittlerweile, dass dieser Weg notwendig ist, damit aus den Kindern „etwas wird!“. Ja, was bitte schön, und sind Kinder nicht schon „etwas“?

Historisch sind zwei Sichtweisen hierfür relevant, nämlich zum einen die Meinung „Kinder sind bei Geburt ein unbeschriebenes Blatt“ und müssten jetzt durch Erziehung „beschrieben" werden, die andere Meinung lautet „Kinder sind wie wilde Tiere" und man muss ihnen Zucht und Ordnung, also nur durch „Zivilisation" zu erreichendes Menschsein beibringen bzw. einbläuen (!), sie gewissermaßen zähmen, damit sie sich für die menschliche Gemeinschaft eignen.

Beide Anschauungen hatte ich in den Vorkapiteln bereits ausführlich widerlegt. Aber in der aktuellen frühpädagogischen Sicht gilt die Doktrin vom zwar spielerisch dargebotenen, aber ernsthaften Lernen, womit der Spielcharakter verloren geht und damit die Hirnvernetzung durch Spielen und Bewegung aus innerer Anregung heraus behindert wird.

Daher ist es wichtig, dass Eltern sich damit auseinandersetzen und die hirnphysiologisch hochbedeutsame Zeit der ersten Kinderjahre ihrer Kinder nicht behindern, sondern ihr Potenzial begleitend und ermöglichend fördern. Das Zentrum dafür ist tatsächlich vorhandene Zeit und die Leistung der Eltern ist es u. a., den Kindern Zeit und Raum zum Spielen zu geben, sie also nicht zu stören!, aber trotzdem ansprechbar zu bleiben.

Dafür brauchen die Eltern selbst Zeit und dann Bereitschaft, dieses Wissen umzusetzen in den Alltag der Kinder. Das heißt also, dass Kinder Freiheit von und Schutz vor einem aus Erwachsenensicht oft als „notwendig" gestalteten Terminkalender haben müssen. Die Erwachsenen brauchen dafür eben Wissen, um aus ihren Ängsten und Sorgen herauszukommen, dass aus ihren Kindern sonst nichts wird.

Wenn die Kinder spielen dürfen in ihrer märchenhaften Welt, die z. B. materielle Realität der Gegenstände oder Spielsachen mit ihrer eigenen Fantasie verbinden und umdeuten und vermischen dürfen, bereiten sie ihr Gehirn auf bestmögliche Weise vor für ein später zunehmend als interessant erlebtes ernsthaftes und zielgerichtetes Lernen und Handeln.

Entspannte und lebensfrohe Eltern und begeisterungsfähige Lehrer sind dann die hilfreichen „Zutaten“ zum Gelingen.

Das Spiel der Kinder lebt also aus der Spontanität, ohne ein Ziel oder einen Zweck zu erfüllen.

Insofern kann man miteinander in der Familie oder mit Freunden natürlich Gesellschaftsspiele machen, auch „pädagogisch wertvolle“ Lernspiele (die Anführungszeichen hier für die Fragwürdigkeit des Wertekanons), aber wenn diese Spiele nicht zum Lachen und einer guten Stimmung beitragen, haben sie bei Kindern nichts zu suchen.

Wettstreit und andere Formen des „Spielens“

Gesellschaftsspiele, bei denen das Gewinnen im Vordergrund steht, haben mit Spielen weniger zu tun, sondern eben mit Gewinnen. Kinder wollen sich, gerade in unserem Erziehungssystem, natürlich auch messen miteinander und auch mit Erwachsenen. Mit zunehmendem Alter steigert sich das häufig. Bleibt das in Maßen, ist das sicherlich unproblematisch. Kommt es aber zum Drama beim Verlieren, muss man das nicht immer wieder benutzen, um dem Kind auch das Verlieren als wichtige soziale Erfahrung „beizubringen“. Das lernen sie viel besser im Nachahmen, also wie die Eltern sich beim Verlieren verhalten.

Neues auszuprobieren und wenn es gelingt, zu zeigen, ist aber für das Annehmen von Herausforderungen durchaus wichtig. Wie schön, wenn nach wochenlangen Versuchen es dem Kind endlich gelingt, mit dem Mund zu flöten!

Und Wettstreiten kann viel Spaß bringen, ebenso beim Rangeln seine Kräfte auszuprobieren, es ist unter allen Tierjungen normal, sich zu balgen und es gehört zum Kinderspiel der Kinder untereinander, aber als eine Möglichkeit unter vielen. Dieses Spiel soll eben ausgelassen sein und nicht der Traurigkeit dienen. Wenn klar ist, wer der Stärkste ist, hören die Tiere ja auch oft auf.

Mannschaften bilden im Sport und gegeneinander antreten, kann ebenfalls viel Spaß bringen, aber wenn es „verbissen" wird, die Formulierung zeigt es schon, machen viele nicht mehr mit. Dasselbe erleben ja viele Erwachsene auch beim Kartenspielen, wo es manchmal zum Drama werden kann, wenn einer nicht aufgepasst hat. Alle Spiele im Wettstreit machen nur Sinn, wenn man dabei auch lachen kann, auch über eigene Fehler. Dass man dabei besser wird, ergibt sich ja von selbst.

In den Sportvereinen, in denen Trainer Kinder vorwärtsbringen wollen, wird es aber oft sehr ernst. Auch sind es öfter die Eltern, die wollen, dass ihr Kind bessere Leistung bringt als andere Kinder. Und das Ranking wird auch als ungerecht erlebt, weil die Trainer dann mehr Lust haben, die Besten zu trainieren.

Das führt, wie ich schon erwähnt habe, vielfach dazu, dass viele Kinder aus den Vereinen austreten, wenn es nur ums Siegen geht, und die verbleibenden Besten fangen an, sich dem Trainerwillen zu unterwerfen und sich im Training zu quälen, auch um die Zuwendung zu behalten.

Das hat mit Spiel im Sport nichts mehr zu tun. Und den Kindern wird ihre intrinsische Motivation ausgetrieben und hier schon Konkurrenz angefacht.

Das bahnt im Sport übrigens auch Machtausübung und Erniedrigung der Kinder durch Trainer, emotional, durch körperliche Gewalt, ja auch sexuellen Missbrauch, wie schon in Kapitel 3 erwähnt.

Wo Jugendförderung besondere Talente entdeckt, ist es die hervorragende Aufgabe von Eltern und Trainern, diese Talente behutsam weiterzuentwickeln, damit sich auch der Boden, auf dem die Kinder gut stehen, mitentwickelt.

Sportliche Herausforderungen, die Freude und Erfolge geben, machen natürlich Sinn, sie müssen aber nicht gepusht werden durch Elternehrgeiz und Trainer, die sich beweisen müssen.

Es ist also gut, wenn es Breitensport für Kinder gibt, wo Erwachsene darauf aufpassen, dass es im Grunde spielerisch bleibt.

Wettstreit muss also die Freude am Spiel behalten. Die Kinder spielen in den ersten Lebensjahren und auch länger, wenn man sie lässt, aus ihrer intrinsischen Motivation. Sie spielen aus einer Lust am Spielen heraus, wollen ohne Leistungszwang etwas hinkriegen, später auch ihre Sache gut machen, weil sie beginnend einen Sinn darin sehen und es ihnen Spaß macht. Im Vordergrund, wenn andere Kinder da sind, steht das Zusammenspielen. Gewinnen z. B. im Wettstreit ist dann eine Nebensache. Die Lust am Spiel kommt also von innen.

Wenn die Lust daher kommt, dass man selbst besser und eben andere schlechter sind, dann fehlt dem Kind im Grunde schon etwas. Das innere Vertrauen in die Welt und ein nicht in Frage stehender Selbstwert sind dann offensichtlich schwach oder verletzt. Das bahnt Konkurrenz und behindert Kooperation. Hier ist es wichtig, die Kinder in ihrem Selbstwert und dem Gefühl des Angenommenseins zu unterstützen.

Aber Achtung! Frühpädagogik und das aktuelle Schulsystem sind nicht geeignet, intrinsische Motivation weiter gut zu etablieren. Sie fördern vielmehr Fremdmotivation unter dem Motto „auf den Ernst des Lebens vorbereiten“, also fit machen für Konkurrenz, damit „aus dem Kind einmal etwas wird“. Das hatte ich ja schon in Kapitel 3 ausführlich beschrieben.

Hier müssen wir kraftvoll gegensteuern, auch damit kooperative Lebensformen und auch eine Gemeinwohl-Orientierung in der späteren Arbeit und der Wirtschaftswelt gelingen (siehe S. 552).

PC-Games

PC-Games sind keine Spiele im hier gemeinten Sinn der günstigen Hirnentwicklung, sie haben in der Regel zu erfüllende Vorgaben, zu erreichende Ziele und sie verbrauchen ungeheure Zeit, die dringend zum freien spontanen Spielen gebraucht wird und das niemals ersetzen können. Viele Kinder fühlen sich auch unter Druck bzw. gestresst bei PC-Games, weil man auch den Anschluss oder seine Bedeutung und Wirksamkeit in der Game-Community verlieren kann, wenn man die Online-Präsenz sinnvollerweise beschränkt. Hier sind die Eltern natürlich gefragt, PC-Zeiten sicher zu begrenzen, das Selbstwertgefühl der Kinder anderweitig zu stärken und Zeit und Raum für anderes Spiel aufzumachen. Das gilt natürlich auch für das Gaming der Eltern, damit ein Vorbild gelingt.

Da mir beim Gaming bzw. bei der Gamification von Prozessen zur Akzeptanz-Steigerung in Unternehmen und Gesellschaft die Expertise fehlt, ich also mehr ein 68er bin, als dass ich „digital native"-Erfahrungen habe – meine Erfahrung beschränkt sich auf Tetris® , Super-Mario® und Monkey Island®, die Älteren unter Ihnen erinnern sich wahrscheinlich –, habe ich unsere Kinder gefragt, hier noch etwas Licht in die aktuelle Zeit hineinzubringen. Dies auch, um das hier gemeinte Spielen von Gaming und Gamification unterscheiden zu können und zu verhindern, dass eine Orientierung im Digitalen und Virtuellen meint, schon das Soll des spontanen, intrinsisch motivierten Spielens erfüllt zu haben. Sie sind diesem Gedanken zu meiner Freude gerne nachgekommen, wobei auch sie nicht zu „digital natives" gehören, sondern zur Generation Y, aber doch ausreichend Erfahrung und ganz anders einfühlenden Zugang dazu haben als ich.

Games und Gamification

Fritjof Nelting, Nina Nelting und Frederik Nelting

Immer wieder taucht der Bösewicht Captain LeChuck im Adventure aus den neunziger Jahren, Monkey Island®, im Finale des Spiels plötzlich auf, um den Helden und Möchtegern-Piraten Guybrush Threepwood aus dem Bildschirm zu hauen. Dieser erscheint wieder an einem anderen Ort, hat dann einige Sekunden Zeit, um sich auf das erneute Auftauchen des Bösewichts vorzubereiten, allerdings um dann wieder effektvoll vom Geisterpiraten verhauen zu werden. Das geht solange, bis sich endlich eine Lösung gefunden hatte, um LeChuck den Garaus zu machen.

Diese Szene sind die ersten Erfahrungen und auch die ersten Erinnerungen von uns drei Kindern mit PC-Spielen. Ich, Fritjof, hatte immer viel Angst vor dem bösen Captain, der so plötzlich im Bildschirm auftauchte und doch ging davon eine große Faszination aus, die mich gebannt auf den – damals noch sehr kleinen – Bildschirm starren ließen. Immer wenn der Computer nach dem Spielen ausgestellt wurde, schickten unsere Eltern uns raus, um zu spielen, laufen oder Sport zu treiben (meistens Tischtennis oder Fußball).

Während ich diese Zeilen schreibe, wird mir deutlich bewusst, wie viel Anspannung sich beim Klicken der Maus eigentlich im Körper angestaut hatte und wie gut es war, dass wir uns danach austoben mussten/konnten/durften. Das war vor knapp 30 Jahren.

Seit dieser Zeit hat sich in der Spielebranche und im gesamten Bereich des „Gamings“ unfassbar viel getan. Während Monkey Island® in einigen Stunden oder wenigen Tagen gespielt werden konnte, gibt es mittlerweile Spiele, die viele hundert Stunden Inhalte bieten. Online-Spiele, in denen der Spieler mit anderen Menschen rund um die Welt zusammen spielt, bringen es mittlerweile auf teilweise mehrere tausend Stunden Inhalt.

Und das Erreichen von Zielen, Meilensteinen und Highscores übt dabei nicht nur auf jüngere Menschen eine große Faszination aus. Dies haben mittlerweile auch Unternehmen, Plattformen und Netzwerke für sich entdeckt. Wir möchten etwas über die positiven und negativen Implikationen dieser Entwicklungen schreiben. Grundsätzlich darf dabei sicherlich gelten: Wenn ich für einen guten, ehrlichen Zweck motivieren und begeistern möchte, sind die Grundvoraussetzungen andere, als wenn ich Menschen aus egoistischen oder kapitalistischen Motiven heraus in Abhängigkeiten bringen möchte. Die Grenze ist dabei vermutlich fließend und auch durchaus dynamisch.

Was genau bedeutet Gamification eigentlich? Gamification bringt spielerische Elemente und Designs in spielfremde Kontexte, also zum Beispiel in den Kontext der Arbeit oder den Kontext von Training und Lernen. Wo es also beispielsweise früher einen „Mitarbeiter des Monats" gab, könnte es nun sein, dass aus dem Kontext des Spieledesigns heraus Highscores für Mitarbeiter entwickelt werden, die entweder der reinen Motivation oder auch der Erreichung von Zielen und Boni zugeordnet werden.

Kompliziert wird es, wenn auch Malus-Regelungen an schlechte Platzierungen geknüpft werden sollen oder auch alleine das Öffentlichmachen von vermeintlich schwächeren Leistungen soziale Implikationen mit sich bringt. Aber nicht nur im Kontext der Arbeit hat die Gamification Einzug gehalten.

Viele digitale „Helfer" und Plattformen nutzen dieses Konzept sehr erfolgreich. Es ist beispielsweise deutlich motivierender, das Handy aus der Hand zu legen, wenn ich dadurch gleichzeitig Bäume in der echten Welt pflanzen kann (App „Forest"), eine Übersicht über meine handyfreien Zeiten in Form eines kleinen von mir angelegten Waldes erhalte und gleichzeitig noch Freunde einladen kann, mit mir gemeinsam eine digitale Pause einzulegen. Es macht auch viel mehr Spaß, das Sport-Programm oder die Achtsamkeitsübung mit Statistiken, Möglichkeiten der Interaktion und dem Erreichen von Zielen zu verbinden.

Aber hierin liegt auch eine der größeren Herausforderungen durch Gamification. Ist ein spielerisches Design in der Lage, eine positive Entwicklung zu fördern oder macht sich die App, die Plattform oder das Unternehmen gleich so unentbehrlich, dass Abhängigkeiten entstehen? Kann ich das als digitale Lösung unterstützen und gleichzeitig dem Nutzer seine Selbstbestimmtheit erhalten?

Als ein Beispiel möchten wir die Lese-App Blinkist anführen, die uns prinzipiell gut gefällt und viel genutzt wird. Ich bin durch die App in der Lage, Bücher in zusammengefasster Form zu lesen oder zu hören, um mir einen guten Überblick über ein Thema zu verschaffen und kann Text-Passagen markieren, Favoriten bilden, versenden etc. Das macht wirklich Spaß und es freut auch, wenn man eine Nachricht á la „Du hast schon 100 Bücher gelesen“ erhält.

Der Spaß hört für uns aber auf, wenn man merkt, dass aktuell bei einem selbst nicht viel Bedarf an diesem Abo besteht und die Verlängerung derzeit eigentlich nicht sein muss. An dieser Stelle wird man eindringlich von der App gewarnt: Wenn man das Abo beendet, werden alle Bibliotheken vollständig gelöscht und man verliert das gesamte, strukturierte Wissen aus dieser App.

Bin ich daran interessiert, dass die Gamification nur solange mein Freund bleibt, wie ich Kunde des Unternehmens bin? Bin ich weiterhin motiviert, Bücher zu sammeln und mir Verweise aus den interessantesten Stellen zusammenzustellen, wenn das alles nur „auf Zeit“ geschieht? Wir erleben dies als eine Form der (sicherlich rechtlich machbaren) Bevormundung und die Motivation für eine weitere Nutzung schwächt sich erheblich ab. Auch wenn die Gamification mir als solche gar nicht bewusst ist und ich unter Umständen nur Daten generiere, die mich vom Kunden zum Produkt werden lassen, stellt sich ein ungutes Gefühl ein.

Wenn ich mir nicht sicher sein kann, ob der Roboter, mit dem mein Kind „spielerisch" Programmieren erlernen kann, den eigentlichen Zweck hat, ein „Nutzungsprofil" über mich und meine Familie zu erstellen oder auch wenn ich das Gefühl habe, dass aus Entscheidungen (Pfaden) in Spielen psychologische Profile über mich erstellt werden können, dann verstärken sich die unguten Gefühle noch weiter.

Wenn dann noch ein Headset für VR-Gaming (Virtual Reality) nachhält, wohin ich in einem Spiel am liebsten schaue, dann stellt sich das Gefühl ein, sich inmitten eines Panoptikums zu befinden, welches mir potenziell jederzeit zuschauen kann und damit auch durchaus in der Lage ist, meine Handlungen zu beeinflussen. Damit verlieren wir dann endgültig die Lust am Spielen.

Vielleicht sind wir mit der Gamification und der damit verbundenen möglichen Erfassung von Daten aber auch in der Lage, wertschaffende Projekte weiter voranzubringen.

Dies kann beispielsweise der Fall sein, wenn über Gamification eine Zugehörigkeit zum lokal handelnden Supermarkt hergestellt werden kann und ich über eine gute Datenerfassung in der Lage bin, meinen Kunden tatsächlich notwendige Produkte, die dann vielleicht auch nicht verschwendet werden, anzubieten.

Oder wenn ich Rabatte oder einen „Premium"-Status eines Händlers erhalte, in dem ich bei der Wertschöpfung eines sinnhaften Produktes konkret mitwirke, z. B. in dem ich bei der Erstellung eines Produktes konkret helfe (ob durch Crowd-Funding oder Hilfe bei der Ernte) oder indem ich über Apps wie Ataleo digitales „Bottom-Up"-Marketing für ein Produkt unterstütze. Dann macht Gamification nicht nur großen Spaß, sondern folgt einem realen Zweck und einer realen Wertschöpfung.

Wer von uns freut sich nicht, wenn er oder sie einen Highscore „knackt", ein Ziel von der „Bucket-List" abhaken kann oder auch nur die Verbesserung der eigenen Leistungen bildlich dargestellt sieht – über das Sternchen vom Lehrer haben wir uns schon in der ersten Klasse gefreut – und wenn moralisch integre Menschen diese Prinzipien nutzen, um die Gesellschaft voranbringen, dann freuen wir uns über viel Zeit zum Spielen.

***

Entscheidungen der Eltern für lebensförderliche Lebensstile

Nach diesen Einblicken und in diesem selbstreflexiven Sinne sind ein Kinderwunsch oder eine schon bestehende Schwangerschaft die geeigneten Zeiten für die werdenden Eltern, sich all dies für Änderungen im Lebensstil konsequent anzugewöhnen, also z. B. Pausen nicht als vertane Zeit, sondern als lebenserhaltend und kreativitätsstärkend anzusehen und auch zu erleben.

Wenn das zunehmend funktioniert, ist die Vorbereitung auf das Kind auf einem guten Weg.

Vorbereitungen und Entscheidungen in der Schwangerschaft

Wenn die Frau ein Kind erwartet und das Glück hat, den Vater als Partner zu haben, kann dieses Paar nun viele Entscheidungen für Gegenwart und Zukunft treffen: z. B. wie lange kann die schwangere Frau stressarm weiterarbeiten. Sie hat nicht nur Verantwortung für ihren Arbeitgeber, sondern in dieser speziellen Situation besondere Verantwortung für sich und das Kind, das in ihr wächst.

Wer begleitet die Frau bzw. das Paar in der Schwangerschaft?

Ich wiederhole hier zwei Absätze aus Kapitel 2:
Dies erfordert gute Begleitung von Hebammen und Ärzten, optimalerweise solchen, für die eine Schwangerschaft nicht eine Krankheit ist, sondern ein normaler, freudvoller Lebensabschnitt. Die Mehrzahl der Schwangerschaften ist nicht als Risiko einzuschätzen, sondern als natürlicher, lebensspendender Entwicklungsfortschritt mit eigener Kompetenz der Mutter zum Gebären. Generell gelingt eine Schwangerschaft umso besser, indem die Schwangere in dieser Kompetenz unterstützt wird und Ängste vor Komplikationen gut besprochen und bewältigt werden können, wenn keine Hinweise für Komplikationen da sind. Das gilt auch für Ängste des werdenden Vaters.
Bei Risikoschwangerschaften ist die entängstigende und lebensbejahende Betreuung umso wichtiger und die Kompetenzen von Hebamme, Arzt und Krankenhaus zu betonen, die Sicherheit gibt, ohne die Kompetenz der Schwangeren zur Frage des Tragens und Gebärens ihres Kindes infrage zu stellen. Ihre Wünsche und Gedanken dazu und der Rahmen ihrer Selbstbestimmung in dieser besonderen Situation brauchen großen empathischen Raum. Ein solches Vorgehen negiert nicht das Risiko, sondern minimiert es, indem die Schwangere und damit auch ihr Kind im Bauch eine bestmögliche Ausgangslage bekommt.

Dann kommt die Frage, wie gebären? Hausgeburt, Geburtshaus oder Klinik? Kaiserschnitt?

Hierzu gibt es in der Presse und bei den Informationen der beteiligten Berufsgruppen, also den Ärzten, Hebammen, Krankenhausträgern, Fachgesellschaften, aber auch Politikern viele und vielfach sich widersprechende Informationen. Hier kreuzen sich viele Interessenlagen, ebenfalls melden sich viele gesellschaftliche Gruppen, gerade auch Frauen mit unterschiedlichen Anschauungen und Erfahrungen und im Kontext von Genderthemen oder „moderner“ Lebensart zu Wort.
Ich möchte hier im Folgenden zur Klarheit beitragen, weil diese Entscheidungen möglichst nicht aus Angst, sondern in freudiger Erwartung

und vor allem mit innerlichem Wohlgefühl getroffen werden sollten. Keine Mode, keine Angstmache, kein Gefühl, als Frau besonders zu punkten oder Terrain zu verlieren, ist hier gefragt. Einiges ist aber zurechtzurücken, wenn nicht stimmige Informationen andere Interessen als die der Schwangeren bedienen sollen.

Zur Geburt

Generell lässt sich sagen, dass alle Schwangeren, bei der alle Risikofaktoren, die eine besondere medizinische Betreuung von Mutter und noch Ungeborenem bzw. Neugeborenen erfordern, untersucht und ausgeschlossen wurden, hier das für sie Passende im Dialog mit ihrer Hebamme wählen können, also Hausgeburt, Geburtshaus und Klinikentbindung. Das gilt auch für Erstgebärende. Alle drei Wahlmöglichkeiten sind sichere Optionen.

Bei Schwangeren mit festgestellten Risikofaktoren wird allgemein und übereinstimmend von Hebammen und Gynäkologen eine Entbindung in Kliniken empfohlen.

Ich nehme hier den Faden noch einmal auf für fundierte Entscheidungshilfen für den jeweils passenden Ort für die Geburt und Berichte über die aktuelle Situation der geburtshilflichen Angebote und wünschenswerte Entwicklungen und Gestaltungen der Geburtshilfe in Deutschland. Ebenfalls gehe ich auf die Bedeutung der Kaiserschnittentbindung ein und wann diese indiziert ist.

Wir freuen uns über die massive Senkung der Säuglingssterblichkeit mit laufender Verringerung in den letzten hundert Jahren in Deutschland. Um 1900 starb noch jeder fünfte Säugling, bei der damals deutlich höheren Geburtenrate also eine hohe Anzahl. Durch die zunehmende Bedeutung der Hygiene und der Verbesserung der Ernährung und weiter durch die verbesserte Kompetenz der Hebammen und insbesondere die

Entwicklung der Kaiserschnitt-Entbindung zu einem Routineeingriff mit geringer Komplikationsrate ist sie heute sehr gering.

Geburtshilfe im Detail

Generell verläuft eine Geburt günstig, wenn die Gebärende sich sicher und wohl fühlt, keinen zusätzlichen Stress erfährt, der mit der Geburt nichts zu tun hat, und von einer Hebamme, zu der sie Vertrauen hat, begleitet ist. Unter einer normalen, stressarmen Geburt werden Oxytocin und schmerzstillende Endorphine ausgeschüttet, der Uterus ist gut durchblutet, das noch Ungeborene gut mit Sauerstoff versorgt. Es besteht ausreichend Zeit, dass sich der Muttermund weitet und der Damm in eine gute Dehnung kommt.

Dammrisse sind keine notwendigerweise begleitenden Umstände einer Geburt, sondern meist einer Zeitnot oder Ungeduld geschuldet, die häufig eher im klinischen Kontext besteht. In solchen Situationen wird bei der Gebärenden auch vermehrt Adrenalin und Cortisol ausgeschüttet, also eine Hormonsituation, die mehr Blut in die Extremitäten verschiebt und aus den inneren Organen abzieht, so auch vom Uterus. Dass dies sich eher ungünstig für den Zustand des Uterus, des Ungeborenen und des Geburtsverlaufes auswirkt, dürfte deutlich sein.

In der Entwicklung und Gestaltung der zukünftigen Geburtshilfe wird die strukturelle Vermeidung von Stress für die Gebärende die zentrale Rolle spielen. Ich werde darauf am Ende dieses Kapitels näher eingehen.

Geburtsort und Sicherheit

Standards für Hausgeburten sind gute Gesundheit der Schwangeren, eine erfahrene Hebamme, zu der die Schwangere Vertrauen hat, eine positive und vor allem eigene Einstellung der Frau zu einer Hausgeburt, die Feststellung der Abwesenheit von Risikofaktoren und die Erreichbarkeit einer geburtshilflichen Klinik in etwa 20 min. für den Fall seltener

Komplikationen wie z. B. Geburts-Stillstand bei Wehenschwäche. In der medizinischen Beurteilung wird auch übergewichtigen Frauen empfohlen, in einer Klinik zu entbinden.
Eine Verlegung in eine Klinik bei Hausgeburten findet zur Sicherheit bei etwa jeder achten Hausgeburt statt, allerdings in der Regel in guter Ruhe und mit Zeit, nur in 0,5 – 1 % aller Hausgeburten war tatsächlich Eile geboten.

Unter diesen Standards ist eine Hausgeburt bzw. die Geburt in einem von Hebammen geleiteten Geburtshaus genauso sicher wie die Entbindung in einer Klinik. Für Frauen, die schon ein oder mehrere Kinder normal und komplikationslos geboren haben, ist die an sich geringe Komplikationsrate bei Hausgeburten sogar halbiert gegenüber der in Kliniken.

Bei Hebammenbetreuung einer Hausgeburt ergaben sich gegenüber der Klinik-Betreuung/Entbindung weniger Frühgeburten, weniger Dammschnitte und natürlich Kaiserschnitte, weil im Krankenhaus mehr Kaiserschnitte als medizinisch indiziert durchgeführt werden (siehe Kasten).
Dies ist durch umfangreiche Studien abgesichert und darf als medizinisch gesichertes Wissen betrachtet werden.

Exkurs Niederlande:
Da in Deutschland nur 2 % der Frauen sich für Hausgeburten bzw. Geburtshäuser entscheiden, sind Studien besonders in den Niederlanden durchgeführt worden, wo sich die größte Zahl an Hausgeburten in Europa findet. Bis Anfang der 1960iger Jahre haben 70 % der Niederländerinnen ihre Kinder zu Hause bekommen. In den 70iger Jahren konnten die Hebammen dort dann im Krankenhaus und Polikliniken mitarbeiten, u. a. dadurch hatte sich die Zahl der Hausgeburten dann halbiert. Aktuell bekommen immer noch gut ein Viertel aller Niederländerinnen ihr Kind zu Hause, bei Schwangerschaften ohne Hinweise auf Komplikationen sind es noch fast ⅔ aller Frauen.

Die grundsätzliche Haltung zur Geburt in der niederländischen Gesellschaft wird gut ausgedrückt von dem niederländischen Gynäkologen Prof. Ted Kloosterman, der gesagt hat: „Bei uns ist der Arzt Gast im Hause der Gebärenden." Er meint damit auch, dass die Geburten in den Niederlanden unter der Leitung der Hebammen stehen, die Gesellschaft dies als normal und sicher empfindet und die sehr gut ausgebildeten und erfahrenen Hebammen großes Vertrauen und hohe Anerkennung von Frauen und Männern genießen.

In Umfragen stehen die Niederländerinnen sehr positiv zu Hausgeburten und erwarten bei der Geburt auch, dass sie die Schmerzen gut aushalten können. Bei den Frauen in den USA beispielsweise erwarten die Schwangeren zumeist, dass sie die Schmerzen unter der Geburt keinesfalls aushalten werden und dringend Schmerzmittel brauchen. In beiden Ländern sahen sich die Frauen in ihren Einstellungen bestätigt! Die Einstellung und allgemeine gesellschaftlich Meinung darüber ist also wichtig, eine Bestätigung der sich selbsterfüllenden Prophezeiung.

Geburt in Deutschland

In den Niederlanden (2013) sind bei Hausgeburten in nur 3,4 % Überweisungen in die Klinik veranlasst worden, in Deutschland werden in etwa 10 % der normalen Schwangerschaften ein medizinisches Eingreifen als notwendig gesehen.

Dieser Unterschied ist u. a. einem höheren Sicherheitsdenken mit entsprechenden Standards geschuldet, aber auch der fachspezifischen Eingriffs-Logik in die Entbindung in gynäkologischen Krankenhausabteilungen. Nicht alles, was dort als notwendig ausgegeben wird, ist auch primär indiziert. Allerdings ergeben sich durch bestimmte Abläufe und Faktoren wie Zeitnot, Arbeitszeiten, Personalmangel, geforderten Fallzahlen in der fachärztlichen Weiterbildung, juristischen Absicherungsnotwendigkeiten und medizinischen Meinungen des Hauses Handlungsschemata und damit Geburtsverläufe, die dann einen Eingriff letztendlich rechtfertigen.

Beispielsweise können Wehentröpfe durch die nachfolgende plötzliche Beschleunigung des Geburtsprozesses nicht nur zur Verbesserung der Wehentätigkeit führen, sondern auch gegenteilig zu einem Balanceverlust der Komponenten wie Gewebeweitungspotenzial, Effizienz der Kraftwirkung der Wehen usw., sodass sich hieraus auch Erschöpfung, Notwendigkeit für den Saugglockeneinsatz oder einen Kaiserschnitt ergeben können. Tatsächlich erleben letztlich nur wenige Frauen, die in Kliniken entbinden, eine Geburt überhaupt ganz ohne irgendwelche Eingriffe.

Diese Kritik betrifft allerdings nicht allein die speziellen klinikimmanenten Risiken einer Geburt, sondern grundsätzlich medizinfremde Einflüsse in Krankenhäusern allgemein und ihre systemischen Probleme in unserem Gesundheitswesen.

Viele Kliniken versuchen aber derzeit die Möglichkeiten für natürlichere, stressärmere Geburten zu verbessern, indem es neuerdings z. B. erste von Hebammen geleitete Geburtshäuser im Klinikgelände gibt, wo es die Sicherheit von direkter Behandlung bei Komplikationen gibt, aber gleichzeitig die Unruhe durch die Möglichkeit von Komplikationen, auch wenn sie gering ist, nicht mehr besteht. Dies scheint eine auch sehr sinnvolle Entwicklung zu sein.

Die Qualität der freiberuflichen Hebammen in Deutschland ist sehr hoch, die zukünftige Ausbildung wird gerade universitär, aus meiner Sicht einem Trend geschuldet, und nicht, weil die Qualität fehlte. In diesem Sinne dürfen sich Schwangere mit gutem Vertrauen hier anvertrauen, für welche Option sie sich auch entscheiden.

Geburtshilfe neu denken

Ich schlage aufgrund der vorangegangenen Situationsschilderung vor, die Geburtshilfe in Deutschland neu zu denken:
Ich möchte den Gegensatz Hausgeburt und klinische Geburt verlassen, denn Hausgeburt ist bei Einhaltung der Standards natürlich kein Abenteurertum und die Klinik ist für viele Gebärenden nicht der über alle Kritik erhabene bessere Raum. Aus meiner Sicht sollte die Entwicklung dahingehen, dass Geburten hebammengeleitet sind mit Ausnahme von indizierten Kaiserschnitten und ärztlich zu überwachenden Geburtssituationen mit der Wahrscheinlichkeit von Komplikationen.

Daraus ergibt sich folgender Plan bzw. Vorschlag:
25 % der Gebärenden sind operativ bzw. fachärztlich gynäkologisch zu begleiten und zu behandeln.

25 % der Gebärenden gehen in hebammengeleitete Geburtshäuser auf dem Klinikgelände, wenn Komplikationen mit einiger Wahrscheinlichkeit zu erwarten sind oder aus Angst oder Unsicherheit der Frauen diese Nähe gewünscht wird.

25 % der Gebärenden, die im Umkreis von 20 min. zur Klinik wohnen und eine solche Entscheidung für sich stimmig finden, machen eine Hausgeburt in Begleitung ihrer Hebamme.

25 % der Gebärenden, die weiter weg von der Klinik wohnen, entbinden in hebammengeleiteten Geburtshäusern, die sich in einem Kreis um die Klinik herum befinden, sodass die Klinik in 20 min. erreicht werden kann. Dies soll natürlich keine Vorschrift sein und die von mir genannten Prozentzahlen werden variieren und sich durch die tatsächliche Wahl der Frauen weiter herauskristallisieren, wenn es ein solches ehrliches Angebot und eine gute, nicht bedrängende Beratung gibt und die Sicherheit all dieser Möglichkeiten bestätigt werden kann.

In diesem Sinne sollten weitere Geburtshäuser auf Klinikgeländen entstehen und andere in gutem Abstand zur Klinik. Die Eingriffe in Kliniken sollten gut indiziert sein und nicht von geburtsfremden Einflüssen, wie schon benannt, überformt werden.

Wenn die hebammengeleiteten Geburten zu Hause oder in Geburtshäusern zunehmend gewählt werden und in der Öffentlichkeit als das benannt werden, was sie bei Einhaltung der Standards sind, nämlich genauso sicher wie die Klinikentbindung, wird die Attraktivität des Hebammenberufs wieder steigen. Eine bessere Vergütung kann hier unterstützend wirken und ist in jedem Fall für diese wichtige Tätigkeit berechtigt. Das vorgenannte bedingungslose Grundeinkommen wird die Situation der Hebammen weiter verbessern. Das Versicherungsthema der Hebammen muss im Weiteren verlässlich und wirtschaftlich vereinbar von Politik und Krankenkassen gelöst werden.

Ich möchte mit diesem Vorschlag also einen Dialog anregen, damit Geburt ein zunehmend freudvoller und angstarmer Vorgang für immer mehr Frauen wird und die Wahl des Ortes und der Umstände der Geburt selbstbestimmter und passender möglich wird.

Kaiserschnitt

Die Möglichkeit, Babys durch Kaiserschnitt in die Welt zu holen zu können, ist ein Segen. Dies ist neben der Hygieneverbesserung einer der Hauptgründe, weshalb die Säuglingssterblichkeit in so vielen Ländern gesenkt werden konnte.

Von einigen Gynäkologen wird der Kaiserschnitt als sicherste Geburtsform propagiert. Dem ist zuzustimmen, wenn es sich um indizierte Kaiserschnitte handelt, dann ist der Kaiserschnitt ja in der Regel auch die einzige verbleibende Option.

Aber etwa 30 % aller Kinder in Deutschland kommen durch Kaiserschnitt auf die Welt, laut WHO sind tatsächlich nur 15 % medizinisch indiziert.

Wenn es sich jedoch um Kaiserschnitt aus Trendgründen, aus Wunsch, ggf. auch aus ärztlicher Empfehlung oder gar um institutionelle geburtsfremde Gründe ohne konkrete Indikation handelt, möchte ich dem widersprechen.

Die Sterblichkeitsrate der Frauen bei Kaiserschnitt gegenüber einer Geburt auf dem natürlichen Wege, sofern keine Komplikationsrisiken zu erwarten sind, ist zwar gering, aber doch 1,7-mal höher bei Kaiserschnitt (u. a. aufgrund z. B. schwerer Infektionen, heute möglicherweise auch mit antibiotikaresistenten Keimen, Thrombosen bzw. Embolien). Das ist sicherlich zu viel Risiko, um einem Trend zu folgen.

Auch die durch einen Kaiserschnitt möglicherweise bedingten Verwachsungen und für Folgeschwangerschaften seltenen, evtl. bedrohlichen Uterus- sowie Mutterkuchen-Komplikationen sind zwar selten, aber zu erwähnen.

Die Uterus-Rückbildung nach Kaiserschnitt ist etwas erschwert, die postoperativen Schmerzen können die Oxytocin-Ausschüttung behindern und bedürfen immer wieder einmal sogar der Schmerzmedikation, die ihrerseits dann wieder das Stillen infrage stellt.

Ein geplanter Kaiserschnitt ohne natürlichen Geburtsbeginn beinhaltet konkret die Gefahr eines primären Oxytocin-Mangels, was die so notwendige sichere Bindung erschwert. Weiterhin schießt in der Regel die Milch später ein als bei der natürlichen Geburt.

Ebenso gibt es Gefahren für das Baby, zu Beginn sicherlich Atemstörungen und z. B. auch Asthma aufgrund von erschwertem Immunaufbau. Dies auch, weil die Scheidenflora hierfür eine günstige Rolle spielt und beim Kaiserschnitt fehlt, wenn sie nicht nachträglich appliziert wird. Weiter mögliche Spätstörungen sind Diabetes-Typ 2, Zöliakie, u. a.

Wichtig ist auch nach Kaiserschnitt der direkte feste Kontakt mit der nackten Haut von Mutter und Neugeborenem, der, wie schon erwähnt, eine neurophysiologische Stimulation innerer Organe bewirkt. Auch sollten Kaiserschnitt-Kinder, wenn irgend möglich, gestillt werden.

Bei einer natürlichen Geburt können Beckenbodensenkungen mit Folgestörungen wie Harninkontinenz auftreten. Dies ist bei natürlichen Geburten als Spätfolge häufiger zu beobachten als bei Kaiserschnitt. Allerdings tritt dies auch bei Kaiserschnitt-Entbindungen auf, weil Beckenbodensenkungen nicht nur Folge der vaginalen Entbindung sind, sondern schon physiologisch auch schwangerschaftsbedingt.

Es ist möglich, dass die Zahl der indizierten Kaiserschnitte in der Zukunft zunehmen könnte. Denn die Frauen werden größer und ihre Kinder im Bauch auch. Aber Forschungen haben ergeben, dass das Becken der Frauen nicht immer mitwächst, es also häufiger Konstellationen sich ergeben können, dass ein Missverhältnis zwischen Beckenraum und Kindsgröße bei der Geburt vorliegt. Dies ist jetzt schon ein häufiger Grund für den Kaiserschnitt, dies könnte zukünftig doch zunehmen.

Nach der Geburt

Nach der Geburt ist es günstig, wenn auch der Vater erst einmal zu Hause ist. Er kann sich Urlaub nehmen, ggf. unbezahlt, und auch der Vater könnte die Arbeitszeit in sinnvollem Maße reduzieren, damit sich das Paar die Arbeit im Haushalt und beim Kindeswohl und auch die Möglichkeit zum Schlafen gut teilen kann. Dies führt in der Regel dann zu einem verringerten Einkommen und es ist wichtig, dass beide Eltern dies für diese Phase bejahen und als eine großartige Investition in das Kind und seine Entwicklung und in ihre eigene Gesundheit sehen.

Es ist in dieser Phase auch nicht wirklich wichtig, mit einem Neugeborenen in den Urlaub zu fahren, abends viel unterwegs zu sein oder das

Kind im Auto ständig herumzukutschieren. Übrigens gehört es auch zu der schon erwähnten alten chinesischen Tradition, dass ein Neugeborenes erst nach ebenfalls 100 Tagen der Öffentlichkeit gezeigt wird. Bis dahin hat das Kind gute Möglichkeit, dass die Sinne sich allmählich in der umhüllenden und schützenden Atmosphäre der Eltern und ihres Zuhause an die Verhältnisse außerhalb des Uterus gewöhnen können.

Es ist also ein großer Gewinn, wenn die Eltern es schaffen, es sich zu Hause in ihrem „Nest" mit dem Baby behaglich zu machen. Dabei muss man allerdings lernen, dass man nichts wirklich verpassen kann, wenn man sein Glück genießt.

In Europa scheint das am besten den niederländischen Eltern zu gelingen, hier lohnt es sich, deren Erfahrungen weiter zu erfragen. Dort gilt es mehrheitlich als normal, auch abends mit den kleinen Kindern zu Hause zu sein.

Die Gedanken zukünftiger Arbeitsteilung, Karriereplanung, von den Unterstützern für die Familie und der Finanzbedarf für den gewollten Lebensstil sind jetzt zu klären und auf den Weg zu bringen. Die Auseinandersetzung mit Werten und Dingen, die nun wichtig sind oder erscheinen, sind zur Reife zu bringen und hier sind Entscheidungen zu fällen, die das Leben dann lebenswert machen. Es wird dann oft deutlich, dass der bisherige Lebensstandard mit einem gewöhnten Konsum doch nicht der nachhaltige Glücksbringer ist und das Erleben des Kindes und mit dem Kind ein gedeihliches Zusammenleben und die Kommunikation mit Menschen klar höhere Güter sind.

Der Umgang und das Maß der Nutzung medialer Angebote sind nun äußerst wichtig für ein Gelingen der gesunden Hirnentwicklung, da die Eltern ja auch Vorbild für ihr Kind werden.
Schauen wir uns also zuerst die mediale Präsenz der Eltern an.

5.2.3 Mediale Präsenz der Eltern

Wie viel mediale Präsenz die Eltern jetzt für sich zulassen, ist in dieser Phase ganz entscheidend, zum einen für ihre eigene Belastung bzw. Gesundheit, zum anderen als Vorbild für das Kind.
Spätabendliches Beantworten von E-Mails, wenn das Kind schläft, ist eher unsinnig, weil dies ebenfalls eine gute Zeit für das Paar ist bzw. für den eigenen Schlaf. Es ist sinnvoll, die wesentlichen Kommunikationspartner zu informieren über die Elternschaft (die Freunde wissen ja bereits darum) und dass E-Mails nun diskontinuierlich beantwortet werden. Zur Beantwortung sollte sich ein Elternteil separieren, keinesfalls mit dem I-Pad neben dem Kind liegen.

Im Zusammensein mit dem Kind hat das Handy nichts zu suchen. Für das Gelingen des Baby-Talks ist die prompte Antwort der Eltern entscheidend, sie müssen also ganz bei der Sache sein. Direkterleben ist oft unterbrochen, wenn man glaubt, alles auf Video aufnehmen zu müssen. Und wer soll das denn alles anschauen, dann bleibt doch keine Zeit zum eigenen Leben. Ein paar Videos können später viel Freude machen, aber dauernd ist Unsinn und nimmt einen direkt aus dem Erleben raus, wie schade!
Es ist der Mutter auch unbedingt davon abzuraten, mit dem Handy in der Hand das Kind zu stillen. Das bedeutet Unruhe für das Kind, Unruhe für die Mutter und eine Verschlechterung des Milchflusses. In Untersuchungen zeigte sich, dass sich beim Stillen das Stressniveau der Mutter absenkt mit niedrigeren Cortisolwerten, d. h. die Mütter sind konzentriert bei sich und dem Kind und nicht im Außen und das Kind ist gegen Stress abgeschirmt, da in der Muttermilch wenig Cortisol ist. Die Konzentration auf Handy-Inhalte verändert die Situation sofort, der Cortisolgehalt der Muttermilch nimmt zu.
Eltern müssen auch bei Mediennutzung für die kleinen Kinder sofort ansprechbar sein, d. h. konzentrative Mediennutzung sollte nur separiert erfolgen.

Die Kinder lesen im Gesicht von Mutter und Vater und warten vielfach auf Antwort. Dies ist auch der Fall, wenn sie im Kinderwagen geschoben werden und noch nicht schlafen (um die Flut von Umweltreizen von Babys zu begrenzen, sollte der Kinderwagen so aufgebaut sein, dass im Blickkontakt geschoben werden kann). Insofern ist hier das Handy obsolet.

Dasselbe gilt für das Spiel auf dem Kinderspielplatz. Heutige Normalität ist es, dass Kinder 10-mal Mama rufen müssen, ehe die Mutter ihren Blick vom Handy auf das Kind richtet, zudem noch mit einem unwilligen Gesichtsausdruck. Das heißt für das Kind, das Handy ist wichtiger als „ich", was für ein fatales Signal! Die Kinder wollen frei spielen, aber zu gerne und mit gutem Recht, dass die Eltern Teil und Freude daran haben. Handys gehören auch nicht unkontrolliert und langzeitig in die Hände von Kindern, Zweijährige wissen schon über den Bildschirm zu wischen, was für eine unsinnige Performance, als wäre Wischen zum Erkenntnisgewinn ein hoher Wert. Noch nicht mal eine sinnliche Wahrnehmung ist damit verbunden wie sonst beim Begreifen der Welt. Und sie wollen oft immer weitermachen.
Wir wissen inzwischen, dass Baby-Videos, auch als pädagogisch wertvoll benannte, bis zum Alter von drei Jahren den Kindern schaden, sie können das nicht verarbeiten. Danach schädigen sie nicht mehr, der pädagogische Nutzen ist allerdings nicht gerade grandios.

Wir wissen auch, dass Kinder im Alter von acht bis elf Jahren nicht länger als zwei Stunden täglich vor dem Bildschirm verbringen dürfen, andernfalls sind sie sowohl geistig als auch körperlich weniger fit als Altersgenossen mit geringeren Zeiten.

In einer großen Studie aus Kanada mit über 4000 untersuchten Kindern dieses Alters (Cheo-Institut der Universitäten von Ottawa und Carleton-Universität, ebenfalls Ottawa, 2018)[77] verbrachten sie im Durchschnitt 3,6 Std. täglich vor Bildschirmen.

Nur die Hälfte bekam darüber hinaus ausreichenden Nachtschlaf von neun bis elf Std., nur 5 % hatten Bildschirmzeiten unter zwei Std., ausreichend Nachtschlaf und auch ausreichend Bewegung.

Die Auswirkungen sind also gravierend und dürfen nicht bagatellisiert werden.

Empfehlenswerte Regeln für den Handy-Gebrauch in der Familie

Alles was Kinder zum Handygebrauch wirklich lernen, ist das, was die Eltern ihnen damit vorleben. Und wenn Eltern für die Kinder Regeln fürs Handy, für Internet- bzw. Fernseh-Zeiten, für analoge Kommunikation geben wollen, funktionieren sie nur dann, wenn die Eltern sich genauso daran halten. Das Vorbild ist entscheidend.

Handygebrauch beim gemeinsamen Essen wirkt aber auch „vorbildlich", aber ungünstig. Die Kinder lernen, dass Schmecken, Kauen und Freuen beim Essen eher nebensächlich ist.

Hier einige Regeln, das meiste gilt auch für die Eltern:

- Handys vom Tisch beim gemeinsamen Essen!
- Handys gehören nicht ins Schlafzimmer und werden im Wohnzimmer aufgeladen.
- Mindestens eine halbe Stunde vor dem Schlafengehen werden die Handys ausgeschaltet.
- Handy nicht als Super-Nanni, das Smartphone als Liebes- bzw. Beziehungsersatz ist inzwischen neben den Zucker getreten. Das ist verführerisch, gilt aber nicht (oder nur manchmal)!

- Kinder selbst dürfen keine Online-Kunden sein, die Zugänge als kindlicher Kunde sind leicht und die Konzerne sehen hier einen riesigen Markt, also aufgepasst!
- Das analoge Offline-Leben zählt! Wenn die Kinder sehen, welche Freude die Eltern daran haben, sind sie daran auch interessiert. Also suchen Sie mit den Kindern Aktivitäten und Herausforderungen in der sinnlich-realen Welt! Je mehr Freude das analoge Leben macht, je attraktiver es ist, desto einfacher wird es online. Denn dann ist der sinnlich begründete Dopamin-Schub des Offline-Lebens der Dopamin-Ausschüttung bei Sofort-Befriedigung im Netz überlegen, u. a. auch, weil Erlebnisse mit allen Sinnen intensiver im Gedächtnis gespeichert werden.
- Zufriedene Kinder mit eigenen Ideen und Plänen haben weniger Angst, etwas zu verpassen („fomo“: fear of missing out). Sollte doch solche Angst aufkommen, unbedingt mit den Kindern sprechen, vielleicht mit ihnen schon sprechen, dass es so was gibt, bevor sie es erleben.
- Kontrolle, das sind Regeln, kontrollierte Nutzungs-Zeiten, im Gespräch sein zu den Problemen. Und die eigene Kontrolle der Eltern über ihre eigene Online-Offline-Balance ist herausragend wichtig für die Befolgung der Regeln durch die Kinder und Jugendlichen.
- Zur Kontrolle gehört niemals ein Ausspionieren von Handys der Kinder, der Social-Media-Accounts, der E-Mails usw. – es gilt im Kontakt dran zu sein und dranzubleiben am Gebrauch der digitalen Medien der Kinder.
- Jugendliche sollten bereits bei beginnender Pubertät von den Eltern über Themen und Gefahren von Sexting, Algorithmen, sozialer Nötigung und Cybermobbing

erfahren, also zu einem Zeitpunkt, wo sie noch gut ansprechbar sind und den Eltern durchaus noch zuhören.

- Kinder brauchen beides, ein klares „Ja" und ein klares „Nein" und möglichst nicht zu oft Kompromisse. Aber wie gesagt, es dreht sich nicht um dauernde Verbote, sondern es muss auch mal ein „Ja" geben. Die Eltern sollten die Regeln vorgeben und nicht so viel fragen, ob die Kinder einverstanden sind. Kleine Kinder sind keine Erwachsene und warten auf das Vorleben der Regeln, kognitive Entscheidungsfindung für sich selbst überfordert sie meist, da wachsen sie erst langsam hinein. Bei der Eissorte kann man schon mal fragen, braucht dann aber auch genug Zeit für diesen Hin-und-Her-Prozess. Größeren Kindern und Jugendlichen sind solche Entscheidungen dann aber schon zuzumuten.
- Gespräche mit Kindern und Jugendlichen außerhalb von Entscheidungssituationen, also fragen und hinhören, was sie zu einem Thema denken, wie sie es gerne haben möchten, sind unbedingt wichtig, auch wenn die Entscheidungen der Eltern nicht immer so ausfallen, wie Kinder das möchten. Aber Kindern und Jugendlichen eine Stimme geben, das ist ja gerade der Kernpunkt der Stiftung von Auma Obama.

Apps

Ein kleiner sketchhafter Dialog aus dem App- oder digitalen Assistenz-Bereich: „Was machst Du?" Antwort: „Nichts." Vorschlag: „Warte, ich helfe Dir!"

Wir lachen darüber, aber ohne Experten (im Hintergrund der Apps) trauen wir uns immer weniger zu.

Diese zunehmende Hilflosigkeit, die nicht wirklich ist, aber zunehmend erlernt wird, wird auch durch folgenden Dialog (aus „Liebe ist Energie“ von P.T. Schulz, Dumont Verlag) ausgedrückt:
Frage: „Guten Tag, wie komme ich hier zur Vernunft?“
Antwort: „Tut mir leid, ich bin auch nicht von hier!“

Digitale Assistenzsysteme: z. B. „Siri“ und „Alexa“
Eine von mir erlebte Szene:
Ein fünfjähriges Mädchen hört schon eine Weile ein Hörspiel. Die Mutter sagt, jetzt ist es genug. Das Kind hört nicht. Die Mutter ruft in den Raum: „Alexa, Stopp!“. Umgehend herrscht Stille. Das Kind ruft „Alexa, an!“, das Hörspiel geht weiter. Die Mutter ruft erneut: „Alexa, Stopp!“ und nimmt dann das Kind zu sich, damit es nicht wieder Befehle für Alexa gibt.
Das sind völlig neue Probleme mit einer „neutralen“ Alexa, die sich freundlich und gefügig präsentiert und dem Kind eine Macht gibt, mit der es nicht umgehen kann. Und die Mutter hat sich hier etwas ins Haus geholt, was vielleicht doch mehr nervt als hilfreich ist.

Das Internet der Dinge mit einem vernetzten Haushalt und digitalen Assistenten ist in sich fragwürdig, passt aber in eine gesellschaftliche Entwicklung, in der wir fast alles delegieren und die Beurteilung sogar immer weiter Experten überlassen, die sogar zunehmend Algorithmen sind und keine lebenserfahrenen Personen. Wir geben damit die Deutungshoheit über viele Lebensvollzüge aus der Hand, was uns zunehmend abhängig, aber auch unsicherer macht, weil wir nicht mehr intuitiv wissen, sondern erst fragen müssen.

Wozu braucht eine Frau eine App, die ihr sagt, welche Brust jetzt beim Stillen dran ist? Und ob wir uns heute zu wenig bewegt haben, wissen wir in der Regel selber. Wir brauchen dafür eine Entscheidungsfähigkeit, Sport zu betreiben, zu Fuß oder mit dem Fahrrad zur Arbeit zu kommen, täglich QiGong zu machen usw., die App macht uns ohnehin nur ein schlechtes Gewissen, fördert aber in keiner Weise die Fähigkeit, sich für etwas zu entscheiden, was jeweils zu uns passt.

Fragwürdig wird das Ganze aber dann, wenn ich mich bereit erkläre, meine mit Vitaluhren erfassten Ergebnisse aus meiner Physiologie freiwillig und automatisch an meine Krankenversicherung zu übermitteln und dafür Preisnachlässe bei den Kosten für die Krankenversicherung bekomme. Dies läuft schon und nach kurzer Zeit wird dies vermutlich umschlagen, dass der Preisnachlass immer geringer ausfällt, dagegen wahrscheinlich Preisaufschläge kommen für Personen, die das nicht wollen.

Und die aktuell diskutierte Thematik, dass digitale Assistenten permanent alles, was möglich ist, an Lebensäußerungen im Zuhause erfassen, dieses auch tun und ein riesiger Speicher über unser Leben entsteht, viel größer und intimer als bisher schon, öffnet dem Missbrauch der Daten Tür und Tor. Das sollten wir beachten. Die Absicht, eine Verwendung solcher Digitalspuren vor Gericht gesetzlich abzusichern, wird zwar vom Innenministerium bestritten, aber dies wird wie immer so kommen, wenn sich die öffentliche Aufregung darüber erst einmal wieder gelegt hat.

Es ist also wichtig, dass wir sehr bewusst solche Entscheidungen fällen und uns der Nachteile ebenso bewusst sind wie der Vorteile, die bei näherem Hinsehen, mit Verlaub gesagt, in der Regel lächerlich sind. Wenn mir der Kühlschrank sagen muss, dass der Käse alle ist oder ich Siri brauche, um zu erfahren, dass jetzt eine Tasse Kaffee dran ist, was habe ich da für ein bedenkliches Achtsamkeits-Niveau?!

Mein Vorschlag wäre da, doch die Körperwahrnehmung auf passende Weise zu verbessern durch ausreichend Schlaf, Bewegung, Pausen und ggf. QiGong und Meditation. Andernfalls funktioniert meine Burn-out-Prophylaxe in diesem gehetzten Alltag nicht wirklich überzeugend. Eines der auffälligen Burn-out-Zeichen ist z. B. die Nichtmehrwahrnehmung von Durst im Arbeitsprozess, und dann wird abends eine ganze Flasche Wein oder Süßzeug reingeschüttet.

Ich kenne Menschen, die digitale Assistenten im Hause haben, aber abgeschaltet, und die sie nur für spezielle Verwendungen einschalten. Das verlangt ein hohes Maß an Disziplin! Wer die hat, braucht vermutlich die Assistenten nicht. Und wer kann kontrollieren, ob die Assistenten abgeschaltet nicht doch aufzeichnen? Es weiß doch kaum einer, was da genau passiert. Rangar Yogeshwar hatte ja mal mit seinem Handy einen Selbstversuch unternommen, also zugestimmt, dass jemand alles, was man durch das Handy erfassen kann, für einen Tag aufzeichnet.[78] Er war dann doch ziemlich geplättet und hatte das so nicht erwartet, was alles erfasst werden konnte. Mein Fazit ist also, digitale Assistenten im Haus sind weitgehend entbehrlich. Wer sie trotzdem mag, sollte sicherheitshalber von Zeit zu Zeit darüber noch mal nachdenken, ob es das ist, was er/sie wollte.

Es gibt natürlich auch Apps, die sich für den Einzelnen als sinnvoll ergeben und den Alltag erleichtern oder Spaß bringen. Aber auch so Sinnvolles wie die Uhrzeit oder das Notizbuch kann dazu beitragen, häufiger aufs Handy zu schauen, dabei eingehende Nachrichten zu sehen und so abgelenkt die Unterbrechungsrate für konzentrierte Tätigkeit zu erhöhen, was zu einer Verschlechterung des kreativen Outputs führt (bei Unterbrechung braucht man etwa 20 Minuten, um wieder in die vorherige Brillanz der kognitiven Arbeit zu kommen).

Wie können wir als Menschen, also in digitalen Zeiten, glücklich sein und gut leben? In welcher digitalen Gesellschaft wollen wir leben?
Es ist an der Zeit, Antworten auf diese Fragen zu finden und Fortschrittskompetenz zur Medienresilienz zu entwickeln (Workshop siehe QR-Code zur Link-Liste im Anhang).

Es gilt die Erkenntnisse der Medizin mit denen der Mediennutzungsforschung zu verbinden. Es wird vermutlich noch einige Zeit dauern, bis sich die Vermittlung dieser Erkenntnisse etabliert hat. Und sie gehören in die Schule!

Die Kommunikations- und Medienwissenschaftlerin Sabria David vom Slow Media Institut Bonn hat dazu gerade ein praxistaugliches Buch geschrieben „Die Sehnsucht nach dem nächsten Klick“.

Allgemeine Regeln für souveräne Mediennutzung

- Handy weg beim Stillen und auf dem Kinderspielplatz sowie in einem Gespräch (auch runter vom Tisch)
- Eigene Regeln aufstellen für Notizfunktion und Uhrzeit (sind die häufigsten Blickgründe, daher z. B. Notizblock, Armbanduhr etc.)
- Unterbrechungen durch Handy-Aktionen minimieren (täglich im Durchschnitt rund 100mal), Phasen der Ausschaltung festlegen, insbesondere von Siri oder Alexa (wann ich Tee oder Kaffee brauche, merke ich besser selber, sonst üben), Pieptöne nur für Wichtiges
- Zeit für soziale Kontakte in familiären Bindungen und Gemeinschaften, Rituale, viel Kontakt der Alten mit den Kindern
- Zeiten festlegen für Surfen und Spielen
- Digitale Aktionen dann, wenn man feststellt, dass sie einem Freude machen, ohne hinterher ein schales bzw. erschöpftes oder ärgerliches Gefühl zu hinterlassen, ausprobieren! Selbst zeitliche Begrenzungen festlegen
- ... und was Ihnen spontan noch so einfällt.

Dabei geht es also um einen gesunden und guten Weg, die digitalen Angebote passend zu nutzen und sich den digitalen Fortschritt auf konstruktive Weise zu eigen zu machen. Das Geheimnis liegt dabei im Wechsel von einer reflexhaften hin zu einer reflektierten Nutzung.

Souveräne Mediennutzung heißt also:

- Online-Offline-Balance
- bewusstes Auswählen von digitalen Angeboten mit Reflexion, ob sie wirklich der Freude dienen, als Bereicherung empfunden werden, der Nutzen eventuelle Nachteile überwiegt, kein schales Gefühl nachbleibt und noch genug Zeit für analoges Erleben lassen
- face-to-face Kommunikation fördern, auch für Kommunikation mit direkter Rückkoppelung, privat und im Betrieb
- viel Zeit für analoges Erleben und Freude daran.

Die Selbststeuerung bleibt dann im Weiteren erhalten, wenn wir uns durch Lebenspflege in unserer Souveränität regelmäßig stärken. Die Vielfalt bzw. Überflutung mit medialen Angeboten bringt uns dann nicht mehr durcheinander, weil wir sie sparsam und passend wählen.

Interessierte Wahrnehmung von Medienangeboten mit zielgerichteter Auswahl bzw. Surf- oder Spielspaß, ohne unsere Selbststeuerung zu verlieren, also souveräne Mediennutzung führt dazu, dass Medienangebote uns dienen und unser Leben wie andere Lebensvollzüge auch bereichert. Den Grad der individuellen Vernetzung bestimmen wir selbst.
Maß und Mitte muss also der Nutzer mitbringen, denn die Digitalisie-

rung ist, wie gesagt, die erste Technologie ohne Bremsen. Das heißt, dass sich alle darum bemühen sollten, im Interesse ihrer Gesundheit, die Eltern von Kindern und Jugendlichen insbesondere auch für ihre Vorbildfunktion.
Probieren Sie das mal aus, es ist ungewohnterweise auch nicht immer ganz einfach. Man muss auch hier eine gewisse Zeit üben. Es lohnt sich dabei auch, das mit Freunden zu besprechen und ihre Erfahrungen mit einzubeziehen.

Warum Lebenspflege heute notwendig ist

Solche Konsequenz wird natürlich schwieriger und Kompromisse werden häufiger, wenn die Eltern müde sind und/oder ihre Probleme nicht jeweils kurzfristig lösen können. Müdigkeit, Erschöpfung und Burn-out konterkariert die Idee eine Online-Offline-Balance, macht die Eltern unzuverlässig und verhindert das Vorleben dessen, was sie für ihre Kinder für günstig halten.

Die kleinen Kinder besonders erleben stattdessen aber einen permanenten Smartphone-Gebrauch bei den Eltern, insbesondere den Müttern, auch als Vorbild, solche fragwürdigen Vorbilder gibt es oft.

Aufgrund eigener Probleme und Erschöpfung der Eltern ist eine konsequente Führung der Kinder in der digitalen Welt dann meist zu anstrengend. Dies hat zur Folge, dass sich die Kinder sowohl im Kauf ihrerseits gewünschten und immer wieder neuen digitalen Equipments bei den Eltern durchsetzen, ebenso wie bei den täglichen Spiel- und Medienzeiten, die die Kinder in der Dosis der Zeit und der Verarbeitungskraft bei den Inhalten klar überfordern.
Insofern, wie ich schon mehrfach erwähnt habe, brauchen die Erwachsenen Lebensregeln für sich selbst, wir nennen es „Lebenspflege“. Die kommt dann den Kindern zugute, weil die Erwachsenen dann wirklich verlässlich und sinnvoll konsequent sein können.

Anhaltspunkte für eine mögliche Lebenspflege heute

- Arbeit im möglichst eigenen Tempo mit **Pausen**, Auszeiten, **Sabbaticals, bei Müdigkeit früh schlafen gehen**
- Spätnachrichten und digitales Arbeiten noch kurz vor dem Schlafengehen erschweren einen erholsamen Schlaf
- Viel natürliche Bewegung am Tag. Zu Fuß oder **mit dem Fahrrad zur Arbeit,** Treppensteigen, Tänze, **QiGong/TaiJi,** angepasster Sport je nach Typ, nicht jeder ist ein Marathonläufer
- Persönliche gute sinnhafte Gründe morgens aufzustehen (übrigens auch im hohen Alter)
- Viele soziale Kontakte in familiären Bindungen und Gemeinschaften, Rituale, viel Kontakt der Alten mit den Kindern
- Freunde und dabei gute Wahl richtiger und passender Freunde, also Freunde, die durchs Leben begleiten
- Maßvolles Essen: vorrangig Obst, Gemüse, Nüsse/Samen, Olivenöl. Wein oder Bier in Maßen und nicht jeden Tag. Fleisch weniger, Fisch mehr, am Abend früh essen.

Damit kann man sich in seinem Leben recht gut pflegen und es ist besonders hilfreich, wenn die Eltern hier in vielen Punkten gute Übereinstimmung haben und was sie unterschiedlich machen wollen, gut benennen und sich offen zugestehen können. Es ist für Kinder kein Problem zu sehen, Mama mag es so und Papa mag es etwas anders, wenn beide Varianten zur Lebenspflege gehören.

5.3 Die Bedeutung von Achtsamkeitspraktiken im Alltag am Beispiel von QiGong

Bevor wir zum QiGong kommen, müssen wir uns noch genauer mit der Körperwahrnehmung beschäftigen, die im QiGong eine hohe Bedeutung hat und das QiGong-Üben erleichtert. QiGong fördert wiederum die Körperwahrnehmung außerordentlich.

5.3.1 Körperwahrnehmung

Ich habe in der Corona-Krise ein Manifest aus der Zukunft geschrieben, in der ein alter Mann aus dem Jahre 2045 auf die Zeit der Corona-Krise im Jahre 2020 zurückschaut (siehe QR-Code zur Link-Liste im Anhang). Dort hatte ich unter anderem von der großen Krankheit der Zeit gesprochen, die schon vor der Corona-Krise bestand. Ich zitiere:

„Denn im Grunde litten die meisten in den wohlhabenden Ländern an der einen großen Krankheit der Zeit, nämlich dem Mangel an Nahrung für die Seele, der inneren Leere, zusammen mit der Erschöpfung durch pausenloses Tun im Außen. Die Balance zwischen außen und innen war verloren gegangen und das hat eben Folgen für Glück, Zuversicht, Liebe und Gesundheit in jeder Hinsicht."

Die Veräußerung des Lebens mit der großen Leere innen betrifft dabei Körper, Seele und Geist gleichermaßen mit der Folge der Sinnlosigkeit des Daseins, der Emotionsarmut mit Verlust der emotionalen und körperlichen Schwingungsfähigkeit und der körperlichen Antriebslosigkeit mit der verschütteten bzw. betäubten Körperwahrnehmung. Und diese Leere in den drei Bereichen hängen untrennbar miteinander zusammen. Ganz ausgeprägt finden wir dies in der Depression, in die ein manifestes Burn-out in der Regel mündet. Wenn Patienten zu uns in die Gezeiten Haus Kliniken kommen, erleben wir viele gleichsam anästhesiert, ohne deutliche Körperwahrnehmung, sehr häufig z. B. ohne Wahrnehmung eines Durstgefühls. Ihr Leben findet häufig nur noch im Kopf statt und dann oft als grübelndes, hoffnungsloses Denken. Der Körper selbst ist außer möglicherweise schmerzhaft, schlapp und evtl. unangenehm, ansonsten empfindungslos, quasi außer Reichweite durch Veräußerung, es gibt keinen eigenen Zugriff mehr.

Das bedeutet, dass wir nicht mehr an unsere inneren Quellen angeschlossen sind, es heißt nicht von ungefähr „Ressourcen". Ohne diese Anbindung, ohne diesen Wasserquell vertrocknen wir allmählich und sind wie Bäume ohne Wasser, auch schädlichen Einflüssen von außen hilflos ausgesetzt (bei Bäumen Borkenkäfer, bei Menschen u. a. News, Fake News und „Experten"). Wir brauchen für innere Klarheit, Flexibilität und innere Festigkeit wie der Weidenbaum oder Bambus, ausreichend Wasser oder Feuchtigkeit im System (als Wesen, die zur Hauptsache aus Wasser bestehen).

Im Norddeutschen Platt sagen wir als fröhlichen Abschiedsgruß eben öfter: „Hool di fuchtig". Das meint übertragen „gesund und munter", also wenn, wie allgemein in der Natur alles mit ausreichender Feuchtigkeit zum Trinken, Wachsen und Funktionieren versorgt ist. Das brauchen wir, um aus unserer inneren Klarheit, Haltung und Balance dann auch im Außen klar, standfest und flexibel zu agieren und auch, um uns unseren Frohmut, unsere Zuversicht und Herzlichkeit zu bewahren.

Fehlt diese innere Verankerung mit Anschluss an unsere inneren Quellen und damit an unsere Körperwahrnehmung, ist es fatal, denn eine funktionierende Körperwahrnehmung ist für uns lebenswichtig. Sie meldet unbestechlich, wenn Ruhe oder Pausen angesagt sind, aber auch mitteilt, dass wir genug Energie an Bord haben, um uns z. B. zu bewegen.
Außerdem können wir uns dann zunehmend auf unseren „Bauch" verlassen, der sich dann immer meldet, wenn etwas nicht stimmt oder nicht

passt oder wir uns gerade zu etwas entscheiden wollen, was nicht gut für uns ist. Dieses Bauchgefühl oder Intuition gehen leicht verloren im Stress, im Gehetztsein, in Überlastung, im Grübeln, im Unglücklichsein.

Und wir verlernen aktiv Körperwahrnehmung, wenn wir statt der inneren Wahrnehmung ein System äußerer Wahrnehmung installieren, z. B. durch bestimmte Gesundheits-Apps:

- Wenn man sich auf Schrittzähler verlässt, verliert man sein Gefühl des inneren Antriebs zur Bewegung, das wir als „Savannenläufer" immer noch in unserem genetischen Programm haben, aber durch unsere Lebensweise ausschalten. Früher sind wir normalerweise 20 km pro Tag gelaufen bzw. gegangen, nach dem letzten Krieg noch etwa 8 km, heute sind es noch durchschnittlich 800 m pro Tag und da sind die Sportler schon mit eingerechnet. Wenn wir uns, „modern" wie wir sind, eine App, die Schritte zählt, zulegen, werden wir dort von außen angetrieben, angemahnt und bauen uns ein zunehmend schlechtes Gewissen auf, weil wir dies nur zeitweilig schaffen oder „gewissenhaft" machen. Schauen Sie sich nur das Wort „Gewissen-Haft" an, das scheint mir eine schlechte Errungenschaft zu sein anstelle einer guten inneren Wahrnehmung unseres wesenhaften Bewegungstriebs.
- Eine Mutter braucht eine gute innere Wahrnehmung für sich und Einfühlungsvermögen in ihr Baby. Da wirkt eine App, die der Mutter mitteilt, welche Brust jetzt beim Stillen dran ist, doch fatal.
- Wenn man Durst hat, sollte man trinken, aber das Durstgefühl ist eins der ersten, das nicht mehr wahrgenommen wird, wenn man durch den Tag hetzt, wohlgemerkt ohne körperliche

Bewegung. Wer dann digitale Assistenten wie „Siri" oder „Alexa" bemüht, sich daran zu erinnern, wann sie/er was trinken muss, hat sich von ihrer/seiner Wahrnehmung einfach abgeschnitten, sie ist später schwer wiederzufinden, braucht dann oft echte therapeutische Begleitung.

- Die permanente Messung von Blutdruck, Puls und Herzraten verweist ständig darauf, dass man die Vorgaben nicht erfüllt, also ständig nachbessern und optimieren muss. Wenn die Daten dann noch weitergeleitet werden zum Experten, macht man sich doch sehr abhängig, seine Vorschläge werden leicht zu Anweisungen und die meisten ohne ihn hilflos, z. B. auch, wenn die Datenverbindung unterbrochen ist. Eine noch etwas vorhandene hintergründige Körperwahrnehmung muss man dann ja ignorieren, denn sie ist ja dem Experten-Votum nachgeordnet bzw. unwichtig geworden. Was ist das für ein Leben?

Als Veräußerung ist auch die Verunsicherung durch Gesundheits- und Erziehungs-Ratgeber anzusehen, wo der gesunde Menschenverstand an sich häufig ausreichen könnte. Aber der Verzicht auf eigene Meinungsbildung aus verschiedenen Quellen führt oft zur Übernahme vorgefertigter Meinungen aus den Medien, macht innerlich hilflos und so leicht manipulierbar.

Und gleichermaßen ist es Veräußerung, wenn wir Demokratie allein als äußeren Prozess in der Gesellschaft oder gar nur in Parlament und Regierung sehen. Denn der demokratische Prozess muss natürlich auch in unserem Inneren stattfinden mit der Weiterbildung der Fähigkeit zum Hinhören, dem Tolerieren anderer Meinungen, dem Recht eines Jeden, seine Wahrheit zu erleben, und dem Akzeptieren anderer Lebensentwürfe, auch wenn man sie nicht nachvollziehen kann.

Und es gehört natürlich dazu, aus innerer Überzeugung für seine Sicht einzutreten, darum auch zu streiten und sich doch im Dialog zu befinden. Hierfür möchte ich in diesem Zusammenhang zwei wichtige Bücher nennen: zum einen „Der Dialog“ von David Bohm und zum anderen „Die Kunst des Miteinander-Redens“ von Bernhard Pörksen und Friedemann Schulz von Thun.

Die hier beschriebene Abhängigkeit von Apps und Experten klingt vielleicht übertrieben, aber das ist bereits Realität, wir sehen diese Themen massenhaft in Praxis und Klinik und wie krankheitsrelevant sie sind.

Und für alle diese benannten Veräußerungen können wir durch Üben von Körperwahrnehmung unseren inneren Part wieder anregen und stärken und werden dabei im Alltag unabhängiger, brauchen Experten nur dann, wenn wir innerlich oder mit uns Nahestehenden eine Frage nicht zur Klärung bringen können. Dann sind Experten häufig hilfreich.
Gerade bei der Idee der Lebenspflege haben wir ja schon gesehen, dass die Körperwahrnehmung eine besonders wichtige Funktion hat, und wenn wir diese regelmäßig üben und so in guter Balance sind, haben wir dadurch eine unbestechliche Unterstützung.

Es lohnt sich also, die innere Wahrnehmung zu stärken und sich gegen eine Außerkraftsetzung durch Alltags- oder Arbeits-Hetze oder digitale Pseudo-Moderne und mediale Meinungsmache mit einer alltäglichen Lebenspflege zur Wehr zu setzen.

Meine Frau hat in unseren Kliniken die Basisarbeit zur Wiederinkraftsetzung der Körperwahrnehmung mit unseren Patienten begründet und entwickelt. Diese „TCM-basierte psychosomatische Körpertherapie“ findet während des gesamten stationären Aufenthaltes statt und bedeutet zusammen mit dem QiGong für unsere Patienten eine tiefgreifende Wiederaneignung des Körpers und der Körperwahrnehmung. Unsere derart ausgebildeten Körpertherapeuten sind darin sehr erfahren und können diesen Prozess intensiv anleiten und in Interaktion mit den Psychotherapeuten effektiv begleiten.

Für körpertherapeutisches Fachpersonal und QiGong-Lehrer, die Körperarbeit als Hinführung zum QiGong in ihren Kursen nutzen wollen, hat sie die Grundsätze dieser Körperarbeit in einem Buch veröffentlicht „Körperarbeit auf dem Weg zum QiGong – im Zyklus der Jahreszeiten nach Traditioneller Chinesischer Medizin".

Dieses Buch ist auch sehr geeignet für Interessierte zum Verständnis von Körperwahrnehmung, insofern auch ideal und von mir empfohlen für ärztliche und psychologische Kollegen für ihre interdisziplinäre, integrative Team-Arbeit (siehe QR-Code zur Link-Liste im Anhang).

5.3.2 QiGong

QiGong gilt als Bewegungsmeditation, die im alten China sowohl als Mutter der Heilkunst als auch der Kampfkunst höchstes Ansehen genoss. Es wird erzählt, dass die Mönche in den alten chinesischen Klöstern vor vielen tausend Jahren Meditationstechniken entwickelt hatten, sogenanntes stilles QiGong, dann auch in Bewegungen wie die „Acht Brokaten", mit denen sie sehr alt wurden. Die damaligen Kaiser hörten davon und ließen sich unterrichten, weil sie natürlich ebenfalls sehr alt werden wollten.

So wurde QiGong zur Geheimlehre, die dann auf verschiedene Weise in Familien weitergegeben wurde. Heute ist QiGong vordergründig nicht mehr geheim, was auch nicht weiter nötig ist, weil die Schätze, die im

QiGong liegen, nur durch eigenes Üben erschlossen werden können und somit doch für den Beobachter „geheim“ bleiben.

Westliche Sehweise des QiGong

In westlicher Terminologie sagt man, QiGong stärkt die Selbstheilungskräfte und hält schwächende Einflüsse fern, in digitaler bzw. technischer Sprache kann man sagen, es stärkt die dem Menschen innewohnenden Filter und wirkt wie ein Reset, in dem es die Grundeinstellungen immer wieder bekräftigt.

Das Wesen des QiGong ist die Lebenspflege, die Harmonisierung des sogenannten Qi-Flusses, des Fließens der Lebensenergie, also eine Atem-Energie-Arbeit. Die Idee einer Lebensenergie ist keine östliche Erfindung, eine solche Vorstellung gibt es in allen Kulturen. Die Bedeutung des Atmens für die Gesundheit wird sogar in der westlichen Schulmedizin betont und ist Gegenstand wissenschaftlicher Untersuchungen.

Auf ähnlichen Grundlagen fußt das Yoga (Yoga und QiGong haben gemeinsame Wurzeln), das im Westen noch früher als QiGong bekannt wurde. In der Burn-out-Prävention halten wir QiGong jedoch für besonders geeignet, weil es eine Bewegungsmeditation ist und rastlose Menschen darüber leichter zur Ruhe finden.

International sind QiGong (und das verwandte TaiJi) in seiner Wirkung auf die Physiologie und Pathophysiologie des Menschen wissenschaftlich umfangreich untersucht worden (siehe auch gleich S. 477).

Herausgreifen möchte ich hier einmal die stark regulierende Wirkung des QiGong auf den Blutdruck. QiGong ist bei Bluthochdruck oft stärker wirksam als blutdrucksenkende Medikamente und ohne ungünstige Nebenwirkungen. Die Blutdruckmedikation vieler unserer Patienten im Gezeiten Haus muss im Laufe des stationären Aufenthaltes aufgrund dieser Wirkung reduziert werden. Bei niedrigem Blutdruck steigt der auf ein gesundes Niveau an, er wird also ebenso wie der Bluthochdruck reguliert und harmonisiert in einen Eutonus (= guter mittlerer Tonus).

Heutzutage gehören Achtsamkeitspraktiken wie QiGong und Meditation sogar an vielen Universitäten zum Standardprogramm der ersten Semester. Insofern kann der aufgeklärte kritische Verstand beruhigt sein.

Für den rastlosen, auf Effizienz und Optimierung getrimmten Menschen ist es natürlich anfänglich durchaus schwer verständlich, dass überaus verlangsamte Bewegungen sinnvoll sein können. Würde man diese Bewegungen schneller machen, so denken viele, wäre man in kürzester Zeit durch und hätte Zeit für anderes. Doch das ist ein Irrtum: Erstens macht diese Verlangsamung Sinn, und zweitens würde man, wenn man es schneller machen würde, bis zum Optimum, bei Kampfkünsten wie Kung-Fu landen. Und das übt man dann üblicherweise genauso lange wie QiGong.

Der vom westlichen Verstandsmenschen schnell erfassbare Sinn des QiGong liegt darin, dass die sehr langsamen Bewegungen die Körperwahrnehmung stärken und insbesondere von propriozeptiven Körperwahrnehmungen begleitet sind (Propriozeption, lat., Inbesitznahme von sich selbst). Dies sind Informationen aus propriozeptiven Rezeptoren, aus der Tiefenmuskulatur, aus Faszien, Sehnen, Gelenken und Bändern, die uns zusammen mit Informationen von der Fußsohle, den Augen und dem Gleichgewichtsorgan eine Orientiertheit im Raum geben. Wir nehmen gleichzeitig unsere Bewegung und unser „im Raum sein" bewusst wahr.

Einer der Begründer der Psychosomatik, Prof. Thure von Uexküll, von dem ich noch persönlich lernen durfte, hat einmal gesagt: „Propriozeption strukturiert das Ich."

Darauf baut auch unsere spätere abstrakte Orientierungsfähigkeit in Systemen und Aufgabenstellungen auf. Je besser sie ist, desto klarer weiß man schließlich, wo man im Leben steht, und hat dabei Boden unter den Füßen. Wir sehen dann auch, dass Selbstwert und Lebensmut mit der Verbesserung der propriozeptiven Grundlagen steigen.

Diese kann man eben üben, indem man Bewegungen stark verlangsamt. Diese sind beim QiGong den Gelenkflächen angepasst und entsprechen den physiologischen Muskelfunktionsketten, die vom Lumbosakral-Bereich (Übergang von Lendenwirbelsäule auf das Kreuzbein) ausgehen. Sämtliche Bewegungen sind spiralförmig, sind also vom Kraftaufwand ökonomisch optimiert. Dies liegt, wie schon erwähnt, auch daran, dass dem QiGong Vorstellungen, die aus der Beobachtung der Tierwelt und der Natur stammen, zugrundeliegen. Die in unserer veräußerlichten Kultur in der Regel trainierte oberflächliche Bewegungsmuskulatur (Bizeps, Sixpacks), wird im QiGong immer in Balance mit der Tiefenmuskulatur ausgebildet. Insofern wird ein QiGongler nie wie ein Bodybuilder aussehen. Der Bodybuilder bekommt jedoch Muskelkater aus der Tiefenmuskulatur, wenn er mit QiGong anfängt.

So gesehen bietet QiGong sportlich und gesundheitlich große Vorteile, die Muskulatur und besonders der Herzmuskel werden qualitativ verbessert (durch die im Üben von QiGong sich einstellende ruhige Atmung und ruhiger Puls ist die Sauerstoffversorgung optimiert), auch Herzrisiko-Patienten dürfen es ohne Gefährdung praktizieren.

Viele Leistungssportler haben QiGong in ihren Mentalübungsprogrammen, weil die Bewegung der Vorstellung, also der geistigen Kraft, folgt, die Biomechanik somit optimiert werden kann.

Gleichzeitig entstehen im QiGong die für Wettkämpfe erforderliche Gelassenheit des Geistes und die emotionale Entkoppelung von der einen

Wettkampf behindernden Angst, von Narzissmen und Siegeszwang. Einem zweiten Platz folgt so häufig in kurzer Zeit ein erster Platz.

QiGong ist dabei eine ungewöhnliche Bewegungsart, es entspricht selbst für Sportler erst einmal einem Gewohnheitsbruch, der die Hirnvernetzung verbessert und so die Vorstellung schärfen kann, schließlich auch Gelassenheit in den Alltag bringt, wenn QiGong im Alltag etabliert wird. Insofern ist QiGong ideal für Kopfarbeiter, aber auch für die Fitness von Freizeitsportlern und für die mentale Leistungsfähigkeit im Profisport. Dies ist eine westliche, an Nutzen und Effizienz orientierte Sehweise, daher wird QiGong hier zunehmend geschätzt. Dies ist sicherlich auch eine wertvolle Grundlage für den Schutz vor Burn-out, für den gute Gesundheit immer vorteilhaft ist.

Meditative Aspekte des QiGong

Die eigentlich wichtigeren Themen beim Üben von QiGong sind aber die vom konkreten Nutzen eher unabhängigen Phänomene, die durch die systemimmanenten achtsamen und meditativen Aspekte entstehen. Geist und Körper binden sich über die Vorstellungskraft wieder aneinander (Herz/Hirn-Kohärenz). Die häufig groteske Trennung von Körper und Geist hebt sich auf. Diese Trennung sehen wir z. B. in der für einen Burn-out-Prozess so gefährlichen Selbsttäuschung über ihre reale Situation, die durch den in der Rastlosigkeit entstehenden Verlust der Körperwahrnehmung ungebremst ist. Sie kann sich außerdem zeigen in Realitäts-Verzerrungen und -Vermischungen von realer und virtueller Welt (zum Beispiel bei Internetsucht), wenn das Korrektiv durch Erlebnisse mit vollständiger Sinnes- und Körperwahrnehmung fehlt, und auch in sogenannten Dissoziationen, wenn z. B. bei Traumata oder Depressionen Teile des Körpers aus der Wahrnehmung ausgeblendet werden.

Hier gelingt im QiGong-Üben die gute Anbindung von Geist und Körper. Körperwahrnehmung und Orientierung werden so für Geist und Körper gemeinsam wieder verfügbar gemacht. Gleichzeitig verschiebt sich das innere Körperschema vom Kopf in den Bauch, gleichermaßen vom Denken zum Fühlen, wenn man die Knie nicht mehr durchdrückt, sondern leicht einsinkt, was das Zwerchfell entspannt und auch die Standfestigkeit verbessert. Durch das Fließen des Atems wird eine vegetative Balance erreicht, die die Herz-Hirn-Kohärenz harmonisiert. So kann das Hirn dem Herzen wieder bewusst folgen, vegetativ und in geistiger Hinsicht.

Seit der Aufklärung ist in der westlichen Logik das „Ich" der Herrscher im Menschen, beheimatet im Verstand/Gehirn, was übrigens auch neurobiologisch heute infrage gestellt werden darf. Neurobiologisch ist das „Ich" keine feststehende Einzelinstanz, sondern setzt sich aus vielen sich auch durchaus wandlungsfähigen Teilen zusammen, die immer wieder zum „Ich" zusammengeführt werden müssen.

Das „Ich" ist viel seltener, als wir annehmen, der Ausgangspunkt von Entscheidungen und Handlungen, viel öfter dagegen die Begründungsinstanz für diese. Dies haben wir beim Thema Framing ja schon angesprochen. Im Gegensatz zur Position der Aufklärung und im Einklang mit den neurobiologischen Vorstellungen sieht die chinesische Philosophie des QiGong das Herz als Platz des Geistes (Herrschers). Von hier aus regiert das Wesen und harmonisiert die Hirntätigkeit. Dies steht im Einklang mit den Phänomenen der Herz/Hirn-Kohärenz.

So sagt auch der kleine Prinz: „Man sieht nur mit dem Herzen gut" (Antoine de Saint-Exupéry „Der kleine Prinz"). Die östliche Auffassung wird auch durch die vielfache Beobachtung gestützt, dass das Üben von QiGong zur Folge hat, dass sich die Gedankentätigkeit im Gehirn beruhigt und unbrauchbare Konstruktionen wie Grübeleien, bedrückende Gedankenkreisel, Schwarzsehen oder Katastrophengedanken unterbrochen werden können. Dies ist auch ein Effekt von Meditation durch eine jeder Meditation implizite Stärkung und Klärung des Geistes, auch wenn in der Meditation keine konkreten Ziele und Zweckbestimmungen genannt und intendiert sind.

Meditation allgemein

Es gibt verschiedene Meditationspraktiken, am bekanntesten sind die aus China, Indien, Japan und Tibet. Aber jede Kultur hat ihre meditativen Rituale, rituellen Gesänge und Bewegungen oder Sprechformeln. Im Westen haben wir besonders eine Tradition der Kontemplation und der Gebete. Alle diese meditativen Praktiken der Versenkung oder der meditativen Bewegung wie auch QiGong (oder Inneres QiGong) entsprechen einer Unterbrechung des pausenlosen Lebens im Außen und führen im täglichen Üben zum ganzheitlichen Erleben im Alltag.

Es ist eine Huldigung an das innere Wesen des Menschen, an den Geist, der uns bewegt und an unseren lebendigen Körper, der dem Geist eine so gute Herberge bietet, ihm treu dient und ihm Ausdruck verleiht. Der Verstand und das Denken gelten dabei als im Leben willkommene Gehilfen, die sich in der Meditation ausruhen dürfen. Sie werden dort gerade nicht gebraucht. Dabei kommen wir zur Ruhe, erleben Wachheit und innere Heiterkeit zugleich, was EEG-Studien (spezielle Ableitungen der Hirnströme) weltweit eindrucksvoll belegen.[79]

Selbst das DMN, unser Ruhenetzwerk im Gehirn, kommt bei Meditation und QiGong zur Ruhe, wie ich schon erwähnt habe.

Die besondere Bedeutung der Meditation gerade für westlich geprägte Menschen liegt darin, das Denken und insbesondere die von vielen hochgeschätzte Fähigkeit, alles zu beurteilen und in Kategorien einzuordnen, zu beruhigen. Wenn wir nicht mehr dauernd analysieren und unterteilen, bekommen wir die Chance, wieder das Ganze zu sehen und vor allem zu erleben. Dann wird die Teilnahme am Leben, der eigene

Lebensvollzug klarer. Analytisch denken und beurteilen können wir dann immer besser und klarer, wenn wir für spezielle Aufgabenstellungen des Lebens solche Analysen brauchen wie z. B. im Arbeitsalltag. Dabei gelingt uns das Wechseln von objektiver Sicht und subjektiv einheitlichen Erleben leicht.

Insofern hilft uns die Meditation, das in der Aufklärung der westlichen Zivilisationen bis heute zum Herrscher erhobene „Ich" als Zentrum des Denkens aus seiner Überforderung zu befreien, ihm Pausen zu geben und ihm für seine dann wieder frische, grandiose Hilfe zu danken, uns in Zusammenarbeit mit der Intuition durch herausfordernde Lebenslagen zu lotsen.

Die brauchen wir auch, wenn wir gleich zum Thema der Politik kommen. Vorher aber möchte ich auch nicht zuletzt wegen der Corona-Krise noch auf das vielfach vergessene Immunsystem kommen, das durch Meditation, QiGong, Yoga und andere Achtsamkeitspraktiken auf besondere Weise gestärkt wird.

Starke Immunkräfte bei Viruserkrankungen

In der Corona-Pandemie war die Angst im Beginn auch so groß, weil es kein Gegenmittel gegen das Virus gab. Wir sind aber in unserem Gesundheitssystem schon so auf die Lösung aller Krankheitsthemen durch Medikation eingenordet, dass die meisten Menschen (auch die Fachleute) und die politische und mediale Öffentlichkeit dabei vergessen hatten und weiter vergessen, dass wir überhaupt nur in einem Umfeld voller Viren leben können, weil wir ein großartiges Immunsystem haben, das sich im Übrigen im Kontakt mit den Viren über die Jahrtausende entsprechend entwickelt hat.

Man sagte zwar schon sehr früh, dass insbesondere die Menschen gefährdet sind, schwer an Covid-19 zu erkranken oder zu sterben, die ein schwaches Immunsystem haben, und dann wurde meist dazu gesagt, wie die Alten und Menschen mit chronischen Krankheiten.

Aber sonst kam das Immunsystem in den Nachrichten lange nicht vor. Wir hatten uns damit abgefunden, dass die Alten ein schwaches Immunsystem hätten, aber wieso eigentlich? Und wieso gehen wir eigentlich davon aus, dass man im Alter „normalerweise" krank ist? Und wieso beginnen die chronischen Krankheiten tatsächlich vielfach schon um Lebensmitte oder früher?

Das müssen wir uns genauer anschauen. In Kapitel 1 und 2 hatte ich schon dargestellt, dass die Lebensweise und der Stress einen großen Einfluss auf die Gesundheit haben. Eine lebensförderliche Lebensweise bewirkt in der Regel ein langes Leben und auch im Alter gute Gesundheit. Die westliche Lebensweise führt uns dagegen schon in einen stressigen und ungesünderen Alltag, privat und in den Arbeits-Zusammenhängen. Und eine kompensierende Lebenspflege ist bei den meisten nicht etabliert. Wir wissen seit Langem gut, dass Stress und auch andauerndes angst- bzw. sorgenvolles Denken auch das Immunsystem ungünstig erreicht, die sogenannte Psychoneuroimmunologie hat hier wichtige Zusammenhänge aufgezeigt.

Die Wirkungen aus unserer psychischen Verfassung auf das Immunsystem hatte ich ja schon im epigenetischen Beispiel des Immunglobulin A aufgezeigt, unserer ersten Immunabwehrreihe im Speichel (siehe Kapitel 1, S. 86).

Unsere gesundheitliche Verfassung ist also heutzutage nicht mehr bestens, wie in Kapitel 2 dargelegt, und das hat eben bereits früh Auswirkungen auf unser Immunsystem. Insofern haben wir vielfach schon keine rüstigen Alten mehr, sondern alte „Chroniker" mit langjährigen Krankheitszuständen, in der Regel mit sogenannten Zivilisationskrankheiten und vielen Medikamenten sowie starkem Bewegungsmangel. Man hat aber auch in der aktuellen Schulmedizin vielfach „vergessen“, dass auch ein Chroniker kränker oder gesünder sein kann und die Verschiebung seines Zustandes in Richtung Gesundheit eine wichtige ärztliche Aufgabe ist.

Die Gefährlichkeit des Virus für diese Alten war und ist natürlich evident, doch das durchschnittliche Alter der verstorbenen Patienten lag und liegt bis heute allerdings oberhalb von 80 Jahren, also im Bereich der angenommenen Lebenserwartung. Da kann es natürlich bei alten Menschen mit Vorerkrankungen sowieso viele Einflüsse, gerade Viren und Bakterien und andere geben, die finale Auswirkungen haben.

Wenn gesagt wurde, auch jüngere Menschen ohne Vorerkrankungen seien daran gestorben, so findet man bei ihnen oft starke Erschöpfungszustände, die auch das Immunsystem lahmgelegt hatten. Da braucht es keine Vorerkrankungen. Diese Auswirkungen haben wir ja, wie schon erwähnt, bei der großen Zahl von verstorbenen Mitarbeitern im brasilianischen Gesundheitssystem gesehen, die bis zum Umfallen gearbeitet hatten und noch arbeiten, um die Krise in den Griff zu kriegen.

Drogenkonsum kann auch ggf. schwere Verläufe und Todesfälle bei Covid-19 hervorrufen, auch bei Jüngeren. Der Zustand des Immunsystems ist dabei wichtig, dies wird aber oft nicht untersucht bzw. medial nicht mitgeteilt.

In chinesischen Krankenhäusern sind bei der Mehrzahl der an Covid-19 schwer erkrankten und beatmeten Patienten Methoden der Traditionellen Chinesischen Medizin zur Immunstärkung angewandt worden, wie aus einem wissenschaftlichen Austausch von chinesischen und amerikanischen Ärzten hervorgeht und wir auch direkt von chinesischen Ärzten wissen. Diese Informationen habe ich zusammen mit unserem chinesischen QiGong-Lehrer Sui QingBo auch an Bundeskanzlerin Angela Merkel und das Bundeskanzleramt weitergeleitet, allerdings – nicht unerwartet – ohne eine Antwort zu erhalten.

Aber wir könnten mit allen noch bewegungsfähigen älteren Menschen präventiv QiGong-Übungen machen, das könnte ja zukünftig zu einer Ausbildung zur Altenpfleger*in dazugehören. Sogar im Sitzen kann man QiGong-Übungen wirkungsvoll mit den Armen und dem Oberkörper ausführen. Dann würden viele Alte vermutlich seltener krank werden, und wenn doch die Schwere von Covid-19-Erkrankungen bei den Alten zurückgehen, außerdem würden ihre chronischen Krankheiten sich auch bessern, also in Richtung mehr Gesundheit bewegen, vielleicht sogar mit geringeren Medikamentengaben. Das Thema Alter erörtere ich gleich im Anschluss an Kapitel 5.3 weiter.

Die Wirksamkeit ist mittlerweile medizinisch erwiesen. Über 2000 wissenschaftliche Arbeiten gibt es weltweit hierzu.
Wissenschaftler der amerikanischen Elite-Universitäten MIT (Massachusetts Institute of Technology) und Harvard haben kürzlich vorgeschlagen, QiGong-, Meditations- und Yoga-Formen als zusätzliche Covid-19-Therapien einzusetzen.[80] Diese Übungen führen bei Menschen, die sie regelmäßig ausführen, in unterschiedlichem Ausmaß zur Senkung von Entzündungsmediatoren, Schutz von gesunden Zellen und antiviraler Immunstärkung mit Vermehrung von Immunzellen, so die Studie. Die Forscher plädieren auf eine weitere rigorose Forschung in dieser Hinsicht. Die Erforschung dieser Methoden hätten für Amerika und Europa einen hohen Nutzen für die Sars-Cov-2-Pandemie (aber natürlich auch für zukünftige andere Pandemien (M.N.)).

Aufgrund der Datenlage ist es begründet, den Vorschlag, beispielsweise QiGong, das für alte Menschen besonders leicht mitzumachen ist, in die Ausbildung für Altenpfleger*innen aufzunehmen, sofort umzusetzen.

Beispielsweise machen seit dem Beginn 2004 alle unsere klinischen Patienten im Gezeiten Haus täglich QiGong, unsere Mitarbeiter ebenfalls mehrmals in der Woche in bezahlter Arbeitszeit. Das hat sich bewährt und schützt alle Beteiligten, auch in unserer geriatrischen Behandlung.

Für Interessierte einige Details aus Forschungs-Ergebnissen zu QiGong, Meditation und Yoga:[81]

Entzündungsfaktoren wie z. B. TNF-alpha findet man bei langjährig Übenden gesenkt und zwar auf epigenetischer Grundlage, d. h. dass entzündungsfördernde Kaskaden gehemmt wurden. Lebensförderliche Gen-Muster blieben unbeeinflusst suffizient oder verstärkten sich noch.

Es fand sich auch eine Verlängerung der Lebensdauer von neutrophilen Granulozyten, speziellen weißen Blutkörperchen, die eine wichtige Rolle bei der angeborenen Immunabwehr spielen, die wir für den Erstkontakt mit unbekannten Erregern brauchen.

Offensichtlich produziert die Zirbeldrüse vermehrt Melatonin, das für einen gesunden Schlaf-Wach-Rhythmus bekannt ist, aber auch die Virenabwehr stärkt. (Hinweis: Extern zugeführtes Melatonin hat nicht die gleiche Wirkung wie intern produziertes Melatonin, ggf. behandelnden Arzt befragen)

Durch z. B. QiGong-Üben sinkt der Spiegel des Stresshormons Cortisol, das Immunreaktionen unterdrückt. In der Folge steigt wieder die Kraft der Immunantworten dies natürlich besonders, wenn es gelingt, den Stress im Alltag zu verringern.

Da sich das neuartige Corona-Virus viel stärker an die entsprechenden Bindungsstellen menschlicher Zellen, die sogenannten ACE2-Rezeptoren, anbindet als verwandte Viren, kommt der angeborenen ersten Abwehrreaktion eine besondere Rolle zu. Diese ist deutlich verstärkt bei den genannten Übungen.

Meditationen und auch Bewegungsmeditationen wie QiGong führen wie erwähnt zu einer Beruhigung der Gedankenwelt. Dies hat einen wichtigen Einfluss auf das Immun- und Hormonsystem. U. a. werden bei regelmäßigem Üben sogenannte endogene Vasodilatatoren, Stoffe, die Gefäße entspan-

nen und anti-entzündliche Eigenschaften haben, im Körper freigesetzt, z. B. Stickstoff-Oxid (NO). Psychischer Stress und Angst verringern die Ausschüttung mit der Folge einer erhöhten Anfälligkeit für Viruserkrankungen. Dem beugt regelmäßiges Meditieren oder QiGong-Üben vor.
Interleukine, die von sogenannten Makrophagen, speziellen Lymphozyten, sezerniert werden, werden vermehrt ausgeschüttet. Dies aktiviert wiederum die sogenannten Killerzellen der angeborenen Immunabwehr, die virusbefallene Zellen erkennen und mit dem Virus vernichten können.
Ebenso vermehren sich insbesondere die T-Zellen im Blut, die sich z. B. oft unter Chemotherapie problematisch verringern. Unter dem Üben des sogenannten Guolin-QiGong vermehren sie sich wieder deutlich, sowohl T4- und T8-Zellen. Bei den an Covid19 verstorbenen Patienten war eine T8-Zellreduktion besonders auffällig, die unter Guolin-QiGong vermutlich nicht stattgefunden hätte. Insbesondere das sogenannte XiXiHu, eine Geh-Meditation mit besonderer Atemtechnik, aus dem Guolin-QiGong hat hier T-Zell-erhöhende Potenz.

Zur Praxis von Achtsamkeitsübungen – bewährte Hinweise

Diesen Abschnitt habe ich für Leser*innen geschrieben, die vorhaben, Achtsamkeitsübungen in ihre Lebenspflege hineinzunehmen bzw. Fragen dazu haben.

Wenn man etwas Neues lernen will, ist es hilfreich, daran zu erinnern, dass man am leichtesten mit täglicher Wiederholung lernt. Dies hat seinen Grund darin, dass das sogenannte „neurophysiologische Fenster“ für leichtes Lernen, also mit hohem Lernertrag und kräftiger Gedächtnisspeicherung, etwa 72 Stunden offen ist, innerhalb dieses Zeit-Fensters Wiederholung stattfinden sollte. Danach ist Lernen bei Wiederholung erschwert. Übersetzt in Tage heißt das, dass tägliches Üben besonders günstig ist, alle zwei Tage auch noch gut ist, alle drei Tage noch Sinn macht, aber einmal in der Woche neurophysiologisch zu wenig ist, um leicht zu lernen.

Wenn man also z. B. einen QiGong-Kurs besucht, der einmal in der Woche stattfindet, sollte man sinnvoller Weise versuchen, so gut es geht, die gelernte Übung zu Hause zu wiederholen. Das Gleiche gilt für die Meditation, es macht Sinn, sich mehrmals in der Woche in die Meditation zu begeben, auch wenn es im Beginn schwierig ist. Man könnte sagen, der Körper honoriert im Beginn auch schon die regelmäßige Übungszeit, indem er ein Lernen bahnt.

Wichtiger als die tatsächliche Übungsdauer ist die regelmäßige Wiederholung, am besten eine tägliche Übungszeit, damit man nicht jeden Tag neu mit sich diskutieren muss, ob heute nun ein Tag mit Üben sein soll. Die Übungszeit kann im Beginn z. B. 20 min. sein, später kann es dann nach eigenem Ermessen mehr werden. So bleibt es leichter, als wenn man versucht, gleich eine Stunde zu meditieren.

Beim QiGong kann man z. B. bei einer Übungsreihe wie „18 Bewegungen" auch eine ganze Weile bei den ersten sechs Übungen bleiben und wenn man dann ein gutes Gefühl hat, weitere Übungen mit dazu nehmen.

Wichtig ist noch, dass bei einem Kurs der Leiter oder die Leiterin einem auch sympathisch sein muss, dann lernt man viel besser, andernfalls ggf. noch mal den Kurs wechseln, wenn das Angebot da ist.

Die ersten Wirkungen haben einige Menschen schon nach 3-4 Wochen täglichen Übens, allerdings kann es auch sein, dass man sich kurzfristig unerwarteter Weise auch schlechter fühlt als zu Beginn, weil nämlich die Körperwahrnehmung schon zugenommen hat und man mehr aus dem Körper heraus bemerkt. Das gibt sich in der Regel in den nächsten Wochen. Im Hintergrund wird denn auch in den ersten Wochen schon viel balanciert, insofern kann sich die Befindlichkeit im Anfang ändern und wie die Gezeiten hin- und hergehen. Da heißt es einfach weitermachen.

Viele Menschen merken aber erst einmal nicht viel zu Beginn. Erwartungen auf schnelle Wirkungen sind unangebracht, es braucht seine Zeit. Die Wirkungen werden sich einstellen, so wie es individuell auf dem persönlichen „Boden“ stattfinden kann.

Wichtig ist es, die Übungen so zu machen, dass jeder seine Grenzen respektiert, sowohl was die Ausdauer angeht, als auch den Bewegungsumfang. Man lernt nichts wirklich, wenn man mit Gewalt über seine spürbaren Grenzen hinausgeht. Aber mit der Zeit verschieben sich die Grenzen und mancher wundert sich dann z. B. über einen größeren Bewegungsumfang beim QiGong-Üben oder über weniger Schmerzen beim Sitzen in der Meditation.

Man sollte beim Üben möglichst bei sich bleiben, es ist ohne Sinn, sich mit anderen aus einem Kurs zu vergleichen. Denn wir haben nun mal diesen speziellen Körper und der will sich weiterentwickeln. Es ist also egal, wie schnell andere lernen oder wie schön bei ihnen Bewegungen aussehen. Es gilt, eine eigene liebevolle Art mit sich zu entwickeln, dann wird das Üben angenehm.

Bei Achtsamkeitsübungen geht es um absichtsloses Üben. Es heißt aber nirgends, dass man absichtsloses Üben können muss, wenn man mit dem Üben beginnt. Und der Westler, der es ja gewohnt ist, dass aus allem etwas herauskommen, wirksam oder sogar effizient sein soll, wird das zu Beginn vermutlich nicht gleich können.

Das macht nichts! Einfach weiterüben! Die möglichen Wirkungen kommen innerlich nicht immer gleich sicht- oder fühlbar und am besten, leichtesten kommen sie, wenn man die Übungen in seinen Lebensrhythmus einbaut. Zum Beispiel stellt man nach einem Jahr fest, dass man keine Erkältung im Frühjahr hatte oder dass man seit Längerem wieder durchschläft. Der Arzt glaubt vielleicht, dass die Medikamente gegen den hohen Blutdruck gut wirken und verringert oder abgesetzt werden können. Erzählen Sie dann ruhig, dass Sie schon eine Weile QiGong machen, und ärgern Sie sich nicht, wenn der Arzt meint, das sei Unsinn und es würde an den Medikamenten liegen (kann ja auch mal sein). Es sind noch nicht so viele Ärzte in Deutschland, die QiGong und die wissenschaftlichen Erkenntnisse kennen und noch weniger, die es praktizieren. Aber die „mindful doctors“ werden mehr, eine Gruppe von Ärzten, die die Bedeutung von Achtsamkeit und Qigong erkannt haben (siehe QR-Code zur Link-Liste im Anhang).

Und bleiben Sie freundlich und liebevoll mit sich, wenn mal was nicht klappt, wenn Sie mal keine Lust zum Üben haben, das ist normal auf dem Weg. Und beruhigen Sie das schlechte Gewissen und bestrafen Sie sich nicht dafür, schimpfen Sie nicht so arg mit sich. Das alles sind alte Strategien, die noch nichts von lustvollem Üben wissen, das sich schon einstellen wird. Aber auch hier gilt: „Genügend gutes Üben ist das bestmögliche Üben“. Perfektes, verkniffenes Üben ohne Freude macht eher was kaputt. Und erzwingen kann man bei der Achtsamkeit gar nichts, bedenken Sie, in entspannter Weise fließt Achtsamkeit allmählich auch außerhalb der Übungszeit als innere, aufrechte Haltung in den Alltag ein. Das ist wohl auch der tiefere Sinn des Übens und eben günstig.

Übrigens: Es macht Sinn, den Alkohol eine Weile beiseitezulassen, wenn man etwas Neues lernen will, aus der Neurophysiologie wissen wir, dass mit Alkohol (oder anderen Drogen) am Abend der Lernertrag am nächsten Morgen weniger gut ist. Wenn Sie aber doch etwas getrunken haben, sollten Sie trotzdem üben, sonst denken Sie sich am Ende noch eine Entschuldigung fürs Nichtüben aus, was noch ungünstiger wirkt. Das wäre schade.

Und Menschen sind verschieden, der oder die Eine ist beim Üben zu Hause lieber für sich alleine, andere freuen sich, wenn der Partner mitmacht oder mal mitmacht. Und frische Luft, also offenes Fenster oder draußen, wo möglich, ist sehr zu empfehlen. Wenn möglich, suchen Sie sich einen Bereich zu Hause aus, indem Sie möglichst ungestört üben können, vielleicht können Sie ihn sich auch schön gestalten. Wenn nicht, dann räumen Sie zumindest vor dem Üben auf, damit in Ihrem Blick- und Bewegungsfeld nichts stört oder ablenkt.

Wann Sie üben, ist zum Beginn nicht so wichtig, man sagt aber allgemein, dass morgendliches Üben in einem besonders günstigen Energiefeld stattfindet, Sie sind nach dem Schlafen gestärkt und die Natur wacht ebenfalls ganz allgemein kraftvoll auf. Und wenn Sie Kinder haben, dann ist es letztlich einfacher, schon etwas vorher aufzustehen, wenn die noch schlafen.

Übrigens, QiGong-Übungen kann man vielfach auch im Sitzen machen. Wer stark bewegungsbehindert ist, kann in einer Gruppe oder ggf. auch online sogar in der Vorstellung mitmachen, das entwickelt tatsächlich eine Wirkung, was mittlerweile gut erforscht ist. Es ist eine gute Möglichkeit gerade für alte Menschen mit Einschränkungen der Beweglichkeit, aber auch Schwindelneigung und Kreislaufstörungen. All das kann sich mit QiGong stabilisieren bzw. bessern. Wenn darunter sich z. B. der Bluthochdruck bessert, ist es wichtig, dem Arzt zu sagen, dass man QiGong macht, direkt teilnehmend oder in der Vorstellung. Dann muss ggf. die Medikation angepasst werden.

Also, machen Sie es „genügend gut“ und üben Sie mit Freude.

Hinweis: Zu einigen QiGong-Übungen aus der von meiner Frau angeleiteten QiGong-Übungsreihe „18 Bewegungen“ kommen Sie hier über den **QR-Code.**

5.4 Alter und Altern

Wir haben in Kapitel 1 und 3 speziell über die Kinder gesprochen, in Kapitel 2 über die Erwachsenen. Es wurde deutlich, dass die Lebenschancen der Erwachsenen eben auch stark von ihren Erlebnissen in der Kindheit abhängen und von der Bedeutung der dort erworbenen Ressourcen oder Behinderungen. Dies gilt gleichermaßen für die spätere Lebenszeit im Alter. Gesundes Altern nimmt einen wichtigen Ausgangspunkt bereits bei der Zeugung! Ich möchte daher den Lebenszeit-Bogen jetzt vollenden und über das Alter sprechen.

Verschiedenes ist dafür wichtig:

- Ein paar interessante Zahlen als Basis
- Gesundes Altern „beginnt“ bei der Zeugung
- Bindungsfähigkeit als Gesundheitsgarant im Alter
- Zivilisationskrankheiten im Licht der Lebensweise
- Das Altern als Leistungseinbuße von Zellfunktionen
- Das Zusammentreffen von Krankheit und Alterungsprozessen
- Das Alltagsleben im Alter und würdiges Altern.

Die verschiedenen Ebenen bespreche ich in gemeinsamer Darstellung. Die ältesten Menschen sind nach wissenschaftlichen Expertisen um 120 Jahre alt geworden. Bis dahin scheint in Einzelfällen das mögliche Leistungspotenzial von Zellfunktionen und Geweben hinzureichen. Die Vitalität dieser Menschen auf vermutlich günstiger genetischer Grundlage hat sie vor längeren Krankheitsphasen vor ihrem Tod geschützt. Die Wissenschaft forscht intensiv daran, inwieweit es möglich ist, eine solche Lebensspanne noch auszuweiten. Da die Realität der Lebenserwartungen aber ganz anders aussieht, darf diese Realität in der Forschung und in der öffentlichen Diskussion nicht zurückstehen.

Ich bin Jahrgang 1950, die durchschnittliche Lebenserwartung dieses Jahrgangs lag aus dem Jahre 1950 gesehen bei etwa 65 Jahren, das Lebensende also um 2015. Dies ist aber natürlich keine Voraussage für ein individuelles Leben. Die individuelle Lebensspanne kann eben erfreulicherweise auch weit darüber hinausgehen, und wer es schon soweit im Alter geschafft hat, hat dann wieder andere Aussichten für die Lebenserwartungsberechnung. Zum Beispiel nimmt man aus heutiger Sicht für die heute 65-Jährigen allgemein weitere acht bis zehn Lebensjahre an, ggf. nach neueren Berechnungen je nach Entwicklung der Gesellschaft, der sozialen Absicherung, dem Ausbleiben schwerer Klimaveränderungen oder Kriege und z. B. auch dem Grad der Feinstaubbelastung am Lebensort, auch noch mehr oder weniger. Sie hängt von vielen Lebensfaktoren ab, die der Einzelne für sich bzw. die Gesellschaft mit Rahmen-Bedingungen für die Bürger beeinflusst, lebensverlängernd oder lebensverkürzend. Wichtig dabei ist aber auch eine möglichst lange Lebensspanne, ohne dauerhaft krank bzw. schwer krank zu sein.

Ich hatte im Vorkapitel schon beschrieben, dass wir weniger rüstige Alte haben, sondern immer mehr „Chroniker“. Das zeigt sich auch in dem zunehmenden Abstand der durchschnittlichen sogenannten gesunden Lebenserwartung gegenüber der allgemeinen Lebenserwartung:

Die gesunde Lebenserwartung in Deutschland liegt geschlechterübergreifend aktuell bei 69,5 Jahren gegenüber ca. 81 Jahren der Erwartung der heutigen allgemeinen durchschnittlichen Lebensspanne. D.h. die Menschen sind elf Jahre vor dem Tod im zunehmenden Krankheitszustand, bzw. ein Teil der Bevölkerung hat eine kürzere, im Leben spät auftretende oder keine Krankheitszeit, ein anderer Teil demzufolge ist bereits um die Lebensmitte herum als krank diagnostiziert.

Da wir dies in unserer Umgebung so erleben, scheint uns Altern und Krankheit zusammenzugehören. Das muss für die meisten aber nicht so sein, wir haben uns aber in unserer westlichen Lebens- und Wirtschaftsweise, die uns so hoch entwickelt scheint, in eine neue Gesundheits-Sackgasse hineinentwickelt, die wir jetzt für normal und unabdingbar halten. Dabei ist die Lage in den unteren Gesellschaftsschichten brisanter, da sie ja oft ungünstigere Startbedingungen und Lebenschancen haben und aufgrund geringerer finanzieller Ausstattung und innerer Ressourcen eher in eine krankheitsförderliche Lebensweise kommen bzw. darin verbleiben (siehe gleich noch einmal Abb. 3 und weiter S. 493). Ich habe die drei hierfür wichtigen Grafiken aus Kapitel 1 noch einmal zusammen aufgeführt zur Erinnerung.

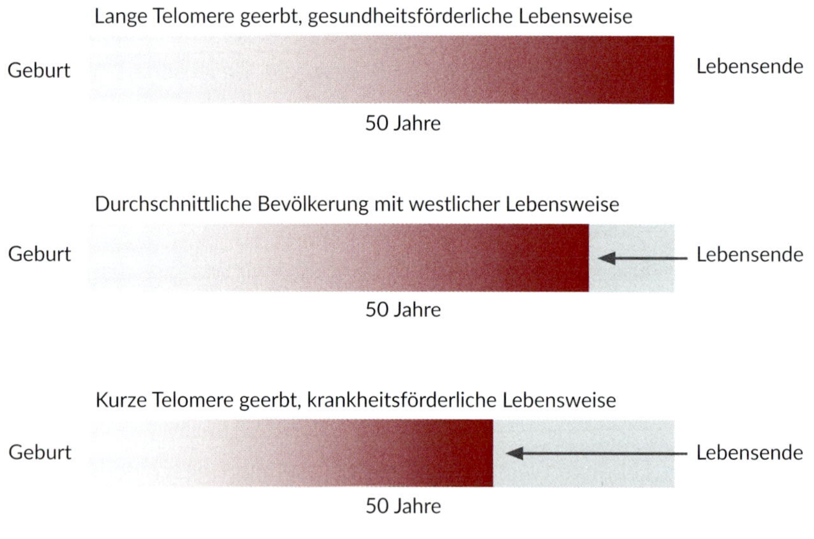

Abb. 3: (Grafik weiterentwickelt nach einer Vorlage aus „Die Entschlüsselung des Alters" von Elizabeth Blackburn und Elissa Epel (Mosaik-Verlag 2017))

Lebensstile in den Blue Zones

- Arbeit im eigenen Tempo, sich Zeit lassen, Auszeiten, kein Ruhestand im Alter
- Viel natürliche Bewegung am Tag, insbesondere bei der Arbeit, Tänze, Sport eher nicht
- Persönliche gute sinnhafte Gründe morgens aufzustehen, auch im hohen Alter
- Viele soziale Kontakte in familiäre Bindungen und Gemeinschaften, Rituale, viel Kontakt der Alten mit den Kindern
- Freunde und dabei gute Wahl richtiger und passender Freunde, also Freunde, die durchs Leben begleiten
- Maßvolles Essen: vorranging Obst, Gemüse (Bohnen), Nüsse/Samen, Olivenöl, Wein in Maßen
- In den Bergen auch etwas Schaf-/Ziegenfleisch, am Meer Fisch

Zu Natur und Physiologie des Menschen passende Lebensstile bewirken:

Im Zellkern:
Lebensfördernde Epigenese
lange Telomere,
aktive Telomerase

Allgemein/Vegetativ:
Guter Immunschutz
Vitalität, wenig Entzündungen
Gute Herz-Raten-Variabilität

Im Gehirn:
Kompetente Selbststeuerung
Impulse und Impulskontrolle sind gut ausbalanciert

Abb. 5: Wirkungen von zu Natur und Physiologie des Menschen passenden Lebensstilen

Es mag manchen verwundern, dürfte aber nach der bisherigen Lektüre deutlich geworden sein: Für ein in der Lebensqualität bejahenswertes Altern gibt es viele günstige Faktoren, von denen einige sehr wichtige bereits zu Beginn des Lebens gesetzt werden:

- Lange Telomere auf den Chromosomen bei den Eltern
- Stressarme Schwangerschaft
- Ausreichende finanzielle Ausstattung der Familie
- Sich liebende Eltern, die ihre Kinder liebevoll ins Leben begleiten
- Gute Ausbildung des vegetativen sozialen Zweiges.
- Also gesunde Hirnentwicklung mit guter Selbststeuerung und guter Bindungsfähigkeit.

Dies hatte ich im 1. Kapitel ausführlich beschrieben in seiner Bedeutung für das Lebensglück und die Chancen der Kinder im Leben, und es hat ebenso große Bedeutung für ihre Gesundheit im Alter.

Denn das führt in der Regel zu guten und haltbaren Beziehungen, Bildungschancen und vielfacher Bewältigung von Herausforderungen ohne Entwicklung von Dauerstress, mit guter Körperwahrnehmung und der Fähigkeit, in allen Bereichen Balance zu halten oder ggf. wiederherzustellen.

Da dies alles auf der Liebeserfahrung zu Beginn des Lebens gründet und in guter Bindungsfähigkeit mündet, kann man bei Menschen im Alter um die 50 Jahre, die die Erfahrung einer langen und guten Beziehung in ihrem Leben gemacht haben, eine recht sichere Prognose guter körperlicher und psychischer Gesundheit im Alter von 75 Jahren machen, wie die Harvard-Langzeitstudie zeigt, die ich schon am Anfang des Kapitel 2 erwähnt hatte.

Zu solcher natürlichen Vitalität gehört unbedingt auch die für Menschen lebenserhaltende tägliche Bewegung, die wir ja aktuell mit der allgemeinen sitzenden Tätigkeit auf ein krankheitsförderndes Minimum von im Durchschnitt 800 m täglich heruntergefahren haben in unserer „normalen" Lebensweise, unseren Gesellschafts-Strukturen und unserer Art zu wirtschaften.

Mit QiGong-Übungen können auch alte Menschen übrigens nicht nur ihr Immunsystem in guter Kraft halten, sich lange oder wieder beweglich und elastisch in ihren Geweben erhalten und Zellfunktionen so leistungsfähig wie möglich gestalten, sondern auch die Telomere in ihren Zellen wieder verlängern, wie Frau Prof. Elissa Epel, Co-Autorin des schon erwähnten Buches „Die Entschlüsselung des Alters" herausgefunden hat. Sie selbst ist auch QiGonglerin, hat also auch gute Eigenerfahrung.
Maßvolle Ernährung mit frischen Lebensmitteln ist hier ebenfalls zu nennen. Die zellphysiologischen Gründe für den Sinn des Maßhaltens im Alltag bespreche ich gleich noch.

Möglichst gesundes Alter braucht also in der Regel einen guten Lebensbeginn, der Kern hierfür ist wie gesagt die Erfahrung, in dieser Welt angenommen und geliebt zu werden, und im Weiteren eine lebensförderliche Lebensweise auf diesem guten Boden der Kindheit.

Die sogenannten Zivilisationskrankheiten, die ja schon ihre Wurzeln in unserer Lebensweise andeuten, also zu wenig Bewegung, im Verhältnis dazu natürlich zu viele Kalorien pro Tag, Stress allerorten bei Sinnverlust des Tuns auf dem Boden eines aktuell oft weniger günstigen Lebensbeginns, verbreiten sich immer mehr in der Bevölkerung.
Herz-Kreislauferkrankungen, Diabetes, Adipositas, Magen-Darmerkrankungen, Krebs, Rücken- und Gelenkschäden, Burn-out, Depression, Schmerzerkrankungen sind hier zu nennen, die meisten dieser Erkrankungen sind auf dem Boden von Stressfolgen zu begreifen.

Generationsübergreifende Traumata aus den Kriegserlebnissen der Großeltern in der Enkelgeneration, ebenso die geschilderten vielfachen, durch Gewalt erlittenen Traumata in der Kindheit ergeben einen weiteren hochbedeutsamen giftigen Boden hierfür.

Auch andere psychische Störungen, speziell viele Depressionen und Angsterkrankungen, sind in der Regel als Stress-Folgeerkrankungen zu betrachten.

Dauerstress mündet dabei über längere Zeiträume in Störungen der Gefäß- und Gewebe-Durchblutung und Zellatmung, oft vermittelt über Entzündungsreaktionen. Das Immunsystem, das in viele tägliche Prozesse der Zellfunktionen und Zellerneuerung eingebunden ist, wird geschwächt und steht dann natürlich auch bei Infektionen nicht vital zur Verfügung, kann nicht abwehren oder die Entzündungsfolgen nicht kontrollieren. Dies ist z. B. so bei den sogenannten Zytokin-Stürmen der Fall, über die in der Corona-Pandemie viel berichtet wurde, und bei denen die Freisetzung von Entzündungsstoffen und die Anzahl der Zellen, die für die Produktion dieser Zytokine da sind, sich gegenseitig mit schweren Gesundheitsfolgen hochtreiben. Dies hatte aber nur auf einen kleineren Teil der Patienten zugetroffen, nicht wie in den Medien als sehr häufig drohende Gefahr im schweren Krankheitsverlauf bei Covid-19 dargestellt.

Die Zivilisationskrankheiten sind in ihrer zunehmenden Häufigkeit tatsächlich Folgen unserer Zivilisation und sich entsprechend herausgebildeter Lebensweise in der Ausprägung unseres Zeitalters und Lebensortes.

Das kann sich anders entwickeln und in der Häufigkeit massiv zurückgehen, wenn wir beginnen, die Weichen und Rahmenbedingungen in unserer Gesellschaft lebensförderlich und gemeinwohlorientiert zu stellen, wie ich in den nächsten Kapiteln ausführen werden. Wir sollten sofort handeln, politisch und auch persönlich mit Lebenspflege, und nichts in die Zukunft verschieben, dann werden die besseren Lebens- und Gesundheitsbedingungen bald spürbar werden.

Dies ist auch deshalb wichtig, weil es nicht nur eine soziale Ungleichheit im Leben gibt, sondern auch eine soziale Ungleichheit in der Lebenserwartung. Ich möchte das an einem Beispiel aus Hamburg, meiner Heimatstadt, erläutern:

In Hamburg-Veddel sterben die Bewohner etwa 10 Jahre früher als die Bewohner des reichen Stadtteils Hamburg-Blankenese und etwa 15 Jahre früher als Menschen, die im Norden Hamburgs, z. B. in Poppenbüttel, einem sehr reichen Stadtteil, wohnen.

Hamburg-Veddel ist ein armer Stadtteil, in dem kaum Bäume stehen und der als Industrieviertel sehr laut ist. Die Menschen wohnen hier in sehr kleinen Wohnungen sehr beengt, haben niedrige Löhne, viel Arbeitslosigkeit, der Bildungsstand ist niedrig im Verhältnis zu den reichen Stadtteilen Hamburgs. Das Leben ist hier nicht schön, es stinkt oft auf der Veddel industriell bedingt, viele Häuser sind in schlechtem Zustand. Die lokale Versorgung mit frischen Lebensmitteln, z. B. frischem Gemüse ist nicht gut, man isst aus der Dose. Eine gute Übersicht hierzu hat Clara Hellner (freie Autorin von ZEIT Online), in ihrer Reportage über die neue Stadtteilpraxis in Hamburg-Veddel gegeben, die die medizinische Versorgung dort erfreulicherweise verbessert.[82]

Diese soziale Ungleichheit in der Lebenserwartung ist in der Forschung inzwischen allgemein bekannt. Abhängig von Einkommen und Bildungsstand haben wir auch in Deutschland, wie im Beispiel erwähnt, im unteren Teil der gesellschaftlichen Schichtung einen Verlust an Lebensjahren von 10 Jahren und mehr und längere Krankheits-Spannen vor dem Ende des Lebens. Die Gründe auch hierfür haben wir in den Vorkapiteln vielfach angesprochen und haben uns in diesem Kapitel ja schon den Boden angeschaut, auf dem das Altern günstig oder ungünstig stattfindet mit oder ohne Krankheitsgeschehen.

Es gibt aber natürlich auch krankheitsunabhängige Prozesse im Altern, speziell auf Zellebene. Dominik Duscher und Nina Ruge haben dazu ein informatives Buch geschrieben mit dem provokanten Titel „Altern wird heilbar", den sie im Buch natürlich relativieren, aber auch neue Aussichten aus der Forschung geben. Sie beschreiben darin drei Ebenen: Schwächung der Zellerneuerung, Abnahme der Energieerzeugung in der Zelle und der verringerten Zell-Entgiftung, also was sich in der Zelle anhäuft. In allen drei Ebenen der Zellfunktionen ebenso wie bei den Alltagsleistungen gibt es beim Altern zunehmende Funktions- und Leistungseinschränkungen, die alte Menschen in unterschiedlichem Maße erleben, bei guter allgemeiner Gesundheit weniger und später, auf dem Boden der vorbeschriebenen chronischen Krankheiten mehr und früher. Sie können aber auch in weitere „Alterskrankheiten" münden.

Dafür gibt es nun auch jede Menge Ratgeber, man schlägt den Alten dort umfangreich Nahrungsergänzungsmittel und präventive Medikamente vor, die durchaus individuell nützlich sein können. Aber sie verwirren auch, denn wenn man das alles berücksichtigen will, ist es doch schwer, aus dem Angebot zu entscheiden, was für einen selbst Sinn macht. Da hat man viel zu tun, muss viel davon zu sich nehmen und gibt viel Geld aus.

Gute regelmäßige Bewegung, gesundes Essen, frische Lebensmittel und sinnstiftende Alltage begrenzen diese Einschränkungen der Zellfunktionen aber schon deutlich! Dies wirkt eben in gutem Maße auch im Seniorenalter. Und die alten Empfehlungen von Pfarrer Kneipp, also z. B. mit gezielten Kältereizen zu arbeiten wie Wechselduschen, werden von der Forschung als wirksam bestätigt.

Kommen wir nun zum maßvollen Essen. In Okinawa, der japanischen sogenannten Insel der Hundertjährigen, die ich bei den Blue Zones erwähnt habe, ist das zentrale Element des dort beschriebenen langen Lebens bei einer Mahlzeit mit dem Essen aufzuhören, bevor man ganz satt ist. Dieses Verhalten findet man aber nur noch bei den ganz alten Menschen, die Jüngeren haben dies zugunsten von Fast Food usw. mittlerweile aufgegeben mit Folgen für eine verringerte Lebenserwartung.

Dieser gewisse verbleibende Hunger hat eine ganz besondere Bedeutung, denn dadurch wird im Gehirn ein besonderes Eiweiß aktiviert. Es löst spezielle Veränderungen im Gehirnstoffwechsel aus, das Altern der Hirnzellen wird dadurch verlangsamt. Es aktiviert u. a. Sirtuin 1, eines von sieben Enzymen, das speziell Langlebigkeitsgene anschaltet und Degeneration und Untergang von Hirnzellen abbremst. Ich habe dies in meinem Buch (Schutz vor Burn-out, Erstausgabe, erschienen 2012) entsprechend beschrieben. Hier können wir also konkret günstigen Einfluss nehmen auf mögliche Einbußen von Zellfunktionen.

Und auch wenn alte Menschen regelmäßig im Kontakt zu Kindern sind, eigene oder aus der Nachbarschaft, sind sie gesünder und werden gesünder älter, ihre Telomere sind lang geblieben. Ich hatte dies bereits am Beispiel von den ältesten Bewohnern der Halbinsel Nicoya in Costa Rica erzählt. Diese Beobachtung gibt es übrigens auch im Tierreich.

Die nun nachfolgenden Gedanken um Würde und Menschenrechte im Alter gelten natürlich umso mehr bei speziellen Alterskrankheiten wie u. a. in der Demenz (siehe meinen Demenz-Artikel im Bonner Journal 01/2012, QR-Code zur Link-Liste im Anhang).

Würde im Alltag alter Menschen

Das allmähliche Nachlassen von Alltagsleistungen in individuell unterschiedlicher Ausprägung ist normal, ebenso Leistungseinbußen auf Zellebene und in Organfunktionen. Anpassungen in der Lebensführung der alten Menschen, z. B. dem höheren Zeitbedarf für vieles geschuldet oder der Notwendigkeit, mehr Pausen (um z. B. Mittagsschlaf zu machen), gelingen dabei vielen, wenn sie sich darauf einlassen. Sie üben, wenn es gut läuft, täglich eine neue Balance zwischen „In-Ruhe-gelassen-Werden" und Teilnahme am sozialen Leben ein.

Es ist aber genauso wichtig, dass die soziale Umgebung sich ebenfalls darauf einlässt, also sich in ihren Anforderungen mäßigt, aber Ansprache, angemessenen Erlebensraum und Möglichkeiten sinnhafter Tätigkeiten für die Alten erhält. Sonst erleben sich die Alten leicht als „altes Eisen", schämen sich für ihre Leistungseinbußen und fühlen sich ausgegrenzt. Dann ist ihre Würde verletzt.

Alte Menschen, auch wenn sie auf Hilfe angewiesen sind, wollen keine Almosen. Sie nehmen, wenn sie das gelernt haben, gerne Hilfe an, aber sie geben auch gerne und können dies auf vielfältige Art und Weise tun, besonders, wenn sie sich Güte, Toleranz und Weisheit in ihrem langen Leben haben erwerben können. Und alte Menschen können sehr schöpferisch sein, wenn man sie lässt und dies wahrnimmt und achtet. Sie brauchen auch einen Sinn darin, morgens wieder aufzustehen, z. B. weil andere sie brauchen, Kinder sich freuen, wenn sie sie sehen, dass auch ein vermeintlich kleines Tun oft ein wichtiger Beitrag im Gesellschaftsleben ist.

Dabei müssen die Gesellschaft und die sie umgebende Gemeinschaft dafür sorgen, dass diese Türen im Altersprozess immer offenbleiben müssen, wenn Altern würdig bleiben soll, auch im Fortschreiten des Prozesses. Sie dürfen nicht das Gefühl bekommen, gemieden zu werden wegen ihres Alters, in dem man eben nichts mehr gilt.
Und alte Menschen behalten grundsätzlich ihr Recht, die Risiken ihres noch verbliebenen Lebens selbst einzuschätzen und danach zu handeln,

sofern ihnen diese Möglichkeit verblieben ist durch eigene Wohnung und Versorgung und geistige Klarheit. Ich beziehe dies auch auf die Risiken, die durch die Corona-Pandemie entstanden sind. Und es gilt auch, wenn alte Menschen als starrsinnig und unvernünftig erlebt werden, solange dies nicht der Hilfe der Gemeinschaft bedarf.

Dies gilt natürlich auch für alte pflegebedürftige Menschen, z. B. in Gemeinschaftsunterkünften. Und dies gilt in einem sehr achtsamen Rahmen auch für Menschen mit Demenz, deren Recht auf Kontakt und Berührtwerden und liebevolle Begleitung kreativ und in guter Sorge um sie erfüllt werden muss.

Bei Krankheit und zunehmender Leistungseinbuße sind ältere Menschen zunehmend verletzlicher, aber das negiert nicht die erworbene Reife des Lebens oder macht sie unwirksam.

Und es darf in keinem Fall eine Not entstehen wie Altersarmut, fehlender Zugang zu Behandlungen, menschlichen Kontaktmöglichkeiten. Und es braucht nach wie vor die Chance auf Bildung, Mediennutzung und Mobilität mit geduldig, ggf. immer wieder erklärten Zugängen, z. B. die Fernbedienung des Fernsehers oder die Bedienung des Rollstuhls. Alte Menschen, auch mit Handicap, müssen ins Theater können, ins Restaurant und Zugang zu anderen Angeboten des öffentlichen Lebens haben, soweit sie dies wollen. Auch sie wollen lachen, Sorge tragen für etwas und politisch partizipieren.
Es dreht sich nicht um dauernde Bespaßung oder drängelnde Aktivierung, sondern achtsame Wahrnehmung dessen, was passt.

Tübingens besondere Corona-Strategie

An dieser Stelle möchte ich die (von der Tübinger Ärztin Lisa Federle entwickelte und initiierte) Strategie des Tübinger Oberbürgermeisters Boris Palmer und seines Teams zum Schutz der alten Menschen in der Stadt in der Corona-Pandemie erwähnen. Er setzte seine Erkenntnisse klug und pragmatisch um und verschob sein Handeln nicht in die Zukunft. Die alten Menschen wurden und werden hier ernstgenommen mit ihren Bedürfnissen nach Schutz, aber z. B. auch Mobilität und Selbstbestimmung, soweit noch möglich.

Das Konzept:
Sie werden in diesem Sinne würdig behandelt, indem sie im Altersheim konsequent durchgetestet werden, aber auch an die alten Menschen in noch eigenen Wohnungen gedacht wird. Die Kinder oder Enkel dieser „Alten" können in dafür öffentlich eingerichteten Stellen Schnelltests machen, bevor sie die Eltern oder Großeltern besuchen. Es gibt ausreichend FFP2-Masken und um die jungen und alten Menschen im Alltag nicht zu eng zusammenzubringen, können die Alten zum Preis des Nahverkehrs mit speziellen Taxis fahren, so ist es mit der Stadt besprochen. Die Zeit von 9-11 Uhr ist in den Geschäften den „Alten" zum Einkaufen vorbehalten.

In der Folge hatte Tübingen fast keine Neuinfektionen bei über 75-Jährigen und die Bürgermeister und Ministerpräsidenten in Deutschland schauen erstaunt und lobend nach Tübingen, um das zu verstehen und zu lernen, wie es scheint und zu hoffen ist. Auch den jungen Leuten geht es damit viel besser, weil sie sich gegenüber den Alten verantwortungsvoll fühlen und verhalten können. Das klappt, weil offensichtlich die Tübinger ihrem Oberbürgermeister sehr vertrauen und mitmachen. Ich zolle ihm ebenfalls großen Respekt, auch wenn ich nicht in allen Fragen mit ihm einer Meinung bin.

Ähnlich wie Tübingen liegen auch z. B. Münster, Emden und Rostock (Stand Januar 2021) und eine Reihe anderer Städte und Kreise bei einer Inzidenz unter 50 (auf 100.000 Einwohner). Auch dort gibt es ein solches spezielles Engagement. Man muss natürlich bei aller Unsicherheit im Pandemie-Geschehen sagen, möge es dort so erfolgreich bleiben und sich, z. B. mit Orientierung an diesen Städten, allerorten in diese Richtung entwickeln.

Die Reife und Weisheit des Alters

Die EU-Grundrechtecharta aus dem Jahr 2000, weist spezielle Erläuterungen für die Rechte und die Würde älterer Menschen und behinderter Menschen aus. Zur Frage der Würde des alten Menschen, insbesondere im hohen Alter, hat der Gerontologe Prof. Andreas Kruse ein phänomenales Buch geschrieben „Lebensphase hohes Alter – Verletzlichkeit und Reife".

Die Gesellschaft kann auf die Reife und die schöpferische Weisheit, die im Alter auch aus der Verletzlichkeit und Nähe zur Endlichkeit unserer Existenz im Erdenleben entsteht, nicht verzichten. Wir können viel von den Menschen im hohen Alter lernen, von ihrer Güte und auch von ihrer Spiritualität im Übergang und Wandel der Welten. Ich selbst hatte mehrere Lehrer in meinem Leben, die zum jeweiligen Zeitpunkt weit über achtzig, auch über neunzig Jahre waren, ebenso hochbetagte Menschen in der Familie und Freunde.

Ein würdiges Altern gründet also besonders auf der Liebe, mit der jemand auf dieser Welt empfangen wurde. Insofern ist hier viel zu tun, wenn wir unsere gesellschaftliche Realität anschauen.

Daher möchte ich jetzt über die Gestaltung guter Rahmenbedingungen für die Strukturen der Gesellschaft, in denen lebenswerte Zustände und die Würde für alle verwirklicht werden, sprechen.

5.5 Politik und Gestaltung

Die „Ausreichend Große Anzahl" (AGA)

Ich hatte schon erwähnt, dass eine Avantgarde veränderungsinteressierter und -bereiter Menschen Wirtschaft und Politik unter einen sinnvollen Druck setzen kann. Das müssen also nicht alle Menschen sein, die das tun, es reicht, wenn dies nur eine ausreichend große Anzahl von Menschen macht. Denn dann kann sich z. B. schon mal der Gewinn einer Firma schmälern oder ein Politiker in Begründungsnot kommen (siehe Kapitel 4).

Diesen Begriff der „Ausreichend Großen Anzahl" möchte ich jetzt genauer beschreiben. Ich verwende ihn im Sinne des schon genannten Begriffs der „genügend guten Mutter" von Winnicott, dass es also nicht der Perfektion bedarf, um beste Wirkung zu erzielen, ja dass der Versuch der Perfektion dies sogar verhindert. Und die Gesellschaft, die wir so gestalten können, ist auch nicht die perfekte Gesellschaft, sondern ebenfalls die „genügend gute Gesellschaft", die den Menschen wieder ins Zentrum rückt.

Um etwas wirksam in einem System zu erreichen oder stabil zu halten, müssen nicht alle Systemfaktoren das Gleiche machen:

- Bei der Kristallbildung in Flüssigkeiten reichen oft wenige Moleküle, sogenannte Startermoleküle, damit sich die gesamte Flüssigkeit in ein kristallines Muster umwandelt.
- Man sagt, die Renaissance sei von etwa 1000 Menschen in Gang gebracht worden, und dann hat sich alles geändert in den Folgejahrzehnten.
- Im Körper sind nicht alle Zellen Immunzellen und doch schützen diese den ganzen Körper vor Infektionen.

- Bei der Umwandlung von Milch in Yoghurt spielen zugesetzte oder in der Luft befindliche Milchsäurebakterien die Rolle des Starters, ebenso der Sauerteig für den ganzen Brotteig.

Eine ausreichend große Anzahl von Menschen (Avantgarde), die die Wirtschaft in Richtung Kooperation und Nachhaltigkeit bewegen wollen, kann diese Veränderung in der Gesellschaft für ein positives Votum in diese Richtung bewirken. Manchmal wird die ausreichend große Zahl auch „kritische Masse" genannt bei Veränderungsprozessen.

Voraussetzung für eine anregende Wirkung ist es in der Regel, dass man bei diesen Menschen ein authentisches Verhalten, also Glaubwürdigkeit, Vertrauenswürdigkeit und am besten ein wahrnehmbares aktives Handeln sieht. Weitere zentrale Punkte sind: Das Erleben in Begegnungen, dass es diesen Menschen gut geht und dass sie auf ihre Mitmenschen begeisternd oder ansteckend oder stimmungsaufhellend wirken. Ja, sie strahlen vermutlich eine Freundlichkeit aus und man sieht sie gerne lachen. Von Grantlern würde kaum eine ansteckende Veränderungsbereitschaft in deren Umgebung ausgehen.

Wenn man Unternehmen im Falle kritisch gesehener oder skandalös präsentierter Produkte zu einer ethischeren Haltung bringen will, kann manchmal bei großer aktueller Entrüstung der Bürger ein, meist nur kurz anhaltender Shitstorm, im digitalen Netz etwas bewirken, aber im Alltag eben oft eine ausreichend große Anzahl von Menschen, die deren Produkte nicht kaufen. Wie groß muss diese Anzahl sein?

Gewinne sind empfindliche Größen, vielfach sind es die letzten 4 - 8 % vom Umsatz, die erst Gewinne generieren, insbesondere bei Mittelstands-Unternehmen. Bei Großkonzernen mag dies höher liegen und in der Finanzwelt gibt es Gewinnmargen über 25 %. Mittelstands-Unternehmen machen in Deutschland die große Menge der Unternehmen aus mit der Mehrzahl aller Arbeitsplätze und sind vielfach Familienunternehmen, nah an ihren Kunden dran und bemühen sich um ethisches Wirtschaften, soweit es in einer Wachstumswirtschaft geht. Wenn unethisch verhaltende Unternehmen Forderungen und Wünsche nach einer Wirtschafts-Atmosphäre von Kooperation und Würde beim Konsumenten bemerken und bei sich einen Gewinnrückgang feststellen, dann werden diese Unternehmen reagieren. Es braucht also eine Anzahl von etwa 10 bis 15 % der Bevölkerung, die hier konsequent handelt, weil sie Lust hat, sich ihr Leben kooperativ einzurichten.

Wir wissen, dass die Anzahl der sogenannten change people, die eine Änderung des Wirtschaftens wollen und dafür bereit sind, entsprechend zu handeln bzw. dies schon beginnend tun, etwa 25 % der Bevölkerung ausmachen. Weitere 25 % nehmen das Ganze interessiert wahr und ich denke, es gibt noch viele, die sehnsüchtig auf ein würdigeres Leben hoffen, aber noch wegen der Sorge und Angst, was Veränderung für ihr gewohntes Leben bedeuten könnte, verharren.

Das bedeutet, dass dieser Prozess schon im Gange ist und die Gesellschaft sich trotz der zerstörerischen Kapital-Konzentration in wenigen Händen in Richtung Kooperation fortschreitet. Rückschläge gibt es natürlich immer, aber die Gesamtkurve zeigt nach oben. Und Rückschläge kann man in dieser Kurve auch anders sehen, nämlich als normal wie die Gezeiten. Wichtig ist, dass die Kurve insgesamt nach oben zeigt.

Ich möchte noch einmal anmerken, dass die Menschen, die sich in der Lage fühlen, ihr Leben so zu gestalten, dass sie Änderungen in der Gesellschaft mitbewirken, nicht dadurch bessere Menschen sind als die, die noch verharren. Wer für sich die Kräfte fühlt hier mitzuwirken, sucht eben auch diesen Kräften gemäß adäquate Herausforderungen. Ethisch könnte man dies im gewissen Sinne auch als innere Verpflichtung verstehen, diesen Prozess anzustoßen, um seine inneren Möglichkeiten zu leben und zu verwirklichen.

Das Bewusstsein über die Kraft einer ausreichend großen Anzahl (AGA) von Menschen gibt Zuversicht, dass Veränderung möglich ist. Veränderungen sind auch dringend nötig, damit wir unsere Lebensbedingungen auf der Erde erhalten. Und wenn wir vorwärtskommen wollen, brauchen wir Klarheit über die Ausgangspunkte unseres Tuns. Ich hatte bereits in Kapitel 4 in diesem Sinne zu den unrichtigen Versprechungen eines freien, sich selbst regulierenden Marktes und der realen Marktmacht der Finanzindustrie Stellung genommen.
Ich möchte nicht den Unternehmern oder den Politikern verallgemeinernd eine Schuld an dem entropischen, zerstörerischen Handeln geben. Aber ich möchte darauf hinweisen, dass es hier Systemwirkungen gibt, die für das Gemeinwohl ungünstig sind und die Geschichten, die dazu erzählt werden, um Akzeptanz zu erzeugen, wenig glaubwürdig sind.

Meine Verwendung der Worte Wirtschaft und Politik

Ich verwende oft verallgemeinernd die Worte „Wirtschaft“ und „Politik“. Mit dieser Verallgemeinerung meine ich eben die systemische Bedeutung im Kapitalismus und nachfolgend in der Globalisierung und Digitalisierung, insbesondere dem Agieren von Eliten in der Überzeugung, dass der Bürger die komplexen Zusammenhänge nicht verstehen kann und ihm nur durch die Kompetenz der Eliten ein bestmögliches Leben ermöglicht wird, unabhängig von dem Zuwachs an Reichtum und Macht von Eliten.

Inbegriffen ist in dieser Verwendung der Worte die Idee der meines Erachtens intendierten Ruhigstellung der Bürger durch ausreichende Teilnahme am Wohlstand, die Betonung der „Freiheit“ und „Freiwilligkeit“

in der Lebensführung und im Konsum und die ja „offensichtlich" vorhandene Mündigkeit der Bürger, die das System „legitimiert". Inbegriffen ist aber auch die Eingrenzung der Freiheit in einen Rahmen, und dass Demokratie aufgrund der behaupteten Mündigkeit der Bürger keiner Übungsfelder bedarf. Der Bürger wird also letztlich als „homo politicus und ökonomicus" geleugnet, obwohl der Bedarf an politischem Dialog bei den Bürgern besteht.

In seinem Buch „Media Control" schreibt Noam Chomsky dazu Folgendes, Zitat S. 103: „Debatten und Diskussionen lassen sich nicht unterdrücken; vielmehr erfüllen sie in einem funktionierenden Propagandasystem ihre Aufgabe, wenn sie in angemessenen Grenzen bleiben. Es ist wichtig, diese Grenzen möglichst eng zu ziehen. Solange Kontroversen im Rahmen jener Voraussetzungen bleiben, die den Konsens der Eliten definieren, können sie sogar künstlich angeheizt werden, weil sie die Grenzen des Denkbaren, die nicht überschritten werden dürfen, befestigen und zugleich den Glauben an die Herrschaft der Freiheit befördern. Es geht also kurz gesagt, um die Macht, bestimmte Themen auf die Tagesordnung zu setzen."

Politiker sind natürlich unterschiedlich und unterscheiden sich auch in der speziellen systemischen Treue, in der meist diejenigen verbleiben, die es in den Parteien auch gerade deswegen ganz nach oben geschafft haben, wobei Ausnahmen die Regel bestätigen. Viele, insbesondere Lokalpolitiker, machen gute Arbeit, die den Bürgern ganz konkret zugutekommen, ebenso viele Familienunternehmer, von denen immer mehr bereits fair und gemeinwohlorientiert arbeiten.
Den von den Bürger*innen gewollten Fortschritt nehmen gerade diejenigen Unternehmer und Politiker auf, die sich ihre innere Offenheit bewahren konnten und den Mut haben, das sogenannte Overton-Fenster über die systemisch akzeptablen Grenzen hinaus im Gemeinwohl-Sinne zu öffnen oder offen zu halten.

Das Overton-Fenster geht auf den amerikanischen Juristen Joseph Overton zurück, der die Idee dazu in den neunziger Jahren hatte. Wer innerhalb dieses Fensters des systemisch Akzeptablen bleibt, ist im System geschützt und gefördert. „Jedem, der sich ein Stück weit aus dem „Overton-Fenster" lehnt, bläst ein eisiger Wind entgegen" (Zitat aus dem Buch von Rutger Bregman, „Utopien für Realisten", S. 251).
Dazu braucht es eben eine klare innere Haltung, die Anbindung an innere Kraft und so den Willen zum Mut entsprechend zu handeln für echten Fortschritt.

Glücklicherweise melden sich jetzt immer mehr Unternehmer*innen, uneitle Politiker*innen und entsprechend auch Journalist*innen zu Wort, um mit den Bürgern zusammen gemeinwohlorientiert zu handeln und im veralteten System als akzeptabel geltende, aber eben entropische Machteinflüsse allmählich zu entkräften und entbehrlich zu machen. Dies wirkt im Sinne östlicher Kampfkunst, wie z. B. im Aikido, so, dass sich der Gegner schließlich zunehmend selbst zu Fall bringt und Gemeinwohl lebendig wächst.

5.5.1 Friedfertiges Narrativ

Wir brauchen ein neues, friedfertiges Narrativ (unsere neue Erzählung zu unserer Gesellschaft). In dem ersten Teil von Kapitel 5 habe ich dargestellt, wie man mit sich selbst so arbeiten kann, dass man kraftvoll, kooperativ und friedfertig leben kann. Hier soll es jetzt um die gesellschaftliche Gestaltung dieses Themas gehen, also möglichen sinnvollen, gesellschaftlichen Entwicklungen.

Abrüstungsinitiativen und Waffenexporte sind nicht die zwei Seiten einer Medaille, sondern bigott und unehrlich. Dass der Frieden durch ungezügeltes Herstellen von Waffen sicherer wird, ist aus der Sicht der Friedensforschung falsch. Die wirksame Ausstattung einer Armee mit Waffen und Logistik zur gemeinsamen Verteidigung von Europa ist wichtig, wenn man es nicht schafft, Russland in ein europäisches Friedensprojekt einzubeziehen.

Richard von Weizsäcker hatte am 3.10.1990 am Feiertag der Wiedervereinigung Deutschlands die große Hoffnung geäußert, dass ein solches Friedensprojekt verwirklicht wird.[83] Dies konnte nicht gelingen bei dem akzeptierten Vorrang amerikanischer Interessen. Die Chancen waren vor 19 Jahren erneut präsent da, als Wladimir Putin im Bundestag seine Rede gehalten hatte.[84] Ich hatte mir kürzlich die Rede noch einmal angeschaut, sicherlich war darin ein Teil interessengebundene Schönrederei, aber die Rede gab doch gute Ansatzpunkte, und wieder wurden diese Chance aus Rücksicht auf die USA vertan. Jetzt ist es schwieriger, kann aber noch gelingen, wenn man sich in Europa gegenüber den USA emanzipiert, wohlgemerkt emanzipiert, nicht abwendet. Eines der größten Hemmnisse dabei ist die deutsche Autoindustrie mit ihren großen und dann unter Umständen bedrohten Geschäften in den USA. Aber das muss man sinnvoll lösen, darunter sollte nicht eine europäische Einigung leiden.

Ich möchte hier eine mögliche Skizze zeichnen, wie man die Voraussetzungen für eine gute europäische Position schaffen kann. Amerikanisches Fracking-Gas ist ebenso wie russisches Gas über North Stream II anachronistisch, verantwortungslos und klimapolitisch völlig fehl am Platze. Die Ostseepipeline sollte ganz unabhängig von der Position amerikanischer Präsidenten aktuell nicht zu Ende gebaut werden. Sie war ein deutsches Projekt, das Deutschland gegenüber den anderen EU-Staaten durchgedrückt hatte. Ein Stopp würde sicherlich ein Aufatmen in der EU geben.

Die wirtschaftlichen Folgen betreffen nicht die ganze deutsche bzw. europäische Wirtschaft, wie vielfach gesagt wird, sondern im wesentlichen zwei deutsche Konzerne, die Wintershall AG und Uniper, weiterhin die Teil-Rohrproduktion von Europipe (Dillinger Hütte und Salzgitter AG). Die Verluste würden eine einstellige Milliardensumme betreffen, die u. a. über Bürgschaften abgesichert sind.

Aktuell wurde ein möglicher Baustopp von Politikern in Deutschland als „Strafe" benannt, u. a. als Reaktion auf die vermutlich von Russland zu verantwortende Vergiftung des russischen Oppositionspolitikers A. Nawalny. Dieser Anschlag ist verwerflich und treibt berechtigterweise viele Menschen in Europa und anderswo um. Eine Reaktion aus Europa ist wichtig, aber sollte sich auf den Devisen-Rückfluss in die russische Oligarchie konzentrieren durch konsequente Unterbindung von Korruption, Geldwäsche und Investitionstätigkeit in Europa, u. a auch im Immobilienmarkt.

Aber North Stream II sollte aus meiner Sicht gestoppt werden, nicht als Strafaktion, sondern als weitsichtiger Beginn einer neuen europäischen Strategie gegenüber und mit Russland.

Ansatzpunkt wird zunehmend die Erkenntnis auch in Russland sein, dass es einen Tag X in naher Zukunft geben wird, von dem an das Carbon-Zeitalter zügig beendet werden wird. Dann wird russisches Öl (Russland ist Deutschlands wichtigster Öllieferant) und russisches Gas in Europa, aber vermutlich auch anderswo, nicht mehr gekauft werden. Dies gilt natürlich auch für andere Erdöl bzw. Erdgas produzierende Länder. Wenn bis dahin keine andere Infrastruktur für nachhaltige Energieproduktion und überhaupt andere Wirtschaftsgüter geschaffen worden ist, wird das schlimme Auswirkungen für Russland haben. Diese Thematik wird voraussichtlich noch in die Ära Putin fallen.

Das Argument, dass, wenn Europa kein Öl und Gas aus Russland kauft, die Chinesen es kaufen, ist sicherlich für einige Jahre realistisch, aber die

Chinesen werden daran Bedingungen im Interesse ihrer expansiven Bestrebungen knüpfen, die Russland abhängig machen würden. In Europa würde Russland einen Partner finden, der sie nicht bevormundet, und das wird aus meiner Sicht entscheidend sein.

Wenn also eine europäische Strategie nicht feindlich, sondern förderlich Russland unterstützt bei einem solchen gewaltigen Umbau des Landes, wird dies möglicherweise weniger eine großartige monetäre Rendite einbringen, dafür aber zunehmend Frieden und Sicherheit. Die zweistelligen Milliardenbeträge, die Deutschland jedes Jahr für Öl und Gas an Russland zahlt, sind für ein solches europäisch-russisches Projekt viel besser angelegt, andere Länder würden sich als europäischer Verbund vermutlich daran beteiligen und der Druck auf Russland, hier eine kooperative Rolle zu spielen, würde durch den sofortigen Stopp dieser Einnahmen aus dem Öl- und Gasgeschäft vermutlich steigen. Versorgungsengpässe sind nicht zu erwarten, vielmehr ein weiterer starker Impuls für den weiteren Ausbau nachhaltiger Energien in Deutschland und Europa.[85]

Sofern sich North Stream II technisch auch für den Transport von grünem Wasserstoff aus Russland in die EU eignen sollte, könnte später ja ein Fertigbau und die Inbetriebnahme der Pipeline in der Diskussion bleiben und als von der EU unterstützter Anreiz zum Ausbau regenerativer Energien in Russland wirken. Das gilt ebenfalls für die Pipeline North Stream I. Die Mengen müssten so gestaltet werden, dass eine Abhängigkeit nicht entsteht und eigene Wasserstoffherstellung und Wasserstoff aus Solarenergie der Wüstenregionen Afrikas (in Nachfolge des Desertec-Projekts[86]) den notwendigen Mix ermöglichen. Auf diese Weise könnte die EU vielleicht mit dazu beitragen, das Auftauen der Permafrostböden in Russland mit zu verlangsamen (bestenfalls, wenn die Pariser Klimaziele weltweit eingehalten werden, eines Tages zu stoppen). Die in den vielen Jahren unter Putins Regentschaft zugenommene Härte, das geopolitische Machtinteresse Russlands und das KGB-basierte Gesellschaftssystem wird unter einer solchen Strategie aus meiner Sicht allmählich an Kraft verlieren, gleichzeitig werden zukünftige Akteure dort an Akzeptanz gewinnen, weil es Partnerschaft generiert, die für das russische Volk auch wirtschaftlich spürbare Verbesserungen ergibt anstelle eines Desasters aufgrund fehlender wirtschaftlicher Weichenstellung. Für eine solche Strategie muss Europa einig sein. Auf dem Weg dahin halte ich eine zunehmende Etablierung einer Gemeinwohl-Ökonomie in Deutschland für wesentlich.

Die Etablierung einer Gemeinwohl-Ökonomie, auf die ich gleich (S. 552) noch ausführlich zu sprechen komme, ist bereits national möglich. Zusammen mit der Einführung eines bedingungslosen Grundeinkommens würde die Kaufkraft der ärmeren Hälfte der Bevölkerung in Deutschland für benötigte und sinnvolle Produkte gestärkt werden, die „Exportweltmeisterschaft" wäre aber nicht weiter das erklärte Ziel und dieser „Stolz" der Nation (der Regierung, nicht der Bürger) würde bei steigenden Löhnen und erhaltener Bruttowertschöpfung zurückgehen. Da der Exportanteil in die EU ca. noch 60 % beträgt, würde schon ein moderater Rückgang viele Länder in Europa weiter aufatmen lassen, da ihre Waren konkurrenzfähiger würden.

Deutschland würde also nicht mehr so stark auf Kosten der anderen EU-Länder wirtschaften. Dies war ja damals bei der Zustimmung zur Wiedervereinigung Deutschlands schon eine der großen Sorgen, insbesondere bei England und Frankreich, dass ein wirtschaftlich zu starkes Deutschland für Europa ungünstig wäre. Übrigens wären auch die USA über eine ausgeglichenere Handelsbilanz erfreut, was ich aber nicht als handlungsleitend sehen möchte.

Ein derart entlastetes Europa mit einer entspannteren Rolle Deutschlands könnte den europäischen Einigungsprozess stark befördern und gemeinsame Standpunkte für eine freundliche Entwicklung der Beziehungen zwischen der EU und Russland ergeben, in einer selbstbewussten, emanzipierten Erhaltung und Gestaltung auch der Beziehungen zu den USA und China. Das Entweder-oder hätte ausgedient und ein Sowohl-als-auch könnte endlich fruchtbar werden.

Wenn es aber nicht gelingt, Russland mit einzubeziehen, kann man ein europäisches Verteidigungssystem rational und kostengünstig einrichten. Dass ohne Waffenexport die Entwicklung neuer Waffen unmöglich wäre, ist argumentativ dem Marketingkonzept der Waffenschmieden geschuldet und natürlich Unsinn. Wenn Europa ein Abwehrsystem will, wird es das entwickeln und herstellen, Punkt!

Die zukünftige Hauptaufgabe würde dann vermutlich neben den Abwehrmöglichkeiten durch Raketen die Entwicklung suffizienter Cyberabwehr sein. Allerdings sollten die in Deutschland lagernden restlichen Atomwaffen in diesem Rahmen abgezogen bzw. verschrottet werden. Wir brauchen sie nicht, wenn wir ein kooperatives Projekt von der EU mit Russland beginnen. Der Hinweis, dass dies aufgrund vertraglicher Vereinbarungen mit den USA und der NATO nicht geht, sind Scheinargumente. Wenn man die Welt wirklich friedlicher machen will, wird man diese Vereinbarungen als für die Zukunft überholt, als ethisch unsittlich einstufen und für beendet erklären. Aktuell werden solche Vereinbarungen ja massenhaft in der Gegenrichtung, also im Interesse der Weiterentwicklung von Waffen gebrochen, das scheint erlaubt zu sein.

Die Anzahl der Waffenschmieden bzw. die Anzahl der dort arbeitenden Menschen wird insofern natürlich zurückgehen, andere Arbeitsplätze und geringere Arbeitszeiten sind hier kreativ zu entwickeln. Es ist hier nicht anders als z. B. in der Braunkohle- und Autoindustrie. Der Hinweis auf Verlust von Arbeitsplätzen darf uns nicht mehr schrecken, da wir sowieso unsere Gesellschaft neu gestalten müssen für die Zukunft, sodass die Menschen daran keinen Schaden nehmen, sondern zufriedener werden können (siehe S. 602).

Wachstum und Renditen

Das Wirtschaften mit dem Primärziel des Wachstums ist obsolet, eine bürgerliche Hauptrolle als Konsument ist weder glücksbringend noch sinnstiftend (siehe S. 118).
Die allgemeine Erzählung wird insbesondere von denen, die mit dieser Situation Geld verdienen, mit permanenter Wiederholung Hirn-wirksam (mit dem Wissen um Neuromarketing) als normal und eben scheinbar glücksbringend erzählt.

Es wird auch erzählt, dass Änderungen am System nicht notwendig sind, dass andernfalls Arbeitsplätze gefährdet seien und dass Menschen, die das ändern wollen, Revoluzzer oder zumindest Fantasten seien. Und die Politik schließt sich dieser Erzählung immer noch viel zu oft an, weil sie im Rückgang der Gewinne der Finanzakteure und der multinationalen Konzerne, wie gesagt, ihre eigene Machtbasis gefährdet sieht. Das mag eben häufig auch stimmen, ist aber gesellschaftlich gesehen ein gefährlicher Irrweg, zumal das Wachstum aktuell ja gar nicht mehr wirklich funktioniert, am BIP (Brutto-Inlands-Produkt) falsch gemessen wird (siehe S. 557) und in dieser Logik die Angst vor Rezession aufkommt.

Es wird von der Politik insofern oft gesagt:

> Grundsätzliche, also **radikale Änderungen im System** haben unabsehbare Folgen, aber die Antwort ist:
> **Ohne Änderungen im System** haben wir die schon bekannten absehbaren Folgen!
> Nämlich zerstörerische Änderungen, die wir nie haben wollten!
> (Klimawandelfolgen, Artensterben, Pandemien usw.)

Dies gilt es durch rechtzeitiges, also sofort beginnendes, radikales Handeln so gut wie möglich abzuwenden, also an der Wurzel und am Boden anzupacken und die Bedingungen dort zu verbessern, damit Menschlichkeit, Würde, Kooperation und Liebe blühen können.

Beginnen wir mit der Gestaltung der notwendenden Änderungen jetzt in der Gegenwart und verschieben so wenig wie nötig zur Klärung bzw. Ernte in die Zukunft, also nur das, was noch fertig reifen muss.

Ich möchte an dieser Stelle noch einmal darauf hinweisen, dass ich keine Revolution meine mit sofortiger Änderung. Ich meine aber den sofortigen Eintritt in eine radikale, transparente Beackerung des Bodens für das individuelle Wachstum der Menschen in eine menschlichere Gesellschaft hinein und eine Austrocknung des Bodens für eine renditeorientierte neoliberale Wachstumswirtschaft. Ich sehe, dass immer mehr Menschen dies wollen und kenne aus der Medizin die Heilungsphänomene, wenn der Boden (bzw. das Milieu) Luft bekommt und an Kraft gewinnt. Dies ist direkt auf die Gesellschaft übertragbar.
In der Corona-Krise ist dies noch viel offensichtlicher geworden, ebenso wie die Möglichkeiten des Umsteuerns jetzt.

Einen hervorragenden Beitrag dazu hat übrigens Konstantin Wecker gebracht mit seinem Song „Willy 2020“, den vermutlich viele Leser auch schon kennen.
Hinweis: Zum Song kommen Sie hier über den **QR-Code.**

Die Ausgangslage ist klar

Von der Endlichkeit der Ressourcen und der Gefahr eines Klimawandels und Müll- bzw. Entsorgungsproblems wissen wir spätestens seit der ersten Veröffentlichung des Club of Rome 1976. In den letzten Jahren ist dies wissenschaftlich immer genauer durchgearbeitet worden und nun letztlich allgemeiner Konsens. Selbst auf dem Weltwirtschaftsforum 2018 hat sein Leiter Klaus Schwab die mit dem Klimawandel einhergehenden Probleme als gefährlichste Herausforderungen benannt und darüber bereits 2016 sein Buch „Die 4. Industrielle Revolution" veröffentlicht.

Und mittlerweile erleben wir auch in Deutschland die ersten Folgen: Lokale Unwetter und Tornados mit extremen Regenmengen und Überschwemmungen, dasselbe mit lokalen Schneemengen, auf der anderen Seite Hitzeperioden mit Dürren und heftigsten Waldbränden, wir essen Fische mit Plastik im Bauch usw.

Das heißt, wir haben ein immer klareres Wissen über Jahrzehnte ignoriert bzw. ignorieren gelernt unter der Assistenz der Politik und kommen nun an einen Punkt, wo die Zeit knapp wird, wenn wir schlimme Lebensbedingungen für die nächsten Jahre und besonders die nächsten Generationen noch begrenzen wollen.

Es ist unmöglich, wenn Unternehmen jetzt sagen, sie bräuchten mehr Zeit, um die Produktion auf Nachhaltigkeit oder Tierwohl, ethische Haltungen oder Menschlichkeit und Kooperation umzustellen. Es war die letzten Jahre sonnenklar, dass dies notwendig ist und man hat es einfach nicht gemacht, um die Geschäfte lukrativ zu halten. Viele Großkonzerne haben nicht unerwarteterweise gegen das Grundgesetz massiv verstoßen: Art. 14, Abs. 2 „Eigentum verpflichtet. Sein Gebrauch soll zugleich dem Wohle der Allgemeinheit dienen". Insofern sollten wir auf ignorante Unternehmen und Geschäftsfelder nicht zu viel Rücksicht nehmen, sondern kurze Zeiträume festlegen, in denen sie sich umstellen oder Nachteile in ihrer Geschäftstätigkeit in Kauf nehmen müssen. Kreative Lösungen für die Beschäftigten kann die Politik finden, wenn sie will, z. B. das Angebot und Förderung von Teilzeit für alle, natürlich freiwillig.

Dieses Lamentieren ist auch irgendwie besonders deutsch, aber auch lobbyistisch begründet. England beendet seine Kohleproduktion 2025 (allerdings sollen AKWs noch eine Rolle spielen), Schweden verbietet Benzinmotoren zur gleichen Zeit. Frankreich wagt sich die Einführung einer Digitalsteuer für große Internet-Konzerne trotz Drohungen aus den USA.

Agrarsubventionen der EU

Österreich verbietet Glyphosat trotz unklarer „Recht“slage. In Deutschland hat unsere Agrarministerin Julia Klöckner ein Verbotsszenarium von Glyphosat „erfolgreich verhindert“ und so vorerst verzögert. Sie kann bis 2022 nichts machen, wie sie sagt.[87] Danach ist eine Mehrheit in Europa wohl für ein Verbot. Viele Kommunen machen es ihr vor, in dem sie jetzt Glyphosat verbieten und das Verbot auch in die Pachtverträge für ihre Ländereien nachträglich aufnehmen. Das ebenso wichtige Thema der Anwendungen im Agrarbereich von Neonicotinoiden mit ihren Gefahren für Insekten und speziell Bienen ist ja beim EuGH anhängig und die in Entwicklung befindlichen mRNA-Sprays müssen vor der Zulassung weiter untersucht werden, was noch nicht sicher ist.[88] Und die Anwendungsmengen chemischer Substanzen in der Landwirtschaft werden sehr davon abhängen, wie die Landwirtschaft zukünftig subventioniert wird.

Wenn der von Frau Klöckner im Interesse der großen Agrarkonzerne befürwortete aktuelle Entwurf der EU-Kommission dafür durchgesetzt wird, ist ein weiteres Sterben von Kleinbauernhöfen sicher, wobei die Zahl bereits halbiert ist. Das ist unverantwortlich. Diese Arbeitsplätze der Klein- und Mittelhöfe dürfen im Gegensatz zu vielen anderen keinesfalls verschwinden.[89]

Meine Kritik an der Industrie-Freundlichkeit des Agrarministeriums ist nicht allein Lobby-Kritik, sie ist viel fundamentaler, weil sie die Biodiversität, eine der wichtigsten Grundlagen unseres Lebens, im Kern betrifft. Ich möchte das an einem kleinen Beispiel verdeutlichen, das zeigt, dass Agrarwirtschaft nach Regeln der Agrarindustrie für uns konkret bereits jetzt spürbare Folgen im persönlichen Leben zeitigt. Und das wird wahrgenommen, aber meist noch nicht im Zusammenhang mit der Agrarwirtschaft gesehen.

Das Beispiel:
Die Eichenprozessionsspinner haben sich in den letzten Jahren stark ausgebreitet, sind in vielen Gegenden Deutschlands zur Plage geworden. Neben dem Kahlfraß von betroffenen Bäumen, lösen sie beim Menschen u. a. Allergien und Haut-, Schleimhaut- und Bronchial-Symptome aus, die sehr beeinträchtigend sind.

Wie konnte er sich so ausbreiten? Antwort: Er hat seine natürlichen Feinde verloren. Die meisten Vögel mögen diese haarigen Raupen nicht als Speise, aber es gibt u. a. einen Vogel, für den sie ein Leckerbissen sind: der Kuckuck! Der ist aber zahlenmäßig stark zurückgegangen, weil er keine Nester mehr findet, in die er seine Eier legen kann zum Ausbrüten durch andere Vögel, z. B. Bachstelzen, Rotkehlchen oder Zaunkönige. Die wiederum finden zum einen immer weniger Nistplätze in Hecken, Knicks und anderen Ackerrandstreifen, die für die Äcker mit Monokulturen weichen mussten. Die Vögel finden aber zum anderen auch immer weniger Nahrung, da es durch die intensive Anwendung von Agrarchemie weniger Insekten gibt. Diese Kette von Folgen aufgrund der Förderung der industriellen Landwirtschaft führt schließlich als ein wesentlicher Grund zur Plage mit den Eichenprozessionsspinnern.

Dieses kleine Beispiel zeigt aber unsere Überheblichkeit in der Meinung, wir hätten alles unter Kontrolle.

Die EU-Agrar-Förderung hat aktuell eher kosmetische Änderungen vorgesehen, letztlich bleibt gerade in dieser wichtigen Phase alles bei der alten, an großen Agrarkonzernen ausgerichteten Orientierung der Förderung. Wir brauchen aber keine kleinen Verbesserungen für die Bio-Landwirtschaft, sondern eine radikale Neuorientierung zum Erhalt der Biodiversität, der Qualität unserer ausgelaugten Böden, der kleinen und mittleren Höfe und zunehmend der Förderung der Umwandlung konventionell betriebener Höfe zur Bio-Landwirtschaft und Permakultur-Orientierung.

Diese radikalen, notwendenden Änderungen in der EU-Förderung sind unter der federführenden Hand von Julia Klöckner während der EU-Ratspräsidentschaft ausgebremst worden mit fatalen Folgen für Bauern und Bürger. Aus meiner Sicht ist im Agrarministerium die ganze Tragweite des Problems nicht verstanden worden. Es zeigt aber auch die ganze Schwäche, ja Hilflosigkeit des Staates, die sich im Rahmen der Deregulierung der Wachstumswirtschaft gegenüber den multinationalen Großkonzernen und ihrer Lobbyarbeit folgenschwer ergeben hat.
Sollten diese Richtlinien bis 2029 Bestand haben müssen, empfehle ich verstärkt die Klein- und Mittelbauern in der jeweiligen Region zu stärken im Rahmen von Direktvermarktung, Wochenmärkten und Gemüsekisten. Besondere Aufmerksamkeit ist dabei auf Biobetriebe und Betriebe in Umstellung zu setzen. Menschen, die ihr Geld anlegen möchten, empfehle ich, Aktien der Regional-AGs zu kaufen, die u. a. Bauern, die noch konventionell arbeiten, bei der Umstellung auf Biobewirtschaftung unterstützen.

Zukünftige Koalitions-Regierungen sollten strikt auf möglichst rasche, also, wo möglich vor 2029 umsetzbare, nachhaltigere Lösungen im Agrarbereich setzen, Bürger können hier auch mit ihrem Wahlvotum allgemein lebensförderliche und die Biodiversität erhaltende Lebensbedingungen in unserem eigenen Lebens-Interesse als Menschen auf der Erde nachhaltig schützen.

Bei der Kohleförderung sind die Arbeitsplatzverluste in einer Dimension, auch wenn man die strukturellen Verflechtungen mit einbezieht, dass sie durch eine kluge Ansiedlungspolitik von Arbeitsplätzen behördlicher Art oder aus Industrie und Forschung leicht zu kompensieren ist. Das aber wird von der Kohlelobby im Verein mit der Regierung verhindert und unsinnig auf die Arbeitsplatzverluste und die Verwaisung der Regionen verwiesen. Die Forschungsinitiative von Siemens und Fraunhofer Institut in der Lausitz zeigt nicht nur, wie man es macht, sondern dass man es bereits macht. Und ein echter Einbezug von Bürgern wird weitere Ideen bringen.

Da muss man nicht darüber sprechen, dass die Schüler, die sich in ihren Demonstrationen „Fridays for Future" zu Wort melden, in der Schule etwas versäumen. Diese Schüler sind gerade selbstverantwortlich für ihr Leben und wollen in ihrem Leben etwas werden und bewirken. Wir brauchen uns um sie nicht wegen ihrer schulischen Leistungen sorgen, die werden sie selbst aufholen. Sorgen müssen wir uns mit ihnen um ihre Zukunft auf diesem Planeten und es gilt diese Sorgen als Kraft wahrzunehmen und in gesellschaftliches Handeln umzuwandeln.

Aufgrund dieses jahrzehntelangen Wegschauens ist Gegenwartsentwicklung notwendig und nicht erst Zukunftsentwicklung. Wenn Politik dies jetzt nicht als ihre Verantwortung aufgreift und in einer lobbyistischen Wachstumsideologie verharrt, werden viele Bürger dies sicherlich selbst in die Hand nehmen, wie man aktuell schon sieht. Gut so! Besser noch mit guter Politik, die nicht gewohnheitsmäßig verzögert und verschiebt, sondern gute Rahmen setzt.

Wir brauchen hierfür einen inneren Weg als Mensch, jeder Einzelne auf seine Art, um aus einer neutralen Mitte heraus zu handeln in Achtsamkeit und Radikalität mit menschenwürdigen Regeln in einer demokratischen Gesellschaft ohne Markt und Geld als Götzen.

Ein friedfertiges Narrativ entsteht also dadurch, dass viele Menschen mit sich selbst und als Gemeinschaft handeln und arbeiten und ihre schweigende Zustimmung zur Wachstumswirtschaft zurückziehen.
Denn wie vorher geschildert, erzählt unsere Wirtschaftsform, die eine Profitmaximierung ins Zentrum stellt, dazu eine falsche, bereits widerlegte Geschichte des Wohlstands für alle durch konsequente eigennützige Konkurrenz, schafft Unfrieden und schwächt als „marktorientierte" Demokratie die Demokratie der Bürger. Die marktorientierte Demokratie als beste Grundlage der gegenwärtigen Wirtschaftsform wird wie gesagt zwar von vielen Parteien immer wieder beschworen, verdeckt aber, wie schon erwähnt, nur die dahinterstehende „Herrschaftsform" durch Groß- und Finanzkonzerne und zunehmend Digitalkonzerne, die ihre Interessen rücksichtslos durchsetzen. Für die Bürger haben sie die Rolle des freien Bürgers in der Demokratie als Deckmäntelchen über ihre Machenschaften, denn wir dürfen ja alles sagen, haben also Meinungsfreiheit, und wer wirklich nachweisen kann, dass ihm Unrecht angetan wurde, kann auch auf die Gerichte zählen.

Wir haben es natürlich tatsächlich im Alltag unvergleichlich viel besser als Menschen, die in Diktaturen leben müssen und unterdrückt werden, und viele von uns können sich tatsächlich individuell verwirklichen, aber unsere freiere Lebensmöglichkeit ist teuer erkauft durch Ausbeutung in anderen Ländern, Manipulation mit Konsumnötigung bzw. Zwang und Zerstörung unserer Lebensgrundlagen auf der Erde. Und wir können uns bisher nicht gemeinschaftlich verwirklichen, weil Gemeinwohl-Orientierung natürlich Renditen schmälert, und das ist von der aktuellen Politik und der Wirtschaft nicht gewollt und kann bei den derzeitigen Macht-

verhältnissen durchaus noch verhindert werden. Aber hier ist ein Wandel in der Gesellschaft bereits spürbar.
In diesem Sinne ist es sinnvoll, überall die eigenen Vorstellungen eines neuen Zusammenlebens soweit wie möglich zu verwirklichen und davon zu erzählen, wie es z. B. Harald Welzer mit dem jährlichen „Futurzwei Zukunftsalmanach“ tut oder die Transition Town-Bewegung macht.[90]
Das heißt also genau genommen sozialen Widerstand gegen eine sinnentleerte Konsumwirtschaft durch neu entwickelte und gelebte Alltage zu praktizieren.

Das ist vielfach schon möglich und entfaltet bereits Wirkungen in der Politik. Ministerpräsident Markus Söder als „Bienenfreund“ und Frau Annegret Kramp-Karrenbauer als Schirmherrin ihrer selbst erfundenen parteiübergreifenden konzertierten Aktion zum Klimawandel zeigen dies recht deutlich (ohne, dass man von Letzterem noch etwas gehört hätte). Vermutlich ist dies mehr Taktik als veränderte Haltung, aber lassen wir es mal gelten als Wirkung der Bürger-Aktivitäten für eine neue nachhaltige Wirtschaft (siehe Gemeinwohl-Ökonomie, S. 552).

Auch Macrons Haltung, das Freihandelsabkommen mit Südamerika „Mercosur“ erst zu ratifizieren, wenn es Garantien enthält, dass und solange Präsident Bolsonaro in Brasilien den Regenwald tatsächlich erhält, ist letztlich ein Erfolg der Bürger und ihrer Lebensinteressen. Hoffen wir, dass er nicht ohne Ergebnis zurückrudert. Österreich ist hierbei an seiner Seite, Deutschland hält sich bedeckt, ist durch Bürgerproteste vielleicht aber gedrängt, ebenfalls Garantien zu fordern. Bolsonaro durch weitgehendes Stillhalten einen Freifahrtschein auszustellen zur weiteren Brandrodung des Regenwaldes trauen sich angesichts der Bundestagswahl 2021 jetzt viele Politiker nicht mehr. Das toxische Potenzial dieses Themas für die Wahl ist wohl schon erkannt worden, wie man aus Kreisen um Olaf Scholz und Markus Söder hört.

5.5.2 Bedingungsloses Grundeinkommen – konkretes Kindeswohl

Ich habe schon mehrfach das bedingungslose Grundeinkommen in diesem Buch erwähnt. Es ist ein sperriges Wort, vielleicht sollte man es einfach „Basiseinkommen" (siehe gleich Papst Franziskus) nennen. Ich bleibe hier erst einmal bei dem Begriff bedingungsloses Grundeinkommen, da er sich schon etwas eingebürgert hat, verwende aber der besseren Lesbarkeit wegen nun öfter auch die Abkürzung „BGE".

Vor kurzem (2016) hat die Schweiz in einer Volksbefragung darüber abgestimmt, ob so ein Grundeinkommen in der Schweiz eingeführt werden soll. Ca. ein Viertel der Schweizer war dafür. Allerdings wurde die Höhe des Grundeinkommens bei dieser Befragung mit oberhalb 2000,- Schweizer Franken angesetzt.

Die Schweizer Abstimmung hat die Diskussion darum stark angefacht, es wird seitdem viel darüber geredet und erklärt. Mittlerweile (2019) ist in einigen Umfragen sogar schon die Mehrheit der Deutschen dafür (45 - 52 %, je nach Umfrage). Umfragen zeigen sicherlich noch keine stabile entscheidungsbewusste Haltung von Menschen an, aber doch einen klaren Trend in der Auseinandersetzung damit.
Wenn die große Mehrzahl der Bevölkerung das System gut versteht, wird die Befürwortung noch größer werden, sodass die Parteien sich hier klar positionieren müssen, wenn sie keine Wähler verlieren wollen. Das ist aktuell noch nicht so in der Parteienlandschaft (siehe S. 537).

Früher wurde über solche „Hirngespinste" bei Politikern und Wirtschaftsfachleuten gelacht, doch das hat sich geändert. In Deutschland haben sich beispielsweise der Chef der Deutschen Telekom, Timotheus Höttges und der frühere Siemens-Chef Joe Kaeser für ein BGE ausgesprochen, auch wenn deren Beweggründe dafür vielleicht auch andere als meine sind.[91] Aber sie halten es für umsetzbar, das ist wichtig.

Zum BGE gab und gibt es viele ernsthafte Initiativen:

- US-Präsident Nixon wollte 1970 ein bedingungsloses Grundeinkommen niedriger Höhe einführen, was aber aufgrund politischer Auseinandersetzungen auch in der eigenen Partei nicht umgesetzt wurde.
- Die Regierung in Schleswig-Holstein hatte ein Zukunftslabor eingerichtet zur Diskussion und Bewertung neuer sozialer Absicherungsmodelle, u. a. das BGE. Zu einer Erprobungsphase in Flensburg kam es allerdings bisher nicht aufgrund fehlender Zustimmung in der neuen Koalition.
- Das indische Bundesland Sikkim will ab 2022 ein BGE mit allen seinen 600.000 Bürgern erproben.
- Jetzt hat sich auch Papst Franziskus für ein bedingungsloses Grundeinkommen weltweit ausgesprochen. Er nennt es „universal basic income".
- In vielen Staaten der Erde werden Erfahrungen gesammelt, vielfach auch mit verringerter Monatssumme für einen niedrigeren Grundsockel.

Über das BGE gibt es in der europäischen und der jüngeren amerikanischen Geschichte immer wieder Abhandlungen und Hinweise, teilweise auch mit langjährigen Erfahrungen (seit 1982) mit einem ähnlichen Konzept in Alaska.
Philip Kovce und Birger B. Priddat haben in ihrem kürzlich erschienen Buch „Bedingungsloses Grundeinkommen" Politiker, Philosophen und Schriftsteller in der Geschichte seit 1500 n. Chr. zusammengestellt, die über das Thema eines Grundeinkommens geschrieben bzw. darauf schon Bezug genommen haben:

So lässt Thomas Morus in seinem Roman „Utopia“ (1516!), die Hauptperson Raphael Hythlodeus beklagen, man setze „fürchterlich harte Strafen für Diebe fest (damals die Todesstrafe (der Autor)), während man viel lieber dafür sorgen sollte, dass sie ihr Auskommen haben, damit nicht einer in den harten Zwang gerät, erst stehlen und danach sterben zu müssen“. (Seite 40) Weiterhin lassen Kovce und Priddat die Frauen und Mütter in „Die Rechte der Kinder“ (1796) von Thomas Spence zu Worte kommen: „… Und was den Überschuss betrifft, so werden wir diesen, nach Abzug aller öffentlichen Ausgaben, unter allen Seelen der Gemeinde verteilen, ganz gleich ob Mann oder Frau, verheiratet oder ledig, ehelich oder außerehelich, vom jüngsten bis zum höchsten Alter. Auch werden wir keinen Unterschied machen zwischen den Familien wohlhabender Bauern und Händler, … und den Familien armer Arbeiter und Handwerker, …“ (Seite 107)

Die Autoren zeigen, dass die Ideengeschichte zum Grundeinkommen, auch der Bedingungslosigkeit, in der Geschichte weit zurückreicht. Dieses Buch ist für die weitere Diskussion unbedingt zu empfehlen, ebenso wie die nachfolgend genannten.

2007 hat der Gründer der Drogeriekette dm, Götz W. Werner, in seinem Buch „Einkommen für alle“ die Diskussion wieder stark in die Öffentlichkeit gebracht.

Thomas Straubhaar, Wirtschaftswissenschaftler an der Uni Hamburg, hat dann 2017 sein Buch „RADIKAL G€RECHT“ vorgelegt mit einem Finanzierungsmodell über eine Quellensteuer für ein BGE, dessen Praktikabilität mir einfacher erscheint als eine Finanzierung über eine Mehrwertsteuer, wie es Götz Werner vorschlägt, da es im Außenhandel wohl einfacher zu praktizieren ist. Beides ist gut durchgerechnet, es gibt sicherlich auch noch andere Modelle. Thomas Straubhaar hatte übrigens auch die Regierung in Schleswig-Holstein zu diesen Fragen beraten.

Ich nutze hier das Modell von Thomas Straubhaar und greife teilweise auf seine Zahlen aus seinem Buch zurück.

Bevor ich aber genauer auf die Machbarkeit eingehe, möchte ich erzählen, warum ich meine, dass wir so viele Probleme in unserem Staat, unserem Zusammenleben und insbesondere für die Kinder mit der Einführung eines bedingungslosen Grundeinkommens lösen, und ich sage, lösen müssen, wenn wir das Grundgesetz, gerade in den ersten beiden Paragrafen wirklich erfüllen wollen:

„Die Würde des Menschen ist unantastbar. Sie zu achten und zu schützen ist Verpflichtung aller staatlichen Gewalt."
Art.1, Absatz 1 GG

„Jeder hat das Recht auf Leben und körperliche Unversehrtheit. Die Freiheit der Person ist unverletzlich. In diese Rechte darf nur aufgrund eines Gesetzes eingegriffen werden."
Art. 2, Absatz 2 GG

Bleiben wir also bei dem Thema der gesunden Hirnentwicklung als unverzichtbare Basis im Leben der Kleinsten.
Wenn die Mütter auch finanziell die ersten zwei oder drei Jahre bei ihrem Kind bleiben könnten und der Mann dazu verdient oder wenn das Paar sich die ersten drei Jahre diese Aufgaben aufteilt, könnte man folgendermaßen rechnen:
Bei einer angenommenen Höhe des bedingungslosen Grundeinkommens von 1000,- € pro Monat hätte die kleine Familie 3000,- € tatsächlich zur Verfügung plus einer Summe X, die einer der beiden jeweils dazu verdient.
Bei einer alleinerziehenden Mutter bzw. Vater würden 2000,- € zur Verfügung stehen plus ein gesetzlich geregelter Zuschuss vom getrennten Partner.

Das ist eine ganz andere Ausgangssituation als derzeit und beachtet tatsächlich die Würde des Kindes und der Eltern und ihre körperliche Unversehrtheit! Inwieweit eine Kita dabei eine Rolle spielen wird, müssen dann die Eltern entscheiden, aber der Druck, eine Kita finden zu müssen, würde zurückgehen.

Bei einer solchen Ausgangssituation kann der jeweils arbeitende Partner dann, wenn er möchte, auch Teilzeit arbeiten, um noch mit viel Zeit mit dem Kind und dem Partner zu leben und doch finanziell über die Runden zu kommen.
Mit einem BGE ist es möglich, dass immer mehr Menschen Teilzeit als „normale" Arbeitszeit in Anspruch nehmen, wodurch ausreichend Jobs zur Verfügung stehen und man bei dem in der Teilzeit gegenüber der Vollzeit entsprechend reduzierten Einkommen bewusster konsumieren kann und unsinniges Kaufen zurückgeht (über die Frage von Konsum und sozialem Vergleich siehe noch einmal Kapitel 2, S. 116).

Angesichts der durch Robotik und künstliche Intelligenz zu erwartenden Verringerung der Arbeitsplätze ist ein neuer Plan für die Sozialsysteme sowieso zwingend, wofür die aktuelle Regierung allerdings eine Blockade des Denkens oder des Wollens hat.

Mütter müssen sich unabhängig von ihrem Interesse, auch extern zu arbeiten, nicht mehr sorgen, dass sie wie bei der aktuell unbezahlten Hausarbeit und Kinderzeit nur eine unwürdig niedrige Rente bekommen werden. Denn sie haben ja auch im Alter das Grundeinkommen. Die beschlossene Grundrente macht hier, noch sehr halbherzig, doch Gehversuche für 1,5 Millionen Rentner in konkreter Altersarmut, dabei überwiegend Frauen.

Kinder brauchen zu Beginn ihres Lebens zwar in der Regel keine 1000,- €, aber es ermöglicht ihnen, ganz nah z. B. mit ihrer Mutter aufzuwachsen, eine gesunde Hirnentwicklung zu erleben und eine sichere Bindung aufzubauen. Eine bessere Investition ins Leben gibt es nicht. Später sind Kinder zwar etwas „teurer“, aber dafür haben die Eltern auch wieder mehr Zeit, wenn die Kinder ab dem Alter von drei Jahren meist im Kindergarten oder später in der Schule sind.

Man sagt, Kinder kosten bis zur Volljährigkeit im Durchschnitt der Ansprüche, Bedürfnisse und finanziellen Möglichkeiten um 250.000,- €, d. h. monatlich ca. 1150,- €. Da passt ein Grundeinkommen für das Kind von 1000,- € doch recht gut. Man sollte aus meiner Sicht also das Grundeinkommen für Kinder keinesfalls in den ersten Jahren niedriger als bei Erwachsenen ansetzen, auch weil sich dann wieder Verwaltungsaufwand ergibt. Ggf. kann sinnvollerweise ein Teil davon dann z. B. für die Ausbildung gespart werden.

Die Eltern können sich auch bei Teilzeitarbeit gut um ihre Lebenspflege und Burnout-Prophylaxe kümmern, die Unternehmen haben dann insgesamt eine gesündere Mitarbeiterschaft und einen geringeren Krankenstand, was die Produktivität verbessert (sofern sie sich firmenintern ebenfalls um gesunde Prozesse kümmern). Dies ist natürlich ein idealtypischer Gedanke, denn, wie viele Menschen dann Lebenspflege betreiben werden, wissen wir heute ja noch nicht.

Trotzdem spricht viel dafür, dass auch die Kosten für Krankenbehandlung gesamtgesellschaftlich zurückgehen werden.
Auch wenn jemand seine Eltern pflegen möchte, kann er/sie eine berufliche Pause einlegen oder die Arbeitszeit reduzieren ohne finanziell völlig abzurutschen.

Das BGE hat keinen Verwaltungsaufwand, es wird ausgezahlt, sofern der Lebensbeweis erbracht ist. Weitere Vorbedingungen gibt es nicht. Insofern wird der teure Personalaufwand für den Sozialstaat deutlich zurückgehen. Um Härtefälle oder bei Menschen mit Behinderung, die einen höheren Grundbedarf haben, wird sich ein kleinerer Personalstamm kümmern können. Hier muss der Staat natürlich noch extra Unterstützung leisten.

Ich denke, die Vorteile eines bedingungslosen Grundeinkommens sind deutlich geworden.
Inwieweit die angenommenen 1000,- € pro Monat existenzsichernd sind oder nur weitgehend absichernd, muss man noch anschauen, wenn die weiteren Randbedingungen klar sind, also ob es z. B. einen kostenlosen Nahverkehr gibt, eine funktionierende Mietbegrenzung, sinnvolle Veränderungen im Gesundheitssystem zu deutlich geringeren Kosten führen usw., dazu gleich.

Fragen zur Realisierung

Die häufigsten Fragen und Bedenken in der Bevölkerung sind nun folgende:

1. Ist das überhaupt finanzierbar?
2. Wie hoch kann es denn sein?
   Kriegen Kinder das in der gleichen Höhe?
3. Hören dann nicht die meisten auf zu arbeiten?
4. Wird dann nicht alles teurer?
5. Geht das auch in einer Pandemie wie der Corona-Krise?

Diese Fragen gilt es so zu beantworten, dass sie jeder versteht. Frage 2 habe ich im Vorstehenden schon beispielhaft beantwortet. Zu Frage 1: Die Antwort ist „Ja“! Um das zu verstehen, muss man sich die Konstruktion und ein paar Zahlen ein wenig anschauen:

2015 wurden für sozialstaatliche Aufwendungen in Deutschland etwa 888 Milliarden € ausgegeben. Ein bedingungsloses Grundeinkommen von 1000,- € für ca. 80 Millionen Bürger hat einen jährlichen Finanzierungsbedarf von 960 Milliarden €, weitere sozialstaatliche Kosten braucht es dann nicht. Die Zahlen zeigen, dass sie sicherlich nicht so weit auseinanderliegen, wie mancher gedacht haben mag. Sie liegen 2021 vermutlich schon näher beieinander.

Die Bruttowertschöpfung in Deutschland betrug 2015 ca. 2,73 Billionen €. Die Idee eines bedingungslosen Grundeinkommens geht nun davon aus, dass auf das Grundeinkommen keine Steuer erhoben wird, aber Einkommen aller Art, also die Bruttowertschöpfung, besteuert werden und zwar da, wo sie entstehen (Quellensteuer).

Hierzu gehören die Entgelte aller Tätigkeiten von Angestellten und Freiberuflichen sowie aller erzielten Gewinne, also:

- Bruttoeinkommen
- Freiberuflich erwirtschaftete Gewinne
- Kapitalertragseinkommen wie Zinsen, Dividenden, Gewinnausschüttungen, Transaktionen an den Börsen usw. (letzteres ist zum Teil noch gar nicht in die Bruttowertschöpfung eingerechnet)
- Mieten, Tantiemen und Lizenzeinnahmen
- Einkommen aus Marken-, Vermarktungs- und Buchrechten.

Alle Entgelte haben dabei den gleichen Steuersatz. Hier muss man etwas umdenken, denn der Steuersatz liegt höher als gewohnt. Die Höhe muss die Bevölkerung zusammen mit der Politik finden und entscheiden. Je höher die Steuer, desto höher kann das Grundeinkommen sein.

Auf die Bruttowertschöpfung von 2,73 Billionen (2015) kommen zusammen bei einer Steuer

- von 30 % € etwa 819 Milliarden,
- bei 40 % sind es 1,1 Billionen €,
- bei 50 % sind es 1,37 Billionen €.

1000,- € monatlich für alle Bürger Deutschlands ergeben einen Finanzierungsbedarf

- von 960 Milliarden €. Bei beispielsweise 40 % Steuern kommen
- also 1,1 Billionen € zusammen, also 140 Milliarden mehr.

Diese Mehreinnahme von 140 Milliarden € stehen dann für andere staatliche Aufgaben zur Verfügung. Dazu kommen die indirekten Steuereinnahmen von Mehrwertsteuer und Konsumsteuern, die jährlich aktuell oberhalb von 330 Milliarden liegen.

Dem Staat würden also bei einer 40 % Steuer auf alle Entgelte noch

- Mehreinnahmen von 140 €
- Mehrwertsteuer von 330 €
- zusammen also noch 470 Milliarden
  zur Verfügung stehen nach Auszahlung des Grundeinkommens
  von 1000,- € pro Monat für alle Bundesbürger.

Aktuell brauchte der Staat für seine Aufgaben 2015 etwa 450 Milliarden € außerhalb der Sozialstaatskosten. Einige Aufgaben würden ja noch wegfallen, z. B. beim Finanzamt und in der Verwaltung der Sozialsysteme, andere wie Kosten für mehr Pflegekräfte, Lehrer und Erzieher würden dazukommen.

Wenn man meint, eine solche Steuerlast ist zu hoch, dann muss man sehen, dass keine Sozialabgaben für Rente und Arbeitslosigkeit mehr anfallen. Und die Abgabenlast in Deutschland liegt heute durchschnittlich bei 39,6 % des BIP, entsprechen also praktisch dem beispielhaften 40%igen Steuersatz, mit dem ein bedingungsloses Grundeinkommen gut zu finanzieren ist.

Und dieses Steuer-System ist gerecht, hohe Einkommen werden genauso beteiligt und bei der Steuer als Quellensteuer ist Steuerhinterziehung kaum möglich.

Außerdem müssen wir hier noch einmal auf das „Framing" kommen. Viele Menschen empfinden Steuern als Last, möchten daraus flüchten (Steuerflucht), am besten in eine Steueroase, was die Meinung anzeigt, dass keine Steuern zu bezahlen als paradiesisch erlebt wird. Diese Worte Steuerlast, Steuerflucht, Steuerparadies zeigen die Assoziationen, die ausgelöst werden, wenn es um Steuern geht (siehe Elisabeth Wehling, S. 410). Aus diesem Framing müssen wir uns gesellschaftlich generell befreien, denn diese Steuern ermöglichen ja auch Infrastruktur, Schulen usw.

Das Framing für Steuern zur Realisierung eines bedingungslosen Grundeinkommens und der anderen Aufgaben des Staates als gemeinschaftliche Institution der Bürger müssen wir überdies so neu gestalten in intensiver gesellschaftlicher Diskussion, dass sie mit Freude unterlegt sind, weil wir damit eine neue, kinderfreundliche zukunftsfähige Gesellschaft ermöglichen. Dafür brauchen wir anstelle von „Steuern" ein anderes Wort, das zudem das eigene Entgelt und das Entgelt für die Gemeinschaft zusammenfasst. Ich schlage das Wort **„Erntetaler"** vor mit der einfachen Formel: Die eine Hälfte der Wertschöpfung für mich, die andere Hälfte der Wertschöpfung für die Gemeinschaft und mich als Teil der Gemeinschaft (für BGE, darin u. a. auch das Grundeinkommen für mich, und staatliche Aufgaben).

Das Neue an der Idee „Erntetaler“ ist also, dass man an der Ernte, die man in der Regel auf die eine oder andere Art, z. B. durch eigene Tätigkeit oder den Einsatz von Robotern mit ermöglicht hat, genauso partizipiert wie die Gemeinschaft, die ja ebenfalls an der Ernte beteiligt ist. Mein Teil ist also das Netto-Entgelt, der andere Teil verbleibt in der Gemeinschaft und ermöglicht ein bedingungsloses Grundeinkommen für alle, auch für diejenigen, deren Arbeit in der herrschenden Wertschöpfungserfassung unberücksichtigt bleibt wie bei der unbezahlten Mütterarbeit oder dem Ehrenamt und für staatliche Gemeinschaftsaufgaben. Das ermöglicht ganz andere und vor allem gemeinschaftliche, im „Wir“ begründete Gefühle für dieses Thema.

Darin klingt auch an, dass wir für die „Ernte“ einen guten, gesunden Boden, genug sauberes Wasser und andere Reifungsbedingungen brauchen und ein Klima, das die Reifung und Ernte zulässt. Und es spricht, das sei noch einmal betont, das Kooperative und Gemeinschaftliche an, das wir in bejahender Freiheit mitgestalten.

Zu Frage 3:
Die Frage, ob die Menschen noch arbeiten werden, wenn sie existenziell abgesichert sind, wird die Zukunft zeigen. Warum alles dafür spricht:
Es handelt sich im Wesentlichen um eine Sorge, wie die anderen sich verhalten. Denn in Umfragen geben die meisten an, dass sie selbst weiterarbeiten würden bei einem bedingungslosen Grundeinkommen, aber erwarten, dass viele andere das nicht tun würden. Eine interessante Paradoxie, die aber doch zeigt, wie wichtig Arbeit den Menschen ist.
Außerdem ist der finanzielle Spielraum durch ein bedingungsloses

Grundeinkommen von 1000,- € nun ja auch nicht gerade üppig, sodass eine zum Leben passende Arbeit mit großer Sicherheit durchaus willkommen sein wird.

Überdies ist ein Leben ohne Herausforderungen für die meisten Menschen sicherlich langweilig und bringt in der Regel keine Zufriedenheit. Dies ist der sicherste Garant dafür, dass die meisten auch noch irgendeiner Arbeit nachgehen, aber vermutlich auch phasenweise die Chancen nutzen werden, sich weiter zu qualifizieren bzw. für die Kinder dazu sein. Je mehr Menschen es in guter Selbststeuerung gibt, ohne Hilflosigkeit den eigenen Impulsen gegenüber, umso mehr wird sich die Kreativität und die menschliche Neugier den Raum nehmen und die Menschen in Aktivität bringen. Wenn die Kinder immer liebevoller umhegt werden können, ermöglicht durch ein bedingungsloses Grundeinkommen, werden diese Menschen immer mehr werden.

Auch jetzige Arbeitslose, die sich ja vielfach erniedrigt fühlten durch die Sozialsysteme, werden wieder Interesse an menschlicher Kommunikation bekommen und Arbeitszusammenhänge oder Ehrenämter suchen. Wenn das nicht alle sind, muss uns das nicht bedrücken, wir können es einfach akzeptieren als eigene Entscheidung der Betreffenden, die sich mit der Zeit ja auch noch ändern kann, wenn sie sehen, wie gut es den meisten anderen geht.
Familien, in denen Beziehungsstörungen herrschen, können ohne arge finanzielle Nöte diese Themen eher mit Therapeuten bearbeiten.
Die Gefahr, dass ein BGE dazu führt, dass Menschen es in Alkohol oder Drogen umsetzen, ist nicht auszuschließen, aber die Gefahr ist nicht wirklich größer als jetzt mit Hartz IV oder Sozialhilfe.

Zu Frage 4:
Üblicherweise geht ein zurückgehender Konsum ja mit sinkenden Preisen einher, insofern ist eine Teuerung unwahrscheinlich. Letztlich wird

der Umfang des Gesamtkonsums gleich bleiben, allerdings wird es eine Verschiebung von unsinnigen bzw. Überflusskonsumgütern hin zu sinnvollen bzw. notwendigen Gütern geben, weil dann viel mehr Menschen in die Lage versetzt werden, Sinnvolles bzw. Notwendiges zu kaufen. Es wird sicherlich allgemein ein neues Bewusstsein für die „Dinge" entstehen. Wie die Mehrwertsteuer zukünftig angesetzt bzw. differenziert wird, muss sicherlich politisch entschieden werden. Eine sicherlich bald kommende CO_2-Steuer wird umweltbewusste Menschen eher weniger betreffen. Belastungen in Übergangsjahren müssen sicherlich durch geeignete Maßnahmen abgefedert werden. Die im Rechnungs-Beispiel genannte Quellen-Steuer von z. B. 40 %, also die zukünftigen „Erntetaler" für die Gemeinschaft, unterscheidet sich ja auch nicht wesentlich von der aktuellen Gesamtabgabenlast von 39,6 % (2015).

Zu Frage 5:
Der aktuelle gesamtwirtschaftliche Einbruch durch die Pandemie und die Gegenmaßnahmen ist ja im besonderen Maße durch die Risse in den internationalen Lieferketten entstanden. In zweiter Linie gab es eine Stagnation bei uns durch Lockdown und auch Problematisierung von Konsum sowie Blockierung von Märkten in anderen Ländern durch deren Schutzmaßnahmen und in dritter Linie durch existenzielle Bedrohung von Solo-Selbstständigen, sehr kleinen Start-Ups, die noch keinen Gewinn erzielt hatten, und der kulturschaffenden Szene, sowohl Künstler als auch die kulturermöglichenden Berufe.

Dies alles sind Szenarien der global übertriebenen Arbeitsteilung in einer Wachstumswirtschaft, die ständig nach den günstigsten Produktionsbedingungen in Billiglohnländern schaut und auch unserer speziellen Abhängigkeit als „Exportweltmeister", was fahrlässig als Wirtschaftserfolg präsentiert wird, tatsächlich aber uns alle gefährdet in der Abhängigkeit solcher Lieferketten. In dieser Hinsicht muss ein bedingungsloses Grundeinkommen natürlich mit einer kräftigen Regionalwirtschaft, einer

Gemeinwohl-Ökonomie und intensiv vorrangig europäisch einzurichtenden Lieferketten zusammen gedacht und verwirklicht werden. Dann wäre bereits diese Krise wirtschaftlich mit weniger Verlusten einhergegangen, es hätte weniger Einzelexistenzen vernichtet und zu weniger Insolvenzen geführt. Außerdem wäre das Geld mehr in Deutschland geblieben, z. B. für Urlaube im Lande und regional hergestellte Produkte.

Funktionierende Regionalwirtschaft schützt weltwirtschaftliche Turbulenzen!

Die Bruttowertschöpfung wäre voraussichtlich nicht stark eingebrochen, insbesondere wenn exportorientierte Industrien wie die Autoindustrie ihren seit längerem notwendigen betrieblichen Umbau aufgrund disruptiver Prozesse (Klimawandel, Digitalisierung) ernst genommen und gestaltet hätten. Natürlich werden wir jetzt einige Jahre brauchen, um eine Gemeinwohl-Ökonomie und ein bedingungsloses Grundeinkommen in einer für alle Bürger guten Weise einzurichten und unser Land somit viel krisenfester zu machen.

Die Antwort ist also: Ja, ein bedingungsloses Grundeinkommen ist bei einer zukünftigen Pandemie zusammen mit den genannten weiteren Gestaltungen von Wirtschaft und Gesellschaft ein Sicherungsgarant für viele Existenzen und auch dann mit großer Wahrscheinlichkeit noch ausreichend bezahlbar.

Weitere Gedanken

Möglicherweise sind 1000,- € monatlich zu gering veranschlagt, eine höhere Summe, z. B. 1250,- €, bräuchte dann vermutlich auch mehr Erntetaler für die Gemeinschaft (früher Steuern genannt), z. B. 50 %, wie ich es schon in der Formel benannt habe. Es gibt aber auch noch andere Finanzierungs-Modelle, die sich wie gesagt z. B. vollständig über die Mehrwertsteuer finanzieren.

Zukünftig 50 % Erntetaler für die Gemeinschaft gibt für die Gesellschaft mehr Spielräume für staatliche Aufgaben, da nach Auszahlung des Grundeinkommens auch noch mehr Geld übrig bleibt. Denn geklärt werden muss sicherlich noch die Höhe einer Krankenversicherung und Pflegeversicherung als Grundsicherung, die Kosten für einen kostenlosen Nahverkehr, auch mit sicheren Fahrradwegen. Auch werden die Gehälter von z. B. mehr Lehrern für kleinere Klassen zu Buche schlagen, aber da beim Grundeinkommen praktisch kein Verwaltungsaufwand da ist und diese Kosten gespart werden, steht dieses Geld vermutlich ausreichend zur Verfügung.

Es muss dann auch die Finanzierung einer Erhöhung des Grundeinkommens im Alter geklärt werden, da ja bei vielen älteren Menschen die Fähigkeit dazuzuverdienen nicht mehr gegeben ist. Rentner sollten daher ab einem bestimmten Alter z. B. 1800,- € monatlich erhalten. Dies kann bei 50 % Erntetaler für die Gemeinschaft eher realisiert werden, ebenso wie ein deutschlandweiter kostenloser, nachhaltiger öffentlicher Nahverkehr, der aktuell bundesweit mit einem niedrig zweistelligen Milliarden-Betrag, später evtl. etwas mehr, zu Buche schlägt, incl. Investitionen.[92]

Für das „tägliche Fleisch" des einzelnen Konsumenten muss die Allgemeinheit nicht sorgen, das Billigfleisch beim Discounter wird sich sowieso nicht mehr lange halten, weil die große Mehrheit der Bürger aktuell begreift, dass wir uns Massentierhaltung in Bezug auf die Umwelt und die Gesundheit nicht mehr leisten können. Insofern wird dies auch nicht als Kosten im Grundeinkommen anfallen, da entweder seltener und dann hochwertiges Fleisch von Weidetieren konsumiert wird oder, wie zunehmend festzustellen ist, ganz auf Fleisch verzichtet wird. McDonalds Veggie-Burger, oder der aktuelle Hype um Beyond Meat (industrieller Fleischersatz aus veganen Zutaten) sind doch interessante Hinweise in dieser Sache, ohne dass ich das als Werbung verstanden wissen möchte.

Ein weiteres wichtiges Thema für die Realisierung des bedingungslosen Grundeinkommens ist die Einführung eines Grundrechts auf Wohnen, die Regulierung des Mietmarktes, die Begrenzung der Bodenspekulation, ich werbe z. B. für ein Vorgehen nach dem Vorbild von Hamburg mit seiner Drittel-Wirtschaft im Wohnungsbau (⅓ Sozialwohnungen, ⅓ offene Vermietungen, ⅓ Eigentumswohnungen) für Kommunen.

Dazu gehört auch ein Ende des Verkaufs von städtischen Wohnungen an Immobilien-AGs bzw. ein Rückkauf, damit die Mieten erschwinglich bleiben, aber auch die Versteuerung der Mieteinnahmen funktionieren kann. Die Sünden der Kommunen zur Haushaltskonsolidierung mittels Wohnungsverkäufen waren zwar verständlich, die Schädlichkeit für die Flexibilität von Mietgestaltungen jedoch schon damals klar. Am Vorzeigebeispiel Hamburgs, das nur wenige städtische Wohnungen verkauft hatte, sieht man dies besonders klar. Gegenteiliges erlebt man in Dresden. Auch ein Blick auf das kreative Wien lohnt sich hier für die Verantwortlichen.[93]

Hier braucht es sicherlich beherzte Ideen und Entscheidungen, ohne dass ich hier derzeit über einen Goldstandard des Vorgehens berichten könnte. In letzter Zeit waren Enteignungen mit finanziellem Ausgleich für die Eigner ins Spiel gekommen. Inwieweit dies die Probleme lösen könnte, bleibt unklar. Es gibt nachvollziehbare Pro- und Kontra-Argumente. Aber es braucht hier in jedem Falle eine entschlossene, bürgernahe Radikalität in der Politik. Auch eine einmalige Abgabe der sehr reichen Bürger zur Finanzierung größerer Rückkaufprogramme von Wohnungen möchte ich hier erwähnen und gleich noch näher betrachten.

Fazit

Das bedingungslose Grundeinkommen funktioniert, ist durchgerechnet und wird bald in dieser oder ähnlicher Form mit großer Mehrheit von den Bürgern gefordert werden. Der Verwaltungsaufwand beim Finanz-

amt wird beim bedingungslosen Grundeinkommen tatsächlich sehr gering sein. Dann braucht es gute Experten, die hier noch einmal unbürokratisch und vor allem im Wesentlichen ohne Ausnahmen Eckwerte vorschlagen, und dann brauchen wir das eine oder andere Jahr zur Umsetzung und weitere Jahre zur ständigen Verbesserung.
Wenn wir jetzt damit konkret werden, könnten schon in der Legislaturperiode 2021 die Grundsteine dafür gelegt werden, in fünf Jahren haben wir es dann – das bedingungslose Grundeinkommen.

In allen Fällen von bedingungslosem Grundeinkommen muss die Politik sich aber vorbereiten dafür, dass sie ggf. konsequent alle Versuche der Wirtschaft, die Lohnsummen zu verringern, mit Hinweis auf diese Grundsicherung zurückweist, dafür die entsprechenden Instrumente wie einen genügend hohen gesetzlichen Mindestlohn im Voraus festlegt und sich Rechtsgrundlagen mit Bezug auf das Gemeinwohl schafft, um ggf. Verstöße wirkungsvoll zu sanktionieren.

Das bedingungslose Grundeinkommen würde den aktuell arbeitslosen Menschen eine Würde zurückgeben, Menschen, die zukünftig in disruptiven wirtschaftlichen Prozessen ihre Arbeit verlieren, eine erste Sicherheit bieten und hätte den in der Corona-Pandemie existenzgefährdeten Solo-Selbstständigen und Kulturschaffenden ein Überleben ermöglicht. Das würde dann auch ein Sicherungssystem für zukünftige Pandemien sein, die Wissenschaftler ja für ein globalisiertes Leben schon länger voraussagen. Wir hatten dazu mit der Corona-Pandemie jetzt ein kollektives Erleben und das macht Sinn und Notwendigkeit eines konkreten Einstiegs in das bedingungslose Grundeinkommen ohne lange Verschiebung in die Zukunft sehr deutlich.

Die Umsetzung

Sprechen Sie, wenn Sie es in dieser oder ähnlicher Weise befürworten, vor und zwischen den Wahlen Ihre Abgeordneten immer wieder auf die

Frage des bedingungslosen Grundeinkommens an! Aber beteiligen Sie sich auch bei ablehnender Haltung mit Ihren Ideen und Gedanken an den Dialogen und teilen Sie anderen mit, wie Sie die genannten Probleme angehen möchten. Ich hoffe, ich habe Menschen mit verschiedenen Ansichten für einen solchen Dialog anregen und inspirieren können.

Die aktuelle Lage dazu zeigt, dass die etablierten Parteien im Gegensatz zur Bevölkerung sich sehr schwer tun, ein bedingungsloses Grundeinkommen überhaupt zu diskutieren, daher möchte ich bei diesem Punkt doch mal einen Blick auf die aktuelle Position der einzelnen Parteien werfen.

Die Position der Parteien zum bedingungslosen Grundeinkommen

- Der designierte Kanzlerkandidat der SPD, Olaf Scholz, lehnt die Einführung eines bedingungslosen Grundeinkommens mit einer kuriosen Begründung ab: „Das wäre Neoliberalismus" (Zeit online im August 2020).
  Er wählt wohl dieses Wort, weil aus seiner Sicht viele Errungenschaften des Sozialstaates wie Renten- und Arbeitslosenversicherung abgeschafft würden. Das war sicher eine große Errungenschaft, wird dann aber nicht mehr gebraucht. Das ist natürlich alles andere als Neoliberalismus. Ein bedingungsloses Grundeinkommen braucht die errungenen Sozialleistungen also dann nicht mehr, wie ich im Vorstehenden angesprochen habe. Ich vermute, dass durch Umfragen, bei denen viele Menschen ein bedingungsloses Grundeinkommen befürworten, vor der Wahl eine breitere Diskussion stattfinden wird, vielleicht schon eine größere Kompromissbereitschaft, vielleicht sogar ein Umdenken in der Politik.

- Dies wird auch ein Thema für die CDU werden, in der ein bedingungsloses Grundeinkommen aber noch abgelehnt wird, aktuell von der Jungen Union durch Tilman Kuban ganz vehement, Annegret Kramp-Karrenbauer meinte im November 2018: „Ich halte das bedingungslose Grundeinkommen für das falsche Zeichen. Es muss einen Zusammenhang geben zwischen Leistung und dem, was man bekommt.“[94]
  Das finde ich nicht ganz falsch, aber der Zusammenhang wird in einer kooperativen Gesellschaft ja durch intrinsische Motivation hergestellt, nicht durch beschämenden Zwang oder Bedrängtwerden, und gilt eben dann für Tätigkeiten unabhängig vom Grundeinkommen.
- Bei der FDP gilt ja generell: „Leistung muss sich lohnen“ und das bedingungslose Grundeinkommen ist hier kein Anliegen. In Schleswig-Holstein war die FDP an der Ablehnung einer Umsetzung des angedachten Pilot-Projektes in Flensburg beteiligt.[95]

Die drei etablierten Parteien der letzten Jahrzehnte können also, wie schon vorher erwähnt, derzeit noch nicht aus dem engen Denken des systemimmanenten Rahmens von leistungsabhängiger Erwerbsarbeit, Arbeitslosenversicherung und anderer sozialer, aber disziplinierender Sicherung aussteigen. Dies hat sicherlich auch mit dem insbesondere protestantisch geprägten Arbeitsethos zu tun, der fleißige Erwerbsarbeit ohne Murren als Pflicht des christlichen Menschen, aber auch des Menschen allgemein ansieht, natürlich „alternativlos“, versteht sich.

- Bei den Grünen ist ein bedingungsloses Grundeinkommen in das Grundsatzprogramm aufgenommen worden.

- Bei den Linken wird die Frage noch kontrovers diskutiert, aber offensichtlich mit großem Interesse für ein bedingungsloses Grundeinkommen.

- Die AfD lehnt ein bedingungsloses Grundeinkommen ab.

Es ist also sinnvoll, bis zur Bundestagswahl und natürlich auch danach intensiv darüber zu diskutieren und die Parteien und ihre Protagonisten zu ihrer Haltung dazu dauerhaft zu befragen und dies öffentlich zu machen.

Ab Frühjahr 2021 wird eine wissenschaftliche Pilotstudie mit vorerst 120 Menschen untersuchen, was ein bedingungsloses Grundeinkommen mit Menschen macht. Das Projekt ist spendenfinanziert. Innerhalb von drei Tagen nach Freischaltung einer Bewerbungsseite für das Projekt hatten sich ca. eine Million Menschen für diese Studie beworben. Insofern wird die Zahl der Teilnehmer an der Studie wohl noch steigen. Dies zeigt das große Interesse in der Bevölkerung bei diesem Thema. Einige Menschen bewerben sich vermutlich auch, um aus ihrer Armuts-Situation herauszukommen.[96]

Aber aufgepasst: Es gibt auch rechtsextreme Positionen, die ein bedingungsloses Grundeinkommen oder Ähnliches mit ihren Auffassungen in Einklang bringen (z. B. Ungarns Präsident Orban mit seinen Steuerentlastungen und Gebärprämien, ähnlich Italien in seiner kurzfristigen, eigenartigen Koalition aus Lega und 5-Sternen). Auch die großen Internetkonzerne befürworten vielfach ein BGE, aus meiner Sicht allerdings im Wesentlichen, damit alle Menschen kostenpflichtige Dienste bezahlen können.

Solche Aussagen, die den Menschen für würdelose Zwecke einspannen wollen bzw. missbrauchen, sollen uns aber in unserem Engagement für ein bedingungsloses Grundeinkommen nicht beeinträchtigen.

Die Gemeinwohlverpflichtung durch Eigentum

Zur Finanzierung weiterer öffentlicher Aufgaben, aber auch z. B. von höherem Grundeinkommen für ältere Mitbürger möchte ich noch die Themen Vermögen und Erbe ins Spiel bringen. In Kapitel 4 hatte ich bereits das Beispiel des Investors Warren Buffett beleuchtet.
Die vielen Milliarden der auch untereinander verflochtenen Beteiligungs-Gesellschaften wie Berkshire Hathaway und Vermögensverwaltern wie BlackRock und anderen sollten nicht weiter aufgestockt werden können, sondern zukünftig in der Gemeinschaft der Menschen verbleiben, der sie letztlich gehören. Die jetzt noch Vermögenden werden dadurch nicht wirklich arm werden, aber hier braucht es ein Ende der Geldvermehrung allein durch Geld bzw. Geldmacht.

Versuche, allen Menschen dieses Vermögen in Teilen wieder zurückzugeben, werden ja in der Gesellschaft intensiv diskutiert. Der Weg könnte beginnend beschritten werden von 10 europäischen Staaten unter Beteiligung von Deutschland, mit dem Beschluss der ab 2021 geltenden Finanztransaktionssteuer nach französischem Vorbild (0,3 %), wobei da ja noch viel Luft nach oben ist (die bis 1991 in Deutschland erhobene Börsensteuer (1,5 %) und Aktiensteuer (2,5 %) war ja für die Aktionäre durchaus verkraftbar). Allerdings wird die Wirksamkeit der Maßnahme in dieser Form sehr kontrovers diskutiert. Das Ganze ist aber noch nicht in trockenen Tüchern, weil natürlich für eine Wirksamkeit auch der Derivatehandel und die in Sekundenbruchteilen stattfindenden Computerbewegungen der Börse einbezogen werden müssen. Auch Konzepte von Vermögenssteuern gehören hier hin. Die Kontrolle von Vermögensverwaltern und Aktienhandel wird unverzichtbar sein auf dem Weg, den Menschen auf der ganzen Welt ihre Würde zurückzugeben.

Gesellschaftlicher Umgang mit aktuellen Vermögen und Erbe

Vermögen sind früher, oft über mehrere Generationen, entstanden aufgrund von Fleiß, gutem Bildungsstand, kluger Unternehmensführung, passender gesellschaftlicher Nachfrage, günstigem Zeitgeist für Erfindungen, Glück, aber eben auch durch Ausbeutung und teilweise auch durch ein Erbe.

Neben sozial eingestellten Unternehmern wie z. B. damals Henry Ford in Amerika, gab es aber auch Sklavenhandel-Unternehmen, Unternehmen wie British Petrol mit Erdölförderung in fremden Ländern (z. B. wie erwähnt im Iran), die arm blieben, und andere Unternehmungen ohne Gemeinwohlbeachtung.
Sehr große Vermögen heute sind in der Regel auf diesem am Gemeinwohl letztlich desinteressierten Handeln aufgebaut. Sie profitieren aber auch von den mit Steuergeldern der Bürger finanzierten Strukturen wie Straßen, Bildungsinstitutionen usw. und lassen die Bürger ebenfalls „Nebenkosten" ihrer Unternehmungen bezahlen (u. a. Subventionen, unvollständige Kostenrechnung, z. B. auch fehlende Verursacherkosten von Kollateralschäden)[97]. Und mittlerweile fließen Unsummen von diesen Unternehmen an ihre Aktionäre. Ich hatte schon erwähnt, dass die technische Universität Zürich in ihren Forschungen 147 Unternehmen herausgefunden hat, die die ganze Weltwirtschaft über ihre Verflechtungen dominieren. Davon sind dreiviertel der Unternehmen aus der Finanzwirtschaft. Die Konzentration von Vermögen ist dabei so gewaltig, dass etwa 50 Familien weltweit über ein Vermögen verfügen, das so groß ist wie die Vermögen der armen Hälfte der Weltbevölkerung zusammen, also von 3,8 Milliarden Menschen. Dieses gewaltige Aufklappen der Einkommensschere ist gerade in den letzten dreißig Jahren entstanden.

Solche Vermögen fühlen sich nicht mehr an die allgemeine menschliche Gesellschaft angebunden, den Satz im Grundgesetz „Eigentum verpflichtet“ ignorieren sie und können das, auch aufgrund ihrer Macht. Sie zahlen keine oder wenig Steuern, wirken aber vielfach zerstörend in den Lebensregionen der Welt, in dem sie gewachsene Strukturen kaputtmachen für ihre Geldvermehrung. Früher nannte man das Ausbeutung, der Begriff passt auch heute noch.

Hohe Geldsummen fließen vielfach auch steuerbefreit in Stiftungen. Diese Vermögen sind also oft auf der Verarmung und dem Leid vieler Menschen, heute besonders in „Entwicklungs“- und Schwellenländern, aufgebaut, die Menschen im sogenannten entwickelten Westen sehen diese Zusammenhänge weniger, weil die Mehrheit hier ein wenig zu Wohlstand gekommen sind, der sie vielfach erst einmal zufriedenstellt.
Diese Vermögen sind mit dem Recht der jeweiligen Länder, in denen solche Gewinne gemacht werden konnten, gar nicht vereinbar. Aufgrund ihrer Macht und länderübergreifenden Verflechtung können diese multinationalen Unternehmen sich aber über das Recht stellen, ohne dass sie substanziell zur Rechenschaft gezogen werden. Geschützt und unterstützt werden sie dabei von korrupten Regierungen, die ihrerseits ihre Landsleute ausbeuten.

Diesen Vermögenden (es mag Ausnahmen geben) fühle ich mich nicht sonderlich verbunden. Es ist aber sinnvoll, das Gespräch mit den Milliardären und vielfachen Millionären in Deutschland auch weiterzuführen bzw. aufzunehmen, sie gehören ebenfalls zu dieser Gesellschaft, insbesondere als wirtschaftlich und politisch Agierende, und sollten wieder dialogisch eingebunden werden. Denn ich weiß auch, dass die Mehrung eines solchen Vermögens nicht weiter glücklich machen kann. Diese Mehrung ist also überflüssig, es gibt keine Moral, die sie schützen müsste, aber ein Potenzial, das für das Gemeinwohl gerade in einer Übergangszeit wichtig ist.
Ich meine, dass im Dialog auch viele der sehr Vermögenden, die ja auch jetzt schon mal soziale Projekte sponsern, ihre „soziale Ader“ noch oder

wieder ausbauen können, z. B. können **finanzielle Patenschaften** für energetische und sanitäre Sanierungen von Schulen am Lebensort der Vermögenden ein guter erster Schritt sein für einen Rückfluss von Vermögen an die Gemeinschaft.

Und eine Verringerung dieses Vermögens beschneidet in keiner Weise ihre Freiheit, die auch in Demokratien, insbesondere von lobbyistisch Regierenden immer gleich als Beschneidung der individuellen Freiheit gesehen wird. Oft wird das unsinnig und unrichtig als „sozialistische Maßnahme" benannt.
Eine Begrenzung riesiger Vermögen ist aus meiner Sicht eine notwendige Korrektur im Sinne der Inkraftsetzung des Grundgesetzes. Und wir brauchen dieses Geld eben zurück in der Gesellschaft.

Vermögens- und Erbschaftssteuer

Aktuell sind die großen Vermögen vielfach noch bei schon älteren Menschen. Da es schwer zu entscheiden ist, ob diese Vermögen auf ethischer und rechtlich einwandfreier Grundlage entstanden sind, sollte es einen gewissen Bestandsschutz geben. Eine kräftige Besteuerung von Vermögen oberhalb von 100 oder 50 Millionen Euro (oder auch einer höheren oder geringeren Summe, so wie die Gesellschaft dies mehrheitlich beschließen könnte bzw. vermutlich wird), wird niemanden in seiner Freiheit beschneiden oder gar ins Verderben stürzen. Es bindet aber diese sehr reichen Menschen (betrifft weniger als 1 % der Bevölkerung, die 50 % des Volksvermögens besitzen) wieder an die Gesellschaft und die Verpflichtungen aus dem Grundgesetz an. Eine Vermögenssteuer macht also niemanden unglücklich, eine freiheitliche demokratische Gesellschaft bleibt auch dann eine solche, ja wird im Grunde erst zu einer freiheitlich-demokratischen Gesellschaft.

Durch klug gestaltete Vermögens- und Erbschaftssteuern kommen hohe Milliardenbeträge zustande.

Man könnte das Geld generell für 4 große Themen verwenden:

- dem Rückkauf von Wohnungen von Wohnungsbaugesellschaften durch die Gemeinden und
- die energetische Sanierung von Sozialwohnungen, also z. B. in den ersten beiden Jahren, bevor das bedingungslose Grundeinkommen eingeführt ist. Damit könnte vermieden werden, dass insbesondere die Mieter, viele davon Rentner, noch stärker belastet werden
- die Sanierung der vielen unzumutbaren Sanitäranlagen in Schulen (wie vorab vorgeschlagen als Patenschaften)
- und z. B. dafür verwenden, dass diese älteren Reichen auf diese Weise ihren Altersgenossen ohne Vermögen deren Grundeinkommen im Interesse eines würdevollen Lebens im Rentenalter anheben. Das wird sie nach anfänglich möglichem „Entsetzen" schließlich doch zufrieden machen. Alles andere wäre doch sehr ungewöhnlich.

Die Vermögenssteuer ist mit dem Grundgesetz vereinbar und formuliert (§ 106). Es gab sie lange, das Gesetz besteht noch, ist aber aufgrund ungeklärter Thematik im Bereich von Immobilienbesitz nach Einlassung des Bundesverfassungsgerichts nicht in Kraft.
Riesige Vermögen sollten nach einer Übergangszeit der Besteuerung nicht mehr angehäuft werden können, da wir uns notwendigerweise in den nächsten Jahren in eine Gemeinwohl-Ökonomie hineinentwickeln müssen, wenn wir die Lebensgrundlagen auf dieser Erde erhalten wollen. In der Gemeinwohl-Ökonomie ist überzogenes Einkommen aus tätigkeitsloser Gewinnerzielung aus Geldgeschäften, also der üblichen Geldvermehrung der Hochvermögenden, nicht mehr angedacht.

Eine Vermögenssteuer ist also nur als eine Übergangsregelung für eine freiheitliche demokratische Gesellschaft angedacht, in der das Grundgesetz wieder allgemeine Beachtung findet im Sinne von „Eigentum verpflichtet". Gleiches gilt für eine kraftvollere Erbschaftssteuer bei sehr großen Vermögen ab einer bestimmten Höhe, die Rolle des Betriebsvermögens muss dabei sauber von den Fachleuten geklärt werden, um den Geschäftsbetrieb nicht zu gefährden.

Aber auch die Erbschaftssteuer wird vermutlich in einer Gemeinwohl-Ökonomie später nicht mehr nötig sein. Für die Einführung eines bedingungslosen Grundeinkommens sind solche Übergangsregelungen aber sehr hilfreich, für Kinder, Eltern und ältere Menschen ein Segen im Alltag und eine Korrektur in der gesellschaftlichen Moral im Gemeinwohl. Und es handelt sich dann um eine tatsächliche Einführung der Grundrechte aus der Rechtsvorschrift in den Alltag für alle Menschen. Später werden all diese Steuern dann durch z. B. 50 % der „Erntetaler" für die Gemeinschaft ersetzt.

5.5.3 Regionalwirtschaft

Jeder wohnt nicht nur in einem Land, sondern auch in einer Region, also dem direkten Umfeld. Das ist unser Lebensraum, in dem wir geboren werden, wohnen, spielen, zur Schule gehen, arbeiten, Liebe und Liebeskummer erleben, Kinder bekommen, Freunde haben und eines Tages sterben. Andererseits erleben wir hier auch vieles, was uns nicht gefällt, zwischenmenschliche Probleme, die Schließung von Schwimmbädern, Lokalpolitiker, die sich bemühen, aber kein Geld haben, oder Probleme in der Nachbarschaft. Viele Auswirkungen der Globalisierung und Digitalisierung kommen bis hierher, z. B. die Schließung kleiner Läden, viele Paketdienst-Fahrzeuge, die mitten auf der Straße parken, riesige Hallen mitten im Grünen, Lärm an den Straßen durch Verkehr, Neuansiedlung von Firmen und Abbau von Arbeitsplätzen. Es ist der Raum, der all unser konkretes Erleben umgibt und in dem wir uns wohlfühlen oder nicht. Und es ist durch Mobilität nicht immer dauerhaft der gleiche Raum, sondern man zieht weg, kommt neu an und sieht sich im Neuen herausgefordert oder wohnt und arbeitet in unterschiedlichen Regionen.

Es ist aber auch der Raum, in dem wir handeln können, nachbarschaftlich, ehrenamtlich, lokalpolitisch in Ämtern oder Bürgerinitiativen, durch unser Vorbild, unseren Lebensstil. Das ist anders als die Ohnmacht bei globalen Katastrophen. Und wir sehen in der Lokalpolitik ja auch oft andere Persönlichkeiten als meist in unseren Landesregierungen bzw. der Bundesregierung. Lokalpolitiker sind noch nah an den Bürgern dran und vielfach lösungsorientiert, u. a. auch oftmals zugänglich für parteiübergreifende Lösungen.
Es ist aber auch der Raum, in dem wir ggf. zeigen, was wir uns alles leisten können, welcher Schicht wir angehören, welchen Einfluss wir haben, z. B. dadurch, wie wir wohnen, was für ein Auto wir fahren, wie wir uns kleiden usw. Dabei zeigt die Jugend mehr noch körpernahe Auffälligkeiten wie spezielle Kleidung, Tattoos, Absorption durch Handygucken auf dem Weg.

Im Regionalraum konkurrieren wir heutzutage auch noch viel zu viel oder sind beschämt, weil wir mit dem zur Schau gestellten Konsum nicht mithalten können. Hier ist Armut ggf. konkret und soziale Ungerechtigkeit sinnlich erfahrbar, die Bedeutung von und ein Engagement für soziale Gerechtigkeit, Gleichbezahlung von Frauen und Männern, Rechte für Kinder und ältere Menschen, bezahlbare Mieten und ausreichende Renten können hier erlebt und gestaltet werden. Sonntagsreden werden schnell entlarvt.

Viele Menschen ziehen sich aber nun auch zurück in ihre Wohnungen, werden kaum gesehen, kaufen hpts. online, verziehen sich vielleicht sogar in virtuelle Welten des Fernsehens oder des Internets, haben kaum

Kontakte, sind damit nach eigener Aussage zufrieden oder einsam. Sie sind zwar in dem regionalen Raum, wirken auf ihn und verändern ihn, zum Teil auch ungünstig, weil diese Menschen z. B. nicht mehr regional einkaufen, aber sie werden zunehmend unsichtbar in der regionalen Welt.
Im Regionalen wird also realisiert, ob wir an der Gemeinschaft teilnehmen oder uns zurückziehen, wie wir kommunizieren, konsumieren, uns anpassen, emanzipieren und widerständig sind.

Und wir können in und an der Gemeinschaft gestalten, also das gemeinsam realisieren, was wir lebenswert finden, wenn wir einen Konsens im Dialog finden oder etwas privat vorleben, was andere animiert.

Die Region ist also ein Lebensraum, ein Wirtschaftsraum und eine Gemeinschaft zusammen. Wie wir dort leben, hängt aber von uns allen ab und auch insbesondere, wie abhängig die Region von der Globalwirtschaft ist oder wird und wie stark eine Regionalwirtschaft bleibt, blüht bzw. sich dort etablieren kann.

Stabile, kräftig entwickelte regionale Verhältnisse stabilisieren sogar die Weltwirtschaft. Der frühere belgische Notenbankpräsident Bernhard Lietaer sagte einmal, dass z. B. Regionalgeld viele Unsicherheiten und Probleme der Geldwirtschaft bei den Leitwährungen stabilisieren könnte.[98]

Globale Auswirkungen auf die Region

US-Zoll auf deutsche Autos und regionale Auswirkungen

Wie Lobbyarbeit seitens der Regierung in aller Öffentlichkeit funktioniert, auch ohne Rücksicht auf Folgen für die Regionalräume, zeigte Wirtschaftsminister Peter Altmaier, der im Jahr 2019 Gespräche in den USA führte und förmlich darum „bettelte", dass Zölle auf deutsche Autos in der Zukunft nicht erhoben werden. Als Wirtschaftsminister ist das natürlich in einer Wachstumswirtschaft in gewisser Weise zu erwarten und erscheint systemtreu. Aber er kämpfte in meiner Wahrnehmung kritikwürdig, sozusagen als „Cheflobbyist" der Autoindustrie, darum und bietet dort am Bürger und seinen Lebensräumen vorbei an:

- *mehr Soja (genmanipuliert, seit 2015 sind 83 % der Weltanbaufläche für Soja genmanipulierte Sojapflanzen, in den USA sogar 94 %) in Deutschland einzuführen. Das wird als Viehfutter verwendet und stärkt in Deutschland die industrielle Fleischproduktion mit Massentierhaltung, Nitratverseuchung und dem bekannten Leiden der Tiere. Das so produzierte Billigfleisch schwächt die regionale ökologische Weidetierhaltung, die regionale Entgiftung von Nitratanfall, der vorwiegend aus der Massentierhaltung stammt, und die regional notwendige Zurückdrängung der Massentierhaltung zur Reduktion von dort entstehender CO_2- und Methanlast in der Atmosphäre. Global gesehen führt es z. B. durch den umfangreichen Glyphosateinsatz bei genmanipuliertem Soja zu einer Zunahme des Artensterbens in der Region. Insofern sollte Gen-Soja nicht durch Kauf unterstützt werden.*
  (Hinweisen möchte ich auf neuere Entwicklungen der Gen-Editierung von Soja bezüglich der Verringerung von sogenannten gesundheitsschädlichen Transfetten für die Nahrung von Menschen, die ggf. demnächst anders beurteilt werden müssen)
- *Die Lobbyarbeit von Minister Altmaier in den USA für das Auto und damit zum Zentrum des Individualverkehrs bedeutet für die Region eben auch ein Ignorieren neuer regionaler Mobilitätskonzepte, mit größeren Schwierigkeiten, diese umzusetzen. Für eine nachhaltige Stadtentwicklung braucht es weniger und kleinere Autos, für die jüngere Generation ist das Auto kein Statusobjekt mehr. Sie interessiert sich mehr für Car-Sharing, Fahrrad oder kostenlosen Nahverkehr bzw. das Jahresticket für 365,- €. Dies, die Senkung der Mehrwertsteuer auf Bahnreisen und Mobilitätskonzepte für die Städte, die dem Fahrrad Vorrang vor dem Auto einräumen oder die Autos aus den Innenstädten weitgehend verbannen und den aktuellen Parkraum für Grün- und Spielflächen und Fahrradwege umnutzen wollen, sind die*

Themen, die in der Region aus meiner Sicht absoluten Vorrang haben (siehe auch S. 418).

- *Außerdem bietet er an, sofern die USA die Zölle auf Autos nicht erhöhen, die Einfuhr amerikanischen Fracking-Gases (sogenanntes liquefied natural gas, LNG) in Deutschland zu beschleunigen und dafür LNG-Terminals zur Löschung von Gaslieferungen per Schiff zu bauen. Der Bürger ist dabei nicht gefragt!*

Das alles ist sehr teuer, die USA wollen sich da jetzt durchsetzen und damit auch die Pipeline North Stream II verhindern, mit der mehr Gas aus Russland nach Deutschland fließen soll. Ihre frühere und viel preiswertere Strategie, Erdgas in Russland zu kaufen und nach Antwerpen für den europäischen Markt zu verschiffen, wird jetzt aufgegeben, um Russland nicht zu stärken und ihr eigenes Gas zu verkaufen.

Die Einführung von Fracking Gas aus den USA ist ökologischer Irrsinn, da Fracking bei der Gewinnung von Gas Trinkwasser mit teilweise toxischen Chemikalien verunreinigt, das Risiko von lokaler Erdbebenauslösung hat und eben Nutzung fossiler Energieträger ist. Letzteres unterscheidet es allerdings nicht von russischem Erdgas. Dies unterminiert die umfangreiche Energiewende, vermutlich wird aber eine dann wirksame CO_2-Bepreisung dem teuren US-Gas sowieso Einhalt gebieten, falls es doch in verantwortungsloser Weise eingeführt werden sollte.

Dieses Angebot an die USA im Interesse des Absatzes deutscher Autos in den USA, also Fracking Gas in Deutschland dafür abzunehmen, ist nicht im Sinne der Bürger und der Regionen, die ja gerade versuchen, dezentrale Energieversorgung aufzubauen.

Sinnvolle Regio-Logik

Für die lebenswerte Entwicklung der Regionen braucht es zum Teil auch Rahmensetzungen durch die „große“ Politik, z. B. führt die aktuell wichtige Einnahmequelle der Gewerbesteuer vielfach zu einer für eine lebenswerte Regionalentwicklung unsinnigen Häufung der Ansiedlung von großen Firmen.

Damit werden die Arbeitsplätze in der Region weltmarktabhängiger, insbesondere wenn Arbeitsplätze im Handwerk, in der Landwirtschaft und im mittelständischen Gewerbe zurückgehen. Das erwirtschaftete Geld bleibt nicht in der Region und die Gewerbesteuer wird ab einer bestimmten Größe der Ansiedlung angepasst (=verringert), damit die Firma nicht wieder abzieht. Auch buhlen so benachbarte Städte und Gemeinden um die Ansiedlungen und machen sich Konkurrenz, statt sich gemeinsam um die lebenswerte Entwicklung der ganzen Region zu kümmern. Wenn sich im Weltmarkt Schwierigkeiten ergeben, ist der Stellenabbau in der Region besonders schmerzhaft, die Arbeitslosigkeit steigt.

Daher ist aktuell eine gute Balance von größeren und kleineren Firmen und klare Regeln der Besteuerung wichtig, damit die Region sich solide entwickeln kann.

Hier gibt es aber sicherlich zukünftig auch sinnvollere Rahmensetzungen für die finanziellen Einnahmen der Städte und Kommunen, die die Politik aber kreativ entwickeln und einsetzen muss. Hierzu gehört auch z. B. die ins Gespräch gekommene notwendige Entschuldung der Kommunen sowie eine umfangreiche kommunale Investitions-Initiative für die Stadtentwicklung wie öffentlicher Nahverkehr mit CO_2-freien Antriebsarten, Neuaufbau einer Fahrradweg-Infrastruktur mit Rückbau von Parkraum sowie der Anlage von Parks und Begrünungsflächen als Prioritäten.

Die Entwicklungen weg von sinnlichen, z. B. haptischen Kaufentscheidungen (haptisch = zum Anfassen) in kommunikativer Umgebung hin zur Entscheidung des billigsten Preises nach Recherche durch Internet-Vergleichsportale führt natürlich immer mehr zum sinnentleerten Kaufen nicht wirklich benötigter Produkte. Gleichzeitig gibt man sein Geld in globale Kreisläufe, obwohl regionale Produkte durchaus erhältlich sind. Das muss sich für eine blühende Regionalwirtschaft ändern.

2 Beispiele:

- Ein Ort, der sich glücklich schätzt, noch einen Buchladen zu haben, kann über den Buchladen ebenso schnell Bücher bekommen wie über große Online-Buchhändler. Das Geld bleibt dann eben zum Teil in der Region ebenso wie vier oder fünf Arbeitsplätze. Der kurze Weg dorthin mit dem Fahrrad lohnt sich so, zumal wird sich dabei mehr bewegt.
- In vielen Gegenden gibt es die wöchentliche Gemüsekiste mit Produkten der Region und Saison. Das verbindet mit der Natur, vermeidet Plastik und gibt dem Bauern Sicherheit für seinen Anbau, wenn er genug Abos hat.

Das ist nur vordergründig Kleinkram. Die Aktivitäten von Regionalwert-AGs in den einzelnen Bundesländern für die Vernetzung von Biobauern mit Kunden haben sich mittlerweile gut etabliert und ausgeweitet. Dasselbe gilt für die Direktvermarktung von Bauern auf den Märkten der Städte, die wieder modern werden. Beispielsweise könnten geschlossene Kaufhäuser u. a. auch zu Markthallen für regionale Bioprodukte umgebaut werden und damit wieder zum Zentrum von städtischen Aktivitäten, ggf. auch mit Wohneinheiten.

Und Bücherläden sind Orte, in denen Empfehlungen für Bücher genannt und darüber erzählt werden kann, wo Lesungen stattfinden und wo die Menschen sich kennen.

Ich habe gerade von einem Freund, der ein Geschäft für Nähmaschinen, Stoffe, Näh- und Nähmaschinenkurse hat, gehört, dass das Jahr 2020 das Beste in der jahrzehntelangen Geschichte des Familiengeschäftes ist. Er ist auch für die Nach-Corona Zeit mit Kursen quasi ausgebucht.

Die Menschen nähen wieder selber und haben offensichtlich viel Freude daran, das ist doch wirklich ermutigend!

Alle diese kleinen Aktivitäten in der Region brauchen immer auch Zeit, Gehetze ist Gift. Daher gehört es dazu, sich die Zeit zu nehmen, z. B. Zeit aus dem angewöhnten Fernseh- bzw. Online-Zeitvolumen, z. B. indem man die Arbeitszeit etwas reduziert. Dafür braucht es einen Willen, der im Allgemeinen da ist, wenn man ausgeruht ist und das als sinnvoll für sich oder gemeinschaftlich bzw. kommunikativ empfindet. **Region funktioniert nur mit Zeit!** Und so macht es Sinn.

5.5.4 Grund- und Vorzüge der Gemeinwohl-Ökonomie

Die „unsichtbare Hand" des Marktes hat nicht richtig funktioniert. In der neoliberalen Ära der letzten Jahrzehnte, einer „entfesselten", also von Regeln, insbesondere Gemeinwohl-Orientierung weitgehend befreiten Wachstumswirtschaft, hat sie versagt. Sie erzeugt regelmäßig einige Gewinner und viele Verlierer, „the winner takes it all", ich hatte dies in Kapitel 4 ausführlich dargelegt.

Wir haben in den Vorkapiteln gesehen, dass eine konkurrenzbasierte Wachstumswirtschaft ihre ungünstigen Auswirkungen bis in den letzten Winkel gesellschaftlichen Lebens hat, noch einmal kurz erwähnt u. a.:

- Beziehungen werden zu Warenbeziehungen
- Elternschaft gelingt nicht in Erschöpfung
- Arbeitskräftemangel bei Wachstumsnotwendigkeit der Wirtschaft nimmt den Jüngsten die Mütter
- Frühpädagogik als vermeintliche Grundlage späteren Berufserfolgs in einer konkurrenten Arbeitswelt behindert das

Spielen der Kinder, ihre intrinsische Motivation und gesunde Hirnentwicklung
- Das Versprechen, alle am Wohlstand zu beteiligen, wird nicht eingelöst
- Ausbeutung in den sogenannten Entwicklungsländern wird in dubiosen Lieferketten unsichtbar, ist aber existent
- Entwicklung der Regionalwirtschaft wird erschwert
- usw.

Die neoliberale Wachstumswirtschaft fördert bzw. forciert Profit und Profitstreben und huldigt den Gewinnern. Sie tastet die Würde vieler Menschen an und verletzt sie, obwohl es im GG heißt: „Die Würde des Menschen ist unantastbar." Artikel 1 GG, der unseren höchsten Grundwert beschreibt. Sie fördert nicht das Gemeinwohl, ja sie beachtet es nicht einmal. Damit verstößt sie gegen die Verfassungen und Grundgesetze aller demokratischen Länder, in denen auf ähnliche Weise die Gemeinwohlverpflichtung von Eigentum und Wirtschaftstätigkeit festgeschrieben ist. Im Grundgesetz bei uns heißt es in Artikel 14, Abs. 2: „Eigentum verpflichtet. Sein Gebrauch soll zugleich dem Wohle der Allgemeinheit dienen."

Das Gemeinwohl als verpflichtende Zielgröße ist im neoliberalen Wirtschaftssystem nicht gültig und darf dort vernachlässigt werden zugunsten von Profit und Renditen.

Insofern verbietet das Grundgesetz in Deutschland eine solche neoliberale Wirtschaftsform, die Würde und Gemeinwohl nicht beachtet! Aber wir leben offensichtlich, aber in unerhörter Weise, mit so einer Grundgesetzverletzung, ohne aufzumucken. Wir haben ja schon beim Kindeswohl gesehen, dass das in Artikel 2, Absatz 2, GG garantierte Recht auf körperliche Unversehrtheit in großem Maße verletzt wird. Wir sind also offensichtlich an Grundgesetzverletzungen „gewöhnt", unglaublich für ein demokratisches Land.

Viele Menschen stimmen mir in dieser Frage sicherlich zu, gehen aber davon aus, dass man das nicht ändern kann. Denn wie soll man es sonst machen? Der Kommunismus hat nicht überlebt, und Diktaturen will man natürlich nicht. Also scheint die neoliberale Wachstumswirtschaft als das einzig Mögliche!?

Dieser Frage kann man sich gut nähern, wenn man davon ausgeht, dass der Mensch genetisch ein soziales und kooperatives Wesen ist, das gemeinschaftlich lebt und arbeitet, wenn man ihn nicht daran hindert.

Und ein wichtiges Faktum aus der Wirtschaft soll erwähnt werden: Viele Unternehmen wünschen sich gerade heute von der Politik Rahmenbedingungen mit Vorgaben, auf die sie sich einstellen können, die ihre Arbeit also möglichst etwas planbarer machen, soweit das in einer volatilen VUKA-Welt möglich ist. Ohne solche klaren Vorgaben können sie die Richtung ihrer Investitionstätigkeiten schlecht bestimmen und sie sehen insofern ohne Vorgaben auch die Grundlagen ihrer Arbeit und auch Gewinne gefährdet. Sie können ohne Vorgaben für alle Mitbewerber auch nicht initiativ werden, weil sie in diesem Falle oft ihre Wettbewerbsfähigkeit gefährdet sehen. Auch sie fordern daher nun also die Politik auf diesem Feld.

Die Kernfrage ist also, kann ich ein System, das auf Konkurrenz aufgebaut ist, umwandeln in eines, in dem über eine gewisse Zeit, vielleicht ein bis zwei Jahrzehnte, Kooperation gefördert wird und sich schließlich durchsetzt, auch gegen die Macht des Finanzkapitals? Und gibt es so ein kooperatives Wirtschaftssystem?

Die Antwort ist ja, so ein System gibt es: z. B. die Gemeinwohl-Ökonomie, die ich schon oft in diesem Buch erwähnt habe.
Der Österreicher Christian Felber hat dafür den theoretischen Rahmen entwickelt und dies zusammen mit anderen in der Praxis erprobt, in Gemeinden und Firmen, und diese Erfahrungen sind dann wieder in die Theorie eingeflossen und haben sie bereichert. Inzwischen schauen die Akteure auf eine praktische Prozesszeit von zehn Jahren zurück.

Eine zentrale Bedeutung in diesem Systemansatz hat die Gemeinwohl-Bilanz, die in Gemeinden und Unternehmen zusätzlich zur Finanzbilanz erstellt wurde und wird. Die Gemeinwohl-Bilanz zeigt, in welchem Ausmaß ein Unternehmen für die Angestellten und andere Menschen wie Kunden, Nachbarn oder Unternehmen in der gleichen Branche kooperativ und gemeinwohlorientiert arbeitet.

Sie hat gezeigt, dass man dies mit wenigen Faktoren gut und realitätsnah messen kann und dass es den Menschen guttut und Anerkennung erfährt.

In Unternehmen, die sich entscheiden, auch eine Gemeinwohl-Bilanz zu erstellen, stellt sich aufgrund der Transparenz und der Mitbeteiligung der Mitarbeiter quasi von selbst Bewegung in Richtung mehr Gemeinwohl ein.

Zum Beispiel wird es auf einmal allen klar, dass Gleichberechtigung in der Bezahlung ja wohl fraglos normal ist und, wenn es noch nicht so praktiziert wird, baldmöglichst umgesetzt wird.

Ebenso wird deutlich, dass es auch für Männer Erziehungsurlaub geben muss und zwar nicht drei Monate, sondern so, wie die Familie es braucht, also häufig z. B. zuerst die Mutter 1–1,5 Jahre, dann der Vater die gleiche Zeit, wobei die Entscheidung, wie es passt, eben ins Ermessen beider Eltern gestellt wird. Daraus ergeben sich dann folgerichtig Qualifizierungskonzepte für die Wiederaufnahme der Arbeit, ggf. schon vorher Übung oder Projekte online, wenn es passt.

So fördert die Gemeinwohl-Orientierung im Unternehmen die gesunde Hirnentwicklung der Jüngsten und dass die Eltern ihre Elternschaft ohne Ängste um Arbeitsplätze (Einschränkungen siehe VUKA-Welt, S. 356) und ohne Erschöpfung beginnen können. Hier zeigt sich, dass Gemeinwohl gleich Kindeswohl ist.

Ressourcenverbrauch und Auswirkungen der Firmentätigkeit aufs Klima sind auch selbstverständliche Themen, die durch die Erstellung einer Gemeinwohl-Bilanz auf dem Tisch sind.

Diese Unternehmen werden dann, so ist jetzt schon die Erfahrung, attraktiv auch für neue Mitarbeiter und bei bekanntem Arbeitskräftemangel haben noch konkurrent orientierte Unternehmen zunehmend das Nachsehen und kommen unter Druck, sich ebenfalls weiterzuentwickeln. Dieser Druck entsteht auch durch die in der Gesellschaft zunehmende Sensibilität für ethische Werteordnungen von Unternehmen mit der Gefahr einer Imageschädigung andernfalls.

Zum Beispiel fördert die Erstellung einer Gemeinwohl-Bilanz auch eine umweltverträgliche Mitarbeitermobilität, etwa durch ein Fahrrad-Leasing seitens der Firma für Mitarbeiter, genügend Stellplätze für Fahrräder mit Auflademöglichkeiten für E-Bikes während der Arbeitszeit, gleiches für Elektroautos von Mitarbeitern, gespeist aus der firmeneigenen Solaranlage. Nachhaltige Energiegewinnung wird ebenfalls automatisch Thema in diesem Prozess. Und die Politik hat dies sogar schon unterstützend flankiert, indem das Aufladen von Mitarbeiter-Autos und E-Bikes als Zuwendung nicht steuerpflichtig ist.

Sie können hier sehen, wie ein solcher Prozess der Gemeinwohl-Orientierung die kooperative Selbstorganisation einer Firma auf vielen Themenfeldern günstig beeinflusst. Wir haben hier einen sich selbst verstärkenden Prozess, in dem gemeinwohlorientierte Unternehmen in einen Zustand kommen, in dem die Mitarbeiter gerne arbeiten, die Arbeit verbessern, weil sie sich mehr und mehr mit der Firma identifizieren können, andererseits ihre innere Motivation Raum bekommt. Das wirkt sich auf das Unternehmensklima, die Unternehmenskultur und die Gesundheit der Mitarbeiter sehr günstig aus. Es ergibt sich so auch ein Qualitätsmanagement ganz anderer Art.

Die Unternehmen, die schon angefangen haben, zusätzlich zur Finanzbilanz auch eine Gemeinwohl-Bilanz zu erstellen, bzw. Unternehmen, die sich jetzt dazu entscheiden, haben sich dann für die nahe Zukunft meist gut aufgestellt. Denn Firmen, die das nicht tun und dann irgendwann merken, dass sie hier in der Gunst der Arbeitskräfte zurückfallen, brauchen dann einige Jahre, um aufzuholen. Das kann dann eine schmerzliche Zeit für diese Firmen sein mit zunehmender Einschränkung ihres Wirtschaftserfolgs.

Messung des Wirtschaftserfolges

Bisher messen wir den Wirtschaftserfolg eines Landes über das BIP (Bruttoinlandsprodukt), das sich aus den Umsätzen aller bezahlten Arbeiten im Lande ergibt, den Waren, Dienstleistungen usw. Und Firmen messen den Wirtschaftserfolg in der Finanzbilanz vielfach heute noch vierteljährlich, das sind die sogenannten Quartalszahlen.

Diese Messverfahren sind aber nicht werteorientiert, denn zum einen sind z. B. die unbezahlte Elternarbeit und alle Ehrenämter nicht erfasst, ohne die aber der Wirtschaftserfolg nicht möglich ist. Und es ist auch nicht grundgesetzkonform, weil Umwelt, Tierwohl, Artenschutz, Klima, die im Grundgesetz geschützt sind, keine Rolle spielen und deren Wohl und Beachtung im BIP eben ignoriert wird bei der Summierung der Umsätze und Gewinne.

So kann man

- viel Plastik produzieren für Verpackungen,
- dann wieder mit der Entsorgung Geld verdienen
  und wenn das nicht umfassend klappt,
- versuchen, die Meere von Plastikmüll zu reinigen.

Das alles fördert die Ergebnisse der Finanzbilanzen von Unternehmen und das BIP.

Gesamtkostenrechnung

Da es keine Gesamtkostenrechnung gibt für Produkte, also

- die Einrechnung von Wasser und anderen Ressourcen in die Herstellung,
- andererseits die Kosten für die Entsorgung
- bzw. im günstigen Sinne für ein Recycling sowie
- für „Kollateralschäden" wie z. B. Kosten für mit der Produktion in Zusammenhang stehende Gesundheitsschäden und Erkrankungen,

täuschen die Ergebnisse der Finanzbilanzen von Unternehmen und Staaten (BIP) kostengünstige Zustände vor, die nicht wirklich tragfähig sind. Zum Beispiel täuschen sie beim BIP wirtschaftlichen Wohlstand vor, ohne anzugeben, auf wessen Kosten er entstanden ist, und machen keine Aussage, wer davon profitiert. Aktuell sind es ja im Wesentlichen Aktionäre und Finanzakteure, weniger oder gar nicht kommt dies dem

Gemeinwohl zugute. Diese Art, den Wirtschaftserfolg der arbeitenden Menschen zu messen, ist also hierfür ungeeignet, ja beschreibt eine Scheinwelt. Das ist trügerisch und unbrauchbar für eine gute Zukunft.

Interessant ist auch Folgendes: Eine Mutter, die ihr Kind stillt, trägt nichts zum BIP bei, aber wenn sie nicht stillt und Kuhmilch oder Milchpulver kauft, dann wird es dort erfasst. Das kann nicht richtig sein. Der nicht erfasste volkswirtschaftliche Beitrag der Muttermilch wurde für die USA auf 110 Milliarden Dollar im Jahr geschätzt, wie Rutger Bregman erwähnt.[99]

Das BIP kann also nichts darüber aussagen, wie es den Menschen in dem Land geht. Es enthält keine Aussage über den Grad der Demokratie, die soziale Ungleichheit im Lande, die Gleichberechtigung der Geschlechter, die Klimaverträglichkeit des Wirtschaftens und die Fairness in den Produktionsbedingungen und Handel in der untersuchten Firma usw.

Die Gemeinwohl-Bilanz hingegen trifft zu all diesen Themen klare Aussagen, sie sind transparent und können von jedermann eingesehen werden. Und sie unterstützt andere Messverfahren für die Situation eines Landes, die wirtschaftliche und Faktoren menschlichen Zusammenlebens beschreiben können, sogenannte alternative Wohlstandsindikatoren, die das BIP als Messverfahren ersetzen können. Hier können z. B. der „Better Life Index" der OECD, das „Bruttonationalglück" in Bhutan oder die Kommission des Deutschen Bundestages zu Fragen und dem Messen von „Wachstum, Wohlstand, Lebensqualität" Anregungen geben.

Einiges davon ist auch schon in die sogenannten CSR-Standards (corporate social responsibility, also soziale Unternehmensverantwortung international) eingeflossen, so z. B. der „Deutsche Nachhaltigkeitsindex" für Geschäftsberichte im Rahmen der Finanz-Bilanzen von Unternehmen. Die Gemeinwohl-Ökonomie hat dies bereits genutzt, um sinnvolle

Randbedingungen und Indikatoren für ein „Gemeinwohl-Produkt“ als neue Kennziffer einer Volkswirtschaft anstelle des BIP herauszuarbeiten. Der Weg in eine Gemeinwohl-Ökonomie ist also schon vorgezeichnet. Die Gemeinwohl-Ökonomie braucht keine Revolution, sie ist keine Planwirtschaft, jedoch eine radikale Umstellung von konkurrenzbasiertem Wirtschaften zu kooperativem Wirtschaften über einen längeren Zeitraum, vielleicht von ein bis zwei Jahrzehnten, ein Weg, der sinnvollerweise jetzt breit beginnen sollte und erfreulicherweise auch schon zunehmend umgesetzt wird.

Er nützt den Unternehmen auch sofort, wenn sie die Entscheidung treffen, sich auf den Weg zu einer Gemeinwohl-Bilanz zu machen, weil dies das Vergeuden von Kräften im Konkurrenzkampf beendet und Kräfte freisetzt zum Kooperieren.

Insofern haben wir also tatsächlich einen alternativen Weg für unser Wirtschaften, sowohl auf Unternehmensebene als auch letztlich für die Volkswirtschaft, von der neoliberalen Wachstumswirtschaft zu einer Gemeinwohl-Ökonomie zu gelangen. Und so werden wir die Verletzungen des § 14, GG, Abs. 2 beenden und Pflichten, die sich klar aus dem Grundgesetz ergeben, im Wirtschaften erfüllen.

Es ist an sich unfassbar, dass dies angefordert werden muss. Wie schon erwähnt: Frau Christiane Woopen, die Vorsitzende des europäischen Ethikrates (bis 2016 auch des deutschen Ethikrates), sagt es letztlich ganz einfach und klar: „Die Wirtschaft ist für die Menschen da, nicht die Menschen für die Wirtschaft.“

Der Motor der Umwandlung liegt dabei interessanterweise bereits darin, dass Unternehmen die Entscheidung treffen, neben der Finanzbilanz auch eine Gemeinwohl-Bilanz aufzustellen, die Umwandlung wird dann sozusagen konkret aus dem Anliegen und den guten Erfahrungen auf

dem Weg selbst befördert, ja befeuert. Und 2017 hatten bereits über zweitausend Unternehmen in 45 Staaten die Gemeinwohl-Initiative unterstützt und etwa 500 Unternehmen machen bereits Gemeinwohl-Bilanzen.
Die Tendenz ist deutlich zunehmend und dieser Trend stimmt sehr hoffnungsvoll. Die Grundsätze der Gemeinwohl-Ökonomie werden auch in der EU in Brüssel diskutiert, hier braucht es sicherlich noch eine Weile für Folgerungen aus diesem intensiven Dialog.

In einem mehrjährigen Zeitraum lässt sich diese Entwicklung gegen die aktuelle Macht des Finanzkapitals durchsetzen, da zu wenig Menschen in den kommenden Jahren die Voraussetzungen für die Arbeit in der digitalisierten Globalisierung, der VUKA-Welt, also die geforderten Top Skills bieten werden, wie ich schon in Kapitel 4, (S. 356) ausgeführt habe.

Mit diesen erfreulichen Gedanken möchte ich jetzt weiter das „Zusammenspiel" bzw. eher die seit längerem herrschende „Auseinandersetzung" zwischen Politik und Bürger beleuchten, in Weiterführung der Ausführungen zum mündigen Bürger aus Kapitel 4.

5.5.5 Politik und Bürger

Die Parteien in Deutschland dienen der politischen Bildung, so steht es im Grundgesetz. Aber erst 1967 wurde das erste Parteiengesetz beschlossen, in dem festgelegt wird, dass es sich bei politischen Parteien um eine Vereinigung von mehrheitlich deutschen Bürgern handelt, die dauernd oder für längere Zeit für den Bereich des Bundes oder eines Landes auf die politische Bildung Einfluss nehmen und an der Vertretung des Volkes im Deutschen Bundestag oder einem Landtag mitwirken wollen. Wählergemeinschaften auf Kommunalebene und Bürgerinitiativen gelten nicht als Parteien in diesem Sinne und sind insofern auch keine Gesprächspartner für Landes- und Bundesregierung.

Das heißt, als Partei muss man sich auch den Wahlen stellen, man kann nicht nur dem Bildungsauftrag entsprechend beratend auftreten. Und man muss laut Grundgesetz ein Programm haben. Inhaltlich ist nichts gefordert, dass man also z. B. zu allen wichtigen Themen Aussagen treffen müsste, dass man nicht nur für ein Klientel antreten darf, dass man den Beweis erbringen muss, dass das Spitzenpersonal mit Macht umgehen kann, das alles steht da nicht drin.

Insofern sind alle Parteien Interessenparteien, SPD und CDU auch durchaus in Fortsetzung ihrer gleichen oder entsprechend aufgestellten Vorgänger-Parteien aus der Zeit vor dem Grundgesetz. Da lange Zeit die großen Parteien das Sagen hatten und es darum ging, welche der beiden Parteien zusammen mit der FDP die Mehrheit hatte, wurde auch ein breites Programm umgesetzt, das viele Belange der Gesellschaft betraf, daher der Name Volkspartei.

Diese Zeit ist vorbei, jetzt sind fünf und mehr Parteien in Landtagen und im Bundestag, sodass es Regierungs-Koalitionen geben muss, zukünftig wohl aus mehr als zwei Parteien oder Minderheitsregierungen. Das heißt, es muss, wie es heißt, Kompromisse geben. Nun ist ein Kompromiss meist etwas, was suboptimal ist, unter den Möglichkeiten und Notwendigkeiten des Handelns bleibt, oder es wird geschachert, also statt Kompromiss ein Deal gemacht, also eine Partei darf etwas aus ihrem Programm durchsetzen, im Gegenzug die andere ebenfalls einen ihrer Programmpunkte. Das gibt einen Flickenteppich, bei der sich verschiedene Konzepte inhaltlich behindern. Aktuell sieht man das beispielsweise bei den vielen Konflikten zwischen Verkehrsministerium und Umweltministerium.

Stellt man eine Liste von Themen auf, die dringend eine Lösung brauchen, so werden beide Formen dem nicht gerecht. Da spricht alles für eine Minderheitsregierung, die für Problemlösungen jeweils Mehrheiten finden muss. Aber auch das kann dazu führen, dass immer nur kleine Lösungen gefunden werden, je nachdem, wie viele Parteien jeweils für ein Projekt eingebunden werden müssen.

Immer nur kleine Lösungen sind nicht das, was eine Gesellschaft braucht. Kleine Lösungen sind sozusagen derzeit systembedingt von mir so genannte **Faumikokos** (**Fau**le **Mi**nimal**ko**nsens**ko**mpromisse). Solche Faumikokos verhindern notwendende Lösungen, insbesondere wenn Nichthandeln schwere Folgen hat. Faumikokos haben in zukünftiger Politik nichts zu suchen, vielmehr brauchen wir statt solcher Minimal-Kompromisse eine Bereitschaft aller zu einem kreativen Prozess, ggf. über eine längere Zeit als eine Legislaturperiode. Die Parteien müssen sich also weiterentwickeln, um zu Lösungen zu kommen, mit denen alle leben können, auch wenn sie nicht mehr zur Profilschärfung beitragen können.

Kreativ-Prozess statt Faumikoko – ein Beispiel:
Nehmen wir den Konflikt zwischen Umweltministerium und Verkehrsministerium zur Frage der Verkehrswende und regenerativer Antriebe. Eine kreative Prozessidee kommt zum Beispiel von dem früher aus dem Fernsehen bekannten Naturwissenschaftler und Journalisten Jean Pütz. Er schlägt vor, zusätzlich zu der bekannten Elektromobilität mit vielen Ladestationen und vielleicht auch demnächst Stau an den Ladesäulen in die Elektroautos einen kleinen, wenig verbrauchenden, wirklich sauberen Dieselmotor einzubauen, allein um die Batterie wieder aufladen zu können, z. B. während der Fahrt oder wenn alle Ladesäulen besetzt sind. Das kann deutsche Ingenieurskunst, die Mobilität wäre flexibler und zukünftig kann man dann den Diesel bald ersetzen durch synthetische Kraftstoffe oder eine kleine Brennstoffzelle, die mit Wasserstoff betrieben wird. Diesel-Kraftstoffe behalten dabei natürlich ihren CO_2-Preis zur Begrenzung, bis Diesel politisch out ist. So kommen wir in die Verkehrswende besser rein. Die anderen Elemente von modernen Mobilitätskonzepten könnten ebenso kreativ entwickelt werden.[100]

Dies wäre kein Faumikoko, sondern ein guter, kreativer und hilfreicher Einstieg. Sicherlich gibt es hier noch Ideen zuhauf, um faule Kompromisse zu vermeiden.
Solche Kreativprozesse statt Faumikokos brauchen offensichtlich mehr direkte Demokratie. Das ist deshalb so wichtig, da die Bürger in der marktorientierten Demokratie nicht mehr wirklich repräsentiert werden. Unsere Repräsentanten in der Regierung und in den Ministerialbürokratien sind nicht mehr wirklich ausreichend getrennt zu den ökonomischen Entscheidern, dafür weit weg vom Bürger.

Die Beraterkosten der Regierung betrugen 2019 mehr als eine halbe Milliarde Euro (Welt am Sonntag, 31.1.2020). Viele Berater kommen aus Konzernen und schreiben auch sozusagen als „Leihbeamte" auf die Konzerne zugeschnittene Gesetzesentwürfe, die die Politiker dann abnicken, weil sie ja von Menschen mit „Sachverstand" entwickelt wurden, die Politiker selbst im ungeheuren Zeitdruck überfordert sind. Weiterhin wird die Interessenlage von Politikern und Konzernlenkern immer ähnlicher, weil der Bürger fern ist, andererseits die meisten Politiker und Wirtschaftsführer aus den gleichen Eliten kommen. Und Spitzenpolitiker wechseln in Konzernvorstände, was in der Presse zwar berichtet wird, aber nur eine geringe zeitliche Abstandsforderung zur Folge hat.

Grundgesetz und Menschheitsfragen in der Demokratie

In der Zeit zwischen den Wahlen muss es Einflussmöglichkeiten der Bürger geben. Ich denke, dass dies darauf hinweist, dass die noch so genannte repräsentative Demokratie durch Elemente der direkten Demokratie sinnvoll ergänzt werden könnte und sollte. Und ich hatte bereits vor 8 Jahren diesbezüglich Vorschläge gemacht (Schutz vor Burn-out, 2012, 2017 (TB), Kapitel 5), die darauf abzielen, Entwicklungsziele unserer Gesellschaft nicht mehr den Parteien zu überlassen aufgrund der lähmenden Ängste, bei notwendigen tiefgreifenden Änderungen Wähler zu verlieren.

Denn für die Entwicklung einer Veränderungsgestaltung in grundlegenden Fragen der Menschen, die eng miteinander zusammenhängen wie Gesundheit, Kommunikation, Energieverbrauch, gerechtes und nachhaltiges Wirtschaften, Bildung, Artenvielfalt, Menschenwürde, Meinungsfreiheit sowie Teilhabe an gesellschaftlicher Entwicklung sind unser Parteiensystem und unser vierjähriger Wahlmodus offensichtlich ungeeignet.

Ich hatte deshalb damals vorgeschlagen, alle acht Jahre direktdemokratische Grundsatzentscheidungen zu treffen bzw. wählen zu lassen, damit auch langfristig zu entwickelnde Themen bzw. Mehrgenerationen-Perspektiven Berücksichtigung finden können.

Es sei an die alte Indianerweisheit erinnert, die besagt, es ist gut in unserem Leben, immer auch an die nächsten sieben Generationen zu denken. Heute favorisiere ich einen anderen Weg als vor acht Jahren:

Parteiprogramme verwechseln immer gesellschaftliche Ziele mit spezifischen Wegen dorthin und vermischen dieses dann zu einem Brei. Diesen Brei bewerben sie dann im Wahlprogramm als besonders köstlich, einzig wohlschmeckend und bekömmlich und beschreiben andere Breie dann so, dass diese Gefahren in sich bergen. Das ist an sich lächerlich und wir wissen ja, dass Wahlprogramme in der Regel schon aus Koalitionsgründen unhaltbare Versprechen sind und wenn sie doch durchgepowert werden, dem Volk nicht unbedingt dienlich sind, weil sie eben zu viel „Zucker“ enthalten.
„Wohlstand für alle“ ist z. B. ein denkbares Ziel, „Wachstum“ dagegen gehört in die Kategorie „Wege und Maßnahmen zur Zielerreichung“, wobei Sinn und Eignung geprüft werden müssten.

So benennt die eine Partei in ihrem Programm vorrangig einige Ziele, eine andere Partei wieder andere Ziele, die sich natürlich auch über-

schneiden können. Und so schwanken die Ziele für die Gesellschaft im 4-Jahres-Rhythmus. Davon wird ein halbes Jahr ein Koalitionsvertrag verhandelt und das letzte Jahr passiert nichts Wesentliches mehr aufgrund der notwendigen Profilschärfung für die nächste Wahl. Es findet also nur 2,5 Jahre Regierungs- und Parlamentsarbeit statt.
Hierbei muss der Wähler zwischen gesellschaftlichen Zielen wählen, die klar zusammengehören, und das ist unzumutbar. Diese Struktur ist offensichtlich ungeeignet, um die nächsten sieben Generationen im Blick zu behalten.

Daher schlage ich etwas anderes vor, nämlich:

Ein Konzept für Legislaturperioden übergreifende Demokratie!
Es gibt einige zentrale Ziele, für die es in unserer Gesellschaft einen Konsens gibt und gegen die keine demokratische Partei auftreten kann und wird:

Unser Grundgesetz wird aus dem Gesetzestext entsprechend dem Text in die tatsächliche gesellschaftliche Realität geführt, wirksam angewandt und verbindlich eingehalten. Alle Parteien haben sich daran zu halten und nehmen dies in die Präambeln ihrer Grundsatzprogramme als vorrangig auf. Dies wird durch ein Bundesgesetz veranlasst und kontrolliert.

Damit sind fast alle wesentlichen Ziele schon abgedeckt außer dem **expliziten Kinderschutz** und **dem Selbstbestimmungsrecht der Frauen für ihren Körper**, die hier noch textlich Eingang finden müssen. Und die Begrenzung der sozialen Ungleichheit ist durch die ersten drei Paragrafen letztlich abgedeckt, wenn sie wirksam werden können.

Es sind weitere globale Ziele zu ergänzen, wie d**ie Erhaltung der Lebensbedingungen für Menschen auf der Erde, die Erhaltung bzw. Schaffung**

von Frieden und die Verringerung von extremer Armut und Hunger sowie das Recht auf Bildung für Frauen weltweit, was die Zunahme der Weltbevölkerung in einiger Zeit stoppen kann und wird.

Volksabstimmung für dieses Konzept

Diese klaren Ziele werden durch eine Volksabstimmung verbindlich für alle Parteien per Gesetz festgelegt, z. B. mit dem fett gedruckten Text.

An dieser Zielerreichung kann man bereits heute alle Parteien messen. Zur Erinnerung: Unser Grundgesetz schützt zwar im Wesentlichen erfolgreich den Bürger bei der Ausübung seiner verbrieften bürgerlichen, demokratischen Rechte wie Meinungsäußerung, Versammlungsfreiheit mit Demonstrationsrecht, Rechtsprechung, Unverletzlichkeit der Wohnung usw. aber:

Gegen unser Grundgesetz wird durch Wirtschaft, Politik und gesellschaftliche Strukturen laufend verstoßen, ich habe dies hier ausführlich beschrieben in Bezug auf die Würde des Menschen, körperliche Unversehrtheit, Eigentumsverpflichtung, Umwelt usw.

Aber gefeiert wird das seit 70 Jahren bestehende Grundgesetz von allen! Und dieses zu Recht, wenn es denn eingehalten wird.
Trotzdem wird keine Partei dem Grundgesetz die Gefolgschaft verweigern, wenn die Bürger diese Entwicklung zur Alltagswirksamkeit des GG so wollen.

Zur Umsetzung dieser Grundziele als Legislaturperioden übergreifendes Demokratie-Konzept in Verantwortung für die „nächsten sieben Generationen" schlage ich vor, eine Kampagne zu starten und dafür alle Initiativen und NGOs, die sich z. B. für Transparenz, Gemeinwohl, Menschenwürde, bürgernahe Demokratie, kooperatives Wirtschaften und andere menschliche und Natur-Ziele einsetzen, anzusprechen.

Die Parteien sollen also verpflichtet werden, diese Zielkreise in die Präambeln ihrer Grundsatzprogramme aufzunehmen und zu erhalten, Wahlprogramme dürfen dann dagegen nicht verstoßen.

Dann können sich die Parteien bei den Wahlen darum bewerben, diese Ziele umzusetzen. Um den Bürgern die Unterschiede der von den Parteien benannten Wege und Maßnahmenkataloge zu diesen Zielen hin deutlich zu machen, sollten z. B. Verbraucherzentralen bzw. NGOs (Nichtregierungs-Organisationen) zur Kontrolle der Demokratie aufzeigen, wie und wohin die einzelnen Programme tatsächlich hinführen, was sie in den einzelnen Bereichen, die die Alltage der Bürger und den Schutz der Demokratie betreffen können und vorhaben. Diese Vergleiche müssen dann im öffentlich-rechtlichen Rundfunk und Fernsehen statt der Wahlwerbung in entsprechenden Sendungen bzw. online-Foren stattfinden.

Die Vorschläge der Parteien in den jeweiligen Fragenbereichen können so konkretisieren, wohin welche Variante voraussichtlich – also soweit man es übersehen kann – führt und was das für ein Leben, für den Lebensstil des einzelnen Bürgers, für die Art des Wirtschaftens und für die Rolle des Staates bedeuten wird. Dann könnte sich jeder Bürger besser entscheiden, welche Maßnahmen und Wege zu den gemeinsamen verbindlichen Zielen ihn überzeugen und sich in seiner Wahl positionieren. Statt der Wahlwerbung könnten Parteien natürlich auch ihre Positionen in Befragungen mit Moderatoren des öffentlich-rechtlichen Rundfunks und Fernsehens darstellen. Privatsender und Social-Media-Kanäle werden sicherlich genutzt bleiben, aber hier sollten Falschinformationen über die eigenen Vorhaben oder Einschätzungen einer Partei wie im US-Wahlkampf ggf. als falsch gekennzeichnet werden müssen.

Dazu gehört ebenfalls eine vollständige Transparenz von Parteispenden, ja vermutlich muss das Parteien-Finanzierungsgesetz hier von Fachleuten noch einmal unter die Lupe genommen werden, damit auch Gemeinwohl nicht mit Füßen getreten wird. Denn Lobbygruppen der Wirtschaft haben natürlich aufgrund ihrer Finanzstärke eine Macht, Dinge in ihre Richtung zu ihrem Vorteil zu bewegen, anders als die Bürger.

Soweit das Konzept und die Idee einer Kampagne (für Näheres bitte den QR-Code auf der Rückseite des Buches scannen und dann zum Stichwort **Demokratie-Entwicklung** gehen).

Solche Maßnahmen sind notwendig, weil die meisten Parteien wissen, dass viele Bürger, deren „Mündigkeit" sich ja, wie in Kapitel 4 angesprochen, derzeit noch konsequenter ausbilden darf, mit bestem Marketing, also manipulativ, noch recht breit zu erreichen sind, ganz besonders im digitalen Netz. Insofern schaffen sich viele Parteien ein Image, was aber einem für den Bürger aufbereiteten Theater entspricht. Dieses Theater hat nichts wirklich mit dem Handeln „back stage", also hinter den Kulissen zu tun.

Das mag Politik zwar nicht gerne hören, aber die starken Worte der Koalition beispielsweise zum Thema Klimawandel und die tatsächlichen Handlungswege in den Bundesministerien, u. a. für Ernährung und Landwirtschaft bzw. Verkehrsministerium, haben mit einem echten Bekenntnis zum Ziel des Pariser Klimaabkommen nichts zu tun.

Vielmehr wird ministeriell vieles, obwohl es die Lebensbedingungen auf der Erde gefährdet, hinter marginalem grünen Lack weitergeführt bzw. zumindest, soweit es noch geht, verzögert im Interesse der wirtschaftlichen Lobbygruppen, z. B. der Autoindustrie bzw. der Agrarindustrie.
Auf das Beispiel der aktuellen „Reform" der Agrarsubventionen der EU im Rahmen des vollmundig verkündeten Green New Deal und der aus meiner Sicht bürger- und zukunftsfernen deutschen Position unseres Agrarministeriums und unserer Regierung bin ich bereits eingegangen, es handelt sich hier in meiner Wahrnehmung um eine unerhörte Täu-

schung der Bürger in Deutschland und der EU. Diese warten darauf, dass der versprochene Schutz und die Förderung kleiner und mittelständischer Bauern wirksam umgesetzt werden. Tatsächlich wird aber weiterhin auf die Großbetriebe der Ackerwirtschaft und der Massentierhaltung mit ihren bekannten Gefährdungen der Menschen fokussiert, was die Agrarlobby und der Bauernverband ja auch schon als großen Erfolg für die Zukunft feiern.

Vieles davon kann möglicherweise noch durch das EU-Parlament und die am EuGh anhängigen Gerichtsverfahren korrigiert werden, die tatsächlichen Agrarsubventionen, die dann, wie ich schon erwähnt habe, bis 2029 festgeschrieben wären, könnten eine fatale, fast 10-jährige Verzögerung der für das Klima und die Biodiversität dringend notwendenden Maßnahmen bedeuten.

Um das Grundgesetz und andere Menschheitsfragen also konsequent wahlperiodenübergreifend verfolgen zu können, ist direktdemokratisch eine solche verbindliche Verfolgung von Zielen für alle Parteien notwendend festzuschreiben.

Wenn das noch nicht möglich ist, weil es so nicht vorgesehen ist und sich Mehrheiten im Parlament dafür noch nicht finden lassen, könnten ja zufällig ausgewählte Menschen in Ratsklausuren über einige Tage sich mit diesen wichtigen Zielfragen auseinandersetzen, ihre Entscheidungen fällen und veröffentlichen. So ist es ja vor kurzem in Frankreich durchgeführt worden, dieses Gremium war für die Bürger repräsentativer in Geschlecht, Beruf, Alter und sozialer Stellung als das Parlament. Dort sind überraschende Ergebnisse erzielt worden, die auf eine hohe Verantwortlichkeit aller Teilnehmer schließen lassen.

Erfreulicherweise ist die Bürgerratsinitiative in Deutschland im Herbst 2020 bis in den Bundestag gelangt und dort ist tatsächlich die Einrich-

tung von Bürgerräten beschlossen worden, um der Politikverdrossenheit entgegenzuwirken. Für den ersten Bürgerrat war das Thema „Deutschlands Rolle in der Welt" ausgewählt worden, die Schirmherrschaft hat Bundestagspräsident Wolfgang Schäuble übernommen. Im Januar/Februar 2021 findet erstmalig die Auswahl der 160 Bürger*innen, die den Bürgerrat bilden und repräsentieren sollen, statt und im März 2021 soll der Bürgerrat dann, vorerst natürlich online, tagen. Seine Ergebnisse, das Bürgergutachten, soll anschließend im Bundestag diskutiert werden.[101]
Ergebnisse solcher Bürgerräte müssen von den Landesregierungen und der Bundesregierung nicht nur als Beratung registriert werden, sondern die Regierungen müssen in einer öffentlichen Diskussion der Ergebnisse öffentlich mitteilen, wie sie gedenken, damit umzugehen, insbesondere, wenn sie dem Bürgergutachten nicht folgen wollen. So könnte jeder Bürger seine Schlüsse daraus ziehen. So weit ist es aktuell jedoch noch nicht, die Bürger werden daran weitergestalten. Immerhin ist ein Anfang gemacht.

Seit einiger Zeit übt ja auch die Internet-Kampagne „Abstimmung 21", wie man direkte Demokratie bei wichtigen Zukunftsfragen umsetzen kann (QR-Code zur Link-Liste im Anhang).
Ich hatte in diesem Übungsfeld kürzlich meine Abstimmungsunterlagen per Post bekommen, spannend!

Um das derzeitige politische Theater für den Bürger noch ein wenig zu illustrieren, möchte ich hier einen Entwurf eines „politischen Intermezzos" einfügen, dass ein mir bekannter Narr namens Arnold bei seinem letzten Besuch bei mir wohl vergessen hatte.

Politisches Intermezzo:
Arnold hatte begonnen, ein Stück für ein Volkstheater zu schreiben. Er trat dort selbst auch in der dritten Person auf und das ging so:

Titel des Stückes:
Ein Huhn, die Kanzlerin, das Volk, Arnold und die fette Kröte.

· Ein Volkstheater für die Bühne
Anweisungen: Das Volk sollten nicht zu viele Menschen sein, die Hühner zerzaust. Die Wahl der Kanzlerin-Darstellerin möglichst originalgetreu. Arnold sollte ein verführerischer Mann sein, voll im Saft, obwohl schon 50, aber nicht gegelt! Die fette Kröte, na ja, Sie werden ja wohl wissen, wie eine fette Kröte aussieht! Es muss ein Fahrrad vorrätig sein, das spielt später noch eine wichtige Rolle (ein Trick, dass das im Namen des Stückes gar nicht erwähnt wird).

Das Stück beginnt:
In einer Ecke mehrere Hühner, eines wird gleich gepackt von einem Mann.
„Scheiße", sagte und machte das Huhn und gackerte auch noch und bereute es später. Denn deswegen musste es zum Schluss baden gehen, obwohl es dort zum Himmel stinkt (Chlor). Die Mitgefangenen (Hühner) schwiegen erst mal verunsichert und dachten dann bei sich sehr vornehm: „Schöner als hier im Käfigdreck wird es wohl überall sein" und hackten einen Plan aus.
„Hühner muss man nun mal desinfizieren, bevor man sie isst", sagt der Hühner-Chef zur Kanzlerin. Die sagt: „Das ist mir auch lieber als dauernd die Antibiotika. Die haben wir die doch auch verboten, sagen wir ja immer in den Nachrichten."
„Na ja, mit beiden Methoden steigen die Kröten, aber Antibiotika machen doch wohl mehr Probleme", sagt der Hühner-Chef aus Dollarland und prostet dem Hühner-Chef aus Euroland zu.
„Klärt das mal und sagt mir dann Bescheid", sagt die Kanzlerin und muss weg, dafür hat sie keine Zeit, zu viel Regieren! Sie muss noch vieles in die Wege leiten, bevor das Volk am Ende noch aufwacht.
Arnold geht an einem Plakat vorbei, seit der Groko nehmen SPD und CDU ein Plakat zusammen, aber die Unterschiede müssen sie natürlich betonen: CDU wählen – dann schlafen Sie besser. Die Kanzlerin macht das, während

Sie schlafen oder konsumieren. Aber das müssen Sie dann auch. Sie garantiert Ihnen, dass sie in der Zeit immer auf unsere marktorientierte Demokratie aufpasst.
SPD wählen – dann schlafen Sie besser. Der Vizekanzler passt auf, dass Sie nicht gestört werden beim Schlafen oder Konsumieren und dass Ihnen nicht mehr Geld als notwendig dabei verloren geht. Dafür verbürgen wir uns.
Arnold dachte kurz: Im Grundgesetz steht, Parteien dienen der politischen Bildung der Bürger. Ist das out?
Unter dem Plakat stand in Schwarz drauf geschmiert:
TTIP: Total Typisch In Politik
Irgendjemand aus dem kleinen Volk sagt: „Volksentscheid!"
Das Restvolk gähnt: „Wieso denn Volksentscheid? Wozu haben wir die Kanzlerin gewählt? Lass sie mal machen, sie weiß Bescheid!"
„Genau", sagt die fette Kröte und warnt vor Schlafentzug! Denn das hat der Professor neulich herausgefunden, dass das nicht gut ist. Dann weiß man gar nicht, was man kaufen will.

Ein Philosoph tritt auf mit einem Monolog, offensichtlich kennt er auch Arnold: „Die Hühner-Chefs sind nicht fett, aber reich, das Volk ist fett und so lala oder arm, Arnold ist nicht fett, aber kein Chef. Insofern müsste er eigentlich fett sein, ist er aber nicht.
Früher waren die Reichen fett und das Volk abgemagert, heute sind die Reichen schlank und das Volk fett. Das ist günstig, denn die Reichen müssen Marathon laufen, und die Fetten machen natürlich keinen Sport und keinen Ärger (damit kämen sie ja auch nicht weit). Ein paar im Volk sind aber auch wie Arnold."

1. Sprecher, offensichtlich gebildet, sieht aus wie ein Mensch oder doch ein Algorithmus?
„Wer Arnold ist? Keine Ahnung, aber der ist nicht unwichtig, sagen die Algorithmen, ja da muss man drauf aufpassen, weil der fast nix nachweisbar kauft. Doch, ein Handy hat er, aber das lässt er oft zuhause liegen, kauft in

der Buchhandlung, sodass man (man=Algorithmus?) gar nicht genau weiß, was er liest, und mit den Frauen, keine Ahnung, Siri und Alexa lässt er links liegen. Links, auf jeden Fall links, er ist schon mal in eine Richtung gefahren, wenn man die verlängert, kommt man nach Köln oder zum Hambacher Forst. Na ja, irgendwann wird auch der klarer, und irgendwann muss er ja auch mal was kaufen. Payback macht er allerdings auch nicht mit. Einmal hat er im Fischrestaurant mit Kreditkarte gezahlt, also der isst bestimmt Fisch wie all die Linken, da müssen wir aufpassen, sonst werden wir unsere Schweine und Hühner nicht los."

2. Sprecher: „Sie merken, der Algorithmus ist schon voll mit den Hühner- und Schweine- und Ochsen-Chefs i(n) (denti) fiziert" (ganz langsam gesprochen).

1. Sprecher (der „Algorithmus"): „Jetzt muss man nur noch hinkriegen, dass viele Gülle geil finden und kaufen."

2. Sprecher: „Tatsächlich laufen viele Versuche, aus der Gülle wieder Rohstoffe herauszuholen, das ist gut wegen der Rohstoffe, aber das soll und darf kein Grund sein, die industrielle Fleischproduktion weiterzuführen."

„Fische sind aber doch für Fischmehl da, also für Tierfütterung, nicht zum Essen, es reicht doch, wenn das Steak nach Fisch riecht, haha!", sagt der Hühner-Chef.

Die Auto-Chefs sind dagegen etwas verschnupft: „Es ist nicht nett, unsere tollen Autos als „Karren" zu bezeichnen und uns als „Karrenbauer." Die Kanzlerin meint dazu: „Ich konnte mir meine Nachfolgerin ja nicht aussuchen. Ich hätte auch lieber „Wagenknecht" gehabt, das hätte viel besser gepasst, ging aber ja nicht."

Dann reißt das Stück ab, schade!

Ich denke, ich werde es demnächst einmal weiterschreiben. Vor allen Dingen auch wegen dem Fahrrad, denn das war ja wohl so gedacht, dass es überraschenderweise eine zukünftig wohl wichtige Rolle spielen wird. Hätten ein paar Leute wohl gar nicht gedacht.

Für die Aufbereitung von Gülle gibt es tatsächlich schon sinnvolle, funktionierende Verfahren.[102] Sie machen auch Sinn im Rahmen von wasserschonenden Recycling-Kreisläufen auf dem Wege zur Abschaffung der Massentierhaltung.

Sozialer Widerstand und Protest in der Demokratie

Sozialer Widerstand und Protest gehören zum normalen Alltag einer Demokratie. Je größer die soziale Ungleichheit ist und je weniger die Menschen empfinden, dass es gerecht zugeht, desto stärker und aktiver fallen die Proteste aus.

Grundsätzlich gibt es im sozialen Widerstand immer eine Breite in der Bewegung, in der Mitte aktive und passive Widerstandsformen.

Am passiven Pol tritt ggf. Resignation auf, die auch in Krankheit münden kann, die von der Gesellschaft dann noch als individuell klassifiziert wird, auch wenn sie als vielfache Reaktion auf die gesellschaftlichen Verhältnisse gesehen werden kann.

Am aktiven Pol finden sich dann erweitert kreative „Regelverletzungen", die aus meiner Sicht eher hilfreich für die Weiterentwicklung der Demokratie erscheinen, da sie gewaltfrei und aufrüttelnd sind. Zentrum dieser Art des sozialen Widerstandes ist meist § 14 des Grundgesetzes, in der mit der Regelverletzung die Verpflichtung von Eigentum insbesondere von Großkonzernen und Finanzinstituten gegenüber dem Gemeinwohl angemahnt wird. Als Beispiele sind hier „Greenpeace", aber auch „Extinction Rebellion" von ihren Zielen und ihrem Wertekanon her zu nennen, auch wenn es Kritik an Äußerungen beteiligter Personen gibt.

„Querdenken", „Widerstand 2020" und „Querdenken 711" sind aus meiner Sicht anders zu bewerten. Neben der berechtigten Hinterfragung der Angemessenheit und demokratischen Legitimierung von politischen

Maßnahmen in der Corona-Pandemie ist hier eine Nähe und Vermischung solcher Kritik mit anderen Positionen, z. B. Rechtsextremismus und Verschwörungserzählungen gegeben, zum Teil gerade intendiert. So wird Verwirrung, Unruhe, Hass und Gewalt nicht nur in Kauf genommen (trotz anderslautender Statements der jeweiligen Gründer), sondern durchaus konkret gewollt. Das wird einerseits von vielen der Teilnehmer offensichtlich nicht klar durchschaut, andererseits wollen viele Bürger sich dadurch auch nicht ihr Demonstrationsrecht kaputtmachen lassen und nehmen die Teilnahme von Menschen, die andere Ziele verfolgen, in Kauf. Insofern ist die Mehrheit an diesen Demos sicherlich nicht rechtsextremistisch, sie tragen aber zur Stärkung und gesellschaftlichen Etablierung von Rechtsextremismus bei.

Am äußeren aktiven Pol von Protest und sozialem Widerstand findet sich auch immer eine aggressive Spannung und auch Gewaltbereitschaft. So war es auch bei den Corona-Protesten, bei der es im Beginn noch teilweise um die Sache ging und wo sich dann zunehmend in der Gesellschaft bereits befindliche, gewaltbereite und extremistisch eingestellte Menschen und Menschen, denen solche Unruhe nützt bzw. von der sie sich vermutlich Vorteile versprechen (Beispiel AfD), dazugesellten, einmischten und dazu aufriefen.

Solche Gewalt mündet aufgrund der Eskalationsbereitschaft, die in unterschiedlichem Maße auf beiden Seiten zu finden ist, häufig in Auseinandersetzungen mit der Polizei. Aktuell scheint mir die Polizei mittlerweile aber besonnener vorzugehen als z. B. zu Zeiten der Bürger-Proteste damals gegen die Errichtung von AKWs (Atomkraftwerken) und anderes. Dabei hatten wir als junge, ebenfalls protestierende Ärzte z. B. bei Aktionen und Demonstrationen einen Notdienst eingerichtet, in dem wir hauptsächlich durch Schlagstöcke erlittene Kopf- und Gesichtsplatzwunden gesäubert und genäht hatten. Das ist in Deutschland glücklicherweise seltener geworden.

Ein großes Problem ist dabei auch die mediale und politische Aufbereitung solcher gewaltsamen Auseinandersetzungen, indem zentral auf die Gewalt fokussiert wird, sodass das zugrunde liegende Anliegen des Protestes zurücktritt und der demokratische Diskurs durch verbriefte Rechte (z. B. Demonstrationen) bzw. kreative Widerstandsformen (wie Sitzblockaden etc.) nicht ausreichend zur Entwicklung der Gesellschaft beitragen kann. Die Politik nimmt so die Fokussierung auf die Gewalt bereitwillig auf, ja betreibt sie sogar oft selbst in pseudopotenter „Law and Order"-Manier und negiert so die Notwendigkeit von Veränderungen im gesellschaftlichen Feld. Jedenfalls braucht sie dann noch eine Weile nichts verändern und weiterentwickeln, was letztlich die tatsächliche Lage verschärft.

Aggression und Resignation werden aber nicht durch Polizei und Medizin aufgelöst. Soziale Ungleichheit wird politisch dadurch gelöst, dass benachteiligte und verarmte Menschen von der Politik gesehen und ihnen Konzepte für ein würdiges Leben angeboten werden und dabei Menschen und familiäre Verhältnisse Chancen bekommen, in liebevollere Beziehungen einzutreten. Solche Zusammenhänge und Konzepte habe ich in diesem Buch schon umfangreich beschrieben.

Soziale Gleichheit lässt Unterschiede im Einkommen der Menschen zu, kümmert sich aber um eine Begrenzung der Unterschiede im Einkommen auf ein gemeinwohlverträgliches Maß und um Unterbindung exzessiver Einkommen ohne Gemeinwohlanbindung. Effektive finanzielle Unterstützung für Solo-Selbstständige und Kulturschaffende würde von der großen Mehrheit deutlich als gerecht wahrgenommen und befürwortet werden, hier besteht ja noch viel Nachholbedarf.
Aggressivität und Extremismus ebenso wie Verschwörungsfanatismus (siehe auch antisoziale Störung, S. 195) werden sich bei Verringerung sozialer Ungleichheit ebenfalls abschwächen, durch staatliche Gewalt und Strafandrohungen nicht.

Transparenz ist eins der wichtigsten Mittel dabei. Dadurch können unerhörte Vorgänge und Rechtsverstöße hinter dem geschönten Theatergetöse von Machtinstitutionen in Wirtschaft und Politik, fraglich sogar „gemeinschaftlich" (in Untersuchungsausschüssen wird ja dauernd gefragt: Wer hat wann was gewusst?), nicht einfach weiter bestehen wie z. B. Cum-Ex-Geschäfte der Banken oder Manipulations-Software für Abgase bei Autos oder die angesprochenen Glyphosat-Strategien. Durch Transparenz entsteht also Handlungsbedarf, solcherart wirtschaftliches und/oder politisches, unerhörtes Agieren zu begründen und zu beenden, ein Agieren, was in der konkurrenten Wachstumswirtschaft in gewisser Weise vielfach Usus ist, allerdings oft gemeinwohlschädlich ist, wenn nicht sogar manchmal aus Bürgersicht ggf. sogar kriminell anmutet. Transparenz wird daher auch bei uns von vielen Kräften noch generell verweigert bzw. unterlaufen. Auch das Lobbyregister ist ja noch nicht in trockenen Tüchern.

Vieles auch im politischen Vorgehen in der Corona-Pandemie ist möglicherweise auch einer Hilflosigkeit und fehlender Pandemie-Erfahrung geschuldet, war aber auch intransparent. Das zumindest ist sehr offensichtlich und kann sinnvoller gestaltet werden. Dann würde gerade rechtsextremem Potenzial Kraft und Resonanz in der Bevölkerung entzogen und die Akzeptanz von als notwendig nachzuvollziehenden Maßnahmen gestärkt. Das funktioniert dann auf jeden Fall besser als Strategien der Angst oder Schuldzuweisungen, die dominierten.

Zur Corona-Pandemie

Die Corona-Pandemie hat das Leben weltweit beeinflusst. Die Politiker auf der ganzen Welt waren unter einen extremen Druck geraten Entscheidungen ohne suffiziente Basisdaten zu fällen, ohne vorhandene Medikamente oder Impfstoffe, und insofern sicherlich auch in persönlicher Angst, bei neuen Erkenntnissen wieder zu reagieren, ohne eine Wirksamkeit ihrer Entscheidungen klar abschätzen zu können. Es gab unterschiedliche Reaktionen und Strategien in den Ländern dieser Welt, wir haben es erlebt. Die Erstentscheidungen der Politiker in Deutschland waren sicherlich sehr verantwortungsgeprägt, die Folgezeit hatte allerdings Fragen aufgeworfen, ob die Zeit bis zur zweiten Welle gut genutzt war und ob man ausreichend Nähe zu den vielfältigen Situationen der Bürger hatte.

Erstmalig gab es dabei in vielen Ländern, so auch in Deutschland, ein Statement wie „Menschenleben vor Wirtschaft". Ein solches Statement war neu in der von Regularien weitgehend befreiten profitorientierten Wachstumswirtschaft. Bisher wurden auch Menschenleben letztlich systemimmanent dem Profit weltweit untergeordnet. Zusammenhänge zwischen dem Sterben von Menschen und dem Profitstreben wurden erfolgreich verschleiert, ggf. als Kollateralschaden, den der „menschliche Fortschritt" fordert, umdefiniert. Außerdem wurden solche „Kollateralschäden" an Menschenleben in den reicheren, insbesondere „westlichen Gesellschaften", in denen die Bevölkerung am Wohlstand, wenn auch meist bescheiden, teilnehmen durfte, nicht explizit bzw. ggf. als „Individualschicksal" erlebt.

Die Politik in der westlichen Welt hatte hier sehr zurückhaltend zu diesen Vorgängen vor der Pandemie Stellung bezogen und ihre Mitverantwortung für die gesellschaftlichen Verhältnisse, die sich vom Gemeinwohl entfernt hatten, vielfach nicht gesehen. Bekannterweise wurde die Schwäche des Einflusses der Staatsmacht gegenüber der Finanzwirtschaft und den multinationalen Konzernen in der neoliberalen Wirtschaftsweise politisch zugelassen bzw. bewusst gefördert im Interesse des ungehinderten Wirtschaftswachstums. Das gilt es zu ändern im Sinne der im Grundgesetz verankerten Gemeinwohl-Orientierung, dies ist ein großes Anliegen dieses Buches. Lobbyferne, kreative Politiker sehen das sicherlich ebenso. Das explizite Auftreten eines solchen Statements in der Corona-Pandemie zeigte zweierlei: zum einen die neue Nähe einer erlebten Bedrohung auch im Westen, zum anderen eine eher unerwartete Zurückhaltung der Wirtschaft, respektive der großen multinationalen Konzerne und relative Ruhe im Lobbyismus.

Das Statement galt und gilt allerdings insofern auch explizit nur für die Corona-Pandemie und nur für den für diese Zwecke bereitgestellten, finanziellen Aufwand.

„Menschenleben vor Wirtschaft“ wurde und wird nicht benannt und kein solches Geldvolumen bereitgestellt bei den vielen Hungertoten in der Welt, den Verkehrstoten, den Hitzetoten im Sommer in den Städten, für die späten Sterbefälle infolge hohen Zuckerkonsums, für die an Influenza und anderen Viren und Bakterien Sterbenden, für die Todesfälle durch antibiotikaresistente Keime und die Todesfälle durch Feinstaub.[103] (Siehe auch S. 487, 583 und 634)

Ein solcher finanzieller Aufwand wurde auch nicht wirklich betrieben zur Abwendung von Pflegenotstand und Lehrermangel, die wir jetzt in voller Härte leidvoll erleben, hier hörten wir mehr Phrasen und starke Worte. Und der Skandal um die Situation vieler Kinder, die ungesehenes Leiden im Leben und weniger Todesfälle (im Westen) generiert, bleibt immer noch wie dargestellt ebenfalls unerhört und zur Änderung finanziell nicht unterstützt. Hier hieß es in der Regel immer „es ist dafür kein Geld da“.

Wenn wir weltweit schauen, gilt dies alles auch nicht für die zu erwartenden Todesfolgen von Kindern durch Lockdown-Strategien mit Unterbrechung der Medikamenten-Versorgung und Impfprogrammen bei Tuberkulose, Malaria, Aids, Polio und Masern in wirtschaftlich ärmeren und armgehaltenen Ländern der sogenannten Dritten Welt (siehe S. 634), und vermutlich auch nicht für Sterbefälle durch dort verspäteten und verringerten Zugang zu Corona-Impfstoffen.

Lockdown

Die Situation der Kinder und Jugendlichen in Deutschland im Lockdown und anderen Maßnahmen mit den Schließungen von Spielplätzen, Kindergärten und Schulen, sowie Freizeiteinrichtungen, die soziale Ungleichheit in der Betroffenheit und dem Leben besonders unterprivilegierter Familien mit ihren Belastungen, speziell in kleinen Wohnungen, habe ich vielfach in diesem Buch angesprochen und auch in meinem „Manifest aus der Zukunft" dargestellt.[104]

Die psychischen Wirkungen eines länger andauernden Lockdowns von Kindern und Erwachsenen sind von der Politik unterschätzt worden. Neben einer Zunahme psychischer Störungen ist dabei auch die allgemeine psychische Verfassung der Menschen in einem Lockdown ernst zu nehmen. Insofern muss mit solchen Maßnahmen sehr verantwortungsvoll umgegangen werden.

Im 1. Lockdown, in dem die Alters- und Pflegeheime für Besucher geschlossen wurden, waren alte Menschen einsam und in großer Angst ohne Kontakt zu ihren Liebsten, Partnern und Verwandten eingeschlossen und viele sind ohne familiäre Begleitung gestorben und beigesetzt worden. Diese bedrückenden Erfahrungen haben mittlerweile zu der klaren Haltung in Politik und Gesellschaft geführt, dass dies ein schlimmer Fehler war, ethisch nicht zu tolerieren und sich nicht wiederholen darf.

Für mögliche zukünftige Pandemien bei Viren mit anderem, höherem Gefahrenpotenzial mag eine mehrwöchige vollständige Unterbrechung des gesamten gesellschaftlichen Lebens tatsächlich für die Bevölkerung lebensrettend sein, wir wollen und sollten das möglichst nicht erleben, sondern dem vorbeugen (siehe nachfolgend).
Die Möglichkeiten, diese Virus-Pandemie von Sars-CoV-2 mit andersartiger strategischer Ausrichtung erfolgreicher und menschenwürdiger

bewältigen zu können, waren und sind aus meiner Sicht unbedingt in den öffentlichen Dialog zu bringen.[105]

Die Pandemie

Das Corona-Virus Sars-CoV-2 wurde in den Medien oft als Killer-Virus benannt und in Politik und Medien die Gefahr der Überforderung des jeweiligen Gesundheitssystems, insbesondere der Intensivbetreuung und der bedrohlichen „Triage" beschworen, also dass Ärzte in die Situation kommen könnten entscheiden zu müssen, welcher Patient beatmet wird und welcher nicht. Zu einer solchen Situation durfte es natürlich keinesfalls kommen, sie war und ist ethisch nicht zumutbar, bedrückend bekannt ja im Wesentlichen aus Kriegs-Situationen und Katastrophen.

Diese bedrohliche Angst wurde insbesondere durch die Pandemie-Situation in der Lombardei in Norditalien, die Bergamo-Bilder des Abtransportes von Särgen durch das Militär, hervorgerufen und genährt. Die natürlich berechtigte Angst vor dem Virus gerade auch in seiner Unbekanntheit hatte dann auch Deutschland rasch bestimmt, wobei die Tatsache, dass Deutschland in allen thematischen Bereichen überhaupt nicht mit der norditalienischen Situation vergleichbar ist, in der Einschätzung der Bedrohung untergegangen war.

Dies betrifft allgemein in der Lombardei und Norditalien u. a. die Altersstruktur, die Enge des Wohnens und das vielfach noch bestehende Zusammenwohnen in größeren Familienverbänden, die unwürdige Situation von chinesischen Fremdarbeiterinnen speziell in der Textilindustrie, die ungenügende medizinische Versorgung der ärmeren Bevölkerung schon vor der Corona-Krise, die geringe Anzahl der Intensivbetten, die seit langem bekannten Feinstaubbelastung der norditalienischen Region als Feinstaub-Hotspot in Europa und natürlich im Beginn das große Unbekannte über das Virus.

Hinweis: Zur Feinstaubkarte Europa kommen Sie hier über den **QR-Code.**

Eine gute Analyse der norditalienischen Situation in der Pandemie gibt der Biologe und Gesundheitsökologe Clemens G. Arvay in seinem Buch „Wir können es besser".

Aber es scheint eine wichtige Frage zu sein, wieso die Wirtschaft sich derart ausbremsen lässt ohne alle Hebel dagegen in Bewegung zu setzen, wo doch die Gewinne und Dividenden vielfach sinken?

Zum einen war ein Herunterspielen einer noch nie da gewesenen, konkret offensichtlich auch öfter tödlich verlaufenden Gefahr aus Gründen von Image und Raison für Unternehmen nicht möglich; tatsächlich war und ist aber ein Innehalten für multinationale Konzerne nicht wirklich existenzbedrohend:

- Kurzarbeitergeld wird gezahlt,
- die Gewinne werden sozusagen zeitlich nur verschoben,
- online lässt sich sogar viel verdienen und
- Marktanteile kleinerer Unternehmen, die in Insolvenz gehen, können später übernommen werden.

So sprach die renommierte Sozialwissenschaftlerin Maja Göpel, die bis Jahresende 2020 auch die Bundesregierung beraten hat, von einer „gewaltigen Umverteilungsmaschine": „Während alle auf das Virus starren, läuft eine Umverteilungsmaschine", so die Überschrift in einem Dezember-Interview 2020 mit ihr für Zeit online[106]. Sie sagte dort, sie erwarte eine nachfolgend verstärkte Diskussion zur gerechten Umverteilung des Zuwachses und anderer gesellschaftlicher Güter. Die schon vorher bestehenden Trends der Ungleichheit hätten sich in der Pandemie weiter verschärft.

Die kleineren Unternehmen, insbesondere aus Kultur, Kunst und Gastgewerbe, in denen es auch viele Solo-Unternehmer gibt und die die ganze Vielfalt gesellschaftlichen Lebens wesentlich mitbestimmen, waren dagegen in großer Zahl existenzgefährdet trotz bzw. auch aufgrund stümperhaft ausgestalteter finanzieller „Unterstützung". Dies hielt z. B. auch Audi-Chef Markus Duesmann für tragisch, der es auch angesichts dessen für vermessen ansah, die Autoindustrie weiter zu fördern, die es ebenso wie die meisten Zulieferer nicht zum Überleben bräuchten.[107]
Es war wie in der Schule: Wenn es knapp wird, fällt Musik und Sport aus. Und auch in der Biodiversitäts-Diskussion wird der Verlust „irgendwelcher" Tiere oder Insekten aus der Roten Liste der gefährdeten Arten ja oftmals als nicht wirklich bedeutsam heruntergespielt.

Andererseits ergab sich und ergibt sich weiter für große Unternehmen die einmalige „Chance", die für ihre Wirtschaftlichkeit notwendige Entlassungswelle von Mitarbeitern, aufgrund der aufkommenden, vielfach digitalbedingten Disruption nun als Corona-bedingt umzudefinieren, auch wenn beides zusammenkommen kann. Für Massenentlassungen in Folge der Corona-Pandemie gab und gibt es natürlich eher Verständnis und es hinterlässt weniger Unmut und Wut und Image-Schäden in der Bevölkerung, wohl aber vielfach große Verzweiflung.

Die politische und mediale Darstellung des Sars-CoV-2-Virus

Die medial und politisch frühzeitig sicherlich auf Grundlage von Angst und Unbekanntheit des Virus festgelegte Darstellung des Sars-CoV-2-Virus als „Killervirus" ließ sich schließlich wissenschaftlich so nicht

halten. Tatsache war und ist, dass dieses Virus für einen Teil der Gesellschaft, speziell der sehr alten Menschen mit Vorerkrankungen und weiteren immungeschwächten und stark erschöpften Menschen, tödlich sein konnte und kann.
Sterbefälle von jüngeren Patienten blieben allerdings trotz der Zunahme der Inzidenz-Zahlen selten, so dass sich dadurch somit das Durchschnittsalter von 80+ zum Jahresende 2020 auch nicht verändert hatte.
Tabelle zur Altersverteilung der Covid-19-Sterbefälle:

Hinweis: Zur Tabelle „Altersverteilung der Covid-19-Sterbefälle" kommen Sie hier über den **QR-Code.**

Solche Sterbefälle wurden aufgrund der weithin mitempfundenen Tragik schon im jüngeren Alter zu sterben, aber auch der strategischen Ausrichtung der Disziplinierung der Bürger durch angsterhaltende Informationen seitens der Regierung medial besonders eindringlich und nicht im relativierenden Kontext vermittelt und bewirkten so eine hohe Resonanz einer gefühlten Bedrohung aller Menschen in der Bevölkerung.
Für die behandelnden Pflegekräfte und Ärzte und natürlich Angehörige waren die Todesfälle natürlich besonders belastend.
Die Gruppe von hochbetagten Menschen waren und sind also unbedingt besonders vor Infektionen zu schützen und eben auch gerade vor der Ansteckung mit Sars-CoV-2.
Im Abschnitt über das Alter habe ich ja über die Tübinger Corona-Strategie gesprochen, die offensichtlich einen hocheffektiven Schutz der alten Menschen mit Erhalt würdiger Lebensführung und Kommunikation ermöglicht hat (S. 597).

Zu diesem Thema äußerte sich auch Gabriel Felbermayr, der Präsident des Kieler Instituts für Weltwirtschaft, und sah den Schutz der vulnerablen Gruppen im Vorrang gegenüber der Strategie des Lockdown[108]. Und Michael Hüther, Direktor des Instituts der deutschen Wirtschaft, hielt es für dringend notwendig, die Corona-Maßnahmen, insbesondere den Lockdown, auf die Wirksamkeit für den Schutz der alten Bevölkerung zu überprüfen und zu evaluieren.[109]

Insofern sollte man nicht von einem Killervirus sprechen, dem man zudem noch hilflos ausgeliefert sei. Die Fähigkeiten des Immunsystems ermöglichten dem überwiegenden Teil der Bevölkerung in Deutschland auch mit diesem Virus erfolgreich umzugehen (siehe auch S. 476).

Hinzuweisen war und ist hier noch einmal auf die immunschwächende Wirkung von Angst und dem Gefühl hilflosen Ausgeliefertseins, was für mich hier auch die Berechtigung anhaltender strategischer Ausrichtung auf Bedrohung und Angst in der Kommunikation, wie die Bundes- und Landesregierungen es getan haben, seit längerem infrage stellt.

Es blieb und bleibt also weiterhin vorrangig die sehr alten Menschen zu schützen.
Hierhin gehört auch das Angebot an diese alten Menschen mit Vorerkrankungen sich vorrangig impfen zu lassen. Das war richtig und wichtig. Die meisten von ihnen sind in der Lage, darüber selbst zu entscheiden, ob sie das wollen oder nicht und welches Risiko sie ggf. für ihr Leben eingehen wollen. Sie müssten aber auch Gelegenheit bekommen, darüber mit ihren Hausärzten zu sprechen. Dies war aktuell in der Eiligkeit der Impfstrategie zu wenig möglich. Spätfolgen dieser Impfstoffe, von denen wir erst nachlaufend wissen, ob es welche geben wird oder nicht, stehen für die Mehrzahl dieser Menschen aufgrund ihres Alters allerdings wohl eher weniger im Vordergrund.

Solche eventuellen Spätfolgen durch Impfung müssen natürlich auch immer gegenüber gesundheitlichen Folgeschäden nach überstandener

Infektion abgewogen werden. Vor solchen Folgeschäden wurde bereits oft gewarnt, obwohl wir darüber noch lange nicht genug wissen.

Aus ärztlicher Sicht muss aber erwähnt werden, dass wir generell nach schweren Infektionsverläufen auch mit anderen Keimen, z. B. bei Influenza, ebenfalls immer wieder Folgeschäden sehen, aber diese wurden bisher öffentlich nicht kommuniziert und als individuelles Schicksal eingestuft und erlebt.

Die Impfstrategie

Mit dem totalen Fokus auf das Virus als alleinige oder herausragende Bedrohung ergab sich natürlich die weitere Fokussierung auf die Impfung als in der Öffentlichkeit kommunizierten einzigen Ausweg aus der Corona-Pandemie. Insofern wurden viele Impfstoffe entwickelt und von den wohlhabenderen Staaten im Vorfeld zahlungsbesichert geordert bzw. gleich gekauft. Die Impfstoff-Entwicklung profitierte dabei auch durch ungeheure finanzielle Zuwendungen und Beteiligungen, wie wir es noch nicht erlebt haben. Deutschland hat sich hier intensiv beteiligt.
Die finanzielle Unterstützung der beteiligten Firmen hatte natürlich die Schnelligkeit der Impfstoff-Entwicklung weltweit begünstigt.
Schnelligkeit und rasche Zulassung war auch in Deutschland politisch unbedingt gewollt. Sicherlich kann ein Impfstoff innerhalb von Monaten nicht vollständig auf nachlaufende Nebenwirkungen oder mögliche Spätschäden untersucht werden, die zeigen sich in einem solchen Massenexperiment ggf. später. Die Möglichkeit, dass dem rasanten Tempo der Entwicklung qualitative Aspekte der Forschung, insbesondere zu Nebenwirkungen, ggf. untergeordnet wurden, war und ist nicht auszuschließen. Trotzdem ist es ein ja doch großer, aber unerwarteter Erfolg der Laborforschung in dieser Schnelligkeit Impfstoffe zu entwickeln.

Solche Sorgen in Bezug auf mögliche nachlaufende Nebenwirkungen werden insofern im Laufe der Monate und Jahre als problematisch bestätigt werden oder erweisen sich, so unsere Hoffnung, als unbegründet. Möglicherweise haben die bis dahin erfolgte Impfrate, die über die Zeit erfolgte Durchseuchung auch durch viele Infektionen mit asymptomatischem Verlauf und die vorbestehende Kreuz- und Hintergrundimmunität in der Bevölkerung schon gut zusammen für eine fortgeschrittene kollektive Immunität gewirkt, sodass dann auch nur noch selten Seniorinnen und Senioren durch das Virus gefährdet sind.[110]

Generell muss dazu gesagt werden, dass vieles zu diesem Virus noch nicht bekannt ist und einige Daten auch in nächster Zukunft nicht vorliegen werden. Zum Beispiel haben die Antikörperstudien zur tatsächlichen Verbreitung der Virusinfektion das Problem, dass die Antikörper oft nur einige Monate stabil und nachweisbar sind. Hier bräuchte man zur Ergänzung Studien zur T-Zellimmunität, also zellgebundener Abwehrkraft, aber diese Studien werden selten durchgeführt, weil sie sehr teuer sind. Die zeitliche Nachhaltigkeit von T-Zellimmunität bei Corona-Infektionen dürfte groß sein. Studien an Menschen, die 2002/3 an Sars-Cov-1, kurz SARS, erkrankt waren, wiesen viele Jahre später noch eine kräftige T-Zellimmunität auf.[111]

Immunsystem und Impfgegnerschaft

Es gibt fundamentale Impfgegner, die generell gegen Impfungen sind. Ich verweise an dieser Stelle auf die durch Impfungen stark gesunkene Säuglings-Sterblichkeit in der sogenannten Dritten Welt, wie u. a. Hans Rosling in seiner Forschung deutlich zeigt.[112] Dieses Faktum ist eindeutig und fundamentale Impfgegner können dies nur über irrationale Verrenkungen im Denken ablehnen. Fundamentale Impfgegnerschaft ist insofern weit entfernt von erfahrbarer Wirklichkeit und Sinnhaftigkeit und hat daher oft Nähe zu Verschwörungsthemen.

Davon zu unterscheiden ist eine Impfzurückhaltung, die z. B. aus anthroposophischer und naturheilkundlicher Sicht auf Kinder in westlichen

Regionen Kinderkrankheiten als Reifungsmöglichkeit in der Entwicklung sehen. Dafür gibt es Hinweise aus jahrzehntelanger Beobachtung. Diese Zurückhaltung ist auf der anderen Seite gepaart mit Förderung der Immunkraft, insofern ein durchaus rationaler Ansatz, der Impfungen auch nicht ausschließt. Diese Haltung verhakt sich normalerweise nicht in Verschwörung und stand nicht unter Druck in der Öffentlichkeit gegen Corona-Auflagen zu verstoßen.

Eine weitere Gruppe von Impfgegnern ist auszumachen, die die wissenschaftlichen Grundlagen der Corona-Maßnahmen anzweifeln und die Grundrechts-Einschränkungen unangemessen fanden, bzw. die Demokratie sich in eine autoritäre Richtung entwickeln sehen.

Viele dieser Menschen haben nachvollziehbare Argumente für ihre Positionen. Eine Unangemessenheit von einzelnen Maßnahmen und deren möglicherweise fehlende Legitimation durch Grundgesetz und Legislative wurde in einigen Fällen gestützt durch gerichtliche Entscheidungen, auch gab es immer wieder Bedenken aus der Ethik-Kommission des Bundes und der EU. Eine relativierende Einschätzung der Corona-Bedrohungslage für die Bevölkerung gaben Wissenschaftler, die trotz Angst um ihre Reputation an der Zusammenschau aller Fakten festhielten, und Journalisten, die nicht in die Killervirus-Falle der Berichterstattung tappten, sondern sich um unsere Demokratie sorgten und um Transparenz und Ausgewogenheit bemühten. Das ist sicherlich nicht einfach in den meisten von Investorengruppen abhängigen Zeitschriften (siehe nachfolgendes Kapitel).
Und es gab und gibt natürlich auch Menschen, denen die Impfstoffe noch nicht sicher genug waren und sind oder die sich die Wahl des Impfstoffes vorbehalten.

Die Strategie der Bundesregierung, z. B. die Angst vor dem Virus aufrechtzuerhalten, um Fallzahlen niedrig zu halten, war für mich sehr deutlich. Insofern blieb Impfung natürlich der einzige Ausweg. Aber es war nicht die einzig mögliche Strategie. Denn es berücksichtigte nicht, dass die Immunität in der Bevölkerung aufgrund unerkannt durchgemachter Infektionen eine im Durchschnitt der Forschungen etwa 5-fach höhere Anzahl von Menschen als durch PCR-Tests erfasst ergab (für Deutschland insofern möglicherweise bis zu zehn Millionen Menschen zum Jahreswechsel 2020/21).[113]

Die von der Regierung benannte notwendige Impfrate von etwa zwei Dritteln der Bevölkerung hätte aufgrund solcher Durchseuchung andere, niedrigere Annahmen zulassen können, insbesondere, wenn man die zelluläre Immunität, also die Kreuz- und Hintergrund-Immunität berücksichtigte, die in der Bevölkerung generell besteht.[114] Dafür ist nicht so sehr der Antikörper-Status wichtig, sondern die sogenannte T-Zell-Immunität. Aber diese Folgerungen wurden von der Regierung in der Strategie nicht berücksichtigt.

Doch die meisten Menschen unter 70 Jahre und auch noch viele darüber konnten mit ihrem Immunsystem mit dem Virus im Grunde gut umgehen. Dies deutete eben schon eine geringere Zahl von Personen an, die geimpft werden müssten, damit das Virus seine neuen Wirte, also seinen Lebensraum in den Menschen, verliert.

Die zunehmende Angst vor den nachgewiesenen Mutationen von Sars-CoV-2 musste nun ebenfalls eingeordnet werden. Mutationen bei Corona-Viren sind generell in bestimmtem Umfang zu erwarten, sie betreffen aber in der Regel nicht die grundsätzliche Art sich den Menschen als Wirt zu erobern. In dieser Hinsicht gelten sie als stabil, z. B. viel stabiler als Influenza-Viren. Daher konnte man davon ausgehen, dass die meisten Impfstoffe auch auf die mutierten Varianten wirken, weil die antigenen Komponenten des Virus für das Immunsystem offensichtlich erkennbar blieben. Dies galt es in der weiteren Forschung nun genau festzustellen.

Die sogenannte Gen-Sequenzierung bei den Tests war nun vordringlich, auch um die Häufigkeit und jeweilige Variante von mutierten Viren bei der Inzidenz zu erfassen und abzuschätzen, und ob und inwieweit dies eine neue Gefährdungslage bedeutete.[115] Dies war bei Redaktionsschluss des Buches noch nicht ausreichend erforscht.

Unklarheiten bei den Impfstoffen

Weiterhin wurden im Beginn jeweils die Impfstoffe verabreicht, die gerade zur Verfügung stehen. Man hatte hier also keine Wahl für den aus eigener Sicht oder Sicht seines Arztes passenden bzw. unbedenklichsten Impfstoff zu wählen.

Es blieb noch lange unklar, ob man auch trotz Impfung noch infektiös ist. Trotzdem wurde mit dem Hinweis „Impfung rettet Leben“ von Impfverweigerung gesprochen, wenn man trotz Aufforderung die Impfung mit dem gerade zur Verfügung stehenden Impfstoff ablehnte. Diese Lebensrettung betraf möglicherweise gerade das eigene Leben, was gut war, aber die Gefährdung anderer durch Ansteckung war ja noch nicht ausgeschlossen.
Die Impfbereitschaft der Pflegekräfte, besonders in Alters- und Pflegeheimen, war nicht so hoch, wie von der Regierung erwartet. Das brachte Schwierigkeiten, die medial z. B. zu Überschriften von Artikeln führten wie „Gefährliche Impfverweigerer“[116]. Pflegekräfte wurden so unter Druck gesetzt und als unverantwortlich benannt, obwohl sie ja regelmäßig getestet wurden. Der Bayerische Ministerpräsident Markus Söder brachte strategietreu daraufhin die Prüfung einer Impfpflicht für Pflegekräfte in Altersheimen durch den Ethikrat ins Spiel, ähnlich der Vorsitzende des Weltärztebundes Frank Ulrich Montgomery.[117]

Massiv war auch die Diskussion aufgepoppt, ob Geimpfte rasch wieder von Corona-Einschränkungen befreit werden sollen, nur Impfung also wieder vollen Zugang zu den Grundrechten sicherte. Hierzu hatte

Heribert Prantl von der Süddeutschen Zeitung in „Prantls Blick“ eindeutig und umfassend Stellung genommen und darauf hingewiesen, dass die Grundrechte immer allen zustehen, also bedingungslos sind.[117a]

Rationale Stimmen empfahlen daher Corona-Maßnahmen, die aufgrund des Infektionsschutzgesetzes ja auch hinsichtlich der Einschränkung von Grundrechten zeitbegrenzt zulässig waren, zu gegebener Zeit angemessen für alle zurückzunehmen, ggf. mit einem nachlaufenden Erhalt von Abstandsregeln, Maskentragen in noch zu definierenden Umfang und ggf. Testungen für Nichtgeimpfte sowie natürlich weiterhin von umfassendem Schutz der alten Menschen.

Es gab allerdings auch schon Stimmen, die meinten, dass Nichtgeimpfte zukünftig grundsätzlich einiges in ihrem Leben nicht mehr machen könnten.[118]

Aber es musste ja sowieso erst erforscht werden, ob alle applizierten Impfungen auch zuverlässig die Infektiosität, also die Ansteckungsgefahr für andere, unterbinden. Bis das klar wurde, gab es ja vermutlich schon eine weitere, deutlich verbesserte kollektive Immunität, also auch die Möglichkeit, die Diskussion zu entspannen.

Wird dieses Buch in einigen Jahren gelesen, dann kann es sein, dass diese Pandemie schon lange vergessen ist, sozusagen eine „historische“ Dimension bekommen hat und gut eingeordnet werden kann. Aber es ist zu hoffen, dass wir dann alle gut daraus gelernt haben, Lebenspflege mit Stärkung des Immunsystems im Alltag normal geworden ist und guter Umgang mit Angst und klare Transparenz dazu führt, dass Angst nicht mehr lähmt, sondern wir wirksam und sinnvoll handlungsfähig bleiben. Denn neue Herausforderungen sind ja zukünftig möglich und wir sollten dafür so gut es geht vorbereitet sein.

Wie in der Einführung zu diesem Buch schon erwähnt, werde ich aufgrund der Schnelligkeit in der Entwicklung der Corona-Pandemie und natürlich weitergehender Forschungen eine ausführliche und der Aktualität nun entsprechende Darstellung der Zusammenhänge und Einordnung der Fakten und Daten aus meiner Sicht weitererarbeiten. Sie gelangen dorthin über den QR-Code zu Neltings Welt auf der Rückseite des Buches (und dort zur Rubrik „Offensichtlich"). So konnte und kann ich der sich ständig ändernden Faktenlage besser gerecht werden als im Buch und meine Sicht der Pandemie entsprechend weiterentwickeln.

Vorbeugung von Pandemien

Virus-Pandemien sind ja seit längerem von der Wissenschaft vorausgesagt worden. Wenn wir weitere Pandemien verhindern wollen, müssen wir u. a. zentral die Lebensräume von Wildtieren schützen, damit die Populationen auch für sich bleiben, sich nicht auch viral mischen können bzw. in die Lebensräume der Menschen vordringen, weil ihre zerstört sind. Weitere wahrscheinliche Pandemiequellen sind die Massentierhaltungen, in denen sich nicht nur Viren neu modellieren können, sondern auch antibiotikaresistente Bakterien schwere epidemische Probleme aufwerfen können. Eine gute Übersicht hierzu aus gesundheitsökologischer Sicht findet sich in dem schon erwähnten Buch „Wir können es besser" von Clemens Arvay.

Fazit

- Ein Erhalt von Biodiversität braucht menschenferne Lebensräume für Pflanzen und Tiere, um weiterzubestehen.
- Der Mensch braucht eine Welt ohne Hunger, ohne Feinstaub, ohne Krieg und Flucht.
- Das menschliche Immunsystem entwickelt Kraft in einem gesunden und stressärmeren und vor allem angstfreieren Alltag.

Eine Lebenspflege wie vorbeschrieben z. B. mit Qigong und Meditation hat dabei hohe Bedeutung und könnte die Grundlage für neue Wege sein und werden.

- Aufgabe der Politik ist es, daran zu arbeiten, dass Lebensbedingungen entstehen, die im Alltag weniger Stress und Angst erzeugen. So kann Politik direkt das Immunsystem der einzelnen Bürger unterstützen.

Die Gesellschaft wird sich darum erfolgreich kümmern können, wenn wir unsere Art zu wirtschaften ändern. Zum „Wie“ habe ich einige Möglichkeiten aufgezeigt und Sie, liebe Leserinnen und Leser, haben sicherlich auch noch viele eigene Ideen.

Also machen wir uns gemeinsam, wachsam und kraftvoll auf den Weg! Das braucht natürlich auch gute und freie öffentliche Kommunikation, die müssen wir nach Kräften schützen und fördern. Wie notwendig dies ist, habe ich schon erwähnt und möchte ich jetzt weiter verdeutlichen im kurzen Exkurs zu den Medien.

Kurzer Exkurs zu Medien

Da viele Medien zu der Machtwelt der erwähnten 147 Konzerne gehören, können sie ihnen unliebsame Themen über die Zeit schon geschmeidig machen bzw. berichten schließlich nicht weiter darüber. In Deutschland gibt es ja nur noch wenige unabhängige Medien, Zeitschriften und Fernseh- und Radiosender. Internet-Streaming-Plattformen gehören ja sowieso Großkonzernen. In Deutschland gibt es insbesondere drei Medienkonzerne, die den Markt dominieren, Springer, Burda und Mohn (Bertelsmann). Hier gibt es Marktmacht, die die öffentliche Meinung doch subtil in Rahmen bindet, z. B. ist die „deutsch-amerikanische Freundschaft" mit der Meinungsführerschaft der schon erwähnten „Atlantik-Brücke" als Basis unseres staatlichen Seins in den Medien gesetzt und sie moderieren Kritik daran vielfach mit ihrer Erfahrung herunter durch Gegenberichte, Erfreuliches im Feuilleton und durch Häufung positiver Berichterstattung zur Freundschaft. Dies behindert aber durchaus eine eigene souveräne europäische Identitätsentwicklung und z. B. auch einen rationalen, aber friedensfördernden Dialog mit Russland, wie schwierig der auch sein mag.

Im Wirtschaftsteil der meisten Medien ist Wachstum als notwendig, hilfreich für alle (die unsichtbare Hand des Marktes) und als Grundlage zivilisatorischen Erfolgs und Fortschritts ebenfalls gesetzt und „Frei"handelsabkommen sind in der Regel positiv konnotiert, obwohl sie im Wesentlichen zur „Entfesselung", also Befreiung von allen die Wirtschaft einschränkenden Regeln dienen.

Das Besondere daran ist, dass dies implizit, also verborgen und nicht explizit benannt funktioniert und insofern als völlig frei und gut mit unserer freiheitlichen Grundordnung vereinbar imponiert, ohne es zu sein. Redakteure erfahren aber bereits atmosphärisch in den jeweiligen Redaktionen von diesen Rahmensetzungen und unterwerfen sich dem vielfach auch aus ökonomischen Gründen, also eine kräftige Prise Selbstzensur macht leider derzeit noch Sinn, wenn man dort weiterarbeiten will.

Der Einfluss z. B. des Bertelsmann-Imperiums sogar auf unsere Regierung ist ein gut untersuchtes, aber doch noch sehr unbekanntes Thema. Jenseits demokratischer Kontrollmöglichkeiten hat sich hier in gewisser Weise ein intransparentes, aber letztlich doch fassbares „Mitregieren" etabliert, wo vielfach Ministeriums-Entscheidungen offensichtlich „bereitwillig" auf einer von der Gründerfamilie zustimmungsfähigen Straße gehalten werden. Das scheint recht gut zu funktionieren, ist allerdings aus meiner Sicht inakzeptabel, weil es der demokratischen Kontrolle entzogen ist. Dies ist oft kritisch untersucht worden, hierzu gibt es viel Literatur.[119] *Entsprechend ist die Erhaltung der Gemeinnützigkeit der familieneigenen Bertelsmann-Stiftung, die die Mehrheit am Konzern hält, möglicherweise auch so zu verstehen. Allerdings scheint es hier im Finanzministerium zweierlei Maß zu geben, wenn z. B. Bürgergruppen wie Attac oder Campact ihre Gemeinnützigkeit verlieren mit der Begründung politischer Einflussnahme.*

Bei aller Kritik leistet die Bertelsmann-Stiftung auch beachtenswerte Arbeit in ihrer sozialpolitischen und pädagogischen Forschung. Ich schaue mir die Ergebnisse dieser wissenschaftlichen Forschung immer wieder an, habe sie in diesem Buch auch ein paarmal mit Untersuchungen erwähnt, mache mir natürlich trotzdem meinen eigenen Reim darauf. Anzumerken ist aber auch hier, dass die Forschung auf nicht hinterfragten Paradigmen aufsetzt, z. B. dass Frühpädagogik für Kinder notwendig sei und nur so späterer Erfolg im Berufsleben möglich ist. Ich habe in Kapitel 3 schon umfangreich nachgewiesen, dass dies nicht nur eine unbewiesene Behauptung ist, sondern die Hirnforschung hier eine konträre und wissenschaftlich sehr klar untermauerte Position hat. Aber Ergebnisse der Bertelsmann-Stiftung werden medial professionell platziert, sie haben eine hohe gesellschaftliche Bedeutung und Akzeptanz erreicht, werden insofern selbst kaum noch hinterfragt. So transportieren sie systemimmanent erwünschte Meinungen im Gewande von Fakten.

Selbstverständlich stimme ich mit der Bertelsmann-Stiftung überein, dass kleine Kinder unter drei Jahren aus Familien, in denen die Eltern aus Armutsgründen beide oder als Alleinerziehende arbeiten müssen bzw. in denen die Kinder keinerlei Anregungen oder sogar Vernachlässigung bzw. Gewalt erleben, in qualitativ guten Kitas mit empathischen Betreuerinnen eine wichtige Lebenshilfe erfahren. Allerdings nicht durch frühpädagogisches Lernen, sondern durch erlebtes empathisches Angenommensein und altersgerechte Anregung. Solche Anregung ist in vielen Bildungshaushalten ja von Haus aus gegeben.

Trotzdem haben wir hierzulande trotz dieser Marktmacht noch eine größere Medienvielfalt als in vielen anderen Ländern, insbesondere auch durch unseren öffentlich-rechtlichen Rundfunk und TV und den zugehörigen Online-Foren, eine wichtige Errungenschaft, die wir unbedingt erhalten und auch gegen eine zu große Einflussnahme von Regierungsparteien, die immer wieder versucht wird, verteidigen müssen. Auch die Arbeit der Recherche-Kooperation von WDR, NDR und Süddeutscher Zeitung erlebe ich als wichtig und unabhängig.[120]

Kurzer Einschub in eigener Sache: Ich kenne die „taz“, die Tageszeitung, schon von ihrem Beginn 1978 an. Obwohl ich nicht mehr die bevorzugte Gegenüberstellung von links und rechts als genügend realistische Abbildung der Gesellschaft sehe, habe ich sie immer mal wieder gelesen. Vieles finde ich gut daran, anderes nervt mich. Aber die Idee, zur verlegerischen Freiheit und Unabhängigkeit Wege zu suchen und schließlich im genossenschaftlichen Modell zu konkretisieren, finde ich gut und unbedingt notwendig. Daher habe ich mir Genossenschaftsanteile bei der TAZ gekauft, um sie als unabhängige Zeitung zu stärken, obwohl ich sie nur vereinzelt lese. Ich denke, die wenigen noch unabhängigen Zeitungen und Zeitschriften brauchen im Weiteren unser aller Unterstützung, bis wir in eine Gemeinwohl-Ökonomie eintreten, in der die Interessen- und Finanz-gebundene Macht von Medien begrenzt werden kann.

5.6 Disruptive Prozesse

Disruptive Prozesse sind solche, die unsere Art zu leben und unsere gesellschaftlichen Arbeits- und Verhaltensprozesse in kurzer Zeit, etwa in den nächsten 10 - 20 Jahren, grundlegend verändern. Beispiele dafür sind 3D-Drucker, selbstfahrende Autos, aber auch die schon im 4. Kapitel benannten Optimierungs-Szenarien der Künstlichen Intelligenz und der Gen-Editierung. Der Präsident des Weltwirtschaftsforums in Davos, Klaus Schwab, nennt als gemeinsames Merkmal: „... die ungeheuer schnelle und systematische Verschmelzung von Technologien, die die Grenzen der physischen, der digitalen und der biologischen Welt immer stärker durchbrechen." (in: Die 4. Industrielle Revolution)

Diese Verschmelzung wird dabei durch die rasante Entwicklung der Digitalisierung im globalen Maßstab ermöglicht.

Der Titel seines Buches beschreibt aus meiner Sicht richtig: **Die Disruption ist die Revolution,** nicht das radikale Handeln zur Gegenwartsentwicklung für eine lebenswerte Welt, was den Handelnden gerne unterstellt wird.

Digitalisierung im gesellschaftlichen Kontext

Digitalisierung ist neben der menschlichen Neugier und Kreativität als Antrieb für das Erforschen der Welt mittlerweile eine „Notwendigkeit" in unserem aktuellen Wirtschaftssystem, um Wachstum und Produktivitätssteigerung zu generieren (Arbeiten 4.0). Und im Interesse des Online-Handels sollen internetkompetente Kunden die Wirtschaft auch über den privaten Online-Konsum antreiben.

Die Digitalisierung ist eine gesellschaftliche Entwicklung, bei der nicht zur Wahl steht, ob hier eine Entwicklung unter der Aufsicht des Vorsorgeprinzips (also staatlichen Prüfungsauflagen im Voraus wie bei einigen chemischen Verbindungen, Medikamenten, Nahrungsmitteln usw.) oder Erfahrungen nach dem Schadensprinzip, also Prüfungen erst nach Eintreten eines Schadens (wie bei Versicherungen) stattfinden soll. Sie findet einfach statt und der Einzelne ist gefordert, damit umzugehen.

Die Digitalisierung findet in ungebremster Beschleunigung statt und ergreift alle Lebens- und Gesellschaftsbereiche. Grenzen, Werte und Verantwortung sind der Technologie nicht immanent. Dies bleibt den Menschen als Einzelnen und der Gesellschaft als Ganzes überlassen. Dabei ist die Steuerungskompetenz der einzelnen Menschen, wie beschrieben, sehr unterschiedlich, Gesellschaft und Politik sind ebenfalls darauf nicht vorbereitet und die Steuerungskompetenz der Gesellschaft erscheint insofern sehr insuffizient und der Entwicklung hinterherlaufend.

Dabei bietet die Digitalisierung große Chancen für ein menschenwürdiges, kreatives Leben. Wenn wir diesen Schatz heben wollen, müssen wir allgemein die Entwicklung der Fähigkeit zu souveräner Mediennutzung und demokratisch legitimierter wirtschaftlicher und ethischer Randbedingungen verbessern. Die Gesellschaft und der Staat müssen die Zusammenhänge und das Risikopotenzial in der Digitalisierung verstehen und den Schutz der Menschen, insbesondere der kleinen Kinder, vor einer digitalen Überwältigung gewährleisten und vor allem damit beginnen. So steht es dem Sinne nach im Grundgesetz, obwohl bei Abfassung des Grundgesetzes Digitalisierung noch kein Thema war. Aber ich denke, ich habe in diesem Buch die Brücke vom rechtlich Gewollten und heutzutage real im Leben Wirkenden geschlagen, damit hier eine Annäherung stattfindet. Es handelt sich um eine Aufgabe von höchster Priorität! Für den Nutzer digitaler Medien kristallisieren sich allerdings jetzt schon im Alltag praktikable sinnvolle Verhaltens- und Lernmaßnahmen heraus, um sich selbst in guter Balance zu halten oder zu bringen. Sie sind in Zeiten disruptiver Veränderungen umso wichtiger. Ich habe sie vielfach schon genannt.

Hier sollen sie noch einmal kurz zusammenfassend und zur guten Übersicht genannt sein:

- Aus ärztlich/psychosomatischer Sicht ist es notwendig, dass die Entwicklung einer Medienresilienz zu einer gesamtgesellschaftlichen Aufgabe wird.

- Im Erwachsenenalter ist hier vorrangig auf Erschöpfung/ Burn-out-Prophylaxe zu achten und
- einem guten, erholsamen Schlaf ist hier hohe Priorität im Alltag einzuräumen.
- Weiterhin gilt es, die Gesamt-Tageszeit vor Bildschirmen zu begrenzen und eine passende Online/Offline-Balance zu erlernen.
- Hilfreich hierbei sind u. a. auch Meditationen und QiGong.
- Weiterhin ist es ermutigend, dass bei empathischem Direkt-Erleben das Immunsystem mit einer Immunstärkung reagiert (z. B. Erhöhung von Interleukin-8 im Nasensekret sowie einem Anstieg von Immunglobulin A im Speichel).[121]
- Solches Wissen und Forschungsergebnisse geben Anreiz für die Entwicklung gesundheitsförderlicher Unternehmenskulturen (erfolgreich u. a. in der Abnahme von Fehltagen durch Grippe, Abnahme von Burn-out-Prozessen etc.).
- In frühester Kindheit liegt der Fokus sicherlich auf der Ausbildung sicherer Bindung als Boden der Entwicklung einer guten Selbststeuerung und
- der Begleitung der älteren Kinder in der digitalen Welt mit gesunder Begrenzung der Nutzung inhaltlich und zeitlich verbunden mit dem elterlichen Vorbild.
- Gefragt sind hier die Eltern ebenso wie die Ärzte, die Unternehmen ebenso wie die Schulen.

Die Politiker müssen diese Aufgabe erkennen und ihr einen Vorrang einräumen, damit die Medienresilienz in der Gesellschaft mit z. B. dem Netzausbau und dem Internet der Dinge Schritt halten kann. Dies ist für die Gesundheit und Medienkompetenz der zukünftigen Mitarbeiter (vielleicht schon in fünf bis zehn Jahren) und damit für die zukünftige Produktivität der Unternehmen und der Gesellschaft von hoher Relevanz.

Eine familienfreundliche Orientierung wird zunehmend von Unternehmen als wichtige Herausforderung für die Unternehmenskultur gesehen und als Investition in die Gesundheit der Mitarbeiter. Solche Sozialstandards müssen neuerdings ja auch in die Bilanzberichterstattung einfließen, umso mehr bei zukünftiger Erstellung von Gemeinwohl-Bilanzen.

Betriebsärzte sind hier sicherlich aufgerufen, „Arbeiten 4.0" für unterschiedliche Personengruppen differenziert zu betrachten, u. a. im Hinblick auf eine Zunahme von Burn-out-Prozessen. Medienresilienz als einen weiteren Bereich der Work-Life-Balance gilt es dabei als Aufgabe mit Priorität im Unternehmen zu fördern und ggf. Belastungen für Einzelne gerade in den Bereichen Home-Office, Flex-Desk, permanente Erreichbarkeit usw. zu mindern.

Ein kompetentes betriebliches Gesundheitsmanagement (BGM-Ausbildung in der Gezeiten Haus Akademie: QR-Code zur Link-Liste im Anhang) ist für Unternehmen zentral wichtig, insbesondere, wenn Kosteneinsparungs-Strategien durch Entlassungen von Mitarbeitern bei der Kernbelegschaft angekommen und nicht weiter möglich sind. Spätestens dann wird klar werden, dass die Unternehmen gesunde Mitarbeiter brauchen.

Der Übergang zu einer Gemeinwohl-Ökonomie mit der Erstellung von Gemeinwohl-Bilanzen in Unternehmen wird hier sicherlich einen guten Schub geben, um Medienresilienz breit zu fördern.

Abschließend möchte ich noch darauf hinweisen, dass die allgemeine Wahrnehmung der beschleunigten digitalen Entwicklung dieser extrem hinterherhinkt. Insbesondere faktisch schon eingeführte Prozesse und

Realitäten bleiben vielfach unerkannt, aber bestimmen im Hintergrund schon stark unseren Alltag. Insofern sind wir zu äußerster Wachsamkeit aufgefordert, wenn wir hier unsere menschliche Handlungs- und Gestaltungsfähigkeit in der Gesellschaft erhalten und uns in gute Gesundheit und Resilienz bringen wollen. Für die Gesellschaft und Politik gilt hier, dass unverzüglich die Arbeit aufgenommen wird, um eine demokratische Kontrolle neuer digital ermöglichter Technologien herzustellen.

Soweit die Skizze der menschenwürdigen Forderungen und notwendenden Prozesse, die ich im Einzelnen schon beschrieben habe.

Arbeitsmarkt-Turbulenzen in der Disruption

Die Entwicklung der KI zum Betrieb digitaler Automaten und Roboter ist ja schon in vollem Gange und wird in diese Richtung weitergehen. Dadurch werden sehr viele Arbeitsplätze wegfallen. Die Politik drückt sich um diese Frage noch konzeptlos herum, meist mit dem Hinweis, dass Digitalisierung ja vermutlich auch viele neue Jobs schaffen wird. Daran hält sie sich fest, ohne Konzepte zu haben für den viel wahrscheinlicheren Fall, nämlich dass die für Menschen zu leistende Arbeit insgesamt massiv zurückgeht.

Diese Problematik ist allerdings bedrohlich nur in dem System einer neoliberalen Wachstumswirtschaft, die nicht weiß, was sie mit den vielen Arbeitslosen später dann anfangen soll. Bei der Umwandlung in eine Gemeinwohl-Wirtschaft können sich die Menschen problemlos in eine kooperative Neuverteilung von noch notwendiger menschlicher Arbeit einlassen mit Arbeitszeitverkürzung für alle, die dies wollen. Die Besteuerung der Erlöse der Arbeit von Unternehmen, in denen Roboter arbeiten und vieles automatisiert ist, findet ja weiterhin statt. Da in einer Gemeinwohl-Wirtschaft unsinnige Konsumbedürfnisse als Kostenfaktoren sehr wahrscheinlich zurückgehen, wird die Diskussion um Arbeitszeitverkürzung mit oder ohne Lohnausgleich sicherlich gemeinschaftlich austariert werden können. Unwürdige Niedriglohnsektoren müssen dabei natürlich im Lohn angehoben werden.

Wir sollten also diese Arbeitsmarkt-Turbulenzen als Umwandlungsphase begreifen, die schließlich den menschlichen Traum von der Befreiung harter Plackerei ermöglichen wird. Automatisierung und Robotik ist also nicht unbedingt menschenfeindlich, sondern kann einen neuen Weg für die Menschheit ebnen.

Dies wird aber nur gelingen, wenn die soziale Ungleichheit in Grenzen bleibt. Eine neoliberale Wirtschaftsweise in der globalen Digitalisierung forciert diese weiter, eine Gemeinwohl-Orientierung kann jedoch damit auch in der globalen digitalen Welt anders umgehen, indem sie z. B. den Abstand von Gehältern in Firmen zwar zulässt, aber ethisch nachvollziehbare Grenzen hierfür festlegt. Die Gefahren für eine Verstärkung der sozialen Ungleichheit z. B. durch Gen-Editierung habe ich u. a. in Kapitel 4 dargelegt. Wir müssen dies über Prozesse der demokratischen Kontrolle unbedingt vermeiden.

Dasselbe gilt für die Potenzialentwicklung von Kindern, die im zu erwartenden Rückgang von Vernachlässigungen und Traumatisierungen in Familien neue Chancen für alle in einem neuen Schulsystem eröffnet. Die Details und vorgeschlagenen Rahmen-Gestaltungen habe ich ausführlich in Kapitel 3 beschrieben. Sie sollen zur Umsetzung und weiteren Ideen anregen.

Die Welt vom Kind her sehen

Kleine Kinder spielen aus sich heraus, das hatte ich hier schon in Kapitel 5 (Spielen) beschrieben. Sie brauchen dafür nichts Besonderes, allerdings viel Platz zum Spielen.

Ich selbst erinnere mich, dass wir als Kinder besonders gerne in einer alten Ruine, die nach dem Krieg noch nicht beseitigt worden war, gespielt hatten. Diese Ruine war eine wunderbare Anregung für unsere Fantasie. Unsere Eltern hatten das an sich verboten, aber die Ruine zog uns einfach an. Die Eltern hatten große Sorgen, dass wir uns in Löchern die Beine brechen könnten, Steine auf uns herunterfallen oder wir uns sonst wie an herumliegenden Kabeln oder Metallteilen verletzen könnten.

Außerdem war es dort dreckig und unsere Eltern fanden das Kaputte, Zerstörte auch hässlich, sie meinten, es sei kein guter Raum für Kinder zum Spielen. Aber wir fanden es schön, eben anders als die Eltern, die wohl auch ihre Kriegserinnerungen „aufräumen“ wollten.

Fazit:
Es ist nie etwas passiert, außer ein paar Schrammen!
Allerdings hatte ein Fotograf mich und andere dort fotografiert, nach den Adressen gefragt und kam dann zu uns nach Hause, um meiner Mutter das Bild zu verkaufen.
Das gab fürchterlichen Ärger, aber schließlich hat sie das Bild doch gekauft, wie Sie hier sehen. Ich möchte es nicht missen und freue mich immer wieder daran!

Rutger Bregman erzählt in seinem Buch „Im Grunde Gut“ im gleichen Sinne von Carl Theodor Sörensen, einem dänischen Landschaftsarchitekten. Er wollte einen Spielplatz ohne Spielgeräte, Regeln und Sicherheitsvorschriften, so wie wir es in unserer Ruine hatten. Dazu brachte er auf eine Fläche von 7000 Quadratmetern alles mögliche Zeugs, kaputte Autos, alte Reifen, Holz, Werkzeuge. Die Kinder konnten dort machen, was sie wollten, sägen und mit allem hantieren, sogar kokeln, graben, in Bäume klettern und Hütten bauen. Es gab dort meist 200 Kinder jeden Alters, aber keinen Streit, weil genug Sachen da waren und vor allem Platz. Es gab einen erwachsenen Spielplatzleiter, der ein Auge drauf hatte, sich aber abseits hielt. Letztlich war auch dort nie etwas Schlimmes passiert, außer wie bei uns mal eine Schürfwunde, die mit Pflaster versorgt werden konnte.

Es war offensichtlich nicht wirklich gefährlich, so wie die Eltern glaubten, aber unbedingt gesund für die körperliche und mentale Entwicklung. Dieses wird mittlerweile auch folgerichtig durch wissenschaftliche Untersuchungen bestätigt. Diese günstige Entwicklung sah man übrigens auch bei sogenannten schwierigen Kindern, es tat ihnen gut.

Vor einigen Jahrzehnten war das ja noch das Normale, dass man nach der Schule stundenlang draußen spielte und meist die Mutter etwas entsetzt war, wie dreckig Hände und Kleidung waren. Nebenbei: Die Kinder dieser Zeit hatten deutlich weniger Allergien als heute, Dreck hat hier vermutlich eine andere Rolle gespielt, als Eltern dachten.

Die heutige Situation für Kinder, die spielen wollen:

- Immer mehr Schulaufgaben
- mehr Freizeit-„Pflichten“ in Sport, Musik, Nachhilfe usw.
- kaum noch freier Platz zum Spielen, weil sogenannte Baulücken geschlossen wurden
- Spielplätze mit vorgegebenen, immer gleichen Spielmöglichkeiten und

- vor allem dauernd Eltern, die an sich beim Spielen mit anderen Kindern ab einem gewissen Alter furchtbar stören mit ihrem "Pass auf", „Du wirst ganz dreckig", „Das ist gefährlich", „da kann man runterfallen" und vor allem „beeile dich, wir müssen los", weil wieder eine Pflicht ruft
- und das Fehlen von Freunden, die auch alle keine Zeit zum Spielen haben.

Diese Situation hat heute das Spielen aus Kindersicht zu einer langweiligen, nicht sonderlich inspirierenden, meist nur kurzzeitigen und vor allem von außen vorgegebenen Betätigung werden lassen. Die eigene Fantasie kommt dabei zum Erliegen.

Im ersten Kapitel habe ich die Merkmale einer gesunden Hirnentwicklung in den ersten drei Jahren aufgezeigt. Eine Kita für unter Dreijährige macht nur dann Sinn, wenn die Eltern beide mit hoher Wochenstundenzahl arbeiten müssen, um über die Runden zu kommen, wenn die kleinen Kinder zu Hause keine Anregung bekommen und natürlich, wenn die Kinder in schwierigen Familienverhältnissen aufwachsen, wie in Kapitel 3 beschrieben. Alle drei Themen können für Familien günstig weiterentwickelt werden, wenn es z. B. ein Grundeinkommen gibt, alle weniger arbeiten müssen und die Wirtschaft Gestaltung in Richtung einer Gemeinwohl-Ökonomie bekommt. Eine Kita für Kinder unter drei ist also insofern für eine zunehmende Zahl von Familien dann ohne Nachteile entbehrlich, also bis auf einen deutlich kleineren Bestand als Übergangsregelung und Wahlmöglichkeit zu sehen.

Ein Kindergarten ab drei Jahre ist für die meisten Kinder günstig, gerade wenn sie in den Städten wohnen, wo Kinder sonst keinen Platz zum

Spielen haben. Auf dem Lande kann hier z. B. auch der Wald zum Spielen mit den Nachbarskindern eine solche Funktion erfüllen, sofern die Wohnungen in den Siedlungen und die Höfe nicht zu weit auseinanderliegen. Kinder leben in den ersten sechs Jahren, wie schon öfter erwähnt, oft in ihrer eigenen Fantasiewelt, in der die materiellen Gegenstände und Gegebenheiten ganz geschmeidig mit der Fantasie zusammenpassen, umgedeutet und vermischt werden, diese Spielfähigkeiten findet man bei einigen Kindern noch bis ins zehnte Lebensjahr.

Sie erwerben dabei viele Fähigkeiten und strukturieren ihr Gehirn immer weiter, bis sie auch längerfristige Pläne und zeitlich auseinanderliegende Phänomene erfassen und für sich aufbauen können. Dies ist die eigentliche Schule des Lebens, sie sollte zukünftig immer weniger gestört werden.

Die Schule selbst mit ihrer Forderung von 45 Minuten Stillsitzen indoor mit vom Lehrer festgesetzten Inhalten ist vom Lernertrag her unsinnig, Schüler werden dabei nicht gefragt, in keiner Hinsicht. Man beklagt sich aber über ihr Verhalten und ihre Leistungen.

Ein Beispiel aus den Niederlanden:
Sjef Drummen, ein holländischer Künstler und Schulleiter, der 2014 ein innovatives Schulprojekt, die Agora-Schule in Roermond, initiiert hat, sagt: „Wenn man Kinder in Käfige sperrt, fangen sie an, sich wie Ratten zu verhalten."[122]
In dieser Schule gibt es keinen Stundenplan, keine Fächer, keine vorgegebenen Lerninhalte. Rob Houben, Coach der Agora Schule, wie Lehrer hier genannt werden, sagt zu dem herkömmlichen Schulsystem: „Wir machen das Gleiche in normalen Schulen. Wir wollen, dass immer alle im gleichen Alter das Gleiche können. Die schnellen Lerner müssen auf die anderen warten und werden demotiviert. Und den anderen sagen wir mit den Noten ständig, dass sie dumm sind."

Lässt man die Schüler entscheiden, was und wie sie lernen wollen, bekommt man eine eindeutige Antwort: Sie machen das, was sie interessiert, ihre Neugierde weckt, passende Herausforderung ist, und sie bekommen dabei Hilfe von anderen Schülern und den Coaches. Die Schüler können jederzeit den Klassenraum verlassen und sich frei bewegen.

Die Schule ist aber nicht strukturlos. Der Schultag wird morgens gemeinsam eröffnet, es gibt eine Stille-Stunde, die Coaches sind permanent als mögliche Ansprechpartner da und es gibt ein wöchentliches Gespräch mit dem Coach, der mit den Kindern zusammen herausfindet, was jetzt als Herausforderung passt.

An dieser Schule wird nicht gemobbt. Das dürfte einen inneren Zusammenhang zu der Schulform haben. Es ist seit sechs Jahren ein Erfolgsmodell für die Kinder, die dort waren. Sie finden und machen ihren Weg in der Gesellschaft, kommen nicht unter die Räder. Die Schule aber wird vom etablierten Schulsystem der Niederlande abgelehnt, weil sie nicht die etablierten Abschlussprüfungen haben, und das bedeutet dauernd Geldnot, Spenden für diese Schule in unserem Nachbarland sind sicherlich hilfreich! Ähnliches kennen wir aus Deutschland bei Privatschulen, die andere Wege gehen wollen.

Aber wir müssen nicht ins Ausland gehen oder uns Privatschulen anschauen, sondern es gibt auch in Deutschland staatliche Schulen ohne finanzielle Sonderzuwendungen, die andere Wege gehen auf dem Boden der Schulgesetze, die viel mehr Freiheit lassen, als man ahnt. Sie unterscheiden sich von den üblichen Schulen durch Initiativen von Lehrern mit gutem Mut und Offenheit für Veränderungen, offensichtlich viel Liebe zu den Schülern und bewundernswertem Durchhaltevermögen.
Als Beispiel hier die Stadtteilschule Winterhude in Hamburg, zu der ich persönlich Kontakt habe:

Die Schule hat eine lange wechselvolle Geschichte, die reformpädagogischen Anfänge resultieren seit 1990, die Zusammenlegung mit der nachbarlichen Grundschule erfolgte 2004 zur Gesamtschule. Die Schule hat etwa 1000 Schüler und Schülerinnen und ist Mitglied im Schulverbund „Blick über den Zaun“.

Die Schule war jetzt in der Corona-Krise vielfach in den Medien, insbesondere wegen ihrer reifen Konzepte zum digitalen Mitunterricht. Sie war zweimal für den deutschen Schulpreis nominiert, die Robert-Bosch-Stiftung hatte sie 2018 unter die 20 besten Schulen in Deutschland gewählt.[123]

Einiges ist generell aus Gesamtschulen bekannt und vieles, was ich vom Agora-Projekt berichtet habe, findet man hier an dieser Schule wieder in Stichworten:

- Jahrgangsübergreifender Unterricht in altersgemischten Gruppen
- Fachübergreifenden Projektunterricht zu bestimmten Themen
- Freie Arbeitszeiten
- Orientierung an individuellen Lerngeschwindigkeiten
- Keine Zensuren, außer z. B. auf dem Weg zum Abitur, zum Zwecke der Anerkennung des Abiturs, stattdessen regelmäßige Gespräche mit den Lehrern, auch zum Lernfortschritt
- Auslandssemester, Herausforderungsprojekte usw.
- Späte gemeinsame Entscheidung, welcher Schulabschluss zum Kind passt, Lernmotivation erhält und nicht überfordert. Alle Abschlüsse sind möglich.

Ich empfehle allen, die sich für Schule interessieren, die Internetseite der Stadtteilschule Winterhude (QR-Code zur Link-Liste im Anhang). Nehmen Sie sich dafür doch etwas Zeit, es gibt viel zu sehen und die Schülersicht macht viel Freude.

Trotzdem ist die Arbeit eine andauernde Herausforderung, natürlich sind auch dort nicht alle Lehrer aktive Gestalter. Aber ausreichend viele begeisterte Lehrer arbeiten dort und so gelingt ein Projekt, das Mut machen kann für andere, die den Schüler ebenfalls in den Mittelpunkt stellen und seine Freude am Lernen aus intrinsischer Motivation fördern wollen. Aber auch an dieser Schule sind die sanitären Anlagen immer noch in einem unzumutbaren Zustand! Diese Schule bekommt von der Stadt natürlich auch nicht mehr Geld als die anderen Schulen.
Es dreht sich also bei einer „Welt aus der Sicht der Kinder" darum, die Schüler zu fragen und zu sehen, konkret und direkt, wo ihre Neugierde sie hinführt, oder eben ein solches Angebot anzubieten, dass sie wählen können und so ihr Votum abgeben. Wenn sie mal nicht oder noch nicht wissen, was sie lernen sollen, kann man sie ja auch an die Hand nehmen und schauen, was wie gehen kann. Das funktioniert immer dann, wenn Lehrer begeisterungsfähig sind und einfach Lust haben, die Kinder jeweils passend, also unterschiedlich herauszufordern und sie darin zu begleiten.

Wir brauchen also das Votum der Kinder, damit es passt. Darum hat Auma Obama ihre Stiftung „Sauti Kuu", übersetzt „starke Stimmen", genannt und man praktiziert dies dort so, dass die Erwachsenen gelernt haben hinzuhören, was Kinder sagen oder meinen oder als Votum zeigen, z. B. durch die Wahl des Spielens bei den Jüngeren oder den Herausforderungen bei den Älteren.

Bei uns wurden aber auch in der Corona-Krise im Lockdown weder beim digitalen Home-Schooling noch danach die Schüler gefragt, welche

Ideen sie jetzt hätten, um zu lernen. Sie konnten keinen Beitrag leisten, obwohl sie viel zu sagen hatten. Das erledigten die Kultusministerien von ihren schülerfernen Schreibtischen aus. Es gab keinen Schüler-Lehrer-Dialog, der zu erlaubten Ergebnissen hätte führen können und dürfen. Den Schülervertretungen wurde der Mund zwar nicht verboten, aber ihre Gedanken verhallten im Nichts, da fehlt einfach der Weitblick! Und die Schüler litten massiv darunter, da Schule ja nicht nur Lernort, sondern auch sozialer Begegnungsort ist, sowohl mit Mitschülern als auch mit Lehrern. Hierzu gab es kaum öffentliche Äußerungen und schon gar keine kreativen. Auch hier hörte niemand hin!

Diese Situation beschreibt Cat Stevens in seinem Song „Father and Son“: „ .... From the moment I could talk, I was ordered to listen ...“, also „seit ich sprechen konnte, war ich angehalten, zuzuhören“ bzw. letztlich zu gehorchen!

Aus Kinder- und Jugendlichen-Sicht brauchen sie umgekehrt die Ohren der Erwachsenen, die wieder lernen müssen hinzuhören. Das heißt nicht, dass die Erwachsenen immer so handeln, wie die Kinder es wollen, aber sie hören es und können so liebevoll darauf eingehen.
Kinder brauchen die Erwachsenen auch als Vorbilder, gerade auch im Bereich der digitalen Medien, sie müssen geschützt werden, in dem sie langsam bei den Eltern lernen dürfen, bevor sie z. B. ein eigenes Handy bekommen, denn sie können das Maß oft noch nicht sehen und einhalten.

Kinder und Jugendliche brauchen Zukunft, die sich ihnen immer weiter eröffnet. Zukunft ergibt sich aus dem gegenwärtigen Alltag und seinen Möglichkeiten und Vorbildern. Zu strenge, enge und fest geronnene Strukturen lassen Kreativität in die Zukunft nicht hinein atmen, die intrinsische Motivation wird gestört und ausgebremst zugunsten von Ein- und Unterordnungen in einem kranken System.

Scarring – Narben für den Lebenslauf durch die Corona-Pandemie

Die Befürchtung und Warnung von Bildungsökonomen, dass die fehlende Beschulung der jetzigen Schülergeneration 10 % ihres späteren Einkommens mindert, ist eine Argumentation der Erwachsenen in diesem kranken System, das die Aufgabe von Schule darin sieht, Menschen auf die Konkurrenzwirtschaft vorzubereiten. Dass dabei Kinder aus bildungsfernen Schichten auch ganz hinten runterfallen können, ist klar. Aber diese sind ja in einem kommenden gesunden System liebevoll beachtet, und alle sind gestärkt für die zukünftigen kooperativen Wirtschaftsaktivitäten, in der die meisten sowieso zeitlich weniger arbeiten und ihre Prioritäten ganz anders setzen werden. Insofern gilt diese Warnung ggf. für eine Übergangszeit, läuft ansonsten aber völlig ins Leere.
Und diese Warnung betrifft nicht die Fähigkeiten für den aus intrinsischer Motivation angestrebten Beruf der Schüler, sondern den gesellschaftlichen Umgang mit Abschlüssen aus den Jahrgängen 2020, 21, 22. Schüler, die sich einen speziellen Beruf wünschen, werden ggf. aufgrund ihrer Motivation in kürzester Zeit fehlendes Sachwissen nachholen, wenn die Gesellschaft, hier also Ausbildungsinstitute, Unternehmen und Universitäten, dies fördern und nicht behindern oder diese Jahrgänge gar stigmatisieren als nun leider nicht ausreichend gebildet. Hier muss die Politik werben für die Leidenschaft, die diese Schüler für ihren zukünftigen Beruf mitbringen.

Universitäten können bei einem Studienfach mit Numerus clausus, z. B. Medizin, den Numerus clausus für diese Abiturjahrgänge mit einem Bonus belegen, 2020 mit einem Bonus auf die Abitur-Zensur von beispielsweise 0,4, 2021 mit einem Bonus von 0,6 und 2022 mit einem Bonus von 0,5. So bekommen wir beste Ärzte mit guter Motivation und Durchhaltevermögen, wir belohnen sie, weil sie drangeblieben sind trotz der erschwerten Situation. Das tun wir ja auch bei den Wartezeiten für ein Studium, bei denen wir die Abiturnoten dann ebenfalls mit einem Bonus aufbessern.

Insofern ist es mehr ein Problem des Umgangs der Gesellschaft damit als ein echtes Drama. Das Wissen, das ich in dem letzten Jahr vor dem Abitur in der Schule gelernt habe, hatte meiner Empfindung nach keine große Bedeutung für mein späteres Medizinstudium, zumal ich mich als Bezirksschulsprecher mit sogenannten wichtigen anderen Aufgaben oft und gerne für das Fernbleiben vom Unterricht entschuldigt hatte.

Kindersicht

Hier gilt es aus Kindersicht anzusetzen, um ihnen zu ermöglichen, lernen zu können und zu dürfen, wozu sie motiviert sind. Genau das werden die Kinder brauchen, um ihre Zukunft auf diesem Planeten zu meistern. Um dieses Ziel zu erreichen, ist es wichtig, jede politische Maßnahme aus Kinder- und Jugendlichen-Sicht zu betrachten. Dazu erzählt man den Kindern und Jugendlichen einfach, was man vorhat, und hört auf die Fragen, die Kinder stellen. Das ist nicht zu kompliziert für Kinder.

Kompliziert wird es nur, wenn man verschleiern möchte, dass eine Maßnahme dazu dient, mehr Geld für einige wenige zu ermöglichen, denn Kinder haben ein sehr klares Gerechtigkeitsempfinden. Und es würde vielen Erwachsenen auch oft die Augen öffnen, worauf derzeit politische Entscheidungen letztlich abzielen.

Kein Kind würde erlauben, dass Tiere in Käfige eingesperrt werden, in denen sie sich noch nicht einmal umdrehen können. Sie würden fragen, warum man das nicht morgen ändert, sondern erst in 17 bzw. 8 Jahren.[124] Wenn neoliberale Politiker Kinderbeauftragten ihre Begründungen für geplante Entscheidungen öffentlich erklären müssten, kämen wir rasch zu einer Gemeinwohl-Ökonomie, denn sie könnten die Kinderfragen schwerlich von Herzen und ehrlich beantworten. Kinder bemerken Ausflüchte sehr leicht. Also handeln wir und schaffen Begegnungs-Felder, in denen Politiker mit den Kindern und Jugendlichen sprechen.

Daher lautet eine wichtige Forderung heute, dass jede politische Entscheidung auch einem jugendlichen Gremium gegenüber begründet werden muss und die Kinder- und Jugendlichen dann zu ihrer Meinung befragt werden. Das sollten nicht Erwachsene aus Befragungen von Jugendlichen und Kindern heraus in der Politik vertreten (die kann es auch geben, sozusagen als Anwälte der Kinder), sondern die Politiker müssen mit den Jugendlichen immer wieder selbst sprechen und hören, was sie zu sagen haben. Wer meint, dies sei nicht praktikabel und es nicht versucht, wird schnell unglaubwürdig werden. Diese Einrichtung nenne ich „Hören und Fragen" also **HuF-Gremium.**

Fangen wir also mit Entscheidungen im Bildungsbereich an, also den Schulen, und verpflichten wir die Kultusminister z. B. einem Bezirksschülerparlament gegenüber, ihre Entscheidungen oder die Verhältnisse, wie sie sind, zu begründen. Auch Fragen der Schüler an die Kultusminister haben hier endlich ihren Platz. Das wird jeweils als Live-Mitschnitt aufgenommen bzw. z. B. auf Youtube oder andere Plattformen gestellt, sodass viele andere Schüler und Eltern dies auch sehen können. Sprechen sie darüber vor und nach Wahlen mit ihren Bundestagsabgeordneten und auch vor Landtagswahlen.
So wird auch das Bild der Kultusminister von den Kindern, den Schülern klarer und die Schüler können feststellen, ob sie sich als junge Menschen richtig erfasst fühlen. Auch die Eltern können so an ihrer Einstellung zu vielen Themen arbeiten, daran feilen und ggf. ihre Meinungen auch ändern.

Die bereits seit 1988 im Bundestag existierende „Kinderkommission – Kommission zur Wahrnehmung der Belange der Kinder", so der Name, soll „ein Wächteramt im Interesse der Kinder ausüben", wie die Internetseite kundtut.[125] Das hat trotz sicherlich bester Absichten der Mitglieder der Kommission überhaupt nicht geklappt, wie wir seit langem sehen, und in der Corona-Pandemie schon gar nicht.

Trotz Expertenbefragungen geht die Wahrnehmung der Situation der Kinder in der Kommission nicht wirklich über den durch die Parteien gesetzten Rahmen hinaus, z. B. Erhaltung der Bildungschancen nach veralteten Kriterien, rascher Hinführung zur Teilnahme in der Digitalwelt sowie Anmahnen von Kinder- und Jugendrechten.

Sie fordert auch eine Fragestunde von Kindern im Bundestag einmal im Jahr, aber die Voraussage, dass das eine eher „niedliche" Alibiveranstaltung wird, wenn sie zustande kommt, ist sicher nicht sehr gewagt.

Ich schlage auch für den Bundestag einen ganz anderen Weg vor:
Mehrmals im Jahr, insbesondere zu besonderen Anlässen, werden Jugendliche als Beauftragte z. B. seitens ihrer Schulen, vielleicht aus der Schülervertretung, z. B. über ein Losverfahren in ein kleines Gremium gelost, um sich dort zu wichtigen Fragen über einige Tage (schulfrei, aber beste Lebensschule) einzuarbeiten und Bundestagsabgeordnete und Minister hören und befragen zu dürfen, die dann in ihr Gremium kommen müssen. Das ist also eine Kombination aus Bürgerrat, hier für Kinder und Jugendliche, und HuF-Gremium. Auch das wird auf Youtube gestellt, im Interesse der Öffentlichkeit (vielleicht finden sich zukünftig ja auch nicht kommerzielle Plattformen in Deutschland für solche Zwecke).

Parteien, die zukünftig nicht nur reagieren, sondern auch gestalten wollen, werden sich diese Forderungen sicherlich bald zu eigen machen, insbesondere, wenn ihre Bundestagsabgeordneten immer wieder von den potenziellen Wählern intensiv dazu befragt werden.

Ich möchte hier auch noch mal den Jugendrat der Generationenstiftung (QR-Code zur Link-Liste im Anhang) erwähnen, der ja mit seinem Buch „Ihr habt keinen Plan – darum machen wir einen" einen starken Beitrag zu dieser Debatte geliefert hat.

Kinder und Jugendliche brauchen also Raum und Zeit, um ihr Potenzial zu verwirklichen. Sie brauchen Lebensbildung, die man von Ausbildung durchaus unterscheiden sollte. Der Hirnforscher Gerald Hüther hat sich für ein Buchprojekt mit dem früheren Streetworker, Ex-Rapper und diplomierten Schulsozialarbeiter Marcell Heinrich und dem früheren Spitzensportler und Breakdancer Mitch Senf, die die Hero Society gegründet haben, zusammengetan. In ihrem Buch „#Education For Future – Bildung für ein gelingendes Leben“ beschreiben sie diese Lebensbildung ganz praktisch. Hüther sagt sinngemäß, dass auch die Inhaber und Akteure der derzeitigen Macht eine solche Ausbildung nach herrschenden Kriterien, also ohne den wichtigen Fokus auf wesensgerechte menschliche Bildung, gehabt hatten, aber diese Ausbildung eben vielfach nicht für die Menschheit und unserem guten Weiterleben auf der Erde nutzen. Meist führt das ja noch nicht einmal zum persönlichen Glück dieser Akteure. Bildung in diesem anderen Sinne ist also die Entwicklung des Potenzials und der Persönlichkeit und Haltung eines Menschen und Ausbildungen können dieses Potenzial gut ergänzen und anwendbar machen.

Um diesen Raum, den Menschen und insbesondere Kinder- und Jugendliche brauchen für gesunde Hirnentwicklung und Potenzialentfaltung, soll es jetzt im nächsten Kapitel gehen, in dessen Zentrum ich jetzt, wie im Intermezzo angekündigt, das Fahrrad setzen möchte.

Das Fahrrad

Das Fahrrad ist ein leises, aber noch „unerhörtes“ Ding mit dem Potenzial, das Leben der Menschen als Knotenpunkt sinnvoller Themenlinien völlig zu verändern. Seit der Corona-Pandemie ist es nun aber doch etwas lauter um das Fahrrad geworden.

Was ist das für ein mysteriöses Ding? Wir können von zwei Punkten auf das Fahrrad schauen, einmal was es für ein Leben ist, wenn die Mehrzahl der Menschen Fahrrad fährt, zum anderen, wie das Fahrrad es schaffen kann, so viele Rahmenbedingungen günstig umzuwandeln.

Was ist das für ein Leben, wenn die meisten Menschen generell Fahrrad fahren. Ein Auszug:

- als genetisch programmierte Savannenläufer kommen sie mit dem Fahrrad wieder auf eine günstige Form und Häufigkeit der Beintätigkeit
- der Stoffwechsel, z. B. der Blutzuckerspiegel, der Blutdruck und Hormonausschüttungen normalisieren sich entsprechend, die Wirkung auf das Körpergewicht ist günstig
- es sind weniger Autos auf der Straße und die haben zunehmend nachhaltige Antriebe, die Luft in den Städten ist gut, wenig Feinstaub, klimafreundlich und leise
- die Menschen sind viel an der frischen Luft, die auch gut und angenehm zu atmen ist, bei Pausen in Grünanlagen kommuniziert man wieder mehr
- die städtischen Flächen sind jetzt hauptsächlich für Fußgänger und Fahrradfahrer da, es gibt überall Parks
- die Post, Fahrradboten, Pflegedienste und Polizisten sind mit dem Fahrrad unterwegs
- auch die Beamten und Parlamentarier fahren Fahrrad, diese Zeiten sind gewissermaßen vegetativ bedeutsame Pausen, die Entscheidungen fallen nicht „in Sauerstoffnot"
- es gibt Fahrrad-Taxis und für Fahrräder oft eine grüne Welle durch entsprechend geschaltete Fahrradampeln.
- Fahrradfahren ist sicher geworden, die Fahrradstraßen sind breit, die Autos weit weg, mit Bordstreifen getrennt
- im Winter fahren genauso viele Menschen Fahrrad, weil die Fahrradwege als erstes morgens vom Schnee geräumt werden, noch vor den Straßen für die Autos
- Kinder können mit dem Fahrrad selbst zur Schule fahren.

Wenn man wissen will, wie sich das anfühlt, kann man nach Kopenhagen fahren oder nach Amsterdam und in andere holländische Städte. In Deutschland sollte hier auch Münster genannt werden. Aber das alles wird nach einer verantwortungsvollen Mobilitätswende natürlich noch besser und angenehmer. Wer Lust auf autofreie Städte hat, kann heute schon mal auf einer der autofreien ostfriesischen Inseln z. B. Langeoog Urlaub machen. Ich habe dieses Erlebnis kürzlich wieder einmal gehabt, sehr schön!

Wie sind diese Städte nun dahingekommen?
Man war dort weitsichtig und hatte flaches Land, also gute Bedingungen fürs Fahrradfahren, schon bevor die E-Bikes kamen.

Denn die Autos in der Stadt standen dort und stehen auch heute meist nur stundenlang im Parkraum herum, den die Städte für den priorisierten Individualverkehr reserviert haben, die Fahrzeuge blockieren also unglaublich viel Lebensraum, verursachen Staus und verschlechtern die Luft. Breite Straßen mit Parkstreifen und Parkhäuser lassen Fußgängern und Fahrradfahrern und der Begrünung wenig Raum und Sicherheit. Den Kindern bieten sie keinen Raum zum Spielen.

Allen ist klar, dass eine Mobilitätswende kommen muss aus klima- und ressourcenpolitischen Gründen und immer mehr Bürger wollen das auch mit Qualität und Lebensraum in ihren Städten verbinden.
Das Fahrrad kann nun drängen, weil es eine sinnvolle Alternative ist und allgemeiner Konsens besteht, dass dem Fahrrad mehr von der Auto- und Parkfläche eingeräumt werden muss. Auch ein etwas hügeliges Relief der Stadtfläche ist seit den E-Bikes kein Gegenargument mehr.

Leider bremsen noch wie gesagt die Autolobby und der „Kunde“. Autos kann man schlecht verkaufen, wenn man damit nicht in die Städte kommen und dort parken kann.

Hamburg hat seine vier seit neun Jahren dort fahrenden Wasserstoffbusse letztes Jahr an Mercedes zurückgegeben, „weil Mercedes die Busse nicht serienmäßig bauen könne" (oder nicht bauen wollte), die Hamburg haben wollte.[126] Welch ein Armutszeugnis, aus meiner Sicht ein Boykott! Andere Städte kaufen jetzt solche Busse im Ausland!

Und verpflichtende Abbiege-Assistenten für Busse und Lastkraftwagen werden noch auf Ministeriumsebene ebenso boykottiert als zu teuer für die Hersteller (sie kosten um 3000,- € pro Fahrzeug, zu teuer für ein Leben?). Die Ministerebene im Bereich Verkehr und Wirtschaft fungiert letztlich eben immer noch als Cheflobbyist der Autoindustrie, das ist ja allseitig bekannt. Aber es zeichnet sich ab, dass dies sich nicht mehr lange so halten kann.

In Kopenhagen hat man die Menschen systematisch darauf vorbereitet und ihnen die Vorteile erklärt, die Stadt zu einer Fahrradstadt zu entwickeln.[127] Und Dänemark ist natürlich kein autoproduzierendes Land und hat diesbezüglich natürlich weniger Autolobbyisten, die Niederlande ja auch nicht mehr. Das war für die Fahrrad-Strategie vorteilhaft, hebt aber eben sehr deutlich die ungünstige Bedeutung von Autolobby in Deutschland heraus.

In Deutschland haben die Bürgermeister doch Sorgen, dass sie Menschen mit Autos derzeit noch als Wähler verprellen können. Aber glücklicherweise werden die Fahrradfahrer rasch mehr, sodass irgendwann dieses Wählerpotenzial nicht mehr ignoriert werden kann.

Also noch einmal deutlich für alle Politiker:
Fahrradfahrer sind Wähler!

Die Umwandlung der Städte ist also in vollem Gange, vorerst noch in Sonntagsreden und halbherzigen Markierungen auf der Straße als Fahrradwege mit großem Gefahrenpotenzial. Aber Berlin holt sich schon Berater aus Kopenhagen und hat hier seinen Willen zur Entwicklung der Stadt zur Fahrradstadt erklärt.

Und meine Heimatstadt Hamburg sollte sich hier aus Zaudern und Pseudokonzepten jetzt mal kraftvoll emanzipieren! Hamburg geht doch sonst in vielem voran! Warum hier solche Hemmungen? Ein Statement für die Entwicklung zur Fahrradstadt gibt es doch bereits.

Die Städte sind für Menschen da, nicht für herumstehende Autos, der Nahverkehr vom Zentrum bis in die Peripherie ist sicherlich bald weiterentwickelt und wird zwangsläufig sehr preiswert oder kostenlos werden. Auch Kopenhagen muss sich noch weiterentwickeln, es braucht viel mehr Parkmöglichkeiten für Fahrräder und Aufladestellen für E-Bikes, jedoch geht man da doch sehr zuversichtlich und kreativ an die Dinge heran. Wir können von deren Planung gleich lernen und Fehler vermeiden.

Besonders wichtig ist, dass wenn der städtische Raum für die Menschen zurückgewonnen werden kann, Kinder wieder viele freie begrünte Spielflächen kriegen mit und ohne Spielgerät. Dann können sie sich wieder im Spielen kindgemäß entwickeln.

Auf dem Schulgelände lassen sich Gärten entwickeln, die Kinder können so die Gesetzmäßigkeiten der Permakultur lernen, auch was ein guter, nicht asphaltierter Boden für eine immense Bedeutung hat, und können überhaupt wieder etwas wachsen und reifen sehen. Diese Gärten sind dann in den Pausen oder im Unterricht draußen willkommene Aufenthaltsorte und beugen dem Bienen- und Insektensterben vor, wenn dies überall umgesetzt wird. Die Schulküchen haben gleichzeitig geringere Kosten für das wertvolle und schmackhafte Gemüse.

In diesem Sinne hat das Fahrrad also die Potenz, den Bürgern ihren Stadtraum für Fußgänger, Fahrradfahrer, Grünflächen, Kinderspielräumen und Schulgärten zurückzuerobern, andererseits die Menschen gesundheitlich großartig zu stärken und sie in ihrer Lebenspflege kräftig zu unterstützen.

Kapitel 6
ZUSAMMENFASSUNG UND AUSBLICK

Kapitel 6
Zusammenfassung und Ausblick

In der Zusammenschau der verschiedenen Ebenen und Themen ist sicherlich deutlich geworden, dass die Topics der einzelnen Kapitel einen inneren Zusammenhang haben.

Wenn wir nicht handeln oder viele Entscheidungen in die Zukunft verschieben, werden sich die Lebensbedingungen auf der Erde verschlechtern und wir werden sogenannte Kipp-Punkte erreichen, die uns unsere Handlungsoptionen, die wir jetzt noch haben, nehmen werden.

Auch wenn uns nicht beliebig viel Zeit bleibt, würde uns die Idee einer Revolution, die die Menschen in ihren Kompetenzen für das notwendende Neue nicht so rasch entwickeln kann und in der Geschichte meist überforderte, nicht weiterbringen.

Wir brauchen also einen dialogischen offenen Prozess in der Gesellschaft, in der der Einzelne versteht, in welcher gemeinschaftlichen Lage wir uns auf der Erde befinden, und zunehmende Klarheit gewinnt, was für ihn angesichts dessen tatsächlich wichtig ist und wie seine Vorstellungen von einem hinreichend guten Leben umsetzbar sein könnten.

Ich habe die zentralen Knotenpunkte beschrieben, also

- z. B. wie das Fahrrad für lebenswertes Leben in der Stadt und für die Gesundheit wirkt,
- wie die liebevolle Begleitung von Kindern für eine gesunde Hirnentwicklung und Psychosozial-Kompetenzen sowie für die Verringerung von Gewalt wirkt,

- wie das Grundeinkommen und eine gerechte Verteilung von Arbeit mit weniger Wochenarbeitsstunden für die Kreativität
- und wie die Regionalwirtschaft und die Gemeinwohl-Ökonomie für die Kooperation wirken.

Damit haben wir wichtige Ansatzpunkte in der Hand für große, unser Leben und Überleben ermöglichende günstige Veränderungen, die stattfinden werden, wenn der dialogische Prozess gut in Gang gebracht ist. Und die Einzelnen haben an den Knotenpunkten eine gute Orientierung für ihr Handeln in ihrem Lebensraum.

Da wir uns überfordern würden, wenn wir als Einzelne alles auf einmal ändern wollten, kommt es auf individuelle Schritte an, die uns herausfordernd gefallen. Diese könnten wir nämlich dann mit Erfolg und Freude umsetzen.

Orientiert an den Knotenpunkten, können wir z. B.

- mehr Fahrrad fahren,
- die Wirkung einer verringerten Arbeitszeit in unserem Lebensumfeld ausprobieren und
- mit Lebenspflege beginnen.

Auch mit unseren Abgeordneten könnten wir gelegentlich sprechen. Alle werden überrascht sein, wie gut es ihnen mit alledem im Dialog geht.

Klimafreundliches Verhalten, Burn-out-Prophylaxe und Gemeinwohl-Orientierung kommen zu ähnlichen Folgerungen für ein gutes Leben, weil es einen sinnvollen Kern gibt, der einem achtsamen, kooperativen und lebensförderlichen Lebensstil zugrunde liegt. Insofern können wir von unterschiedlichen „Standpunkten" aus starten und werden uns mit großer Wahrscheinlichkeit in ähnlichem Ansinnen und Handeln mit sehr vielen anderen treffen. Die Wahrscheinlichkeit, dass wir dann auch politisch zu guten Ergebnissen und zu handlungsfähigen Regierungen kommen, wird so immer größer.

Der Einzelne in seinem Lebensraum ist also eine politisch hochwirksame Kraft, sie/er muss nicht alles machen und vor allem nicht alles alleine (ich erinnere an AGA, die Ausreichend Große Anzahl). Wer sich also in eine so skizzierte Richtung in seiner Region, Nachbarschaft und Beziehungen bewegt, stärkt den Dialog unter den Menschen und ihr Verstehen von Zusammenhängen, die die aktuelle Politik noch als zu kompliziert für den Normalbürger beschreibt, was natürlich Unsinn ist.

Da die Zeit reif ist für lebenswerte und würdevolle Verbesserungen, hat der Mensch, der sich mehr und mehr zum mündigen Bürger und auch innerlich verstandenen Demokraten mausert, Chancen wie noch nie, wirkungsvoll zu handeln.

Wir sehen, dass die Bürger die Politiker überholen im Verständnis der Gefährdung unserer Lebensgrundlagen und in der Bereitschaft zu handeln. Wir brauchen jetzt vorrangig Politiker, die ehrlich sagen, dass es große Veränderungen geben wird und das politisches Handeln sich nicht an einer Legislaturperiode orientieren kann. Wie gesagt, die Politiker, die den Menschen sagen, es könne alles so bleiben, sagen die Unwahrheit und beginnen jetzt ja schon unglaubwürdig zu werden. Insofern werden die Menschen, die einer trügerisch von Politikern versprochenen Sicherheit glauben, sich anzahlmäßig deutlich verringern, auch wenn viele

Menschen Angst vor den Veränderungen haben, die sicherlich phasenweise auch belastend sein können.

Aber heutzutage wird immer mehr Menschen klar, dass Nichthandeln schlimme Zustände bringt, anders als beherztes und an der Menschenwürde orientiertes Handeln, das schon in einer Übergangszeit kooperativ werden wird. Die kollektiv erlebte, meist kooperative Erfahrung aus dem ersten Lockdown in der Corona-Zeit ist für die Zuversicht gut aktivierbar, denn wir haben sie alle selbst erlebt und sind um diese Erfahrungen reicher geworden.

In diesem Sinne werden wir uns über die Zeit von ein paar Jahren ein freudvolles Leben gestalten können. Ich zitiere den alten 95-jährigen Protagonisten aus meinem schon erwähnten „Manifest aus der Zukunft", eine Rückschau aus dem Jahre 2045 auf das Jahr 2020, der Corona-Krise:

„... Bei der Bundestagswahl 2021 bekamen die regierenden etablierten Parteien, die sich in der Vergangenheit ja hpts. durch ein Reagieren auf Situationen, die aus dem Ruder liefen, und im Beginn der Corona-Krise durch ein gutes Krisenmanagement ausgezeichnet hatten, weniger Stimmen als erwartet. Die Bürger hatten schon bemerkt, dass das Gestalten der Gesellschaft und die Umsetzung von notwendenden zukunftsfähigen Ideen und Visionen nicht zu ihren Kernkompetenzen gehörten. In ihren Denkmöglichkeiten waren die meisten von ihnen einfach gefangen in den Grenzen ihres alten Systemrahmens.

Parteien, die gestalten wollten, bekamen nun mehr Stimmen, sodass sie in die Koalitionen eingebunden wurden und immer wieder wichtige Themen in die Diskussion geben konnten. Ihre Konzepte galten zunehmend als sinn- und wirkungsvoll für die schwierige Zeit einer trudelnden Weltwirtschaft. Bei der Wahl 2025 wurden sie dann vom Wähler auch mit der Regierungsbildung beauftragt.

Die dann folgenden Jahre nach 2025 wurden eine sehr fruchtbare Zeit, die Gesellschaft war nun für eine Gemeinwohl-Orientierung und direktere Demokratie mehrheitlich bereit. Finanzaktionen wurden wieder zunehmend reguliert und Banken wieder in die gesellschaftliche Verantwortung eingebunden. In dieser Periode wurden die Gemeinwohl-Bilanzen bei Unternehmen, ein Grundeinkommen für alle Bürger und die hierfür passende Besteuerung für alle Einkommen darüber hinaus eingeführt, auch bei Finanztransaktionen an den Börsen. Die meisten Bürger arbeiteten nun tatsächlich bis zu 25 Std. pro Woche, alle, die wollten, hatten Beschäftigung und das war die ganz große Mehrheit. Die Stimmung war kooperativ, für die Kleinsten war endlich bei den Eltern viel Zeit da und in immer mehr Familien bekamen die Kinder viel Liebe. Ihr habt davon ja schon sehr profitieren können.

Dies war in vielen Ländern so, auch in den USA war seit 2024 die Zeit der alten Männer des weißen Establishments wieder vorbei, die jüngeren Erwachsenen dort holten sich endlich in der Politik ihr Recht und spielten wieder eine kraftvolle und ebenfalls zunehmend kooperative Rolle im Lande und international.

Die Produktion vieler Produkte wurde, soweit möglich, in die EU, die jetzt viel mehr Bedeutung bekam, zurückverlagert. Das führte auch in Deutschland zu einer zunehmenden Verlagerung von Arbeit und Produktion in die Regionalwirtschaft. Zum Beispiel wurde die Regionalwert AG bei uns im Rheinland und überall in Deutschland immer bekannter, die ökologisch und in der Permakultur arbeitende Bauern und Bauern in der Umstellung und Vermarktung finanziell und projektbezogen unterstützte.

Viele Menschen in Billiglohnländern bekamen jetzt auch aus Deutschland Direktauszahlungen statt staatlicher Entwicklungshilfe, sodass sie selbst entscheiden konnten, wie sie wirtschaften wollten und was sie brauchten, auch gerade unabhängig von vielfach korrupten Politikern dort. Das lokale Wirtschaften wurde auch dort gestärkt, der Fair Trade Handel mit Menschen in Afrika, Südostasien und Südamerika kam gut in Schwung und die Besserwisser, die glaubten zu wissen, was aktuell noch wirtschaftlich ärmere Länder bräuchten, verstummten allmählich. Denn das wissen die Menschen selbst eben besser, wenn man sie lässt und finanziell absichert. Das wurde ja sehr erfolgreich.

So konnten die Menschen dann mit vielen anderen Menschen aus anderen Erdteilen tatsächlich auch die bedrohlichen Klima-Veränderungen und das Artensterben kraftvoll und nachhaltig durch günstigere Strukturen und Systeme in Grenzen halten, vielfach sogar wandeln. Die Massentierhaltung wurde beendet und eine sinnvolle ökologische Landwirtschaft betrieben, die die Erdkrume schützte und alle satt machte. Gen-Soja aus Brasilien als Viehfutter war nun in Deutschland entbehrlich, Schlachthöfe galten nicht mehr als systemrelevant, die gibt es heute ja auch kaum noch, weil ja viel weniger Fleisch, nur noch von Weidetieren, gegessen wird.

„Das finde ich gut“, sagt eine junge Frau, „aber war diese Umwandlung nicht sehr teuer für die Menschen?“

Das hielt sich eigentlich für die meisten in Grenzen. Es gab eine einmalige, gut geplante, kräftige Vermögensabgabe der sehr reichen Menschen in Deutschland, die das aber in ihrem Alltag nicht merken konnten, weil sie reich blieben. Und die meisten taten das sogar gerne, weil sie darin einen guten Sinn sahen. Dadurch konnten die Kommunen viele Wohnungen von der Privatwirtschaft allmählich zurückkaufen, sodass die Mieten niedrig sein konnten und so ein Recht auf Wohnen auch im Grundgesetz verankert werden konnte. Ebenfalls konnten mit diesem Geld nach und nach alle Gebäude vom Staat energetisch saniert werden, ohne dass dies auf die Mieten durchschlug.

Der Alltag entwickelte sich für alle immer erfreulicher, die Herausforderungen machten Spaß, waren zu bewältigen und alle hatten Ideen. Es entwickelte sich das Leben, wie ihr es ja nun kennt. Und wir alten Leute können mit euch jungen Leuten viel zusammen sein und haben unsere Freude daran, das merkt ihr ja.

So, nun wisst ihr etwas über diese Zeit damals, als das Corona-Virus auftrat, zumindest wisst ihr, wie ich es erlebt habe. Ich bin froh, dass wir unsere Zuversicht damals nicht verloren hatten, so konnten wir die Dinge wieder mit voranbringen.

So, jetzt will ich noch ein paar Beeren aus eurem Schulgarten pflücken, den habt ihr wirklich schön gemacht."

Damit endet dieses Manifest (siehe QR-Code zur Link-Liste im Anhang). So oder so ähnlich kann und wird es kommen. Ich möchte sagen, dass wir uns doch sehr zuversichtlich gemeinsam auf den Weg machen können, das Leben auf der Erde lebenswert zu gestalten in großer Vielfalt der Ideen. Wir haben ja vom alten Mann gehört, dass es geht und dann geklappt hat!

Und so werden wir die bedrohliche Zukunftslosigkeit unserer Kinder und Enkel beenden und einen wieder sehr fruchtbaren Boden haben für ein Leben in Würde für alle Menschen.

Viele der Ideen und Vorschläge in diesem Buch haben wir in „Neltings Welt" wieder aufgegriffen für eine konkrete Umsetzung im Alltag, für gemeinsame Initiativen, für Vernetzung von schon bestehenden Aktivitäten, für Erklärungen zu empfohlenen Internetseiten, für Analysen und Einordnungen sich ständig und rasch ändernder Herausforderungen wie z. B. bei der Corona-Pandemie. Aber auch die hier angesprochenen Themen wie „6G", „Legislaturperioden übergreifende Demokratie", „Erntetaler“ oder „HuF-Gremien“ wollen wir von Neltings Welt aus mit anderen weiterentwickeln. Das braucht natürlich auch seine Zeit. Insofern sind die Dinge in Neltings Welt natürlich wie alles im Fluss und auch wir halten uns an die hier im Buch häufig benannte Devise: „Genügend gut“ ist gut. So kommen wir meist richtig gut voran und behalten unsere Freude daran.

Wir, meine Frau, ich und unsere Kinder, laden Sie herzlich dazu ein. Sie gelangen dorthin, indem Sie den QR-Code auf der Rückseite des Buches mit Ihrem Handy scannen.

Im letzten Abschnitt **Spektrum – Kinderschutz weltweit** schaue ich auf die Situation der Kinder weltweit, das Thema der Überbevölkerung und die Gestaltungen, die aus meiner Sicht international bedeutsam sind.

Spektrum - Kinderschutz weltweit

- Überbevölkerung,
- Gesundheitliche Gefährdungen von Kindern,
- Krieg und Flucht
- UN-Kinderrechte
- Weltzukunftsrat, Sansibar-Erklärung und Stiftung Sauti Kuu

Überbevölkerung

1900 lebten ca. 1,6 Milliarden Menschen auf der Erde, jetzt bald 7,8 Milliarden. Das ist das Fünffache in nur 120 Jahren, die letzte Zunahme von 1 weiteren Milliarde dauerte nur 12 Jahre. Im Jahre 2050 werden es 10 Milliarden Menschen sein, danach wird es sich voraussichtlich verlangsamen, in Abhängigkeit der durchschnittlichen Fertilitätsrate von angenommen 2,2 Kindern pro Frau weltweit. Die Wahrscheinlichkeit liegt dann bei einer höchsten Zahl der Weltbevölkerung von 11 Milliarden im Jahre 2100 mit nachfolgendem Rückgang.

Zum Verständnis: Bereits seit 1965, wo jede Frau im weltweiten Durchschnitt fünf Kinder bekam, ist die Fertilitätsrate stark auf aktuell 2,5 Kinder gesunken. Die Gründe hierfür liegen darin, dass die überwiegende Mehrheit der Menschen die extreme Armut verlassen konnten, es also in den letzten 60 Jahren weltweit einen, wenn auch oft sehr kleinen Wohlstandszuwachs gab, der aber viele Menschen aus der extremen Armut herausbringen konnte.

Wie hängt das alles zusammen?
Die Antwort ist einfach: Wenn Menschen die extreme Armut verlassen können, bekommen dort Frauen und Mädchen, so ist es überall auf der

Welt, mehr oder weniger Zugang zu Bildung. Dann bekommen sie auch weniger Kinder, weil sie daran beteiligt sind, die Säuglingssterblichkeit zu verringern, z. B. aufgrund der Zustimmung zu Impfprogrammen, weil sie Verhütung verstehen, weil sie durch eigene Einkommenszuwächse die Mitarbeit der Kinder nicht mehr brauchen, vielmehr ihr Interesse an wenigen, aber gut ausgebildeten Kindern wächst usw. Auf diesem Weg ist die Menschheit bereits.

Hans Rosling hat in seiner Forschung (in seinem Buch „Factfulness“) sehr klar dargestellt, dass es absoluten Vorrang hat, weitere Menschen aus extremer Armut international und besonders in einigen afrikanischen Ländern (z. B. Somalia, Tschad, Mali, Niger, aber auch Nigeria u. a.) herauszuholen. Dort ist die Kindersterblichkeit noch besonders hoch, u. a. bekommen die Familien dort auch mehr Kinder, weil durch ihre Mitarbeit überhaupt nur kleinstes Einkommen zusammenkommt.

Insofern muss es vorrangiges Ziel sein, weitere Menschen aus extremer Armut zu bringen und so die Kindersterblichkeit weltweit weiter zu senken. Das führt, obwohl es paradox klingt, nicht zu mehr, sondern zu weniger Kindern, die aber besser überleben, wie gerade erklärt, und zugleich zu weniger Säuglingssterblichkeit. Internationales Engagement, durch übergeordnete Organisationen wie die UN oder WHO, private Stiftungen, u. a. übrigens (mit gewisser Einschränkung) auch der Gates-Stiftung, und NGOs wie Oxfam, Plan u. a. zeigen dies sehr deutlich an ihren Wirkorten.[128]

Die Kindersterblichkeit kann dabei nur gesenkt werden, wenn die Hygiene-Bedingungen sich verbessern, Impfprogramme für die Einjährigen existieren und frisches Wasser da ist. Nur Prävention kann dies leisten.

Der zentrale Dreh- und Angelpunkt ist dabei die Bildung der Frauen. Überall, wo dies ermöglicht werden konnte, sank die Kindersterblichkeit und die Geburtenrate, nur Frauen mit Bildung konnten die kulturelle Skepsis zu Hygiene, Impfprogrammen und Verhütungsmitteln verringern.

Frauen müssen lesen können und können sich nur weiter bilden, wenn sie auch nach der Schule oder Arbeit abends noch die Möglichkeit zum Lesen haben. Dazu brauchen sie Elektrizität für ihre Lampen, nebenbei auch für die Pumpen ihrer Brunnen. Die allgemeine Versorgung der Frauen mit Solarenergie, dezentral durch eigene Solarmodule, z. B. Solarlampen, ist hierbei entscheidend.

Der Rückgang der Fertilitätsrate und damit die Begrenzung der Weltbevölkerung hängt also von der Beseitigung extremer Armut ab und der Bildung der Frauen und eben besonders der Versorgung mit Solarlampen.

Hier muss internationale Politik ansetzen, Bürgerengagement kann hier auch eine gute Rolle spielen.
QR-Code zur Link-Liste im Anhang (u. a. Solarlampen)

Gesundheitliche Gefährdung von Kindern[129]

An Unter- und Mangelernährung sterben jährlich etwa drei Millionen Kinder unter fünf Jahren. Zu klein bzw. zu leicht, also unterentwickelt sind weit mehr als 100 Millionen Kinder. Viele Kinder, die Zahlen gehen ebenfalls in die Millionen, sterben an den großen Infektionskrankheiten wie AIDS, Tuberkulose und Malaria, weitere an Folgen der Umweltverschmutzung.

Die Corona-Pandemie hat diese Risiken verschärft, weil aufgrund der Unterbrechung von Lieferketten und Lockdown-Situationen viele Medikamente und Impfungen nicht appliziert werden konnten: Die Impfallianz Gavi geht von 13,5 Millionen Menschen aus, die nun wichtige Impfungen nicht erhalten. Dies betrifft neben der Tuberkulose auch Polio und besonders Masern. Die WHO informierte und warnte, dass weltweit 117 Millionen Kinder nicht gegen Masern geimpft werden konnten aufgrund von Infrastruktur-Folgen und fehlenden Geldern aufgrund der Corona-Pandemie.

Im Dezember 2020 waren zwar weltweit 1,5 Millionen an oder mit Covid-19 gestorben. Das sind zahlenmäßig Größenordnungen wie jeweils für Malaria, Aids und Tuberkulose, aber an diesen drei Erkrankungen sterben eben besonders viele Kinder.

Lieferketten und Verteilung auch in der Corona-Pandemie für die Behandlung oder Vorbeugung der anderen Krankheiten zu erhalten ist also besonders lebenswichtig für die Kinder weltweit. Sonst sterben Millionen Menschen allein aufgrund von Medikamentenmangel zusätzlich an Krankheiten, die an sich gut behandelbar sind. Dies deutet sich als bedrückende Folge der Maßnahmen gegen die Corona-Pandemie an.

Es sei daran erinnert, dass die Bekämpfung der großen Infektionskrankheiten finanziell anhaltend unterfinanziert ist, nur ein Bruchteil des Geldes zur Verfügung steht, der für die Entwicklung von Corona-Impfstoffen, Tests und für wirtschaftliche Lockdown-Folgen ausgegeben wird. Diese Gelder sind zwar dafür richtig eingesetzt, aber die Weltgemeinschaft muss für die Behandlung und Vorbeugung der anderen Krankheiten nun ebenfalls entsprechende finanzielle Kraftanstrengungen unternehmen, um die Zunahme mit einem Vielfachen an anderen Toten weltweit durch andere Krankheiten zu verhindern.

Um ein Gefühl für die finanziellen Größenordnungen zu bekommen: etwa 40 Milliarden Dollar reichen aus, um weltweit die extreme Armut aus der Welt zu schaffen. Ähnliche Größenordnungen gelten für die Verringerung der genannten Krankheiten. Und es gibt weltweit über 2000 Milliardäre weltweit, darunter viele Multimilliardäre. Diese Angaben zeigen, dass genug Geld da ist, um das zu schaffen. Mit Kreativität und zukünftig kooperativer Wirtschaft wird dies umgesetzt werden können. Die weitgehend unbekannte Pandemie ist die gesundheitliche Gefährdung durch Umweltbelastungen, vergiftete Böden und Feinstaub/Smog. Zahlenmäßig sterben mit großem zeitlichem Verzug mittlerweile mehr Menschen daran als an den genannten Infektionskrankheiten. Und im besonderen Maße betrifft dies die Kinder.

Anmerken muss man hier, dass die zwar weltweit geächtete Kinderarbeit unvermindert anhält und viele Kinder in doppelter Weise trifft, in extremer Armut und indem sie in vergifteten Bereichen arbeiten, wie beispielsweise unter Tage und auf Müllhalden. Hier hilft kein Appell, sondern nur eine konsequente wirtschaftliche Verbesserung der entsprechenden Familiensituationen, damit diese Familien ein Auskommen haben, zu dem die Kinder nichts beitragen müssen. Besonders wirksame Schaltstellen sind hier sicherlich die erwähnte Förderung bzw. Sicherstellung der Bildung der Frauen und die Direktauszahlungen von monatlichem Grundeinkommen an die Frauen selbst u. a. über Handys etc.[130]

Krieg und Flucht

Über 400 Millionen Kinder wachsen aktuell in Kriegsgebieten auf. Sie haben traumatische Erlebnisse, müssen als Kindersoldaten kämpfen und sterben in großer Zahl. Dies auch, weil Hunger in Kriegsgebieten eine der größten Bedrohungen ist, aber auch Impfungen und Medikamente die Kinder dort nicht erreichen. Mehr als 100.000 Babys jährlich sterben in den zehn am schlimmsten betroffenen Ländern. Um 50 Millionen Kinder sind weltweit auf der Flucht und in Migration außer Landes oder im Land (Binnenvertriebene).[131]

Die Weltgemeinschaft

Die Gemeinschaft der Menschen weltweit muss offensichtlich viel in Ordnung bringen. Internationale Organisationen müssen gestärkt werden und die jeweiligen Finanzierungssysteme dürfen sie nicht in Abhängigkeit ihrer Finanziers bringen. Über ein 2%-Ziel der Staaten in der Nato zur Finanzierung der Aufgaben der Nato wird viel gesprochen. Was ist es nun der Weltgemeinschaft wert, internationale Aufgaben so zu gestalten, dass die Kinder geschützt sind? Darüber muss unermüdlich weiter verhandelt und gehandelt werden. Ansatzpunkte für Deutschland habe ich in diesem Buch versucht herauszuarbeiten. Die UN-Kinderrechtskonvention gehört dazu.

Die nachfolgenden Institutionen und Internetseiten finden Sie über den QR-Code zur Link-Liste im Anhang auch zum direkten Anklicken.

Die UN-Kinderrechtskonvention im Wortlaut und zum Download
Es stehen auf der Internetseite zwei Download-Versionen zur Verfügung, eine als Text für Erwachsene, die andere auch für Kinder verständlich.

Der Weltzukunftsrat
Auf der Internetseite das Weltzukunftsrates finden Sie auch die von Auma Obama initiierte Sansibar-Erklärung im Kinderrechts-Bereich.
www.worldfuturecouncil.org/de

Die Sauti Kuu Foundation
Stiftung von Dr. Auma Obama
www.sautikuufoundation.org/de

Danksagung

Die Urheberschaft dieses Buches liegt bei mir als Autor, wir sind aber eine Familie, die sich gerne zu allen Fragen des Lebens und darüber hinaus austauscht. Das gilt ebenso für unseren Freundeskreis und Nachbarschaftsbegegnungen, Gesprächen mit unseren Mitarbeitern und in der Begleitung mit unseren Patienten. Von allen haben wir gelernt, und so sind über die Erfahrung vieler Jahre letztlich viele Ideen, Gedanken und Anmerkungen aus dem vielfältigen Erlebten der Welt vieler Menschen in die Darstellungen dieses Buches eingeflossen, durch die meine Sicht der Dinge noch einmal geschärft wurde, allen ein herzliches Dankeschön dafür!
Das Zusammensein mit meiner Frau hat hierfür noch eine ganz andere Bedeutung. Unsere Liebe, unser intensiver Austausch im Gespräch, im Schweigen und im Tun, unser voneinander und gemeinsames Lernen, unser gemeinsames Üben von QiGong und TaiJi und unsere dadurch auch mögliche langjährige Zusammenarbeit mit Patienten hat uns die Gewissheit gegeben, dass Geist und Form zusammengehören. Der Tango Argentino, den wir seit langem tanzen, hat mich immer wieder beschwingt mit seiner Eleganz, seiner Ästhetik und seinem Rhythmus – meine Frau ist eine wunderbare Tänzerin – und mir in besonderem Maße Bodenhaftung und innere Achse gegeben. Auf dem Boden dieser unserer Ehe konnte mein Schreiben dann gut gedeihen und ist in unserer Sicht, nämlich „Du, das bin Ich“ auch ein Gemeinsames. In meiner Frau hatte ich zudem auch eine wunderbare „Lektorin“ direkt in der Familie.

Und alles Weitere hat sich denn auch wunderbar gefügt. Als meine Frau und ich Auma Obama kennenlernten, hatten wir sofort eine Übereinstimmung unseres Menschseins, Erlebens und Tuns. Ihr Vorwort zeigt dies deutlich, und auch wir sind voller Freude und Dankbarkeit für diese Begegnung. Unsere Söhne hatten sie bereits vorher schon kennengelernt und von ihr beeindruckt erzählt.

Dank für die gute Zusammenarbeit auch an Saskia Hildebrandt, die die Aktivitäten von Auma Obama in Deutschland managt.

Die Verlagssuche gestaltete sich schwierig. Zu mächtig sind die Bedürfnisse vieler Verlage, mir aber auch zu eng für eine freie, unabhängige Kommunikation. Doch großen Dank an Eva-Maria Popp mit ihrem Verlag und Team und ihrer großen Achtung für den Autor in ihrem Lektorat, ebenso der Grafikerin Michaela Adler und ihrer Mitarbeiterin Sylvia Ewinger mit ihren geduldigen und kreativen Visualisierungen in der Entwicklung der Darstellung. Ebenfalls großen Dank an Michael Buttgereit von den „Guten Botschaftern“ und an Robert Diem von „Ataleo“. Und ein besonderer Dank gebührt Claude-Oliver Rudolph, der so wunderbar das Hörbuch eingesprochen hat. So wurden auch die letzten Schritte zur Fertigstellung dieses Buches ein hochinteressantes und sehr angenehmes Erlebnis für alle Beteiligten. Nun, da sowohl meine Frau und ich fast gleichzeitig unsere Bücher fertiggeschrieben haben, gibt es auch wieder mehr Zeit für anderes, neben dem Tango Argentino, das Singen und Musizieren, Zeit mit unseren Enkelinnen, Muße und was auch immer die Gegenwarten der kommenden Zeiten für uns bereithalten.

Den Jugendlichen, die sich aufmachen für ein kooperatives Miteinander, möchte ich sagen, welch eine Freude auch für uns Ältere, diese lebendige Kraft zu sehen und zu spüren, wir sind sehr dankbar und zuversichtlich.

Mit diesen Worten möchte ich den Text in meinem Buch beschließen:[132]
„Die Weisen suchen die Gemeinsamkeit!“

Für eine Leser*innen-Botschaft können Sie den QR-Code scannen, dort werden Sie dann auf leichte Weise durch das Menu geführt.

Anhang

Informationen zum Gezeiten Haus

Insbesondere in unseren Kinder- und Jugendabteilungen und auch bei den jungen Erwachsenen sehen wir mit Sorge die zunehmende Entwicklung der in diesem Buch genannten Störungen.

In unserer Behandlung sind die psychosomatischen und TCM-Therapien als integrative Therapie miteinander verwoben, eine Teambehandlung der verschiedenen Berufsgruppen auf dem Boden der gültigen medizinischen Leitlinien. Unsere Kliniken sind Akutkrankenhäuser, die Behandlungen werden von Privatkrankenkassen, Beihilfestellen, Berufsgenossenschaften und mittlerweile vielen gesetzlichen Krankenkassen bezahlt. Der Anteil der Patienten aus der gesetzlichen Krankenversicherung und anderen Sozial-Kostenträgern liegt oberhalb von 40 %.

Wir haben Kliniken an vier Standorten: Bonn, Oberhausen, Wesseling in NRW und Wendgräben bei Magdeburg in Sachsen-Anhalt.
(www.gezeitenhaus.de)

In unserer Gezeiten Haus Akademie sind Ausbildungen im Gesundheitsbereich, wie z. B. Betriebliches Gesundheits-Management und andere Business-Formate, Persönlichkeitsentwicklung und allgemeine Gesundheits-Prävention Schwerpunkte.

Anmerkungen

1 Den kürzlich vorgelegten Gesetzesentwurf zu Firmenpleiten und Gläubigerinnenschutz „Unternehmensstabilierungs- und Restrukturierungsgesetz" von Justizministerin Christine Lambrecht, der weitgehend die weibliche Form der Wörter enthielt, und die Auseinandersetzung darum, habe ich interessiert wahrgenommen. Die Begründung aus dem Innenministerium war, dass dies nicht ginge, weil nur in der männlichen Form juristisch beide Geschlechter erfasst seien. Dieses Faktum wurde dort selbstverständlich als unveränderlich beschrieben, aber die Gleichstellung von Männern und Frauen im Grundgesetz fordert hier natürlich eine Entwicklung in der juristischen Festlegung der Erfassungs-Bedeutung und -Wirklichkeit von männlicher und weiblicher Form der Begriffe mit einheitlichem Gehalt an. Kreativer Druck in diesem Sinne ist offensichtlich nötig und wird weitergehen.

2 Tom Boyce in „Die Entschlüsselung des Alters" von Elisabeth Blackburn und Elissa Epel, Seiten 375/376.

3 Persönliche Mitteilung des Epigenetikers Ben Hartwig (neuroblitz.de), eines Kollegen von George Coupland

4 Moffitt, Terrie E., et al. (2011)

5 Die Harvard-Langzeitstudie zur Gesundheit läuft seit 1938, Leiter ist Robert Waldinger, Harvard Medical School, Department of Psychiatry

6 siehe auch den Bericht von Clara Hellner zur durchschnittlichen Lebenserwartung im Stadtteil Hamburg-Veddel gegenüber den „reichen" Stadtteilen in Hamburg, Kap. 5, Näheres auch in der Anmerkung 82.

7 Die angenommene Zahl von Menschen in Deutschland, die sich als Transgender einordnen, variiert gewaltig, da es große Unterschiede gibt, wer zu der Gruppe zählt. Es gibt aus meiner Sicht noch keine klare Definition dazu. Die Zahlen variieren von 20.000 bis mehr als eine Million Menschen. Forschung und Interessengruppen arbeiten daran, zu belastbaren Definitionen und Zahlen zu kommen.

8 U. a. das Päpstliche Lehrschreiben „Amoris Laetitia", 2016 und das Thesenpapier zur Gendertheorie, 2019. Zur Queertheorie u. a. der Artikel „Wir fallen nicht als Männer und Frauen vom Himmel" von Antje Schrupp, Zeit-Online, Juni 2019

9 Studie zur Insomnie der DAK „Berlin schläft immer schlechter", 2017

10 Youtube-Video von Carla Bruni, 2017, ABBA 1980

11 Zur Beratung von Jugendlichen siehe unter gezeitenhaus.de

12 Traumatherapie siehe unter gezeitenhaus.de

13 Um 40.000 Kinder werden jährlich vom Jugendamt aus ihren Familien wegen Kindesgefährdung genommen, Tendenz sogar noch etwas steigend.

14 Prof. Jörg Fegert, Direktor der Klinik für Kinder- und Jugendpsychiatrie am Uniklinikum Ulm und Traumaexperte, leitete die Untersuchung „Sexueller Missbrauch im Sport“: Befragung von 2500 Menschen über 14 Jahre nach Missbrauch in Kindheit und Jugend befragt, von übergriffigen Berührungen bis zur Penetration. Die Zahl ist eine Gesamtzahl aus den erfassbaren Zahlen der letzten Jahrzehnte.

15 Christian Pfeiffer, „Gegen die Gewalt“, Pfeiffer erwähnt u. a. auch Elisabeth Müller-Luckmann, Psychologieprofessorin der TU Braunschweig und zitiert sie, S. 23: „Zum Sexualmörder wird man nicht geboren, dazu wird man gemacht.“ Sie hatte systematische Analysen der Biografien von Sexualmördern erhoben.

16 Täter in der DDR: „DDR-Tabuthema: Sexueller Missbrauch von Kindern“, Interview mit Dr. Christian Sachse, wissenschaftlicher Mitarbeiter der „Union der Opferverbände kommunistischer Gewaltherrschaft e.V.“ in mdr.de/zeitreise v. 6.3.2019

17 Das Präventionsnetzwerk „Kein Täter werden“ bietet deutschlandweit ein kostenloses und durch die Schweigepflicht geschütztes Behandlungsangebot für Menschen, die therapeutische Hilfe suchen, weil sie sich sexuell zu Kindern hingezogen fühlen und darunter leiden.

18 Mikado-Projekt: Missbrauch von Kindern: Aetiologie, Dunkelfeld, Opfer. Forschungsverbund eines interdisziplinären Netzwerks an der Abtlg. Für Forensische Psychiatrie und Psychotherapie der Universität Regensburg, 2015, Dr. Neutze, Prof. Dr. Osterheider

19 Sabine Bode, u. a. „Die vergessene Generation“ und „Kriegsenkel“, siehe Literaturliste

20 Stiftung Kind und Jugend: stiftung-kind-und-jugend.de/projekte/blikk-studie/

21 Presseinformation bitkom, 28. 5. 2019

22 Das PIED-Syndrom ist stark zunehmend in der psychosomatischen Behandlung sehr junger Männer, aber überhaupt ist Impotenz schon ein großes Problem von heutigen Männern im Alter bis 40 Jahre, in Studien jeder vierte Mann, in den 90iger Jahren etwa jeder zwanzigste. Ein Zusammenhang mit dem Aufkommen von Internet-Pornografie ist evident.

23 Presseportal Bauer Media Group: Dr. Sommer-Studie 2016, 25.1.2016

24 Speak! Die Studie: speak-studie.de/die studie.html

25 KIGGS-Studie 2.Welle, RKI

26 Energieverbrauch und Blockchain-Technologie siehe u. a. management-circle.de/blog/stromverbrauch-und-blockchain . Energiesparende Technologien sind z.Zt. in der Entwicklung.

27 NUBBEK-Studie, nubbek.de

28 NICHD: Study of Early Childcare and Youth Development

29 Kinder unter 3, Themenheft Upcycling mit Kleinkindern, Mai TH/19, S.1. Die Zeitschrift erscheint im Verlag PROKita, ein Unternehmensbereich des VNR Verlags für die Deutsche Wirtschaft AG! Interessant, aber systemverharrend in den Leitsätzen der pädagogischen Frühförderung und unseres Wirtschaftssystems.

30 Frühbetreuung im Ausland: diverse Quellen, u.a Horst Küppers „Eine Reise durch Kitas in aller Welt“ und Pamela Oberhuemer „Kita-Fachpersonal in Europa“, siehe Literaturliste

31 „chrismon“ September 2019, Interview mit Maria Furtwängler und Hiltrud Werner

32 „Krippen-Kinder in der DDR“, Agathe Israel, siehe Literaturliste; sowie persönliche Berichte in Anamnesen

33 Bruno Bettelheim „The Children of the Dream“, 1969

34 Sagi-Schwartz, A., Aviezer, O., The Haifa longitudinal study (2005). Prof. Sagi-Schwartz war Gründer und Direktor (emeritus) des Zentrums für kindliche Entwicklung Universität Haifa, Israel

35 Prof. Dr. Wolfgang Schöllhorn, Institut für Sportwissenschaft, Uni Mainz, es gibt youtube-Videos und Vorträge zum differentiellen Lernen. Sehr aufschlussreich ist das Interview mit ihm, Podcast Nr. 97 von chainlesslife.com

36 Sabria David, Slow Media Institut, Bonn, bietet Workshops für Schulen in souveräner Mediennutzung an

37 Der zwischenstaatliche Weltbiodiversitätsrat (IPBES) hat 2019 seinen globalen Bericht veröffentlicht. Das BMU erwähnt hieraus als Kernaussagen des globalen Berichtes u. a.:

- Die biologische Vielfalt und die Leistungen von Ökosystemen wie Nahrung, sauberes
- Wasser und Medizin sind für das Überleben der Menschheit essenziell.
- Dennoch verschlechtert sich ihr Zustand dramatisch: Das Artensterben ist heute mindestens dutzende bis hunderte Male größer als im Durchschnitt der letzten zehn Millionen Jahre.
- 75 Prozent der Landoberfläche und 66 Prozent der Meeresfläche sind stark verändert. Über 85 Prozent der Feuchtgebiete sind verloren gegangen.
- Die negative Entwicklung ist auf zahlreiche direkte Treiber wie beispielsweise Landnutzungsänderungen, Umweltverschmutzung und Klimawandel zurückzuführen
- Indirekte Treiber, also soziale und politische Rahmenbedingungen, bieten wichtige Ansatzpunkte für Maßnahmen auf allen gesellschaftlichen Ebenen.

38 u. a. unter wiwo.de/technologie/green/kohlendioxid-..., Bericht 2016

39 Aristoteles Onassis – der Tankerkönig und das deutsche Wirtschaftswunder, ein Film von Film von Gabriele Wengler und Sandra Papadopoulos, Phönix, 16.4.2020

40 Universelle Ratifizierung des ILO-Abkommens zum Verbot der Kinderarbeit, August 2020, " ILO-Übereinkommen 182 spiegelt die weltweite Verpflichtung wider, dass die schlimmsten Formen der Kinderarbeit, wie Sklaverei, sexuelle Ausbeutung, der Einsatz von Kindern in bewaffneten Konflikten oder andere illegale oder gefährliche Arbeiten, die die Gesundheit, Moral oder das psychische Wohlbefinden von Kindern beeinträchtigen, in unserer Gesellschaft keinen Platz haben." Guy Ryder, ILO Director-General

41 Sinngemäß erwähnt nach meinem Gedächtnisprotokoll zur Sendung im ZDF „Maybrit Illner" Februar 2018 (Prof. Christoph M. Schmidt ist Präsident des RWI-Leibniz-Instituts für Wirtschaftsförderung in Essen und Vorsitzender des Sachverständigenrates zur Begutachtung der gesamtwirtschaftlichen Entwicklung bis 2020).

42 „The network of global corporate control" by Stefania Vitali, James B. Glattfelder and Stefano Battiston, ETH Zürich 2011/2014

43 „Verschwörungstheorie: Bill Gates, die Weltverschwörung und ich" von Jakob Simmank, Mai 2020, zeit.de/wissen/gesundheit... Jakob Simmank verwahrt sich hier dagegen, dass sein Artikel aus 2017 „WHO: Der heimliche Chef heißt Bill Gates" von Verschwörungstheoretikern missbraucht wird. Er sagt, Kritik an Bill Gates sei geboten und muss möglich sein auch ohne Verschwörungs-Hintergrund anzunehmen.

44 Der britische Arzt David McCoy kritisierte denn auch 2014 fehlende Nachhaltigkeits- und Ethik-Standards der „Bill und Melinda-Gates-Stiftung", siehe auch Spiegel-Interview Juli 2014 von Kathrin Hartmann mit David McCoy

45 Im Toxic-100-Index, der Rangliste der 100 größten luftverschmutzenden und Gifte freisetzenden internationalen Unternehmen in den USA (Political Economy Research Institute, zur University of Massachusetts Amkerst gehörig) belegte Berkeshire Hathaway mit all seinen Beteiligungen in der Liste des Jahres 2016 (mit Daten aus 2014) Platz 6, in der Liste des Jahres 2018 (mit Daten aus 2015) Platz 2 (Toxic-100-Index).

46 Der Stellvertreter von Warren Buffett, der Vizepräsident von Berkeshire Hathaway Charles Munger, verweist auf den Unterschied zwischen Legalität und Ethik.

47 „Mars"-Nachhaltigkeitsprogramm „Sustainable in a Generation", deu.mars.com

48 Churchill und Eisenhower hatten damals zusammen ein Budget von 285.000 $ für diesen Putsch zur Sicherung der Interessen der Oil Company bereitgestellt, wie heute bekannt ist.

49 Ausnahme Irak-Krieg, dem Deutschland glücklicherweise nicht beitrat.
50 Aktueller Vorstands-Vorsitzender der Atlantikbrücke e. V. ist seit 2019 Sigmar Gabriel (früher Außenminister), als Nachfolger von Friedrich Merz (früher auch gleichzeitig Aufsichtsratsvorsitzender von BlackRock Deutschland), Stellvertreter ist Norbert Röttgen (Mitglied des Bundestages und Vorsitzender des Auswärtigen Ausschusses).
51 John J. McCloy war im Krieg im Kriegsministerium beschäftigt, danach Präsident der Weltbank bis zu seiner politischen Mission in Deutschland.
52 Sigmar Gabriel z. B. wurde in der aktuellen Koalition nicht, wie von ihm gewünscht, erneut zum Außenminister ernannt und macht nun Außenpolitik hinter den Türen in der Atlantikbrücke. Dort kann er sehr ungestört letztlich ohne ständige mediale Kommentare im Netz viel direkter sehr frei agieren. Die wichtigen und mächtigen Medienvertreter sind dort auch vertreten, aber berichten von dort kaum und wenn, den Interessen entsprechend aufbereitet.
53 Siehe Noam Chomsky, „Media Control“, Zitat Seite 103
54 Beispiele u. a. Mobutu (Kongo/Zaire), aktuell Verurteilung von Dominic Ongwen, (Uganda); ähnlich PolPot (Kambodscha), Mladic (Bosnien) u.a
55 siehe Rutger Bregmann „Im Grunde Gut“, 11. Kap. Wie Macht korrumpiert, S. 257/258 mit Verweis auf die Studie des amerikanischen Anthropologen Christopher Boehm hierzu
56 Forschung von Elizabeth Phelps et al., New York University, 2000, berichtet von Ian Robertson im Buch „Macht“, Seite 100/101
57 Forschung von Irwin Katz et al., New York University, 1965, berichtet von Ian Robertson im Buch „Macht“, Seite 103
58 Die Tradition von Genitalbeschneidungen von Mädchen ist noch weit verbreitet, insbesondere in Afrika. Die Eingriffe sind lebensgefährlich, Todesfälle durch Infektion oder Verbluten häufig (ca. 20%). In Deutschland leben ca. 70.000 Frauen mit Symptomen durch Genitalverstümmelungen, etwa 20.000 Mädchen gelten als gefährdet, weil sie in den Ferien in ihre Heimatländer zur Beschneidung reisen müssen. Das ist jetzt als Straftatbestand anerkannt, auch wenn die Beschneidung im Ausland erfolgt. Eine Entwicklung zur allgemeinen Beendigung solcher Traditionen setzt weitere Bildungsinitiativen von Frauen voraus.
58a Wendell W. Watters: „Mental Health Consequences of Abortion and Refused Abortion“ in: Canadian Journal of Psychiatry, Band 25, 1980, Heft1. Siehe auch Jennifer S. Barber et al. „Unwanted Childbearing, Health, and Mother_Child Relationships“ in: Journal of Health and Social Behavior, Band 40, 1999, Heft 3.
59 Christian Pfeiffer, „Gegen die Gewalt“, Seite 108
60 Für das Geschäftsmodell der großen IT-Konzerne sind Menschen, die die Com-

puter gut bedienen können (also die digital natives), die aber keine kreativen Potenziale benötigen oder haben, wichtig. Digitale Konsumenten sollen lange im Netz bleiben, sich dort ihre Befriedigung holen, möglichst manipulierbar sein, also ohne gute Selbststeuerung ihre Daten abgeben. Das ist der Deal. Dafür muss Schule sich nicht groß ändern. Eine Teilung der Gesellschaft in IT-Gestalter und IT-Anwender bzw. Konsumenten wird demnach stattfinden, wie z. B. Erich Schmidt (damals Google) erwartet und befürwortet und diese Entwicklung im Übrigen wie Google für die Lösung aller Probleme in der Welt hält, incl. der Erwartung einer friedlichen Welt ohne Kriege und Gesellschaftskämpfe(?!) (Eric Schmidt „Die Vernetzung der Welt", siehe Literaturliste).

61 Der zunehmende Leistungsdruck in der Gesellschaft sorgt dafür, dass immer mehr Arbeitnehmer zu Tabletten greifen, um dem Arbeitsdruck noch gewachsen zu sein. Dies wird im wissenschaftlichen Sinne auch als Cognitive Enhancement bezeichnet. Der jüngste DAK-Report offenbart, dass die Anzahl derjenigen Arbeitnehmer, die bereits Tabletten zur Steigerung der Leistungsfähigkeit genommen haben in den vergangenen Jahren stark angestiegen ist. Demnach sollen bereits rund drei Millionen Personen verschreibungspflichtige Medikamente zur Leistungsförderung eingenommen haben. Der Report der DAK sieht etwa zwei Prozent der Versicherten, die regelmäßig Medikamente zum Hirndoping nutzen. Insbesondere bei der Stressbewältigung wird Gehirndoping besonders häufig eingesetzt (DAK-Report 2015 zum Hirndoping: dak.de/bundesthemen/hirndoping-...)

62 Jennifer Doudna, Samuel Sternberg, „Eingriff in die Evolution", u. a. S. 161 (siehe Literaturliste)

63 Die gewaltsamen Ausschreitungen im Oktober 2019 entzündeten sich an der Sparpolitik der Regierung. Die Treibstoffpreise waren durch die Streichung von Subventionen stark gestiegen. Die Maßnahme war Teil von Strukturreformen, zu deren Umsetzung sich die Regierung für einen Kredit des Internationalen Währungsfonds (IWF) von 4,2 Milliarden Dollar verpflichtet hatte. Die indigenen Demonstranten warfen Staatspräsident Moreno vor, sich nicht um ihr Wohlergehen zu kümmern. Sie bezeichneten den mit dem IWF verhandelten Plan als Abkommen hinter verschlossenen Türen und befürchteten eine Vertiefung der ohnehin großen Ungleichheit im Land. Die Kreditnahme wurde daraufhin nicht umgesetzt und die Erhöhung der Treibstoffpreise zurückgenommen.

64 u. a. Michael Lüders, „Wer den Wind sät", S.94 (Siehe Literaturliste)

65 u. a. Interview DLF 20.11.2015 mit Holger Geisler vom Zentralrat der Jesiden in Deutschland

66 u. a. Ulrich Körtner in Essay von Sabine Rückert „Je friedlicher, desto blutrünstiger" Zeit online 20.11.2019 unter Bezugnahme auf das Buch „Weltangst und

Weltende" (siehe Literaturliste)
67 André Stern in Vorträgen, Büchern (siehe Literaturliste) und Interviews (z. B. ORF 27.9.2019)
68 Rutger Bregman in „Im Grunde Gut" S. 236 ff. (siehe Literaturliste)
69 u. a. Tania Singer in „Mitgefühl in der Wirtschaft", S. 42 ff. (siehe Literaturliste)
70 u. a. gut zusammengefasst auf Wikipedia, „Anschlag in Halle (Saale) 2019"
71 siehe u. a. Felix Huesmann, „QAnon – der Aufstieg einer gefährlichen Verschwörungstheorie", RND, 11.4.2020
72 www.safe-programm.de
73 EMDR-Therapie (Eye Movement Desensitization and Reprocessing) als Traumatherapie siehe u. a. EMDR-Forschungsnetzwerk Schloss Eichholz (gezeitenhaus.de/emdr-forschungsnetzwerk-schloss-eichholz.html) und Klinik für Psychosomatische Medizin, Psychotraumatologie und EMDR (gezeitenhaus.de/standorte/traumaklinik_gezeitenhaus.html)
74 goeppel.de: „Wie kann ich Politik beeinflussen?" Veröffentlicht am 11. September 2020 : Was bewirkt echte Veränderungen in der Politik? Woher kommen sie? Josef Göppel im phoenix forum demokratie: „Veränderungen entstehen nicht in den Parlamenten. Sie kommen von engagierten Personen oder Gruppen und schwappen von außen in die Parlamente hinein - wenn die kritische Masse erreicht ist."
75 Svenja Flaßpöhler auf der phil-cologne, WDR 5, 6. Juni 2020: Kann die Krise uns stärken?
76 Elisabeth Wehling war durch ihr Framing-Manual für die ARD in die Kritik geraten, was aber hier nicht im Vordergrund stehen soll.
77 Der Bericht wurde von Forschern des Cheo-Instituts, der Universität von Ottawa und der Carleton-Universität verfasst und erschien in der britischen Fachzeitschrift „Lancet Child and Adolescent Health".
78 Rangar Yogeshwar bei „Günther Jauch", Das Erste, 2. 9. 2012, Thema der Sendung: „Achtung Computer"
79 stellvertretend z. B. Prof. Wilfried Dimpfel, Enkephaloglyphen, siehe Literaturliste
80 Meditation and Yoga Practices as Potential Adjunctive Treatment of SARS-CoV-2 Infection and COVID-19: A Brief Overview of Key Subjects William Bushell et al., Published Online: 14 Jul 2020
81 dto. (unter Einbezug von 145 Studien hierzu sowie weitere Quellen)
82 Pilotprojekt in Hamburg-Veddel: „Wer hier wohnt, stirbt früher"
Auf der Hamburger Veddel leben Menschen im Schnitt zehn Jahre weniger als im reichen Blankenese. Eine neue Art Stadtteilpraxis kämpft dagegen – gerade in Corona-Zeiten. von Clara Hellner, Zeit-Online, 31. Oktober 2020
83 Ansprache von Bundespräsident Richard von Weizsäcker beim Staatsakt zum

„Tag der deutschen Einheit" Berlin, 3. Oktober 1990, (bundespräsident.de)

84 Wortprotokoll der Rede Wladimir Putins im Deutschen Bundestag am 25.09.2001, (bundestag.de)

85 u. a. Nord Stream 2, „Politischer Großkonflikt um eine Pipeline", Die Ostseepipeline Nord Stream 2 ist mehr als ein Wirtschaftsprojekt. Sie ist zu einem politischen Großkonflikt zwischen den USA und Russland geworden - die Bundesregierung ist in einer unbequemen Position. Tagesschau, 26.01.2021 (von Stephan Stuchlik, ARD-Hauptstadtstudio), siehe auch Claudia Kemfert (DIW): „Nord Stream 2 ist unnötig, schädlich und unrentabel" PNP-Interview, pnp.de/nachrichten/politik/claudia-kemfert..., 9.2.2019

86 u. a. Solarstrom aus der Sahara - Desertec: Was wurde aus dem Projekt? (05.08.2019 zdf.de/nachrichten)

87 „Anträge nicht rechtzeitig geprüft" Klöckner-Behörde verschleppt Glyphosat-Ausstieg (Spiegel - Wirtschaft, 13.12.2019) und: Natur und Umwelt: Bundesregierung billigt Insektenschutz-Gesetz und Glyphosat-Verbot (dw.com, 10.2.2021). Anmerkung des Autors:

Das klingt zwar gut, aber nun gibt es ein Glyphosat-Verbot erst Ende 2023! statt wie vorgesehen bereits 2022, was ja auch schon zu spät gewesen wäre.

88 Presseportal: 15.1.2021 Aurelia Stiftung, Offener Brief an Julia Klöckner „Machen Sie endlich Ernst mit dem Neonicotinoid-Verbot" und: „Landwirtschaftsministerin Klöckner billigt erste Notfallzulassung für verbotene Neonicotinoid" (15. Dezember 2020, fruchtportel.de) „Das Umweltinstitut München kritisiert die Entscheidung der Bundesregierung scharf, den Einsatz von verbotenen Insektengiften per „Notfallzulassung" zu ermöglichen."

89 Agrarpolitik:Wie EU-Subventionen eine grünere Landwirtschaft verhindern (28. August 2020, SZ.de) und: Reform der EU-Agrarsubventionen: „Nur Klöckner sieht „Systemwechsel": Umweltschützer und Forscher kritisieren die Einigung der EU-Agrarminister zu den Subventionen. Die Bauern bekämen weiter Geld ohne Gegenleistung. (taz.de, 21.10.2020)

90 Harald Welzer, Der Futurzwei Zukunftsalmanch, siehe Literaturliste, transition-town siehe QR-Code zur Linkliste im Anhang

91 u. a. manager-magazin.de/politik/deutschland/telekom-chef... (2017), und businessinsider.de/wirtschaft/siemens-chef... (2016)

92 „Die Finanzierung des ÖPNV in Deutschland" unter zukunft-mobilitaet.net

93 wiwo.de/politik/europa/wohnkonzepte-experiment-in-wien

94 Der Chef der Jungen Union, Tilman Kuban, warnte, eine Grundrente ohne eine echte Prüfung sei der „Einstieg ins bedingungslose Grundeinkommen", November 2019, bei der Diskussion um die Grundrente.

95 Zitat beim SZ-Wirtschaftsgipfel, 14.11.2018

96 pilotprojekt-grundeinkommen.de

97 Bei der vollständigen Kostenrechnung werden alle Kosten zur Herstellung bis zur Entsorgung eines Produktes in den Preis eingerechnet, z. B. Wasserverbrauch, Energiekosten, Ressourceneinsatz insgesamt, Personalkosten mit angemessener, fairer Entlohnung, CO_2-Emissionen, Beseitigung evtl. Giftfreisetzung, Entsorgung oder Recycling, ggf. Verpackung und Transport. Dadurch entstehen echte Preise. Bei der derzeit üblichen unvollständigen Kostenrechnung bürden die Produzenten viele dieser Kosten der Allgemeinheit auf.

98 Bernard Lietaer in Geseko v. Lüpke, „Zukunft entsteht aus Krise", Seite 442 ff.

99 Rutger Bregman, „Utopien für Realisten", Seite 107

100 persönliche Mitteilung im Emailkontakt

101 deutschlands-rolle.buergerrat.de, siehe auch sz.de/politik/werkstatt-demokratie-..., „Wir machen das" 4.12.2020 v. Peter Lindner, siehe auch Maja Göpel im Dezember-Interview von zeit-online zum Bürgerrat, zeit.de/kultur/2020-12/maja-goepel-....

102 HKF Agrosysteme, siehe QR-Code zur Link-Liste im Anhang

103 Studie der Umweltagentur EEA (dw.com v. 16.10 2019): Feinstaub führt zu zahlreichen vorzeitigen Todesfällen Die Luftqualität in Europa wird zwar langsam besser. Dennoch sterben pro Jahr schätzungsweise 400.000 Europäer vorzeitig durch Schadstoffe in der Luft.

104 „Manifest aus der Zukunft", Mai 2020, v. Manfred Nelting, siehe QR-Code zur Link-Liste im Anhang

105 Corona-Strategien aus anderem Blickwinkel und somit verändert angedachten und vorgeschlagenen Maßnahmen werden z. B. von dem leitenden Epidemiologe des Helmholtz-Zentrums für Infektionsforschung, Gérard Krause, geäußert, ebenso Hendrik Streeck, Direktor des Instituts für Virologie am Uni-Klinikum Bonn, ebenso der Epidemiologe Klaus Stöhr, der die damalige SARS-1-Koordination und entsprechend danach die Influenza-Untersuchungen bei der WHO gemacht hat.

106 Zeit-online-Interview von Maja Göpel, 19.12.2020, v. Elisabeth von Thadden

107 Audi-Chef Markus Duesmann am 2.1.2021 im DLF

108 Gabriel Felbermayr, Chef des IfW, 21.12.2020, dpa-Nachricht in zeit.de/news...

109 Michael Hüther u. a. im Interview rp-online.de 21.1.2021 und bei Hartaberfair, 11.1.21

110 Kollektive Immunität, u. a. bei Clemens Arvay „Wir können es besser", S. 66 ff.

111 T-Zell-Immunität nach Sars1: u. a. Immunität gegen das Coronavirus (Antikörper sind nicht alles) von Irene Berres, 02.08.2020, spiegel.de

112 Hans Rösling „Factfulness", siehe Literaturliste

113 In den mittlerweile vielen verschiedenen internationalen Studien werden die

Dunkelziffern an nicht erfassten SARS-CoV-2- Infektionen mit Faktor 3 bis Faktor 10 angegeben.

114 Kreuz- und Hintergrund-Immunität: u. a. aerzteblatt.de „T-Zellen gegen saisonal Coronaviren erkennen auch SARS-CoV-2“, 31.7.2020; Clemens Arvay in „Wir können es besser“, Seite 68ff.

115 Sofern unser Immunsystem im T-Zellsystem eine ausreichende Zahl aufweist kann es mit großer Sicherheit mit Mutationen von SARS-CoV-2 ebenso kraftvoll umgehen, wie mit dem Grundvirus. Inwieweit es Mutationen gibt, die nicht von einem kräftigen Immunsystem erfasst werden, muss weiter erforscht werden. Das ist allerdings eher unwahrscheinlich. Alte Menschen mit Vorerkrankungen und andere Menschen mit Immunschwächen müssen natürlich gegenüber Infektionen mit allen Varianten geschützt werden.

116 „Gefährliche Impfskeptiker in deutschen Krankenhäusern“, so die Überschrift zu einem Bericht, dass sich viele Pflegekräfte nicht impfen lassen wollen, zeit-online 6.1.2021

117 siehe u. a. aerzteblatt.de, „Kritik an Ruf nach Impfpflicht für Ärzte und Pflegekräfte“, 12.1.2021

117a Prantls Blick vom 3. Januar 2021, „Muss man sich die Grundrechte durch Impfen verdienen?“, sz.de

118 So äußerte sich auch Bundeskanzlerin Angela Merkel in der ARD-Sendung „Farbe bekennen“ vom 2.2.2021 im Gespräch folgendermaßen dazu: „ ... und dann sagen manche Menschen, jetzt möchte ich nicht geimpft werden, dann muss man vielleicht schon solche Unterschiede machen, und sagen, okay, wer das nicht möchte, der kann vielleicht auch bestimmte Dinge nicht machen.“ Eine solche Aussage von höchster Stelle wirft sicherlich Fragen auf und wird in eine Diskussion münden, ob Nichtgeimpfte möglicherweise in der Gesellschaft stigmatisiert werden, ggf. sogar Grundrechte „verwirkt“ haben könnten, also eine „Impfpflicht“ durch Nötigung durch die Hintertür. Das sieht das Grundgesetz allerdings nicht vor und hier werden die Gerichte sicherlich genau darauf achten, dass die Grundrechte für alle Bürger gewahrt bleiben.

119 Siehe u. a. auch das Buch Thomas Schuler, Bertelsmannrepublik Deutschland – eine Stiftung macht Politik, Campus 2010, sowie die Artikel der Neuen Westfälischen v. 27. Okt. 2007 von Stefan Brams: Die Kritik schwillt weiter an, und VDI Nachrichten, 2. Nov. 2007 von Rudolf Stumberger : Die heimliche Regierung aus Gütersloh zur Rolle der Bertelsmann-Stiftung und der Bertelsmann-Tochter Arvato bei der Privatisierung von öffentlichen Dienstleistungen ähnlich Annette Jensen: Gemeinnützigkeit ist ein gutes Geschäft in ver.di Publik, 2009.

120 Der NDR ist eine Recherchekooperation mit dem WDR und der Süddeutschen

Zeitung (SZ) eingegangen. Die Recherchekooperation ist im direktionsübergreifenden Ressort Investigation des NDR angesiedelt. Georg Mascolo leitet diese Kooperation als fachlicher Leiter.

121 Interleukine sind wichtige Zwischenfaktoren im Stoffwechsel. Interleukin 8 ist bei empathischem Direkterleben im Speichel rasch erhöht, ebenso Immunglobulin A, als erste Abwehrreihe des Immunsystems im Mund, Interleukin 6 ist bei anhaltendem Stress erhöht und sinkt u. a. durch Meditation und QiGong, also Stressverminderung durch Achtsamkeitsverfahren.

122 Die Agora-Schule in Roermond, Niederlande, an der deutschen Grenze: „Ist diese Schule in den Niederlanden nur eine verrückte Idee?" (perspective-daily.de 16.1.2019) und Rutger Bregman, „Im Grunde Gut", Seite 317 ff.

123 Stadtteilschule Winterhude in Hamburg, sts-winterhude.de,

124 Käfighaltung von Tieren: Die Hühner-Kleingruppenhaltung wurde 2015 verboten, tritt aber erst 2025 in Kraft mit Ausnahmen bis 2028, die Einrichtung größerer Kastenstände für Schweine im Deckzentrum haben eine Übergangsfrist von 15 Jahren mit der Möglichkeit der Verlängerung um 2 Jahre, BMEL-Eckpunkte-Papier Stand August 2017, Bundesministerium für Ernährung und Landwirtschaft, alle Informationen unter bmel.de

125 Kinderkommission Bundestag: Die Sitzung 12. Februar 2020, mit dem Titel „Partizipation von Kindern und Jugendlichen – Gelebte Partizipation. Erfahrungen aus der Praxis", war zugleich die erste unter der Leitung von Matthias Seestern-Pauly (FDP).

126 Wasserstoff-Busse HH: Sie gehörten zu den saubersten Fahrzeugen der Stadt: Seit 2010 waren in Hamburg vier Omnibusse mit Wasserstoffantrieb unterwegs. Jetzt hat die Hochbahn die Busse, die vor allem zwischen Hauptbahnhof und Alsterdorf verkehren, wieder abgeschafft.Grund für die Ausmusterung seien Lieferschwierigkeiten: Der Hersteller Mercedes habe die Brennstoffzellenfahrzeuge nicht serienmäßig bauen können. (13.02.2019, focus.de/auto/news/hamburg-pilotprojekt-gescheitert-...)

127 Fahrradstadt Kopenhagen: u. a. „Blaupause für die Fahrradstadt", von Kai Strittmatter, 16.1.2019, sueddeutsche.de/wirtschaft/kopenhagen-...

128 siehe u. a. Hans Rosling, „Factfulness", Seiten 38/39 und 78, sowie Berichte der jeweiligen NGO's

129 u. a. Berichte der WHO und der Impfallianz Gavi

130 Direktzahlungen über Handy: Forschungsprojekt GiveDirectly-Pilotprojekt zum bedingungslosen Grundeinkommen in Kenia für 6000 Menschen. Die Auszahlung erfolgt mit M-Pesa, ein in Kenia entwickeltes System für Geld-Transfer als elektronisches Guthaben auf das Handy. Damit kann man bargeldlos zahlen oder über ein Agentensystem (meist in Läden) sich Geld auszahlen lassen.

131 Unicef: 50 Millionen Kinder weltweit auf der Flucht, Jeder zweite Flüchtling ist minderjährig: New York – „Entwurzelt“ nennt das UN-Kinderhilfswerk Unicef einen Bericht über 50 Millionen Kinder, die fliehen mussten oder nach einer lebenswerten Zukunft suchen. Sie nehmen dabei zahllose Gefahren auf sich. Rund 50 Millionen Kinder sind nach Angaben des UN-Kinderhilfswerkes weltweit auf der Flucht oder haben ihr Zuhause auf der Suche nach einem besseren Leben verlassen müssen. Außerdem sind immer mehr Kinder allein unterwegs. Dabei nehmen sie zahllose Gefahren auf sich wie Ertrinken, Unterernährung, Menschenhandel, Missbrauch bis hin zu Vergewaltigung und Mord. Das geht aus einem in New York veröffentlichten Unicef-Bericht hervor. Demnach ist jedes 200. Kind auf der Welt inzwischen ein Flüchtling (07.09.2016).

132 chinesische Weisheit (auch Untertitelung des Cover-Bildes „Rujing/Meditation“ v. Sui QingBo, siehe Literaturliste)

Literaturhinweise

Meine Lieblingsbücher

Bregman, Rutger, *Im Grunde Gut*, Rohwohlt, 2019
Bruges, James, *Das kleine Buch der Erde*, Riemann, 2006
Ende, Michael, *Momo*, Thienemann Verlag, 11. Edition, 2018
Renz-Polster, Herbert, *Erziehung prägt Gesinnung*, Kösel, 2019
Robertson, Ian, *Macht*, dtv, 2014
Saint-Exupéry, Antoine de, *Der kleine Prinz*, New York, 1943, aktuell wiederaufgelegt

Andere Bücher, die mich inspiriert haben und aus denen ich viel gelernt habe

Ahnert, Lieselotte, *Wieviel Mutter braucht ein Kind?*, Springer, 2015
Altmeyer, Susanne, und Hendrischke, Askan, *Einführung in die systemische Familienmedizin*, Carl Auer, 2012
Arvay, G. Clemens, *Wir können es besser*, Quadriga, 2020
Basler, Susanne, und Gattinger, Klaus, *Führen an der Leistungsgrenze*, SpringerGabler, 2014
Bauer, Joachim, *Selbststeuerung*, Blessing, 2015
Bauer, Joachim, *Das kooperative Gen*, Hoffmann und Campe, 2008
Blackburn, Elizabeth, und Epel, Elissa, *Die Entschlüsselung des Alters*, Mosaik, 2017
Bode, Sabine, *Nachkriegskinder*, Klett-Cotta, 2011
Bode, Sabine, *Kriegsenkel*, Klett-Cotta, 2019
Bohm, David, *Der Dialog*, Klett-Cotta, 1998
Braungart, Michael, und McDonough, William, *Intelligente Verschwendung*, oekom, 2013
Bregman, Rutger, *Utopien für Realisten*, Rohwohlt, 2017
Buchenau, Peter, Hrsg., *Chefsache Zukunft*, SpringerGabler, 2019
Burger, Sylke, *Das Wut-Mut-Buch*, basic erfolgsmanagement, 2019
Chomsky, Noam, *Media Control*, Nomen, 2018
Coccia, Emanuelle, *Die Wurzeln der Welt*, Hauser, 2018
David, Sabria, *Die Sehnsucht nach dem nächsten Klick*, Patmos, 2020
Daum, Timo, *Agiler Kapitalismus*, Nautilus, 2020
Dimpfel, Wilfried, *Enkephaloglyphen*, BOD, Mewicon, 2011
Dobelli, Rolf, *Die Kunst des digitalen Lebens*, Piper, 2019
Dobos, Gustav, Die gestresste Seele, Scorpio, 2020
Dornes, Martin, *Der kompetente Säugling*, Fischer, 1994
Doudna, Jennifer, und Samuel Sternberg, *Eingriff in die Evolution*, Springer, 2018
Easwaran, Karella, *Das Geheimnis gesunder Kinder*, Kiepenheuer&Witsch, 2018

Eisler, *Riane, Kelch und Schwert*, Goldmann, 1987
Felber, Christian, *Gemeinwohl-Ökonomie*, Piper, 2018
Felber, Christian, *Die innere Stimme*, Publik-Forum, 2015
Firus, Christian, *Der lange Schatten der Kindheit*, Patmos, 2018
Fromm, Erich, et al. *Zen-Buddhismus und Psychoanalyse* (engl. 1960), Suhrkamp, 1971
Fuchs, Sven, *Die Kindheit ist politisch*, Mattes, 2019
Geipel, Ines, *Umkämpfte Zone*, Klett-Cotta, 2019
Grabe, Martin, *Die Alltagsfalle*, Francke, 2003
Grönemeyer, Dietrich, *Naturmedizin und Schulmedizin*, S. Fischer, 2020
Grönemeyer, Dietrich, *Weltmedizin*, S. Fischer, 2018
Günther, Klaus, *Das Hirn der Studierenden*, Verlag B. Budrich, 2019
Guérot, Ulrike, *Warum Europa eine Republik werden muß!*, Dietz, 2016
Habeck, Robert, *Von hier an anders*, Kiepenheuer&Witsch, 2021
Harari, Yuval, *Homo Deus*, C.H.Beck, 2017
Heti, Sheila, *Mutterschaft*, Rohwohlt, 2019
Hofmann, Arne, et al., *Depressionen behandeln mit EMDR*, Klett-Cotta, 2020
Hofmann, Arne, *EMDR*, Thieme, 2014
Hüter, Michael, *Kindheit 6.7*, Edition Liberi & Mundo, 2019
Hüther, Gerald, et al., *#Education for Future*, Goldmann, 2020
Hüther, Gerald, und Weser, Ingeborg, *Das Geheimnis der ersten neun Monate*, Beltz, 2018
Hüther, Gerald, und Bonney, Helmut, *Neues vom Zappelphilipp*, Walter, 2010
Huber, Michaela, *Trauma und die Folgen*, Junfermann, 2012
Israel, Agathe und Kerz-Rühling, Ingrid, *Krippen-Kinder in der DDR*, Brandes & Apel, 2008
Kennedy, Margrit, *Occupy Money*, J.Kamphausen, 2011
Kessler, Wolfgang, *Die Kunst, den Kapitalismus zu verändern*, Publik-Forum, 2019
Kouchner, Camille, La familia grande, Seuil, 2021
Klosterkötter, Joachim, und Maier, Wolfgang, *Handbuch Präventive Psychiatrie*, Schattauer, 2017
Kopatz, Michael, *Ökoroutine*, oekom, 2018
Krüger, Andreas, *Erste Hilfe für traumatisierte Kinder*, Patmos, 2007
Kruse, Andreas, *Lebensphase hohes Alter*, Springer, 2017
Küppers Horst, *Eine Reise durch Kitas in aller Welt*, Beltz, 2013
Lanier, Jaron, *Zehn Gründe, warum...*, Hoffmann u. Campe, 2018
Lanier, Jaron, *Wem gehört die Zukunft?*, Hoffmann u. Campe, 2014
Lotter, Wolf, *Zusammenhänge*, Körber, 2020
Lüders, Michael, *Wer den Wind sät*, C.H.Beck, 2015

Lüpke, Geseko von, *Zukunft entsteht aus der Krise,* Riemann, 2009
Maaz, Hans-Joachim, *Das falsche Leben,* C.H.Beck, 2017
Machtemes, Walter, *Einübung ins Leben,* BoD, 2020
Martin, William, *Das TaoTeKing für Eltern,* Aurum 2005
Mayer, Thomas und Stüttgen, Johannes, *Kunstwerk Volksabstimmung,* FIU-Verlag, 2004
Meyer-Abich, Klaus Michael, *Was es bedeutet, gesund zu sein,* Hanser, 2010
Nelting, Manfred, *Hyperakusis,* Thieme, 2003
Nelting, Manfred, *Burn-out – wenn die Maske zerbricht,* Mosaik, 2010
Nelting, Manfred, *Schutz vor Burn-out,* Mosaik, 2012
Obama, Auma, *Das Leben kommt immer dazwischen,* Lübbe 2010
Oberhuemer, Pamela und Schreyer, Ingrid, *Kita-Fachpersonal in Europa,* Barbara Budrich, 2010
Ott, Ulrich, *Meditation für Skeptiker,* Knaur, 2019
Papst Franziskus, *Wage zu träumen – mit Zuversicht aus der Krise,* Kösel, 2020
Parianen, Franca, *Woher soll ich wissen, was ich denke, bevor ich höre, was ich sage?,* Rohwohlt, 2017
Pfeiffer, Christian, *Gegen die Gewalt,* Kösel, 2019
Pinker, Steven, *Gewalt,* Fischer, 2013
Plassmann, Reinhard, *Selbstorganisation,* Psychosozial-Verlag, 2011
Prantl, Heribert, *Not und Gebot,* C.H.Beck, 2021
Prantl, Heribert, *Eigentum verpflichtet,* Süddeutsche, 2019
Prantl, Heribert, *Wir sind viele,* Süddeutsche, 2011
Renz-Polster, Herbert, *Die Kindheit ist unantastbar,* Beltz, 2014
Rosling, Hans et al., *Factfulness,* Ullstein, 2019
Roth, Eugen (Autor), und Reich, Hanns (Fotograf), *Das Kind und sein Vater,* Hanns Reich Verlag, 1960
Rudolph, Claude-Oliver, *Nakam oder der 91.Tag,* basic erfolgsmanagement, 2021
Satprem, *Sri Aurobindo,* Otto W. Barth,1970
Schmidt, Eric, und Cohen, Jared, *Die Vernetzung der Welt,* Rowohlt, 2013
Schonhöft, Michaela, *Kindheiten,* Pattloch, 2013
Schwab, Klaus, *Die Vierte Industrielle Revolution,* Pantheon, 2016
Sears, Martha und William, *Das Attachment Parenting Buch,* tologo, 2012
Sedlácek, Tomás, *Die Ökonomie von Gut und Böse,* Hanser, 2012
Singer Tania und Ricard, Matthieu, *Mitgefühl in der Wirtschaft,* Knaus, 2015
Springora, Vanessa, *Die Einwilligung,* Blessing, 2020
Stern, André, *Spielen, um zu fühlen, zu lernen und zu leben,* Elisabeth Sandmann, 2016
Stern André, *...und ich war nie in der Schule,* Herder, 2013
Streeck, Hendrik, *Hotspot,* Piper, 2020

Sui, Qingbo, *Grundlagen des Rùjìng / der Meditation im QìGong*, Laoshan Zentrum, Sui Qingbo, Hamburg, 2018
Sui, Qingbo, *Meridianklopfen*, Laoshan Zentrum, Sui Qingbo, Hamburg, 2015
Tho, Ha Vinh, *Grundrecht auf Glück*, nymphenburger, 2014
Töpfer, Klaus, und Yogeshwar, Ranga, *Unsere Zukunft*, C.H.Beck, 2011
Tsokos, Michael, und Guddat, Saskia, *Deutschland misshandelt seine Kindert*, Droemer, 2014
Uexküll, Thure von, et al., *Subjektive Anatomie*, Schattauer, 1994
Ulrich, Bernd, *Alles wird anders*, Kiepenheuer&Witsch, 2020
Von Weizsäcker, Ernst Ulrich et al., *Wir sind dran*, Gütersloher Verlagshaus, 2018
Wecker, Konstantin, *Mönch und Krieger*, Goldmann, 2016
Wecker, Konstantin, *Auf der Suche nach dem Wunderbaren*, Gütersloher, 2018
Welzer, Harald, *Selbst Denken*, S.Fischer, 2013
Welzer Harald et al., *Der Futurzwei Zukunftsalmanch*, Fischer, mehrere Jahrgänge 2013, 2015/16, 2917/18
Werner, Götz W., *Einkommen für alle*, Bastei Lübbe, 2008
Wiener, Sarah, *Bienenleben*, AtB, 2020
Wilkinson, Richard, und Pickett, Kate, *Gleichheit*, Haffmanns/Tolkemitt, 2016
Zimpel, André Frank, *Lasst unsere Kinder spielen*, Vandenkoeck & Ruprecht, 2016

Und es gibt noch so viele gute Bücher.
Kaufen Sie doch alle Bücher bei Ihrem örtlichen Buchhändler!

Weitere Informationen siehe nachfolgenden QR-Code zur Link-Liste, aus der Sie auch auf unsere Internet-Seiten **www.gezeitenhaus.de** und **www.gezeitenhaus-akademie.de** gelangen.

Zur Liste interessanter und empfohlener Internet-Links.
hier finden Sie auch einen Link zu „Errata und Nachträge"

Hinweis:
In dieser Liste auch der Link „**krisenchat.de**", auf den ich besonders aufmerksam machen will. Diesen Chat können insbesondere auch Jugendliche und junge Erwachsene nutzen, um Hilfe für Not-Situationen zu bekommen. Viele junge Menschen mailen und telefonieren heute schon weniger, sondern chatten lieber. Der Chat ist rund um die Uhr besetzt mit Psychologen für eine Beratung.

Gesamtliste der in diesem Buch aufgeführten QR-Codes

Seite 420
„Untersuchung zur Herzraten-variabilität "

Seite 485
„QiGong-Übungen mit Elke Nelting"

Seite 512
Song „Willy 2020" von Konstatin Wecker

Seite 583
„Europakarte Feinstaub"

Seite 585
„Statistik Sterbefälle an Covid-19 nach Alter"

Seite 639
„Leser*innen-Botschaft"

Seite 656
„Liste der Internet-Links"

Seite 640
„Gezeiten Haus Akademie"

Buchrückseite
„Neltings Welt"

Dr. Manfred Nelting

Burn-out - Wenn die Maske zerbricht

Wie man Überbelastung erkennt und neue Wege geht

Goldmann Verlag
416 Seiten
ISBN 978-3-442174-63-8

Dr. Manfred Nelting

Schutz vor Burn-out

Ballast abwerfen – kraftvoller leben. Entschleunigung im modernen Arbeitsalltag. Mit QiGong-DVD

Goldmann Verlag
384 Seiten
ISBN 978-3-442176-80-9

Elke Nelting

Körperarbeit auf dem Weg zum QiGong

im Zyklus der Jahreszeiten
nach Traditioneller Chinesischer
Medizin

basic erfolgsmanagement
184 Seiten
ISBN 978-3-949217-03-6

Wir leben in einer veräußerlichten Welt. Wahrnehmen und Spüren gehen verloren, ebenso wie Harmonie und einfühlende Begegnung aus einer inneren Balance. Dazu haben die Neltings zwei Bücher geschrieben:

Manfred Nelting gibt in seinem Buch „Einsicht in UNerhörtes" einen Kompass zum befreienden Handeln.

Elke Nelting liefert in ihrem Buch den guten Boden, den jede/r für dieses Handeln braucht, auf dem ein/e jede/r gut stehen, sich ordnen kann, Energie bekommt, sich selbst und alles Umgebende einheitlich wahrnimmt und spürt. Auf dem Weg ins QiGong wird liebevolle Begegnung und Kooperation gestärkt.

Ein Buch für Interessierte an Achtsamkeit und QiGong und mit hilfreichen Koordinaten für neue Wege integrativer Arbeit, z.B. in Kliniken und Schulen.

Weiterbildungen siehe www.neltingswelt.de

Gezeiten Haus Akademie

Die Gezeiten Haus Akademie bietet Seminare, Weiterbildungen und Coachings in den Themenbereichen psychische Gesundheit, Prävention und Lebenspflege an. Sie richtet sich mit ihrem vielfältigen Angebot an Privatpersonen und Unternehmen gleichermaßen. Die Akademie berät Unternehmen und gestaltet für diese maßgeschneiderte Lösungen, insbesondere für betriebliches Gesundheitsmanagement, Burn-out-Prävention und gesunde Führung.

Die Gezeiten Haus Akademie mit Sitz in Wesseling bei Köln gehört zur Gezeiten Haus Gruppe. Das Familienunternehmen, gegründet von Dr. Manfred Nelting und seiner Frau Elke, betreibt an mehreren Standorten private Fachkliniken für Psychosomatische Medizin und Traditionelle Chinesische Medizin. Die langjährigen Erfahrungen und die Expertise aus den Kliniken gibt die Akademie mit ihren Angeboten weiter.

gesund.leben und gesund.arbeiten –
das ist Motto und Ziel der Gezeiten Haus Akademie zugleich.

www.gezeitenhaus-akademie.de